作者简介

薛其林　男，二级教授、博士后。《长沙大学学报》主编，长沙文化研究所（基地）所长，"湖湘文化与区域旅游产业开发"省级科技创新团队带头人。先后主持国家、省部级项目12个，出版学术著作7部，发表论文100余篇。

湖南省"湖湘文化与区域旅游产业开发"创新团队项目资助

长沙大学"学报质量提升工程"项目资助

伟人故里、历史文化名城、全球独一无二的山水洲城长沙，正以特色鲜明的湘景、湘味、湘俗，使您在历史与现实、文化与旅游、人与自然的时空穿越中，陶冶性情，放飞梦想……

长沙历史文化资源与旅游开发利用

长沙文化研究专栏优秀论文集

薛其林◎主编

中国书籍出版社
China Book Press

图书在版编目（CIP）数据

长沙历史文化资源与旅游开发利用：长沙文化研究
专栏优秀论文集/薛其林主编. —北京：中国书籍出
版社，2018.4
ISBN 978 - 7 - 5068 - 6796 - 2

Ⅰ.①长⋯　Ⅱ.①薛⋯　Ⅲ.①地方文化—旅游资源开
发—长沙—文集　Ⅳ.①F592.763.3 - 53

中国版本图书馆 CIP 数据核字（2018）第 054820 号

长沙历史文化资源与旅游开发利用：长沙文化研究专栏优秀论文集

薛其林　主编

责任编辑	吴化强
责任印制	孙马飞　马　芝
封面设计	中联华文
出版发行	中国书籍出版社
地　　址	北京市丰台区三路居路 97 号（邮编：100073）
电　　话	（010）52257143（总编室）　　（010）52257140（发行部）
电子邮箱	eo@ chinabp. com. cn
经　　销	全国新华书店
印　　刷	三河市华东印刷有限公司
开　　本	710 毫米×1000 毫米　1/16
字　　数	520 千字
印　　张	29
版　　次	2018 年 5 月第 1 版　2018 年 5 月第 1 次印刷
书　　号	ISBN 978 - 7 - 5068 - 6796 - 2
定　　价	86.00 元

序一

序

蒋重跃

（北京师范大学 学报编辑部，北京 100000）

前不久，薛其林主编约我为他们新编论文集写一篇序，我虽然没有城市文化研究的经历，照理说没有资格来写，可是当我读到论文集的文章，掂量出了其中的分量，我觉得有必要说几句话，向广大读者推荐这本论文集。

《老子》有言："为大于其细"，"天下大事，必作于细，是以圣人终不为大，故能成其大"。它说的是要把整体的"大"事情做好，就要从具体的"小"事情做起；所谓天下"大"事无他，都是具体的"小"事做好了累积成的。拿到当代，道理是一样的。国家建设，离不开省，省离不开市。我们说要建设美丽中国，其实一定是由各省市各地区大家都努力，把各省市各地区建设好了，才有可能建成一个美丽的中国。由此看来，研究一个城市的文化，对于研究全省的文化、全国的文化就有了"为大于其细"的意义。

说到为什么要以城市文化为研究对象，大和小的关系又可以有别样的理解。如果能把某个名词的后面加上"文化"二字，那一定是因为它的所指有着相对稳定的内容。不过，这种稳定性也与文化的大小有关。一般说来，大一些的，稳定性就强一些，小一些的，就弱一些，如果太小，稳定性就不会很强。一家有一家的文化，一村有一村的文化，可是，在大的异质文化冲击下，一家一村的文化个性很容易改变。一个城市就不同了，特别是像长沙这样一个有着悠久历史和深厚底蕴的大都市，她的文化的稳定性较好，在几千年文明变迁的历史过程中，她的面貌发生了许多的改变，可又总是凭着她的天生丽质让人一眼就能辨认出来。这就是历史文化名城的魅力。《长沙大学学报》设立"长沙文化"专栏，的确是有可持续发展的眼光的。

当然,《长沙大学学报》开辟"长沙文化"栏目还有扎扎实实的学术考量。意大利哲学家克罗齐有一句名言在今天的中国很是流行,那就是"一切历史都是当代史"。他说这话的意思是任何过去发生的事情,如果没有当下的意义和兴趣,就不能算是历史。也就是说,凡是历史,都是过去与当下的统一,两者必然要形成某种张力。我以为,《长沙大学学报》编辑部的同事们就是这么想的,他们设立这个栏目,应该是以探索和挖掘长沙文化的当代价值为主旨的。本论文集对所选论文做了分类,第一组叫做"城市形象与品牌定位"。"形象""品牌",这显然是当今城市建设要着重考虑的问题。第二组命名为"历史文化资源与旅游开发利用"。把历史文化当做一种资源,供旅游产业来开发和利用,这更是城市发展的现实需要。有了这个定位,后面的"文化源流与特色""社会转型与区域文化演进""重大事件与长沙文化""城市建设与公共管理"这样几组文章,就把长沙文化的过去和当下乃至未来统一起来,以供今天的城市建设者借鉴和参考。

"长沙文化"作为栏目的名称,它占尽了"特色"的风流。从2004年创办以来,每期刊载文章一到五篇,至今发表论文一百六十多篇,约一百多万字,其中有的文章被《新华文摘》等二次文献摘转,产生了良好的社会反响。2010年曾获得我们全国高等学校文科学报研究会的"全国优秀栏目奖"。这个栏目之所以能取得如此好的成绩,与《长沙大学学报》编辑部采取了一套行之有效的措施有关,这就是他们想方设法发挥地域优势和人才优势。地域优势前面说到了。人才优势主要表现在以下几个方面:首先,长沙市委、市政府曾在20世纪90年代中期提出依托历史文化名城建设新长沙的理念,这对长沙学人来说,不啻是发出了战斗的动员令;其次,长沙大学专门设立了长沙文化研究所,集中了一批专家学者,为"长沙文化"专栏提供了牢靠的人才依托;复次,在此基础上,编辑部又广泛联系校外相关专家学者,扩大了作者范围。这样,就形成了一支颇具实力的撰稿人队伍,保证了稿件的学术质量和专栏的可持续性发展。

2003年,教育部启动了高等学校哲学社会科学学报名刊名栏建设工程,同时,我们高等学校文科学报研究会也发起了特色栏目建设和评选活动。十几年来,我们越来越清晰地认识到,要想办好特色栏目,一是要找准定位,突出特色,抢占"人无我有"的先机;然后,更要下大气力,建设作者队伍,挖掘优质稿源,抢占"人有我优"的制高点。我对名栏或特色栏目建设的目标一直有一个较高的期许或期盼,那就是既要有特色,又要有水平,特色与水平必须是统一的。我觉得,只有如此,才会形成可持续发展的态势,才可立于不败之地。在这方面,《长沙大学学报》"长沙文化"栏目可以说做得是比较好的。阅读论文集可以看到,所选文章一般都是主题鲜明、资料扎实、篇幅适中、质量较高的,有一些文章是所属领域的上乘之作,即使放到国内重点大学学报也毫不逊色。

我对湖南有一种特殊的感情，每当说起湖南，就会有一种乡愁从我心底油然而生。

我的父系血统来自湖南，但我本人却是出生在遥远的东北。虽然自幼就从父亲那里接受了湖湘文化的熏陶，对父亲故乡的一切我都充满着好奇和依恋，少年时曾无数次地梦想着能够身临其境，体会"秋风万里芙蓉国"和"芙蓉国里尽朝晖"的美好意境，可是，直到不惑之年，还仍然只是一个观望者，只能远远地遥望着父亲少年时生活过的那片土地。新世纪以来，几次回乡寻根祭祖，但观望者的姿态却很难改变，至今还是远远地遥望着。当然，我知道，我的内心有一股湖湘子弟的情怀，有时会不自觉地流露出来。我也知道，我的这种乡愁，会影响到我对父亲故乡的人和事的判断。不过请放心，三十年职业生涯的磨练，在阅读稿件时保持冷静和客观我还是能够做到的。当我读到《长沙大学学报》"长沙研究"栏目的文章，当然会有一种说不清的亲切和认同，但我更会本着严肃认真的学术精神，依据特色和质量相统一的标准，如实地衡量和评价这些文章的水平和价值。正是在这个意义上，我才敢说我为《长沙大学学报》"长沙文化"栏目所取得的成绩而骄傲，为她的成长和进步而自豪。

写到这里，我不禁双手合十，发自心底地祝愿这个栏目越办越好！祝愿我们的特色栏目建设事业兴旺发达！

蒋重跃

2017 年 11 月 26 日

序二

为建设美丽长沙建言献策

——序《长沙文化研究论文集》

刘曙光

（北京大学　学报编辑部，北京　100871）

随着生产力的发展、社会的进步、人们生活水平的提高，人们的消费已由温饱型向舒适发展型转变，我国社会主要矛盾已经转化为人民日益增长的美好生活需要和不平衡不充分的发展之间的矛盾。非城镇居民希望能尽快进入、融入并享受城市生活；城镇居民则希望城市更美好，更能安居乐业、颐养天年。加快和推动城市的整体性发展，已成为人们美好生活的需要，也是时代提出的一个重大课题。

习近平总书记在党的十九大报告指出："文化是一个国家、一个民族的灵魂。文化兴国运兴，文化强民族强。没有高度的文化自信，没有文化的繁荣兴盛，就没有中华民族伟大复兴。"同样，对于一座城市来说，文化是她的灵魂，文化兴则城市兴，文化强则城市强。文化为城市提升品位、树立品牌、增添活力，在城市发展中起着凝心聚力、成风化人的作用。正因为城市的发展离不开文化的提升，很多城市在推动文化事业和文化产业的发展规划纲要中都不约而同地提出了"文化之都""文化强市"等口号。

那么，"文化之都""文化强市"的真正内涵是什么、它是一个什么样的愿景和目标呢？这恐怕也只能是一个众说纷纭、见仁见智的问题。但是，新思想引领新行动，新愿景开启新征程。这又是城市文化建设和发展不能回避、不能不首先解决的问题。对这个问题的不同认知，直接影响城市管理者总体目标的设定，特别是影响在城市规划、特色文化保护、文化产业发展、健康生活方式以及市民素质提升等诸多方面的决策、举措，并由此带来截然不同的成效或后果。

"文化之都""文化强市"不管有多少种解读，一定要把党的十九大精神作为基本遵循:"推动中华优秀传统文化创造性转化、创新性发展,继承革命文化,发展社会主义先进文化,不忘本来、吸收外来、面向未来",更好构筑城市精神、城市价值、城市力量,为市民提供精神指引,满足市民过上美好生活的新期待。城市文化既要引领和践行先进文化,又要传承和弘扬中华优秀传统文化。在实践创造中进行文化创造,在历史进步中实现文化进步。

有什么样的主编,就有什么样的期刊,主编是一本期刊的灵魂。作为长沙大学学报主编、长沙文化研究所教授,薛其林先生学识渊博,视野开阔,办刊思路明确。他不仅精雕细刻打磨每一篇文章、精耕细作经营每一个栏目、精益求精办好每一期刊物,而且,眼光独到,别具匠心,办刊不落俗套,善于利用地域优势和人才优势,独辟蹊径。正是在"文化强国""文化强省""文化立市"的理念支配下,正是在城市文化研究热潮的推动下,正是在教育部名栏建设工程的引领下,正是在立足长沙、研究长沙、服务长沙办刊理念的自觉下,早在2004年,薛其林主编及其编辑团队、学术团队,审时度势、扬长避短,开设了"长沙文化"特色栏目。该栏目颇具地方文化色彩,不好高骛远,不盲目求大,而是要"经世致用";从历史、现实和未来相统一的维度,来分析和判断长沙文化的发展大势;以新发展理念统领长沙的新作为,着力提升长沙文化软实力;为长沙"构建国家中心城市、实现基本现代化"、成为国际化文化名城建言献策、著书立说。十多年来,该栏目注重选题策划,共发表论文160多篇,所发文章具有思想先导性、风尚引领性、实践指导性,产生了良好的学术声誉和社会效益。

将设立专栏以来的优秀论文结集出版,对于读者更好地了解湖湘文化的真谛和长沙文化的实质,特别是长沙文化的历史渊源、发展脉络和基本走向,更好地服务于长沙城市文化建设,具有重大意义。论文集分为六篇:城市形象与品牌定位,历史文化资源与旅游开发利用,文化资源与特色,社会转型与区域文化演进,重大事件与长沙文化,城市建设与公共管理。遴选出来的这58篇文章,基本涵盖了城市文化发展需要慎重处理几个方面的问题。

第一,如何对待历史文化的问题。包括:如何加强文物保护利用和文化遗产保护传承,如何利用历史文化资源进行旅游开发利用,特别是如何阐发传统文化、革命文化的当代价值和时代意义。如,论文集对历史文化老街建设的意义、作用和发展方向都有精到的研究。第二,如何发展文化事业和文化产业的问题。加快构建把社会效益放在首位、社会效益和经济效益相统一的体制机制。完善公共文化服务体系,深入实施文化惠民工程,丰富群众性文化活动。健全现代文化产业体系和市场体系,创新生产经营机制,完善文化经济政策,培育新型文化业态。第三,如何面对新增外来人口和新老城区的文化融合问题。要增强新开发区新增人口的归属感、认同感、幸福感。长沙文化发展，不仅要考虑周边小城镇的发展，还要处理好长株潭一体化过程中的各种问题。第四，如何培育良好的市民文化素质的问题。长沙在思想和行动的很多方面，敢于开风气之先，走在全国前列。例如，湖南省长沙星沙街道望仙桥社区的时间银行，志愿者可存服务时间享免费服务，并引入微信等比较新颖的平台吸引年轻人参加。"长沙文化"特色栏目以文化铸造城市灵魂，围绕这四个方面的问题，组织刊发了一系列的研究论文，产生了较为深远的学术影响和社会影响。

应该看到，长沙文化是湖湘文化的重要组成部分，是中国特色社会主义文化的重要组成部分。"心忧天下，敢为人先"的长沙精神，是社会主义核心价值观和中华优秀传统文化的生动体现，是文化自觉和文化自信的具体落实。"长沙文化"特色栏目，虽然只是以长沙为个案，研究带有一定的区域性，但是，用文化的力量塑造城市的个性，用文化的力量提高城市的软实力，它对其他城市文化建设的借鉴作用和普遍意义，是显而易见的。

中国特色社会主义进入新时代，十九大精神必将在长沙国际文化名城的建设中形成新的生动实践，及时回应长沙经济、社会发展的重点、热点、难点，进一步推进对策研究和应用研究，进一步进行实践总结和理论概括，这是"长沙文化"特色栏目与时俱进的新课题，祝愿"长沙文化"特色栏目有更多精品力作问世，祝愿长沙大学学报通过栏目建设提升期刊整体水平，百尺竿头更进一步！

前言

发挥文化引领功能，建设美丽新长沙

薛其林

（长沙大学　学报编辑部，湖南长沙　410022）

英国城市学专家霍尔在其代表作《城市文明》一书中提出了"城市黄金时代"的概念和"点燃城市之火"的创造性本质问题，认为在特定时期，城市可以凸显独特的创造力，成为人类文明建设的灯塔，如公元前 5 世纪的雅典，公元 14 世纪的佛罗伦萨，16 世纪的伦敦，18、19 世纪的维也纳，19 世纪末的巴黎，等等，都曾是世界文化版图上令人瞩目的地标，因为它们都拥有自己独特的文脉：自己文化的根、自己文化的魂。今天的中国，可以说已经迈入到了城市发展的井喷期，但最终能否成功到达"城市黄金时代"，关键取决于如何发挥文化的引领作用，努力实现城市文化与城市经济、社会的高度融合，使城市真正成为具有丰富文化内涵和文化格调的有形生命体。

一、文化引领城市发展

文化的生命力源远流长，一部人类历史就是一部人文化成的历史。就一个国家而言，没有科技，不足以强国；没有文化，则足以亡国。就一座城市而言，文化是城市的灵魂，文化力是城市发展的不竭动力。

（一）文化是城市升级发展的"推进器"

首先，文化产业在国民经济发展中的地位越来越重要，已成为城市经济发展的支柱产业。文化产业不仅直接增加了城市的就业机会，还促进了城市经济结构的多样化和产业结构的优化升级，并形成文化产业链。比如随着电视剧《恰同学少年》的热播，激发了人们对传统湖湘文化的向往，一时间参观湖南第一师范的游客激增，由此引发了文化旅游和红色旅游的新热点，并带动了旅游产业链的发展。

其次，文化的发展催化了新经济理论的产生。文化作为资源肥沃的土壤，文化创意作为金种子,能够引发思维方式、价值观念、管理模式和领导决策的革新,能够促进生产方式的转变,能够催化新经济理论的产生,最终实现经济结构的转型升级发展。

再次,文化的发展有利于城市竞争力的提升。哈佛商学院迈克尔·波特教授说过:"基于文化的优势是最根本的、最难替代和模仿的、最持久的和最核心的竞争优势"。从某种意义上讲,文化及文化产业已成为城市"现代化和创新的象征"。

最后,文化产业直接改善城市形象,提高城市文化品位。美国城市文化学家伊里尔·沙里宁有句名言:"让我看看你的城市,我就能够说出这个城市的居民在文化上的追求是什么。"城市是有气质的,构成一座城市的全部魅力,核心在于这座城市的精神品格,即城市文化。

(二)文化是市民精神生活的"调色板"

当今的文化城市是一种新型城市发展模式,其核心是一种以文化资源和文化资本为主要生产资料,以服务经济和文化产业为主要生产方式,以人的知识、智慧、想象力、创造力等为主体条件,以提升人的生活质量和推动个体全面发展为社会发展目标的城市理念、形态与模式。

让市民实现文化权利,享受文化乐趣,丰富"精神营养"。一方面通过精心打造公共节庆文化、广场文化、社区文化等文化惠民工程,着力提升市民文化品位,丰富群众精神文化生活,不断提升百姓幸福指数。另一方面积极拓宽文化服务渠道,开展内容健康、形式活泼,群众乐于参与、便于参与的文化活动。

(三)文化是城市正能量的"磁力场"

城市文化渗透在城市个性与魅力之中,影响着城市发展的层次和水平,文化的这种软实力积累、沉淀、传承到一定程度,就凝聚成为这个城市的精神动力,释放出巨大的张力,成为市民普遍认同并努力践行的核心价值,反作用于城市,对其发展发挥出巨大的推动作用。

作为长沙的亮点和人性光辉的楷模雷锋与"雷锋精神",从文化的角度审视,即是全方位诠释了一个"权位不重""收入不多""文凭不高"的平凡人,如何守望一份人性的良知,如何将个体具备的良知良能转化为社会认可的公益善举,如何在平凡坚守中彰显人性的高尚。这既是我们长沙正能量的具体体现,为长沙城市发展和国际文化名城建设增添了一道亮丽的风采,也是我们当今社会弥足珍贵的精神文化财富。作为城市社会正能量的"磁力场"和"辐射源",雷锋精神的宣传、推广、践行,不仅能够提升市民的生活品味、增进城市的正能量,而且能够有效提升城市的国际知誉度。

这种文化正能量的聚集和辐射,在城市转型升级发展过程中,能够起到无痕换骨、化腐朽为神奇的作用。

国内外的历史经验表明,城市特色因文化而灵动、城市精神因文化而彰显、城市风气因文化而形成、城市形象因文化而展现、城市实力因文化而倍增。

二、文化彰显城市特色

在城市化进程中,厚重文化内涵的提炼和文化魅力的塑造,就能跳出"千城一面"局限,实现"一面压千城"的功效。城市特色从硬件上看,主要体现为以城市空间格局、传统建筑形态及其形成的城市文脉为代表的城市物质遗产;从软件上看,则集中体现在以生活方式、价值取向、市民精神、风俗习惯、审美特质等为代表的城市非物质遗产上。两方面结合起来,既构成了一个城市与其他城市区别的标签属性,也构建了一个城市特有的内部认同体系。而这一切都离不开城市文化的影响与渗透。无锡、苏州等千年江南古镇之所以能够传留至今且魅力四射,靠的就是千年文化的传承与渗透。

(一)山水文化塑造城市的"形"

城市如人,风韵天成。长沙是世界上少有的山水洲城,特有的山水与地域文化,浑然天成,映衬出勃勃生机,散发出千年的魅力与韵味,彰显着现代的活力与张力。依托这座特色鲜明的山水洲城和底蕴厚重的人文景致,长沙打造国际文化名城就有了底气和把握。

(二)历史文化凝聚城市的"气"

历史留下文化,文化记忆历史,凝练智慧,智慧在传承文化中创造未来。所以,文化是连接历史、现实、未来的纽带。失去文化这个纽带,国家、民族都不会长久。国家民族如此,一城一地更是如此。

长沙拥有丰富的历史文化资源,物质型文化,如二十世纪全国最重大考古发现之一的长沙走马楼三国吴简、被称为"汉文化博物馆"的马王堆汉墓、开创了中国彩瓷时代的长沙唐代铜官窑遗址、古代四大书院之一的岳麓书院、代表"孝"文化的定王台、有"先有开福寺,后有长沙城"美誉的"禅"文化圣地开福寺、代表我国商代青铜器制造技术巅峰之作的四羊方尊、代表西汉织造工艺最高水平的素纱襌衣等等,数不尽数。非物质型文化则包括传说、节日、饮食、宗教、祭祀、民间艺术等。在长沙市第一批非物质文化遗产名录中,戏曲类的就有长沙湘剧、长沙花鼓戏、长沙弹词、浏阳古乐等,民间手工艺和工艺美术类的有湘绣、浏阳花炮、菊花石雕、铜官陶瓷、望城剪纸、长沙棕编以及湘菜、传统小吃、中医药等。其中火宫殿火神庙会、湘绣、湘剧等已经成功申请为国家级非物质文化遗产。

(三)名人文化锻造城市的"神"

江山代有人才出,各领风骚数百年。长沙历来是一座名人之城,古有湘楚文学开创者、爱国诗人屈原，南北朝及隋唐时期的书法大家欧阳询，西汉著名思想家贾谊，南宋著名的理学家、教育家、诗人朱熹，明末大思想家王夫之，清代著名经世思想家和政治家陶澍等等。各界翘楚，构建了湘楚文化璀璨丰富的历史，沉淀出了湘楚文化"经世致用、兼收并蓄"的思想内核以及"心忧天下，敢为人先"的精神气质。时至近代，长沙文化名人井喷泉涌，成为中国社会变革的中流砥柱。以《辞海》为据，近代湖南名人占至44人，居全国榜首，这其中长沙占到一半以上，还有不少虽不在长沙出生，但是在长沙就学成才、建功立业的。晚清时期的一代军事家、政治家曾国藩、左宗棠、胡林翼等，创建近代新式湘军，立下赫赫战功；戊戌流血变法第一人谭嗣同、辛亥首臣黄兴、护国将领蔡锷、政党政治第一人宋教仁等成为推动近代中国社会变革转型的开路先驱；而毛泽东、彭德怀、刘少奇等革命领袖更一手缔造了社会主义新中国！文化学术界更是灿若群星，有哲学家金岳霖、蔡仪、李泽厚；历史学家周谷城、杨荣国以及语言文字学家杨树达；教育家胡元倓、朱剑凡、符定一、易培基等；"文艺湘军"有作家萧三、丁玲、周立波；美术家齐白石、杨应修、李立；剧作家田汉、欧阳予倩；音乐家黎锦晖、吕骥、王人美等。

"惟楚有才，于斯为盛"。正是这些文化名人的巨大作用和引领，中国艰难地完成了制度变革和社会转型的进程，走出了落后挨打的古代、走上了复兴发展的现代强国之列。这些文化名人无与伦比的功业，定格了长沙开拓创新、包融开放的城市品格、锻造了"心忧天下，敢为人先"的长沙精神。也正是这种厚重的城市精神为现代长沙文化事业和新型城市发展注入了不竭的动力。当下，长沙以"快乐"文化兴城，涌现了一大批文化名人。金牌制片人罗浩、华文数据库掌门人唐五一、金话筒汪涵、著名儿童文学作家汤素兰、南派相声领军人物大兵、知名动漫导演贺梦凡、官场小说作家王跃文、女书使者陈立新……他们都是勇于打破常规、敢于创新的文化使者。正是这些人十年如一日的坚持和不断创新，才演绎出一段段令人仰慕的长沙文化传奇。

（四）创意文化增进城市之"智"

文化强调创意和创新，并以其强大的创造性激发城市的活力，直接构成城市竞争力的主要来源和核心要件。创意文化既是浓郁传统文化之新芽，又是助推传统文化转型升级之内核，是新媒体时代背景下城市转型升级发展的智慧源泉。

素以"敢为人先"著称的"文化湘军"，在创意文化产业的发展道路上亦抢先领跑，特别是在影视传媒、新闻出版、演艺娱乐、动漫游戏、民间工艺等创意文化产业领域，在全国名列前茅。在"十一五"及"十二五"文化规划中，长沙市政府对城市文化产业布局都做了战略性规划，提出"一轴两翼三城"的战略构思，大力扶持新兴文化创意产业发展，全力实现"长沙国际文化创意基地"的发展目标。其中，

"三城"即金鹰影视文化城、麓谷动漫游戏城、岳麓山大学城已成为长沙文化创意基地具有标志性建设水平的多功能区域。另外,政府还把天心文化产业园、雨花创意产业园、星沙文化创意产业园等具有独特性和示范性园区,以及长沙市"十大文化产业基地(街区)"与"一轴两翼三城"等进行整合,共同构建了长沙国际文化创意基地大本营的全新整体格局。

三、文化提升城市品位

城市品位是一个城市发展的魅力与潜力所在,文化的积淀奠定品位的基调,文化的发展触动品位的脉搏,文化的融合凝聚品位的灵魂。提升城市品位应该明确自身的文化基调,必须彰显文化传统和特色,需要掌握时代的脉搏律动而与时俱进,并将文化的内核凝聚成文化品格,由内而外呈现出浓郁的地域特色。

(一)文化的积淀奠定城市品位的基调

提升品位的前提是找准品位的基调。现如今,随着历史文化保护意识的不断增强,一些城市尤其是旅游城市又走向了另一个极端,不同程度地掀起了一股复古热潮,仿古建筑大量修筑,仿真古董批量生产,旅游产品大量复制和雷同。过犹不及,这些简单复制和粗制滥造的文化产品,不仅无助于历史文化的保护,无助于城市特色的塑造,反而人为地破坏了城市的本来面貌,降低了城市原有的品位和基调。毕竟城市品位依托的是真实可触的历史文化及其载体,而绝非人造的仿真品。

如何确定城市品位和基调?关键是通过文化这个桥梁,科学处理历史与现代、古城与新城、保护与开发等要素,合理对接,巧妙融合,全方位、多角度地辉映出城市文化之光辉。

(二)文化的发展触动城市品位的脉搏

在历史的多幕剧中,从来不乏长沙精英的身影。随着洋务运动、戊戌变法、辛亥革命、新文化运动、抗日战争的历史律动,长沙文化的音符闪耀,城市独特的文化品位和卓越的文化影响得以凸显。现代长沙城市建设,首要考虑的就是如何从文化入手,合理把脉区域文化律动和文化音符,科学规划,全方位调动文化功能,使之成为浏阳潮涌、湘江波动的内驱力。

(三)文化的融合凝聚城市品位的灵魂

文化不断融合的过程,也是城市灵魂不断凝聚的过程。经过古老文明与现代文明的不断碰撞与交融,历史与现实的反复叠加与检验,长沙文化历练出"心忧天下,敢为人先"的精髓,从而赋予了长沙城市品格兼具浪漫情怀与坚韧性格的灵魂。

然而,在快餐文化盛行的当下,科技的进步虽然提高了工作效率,提供了生活便捷,却也带来了偏重物质享受的价值倾斜和急功近利的浮躁心态。这不仅使得城市品位大打折扣,而且还降低了人们的幸福指数。现代都市人既遗失了仰望星空的浪漫情怀,又消弭了脚踏实地的坚韧性格。忽视文化发展规律的过度开发,导致了城市灵魂的丢失和城市病的蔓延。

人是文化的主体,城市的品位最终落实为人的品格。就仿佛在海德格尔的哲学世界里,人应该诗意地栖居在大地上一样,现代长沙人只有通过回归浪漫情怀和坚韧性格的本真复位,才能真正诗意地栖居在长沙这座最具幸福感的宜居乐和城里。

四、文化铸就国际名城

文化是铸就国际名城的核心竞争力,发挥文化的显隐功能,是城市发展永不枯竭的活力源。清代学者王国维在《宋元戏曲史序》中谓:"凡一代有一代之文学:楚之骚,汉之赋,六代之骈语,唐之诗,宋之词,元之曲,皆所谓一代之文学,而后世莫能继焉者也。"同样,一城有一城之文化,离开了文化的浇灌,城市将是一潭死水。纵观世界文化名城,皆因文化而精彩,巴黎的时装、维也纳的音乐、慕尼黑的啤酒、伯尔尼的钟表、苏黎世的金融、好莱坞的电影,西安的古朴、上海的现代、苏州的园林、景德镇的瓷器……离开了文化这个灵魂,洞庭之水、岳阳之楼何以闻名天下?可见,国际名城终须文化来铸就。

(一)增进文化自觉,夯实名城建设基础

借用著名社会学家费孝通先生的观点,文化自觉是指生活在一定文化历史圈子的人对其文化有自知之明,并对其发展历程和未来有充分的认识。换言之,增进文化自觉就是要让市民对其所在城市的文化在情感上认同,在行为上归属,达到内化于心外化于行的境界。文化自觉具有鲜明的群众性特征,表现为文化对大众的吸引力和向心力。

(二)提升文化自信,助推名城建设步伐

文化自信是对文化生命力的信念和信心,是在对本土文化的理性审视以及与异种文化的对比借鉴后,所形成的对自身文化独特内涵的崇敬感和自豪感。提升文化自信的前提在于正确认识自身文化。能否正确辨认,则取决于有没有独特的文化符号。首先,文化要具有特质性。第二,文化要具有优质性。

(三)实现文化自强,打造名城建设品牌

习近平总书记在党的十九大报告指出:"文化是一个国家、一个民族的灵魂。文化兴国运兴,文化强民族强。没有高度的文化自信,没有文化的繁荣兴盛,就没有中华民族伟大复兴。"党的十八大报告也指出:"文化是民族的血脉,是人民的精神家园。全面建成小康社会,实现中华民族伟大复兴,必须推动社会主义文化大发展大繁荣,兴起社会主义文化建设新高潮,提高国家文化软实力,发挥文化引领风尚、教育人民、服务社会、推动发展的作用。"可见,文化是引领城市发展不可或缺的软实力,在彰显城市特色、提升城市品位、铸就国际名城方面有着深远而重大的影响。

目　录
CONTENTS

01

城市形象与品牌定位

长沙城市品质建设的三个维度

薛其林　蒋晓东

（长沙大学长沙文化研究所，湖南长沙　410022）

　　从关注城市建设的速度到关注城市发展的质量,从关注城市中的"物"的建设到关注城市中的"人"的生活舒适性和幸福感,全面提升城市品质、提高市民生活质量,已成为主导现代城市发展和城市建设的一大趋势。随着全面小康之市、两型引领之市、秀美幸福之市和产业倍增、收入倍加、城乡品质倍升"三市""三倍"城市发展目标任务的确定,长沙"高品质"城市建设大幕开启,秀美城市与宜居城市的期盼再次撩动人心。

　　城市品质蕴含于城市物化的形式和城市市民生活之中,集社会生活质量、社会信誉、社会责任和文化于一体,是一种看得见、摸得着、感受得到的品位。物质因素是城市建设质量的重要基础,文化因素是提升城市品位的重要依托。市民主体对所在城市的认同感、归属感、安定感、满足感,以及外界人群的向往度、美誉度是衡量城市品质的重要指标。文化的积淀奠定品位的基调,文化的发展触动品位的脉搏,文化的融合凝聚品位的灵魂。因此,品质城市建设的关键在于提升城市的文化精神内涵,重点是将城市精神、城市文化融入城市建设和发展的各个方面。合理借鉴国内外品质城市建设的经验,着眼古朴与现代相融的城市格调、淡雅闲逸的人文梦境、开放包容的君子气象三个维度,营造自然景观和人文景观和谐的高品质长沙,不失为一种思路。

一、古朴与现代相融的城市格调

　　提升城市品位、彰显城市品质的前提是找准城市品位的基调。从城市建设发展规划来看,城市的品质在于城市建设的基本理念以及基于这个理念所选择的城市建设的基本格调。独特的城市建设基调与风格是凸显城市品质的关键所在,"千城一面,万街一色"与品质城市建设的理念是背道而驰的。城市的独特魅力来自于城市独特的文化气息,而这种独特的文化气息又源于城市的历史传承和文化积淀。在现代城市建设思路中,坚持开发与保护并重,既注重以现代科技手段打造智慧城市,让广大市民享受到现代生活的各种便利,又注重保护与传承城市的历史文化,留住城市历史和人文的印记,延续城市文脉。因此,在城市建设和改造中,将城市深厚的文化传统有机地融入现代城市,打造出古朴与现代交相辉映的城市风格,是彰显城市特色、提升城市品质的必然要求。

如何实现传统与现代两者的融合与统一,成为我国城市建设所面临的重要难题。"历史是城市的根脉,文化是城市的灵魂。"[1]古朴的建筑凸显出城市的沧桑感和历史厚重感。与一座座古朴建筑有关联的古老故事和美丽传说,常常将人们带入到对过去生活的遐想,给人一种亲切感;厚重的城市历史和文化,给人以归属感和自豪感。现代建筑凝聚着现代科技发展的最新成果,以高大、时尚的外型以及快捷的信息技术给城市带来活力与生机。在现代城市发展的过程中,蕴藏于城市建筑之间的现代科技元素正在悄然改变都市人的生活,为市民生活带来各种便利,引起了人们对于美好未来的憧憬。毋庸置疑,充满现代科技元素的"智慧城市"已经成为现代城市发展的潮流与方向。因此,品质城市建设,需要让古朴与现代两种元素彼此之间各司其职、相映成趣,共同绘制出美妙和谐的城市画卷。

浙江乌镇因其古朴与现代的有机结合正在成为现代城市建设的新典范。乌镇是一座有着7000多年文明史的江南小镇,它曾经受了古朴与现代两种元素之间的角力。为了迎接首届世界互联网大会,乌镇那些由石板路、青砖、老房子构成的古朴建筑需要进行数字化、智能化的升级改造,需要添加光缆、Wi－Fi、视频监控等现代科技元素,这就给小镇原有的"小桥流水、桨声舟影、白墙黛瓦"的古朴风情带来了严峻挑战。为了解决两者之间的相互冲突,使原始的古朴风情在最大程度上能够保持原貌,乌镇在进行互联网建设施工时全部采用比较隐蔽的方式,比如光缆沿着河道、沿着老房子的屋檐通过,并大多被固定在比较隐蔽的角落;天线、机盒甚至卡钉都经过美化处理,被涂上古朴的黑色。正是采取了这些有效的工作手段,不但成功地将互联网基因植入了这座千年古镇,而且使得现代的网络技术设备如原有的路标、指示牌一样成为了小镇外观上的重要点缀,有机地融进小镇古朴的环境和氛围之中。正是这种古朴与现代元素的精巧融合,才打造出清新、典雅、自如、快捷、方便、高效浑然一体的城市格调,才衬托出乌镇与众不同的品质和特色。

长沙作为历史文化名城,有着深厚的文化底蕴和历史传承资源。然而,在长沙城市的现代化建设过程中,城市改造升级与历史文化保护传承之间似乎总是处于矛盾与冲突之中。比如老城区改造升级后,一批批有着上百年历史的老公馆、老建筑、老街区不断被现代钢筋混凝土所吞没,那些曾经见证过长沙城市千年沧桑的历史痕迹正在被逐渐抹去。保护好城市的文物古迹和文化遗产,留住城市的历史文化印记,已是迫在眉睫。因此,品质长沙的建设必须妥善处理好城市现代化建设与历史文化名城保护之间的关系,要在进一步挖掘富有现代价值的历史文化资源的同时,加强对城市历史文化遗存的保护、修缮和恢复,以延续城市文脉、塑造城市特色,打造传统文化与现代文明交相辉映的城市格调。

二、淡雅闲逸的人文梦境

"城市,让生活更美好"。联合国人居组织在 1996 年发布的《伊斯坦布尔宣言》中明确指出:"我们的城市必须成为人类能够过上有尊严、健康、安全、幸福和充满希望的美满生活的地方。"[2]品质城市建设的出发点和最终落脚点就是为了提高城市居民的生活品质,满足人们对于高品质生活的向往。

什么样的生活才是高品质的生活呢?自古以来,人们对于高品质的美好生活进行了不懈追求。在中国,陶渊明笔下所描绘的"世外桃源"虽历经千年却魅力不减,因为它充分体现了中国人对于静谧、淳朴、自然等美好生活环境的追求。在西方,许多思想家、文学家则强调了"闲暇生活"对于人类高品质生活的重要性。古希腊著名哲学家亚里士多德认为,"闲暇是全部人生的惟一本原"[3],高品质的生活、真正的幸福存在于劳作之余的"闲暇之中"。著名作家萧伯纳同样认为,劳动和工作是人们必须去做的事情,而休闲才是人们喜欢去做的事情。马克思指出:"劳动是人的第一需要""实践是人的存在方式",但马克思同时也强调"自由时间"对于人的全面发展的重要意义。由此可见,高品质的生活是劳动与休闲的辩证统一。对于处于高强度工作状态和快节奏生活状态中的现代都市人而言,休闲生活本身就是追求幸福生活的重要组成部分,而自由支配时间的休闲活动的有无与多少正是衡量生活品质高低的重要标准之一。

同样,高品质的生活除了具备休闲时间之外,还应具备高品质的休闲空间,这是人们所忽略而现代高品质城市生活所不可少的。休闲空间指的是人们从事休闲活动的场所,诸如城市广场、大型购物中心、城市公园、森林公园、各级遗产保护地、主题公园、各类旅游度假区/景区、各类艺术馆/厅、博物馆、图书馆、电影院、运动/休闲/养生场所,甚至学校、科技园区、社区棋牌室、娱乐厅等城市居民进行休闲活动所必需的场地、设施。其实,完整的休闲空间还应该包括蓝天白云等优美无污染的自然环境,如陶渊明笔下的"世外桃源"。1933 年在希腊召开的"现代建筑"国际会议上通过的《雅典宪章》明确提出了城市的四大功能:居住、工作、休闲和交通。随着城市化的快速发展以及人们休闲时间的增多,在城市布局中增加相应的休闲空间满足人们日益增长的文化和精神需求,对于社会的和谐发展以及提高个体的生活质量有着越来越重要的意义。

市民对休闲时间和空间的需求,既能够缓解工作、生活中的压力,又能够促进城市的休闲消费、带动城市休闲产业、促进城市经济的健康发展,对于良好城市生态环境、良好城市形象的塑造有着重大的意义。因此,品质城市建设既要提供休闲时间,更要营造休闲空间,即营造一个市民幸福生活的淡雅闲逸的人文环境。

成都是我国著名的休闲城市,淡雅闲逸的城市环境铸就了成都人别致的生活品质。宽窄巷子、锦里、文殊坊,城市特色餐饮、居民的娱乐消遣和消费习惯,共同烘托出成都安逸闲适的城市氛围。宽窄巷子作为普通市民娱乐休闲享受的天堂,保存着老成都的"慢生活"与"闲生活",成为市民们茶余饭后休闲的好去处,体现了最市井的成都民间文化。在这里,居民可以坐在街边小茶馆的竹椅上喝着盖碗茶,品着小吃,和朋友有一句没一句的闲聊……"一杯盖碗茶""几局龙门阵",顺其自然,逍遥安逸。那个惬意度、舒服感,只可意会。无数外地游客来到宽窄巷子,享受着老成都最古朴的生活状态,感受着成都舒适淡定的休闲文化,似乎在这里找到了自己的归属。"少不入川,老不出蜀""成都,一座来了就不想走的城市",道出了人们对于成都淡雅闲逸的人文环境的留恋与不舍。

淡雅闲逸的人文环境同样是品质长沙建设的内在要求。淡雅闲逸的人文环境涉及到城市建设的经济、政治、文化、社会、生态等方方面面,需要经济良好发展的物质基础,需要人与自然和谐共生的生态环境,需要人与人之间和谐相处的社会条件,需要多种多样的"人人参与"的活动空间和载体。目前,长沙的休闲文化生活建设取得了一定的成就,湿地公园、歌厅、酒吧等不仅为本地居民提供了重要的娱乐场所,而且也吸引了广东、湖北等临近省份的游客前来消遣。然而,在长沙,真正属于寻常百姓的"人人参与"的文化品牌活动和休闲场所仍然少之又少。上述休闲方式与场所由于消费水平、时间安排等方面的原因而未能真正融入到普通市民的日常生活,它没有成为普通市民日常工作之余的休闲娱乐生活的一部分。因此,品质长沙建设必须从城市休闲街区与园林建设、城市特色餐饮、市民文化活动品牌等不同方面入手,以此来营造淡雅闲逸的城市人文环境,让市民能够在快节奏的工作之余享受到一份属于普通百姓的恬静与安然。

三、开放包容的君子气象

文质彬彬,然后君子。城市的品质如何,既体现在城市主体市民的自我感受,更体现在城市客体即外来游客的评价。这种评价既体现为对城市的空间设计、布局和生态环境等硬件形式上,更体现为对城市主体"人"的素质内涵上。

城品如人品。城市的主体是人,市民的素质是城市品质的基础。山美水美人更美,市民素质直接决定着城市精神风貌和城市品质,"市民素质高一分,城市形象美十分"。因此,市民素质建设是城市品质建设的核心内容,提升市民的文明素质是提升城市品质的关键环节。从内容上来看,市民的文明素质主要包括市民的健康素质、思想道德素质、文化素质、科学素质、法律意识、生态意识等;从现实表现来看,市民的文明素养主要体现在市民对于他人尤其是外来居民和游客的包容程度。

开放包容既是城市居民文明素质的重要表现,也是十分宝贵的城市品格。一个城市要想海纳百川、兼收并蓄,其市民则需具有开放包容的气度和涵养。但凡充满活力的发达城市、先进城市,都能坚持做到开放包容。因为只有开放才能包容,只有包容才能合作,只有合作才能发展。

"开放包容是一种观念、文化和品质",这种观念就是以人为本、与人为善;这种文化就是民胞物与、谦恭礼让;这种品质就是平和大度、淡定从容。"泰山不让土壤,故能成其大;河海不择细流,故能就其深"。开放包容就是要有"海纳百川"的气度,就是要打破唯我独尊的理念,就是要破除"拔一毛利天下而不为"的自我自私观念,就是要摒弃"关门宰客"的陈规陋习,真正做到不欺生、不排外,以开放、包容、接纳的心态吸纳各种有益资源和文化。

新加坡是一个多元文化交汇的国家。新加坡政府一直都在致力建立一个开放、不排外的包容性社会。其首都新加坡市长期居住的居民主要由华人、马来人、印度人和欧洲人四大群体构成。在新加坡的城市建设中,不同民族的文化和生活方式都能够在这里得到体现,如代表中华文化的"牛车水"、充满印度风情的"小印度",展示欧陆风格的"德国餐厅"和"英式酒吧"。在市民教育方面,新加坡政府在规定学生必须学习英语和西方先进文化的同时,鼓励并要求各族群学生学习自己本民族的语言。正是基于政府倡导的开放包容理念,在新加坡,本地居民和外来朋友都能够和谐相处。同样,国内四川成都市因市民具有包容的君子气度而彰显出比美景、美食、美女更诱人的城市个性和标签,"成为外籍人士最青睐和喜爱的中国西部城市"[4]。其他城市如山东烟台,亦因市民热情、实在、宽厚、包容、仁义、大气的人文风情和独具特色的地域文化,而有"好客休闲之都"的美誉。

民胞物与是中华传统品德,是衡量一人一地的重要评价标准。在"2013 年中国 50 个重点城市包容度排名"中,长沙名列第 32 位,入选"中国急需提升包容度的城市"[5]。虽然这一排行榜主要是从人口结构来考察城市的包容度,在排序的合理性上存在一定程度的偏颇,但长沙城市的包容度不高、长沙市民的包容度不高,却是我们不能否认和回避的问题。一直受"开放、包容、创新"的湖湘文化熏陶的长沙人历来兼容大度,但一些市民在现实生活中的表现,又常常会令外地人误读长沙的城市形象。比如,在作为城市形象重要展示窗口的公交车、出租车服务中,部分司乘人员习惯上使用长沙话而非普通话,语气霸道而不柔软,这导致许多外地人对长沙敬而远之。由此可见,开放包容的市民素养、海纳百川的城市文化是品质长沙建设的基础性工程,只有营造文明有礼、热情好客的城市人文品质,才能让不同民族、不同语言、不同文化背景的人相聚长沙,都有宾至如归的感受。

参考文献:

[1]李克强. 用科学方法提升新型城镇化质量[N]. 人民日报,2014 - 11 - 29.

[2]刘绍本. 大力提升城市的"精气神"——谈文化软实力在城市建设中的地位[J]. 大舞台,2008,(5).

[3]亚里士多德选集(政治学卷)[M]. 颜一,译. 北京:中国人民大学出版社,1999.

[4]城市包容度成都排名第一[N]. 成都商报,2010 - 08 - 31.

[5]2013 年中国 50 个重点城市包容度排名[EB/OL]. http://news. xinhuanet. com/city/2014 -06/04/c_126578194_3. htm,2016 - 06 - 04.

也谈长沙城市品牌的打造

蒋 益

（长沙大学旅游管理系，湖南长沙　410003）

一

　　城市品牌，这个概念对人们来讲已经不陌生。任何一个城市都需要企业化、市场化的经营，才能加快城市的发展繁荣。

　　城市品牌究竟是什么？其实就是人们对这座城市的印象，良好的印象将带来对这座城市的认同：巴黎在人们心中是时尚之都，纽约则是世界金融中心。城市品牌是城市营销的产物，体现着这个城市的功能和文化。宣扬城市功能的时候，我们不应忘记这个城市所独有的文化特点。因为，一个城市品牌只有传承它所固有的特色，汲取其历史和文化的营养不断塑造和美化自己，才会具有真正的魅力。城市品牌存在的价值是它在世界上的定位和不可替代的个性，只有拥有了特色和个性，品牌才会具有持久的生命力。

　　杭州作为著名的旅游城市，自古就有"人间天堂"之称，其"休闲之都"的城市品牌已被世人广泛接受；香港以"动感之都"的城市品牌每年吸引着1000多万旅游者；大连作为中国一个普通的海滨城市，上世纪90年代后期大力发展旅游业，用旅游的眼光精心打造"浪漫之都"的城市品牌，获得了巨大成功。从这些案例中不难发现，无论是传统的旅游城市还是新型的旅游城市，其城市品牌都十分鲜明，而且对城市经济的发展起到了巨大的作用。

　　在全球经济一体化的进程中，品牌在经济发展中的作用日益凸显出来，当城市被纳入经营范畴后，城市品牌的地位也越发重要。可以说，一个城市的发展速度取决于城市形象，而由城市知名度、美誉度和认可度形成其外延，由城市文化形成其内核的城市品牌便是其中的关键因素之一。

　　品牌的魅力众所周知，品牌文化是通向世界文化的护照，是通向成功的门票；品牌文化体现着趣味、魅力，更体现着消费者认知的生活态度。品牌文化是塑造品牌、传播品牌的重要元素,一个产品的品牌文化只有具备了鲜明的特色,具备了吸引消费者的独特之处,其品牌的塑造才算是完整和具有竞争力。品牌的文化是一个品牌最核心的所在,是一个品牌区别于其他品牌的独特差异,是一个品牌的标志。一些著名品牌之所以屹立百年不倒,就因为它们始终遵循着自己的定位并保持着与竞争对手的差异。当我们把握了品牌的内涵之后,对于城市品牌的内涵就易于理解了。

所谓城市品牌,是指一个城市在推广自身形象的过程中,根据城市的发展战略定位所传递给社会大众的核心概念,并得到社会的认可。由此可知城市品牌的打造包含着四个重要理念。一是城市发展战略,要确定城市品牌必须首先明确城市发展战略,即方向。其次是城市定位,也就是要解决城市要发展到什么地步的问题。这个定位必须是合适的,可行的,准确的,丰富的,并且有鲜明的个性。第三是城市文化,也就是一个城市的文化主张,这个文化应该有良好的底蕴,有悠久的历史,有浓厚的氛围作支撑。它的作用是让一个城市"活"起来,"生动"起来,"形象"起来,"亲切"起来,从而吸引人们的关注。现代社会是眼球经济时代,谁吸引了世人的目光和注意力,谁就赢得了成功,城市的发展也不例外。四是名牌企业群的建立。名牌企业群能极大地提升城市的知名度,并有助于增加政府的财政收入,拉动经济,促进经济气候的形成。

二

长沙北控荆楚,南领桂粤,东接浙赣,西引川黔,据中华腹地,扼南北要冲,素有"荆豫唇齿,黔粤咽喉"之称,战略位置十分重要。长沙在中国南方的主要城市中历史最为悠久,曾是最重要的战略、经济及文化中心。目前,从经济总量、经济结构、经济效益等子系统指标看,长沙的经济实力在全国居中上水平,而第三产业发展迅速,已跃居全国城市上游水平,对外开放程度也居全国前列。

长沙独具的湖湘文化的深厚底蕴,使它在历经2000多年的风雨洗礼后,依然鲜活地挺立于中国城市之林。然而,综观中国城市的发展,周边城市如武汉、广州、重庆、成都正大步流星地前进欲进一步拉大与长沙的距离,另一些城市如南宁、昆明、贵阳、合肥、南昌正在埋头苦干欲缩小与长沙间的差距。当此之际,长沙如何发展,如何铸造城市品牌便成为城市经营者亟待思考的问题。

有学者将长沙定位为文化生态型旅游城市,历史名城的代言人。其依据是长沙以文化立市,历史文化是使长沙屹立于中国城市之林的核心因素,是长沙的灵魂,这就使得长沙与许多后起的城市新秀不同,属于两种完全不同的城市发展模式。长沙因为深厚的历史文化的积淀而有了生命的根,历史文化也因为长沙的不断发展而得以传扬。因此,长沙的发展战略便是立足深厚的湖湘文化,逐步走向国际化城市。笔者认为,历史文化可视为长沙的得天独厚的基础,但若将之作为城市定位则太滥,因为中国有近百座历史文化名城:若将之作为城市品牌的内涵又太泛,作为城市品牌内涵的文化必须是城市文化的重中之重。李映辉教授曾提出,能否将长沙定位为中国中部休闲之都,笔者对这一定位持趋同的态度。

就目前情况而言,长沙的经济区位优势不容乐观,南广州、北武汉这两个特大型的都市经济圈给长沙经济发展带来了相当大的挤压,"珠三角"的外向型经济与"长三角"的内涵型经济使得长沙的特色经济相形见绌。那么在广州、武汉这个中间地带,长沙将扮演什么样的角色呢? 笔者认为,既然长沙自古以来商贸发达,商贾云集,素为江南商品集散中心,那么就已经初步具备了打造国内的商业中心与旅游休闲中心的先天优势。笔者浅析,要做到扬长避短、化劣势为优势、提升核心竞争力,可以考虑适度集中一定资源,发展以休闲文化为特色的休闲旅游。不妨问一问到过长沙的旅游者,长沙给他们的最强烈、最深刻的印象是什么? 答案肯定是:长沙是一座典型的休闲娱乐型城市。在中国社会科学院最近公布的一项全国城市综合实力研究报告的排名中,长沙的综合实力排名35位,文化实力为25位,而休闲娱乐类排名竟为第1位,这也是一个很好的例证。

一座城市的品牌营造,不仅需要一些不同于其他城市的独特之处,如城市文化、城市氛围、城市生活……;同时,还需要一些能在人们心中叫响的产品品牌来作为这座城市的特征而为人称道,就好比亚特兰大的可口可乐,巴黎的香奈尔……。城市品牌代表了这座城市、这一地域的独特吸引和典型文化,自然而然的这个城市的文化也势必表现了这座城市的风情特征。当城市文化及其文化产业品牌不断扩大其影响时,人们就会透过文化产业和文化产品了解产地,这时候,产业品牌与产品品牌将成为城市的代表。

如何才能更有效地打造城市品牌呢? 一言以蔽之,推广其文化产业及产品品牌,或者说在城市文化与城市品牌两者之间找到共同的切入点。长沙比较中国其他城市,到底有哪些不同呢? 北京有雍容之美,上海有时尚之美,广州有创富之美,长沙则有生活之美;城市可以复制,时尚可以追赶,财富可以累积,而生活方式却有着独一无二的城市竞争力。从近几年长沙在国内知名度上升的原因来看,多是因生活方式而引人注目。所以,"长沙生活方式"就是这个城市最大的亮点和特点,显示出长沙在千年文化底蕴熏陶之下的一种自然的生活状态:悠闲、平和、优越。当我们悟出长沙城市文化与城市品牌的共同点是长沙人的生活理念时,可以擦出火花的交汇点便找到了。

城市品牌代表城市形象,而城市形象与城市的魅力相关,魅力所能附着的就是生活方式,生活的趣味和生活的质量。世人关注长沙,就是因为这座城市所提供的生活方式。与上海广州比较,上海城市文化的主流是小资文化、广州城市文化的主流是商人文化,长沙是顶级的市民文化。富者可以休闲,贫者也可以休闲,这是一种非常祥和的社会环境。在中国各城市都太浮躁、辛苦、功利的时候,长沙倒不失为中国一个有价值的休闲平台。长沙生活方式贴上了品质生活的标签,代表着休闲的、有趣味的、不功利的、自信的、亲和的、品味优越感觉的生活态度。

三

长沙的休闲文化在全国很有名。一位长沙作家曾经说过:严格说来,长沙不是一座工业化的创业之城,而是一座生活化的消费之城。在引领前卫娱乐潮流,享受时尚消费方面,长沙堪称一座先锋之城。

媒体传播业是长沙基础最好、实力最强的休闲产业门类之一。广电业是长沙媒体传播的主体。湖南卫视现已覆盖全国 27 个省会城市、290 个地市级城市、1640 个县市级城镇和大中型企业的有线电视网,覆盖人口过 3 亿,成为全国收视率很高的栏目。央视调查咨询公司曾对全国 40 个卫星频道的观众满意度做过一项调查,湖南卫视排名第 7,仅次于中央台的 5 个频道和香港凤凰卫视中文台。

长沙文化旅游产业发展迅猛,拥有星级宾馆近百家,其中五星级和准五星级的有 10 家、四星级 20 家,旅行社 120 家。在旅游资源和旅游景点方面,长沙有旅游度假区 5 个,景区景点 170 余处,旅游从业人员 6 万人,是我国旅游网络中的一个重要的中心节点,已经完全具备了重要旅游目的地应有的相关产业规模及服务功能。旅游综合实力在 54 个首批中国优秀旅游城市中排名第 18 位。

长沙是湖南出版产业的中心与基地,集中了全省全部图书出版社 12 家、电子音像出版社 5 家和音像复制单位 7 家。有面向社会发行的报纸 33 种,正式期刊 183 种。定王台书市是中国最大的书市。

长沙的文博会展业主要包括文物博览、文物仿制品、文物商业、交易会展及其相关服务业等行业。长沙是全国著名的文物大市。长沙的清水塘的艺术品市场在全国小有名气,每年的成交金额在 5000 万元左右。长沙的会展业起步较晚,但起点高、发展快,近年来先后成功地举办了高交会、农博会、文博会、书市等全国性的大型会展,造成了全国性的影响。随着经济的发展和场馆建设的完善,会展业将得到更快的发展。

长沙已基本上形成了一个门类较为齐全的体育消费市场,全市体育市场经营单位 500 多家,主要经营项目以健身娱乐休闲为主。体育娱乐健身休闲用品及名牌体育服饰品销售市场也发展很快,经营单位在 200 家以上。近年来,长沙依靠社会力量,加快场馆建设,建成了一批高尔夫球场、网球场、室内游泳馆、滚轴溜冰场和卡丁车赛车场、室内田径场、射击馆等高档次的体育设施,极大地改善了设施状况。

长沙的酒吧是酒吧文化中的异类。在长沙酒吧兴起之始,歌厅文化就扮演着"保姆"的角色。不少酒吧都辟有演艺场地,有些甚至成为酒吧的支柱。为不少泡吧族所追捧的魅力四射酒吧的"韦小宝"形象,便是脱胎于低俗歌厅文化的典型。处处歌舞混杂、一片人声喧哗成为湘派酒吧区别于京派、海派等风格流派的典型特色。

长沙有洗浴场所1793家,可谓鳞次栉比,洗浴城成了星城一道颇具特色的风景。最近,湖南作家于建初推出小说《脚都》,描写洗脚按摩这一休闲产业背后的文化感觉。于建初曾笑言:"贾平凹写《废都》后,西安便被称为'废都':《脚都》出版后,未尝长沙不能被称为'脚都'呢?";于建初甚至早已将"脚都"注册为商标,并暗示接下来还将对其进行商业开发。于建初为长沙构思了一幅"新概念旅游经济"的蓝图,按照他的设想,凭借长沙的娱乐休闲文化在全国的影响,可在传统自然景观和历史人文景观之外,提出一种集传统文化与现代休闲娱乐方式于一体的旅游新概念,在全国范围内打造休闲旅游的品牌即"脚都",将长沙周边的旅游项目与足浴按摩有效整合,未尝不是一种时尚的旅游方式。

文娱演艺业是长沙改革开放以来成长最为迅速的文化产业。目前,全市共有大型歌厅十多家,约有178家歌舞厅,224家游戏厅(室),近千家KTV厅(室)以及数十家大型宾馆的综合娱乐服务中心,形成了多门类、多层次、多形式、多投资主体的文化娱乐市场。长沙的歌厅、舞厅、KTV厅、迪厅、夜总会这"四厅一会"的娱乐业各呈异彩。不论从城市人口、规模及地域大小,还是从经济效益、社会效益来讲,已不让北京、上海,亦不输广州、深圳,真正办出了水平,办出了规模,为湖南人争足了面子。

长沙娱乐业在一个相对经济落后的内陆省份能长盛不衰、一枝独秀的现象,引起了有关部门的重视和关注。这一独特的文化娱乐景观,被称为"湖南娱乐文化现象",成了国内许多专家学者的研究课题。长沙歌厅的发展有一个明显的印迹,以田汉大剧院、琴岛歌厅、大中华歌厅、红太阳歌厅、小华天大剧场等6家大歌厅为代表,已经从自娱自乐向大型综艺演出转化。长沙歌厅经过近十年的发展,都有了一定的规模。据统计,长沙6大歌厅每天晚上接待观众平均在4500人,营业额达35万,去年,这6家歌厅一年接待观众170万人次,年营业额逾亿元。受其拉动而直接看得见的产业,无外乎是长沙的餐饮业和出租车行业了。每到凌晨,长沙的主要干道车水马龙,大大小小的餐饮店,灯火辉煌,人流不息。据统计,在长沙市民的消费支出中,娱乐、文化及其他社会服务消费项目占的比例仅次于食品消费,位居第二。此外如茶馆、咖啡吧、美容院、按摩院、健身房、网吧等在长沙都是风生水起。

如果将这些资源有效整合,将长沙的传统休闲旅游产业转型升级,将带来更多的发展机遇。就全国范围而言,将长沙打造成中部休闲旅游中心城市将大有可为。如若"中部休闲之都"这个强势品牌在国内能够树立,既可以延长长沙休闲旅游的消费链条,又可以有效整合现有的各类旅游资源,对提升整个城市的经济实力有相当的裨益。

四

一个城市品牌的树立与这个城市的产品品牌不无关系。比如香水、化妆品、服饰"巴黎造";皮具"米兰造";钟表"瑞士造",显然对购买者有着莫大的吸引力:正是因为这些城市所独具的城市魅力,这些商品才被冠以地方性的标志,反过来,也正是由于这些消费品牌,城市的魅力才有所附丽。具体到长沙而言,长沙的"白沙和"香烟,其品牌所阐释的自信、亲和、品位优越的感觉,表现的正是一种闲逸优越的生活方式,同长沙"休闲之都"体现的生活理念相同。人们在感受到长沙生活方式的安逸时,不会忘记"白沙和"所倡导的优越生活;同样的,人们在享受"白沙和"产品的时候,也不会忘记提供这样自信、亲和、感觉优越的生活方式的长沙。

以"新一代中式卷烟"定位的"白沙和"牌,从白沙飞翔文化的成功之道上起跳,力图紧扣住最中国的一个字"和",全新演绎,首先就从东方文化的层面赋予了品牌以生命力。

和,一个再通俗不过的字,通俗到人们似乎根本不需要去联想意义就信口说了出来。当你试着在一张纸上信手书写一个和字,你会发现一串串与"和"有关的意象拥过来:和平、平和、和谐、和合、和睦、醇和、和气……"和",确实是一个最通俗也最深厚的字。

消费是人类的一种文化行为,"和"牌则以其特立独行的品牌标记和文化精神,获得了对消费者的亲和力。"和"不仅文化底蕴深厚,而且非常通俗,非常容易在口碑传播中"取巧"。你问坐在牌桌边的人,心中最想什么?他一定会告诉你,最想"和牌"。这是"和"与品牌结合的机巧之处,但也表现了"和"具有雅俗共赏的文化亲和力。从消费层面来看,"和"可以在每个消费者心目中激起各不相同的感应:企业家体验到和衷共济的境界,商人追求着和气生财,文化人显示"平和冲淡",长者透露"谦和"风范,前卫青年表现"和而不同"……"白沙和"代表着友好且具有亲和力。鹤为形,和为神,飞翔之道,简单至理。这是白沙集团一以贯之呵护的心智资源。如今丹顶鹤成了国人心中的国鸟，"和"就更不用说，几千年的文化忽然老树新枝，成了当今中国的流行语词。

和是多赢的文化。合作的顺利开展，必须坚持多赢的原则。在追求和的过程中，做到差异化生存，优势互补，和而不同。和是可持续发展的文化，寓意着企业与社会，人与自然高度和谐，"和"牌2002年一诞生，即成为了市场上的品牌新贵。它醇和的风度及背后芬芳的文化气息，令它攻城拔寨，无往不利。因此，"和谐"成了当今中国的主流声音。

2005年年初，恰逢国家提出构建和谐社会的发展理念，白沙迅速反应，凭借其对"和文化"的提前占领，随势推出"和谐中国，我心飞翔"的创意。这一策略使白沙在此后以"和谐"为主题的公关传播中，既结合了"构建和谐社会"的大势，又保持了白沙品牌一贯的积极向上的调性。"和谐中国，我心飞翔"这一"天作之合"，令"白沙和"开始走向"中国和"。利用"和文化"这一话语空间，白沙和牌产品品牌与长沙城市品牌之间形成了高度的关联性，也保证了与城市文化与品牌文化的融和性。

一个品牌的可持续性发展，关键在于品牌理念的塑造和传播；当一个品牌的理念确立之后，在文化营销上的传承和发展便是未来要努力做和必须做的——从品质的角度，文化的角度。一个城市品牌的营造，不是一个或几个企业就能够完成的，需要社会共同的营建，但我们可以通过塑造一个具备鲜明的城市文化特色的产品品牌，通过对这个产品品牌的塑造、传播、宣传，在推动产品品牌向更广阔的地域传播的同时实现对城市品牌的宣扬。

综上所述，城市品牌代表了一座城市、一个地域的独特吸引和典型文化，其价值在于它的独特定位和不可替代的个性。打造城市品牌的有效手段是推广其文化产业及产品品牌，在城市文化与城市品牌两者之间找到共同的切入点。城市品牌代表城市形象，而城市形象与城市的魅力相关，魅力所能附着的就是生活方式。"长沙生活方式"就是这个城市最大的亮点和特点，显示出长沙在千年文化底蕴熏陶之下的一种自然的生活状态：悠闲、平和、优越。正是这种生活方式催化了长沙的休闲产业，若将长沙的休闲资源有效整合，将传统休闲产业转型升级，长沙极有可能成为中国一个有价值的休闲平台。就全国范围而言，将长沙打造成中部休闲旅游中心城市是可行的，也是大有可为的。

"十二五"建设新阶段长沙城市品牌研究

李辉华

（湖南第一师范学院经济管理系，湖南长沙　410205）

"十二五"建设新阶段，对长沙城市品牌规划、品牌传播和品牌管理提出了更高的要求，长沙城市品牌研究应该成为"十二五"规划与建设的重大课题。城市品牌是使城市核心竞争力进一步强化的战略性管理工具。加强长沙城市品牌建设，能够帮助长沙争取到更加有力的竞争位势，争取更加丰富的资源，捕捉更多的发展机会，能够挖掘和吸引经济增长要素，大幅度提升城市竞争力。更重要的是，加强长沙城市品牌建设，可以有力地提升长沙市民的认同感、归属感、荣誉感和自豪感，并且能够为长沙的利益相关者提供更多的价值回报。这些都将为长沙又好又快发展提供有力的支持。

一、城市品牌规划

长沙城市品牌规划包括确定城市品牌定位，挖掘和弘扬城市文化、城市精神，开展城市品牌识别工程，合理规划城市产业和企业构成，积极开发城市产品等等。

（一）弘扬城市精神，塑造城市核心价值观

文化是一个城市灵魂。"心忧天下，敢为人先"是公认的长沙精神，在革命时期大放异彩。受这种文化的熏陶，长沙涌现出一代又一代的伟人领袖、革命志士。而现在长沙人将这些文化资源进行创意和沉淀，更着眼于世界，引入外来的新的先进文化，形成长沙所独有的城市精神。

"呷得苦，耐得烦，霸得蛮"，这充分体现了长沙人坚忍、勤劳的一面。同时，作为中部腹地的长沙，它的休闲文化特质也是独树一帜，有别于其他城市。这种休闲文化不仅仅体现在人们的消费行为以及生活方式上，它更深层地体现在长沙人性格的浪漫气质上。这种由骨子里散发的城市文化，直接形成了长沙人思维方式的独特与生活态度的执著，因此在长沙你能感受最多的就是这种悠然自得心态，你似乎永远都可以有条不紊地享受工作与生活，不需要背负现代人自我重压负荷[1]。

通过对长沙、株洲、湘潭、北京、上海、广州、深圳、成都、南京、苏州等 10 多座城市使用方便抽样的方法进行问卷调查和访谈,发现对长沙人的认识主要表现为:自信、开放,积极进取、勇于创新,坚忍、勤劳,浪漫多情,悠然自得、宠辱不惊。而长沙城市文化最具特色的是创业文化、责任文化、和谐文化。

(二)准确定位城市品牌,体现城市独特魅力

城市品牌定位是针对目标市场,确定和建立一个独特品牌形象,并对品牌的整体形象进行设计和传播,从而在目标客户(消费者和投资者)心目中占据一个独特地位的过程,由此而形成城市鲜明的品牌个性,展现自己的竞争优势。城市定位要简单化、个性化。因为城市品牌的定位不是定给城市本身,而是定给消费者和投资者[2]。访谈和问卷调查表明,长沙城市品牌定位不明确。"休闲之都""娱乐之都""创业之都""山水洲城"等都不能准确地体现长沙的城市特色和竞争优势。

国家发改委经济体制与管理研究所经济体制综合研究室主任李振京博士主持的项目组撰写的"长沙市两型社会建设专题研究报告"根据两型社会的要求和长沙市的实际情况,将长沙市建设两型社会定位为:在发展模式上,成为全国新型工业化、新型城市化、内生式发展、科学发展的先行样板;循环经济、两型社会、和谐社会建设的示范窗口;在城市建设上,成为具有国际品质、人民引以为豪的创业之都、宜居城市、幸福家园;在经济发展上,成为促进中部崛起的发动机之一和我国新的增长极,打造中西部地区的绿色技术研发中心、高新技术产业聚集地、现代服务业中心、文化创意中心和农产品精深加工中心[3]。李振京博士在报告中对长沙的城市定位较好地体现了长沙的城市特色、竞争优势和发展目标。但是,从品牌传播的角度来说,城市定位不能简单等同于城市品牌定位。这个定位尚需进一步简练和清晰,如此才能更好地进行城市品牌的传播,才能更好地在目标客户的心目中占据独特的位置。

(三)导入城市识别系统,塑造城市形象

长沙缺少系统的城市品牌识别系统。市徽设计应体现长沙的理念精神,考虑长沙城市的文化底蕴、城市特性和民族特色,并具独特风格的国际魅力。长沙市标志性建筑应该体现楚汉名城的品位,具有湘楚文化的色彩,又不失现代城市建筑的粗犷与厚重,使城市面貌具有艺术性、开放性和可识别性[4]。市徽、标志性建筑等都是城市品牌识别的重要组成部分。长沙应该早日开展城市 CIS 系统工程,从长沙城市理念识别、长沙城市行为识别、长沙城市视觉识别三部分塑造长沙城市形象。导入城市 CIS 体系,塑造城市新形象是现代城市建设的发展方向,其主

旨是把城市的内部和外部、规划、设计、管理等各种因素全面综合治理,把城市所希望塑造的在社会公众中的形象,通过鲜明的整合、科学化的视觉形象体系展示给社会公众,而有别于其他城市,具有明显的个性。不管人们在任何地方、任何场所,只要看到或听到长沙的城徽、标志、吉祥物、口号或者城歌,就会联想起长沙,就能感受到长沙的魅力,对长沙就会产生美好的感情,从而促进长沙的建设和发展。

(四)科学规划城市产业和企业构成,积极开发城市产品

城市产业和企业构成是城市品牌的积极支撑,是城市品牌活力元素的主要来源。譬如巴黎香水之于巴黎,瑞士手表之于瑞士,贵州茅台之于贵州。城市产品开发(概念、服务、景观、园区、节事等)是城市品牌创新的主要内容,也是城市品牌发展和增值的主要途径。诸如 CBD 之于北京经济、迪斯尼之于香港旅游等等,都是城市产品开发带动城市品牌发展的常见案例。

长沙工业拥有的国家级品牌增至 26 个,其中"中国驰名商标"17 个,占全省总量的 47%,在中部 6 个省会城市中居第一位。拥有中央空调行业、西裤行业、玩具行业、机械工程行业及水稻种子行业等 6 个"中国行业标志性品牌"。长沙提出在经济发展上,成为促进中部崛起的发动机之一和我国新的增长极,以及成为中西部地区的绿色技术研发中心、高新技术产业聚集地、现代服务业中心、文化创意中心和农产品精深加工中心。这是长沙科学规划和发展城市产业,调整企业构成的绝好时机。

很多城市在发展中的一个成功经验是利用重大项目和活动的开发举办,着力进行事件推广,以点带面地开展城市营销,相应在营销资源方面也是集中投入。有关研究反映:重大的城市发展项目由于其引起的国际关注和项目实施所最终释放的对本城市的效应,使得项目本身就成为城市营销的重要品牌和内容,以致被形象地称为"旗舰性项目"。长沙电视传媒推出的众多产品,譬如星姐选举、快乐女声、快乐大本营;长沙举办的中国金鹰电视艺术节、长沙车博会、中国湖南农博会;长沙到全国各地招揽优秀人才,共谋长沙发展;尤其是"两型社会"重点建设的长沙大河西"先导区"都十分具备"旗舰性项目"特质。上海浦东新区、天津滨海新区等地在推进综合配套改革中,都设立了先导区。长沙设立大河西"两型社会"先导区是必要的,也是切实可行的,"大河西地区"完全可以充当先行先试的角色,为全国探索"两型社会"建设提供宝贵经验。长沙大河西新城无疑可以成为长沙的一个重要城市产品,也必将更好地推动长沙城市品牌建设。

二、城市品牌传播

在城市品牌定位的基础上,应进行针对性的品牌传播与沟通研究。品牌传播与沟通涉及广告、公共关系、直销等多种推广手段,以及主题口号、体育赛事、大型活动、品牌形象大使等常用的沟通工具。媒体选择、宣传时机、媒体组合策略、评估沟通与宣传的效果以及相互冲突的媒体渠道关系处理等等。

(一)开展整合营销传播,展现长沙美好形象

美国西北大学将整合营销传播定义为,把品牌等与企业的所有接触点作为信息传播渠道,以直接影响消费者的购买行为为目标,从消费者出发,运用所有手段进行有力传播的过程。长沙在城市品牌传播中应该树立整合营销传播的观念,运用整合营销传播的原则和方法,开展城市品牌营销。城市整合营销传播的主体相对于一般营销的主体来说,具有广泛性的特点。它包含市政府,城市旅游景点、酒店、旅行社,传媒机构,体育赛事和大型活动举办机构,城市地方企业、大专院校、科研机构等企事业单位,城市的市民等等。整合营销传播把"品牌等与企业的所有接触点作为信息传播渠道",所以城市整合营销传播的渠道是立体的、全方位的。传统的传播渠道中最常见的有形象广告传播和公关关系传播,如城市形象广告或者城市举办、参与的各类活动。而从更广阔的视野来看,城市广场、城市绿化系统、城市边界出入口、城市道路、城市市民和城市企业等可以接触到这个城市的方方面面,都应该是城市品牌和城市形象的传播渠道。城市整合营销传播的核心应该是城市品牌信息、策略的一致性,达到"用一种声音说话"的境界。城市整合营销传播的内容应该是系统化的,必须与城市营销的定位相一致[5]。

(二)继续加强优势传媒与城市品牌传播的联姻

媒体传播是长沙基础最好、实力最强的产业门类之一。广电业是长沙媒体传播的主体。在城市品牌的传播与沟通方面,长沙的实践让我们看到传媒与城市品牌的联姻。从《快乐大本营》到《超级女声》《奥运向前冲》,从电视到书刊发行,传媒湘军一次次引领潮流,成为长沙极富朝气的文化品牌,同时也构成长沙城市品牌吸引力和辐射力的主要力量。现代社会,大众传媒方式仍占据着地区形象传媒的主体和主导位置。在城市形象塑造中,要将创造有国内影响的大众传播媒介新体系纳入长沙城市管理现代化的战略中。要尽可能创造在国内甚至国外有影响的报纸、电视节目、文学作品、出版社、学术刊物、视听发行机构等,提高媒介的影响力。同时,长沙可以进一步加强媒体活动和城市品牌传播的联系。譬如,长沙电视媒体举办的"星姐选举"活动可以更多地加入长沙(湖南)元素,将星姐选举活动和长沙山水、历史人文、知名企业、旅游胜地融合在一起。使观众在欣赏湖南

和全国各地美丽女性的同时,能更好地感受和了解美丽的长沙。

(三)提升政府沟通能力,传播城市品牌

政府对城市具有十分重大的影响,政府管理在城市经济增长、社会公用事业发展、市民生活质量提升以及其他各个方面都起着不可替代的主要作用。政府的形象也直接影响着人们对政府管理的城市的印象和看法。提升政府形象,一方面要加强政府自身建设,廉洁奉公、执政为民,具有较强的执政能力和行政管理能力。另一方面就是要加强政府和市民、媒体的沟通,从而影响社会对政府的看法,提升城市形象。重庆市政府"三定一开"(定时、定点、定人、开放式)自主新闻发布会制度的推出,以及国内独创的"3+X"(3是政府月度新闻发布会、专题新闻发布会、自主新闻发布会,X为区县、部门和行业举行的新闻发布会)新闻发布体系的建立,在保障公众知情权的同时,强化着重庆政府开明、有担当的阳光形象。事实证明,在最牛钉子户、主城出租车停运等突发性事件中,正是由于重庆市政府主动、及时地通过自主新闻发布会向社会和媒体公开最新信息,不仅顺利化解了危机,还得到了外界的普遍认可和积极评价。长沙市政府在转变职能、建设人民满意政府方面做出了许多卓有成效的成绩,今后应该继续学习和借鉴国内外成功经验,进一步加强和市民、媒体的沟通,向外界传播长沙良好形象,展现长沙的创业文化、责任文化、和谐文化,弘扬长沙"心忧天下,敢为人先"的城市精神。

三、城市品牌管理

城市品牌化,对组织和制度的考验往往更为直接。成功的城市品牌化,必须要有坚实的组织和制度支撑。城市品牌建设需要对城市品牌形象资产进行持续、稳定的规范和保护,对城市品牌形象资产进行监督评估。

(一)加强品牌管理组织建设和制度建设

在城市品牌管理方面,长沙政府宣传部门、旅游部门、招商部门等都具有公共关系、城市营销、城市品牌管理等方面的职责,但是仍然缺乏统一领导和多元协调的城市品牌管理组织和品牌管理制度。从管理组织设置来看,可以由长沙市政府办公厅承担城市品牌管理的协调功能。也可以设置一个专门的城市品牌管理部门,负责长沙城市品牌管理的具体事宜,品牌管理办公室直接对市长办公室负责。也可以考虑成立政府城市品牌建设委员会。此外,还可以设置城市品牌顾问委员会,吸收企业高层管理者、大专院校和科研机构、行业协会、市民代表担任品牌顾问,为长沙城市品牌建设出谋划策,当然,这些品牌顾问本身还担负着传播长沙城市形象的职责。

同时,长沙应该制订有利于城市品牌建设的各种规章制度。城市品牌的设计和管理,特别是市徽、定位陈述、主题口号等视觉识别、品牌传播规划和品牌执行、品牌评估、品牌资产保护等都应该遵循专业规范。同时,品牌管理全过程的计划、组织、领导、控制都必须遵照品牌管理制度,从而保证城市品牌建设的高效、规范。

(二)增加城市品牌建设投资,增值长沙城市品牌资产

城市品牌建设是一个系统性的工程,必然需要大量的投入。以纽约市的年度财政支出预算为例,在市长办公室、文化事务部、公园和休闲部、纽约市立图书馆、教育部、建筑部、住房维护部、市长直属影视广播办公室、中小企业服务部等诸多部门中都含有营销内容。加上商界和社会的广泛赞助,纽约一年的营销总开支高达 32 亿美元。2004 年,当时尚被译作汉城的首尔市用于城市形象宣传的预算为110 亿韩元(相当于 1180 万美元),而 2003 年则为 114 亿韩元,这其中还不包括旅游、投资等方面的营销预算[6]。“浪漫之都”大连在城市环境改造和城市品牌传播推广的过程中,进行了大胆的财力、人力等成本投入,事实证明这些投入换来了丰厚的经济和社会效益回报。长沙市政府在长沙城市品牌建设中应该承担主导作用,保证一定的人力、物力和财力投入。一是将城市营销作为一项持续性的工作,在政府的经费预算中做出安排,为城市营销提供一个稳定的财务支持。二是应该建立以政府为主导,公私合作,或者说官、产、学、民、媒五大城市品牌管理主体互动协同的模式,多方筹措资金,投入长沙城市品牌建设。

(三)建立城市品牌监督评估制度,持续改进城市品牌管理

长沙市政府应该建立城市品牌监督评估制度。城市品牌管理机构要定期检查城市品牌塑造,检查城市品牌建设情况,从而找到差距。同时还要逐项检查城市品牌塑造的各项工作的执行情况与效果,如城市宣传与推广工程、城市体验工程、城市软环境建设工程、城市硬环境建设工程等的执行效果。政府城市品牌管理组织应该定期调查城市品牌建设情况,可以采用向利益相关者发放问卷的形式,也可以采取专家评估等多种方式对城市品牌塑造的各项工作的效果进行评估,以改进相关的工作[7]。通过城市品牌监督评估制度的建立和实施,可持续不断地改进和推进长沙的城市品牌建设。

参考文献:

[1]龚娜,罗芳洲.“城市软实力”综合评价指标体系的构建及其评价方法[J].沈阳教育学院学报,2008,(12).

[2][7]朱璇.城市品牌策略研究[D].济南:山东大学硕士学位论文,2008.

[3]长沙市“两型社会”建设路径及目标逐步明晰[N].长沙晚报,2008 – 06 – 10.

[4]王林.建议设计长沙市徽打造城市品牌[EB/OL].星辰在线,2009-01
-07.

[5]张敏.城市整合营销传播的探讨[J].吉林广播电视大学学报,2007,
(1).

[6]屠启宇.城市营销管理的战略规划、组织机制和资源配置——基于国际
案例的研究[J].社会科学,2008,(1).

长沙国际文化人才基地建设之初探

薛其林

（长沙大学长沙文化研究所、长沙文化研究基地，湖南长沙　410022）

国以才立，政以才治，业以才兴。成就伟业的关键在于用人。历史尽管变化万殊，但荐贤举能却是治国理朝不变的主题，是大国崛起兴盛的法宝。一个国家如此，一座城市更是如此。文化兴市，而人才兴文。一方面，文化可以激发人的活力和创造力，提高城市的魅力指数和吸引力，形成人力资本的聚集效应。另一方面，人才是文化发展的主体和支柱，是决定文化活力和创新力的核心要素。文化人才既是文化的继承者、传播者，也是文化的创造者。文化生产、文化传播、文化规划、文化教育、文化交流、文化保护等等都离不开文化人才。文化人才，特别是高层次文化人才的素质如何，直接决定文化事业的兴衰和成败[1]。

作为国务院首批公布的 24 座历史文化名城之一的长沙，文化底蕴深厚。改革开放以来，特别是近年来，长沙这座千年古城，在先进文化光芒的照耀下熠熠生辉，更加焕发出蓬勃活力[2]。在一大批优秀文化人才的引领下，长沙锻造出了一枝独秀的新闻出版、影视传媒、卡通动漫、演艺娱乐等文化产业，推动着长沙文化的现代发展。正是基于此一认识，长沙早在 2001 年便提出和确立了"以文立市""文化带动"的城市发展理念。2009 年省委常委、长沙市委书记陈润儿更明确指明了将长沙建设成为现代化人才集聚中心和创业基地的发展思路和举措[3]。为此，2009 年、2010 年，长沙市政府先后出台了三个人才文件:《长沙市引进国际高端人才三年行动计划（2009－2011）》《关于引进储备万名优秀青年人才的政策意见》与《长沙市中长期人才发展规划纲要（2010－2020 年）》。2011 年 12 月出台了《关于推进国际文化名城建设的意见》，以建设国际文化人才等 6 个基地为抓手，正式启动国际文化名城建设工程。通过改善人才成长环境、创新制度安排、构建有效人才激励评价机制等一系列措施，真正打造一个类型丰富、层次分明、结构科学、不断聚集的长沙文化人才基地，从而推动长沙文化大发展、长沙城市大繁荣。

一、人文兴市:文化人才是城市发展的核心竞争力

"问渠哪得清如许,为有源头活水来。"文化发展、城市发展的关键在于人才,在于特定人才群的创造力,而文化强市的根本就在于人才强市。对于一个城市而言,如果没有一定规模和质量的人才资源作支撑,文化的发展、城市的发展就无从谈起。

（一）文化人才是文化发展、城市发展的核心竞争力

人力资源作为文化发展的第一要素、第一资源,是文化发展和城市发展的核心竞争力。文化强调创意和创新,并以其强大的创造性激发城市的活力,直接构成城市竞争力的主要来源和核心要件,而文化人才则是这文化发展、城市发展中的核心竞争力。有什么样的人,就有什么样的城市。文化强省也好,文化立市也好,说到根本,就是要通过立人来达到立市的目的。因此,人才的培养与发展是城市竞争力提高的关键,是其核心竞争力。

在信息时代,"人才将比传统的生产要素例如劳动力和资本,更快地成为可持续发展的强大动力。"[4]文化的显隐功能和人才的核心竞争力作用尤为显著。一个人、一群人带动整个产业、整个门类高效发展的现象就是对这一观点的最好诠释。第二次世界大战后美国、日本等国家迅速发展的重要经验之一就是培养和造就了一大批文化发展需要的人才,人才的集聚效应造就了社会的繁荣发展。美国有30所大学开办了文化管理学、艺术管理学等专业,培养了一批从本科到博士的文化管理人才,且通过多种教育、培训方式,造就了一批高素质的文化产业人才。美国文化产业还利用其雄厚的资金和广阔的市场前景,从世界各地吸收大量优秀文化艺术人才,好莱坞成功的最大原因,就在于它经常从国外引进优秀文化人才,并且形成了吸引全球人才的常态机制。高度重视人才、构筑人才高地、充分挖掘人的潜能,是日本战后迅速崛起的重要经验,近年来,日本更加重视文化产业人才的培养,"许多大学和职业学校都开设了新兴文化专门学科,如形象造型、尖端艺术表现、数码艺术、动画、媒体、艺术和情报设计研究等。"[5]

《中国城市竞争力蓝皮书》主编、中国社会科学院财贸研究所研究室主任倪鹏飞在谈到城市竞争力考核指标时指出:"通常我们所说的竞争力综合排名,就是更多、更快、更好、可持续创造财富的能力。"无疑构成这种"能力"的核心是文化要素和人才要件。

可见,文化人才作为高素质群体,是加快文化产业发展的生力军,是推动文化创新的核心力量,是增强文化整体实力和城市竞争力的关键。文化竞争,归根到底是文化人才的竞争。不重视文化人才,不构筑人才高地,文化大发展、城市大繁

荣将成为无源之水、无本之木。因此,长沙建设国际文化名城、打造文化名片,发展文化核心产业群,就要以文化人才为抓手,贯彻尊重知识、尊重人才、尊重劳动、尊重创造的方针,培养和造就一大批优秀文化人才,充分激发他们的创新活力,真正把长沙打造成"文化人的天堂"。

(二)文化人才是城市经济转型的增长极

文化产业资源消耗低,环境污染少,具有低碳、环保、可持续发展等特征,对建设资源节约型、环境友好型社会的作用日益突出。因此,文化产业成为现代城市发展绿色经济、低碳经济的一个重要支撑,也是城市经济转型、发展方式转变的一个重要突破口,发展文化产业因此也成为现代城市的热点和重点工程。本世纪初,英国家庭主妇罗琳撰写的魔幻小说《哈利波特》,通过电影、图书等一系列商业开发,创造出了 21 世纪文化产业的神话,几年之间罗琳的财富超过英国女王。由詹姆斯·卡梅隆导演、制作的美国大片《阿凡达》短短几天时间内全球票房就突破了 13 亿。美国的米老鼠和唐老鸭,近 80 年久盛不衰。具有完整文化产业链的迪士尼公司,创造了相当于一个中等国家 GDP 的产值。在探究其成功背后的原因时,最显眼最突出的因素就是文化人才。正是依托文化"智库",上述企业不仅成就了自身的价值,而且带动了整个城市和产业的转型升级。

可见,文化产业已经成为城市经济转型发展的一个重要选择,而作为创造、经营和管理文化产业的文化人才理所当然成为了城市经济转型中的重要增长极,其引领文化产业创造巨大财富、带动经济转型增长、造就城市活力的功能日见凸显。在中国文化创业领域中,电影界的张艺谋、冯小刚,华谊兄弟的王中军,特别是在新媒体领域如腾讯的马化腾、淘宝的马云、百度的李彦宏、盛大的陈天桥等,一批文化领军人物借助高科技和市场机制在短短十年时间内所创造的价值不断赶超传统媒体、传统产业。目前,腾讯的市值达到 2000 亿;淘宝网去年电子商务总收入达到 2000 亿元,马云计划淘宝十年内要超过沃尔玛(总收入达到 3.5 万亿人民币)。在长沙,一批具有全球战略眼光、市场开拓精神、管理创新能力和社会责任感的优秀文化人才,如魏文彬、龚曙光、龙丹妮等,以及一支高水平的文化管理、经营人才队伍,开始构筑起了长沙文化集聚发展的重要平台,成为长沙城市经济转型发展中最亮丽夺目的增长极。

(三)文化人才是城市科学发展的创新源

创新原本就是文化的本质特征,是推动文化繁荣发展、提高城市软实力的不竭动力。而文化生产就是复杂的创新性、创造性劳动,电影、图书、音乐、动画、游戏、体育、主题公园和其他衍生文化产品的开发,都反映着文化人才的智力与创新能力。文化生产投入的主体是智力资源,产出的是著作权、版权等知识产权和优秀的文化产品,满足的是人民群众多方面、多层次、多样化的精神需求。在这一过程中,文化生产主体即文化人才便成了先进思想和优秀文化的创造者、生产者和传播者,成为了推动城市发展、文化繁荣的重要力量和创新源。

胡锦涛同志曾指出,世界范围的综合国力竞争,归根到底是人才特别是创新型人才的竞争。谁能够源源不断地培养、吸引、凝聚创新型人才,谁就能够掌握实现发展目标的第一资源。在2008年的国际金融危机中,越是重视人才作用、重视自主创新的地方和企业,抗危机的能力就越强,持续发展的能力也越强。而在现代城市中,一批掌握现代科技知识,具有科学精神、创造性思维和创新能力的的文化人才队伍,日益成为引领城市科学发展的创新源。他们运用新理论、新知识、新技术、新方法,推动着文化事业的大繁荣大发展,成为城市经济社会科学发展的强大生力军。

文化人才即是创新源,其创造力便是城市文化发展中最重要的因素,因而文化人才创新能力的高低也成为了影响一个城市文化现状和未来发展潜力的重要因素。基于此,城市的文化发展必须重视人才创新能力的培养和提高。

二、国际借鉴:人才聚集造就大国兴起和名城崛起

古今中外大量数据和实例昭示:知识信息时代,人才无疑是第一资源第一资本。人才资本"与实物资本相比,重要性要高出三倍多"。一个国家也好,一座城市也罢,所有的战略都没有比人才战略更为根本和致命的了。因为,只有人才才能决定一个国家一座城市兴衰的命运。

(一)人才聚集的"美国梦"

二战后美国崛起为世界一流大国与人才聚集的"美国梦"密切相关,一方面竭力欢迎全球顶尖人才,一方面精心营造人才集聚成长的环境,推销"美国梦"。"只要努力,一切皆有可能"成为"美国梦"的核心内涵。只要愿意在美国付出努力,就一定能够发挥你的才能取得成功。一位美国学者曾在《华盛顿邮报》上解释"美国梦"说:"一直以来,美国是许多有才之士的移居之地。他们都在追求'美国梦'——赴美求学,创造财富。过去40年,数以十万的海外人才流入美国,对印度及中国造成极大损失。"研制原子弹的"曼哈顿"工程主要领导者之一恩里科·费米、登月行动"阿波罗"项目的主管以及美国的"导弹之父"冯·布劳恩、"氢弹之父"爱德华·特勒、"电子计算机之父"冯·诺依曼、火星探测车着陆系统首席工程师李炜钧和计划飞行主任陈哲辉……这些改变美国也改变世界的科学家,没有一个出生在美国,却被美国挖走,并归宿美国,成就美国的强国地位。中国与全球化研究中心主任王辉耀在《人才战争》中指出:是欧洲流失的人才,让美国率先成功爆炸了原子弹和氢弹,把人造卫星送上天,实现了宇航员登陆月球;是中国和印度流失的人才,缔造了美国的世界高科技中心——硅谷。人才对于一个国家的重要性,胜过石油,胜过金融街,胜过核武器……人才是知识经济时代最核心的生产力。

美国能够吸聚全世界大多数顶尖人才的原因,不仅仅是因为他们的硬件基础,更主要是因为他们比世界上任何一个国家都更重视人才的态度与制度。正如骆家辉答奥巴马所说,这样的"美国梦"故事,也只有在美国才可能发生。新加坡第一任总理李光耀曾概括说:"在这个时代,所有的发达国家为了增强竞争力,都必须依赖外来移民和人才,而美国之所以能在许多领域居于领先地位,就是因为它广纳人才。"中国与全球化研究中心主任王辉耀在《大国崛起与人才战争》中指出:美国的人才培养能力比中国强大多了,培养了全世界1/3的诺贝尔奖得主,但它还要去聘用全世界70%诺贝尔奖得主,并引进占本国总量1/3的海外科学家与工程师,成为世界超级大国。

新加坡建国之后,任何资源都没有,连饮用水都必须向邻居马来西亚买。但新加坡却依靠发掘人才资源——"精英治国"战略而成为发达国家,本国人才不够优秀,就提供高薪、低税去引进海外人才。起步较晚,又非世界交通咽喉位置,面积不如中国云南省,而人口却达1.2亿,多火山地震又资源贫瘠的日本,各类人均自然资源指标比中国、印度都更为严峻,却依靠能揽全世界资源为己所用的人才战略,而一度成为了仅次于美国的世界第二大经济强国,人均收入更曾一度高居世界第一。

如今,包括新加坡、澳大利亚、加拿大等国家在内都开始复制这种美国模式,包括塑造国家梦想吸引人才。专门负责海外猎取人才的"联系新加坡"主管David Tan就说:"我们出售梦想。我们的研究显示,新加坡以世界一流的效率而闻名。因此,我们需要出售软实力——实现梦想的地方。"这3个20世纪才开始独立的国家,如今也因人才聚集而成为发达国家。

(二)人才聚集造就古代强秦大汉盛唐

战国时期,诸侯称霸,秦国能够脱颖而出,灭六国而一统天下,全赖人才聚集。"外籍"出身的宰相李斯就向秦始皇上过《谏逐客书》,称秦穆公从西戎、宋国、宛国获得由余、百里奚、蹇叔,进而称霸春秋;秦孝公使用卫国人商鞅变法,国家因此富强,"今陛下致昆山之玉,有随和之宝,垂明月之珠,服太阿之剑……取人则不然,不问可否,不论曲直,非秦者去,为客者逐,然则是所重者在乎声乐珠玉,而所轻者在乎人民也。此非所以跨海内、致诸侯之术也"。李斯的上书改变了秦国的人才战略,也成就了统一六国的大秦帝国。

而在中国历史上最强盛的唐朝,政府内部仅高丽人就有高仙芝、王毛仲、金允夫、金忠仪、李正己等先后担任过地方最高长官,高仙芝在"安史之乱"时甚至一度官至天下兵马统帅。另外,几乎很少有人知道的是,唐太宗继续隋朝科举制度时,还新建立了一个"宾贡科"科举项目。"宾贡科"是指对外国贡士和留学生宾礼相待,准其参加科举考试,及第者同样授予中国官职,最著名的是"一代三鹤,金榜题回"的三名新罗留学生崔彦㧑、崔致远、崔承佑,到中国留学并考中进士,其中崔彦㧑一度官至翰林院大学士、平章事,为太子师。隋炀帝开放外国人来华,只是为了炫耀中国的财富和商机;而唐朝开放外国人来华,则不忘吸引其中优秀的人才"归化"为中国人才,这难道不是"隋不如唐"的缘故!

中国与全球化研究中心主任王辉耀在《人才战争》中指出,如今的中国,可能就缺乏类似当年秦汉盛唐、今日美国这种"世界大国"的开放型人才战略:我们愿意花钱买外国的商品变为"自己的东西",但对人才则恰恰相反,不论是否具有才华,是否能做出贡献,只要不是本土人才,就进行排斥,再优秀的人才只要是外国人,也宁可把他们推向竞争对手,而不愿争取他们成为"自己人",这说明我们更看重"珠宝、声乐"等物品,不看重核心要素人才,所以难以实现"跨海内、致诸侯"的大国崛起战略。

(三)人才聚集造就现代"硅谷"名城

硅谷是 20 世纪 60 年代随着微电子技术的发展而逐步形成的。现在已经成为世界各国高科技集聚区的代名词。硅谷作为一个巨大的孵化器,其核心要素是人才、科技、文化、学术、金融、法律等,经由人才集聚的效应,将科技和创新孵化为产品和服务,并引领社会的发展。

人才集聚是硅谷最突出的特点。不管是美国的斯坦福,还是中国的中关村,最显眼的就是世界最顶尖人才群,看到的是智慧、知识和创新活力,而模糊了国界、种界和族群。美国的加州因拥有"斯坦福硅谷"、中国的北京因拥有"中关村硅谷"、印度的班加罗尔因拥有高科技硅谷而成为世界瞩目的一流城市和高科技创新源。其中,"斯坦福硅谷"2006 年就拥有 225300 个高技术职位,2008 年硅谷人均 GDP 达到 83000 美元,居全美第一。硅谷的 GDP 占美国总 GDP 的 5%,而人口不到全国的 1%。"中关村硅谷",5000 人拥有博士学位,25000 拥有硕士学位,180000 人是学士学位;有超过 8000 家高科技公司,一半以上是 IT 产业公司。

三、喜忧参半:长沙文化人才的发展现状

在现代化城市建设和文化产业高速发展的进程中,长沙人才高地正在夯实,文化人才集聚效应正在显现。文化人才的政策日益规范,文化人才成长的环境日益宽松,文化人才的培养与使用力度日益增强。文化人才的数量与结构日趋改善,长沙文化人才队伍正在壮大,知识层次不断提高,骨干人员日趋年轻,新型人才崭露头角。着眼国际文化名城建设目标,长沙在文化人才布局等方面还存在很多不足。文化人才数量、质量、结构(专业、年龄、团队)与公共文化服务与文化产业发展的匹配度存在较大差距;文化事业、文化产业发展与人事管理体制及文化市场存在一定差距;文化人才专业设置、培养、使用的严重脱节,文化人才的培养、使用和评价急功近利倾向严重,人才浪费和人才缺乏并存。这些因素严重制约着文化人才资源的开发、利用和集聚发展。

(一)长沙文化人才的数量与结构

一方面,长沙文化人才队伍正在壮大,知识层次不断提高,骨干人员日趋年轻,新型人才崭露头角。从总量上看,2006 年至 2009 年,长沙文化从业人员平均增长 15.3%,总数达到 47 万人;从学历上看,长沙社科理论从业人员大学本科以上占 93%,新闻采编从业人员大学本科学历以上占 75%,文化艺术从业人员大学本科学历以上占 42%,均分别高于 2003 年的 90%、56% 和 36%。从年龄上看,湖南广电系统的中青年人才比例达到 70%,新华书店和印刷行业的中青年人才也占到 60%,而网络出版业的中青年人才比例占 99%,宣传文化人才队伍中青年的比例为 63%,反映出长沙文化人才队伍年轻化趋势日益明显。从类型上看,随着高新技术特别是现代信息技术在文化领域的广泛运用,新的文化业态和新兴媒体发展迅猛,据不完全统计,长沙市的网络传播和文化创意等新型人才占整个人才队伍的 47%[6]。

另一方面,长沙文化人才在支撑长沙文化发展上存在"短板"。现有的长沙文化人才,无论是总量、质量、专业与分布构成等方面,都与公共文化服务与文化产业发展的匹配度存在较大差距,人才素质与发展要求不适应,人才结构与产业结构不对称。据了解,今年全市各类人才的需求缺口达 6 万人[7],特别是由于文化企业盈利周期长,吸引人才、接受人才和储备人才的能力也受到很大的限制,长沙文化企业人才拥有量并不乐观。同时,街道、社区等基层公共文化人才短缺,大多得一人身兼多职。从素质结构来看,文化人才的总体素质仍旧偏低,比如 IT 类、动漫类、艺术类文化从业人员大都只是受过高职教育,综合素质有待提高,特别是创新意识和创新能力相对不足。从专业结构来看,以业务型人才居多,主要集中在生产、销售领域,既熟悉文化建设规律又熟悉市场经济规律的复合型人才严重缺乏,专业拔尖人才不足,科技创新人才不够,文化管理和经营人才不多,没有形成一个人才集聚群体,在全省乃至全国闻名的文化代表人物更是寥若晨星,不利于促进长沙文化产业的持续发展,与"文化兴市""人才兴文"的战略目标还相差很大一段的距离。

（二）长沙文化人才的政策与环境

与北京、上海、苏州、广州等城市相比，地处中部的长沙在工作环境、发展机遇和待遇等方面对高端人才的吸引力不足，且人才政策跟不上，用人环境不如意更是不利因素。

在政府政策方面，从2001年长沙正式提出"以文立市"的《长沙市文化产业发展规划纲要》到现在，长沙市已陆续出台了10多个与长沙文化相关的政策文件，在财政税收、劳动人事、社会保障、工商管理、国土规划等方面为全市文化体制改革和文化创意产业发展提供了有力的政策支持，其中也有涉及到文化人才方面，但仍缺乏正式、系统、专门的政策保障。2009年、2010年，长沙市政府先后出台了三个人才文件:《长沙市引进国际高端人才三年行动计划(2009 - 2011年)》《关于引进储备万名优秀青年人才的政策意见》与《长沙市中长期人才发展规划纲要(2010 - 2020年)》。第一个政策文件体现的是政府对国际高端型科技人才的重视，第二个文件则是为政府、科研机构的人才引进和成长创造了一个良好的环境，第三个文件提出了统筹抓好各类人才队伍建设，有重点有选择地引进各类急需人才，突出强调人才引进、培养和利用三个关键环节。这三个系统文件的出台，为构筑人才高地提供了政策依据和具体措施，为文化人才的集聚奠定了坚实基础。但由于出台时间不长，具体工作尚未落实，还未能展现成效。

在人才环境方面，首先，文化体制改革相对滞后，文化事业、文化产业发展与人事管理体制及市场经济存在一定的差距和矛盾，人力资源难以得到优化配置，这些都严重制约了文化人才资源的开发和利用。比如，文化人才的职称评定也只是主要体现在国有企事业单位，在民营和私营企业工作的文化从业人员没有评定职称的渠道和可能，而全市动漫、歌厅、酒吧、印刷等文化产业90%以上为民营主体。其次，缺乏吸引人才的激励机制。目前，长沙还没有真正形成靠市场机制、靠科学合理的分配政策来调动文化人才积极性和创造性的政策体系，高端文化人才的价值、贡献、效益与分配还很不成比例，知识、创意、技术、管理等要素参与分配也没有得到很好的体现。人才激励机制不够健全，人才评价体系尚未构建，不利于优秀人才脱颖而出，不利于人才积极性、主动性和创造性的发挥。最后，缺乏有效的人才集聚机制。相关政策的缺失导致文化人才流动的市场化程度不高。长沙还没有专门从事文化类人才服务的机构，文化人才自由流动的渠道也不够通畅，且文化人才引进的途径和方式也不够灵活、多样和有效，实施效果不明显，导致近年来引进的核心文化人才数量很少。

（三）长沙文化人才的培养与使用

高校是文化人才培养的主阵地。截至2008年,全市共有普通高校49所,其中"211工程"重点大学有4所,即国防科学技术大学、中南大学、湖南大学和湖南师范大学,且前3所大学进入"985工程",在数量上与上海和西安并列全国第二。虽然高校众多,但对文化人才的培养依然存在着明显的不足。首先,与文化人才培养相关的专业发展不平衡。演艺娱乐与文化旅游相关专业设置数量较多,市内大多数高校均开设有艺术类专业,而文化市场急需的广告、会展、动漫等相关专业设置数量很少,有的甚至没有。因此,三辰、拓维、拓肯等动漫公司或者自己办学校,或者与高校合作委培。其次,专业设置重复现象较为突出。一些高校不顾自身的办学实力而盲目开办热门专业,导致部分院校人才培养质量不高,培养目标雷同,专业方向特色不鲜明。例如,播音主持类专业招生数量过多,已经给毕业生造成了就业困难。再次,人才培养的应用性注重程度不够。课程设置过于理论化,对创意意识和创新能力的培养重视不够,过多停留于知识教育,实践课程体系也不够完善,甚至根本不重视实践。最后,专业中多以技能技术性专业为主,文化管理类专业极为稀少。比如,文化产业管理人才是当前市场最急需的人才,但整个长沙只有湖南师范大学开设了文化产业管理专业,其他诸如会展策划与管理、传媒策划与管理等相关专业设置更是仅见于高职院校专科专业中。这些都反映出文化人才专业设置、培养、使用的严重脱节。

信息化时代背景下,社会培训和终身教育是人才成长的一个重要环节。但长沙文化人才的培养在这方面存在明显不足。目前,针对在职人员开展的文化再培训和针对高端文化人才的培养等环节尤显薄弱。不仅次数少、规模小,而且流于形式,成效不大。作为新兴产业,文化产业内部也还没有形成独立的人才自我培养机制和系统,缺少体系内的自我造血功能。文化从业人员缺少获得系统、持续、高质量培训的途径,导致专业型人才难以向复合型人才发展。同时,许多文化企业还没有清醒地认识到人力资本的增值高于资产或财务资本的增值,也没有确立"人才投入是最有效益投入"的观念,对人才的培养缺乏科学规划,投入严重不足,导致人才成长缓慢。并且,政府、企业和学校在文化人才培养、培训方面缺少互动,产学研衔接不够紧密,多元化的文化人才投资机制尚未形成。

至于文化人才使用方面,则存在人才浪费和人才缺乏并存的局面。一方面文化人才短缺,尤其是新兴产业文化人才稀缺。另一方面,由于机制问题,现有人才难以发挥作用,造成"有用人才引不进,拔尖人才留不住,过剩人才流不出"的局面。目前制约长沙文化人才的利用的四大因素为:一是"所有制"因素。机关、事业、企业在人才使用上的壁垒以及由此带来的户口、住房、福利等一系列体制性障碍,仍是制约人才流动的瓶颈。二是"官本位"因素。以官职论成败的人才评价机制仍起重要作用,"学而优则仕"的观念还比较普遍,尤其是机关和事业单位工作和收入的"铁饭碗",不利于文化人才向产业集聚。三是"大锅饭"因素。体制内的大多数文化单位还是未能从根本上解决能上不能下、能进不能出的问题。四是"职称制"因素。职称评聘公开大多走过场,聘任基本上还是终身制,优秀人才,特别是优秀青年人才难以脱颖而出。正是这些因素,造成了"文艺作品数量很多,质量不高;文艺队伍规模很大,水平不高"的尴尬现实。

四、软硬两手:新思路新举措打造国际文化人才基地

胡锦涛同志在党的十七大报告中指出:"要推动社会主义文化大发展大繁荣,兴起社会主义文化建设新高潮;建设社会主义核心价值体系,增强社会主义意识形态的吸引力和凝聚力;建设和谐文化,培育文明风尚;弘扬中华文化,建设中华民族共有精神家园;推进文化创新,增强文化发展活力,让人民共享文化发展成果。"文化建设,人才先行。无论是提高公民文化素养,打造文化精品、文化品牌等方面,还是加快城乡公共文化服务体系建设,培育壮大文化产业等领域,没有一定规模和品质的文化人才作核心支撑,文化的大繁荣大发展将无从谈起。因此,建设"国际文化名城"长沙,就要以人才建设为抓手,以全新的思路和举措,夯实文化人才高地,不断提升文化人才队伍整体素质,日益丰硕文化创新成果,持续壮大文化产业。

（一）创新人才观念,改善人才成长环境

1. 解放思想,更新文化人才观念。构筑文化人才高地,必须坚持观念先行,要以思想观念的大解放、大突破推动人才理念的大转变、大升级。要重新审视文化人才的价值内涵,牢固树立"以人为本""人人都可成才"和"人才资源是第一资源"的科学人才观,牢固树立"尊重劳动、尊重知识、尊重人才、尊重创造"的良好社会风尚[8]。真正实现从计划到市场、从人事到人本、从管干部到管人才的转变,积极营造一个鼓励探索、支持创新、包容失败、海纳百川的人才成长发展环境,保证人才引得进,留得住,用得上,干得好。必须进一步打破禁锢,解放思想,对文化人要宽容,为其创新发展提供一个更宽松、更开放的环境,让文化人敢想、敢说、敢做。只有这样才能够做到百花齐放、百家争鸣,才能激发文化人的创作、创新激情。

2. 营造成长氛围,形成文化人才脱颖而出的社会环境。文化人才的成长与聚集是一个长期而复杂的过程,影响与制约因素是多方面的,其中最重要的就是要有一个有利于文化人才成长和脱颖而出的环境。根据现阶段长沙文化建设的需

要和人才成长的实际情况,应该着力解决两个方面的问题。

一是要营造良好的专业文化人才创业、兴业的环境。要营造长沙文化创业、兴业环境在全国乃至全球的领先优势,吸引全国甚至全球文化人才来长沙创办文化服务企业,发展文化产业。除了从一般的文化市场建构、社会环境优化入手外,还要着重在文化产业的政策优惠、业务配套、行政效率、文化包容等各个方面进行开放与改革,以创业、兴业作为文化人才吸引与聚集的动力。二是要营造领军人物和文化大师脱颖而出的环境。文化的繁荣必然要求有文化大师的引领与带动,文化大师的涌现也是长沙建设文化强市的外在标志。长沙要在发展壮大文化专业人才队伍的基础上,有意识地挖掘、扶持和培养顶尖级的文化大师,特别是要营造有利于文化大师成长和涌现的微观环境。这是一个系统工程,但总体来讲就是要有长远眼光、宽松环境和包容心态。

(二)创新制度安排,完善文化人才引进、培养、使用机制

文化体制和人事管理体制改革相对滞后,人力资源难以优化配置,是制约目前文化人才资源的开发、利用与集聚发展的重要因素。"世有伯乐,然后有千里马。"当今时代有没有"伯乐"则完全取决于有没有人才成长和脱颖而出的制度设计。

1. 创新引进机制,改善人才结构,优化人才配置。结合长沙市《关于加强高层次人才队伍建设的意见》的贯彻实施,制定长沙市《引进文化领域高层次人才办法》,制定文化人才队伍建设规划,编制引进人才计划,重点引进急需紧缺文化人才和高层次文化人才。善于使用社会流动人才,鼓励文化行业以岗位聘任、项目聘任、客座邀请、兼职、定期服务、项目合作等多种形式引进或使用高端人才及其团队,实行智力引进、柔性流动。在引进程序上坚持做到公开、透明、公正。

2. 创新培养机制,提升人才素质。尽快建立完整的文化人才培养体系,全方位改善文化人才的知识结构、专业技能和创新能力。通过组织举办学历教育、文化创意产业研讨班,选调优秀中青年人才到高校专业进修,邀请专家开设专题讲座等形式,提高人才队伍的整体素质。通过人才交流、实践锻炼等形式,切实加强青年人才、后备干部的培养。通过因人制宜、"量身定做"等形式,实施文化明星工程,促进文艺人才成长。鼓励长沙学院等本地高校根据我市文化产业发展实际重点开设相关专业,与文化企业、产业园区合作建立文化产业创意人才培训基地。对乡镇街道文化站长、村(社区)文化骨干进行免费培训辅导。同时,要打破人才流动的区域壁垒和行业壁垒,发展各种类型不同经济成分的文化人才中介机构,完善文化经纪人制度。建立科学化的人才选拔、考核、奖惩、淘汰等人事管理制度,优化文化人才使用环境。

（三）构建有效的人才激励与评价机制

如何引进人才，如何培养人才，如何留住人才，这都有赖于建立可持续发展的激励与评价机制。通过人才激励机制引进人才，通过人才评价机制留住人才。长期以来，我国文化的发展在这两方面一直深受权威意识和官本位思想及计划经济体制的影响和制约。首先在人才激励方面，无论是制度还是社会价值取向，都无法给予文化人足够的尊重，在大量的文化活动中，被摆到重要位置的往往不是唱主角的"文化人"，而是各方面的领导。可文化发展的规律是，创作者的贡献往往起着决定性作用。其次在人才评价方面，过去我们不是以人的能力、业绩、品德为导向，人才的晋升更多的是靠政治技巧，靠血缘、地缘、人脉关系，没有能力、缺乏贡献的人职场得意，而有贡献、有能力、有个性的人才反遭排挤冷落的现象，造成"黄钟毁弃，瓦釜雷鸣"的现实困境。此外，在人才评价标准上，也缺乏对文化产品生产规律的认识和尊重。文化人是"人"不是"器物"，文化产品是精神产品，不能简单地以"育器"模式来"育人"，也不能简单地以工业产品的生产模式来核定文化产品。长期以来的单向思维、主观意志、急功近利导致文化人才培养、评价方面漏洞百出。因此，建立全新的、有效的人才激励与评价体制迫在眉睫。

1. 建立有效的人才激励机制，极大地挖掘人的潜能，调动人的积极性、主动性与创造性。工作成效不仅取决于工作能力，还受制于工作态度。有效的激励机制能够激发人的工作动机，鼓励人的创新干劲，从而有助于提升人的业务水平。这都取决于高效、科学、民主的机制。为此，胡锦涛同志提出了建设以激励机制为核心的"六大机制"（培养、评价、任用、流动、激励和保障机制），《2002－2005 年全国人才队伍建设规划纲要》则明确了建立"秩序规范、激发活力、注重公平、监管有力的工资制度"的激励机制的目标。"天才之火还需添加利益之油"，人才激励机制的核心是收入分配制度和奖励制度。合理、有效的激励机制的建立，可以科学规范人才的合理配置与使用，引导人才流向，强化人才能力，集聚人才队伍，构筑人才高地，促进成果生产。

2. 建立有效的人才评价机制，高效地选拔人才，合理地配置人才，客观地评价人才，正确地引导与开发人才。伟大事业是拴心留人的根本，科学的评价机制则是集聚人才的关键。只有优化现有的评价机制，才能有助于形成长沙市的人才优势，才能构筑起坚实的人才高地，才能推动文化强市目标的全面实现。第一，要拓宽人才评价范围。树立"人皆可成才"的观念，打破所有制、身份、地域等限制。将非公单位的文化技术人才、从事自由职业的文化技术人才、农村文化技术人才等都纳入人才评价的范围。第二，要完善人才评价标准和模式。在人才评价与发现的方式、方法、模式和理念等方面，要破除当前的"唯领导意志论""领导怎么看就是什么样"的评价方式,尽快建立和完善以品德、知识、能力、业绩为主要内容的评价标准,以突出专业技术人员从业的实际水平和创新能力为主要依据,体现专业技术人员成长规律和职业特点,增强时代性、针对性和权威性。第三,要创新人才评价手段。根据不同类型、不同层级专业技术人员的特点,采用考试、评审、答辩、考评结合、考核认定等不同的评价方式,真正评出水平,评出能力。坚持重在业内和社会认可,进一步加强评审、考试的制度建设,充分发挥同行专家在评价中的作用,增强评价结果的公信力。要规范评价程序,坚持客观、公正、公开、透明,制定公平的评价规则,规范评价的各个环节,全面推行评价公示制度,加强对评价过程的监督管理,确保评价的公平公正。

(四)设立文化研究基地,打造文化人才成长和集聚平台

文化人才高地的构筑、文化人才的集聚,取决于内外一体的联动机制和活力,需要培养开发人才和积极引进人才齐发、精心培养人才和大胆使用人才并重。筑巢为引凤,巢香凤自来。内部自主培养开发人才机制完善,富有竞争力、影响力和吸引力,才能"引得进、留得住、用得活",才能形成人才引进的持续活力。而形成这种机制和活力的一个捷径就是设立文化研究基地,打造文化人才成长和集聚的平台。按照"项目带动,专题突破,团队攻关"的模式,构建活力十足的专业文化团队。

当前,科学和文化领域的竞争,很大程度上已经由个人之间的竞争让位于人才团队间的竞争,让位于以领军人物带领的优质团队之间的竞争。这种竞争更具有创造力和爆发力,也更容易产生强大的影响力。以人才团队为载体的基础成果更容易转化为现实文化产品,形成强大的市场竞争力,形成特色文化流派。以特色形成聚焦点,造就辐射力和影响力。但特色文化流派不是几个人才所能够形成和承载的,文化产业的影响力也不是一两家文化企业所能够造就的,文化影响力更不是单项优秀成果可以完成的。因此,要设立和建设好长沙文化研究基地,要规范和建设好长沙文化产业园区,使之成为具有辐射力和影响力的文化人才集聚地和文化产业平台。通过基地和平台建设,聚集和培养文化领军人物和高层次文化人才团队,引进高端文化人才,实现"以文立市"和"文化强市"的战略目标。

(五)科学规划,改善文化人才结构和匹配度

长沙市"十二五"规划纲要确立了文化产业发展的六大重要领域和"一轴两翼三城"的文化产业整体布局。强调要求:"利用长沙深厚的历史文化底蕴、丰富的名人文化资源、独有的山水文化特色、繁荣的娱乐文化市场和发达的现代文化产业,推进传统文化与现代文化的有机融合,彰显城市魅力。"纲要再次凸显了文化人才在城市文化建设中的重要性。

文化人才，是文化建设的核心主体和中枢力量。在目前人力资源总体上供过于求的大背景下，重要的是如何进行人力资源的整合和充分利用，使文化人才与文化产业有较高的契合度，形成以市场配置为基础的文化产业人才资源配置机制。引进和培养文化人才应该符合长沙文化产业发展规划的方向，为此应该进行前瞻性研究，预测文化产业未来发展趋势和人才需求趋势，提前进行相关人才的培训，以适应和促进文化产业的持续发展。

优化人才结构，提升文化人才与城市文化建设的匹配度，可以使有限的人才资源得以更大限度地优化配置，更好地做到人尽其才，从而更快地打造出强有力的城市文化核心竞争力，塑造出不可复制的城市文化品牌形象。具体举措：一方面，要创新公共文化服务形式，引进社会力量参与文化建设，提升公共文化的专业性、科学性和有效性，就需要多层次、多样化的人才与之匹配。另一方面，建设文化强市的基本支撑点就是做大做强文化产业，要建立和完善产业结构合理、产业布局科学、产业发展集聚、产业竞争高端的现代文化产业体系，使文化产业总体实力和核心竞争力显著增强，也迫切需要解决文化产业与相关人才的匹配度问题。因此，我市文化人才可以"十二五"规划的提出为契机，以"十二五"规划纲要为整体奋斗目标，将人才引进与培养的重心倾向规划中的重点文化产业，形成与之相匹配的文化人才团队。

总之，文化人才基地建设方法途径很多，首先，最根本的是城市要有吸引力，真正做到魅力四射，产生国际名人向往的效果，这就是一个城市给人的"梦想"，有"梦想"就能造就一大批"追梦者"。其次，要有干事业的环境，大凡人才都有事业心、责任心和进取心，人才进来后要有相应的发展空间、发展平台，"只要努力，一切皆有可能"，通过合理的机制激发其进取意识，使"追梦者"通过个体和团队的努力，能够"圆梦"。第三，要有归属感。对一个城市而言，但求所用，不求所有；用其所长，容其所短；对人才而言，宽松的环境，反而能够增强其认同感和归属感，以城市为荣。这样，人地两相宜，人才基地越做越大，城市魅力越来越大。

参考文献：

[1]全国文化系统首部文化人才发展规划出台[N].中国文化报,2010-09-06.

[2]谭仲池.文化:照耀城市发展的光芒[EB/OL].人民网,2005-08-03.

[3][7]陈润儿.让长沙成为现代化人才集聚中心和创业基地[N].长沙晚报,2009-06-03.

[4]张权.文化产业呼唤领军人物[N].湖南日报,2010-05-18.

[5]李敏.文化人才队伍建设的分析与思考[J].江汉论坛,2010,(9).

[6]光明日报专题调研组."湖南文化现象"调查:人才队伍建设托起文化发展春天——湖南文化产业人才队伍建设调查[EB/OL].中国文明网,2010－11－18.

[8]胡锦涛.在全国人才工作会议上的讲话[N].人民日报,2003－12－21.

长沙城市主题色的象征及其阐释

汪小林

（长沙大学学报编辑部，湖南长沙 410003）

一

色彩对于城市来说具有符号的意义，而且是极具大众性的符号，因为色彩是一切艺术手段中最富于大众特征的语言。色彩来自于自然，集合于生活，显现于历史，于是，一个民族所倾心的色彩往往构成一个国家的标志，一种文化的基调，或者一个城市的表情。

在讨论城市的色彩时，有几个概念须先行廓清。

一是城市色调。它不是一种颜色，而是一定明度、纯度范围内的色调或色系，主色调需在城市中占有75%的比例才能起到主导色的作用，辅色可占20%，点缀色只能占5%，如此才能形成稳定、整体的色彩环境。

二是城市色彩规划与设计。它是对所有的城市色彩构成因素统一进行分析规划，首先确定主辅色及点缀色系统，然后确定各种建筑物和其他物体的永久固有基准色，再确定包括城市广告和公交车辆等等流动色、街道点缀物等临时色。

三是城市色彩。它指的是城市公共空间中所有裸露物体外部被感知的色彩总和，包括土地、植被等自然环境色彩，生活的常用色彩等人文色彩，建筑物、广告、交通工具等人工色。

四是城市主题色。它作为城市形象的代表，越来越趋于一种象征意义、符号意义。不妨略举几例。红色有"革命"的象征意义。这一象征意义最初来自法国革命，后随着国际共产主义运动的扩展，由苏联传入中国。"红色旅游"就是充分运用了这一象征意义。绿是植物生长中最基本的颜色，是良好生态的体现。绿色还是生命的本色，象征着生命、春天、青春、和平、希望等。绿色城市的概念多是直接表达其表层含义，主要形容城市良好的植被。……蓝色是一种澄静清明的表征，由于人类天生的亲水性，所以很多滨海旅游城市都注意使用蓝色来宣传自己的特色。白色在中国历史上含有贬义，但随着西方文化在我国的传播，白色更代表了一种纯洁、童贞和超然的象征意义。

联系城市来谈色彩象征,不妨以大连为例。在近十年里,大连通过彩色房屋、彩色路面、彩色屋面、彩色照明、彩色公交车和彩色树等工程确立了有个性的城市色彩。其标志性建筑以玉兰的色彩为标志色,其余建筑色彩为丰富稳定的砂石色。这一高明度的主色调,象征着城市的浪漫品性。再以流行色点缀其中,使大连犹如嵌在环渤海岸边的璀璨明珠,散发着海岸城市特有的风彩。

城市象征色运用最近的经典案例是北京奥运会的色彩计划。北京抓住了在国际舞台中形象定格的机会,将2008年的北京奥运会视为塑造中国当代色彩、也是塑造北京形象的历史时机。构想中的北京奥运的色彩计划的基本色由"中国红""琉璃黄""国槐绿""青花蓝""长城灰""玉脂白"六种具有中国特色的色彩构成。

在色彩组合运用中,"中国红"与"琉璃黄"及其辅色的组合,营造出中国式的热烈与隆重;"琉璃黄"及其辅色的组合生发出明亮、辉煌的运动感与激情;"国槐绿"所代表的绿色色系,是健康、纯静、活力的最好象征;"青花蓝"及其辅色的组合象征着理性、科技的理想与创造,并赋予这种理想与创造以中国式的美感;最后,"长城灰""玉脂白"及其辅色系的组合,则将淡雅、含蓄、宁静升华为东方式的丰盈与和谐,成为中国哲学与智慧的最好阐释。这六种极具中国特色的色彩构成北京奥运会的色彩系统,是自然与人文、传统与现代、光荣与梦想最感性的视觉体现,可以称之为现代北京的表情。

二

色彩与城市究竟有着怎样的关系呢?这就得先了解色彩与民族的关系。

色彩既是民族的一个重要的文化标记,也是民族国家的文化标记。历经千百年形成的中国色彩是与那个特定时代的生产水平、生活方式与材料工艺所决定的;可以说,历史上的中国色彩主要由农耕经济的主体——田园景色所塑造,大地、植被、山河、农庄的色彩构成中国传统的主体色;绘、织、染、绣之类人工造物的色彩只是其中的点缀与装饰。

色彩当然地成为一个城市的文化标记。今天,人们无法要求一个城市在日新月异的现代化进程中还能保持历史中的那种色彩印记,构成中国色彩形象的主体角色,将从田野转向城市。在这样一种社会转型、文化转型、经济转型与生活转型的过程中,田园风景被水泥森林替代既是一种无奈也是一种必然。钢铁、水泥的集合构成当代城市生活风景线的基调,但是这并不意味着当代城市不再需要一种人文的氤氲,更不意味着当代生活可以脱离自然的形态、历史的表情。于是,连接着历史与当下的"城市色彩"便重新成为人们构建当下生活与未来愿景时必须要运筹与审视的内容。如果说交通网是城市的骨架,天际线是城市的身形,那么色彩便是城市生活最真实与具体的表情。

让我们将话题转换到长沙。比较巴黎、北京、大连等表情丰富的城市,长沙的表情又是如何呢? 换言之,长沙是什么颜色的? 是历史名城的青,还是湘水流淌的绿,或者是火辣民俗的红? 从城市色彩计划的角度对长沙做色彩的诊断,需要将这里的土、沙、水、四季景观元素都纳入调查范围,制作成色墙,通过数字化仪器监测,科学定位到底什么颜色适合长沙。除了考虑基本元素,长沙至少要从楚汉文化特征、教育资源、自然景观、风土人情这四个方面来深度挖掘城市的色彩。不过有一点是明确的,那就是一方水土养一方色,长沙的色彩必须是透着长沙的味道。城市色彩是城市的精神财富,也是体现城市气质的必要手段。

三

如果从城市主题色的象征意义来考虑,长沙的城市主题色应是红色系,一个由嫣红、大红、桔红、椒红、焰红、枫红、绛红、酡红等八种色彩构成的色彩序列。

嫣红:象征花和女性,令人联想到映山红和多情的湘女。

杜鹃花是长沙的市花。长沙地区的气候和土壤十分适合杜鹃花的生长,每到春天,长沙市郊漫山遍野开满杜鹃,成为长沙春天的一大奇观,故长沙人称杜鹃花为"映山红"。由于杜鹃花色彩殷红,开得旺盛,因此被人们用来象征自强不息的精神和生命力的顽强。

湘女多情,包含了纯情、柔情和痴情,她们还具备温暖的母性和牺牲奉献的血性。湘女的情有着丰富的内涵,凌宇先生认为"屈骚忧患""桃源梦"和"湘女多情"是湖南人挣不脱的三张网。忧患是现实的关切,梦幻是理想的憧憬,"湘女多情"则关涉文化性格与行为的塑造。湘女在全国的名气,有"八千湘女上天山"的壮举为之增色。在美丽广袤的新疆,"湘女多情"演绎了异地风采,表现出一种血性。在长沙市营盘路口的湘江风光带雕塑广场,矗立着一块从新疆哈密运来的"天山湘女石",它是湘女多情和湘女血性的见证。

大红:象征革命,令人联想到长沙众多的革命家、革命烈士、革命纪念地。人们心中有一座丰碑,上面刻有一份长长的名单。其中有众多的长沙籍的革命家以及党和国家的领导人,如毛泽东、刘少奇、彭德怀、任弼时、徐特立、胡耀邦、李富春、朱镕基、李铁映。其中又有众多的长沙籍的革命先烈,如谭嗣同、焦达峰、何叔衡、蔡和森、向警予、毛泽民、毛泽覃、毛岸英、郭亮、左权、雷锋、杨开慧。其中还有众多的长沙籍的开国元勋,如陈赓、许光达、萧劲光、谭政、宋任穷、王震、甘泗淇、彭绍辉、李志民、杨得志、宋时轮、唐亮、杨勇等。

桔红:象征成熟、丰收和民阜物丰,令人联想到南橘和橘子洲。橘子洲位于流经长沙市区的湘江中流,绵延十里,是长沙名胜之一。它介于名山城市之间,浮于袅袅碧波之上。史载:橘洲生成于晋惠帝永兴二年(305年),为激流回旋、沙石堆积而成,"望之若带,实不相连",上为牛头洲,中为水陆洲,下为傅家洲。以盛产美橘而得名。橘子洲久负盛名,春来,明光潋滟,沙鸥点点;秋至,柚黄橘红,清香一片;深冬,凌寒剪冰,江风戏雪,是潇湘八景之一"江天暮雪"的所在地。毛泽东有《沁园春·长沙》,描绘了橘子洲的景色,因此声名大振。

椒红:象征火辣,诱惑,令人联想到长沙人的口味、性格和湘菜。长沙人有很强烈的好玩作风,这也是现在长沙娱乐产业发达的一个原因,一方面自己玩乐一方面把玩乐的作风发展到全国。长沙人逞强好胜,正因为如此带有一定的封闭思想,认为自己什么都是最好的,但是当出现一样可以让长沙人输得人心服口服的东西的时候,长沙人会用死掉也要当大哥的冲劲迅速超过那个比他高的点,这就造成了长沙人敢为人先的特性。

长沙人过日子不容易所以只好用辣椒下饭,饮食偏辣便成为湘菜的特色。据史书记载,湘菜在两汉以前就有。西汉时,长沙成为南方政治,经济和文化中心,特产丰富,经济发达,烹饪技术已发展到一定的水平。马王堆汉墓中有许多与烹饪技术相关的资料。其中有迄今最早的菜单,它记录了103种名贵菜品和炖、焖、煨、烧、炒、熘、煎、熏、腊等九类的烹调方法。湘菜以长沙为中心,在制作上以煨、炖腊、蒸、炒诸法见称。由于湖南地处亚热带,气候多变、春季多雨,夏季炎热,冬季寒冷。因此湘菜特别讲究调味,尤重酸辣、咸香、清香、浓鲜。

焰红:象征烈火,令人联想到长沙窑和浏阳烟花。长沙窑是唐代重要瓷窑,因在长沙县铜官镇瓦渣坪首先发现,因此又称铜官窑,它是长沙重要的文化标识。长沙窑创烧于唐,晚唐至五代是极盛期,五代以后衰落。长沙窑的产品以青釉为主,器物造型多样。釉下彩是长沙窑新创的一种瓷器装饰工艺,对宋、元、明青花瓷器的发展有重要影响。

浏阳以"花炮之乡"而名传中外。最早的"爆竹",是火烧竹子所发出的爆裂声。《荆楚岁时记》载:"燃火投竹,爆破有声,能辟恶魔"。唐朝初年,"药王"孙思邈最早记叙了把硝石、硫磺、含炭物质混合在一起创造火药的"硫磺伏火法"。传说孙思邈曾隐居浏阳。唐初,浏阳大瑶人李畋为驱除瘟疫,将火药装在竹筒中,用引线点燃起爆,发出更大的响声和浓烈烟雾,驱散山岚瘴气。这是"装硝爆竹"的雏形。李畋因此被奉为"花炮始祖"。宋代,民间开始用纸筒装裹火药,并用麻茎编结成串,做成"编炮"。这种传统工艺一直延续近千年。清康熙《浏阳县志》记载:"后人卷纸作筒,实以硝磺,名为大爆竹,馈遗者,号曰春雷。往岁小除夕,响声不绝。"至此,爆竹已广泛用于送旧迎新、婚丧嫁娶等场合。清末民初,浏阳人李熙雅恢复和发展先祖失传技艺,制作出焰火四射的烟花。20世纪80年代初,浏阳研制出具有国际水准的礼花弹,完成了由玩具烟花到大型烟花的飞跃。此后浏阳花炮频频亮相于国内国际的大型烟火表演,让这个世界黑色的夜空光芒四射。

枫红:象征秋色,令人联想到枫叶如丹的麓山。岳麓山是我国观赏红叶最著名的景区之一。岳麓山青枫峡中,建有一座以杜牧《山行》诗"停车坐爱枫林晚"之意命名的爱晚亭。亭的周围到处生长着一人抱不住的枫树,盘根错节,一片连一片,每到深秋,枫叶流丹,如烁彩霞,风吹叶动,烈火熊熊,十分壮观。毛泽东有"看万山红遍,层林尽染"的诗句赞美麓山秋枫。

绛红:象征历史,令人联想到火宫殿、古麓山寺、古开福寺、古沩山寺和众多历史文物。麓山寺创建于西晋武帝泰始四年(268年),距今已有1700多年的历史,是佛教入湘最早的遗迹。麓山寺又是中国佛教史上著名的道场之一,唐时盛极一时,寺院规模宏大,声名蔚成大观,文人雅士竞相携游,或赋诗,或作文。杜甫有"寺门高开洞庭野,殿脚插入赤沙湖"之吟咏。唐开元十八年(730年),李邕撰写《麓山寺碑》以纪其胜。因其文章、书法、刻工俱为上乘,世称"三绝碑"。麓山寺自晋代创建以来,经过隋唐的发展,宋元的延续,至明代中期已成为全国佛教禅宗派著名的胜地。

开福寺为禅宗临济宗杨岐派著名寺院,始建于五代时期。当时马殷割据湖南,建立楚国,史称"马楚"。马氏以长沙为都城,在城北营建行宫,建有会春园,作为避署之地。后唐天成二年(公元927年)马殷之子马希范将会春园的一部分施舍给僧人保宁,创建了开福寺。马希范继位后,又在附近大兴土木,旁垒紫微山,北开碧浪湖,使开福寺一带成为著名的风景胜地,有内外16景。开福寺兴盛时,住僧达千余人。后历经宋、元、明、清各朝,香火不绝,名僧辈出。宋时,临济宗杨岐派禅法由日本求法僧人觉心带回日本国,日本佛教临济宗派因而视开福寺为祖庭。

酡红:象征浪漫,令人联想到长沙的酒巴街和热力四射的娱乐业。夜长沙,在灯光酒影中,诸众时尚狂欢,城市加速度热舞,尽显金色年华里的四射魅力,充满属于长沙本土的喧嚣、鼓动,酒吧成为长沙夜生活中"时尚风暴的中心"。解放西路为长沙酒吧分布最集中、酒吧类型最齐全之地,在一公里左右的距离内分布了22家酒吧。长沙酒吧分五类:演艺吧、清吧、迪吧、慢摇吧、交友吧。演艺吧最著名的有魅力四射、八点半搞笑频道、金色年华;清吧则以可可清吧为老牌;迪吧则有在重金属音乐中跳动着的新荷东、热舞吧等;慢摇吧,苏荷、玛格丽特、魅力四射慢摇吧等相当不错;八点半则是有名的交友吧。长沙这座超前消费的城市,已成为中国中南地区休闲之都。发达的城市娱乐文化与酒吧的诱惑,使这座城成为具有吸引力的魅力之城。

色彩象征意义是在色彩联想基础上产生的,但内涵更加丰富、深刻。由于色彩的象征意义较为复杂,所以我国的绝大多数城市色彩规划主要采用色彩的表层含义,运用象征意义的还不是很多,这就为城市色彩的设计留下了空间。

城市色彩应当是一组与生活本体密切结合的关系色彩。不同地域条件与人文条件、经济条件下构成的城市色彩在一个总的地域框架内相互映衬,并将构成一种新的城市关系格局。正因为如此,当代城市建设与规划中,城市的色彩是一项文化标志性的工作。

品牌打造与文化包装

——兼论长沙餐饮品牌文化包装之得失

蒋　益

（长沙大学旅游管理系，湖南长沙　410022）

一、品牌的价值与核心

从营销学的角度看，品牌打造体现了一个道理，那就是"品牌价值与企业安全系数成正比"，一个企业的品牌价值越高、影响力越大，这个企业生存的安全系数就越高。这个道理可以用来解释为什么许多企业都希望成为品牌。

强势企业和弱势企业的分野，可以说就在于品牌对消费者的影响程度。品牌对消费者的影响由浅入深分为四个层面：没有影响，有一定影响，有较大影响，有深刻影响。

"没有影响"就是消费者对品牌根本不了解，品牌对消费者的消费选择无法产生影响；"有一定影响"是指这个品牌在社会上有一定的知名度，但是，这个知名度并不是很大，消费者在选择同类产品的时候，只是把该产品作为选择对象之一；"有较大影响"是指消费者在选择同类产品时倾向于选择该品牌；"有深刻影响"是指该品牌不仅能影响消费者对同类产品的选择，而且能影响到人们的生活方式和观念，此时，品牌对人们的影响已经由产品本身延伸到文化和生活方式的层面。

打造富有个性的企业品牌是每个企业最关键的事情，但企业却往往陷入一些误区，比如有些企业认为广告能够"轰"出一个品牌，殊不知所提高的仅仅是产品的知名度。品牌的价值含量单靠密集的广告是不行的。国内有很多知名度很高的企业，但是细想一下，这些公司有品牌吗？他们的品牌内涵是什么，定位是什么？我们发现，与国际优秀品牌相比，我们国内企业称得上优秀品牌的公司真是寥寥无几。

打造一个优秀的品牌，最重要的是品牌忠诚度，也就是让消费者只消费你的产品，而不是惠顾你的竞争对手。很多人吃快餐会选择麦当劳，这就是品牌的定位和品牌忠诚度的不同造成的。

麦当劳主要瞄准的儿童、青少年和城市白领。针对儿童,麦当劳在店里专门开辟一个区域,供孩子玩耍,而且它会针对孩子最喜欢的一些卡通造型,比如机器猫、玩具超人等推出欢乐家庭餐,或者赠送一些小玩具;针对青少年,它请的广告明星和品牌代言人都是非常时尚的歌星、影星,并且针对青少年喜欢改变的特性,不断推出新的产品,变换不同的口味;针对城市白领,它非常强调环境,明窗静几,暖意融融,让人感觉非常舒适。

从某种意义上说,顾客的忠诚度来自组织的文化,或者说,忠诚度就是一种心理文化倾向。麦当劳卖的是一种美国文化和舒适惬意的就餐环境,并以这种文化获得顾客的欢心。不仅是麦当劳公司,世界著名的企业品牌,无一不是在文化上作足了功夫。如星巴克,它很少做广告,但它独创出一种体验式营销。星巴克认为,消费者来到星巴克,所消费的不仅是浓浓香醇的咖啡,更重要的是这里为他提供了一片安静、舒适、惬意的休闲空间。为了营造这样的小资情调,星巴克的室内设计非常艺术化,音乐、服务生、桌椅的摆放、墙上的画,衬托着浓浓的咖啡香味,营造了独特的星巴克咖啡文化,这就是其品牌的核心内涵。

一旦一个品牌对人们的影响深入到文化层面,那么,这个品牌就和人们的生活观念与生存方式建立了链接。人们的生活观念和生存方式是相对稳定的,人们对与之链接的品牌认同也是相对稳定的。所以,这样的品牌不会轻易被放弃,这样的企业也不会轻易败落。事实上,我们也很难想象有一天可口可乐、福特、波音、微软、三星、索尼、诺基亚这些优秀品牌会死掉,我们甚至很难想象导致这些企业死亡的理由可能是什么。

二、品牌的文化包装

"人要衣装,佛要金装",品牌需要文化包装,这是企业运作中的一张"王牌"。但文化包装绝非仅仅是外饰,它应贯穿于企业的整体运作之中,在全方位战略中据有重要的位置,它是立体的、多元的,能构筑起一个极具竞争力的"四度空间"。有许多企业已经意识到了文化是品牌成功的关键,想方设法构筑文化,试图以文化包装来抢夺市场份额。

"你站在桥上看风景/看风景的人在桥上看你/明月装饰了你的窗子/你装饰了别人的梦",这是卞之琳的名句,诗人用美妙的笔触描绘出了人与风景、人与人之间相互装饰相互映衬的动人之处。

随着商业社会的发展,诗意东西越来越少,也越来越珍贵。如果诗人对景致的把握和手法能被商业领域的专才掌握,则能在充满"铜臭味"的商业世界里通过文化包装,展现出商品的美感和诱惑力。

每一个优秀的品牌都是有灵魂的,文化就是它的灵魂,这些被文化包装的商品就象一个个精灵,对消费者进行勾魂摄魄的吸引。好的文化包装究竟是靠怎样的手段去征服它的目标消费者呢?

其一,把目标消费者的身份"嵌"进包装里

消费者购买产品的动机往往是由自己的身份或形象决定的,当品牌能体现自己的形象或身份时,消费者就会产生消费的冲动,只要感觉对位,消费者就会买单。

其二,体现消费者最关心的利益点

方便面需要将柔软的面条和鲜美的调料完美地展现出来,引起食欲;保健品的礼品装规格要大气,印刷要精美,否则就体现不出送礼人的大方,就不会让送礼和受礼者脸面上有光。

其三,让产品从同类产品中"跳"出来

消费者对一个产品的注意一般是从无意识状态转向有意识状态的,如果能被消费者在一大堆产品中识别出来并产生好感,消费的机率会大很多。当然,包装一定要符合产品的属性,若将一家茶馆包装得很卡通感性,则会引起消费者产生产品性能不可靠的联想。

其四,设计印象深刻的记忆点

好的文化包装都会给人留下深刻的记忆,比如"万宝路"香烟粗犷的西部牛仔形象,"LACOSTE"的鳄鱼……这些形象闭上眼睛都能想象得出来。

其五,给产品"画一张诚实可信的脸"

要让消费者消除疑虑,对产品产生信任,放心大胆消费。

三、文化包装的意义

好的文化包装将给企业带来什么呢? 一般认为,品牌的文化包装得当将会为企业带来三大好处。

首先是提升品牌的价值。富有创意的文化包装,不但可以提高商品的价值感,还可以培养消费群体对品牌产生忠诚度。文化包装是消费者择其所好之处,作为企业要有预测包装印象效果的能力,充分把握消费者的好恶之心;通过包装提升企业的价值感,真正达到"商品已富实物价值,包装造成心理价值"的目的。

二是理念传达。理念是企业的灵魂,也表现为一种风格,它可以强化产品的内涵,加深顾客的印象,对于产品销售影响极大。理念传达到位,让人感到实实在在的利益点,品牌才有升值的潜力。因此,企业通过媒体所发布的信息必须务实,让优势通过信息传播发挥出来,达到口碑效果,间接为企业、产品扬名。如飞利浦深蓝色的企业理念,"让我们做得更好!"其谦逊、真诚、含蓄的魅力和品位也被表达得淋漓尽致。

三是品牌识别。品牌识别是消费的前提,它在消费者的脑中只是一个粗略的或不清晰的印象,在这种印象下,当消费者一旦遇到企业或品牌时,就会产生一种亲切感。这种熟悉,常常会让消费者产生文化认同感,缩短消费者在购买产品时的决策时间,导致快速产生购买决定。可以说,没有品牌识别,要想让消费者认同你的企业、购买你的产品,几乎是不可能的。然而,有了品牌识别,便会为品牌提供一种熟悉的感觉,诸如,可口可乐、IBM、奔驰、麦当劳等,这都是文化包装所赋予的。

要具体地理解品牌的文化包装的意义,不妨从长沙餐饮业的角度略作分析。

从上世纪末开始,"吃文化"渐渐成了餐饮的时尚,长沙的秦皇食府、锦绣红楼皆是成功的范例。所谓"吃文化",其实就是用文化来包装饭店酒楼,提高餐饮的附加值,换句话说,就是卖餐饮同时卖文化。

人类的文化因其神秘、神奇、壮丽和伟大而具有永恒的魅力,它一旦和餐饮业结合起来,就会使平淡无奇的餐饮业顿时光芒四射。略举数例,以资印证。

其一,以历史文化作包装的秦皇食府

秦皇食府不算高大的建筑透出厚重的历史感,走进大厅,扑面而来的秦国兵俑和战车,会让产生一回梦回秦朝的感觉。登临楼上,迎面便是类似竹简雕刻的《秦皇食府序》:"六王毕,四海一,神州名厨荟萃于三秦大地,秦皇美食应时而生。……"该文述说了秦皇食府得名的缘起。食府三十六座包厢均以秦朝三十六郡命名,酒樽器皿也按古秦风仿制,连音乐也是古典名曲,可谓一文一画一曲一境都充溢着两千多年前秦皇盛朝的气息。

加里·哈默尔曾将公司分为三类:规则制定者、规则接受者、规则破坏者。根据这种分类方法,秦皇食府当属后者,是开拓创新、重写规则、突破条条框框的行业革命者。秦皇食府在长沙开业不过数年,但在业内外影响力,其品牌效应所散发的光芒,已确立其在长沙餐饮界的领军地位。

其二,以宫廷环境作包装的"西湖楼"

西湖楼仿佛是历史长河中摇出来的画舫,又如一幅绚丽多彩的历史画卷,其厚重的文化内涵开创了新的餐饮美学。走进西湖楼,深红翠绿便尽现眼前。大到怡情悦性的用餐环境,小至工巧精致的杯盘碗筷,无一不令人耳目一新、口舌生津。在环境设计上,将明清皇宫和地方风俗巧妙嫁接,极具个性。

其三,以古典名著为主题的"锦绣红楼"

锦绣红楼,好似一个从《红楼梦》里蹦出来的、极富现代时尚色彩的美食新版本。它以其厚重的红学文化和美食内涵,将时尚美食与古典文化融为一体。在锦绣红楼,顾客会不自觉地被琴韵所感染。琴声跌宕起伏,质朴自然,潇洒飘逸,变化多端。难得的是菜品也如同琴韵般抑扬顿挫,高低各异,奇妙无穷。"抚弦动操间,龙翔去无迹。仿佛有余音",菜品亦如此,"仿佛有余味,萦回在舌边。"有一个诗人说,一首好诗让世界变得虚幻。锦绣红楼就是一个这样的一个地方:它让你感觉置身幻境。古典的装修、陌生化的环境、独特的氛围无不是一个个暗示。

其四,以吉祥文化作包装的"一路吉祥"

"一路吉祥"的命名是动了点脑筋的。这里面凝聚了长沙里手的灵泛——大气的架构与宏观的持控。仰吉慕祥是人类的共通心理,把湘菜文化与吉祥文化结合起来是"一路吉祥"的创举。门口的300余年高龄的吉祥树,满是福字浮雕的装饰板,镂空万字花栏的雕花板,小吉祥门状的荐菜牌,美食广场内,物物吉祥,事事吉祥,上下吉祥,前后吉祥,左右吉祥,一切吉祥都为餐饮文化而存在,恰如绿叶之于红花,将湘菜衬托得显眼而眩目。

其五,以乡土情愫为包装的"潭州瓦缸"

古色古香的建筑,怀旧的厅堂,店门口再摆上几只大大的瓦缸,这就是潭州瓦缸。

瓦缸、瓦罐、瓦片称"潭州三瓦",瓦缸硕大无朋,一人多高,两人不能合围,烘烤煨炖,功能俱全。瓦罐圆鼓壮实,大可比盆,小可握拳,中容菜肴,上有厚盖。瓦片又称筒瓦,每片为60度圆弧陶片,形状似小舟。"潭州三瓦"之所以能创造出辉煌的餐饮神话,在于它勾起了长沙人的"潭州情结"。它以西汉长沙国古菜谱为底蕴,以著名的铜官窑陶器为载体,以土、特、怪为个性,打造出一个有特色的餐饮品牌。

其六,以家常氛围作包装的"小巷人家"

没有宽敞的大厅,没有豪华的包厢,甚至连漂亮的桌椅都没有,一切都那么朴实,朴实得像一座农家小院;一切都那么平凡,平凡得与自己家里没有什么两样,这就是小巷人家。然而,到了聚餐时分,这里的人气如火一样红旺,这里的人声如闹市一样鼎沸;过道上,大门边,到处都是寻座等位的人,所有这一切,都是因为家常美食的力量。小巷人家的心愿是,让众多的客人吃上可口的家常菜。家常美食,寻常佳肴,其力量让百姓开胃开怀,让小巷人家享誉四方,深得人心。

其七,以花卉美食概念作包装的"世纪芙蓉"

世纪芙蓉酒楼是长沙首家推出花卉美食的酒楼。花卉入菜,古已有之。屈原"朝饮木兰之坠露,夕餐秋菊之落英"就说明花卉可以充饥,而"播江离与滋菊兮,愿春日以为糗芳",则是将龙须菜、莳香菊采之为食。鲜花入菜,不仅好看好吃,还对身体有益。以菊花来说,《神农本草经》认为:它"久服利血气,轻身,耐老,延年"。花卉凡是入菜的,都有各自的作用。世纪芙蓉推出了适应不同消费层次的数十款鲜花餐饮和小吃。花卉美食中,菊花是一个主角,可谓是花卉中的君子。玫瑰也是重要角色,不仅好吃,还好看,美艳得很。不露声色却香气袭人的是桂花,在羹汤里放一点,不见身影,只有香如故。可谓是花卉中的隐身英雄。

四、文化包装之误区

不少企业在对文化包装的理解与操作中存在误区,长沙拥有众多的餐饮品牌,就文化包装而言,不乏精品,但从整体上看,许多企业仍将文化包装视为外饰,认为文化包装就是为企业或产品加一个"外套",忽略了文化包装的真正内涵,思维模式单一。其具体表现为:

1. 无个性。包装缺乏个性,这是普遍的病症,就像是"流感"一样,四处可见。

2. 色盲。对文化色彩作主观臆断,不考虑目标消费者的喜好,不分析市场,脱离目标消费者的需求。

3. 克隆。克隆是企业常犯的一种病症。模仿得一模一样,不仔细看,还真分不清真假"李逵"。

4. 无名。对命名的重视不够,商标处理草率拙劣。命名无特色,则消费者易忘记。在长沙的餐饮业中,品牌名淹没的占大多数,企业在商业版图上"没名没分"是常有的事。

5. 模糊。企业大多数没有鲜明的特征可言,企业的商标设计不能让人留下深刻印象,更不能传导出产品独具的风格,造成企业形象模糊不清。

6. 人性化缺失。许多企业忽略了在供给之前一定要先制造需求。企业在创造一种消费者急欲消费的情境上,显得还很薄弱。

7. 创意落伍。追求时尚的创意已成为时代的主题,时代的节拍在不断加快,企业还是在"原地踏步",一大堆产品不停歇地制造出来,却遭市场拒纳。

8. 缺少差异化。现时商品同质化现象十分严重,企业间若不扩大差异,很有可能在竞争中失去优势。差异化的文化包装,已成为21世纪品牌竞争的一大趋势。企业缺乏创新力度则难免陷入同质化的泥淖。

9. 市场细分不够。企业在品牌延伸中,想到的只是简单地改个名而已,不会站在消费者的角度去看问题,市场被搅得好似一锅粥一样,企业还不懂得将市场进行细分,合理地将产品设计在市场细分中占据优势。

10. 细节不到位。中国企业在细节上一直不如国外强劲品牌。如此,产品和企业的档次、价值就体现不出来。

以长沙名小吃为例：

长沙臭豆腐摊担遍布大街小巷，而以火宫殿最为著名。

火宫殿臭豆腐的主人叫姜二爹，他集六十年制作经验而使自己的臭豆腐在众多的对手中独占鳌头。姜二爹的徒弟叫刘涛云，她1959年进火宫殿开始学做"臭豆腐"，姜二爹去世后，火宫殿的臭豆腐制作就全落在了她一个人身上。火宫殿臭豆腐堪称"绝活"，但刘涛云并未将火宫殿包装成品牌，火宫殿臭豆腐并未能凸显自己的个性。长沙的其他餐馆虽然也有臭豆腐，却未在差异化上做足文章，其产品既无名且模糊，当然不可能成为品牌。

德园制作的包子选料严格，制作讲究，皮薄、馅大、外形美，一经蒸熟，颜色白漂，松泡富有弹性，精巧别致，落口消融，为人所称道。德园包子有100多年的经营历史。长沙人有"杨裕兴的面，徐长兴的鸭，德园的包子真好呷"的顺口溜，赞誉这几个饮食店的名味小吃。和记粉馆始创于1929年，为了祈求和气生财，遂取店名"和记"，渐渐名声远播。和记制作汤粉方法独特，米粉皮以手工蒸制、切条、色白如玉，细软如绸，煮粉时保持水宽火旺，油码除肉丝、猪肝、云耳肉片、酸辣墨鱼等20多种外，尤以牛肉菜心粉为上佳，令食者赞不绝口。一些达官贵人、名流学士、官商巨贾、小姐阔太，也成了这里的常客。

南门口的双燕馄饨采用上等白面，精工擀制，面皮薄如纸，软如缎，拉有弹性，吃有韧劲，肉馅较别处大，精心包制，个个馄饨呈燕尾形，包好的馄饨一经下锅，轻薄如纱的面皮，经热紧缩，呈现许多皱纹，故称绉纱馄饨。馄饨汤以高汤配排冬酸菜、葱花、味精，油重味重，鲜美之极，故食客如云。

可惜的是，德园、和记由于忽视了保持自己的个性，扩大差异，终于陷入了同质化的泥淖，这两个品牌已日趋式微。因为同样的原因，双燕这个品牌已不复存在，与之同命运的还有李合盛的牛肉、徐长兴的鸭、九如斋的糕点等品牌。

文化包装意识、文化行销意识、文化市场意识，不是一蹴而就的，它们是一个巨大的、复杂的系统工程，也是一个历史范畴的东西。这种思想意识的发展和普及，不仅是历史和现实的呼唤，更是现实和未来的需要。文化是文明的表现，广义上的文化，说到底，可以说就是美学，广义的美学不就是给人们以赏心悦目的、心理愉悦的文化美感吗？文化包装，会使企业和产品的文化的内涵更丰厚，也会使品牌具有更加震撼人心的魅力。

打造党性教育的"长沙品牌"

——关于开办建设刘少奇干部学院的调查与思考

徐少兵

（中共长沙市委党校马列理论教研部，湖南长沙 410006）

加强党性教育，锻造执政骨干，已成为新形势下推进全面从严治党的重大现实课题。充分利用红色资源，建设一批主题突出、特色鲜明、功能互补的干部学院，有利于增强干部党性教育的感染力、说服力和穿透力。新世纪以来，以弘扬革命传统精神、加强党性教育为主旨的"红色"干部学院在全国如雨后春笋般一座座拔地而起，成为党的干教事业的一道靓丽风景。刘少奇故里，位于湖南省宁乡县花明楼镇，这里留下了一代伟人刘少奇的奋斗足迹和感人故事，历久而弥新，具有跨越时空、启迪后人的永恒价值。刘少奇同志对党的建设最突出的贡献就是他荜路创建并身体力行了党性修养理论，充分显示了卓越政治家和伟大理论家的远见卓识，树立了中国共产党党的建设的一座丰碑，是加强党员干部党性教育的经典教材。2011 年 3 月 20 日，习近平同志在考察刘少奇同志纪念馆时指出："刘少奇同志是一位真正的无产者，连骨灰都撒向了大海。他的思想是毛泽东思想的重要组成部分，是我们党宝贵的精神财富。特别是他的经济思想、治国理念和《论共产党员的修养》理论是保持共产党员先进性的教科书，应该好好学习、研究和宣传。"[1]为了更好地继承和弘扬刘少奇同志为民务实清廉的精神风范，为了使刘少奇故里这一极为珍贵的党性教育资源切实服务于新形势下党的建设，笔者对此进行了专题调研，建议整合资源、理顺体制、加大投入，开办建设刘少奇干部学院，努力把刘少奇故里建设成为全国有重大影响的党员干部党性教育特色基地。

一、价值和意义

党的十八大指出："要坚定理想信念，坚守共产党人精神追求。"[2]坚定理想信念，永葆共产党人的政治本色，必须抓好党性教育这个核心，弘扬党的优良传统和作风，教育引导党员干部自觉践行党的群众路线和社会主义核心价值观，矢志不渝地为中国特色社会主义共同理想而奋斗。在新的历史条件下,党面临着"四大考验"和"四大危险",深度开发刘少奇故里党性教育资源,开办建设刘少奇干部学院,是新形势下学习和弘扬刘少奇党性修养理论的迫切需要,是对现有干部教育培训链条的有力补充,意义重大而深远。

（一）有利于更好地继承和弘扬刘少奇同志为民务实清廉、实事求是的精神风范

刘少奇同志作为党和国家的卓越领导人,为党和人民的事业奋斗了一生,在新民主主义革命、社会主义革命和社会主义建设各个历史时期都做出了重大贡献,为党和人民建立了丰功伟绩。刘少奇同志长期担任党的重要领导职务,是新中国政治和经济制度的创立者之一,是我国社会主义建设一系列重大决策的制定和实施者之一,他的许多思想观点至今仍具有重要启示意义。刘少奇同志十分重视党性修养和党的建设,他的《论共产党员的修养》《论党》《论党内斗争》《论党员在组织上和纪律上的修养》等光辉著作,论述精辟、思想深刻、指导性强,引导和激励着一代代中国共产党人为实现崇高理想而苦练内功、砥砺前行。刘少奇同志信念坚定、意志坚强、实事求是、敢于担当、勤政为民,树立了人民公仆加强党性修养、践行群众路线的光辉典范。刘少奇同志的光辉业绩、崇高风范和高尚品德,是新的历史起点上坚持和发展中国特色社会主义的强大动力,是当代中国共产党人应对各种考验、坚定理想信念、永葆先进本色的一面明镜。毫无疑问,在刘少奇故里开办建设干部学院,有利于更好地继承和弘扬刘少奇同志为民务实清廉、实事求是的精神风范。

（二）有利于促进刘少奇故里这一珍贵的红色资源有效服务于党员干部的党性教育

近年来,刘少奇故里管理局坚持用公众至上的服务理念,为党的先进性教育、公民德育教育、青少年爱国主义教育、未成年人思想道德教育发挥了重要作用,先后被授予中国十大红色旅游经典景区、全国青年文明号、全国巾帼文明示范岗、湖南省最佳等级旅游景区、湖南省文明标兵单位和长沙市爱国主义教育基地先进单位等荣誉称号。2014年,刘少奇同志纪念馆推出了"五个一"的党性教育活动,即学习参观一次"为民务实清廉"主题展览,听一堂党性修养专题党课,观看一部教育影片,研读一本经典文献,召开一场思想研讨会,取得了良好成效,为党性教育探索了新路。在此基础上,在刘少奇故里开办建设红色干部学院,使抽象的党性修养理论具体化、有形化、阵地化,为广大党员干部学习体验刘少奇崇高精神提供生动课堂,必将有利于深入挖掘和利用刘少奇故里这一珍贵的红色文化资源,更好地服务于全国党员干部的党性教育。

(三)有利于提高党员干部自我净化的能力,切实增强党性教育的针对性和实效性

当前党员干部队伍存在着宗旨意识淡化、群众感情缺失、责任意识淡化、形式主义严重、好人主义盛行、廉洁意识淡化、不正之风屡禁不止等突出问题。究其原因,归根结底是干部党性锻炼不够、党性教育不力、党性修养不纯。因此,增强党性、端正党风、教育并引导党员干部自觉践行"三严三实",已成为推进全面从严治党的当务之急,这关系到党的生死存亡。刘少奇同志在《论共产党员的修养》中指出:"革命实践的锻炼和修养,无产阶级意识的锻炼和修养,对每个党员都是重要的,而在取得政权以后更为重要。我们的党员必须了解这一点,特别注意在革命胜利和成功的时候,在群众对自己的信仰和拥护不断提高的时候,更要提高警惕,更要加紧自己的无产阶级意识的修养,始终保持自己的纯洁的无产阶级的革命品质,而不蹈历代革命者在成功时的覆辙。"[3]每个党员都必须用无产阶级先锋队的政治本色来改造自己,使自己具备无产阶级的世界观及其一切优良品质和美德。这一改造过程就是加强自身修养的过程,也就是把党的性质、目标、宗旨、作风、纪律和道德内化为自身素质的过程。把刘少奇故里建设成为全国党员党性教育特色基地,有利于挖掘革命传统资源,推动党员干部更好地学习老一辈无产阶级革命家功高不自居、位高不自显,正确对待自己、正确对待组织、正确对待群众的优秀品格,以实际行动践行党的群众路线和社会主义核心价值观,彰显共产党人的人格力量。

二、特点和优势

刘少奇故里地处湖南省长沙市宁乡县花明楼镇,东北与长沙市岳麓区接壤,西南与湘潭市湘乡市相邻,东距省会长沙20公里,南距毛泽东故里韶山30公里,西距县城34公里。目前,花明楼镇基础设施完善、经济实力雄厚、生态环境优美、道德风尚优良、交通发达便捷、小城镇建设初具规模,开办建设刘少奇干部学院具有不可多得的资源、区位和基础优势。

(一)独特的红色资源

红色资源是加强党性教育不可缺少的政治营养,独特的红色资源是建设红色干部学院的核心要素。刘少奇同志作为党的第一代中央领导集体的重要成员,是公认的马克思主义理论家,其思想理论涉及党建、政治、经济、军事、文化、教育等诸多领域。特别是他所著的《论共产党员的修养》,是论述共产党员党性锻炼和修养的著作,被誉为共产党员的"圣经",具有很强的现实指导意义。同时,刘少奇同志一生中体现出来的实事求是的思想,敢于负重的勇气,脚踏实地的作风,勤政廉

洁的品德,是我们党的宝贵财富,是党性教育的珍贵资源,是新时期党员干部加强党性修养和理想信念教育的生动教材。在新时期党员教育培训中,我们应该深刻理解,深入挖掘,掌握其精髓,继承其风范,坚守共产党人的精神家园。

(二)完备的载体基础

鲜活、独特、丰富的素材和场景,是党员党性教育基地进行党性教育的必要载体。湖南省宁乡县刘少奇同志纪念馆占地 1300 多亩,生态环境优美,历史遗存丰富,人文景观众多,有刘少奇故居、纪念馆、铜像广场、文物馆、花明楼、修养亭、万德鼎等,是全国唯一一座完整地展示、宣传、研究刘少奇生平思想和收藏、保护、研究刘少奇文物的人物类纪念专馆。全馆陈列面积约为 900 平方米,有藏品 3000 多件,其中刘少奇生前使用过的遗物近 800 件,另有反映刘少奇生平业绩的照片 1000 余张。1961 年,刘少奇回家乡调研的天华蹲点调查点也保存完好,已建成了专题纪念馆,当年的一些重要见证人还健在。这些史迹、史料、场景以及纪念场所等,是刘少奇精神的历史见证和高度凝结,为开展党员干部党性教育提供了深具感染力的载体。近年来,长沙市委、市政府进一步加大了对刘少奇故里的建设力度,将红色纪念地与花明楼整体发展融为一体,不断提升刘少奇同志纪念馆的软硬环境水准。该馆先后被评为"国家一级博物馆""全国中小学爱国主义教育基地""全国首批爱国主义教育示范基地""国家 AAAAA 级旅游景区""全国百家红色旅游经典景区""全国十大红色旅游经典景区""全国廉政教育基地",是湖南省党员领导干部培训党性教育基地、长沙市党员干部党性教育基地,并率先在湖南同行业中通过 ISO9001 质量管理、ISO14001 环境管理国际标准体系认证。2014年,刘少奇同志纪念馆接待海内外观众 368 万多人次,为各地党员干部讲课达 110余场。这些软硬件建设为开办建设刘少奇干部学院奠定了坚实基础。

(三)优越的区位交通

方便、快捷的区位交通是打造全国性党员干部党性教育基地的重要保障。刘少奇故里——花明楼交通区位条件非常优越,是"长沙—花明楼—韶山"伟人故里"金三角"红色旅游线路的中枢联结点。从花明楼上长韶娄高速,与长沙、韶山、娄底三市直连直通,十多分钟抵达省会长沙,可辐射湘西、湘南、湘中地区,S208、S807 等多条省道穿境而过,京广铁路、沪昆铁路、京港澳高速紧临镇域,并与二广高速、长株潭环线、"3 + 5"城市群环线等多条高速路网实现无缝对接,通达全国各地。长沙市作为全国性综合交通枢纽之一,已逐步建立起一个以高铁为中心,水运、空港、公路立体发展的交通构架,这为开办建设刘少奇干部学院、奋力打造全国一流的党员干部党性教育特色基地提供了极为优越的交通条件。

（四）扎实的基础条件

培训是干部学院的中心工作,特色是打造干部教育基地的命脉。只有拥有一支实力雄厚的师资队伍,才能将红色资源转化为教学资源,将鲜活素材转变为教学特色。近年来,刘少奇同志纪念馆已成立了专门的理论研究机构,卓有成效地开展了刘少奇生平与事业、尤其是刘少奇党性修养理论的研究,并与北京大学、清华大学、武汉大学、井冈山干部学院、延安干部学院、浦东干部学院等全国近百所高校和科研单位建立馆校共建关系和挂牌教学示范基地,深入整理、挖掘、总结了刘少奇同志的史实资料和精神内涵,先后出版了《论党与中国共产党建设》《花明楼所知道的刘少奇》《刘少奇与身边工作人员》《刘少奇廉政建设与实践教育读本》等,为开展党员干部党性教育提供了丰富的理论素材。同时,湖南省、长沙市、宁乡县党校着力把深入挖掘地方红色资源、拓展现场教学作为对领导干部进行党性教育的新方式和新手段,加强了与刘少奇同志纪念馆的合作,开发了系列学习刘少奇同志党性修养理论的培训课程,集结了一支实力雄厚的师资力量。其中,中共湖南省委党校党史教研部副主任李美玲博士主讲的《刘少奇与党性修养》2013 年获评全国党校系统精品课,在全国反响热烈。这些工作,为开办建设刘少奇干部学院积累了经验,储备了人才,奠定了基础。

三、设想和建议

目前,除中央直属的井冈山、延安、浦东三所国家级干部学院以外,各地方依托红色资源开办建设的干部学院正呈现"你追我赶"的态势,已经建成、影响较大的有焦裕禄干部学院、红旗渠干部学院、大别山干部学院、红安干部学院和江西干部学院等,还有一批干部学院正积极筹办,比如恩来干部学院、百色干部学院和西柏坡干部学院等。借鉴其他干部学院的成功经验,对开办建设刘少奇干部学院提出如下设想和建议。

（一）功能定位

深度开发刘少奇故里红色文化资源,充分挖掘刘少奇同志党性修养理论的时代价值,以"学修养、强修养、伟人风范代代传"为主题,以刘少奇同志党性修养理论来加强党员干部党性教育为特色,以党政领导干部、企业经营管理者、专业技术人员等为重点,着力加强党员干部的世界观、人生观和权力观教育,激发广大党员干部以刘少奇为示范,深学、细照、笃行,自觉践行"三严三实",做"四有"好干部,把刘少奇干部学院建设成为立足长沙、面向湖南、辐射全国,深入开展理想信念教育、党史党情党规教育、党性修养教育、群众路线教育和社会主义核心价值观教育的党员干部党性锻炼"大熔炉",以及与中央党校、国家行政学院、国防大学和其他干部学院实现资源共享、师资交流、培训合作、信息互通的重要平台。

（二）设计规模

建议刘少奇干部学院选址在刘少奇故里——湖南省宁乡县花明楼镇，与刘少奇同志纪念馆、刘少奇故里管理局既独立建制，又密切合作。要按照国家级干部培训基地的目标，高起点、高标准、高水平地进行规划建设。就建设规模而言，按同时容纳培训学员800—1000人来规划设计，规划用地面积180亩以上，总建筑面积3万平方米以上，相应的教学楼、图书馆、学术报告中心、学员楼、食堂、运动场所设施齐备，能较好满足一定规模党员干部的学习培训需求。

（三）领导体制

建议刘少奇干部学院由省市县三级共建、以长沙市为主，工作上接受中共湖南省委组织部的指导，与中共湖南省委党校、长沙市委党校、宁乡县委党校和其他干部院校相衔接，即凡省委党校、市委党校和县委党校的干部培训主体班次，每期安排一段时间组织学员到此接受党性修养方面的专题教育锻炼。

同时，积极接纳省内外党员干部赴刘少奇故里进行的党性教育专题培训。经过一段时间的建设和发展，力争使刘少奇干部学院成为中组部认可和批准的全国党性教育特色基地之一。

（四）培训设想

刘少奇干部学院要始终围绕增强党员干部党性教育的针对性和实效性做文章，积极探索新形势下党员干部党性教育的培训模式创新。在培训场地上，以湖南省宁乡县刘少奇同志纪念馆为基地，适当延伸到湖南长沙县刘少奇天华调研纪念馆和江西省萍乡市安源路矿工人纪念馆，把历史旧址变成培训课堂，把红色素材变成培训教材。在培训内容上，刘少奇干部学院要突出刘少奇与党性修养、刘少奇与党的群众路线、刘少奇的人格魅力、刘少奇做基层群众工作的方法与艺术等内容，着力挖掘刘少奇党性修养理论的时代价值和现实意义。在培训形式上，开发核心课程、拓展课程、辅助课程等教学模块，实现专题教学、现场教学、访谈教学、体验培训等培训模式相结合，使党性教育培训取得触及灵魂、震撼人心、真信真用的良好效果。

（五）师资队伍

一流的教育培训需要以一流的师资力量作支撑。刘少奇干部学院要紧贴教育培训的现实需要，采用"专、兼、邀、聘"相结合的原则，依托省市县委党校的师资力量，打造以研究刘少奇生平事业和党性修养理论的专家学者为主体，以刘少奇党性修养理论的模范实践者为触动点，以实践经验丰富、理论水平较高、善于课堂讲授的党政领导干部为补充，同时聘请优秀基层党员干部代表，来充实和加强师资队伍。通过良好的教育、引导和熏陶,努力使刘少奇党性修养理论成为当代中国共产党人坚定理论信念、自觉践行"三严三实"的强大精神动力。

在全面建成小康社会、加快推进社会主义现代化、实现中华民族伟大复兴的中国梦的伟大历史进程中,开办建设刘少奇干部学院,积极探索新形势下提高党性教育针对性和实效性的科学路径,对于在新起点上推进全面从严治党、加强党员干部党性修养、始终保持党的先进性与纯洁性具有重大意义,影响深远,势在必行。

参考文献:

[1]罗雄.党风楷模刘少奇[EB/OL].刘少奇同志纪念馆、刘少奇故里管理局网站,2014-03-04.

[2]胡锦涛.坚定不移沿着中国特色社会主义道路前进为全面建成小康社会而奋斗——在中国共产党第十八次全国代表大会上的报告[N].人民日报,2012-11-18.

[3]刘少奇.论共产党员的修养[M].北京:人民出版社,2002.

敢为天下先

——论《湘报》对湖南新政时期的政府形象建构

阳海燕

（长沙大学图书馆，湖南长沙　410022）

　　《湘报》是湖南新政运动的产物，它以宣传维新思想为己任，为当时的湖南省府建构了一个"敢为天下先"的良好形象，营造了良好的舆论环境，有力地推动了新政运动的开展。"政府价值、政府行为和政府的产品与绩效构成了政府形象的基本内在结构。"[1]《湘报》所建构的"敢为天下先"的湖南政府形象是沿政府行政价值理念和政府实际行政绩效而展开的。

一、《湘报》建构了"敢为天下先"的政治理念

　　政府的价值理念是指导政府决策及其他活动的主要基础和合法性源泉。近代以来的民族危机导致了传统"君权神授"观念的合法性危机，给予中国知识界以巨大的心灵震撼。政府需重构合法性依据，以为政府行政提供指导方针，并为人们评价政府提供价值尺度。《湘报》认为，中国惟有效法西方，将"民权"视为重构中国政府权威的合法性基础，以"全民生，去民害，保民权"为核心价值，才能走上富强之路。政府合法性的重构，改变了评价政府及其官员的价值标准。湖南官员因囿于所习，不明了现代行政。他们必须学习西方文化，以具备现代政治意识，改变传统的虚文习气，以民富、民强、民智为行政目标，"利之所在，听民自兴之；害之所在，听民自去之。民欲设学会，听之；民欲立报馆，听之；民欲集股开矿、开河、修埠头、修铁路，亦听之。"[2] 民权观念把合法性奠定在民意的基础之上，民众利益成为评价政府行政的出发点和归宿点，兴民权、厚民生和开民智成为现代政府的核心要务。

　　1. 兴民权。在《湘报》看来，"兴民权"的关键之举是设立具有西方议院功能的学会。湖南应于全省普设"学会"，各省设总学会，下属府厅州县设分学会，地方官亦入会。"官欲举某事，兴某学，先与学会议之，议定而后行，议不合，择其论多

者从之;民欲举某事,兴某学,先上于分学会,分学会上于总学会,总学会可则行之"[3]。在《湘报》设计中,学会由官绅合办,共同讨论地方事务;会员遇地方重大兴革事项,亦进行评论,提供方案供地方当局采择;宣传变法维新知识,提高国人的政治素养,兼具"兴民权"与"开民智"的双重功能。

2. 厚民生。近代以来,中国屡败于西方的教训使国人意识到,在这个"悍然不顾平等之义至斯极也"的强权世界里,只有追求国富民强,才能挽救民族危亡。"虽有缓急二办法:在急办则广公司也、兴制造也;缓办则设商务学堂也、开商务学会也、讲均利均势之法、求赴机应变之方。"[4]在《湘报》看来,欲图民富民强,工业化和商业化是捷径。湖南宜"大兴艺学,众建学堂,宏创工厂,富购机器,广选西法,多聘西师"[5],立即推广工业建设,以振兴湖南经济,提高百姓生活水平。

3. 开民智。民权是现代政治的合法性源泉,但权生于智,"欲伸民权,必以广民智为第一义"[6]。开智启蒙,使国民树立现代意识,必从根本上改变传统教育制度。为此,《湘报》具体提出了改全省书院官课,师课为时务,提倡新学,并改书院为学堂等建议,并广立学会,传播新知,以期改变风气。

在传统政治理念不足以解决民族危机的时候,《湘报》破除华夷之限,顺应历史潮流,以现代先进政治思想重构政府的合法性基础,为政府行政提供了行为规范和价值理念,为评价政府行政效能提供了评价尺度。"尚士居民首,兴学育才所以牖民智,而开物务成也,故学校居首。农桑、种植、工艺、制作、食货之经,生命之源,所以厚民生而收复利权也,故次农工。修城池以资保卫,治道路以便运输,通沟洫以救旱潦,而铁路轮舟尤为要务,故次工程。读律者,贵知其意;援例者,贵得其情;成案者,贵通其变,而条约公法更相辅而行,故次刑名。清内捍外,安良除莠、寇盗、奸宄、会匪、棍恶,皆民贼也,故次缉捕。海禁既开,交涉日密,通商游历、立堂传教,保护失宜,化导无术,皆祸端也,故交涉殿焉。"[7]在这里,《湘报》"敢为天下先",走在了全国的前面。"尽管它创刊晚,出刊短,但比《时务报》《湘学报》等为突出,也更激进。"[8]在先进政治理念的指导下,对专制政治进行了猛烈抨击,以极大热情宣扬现代政治理念,以指导湖南新政运动的进行。

二、《湘报》建构了"敢为天下先"的湖南官绅形象

《湘报》认为,在全国因循守旧的整体氛围中,中国的现代转型非常急迫,迫切期待诸省中有"毅然为天下倡"者,率先破局,带动风气,以为全国效法之榜样。而能建此"首推之功"者,则惟湖南而已。"吾湘变,则中国变;吾湘立,则中国存。用可用之士气,开未开之民智,其以视今日之日本,宁有让焉?宁有让焉!"[9]以陈宝箴为代表的湖南官绅,成为推动湖南新政的中坚力量。

湖南地处内陆,现代化进程缓慢。但甲午后,一批具备维新意识的官员相继履任湖南,施展其政治抱负,利用《湘报》刊载政府公文,发表政见,积极推动变法运动,营造了开明包容的政治环境。陈宝箴被任命为湖南巡抚后,有感于国势危亟,决心通过变法实现湖南的富强自立。他积极支持时务学堂、南学会的建立与《湘报》的创办,亲临南学会演讲,以国耻意识激励士子,要求湖南士绅切实讲求实学,开启民智;在经济上,主张大力发展湖南矿业,以为"国家之凭恃"。署理湖南按察使的黄遵宪是"新政运动的灵魂人物"[10]。是当时中国最具现代意识的政府官员。在湘任职期间,他积极协助陈宝箴推动湖南新政改革。他建议创办时务学堂,邀请梁启超来湘担任学堂总教习,以培植变法人才;主张发展民族工业,筹设课吏馆、迁善所,主持湖南保卫局的创办,将近代警政首次引入中国;积极参与南学会的创办并亲自担任主讲,宣传维新变法思想,号召湖南"官民上下,同心同德",以建设现代湖南为己任。担任湖南学政的江标、徐仁铸,亦具维新意识,"以变士风,开辟新志为己任"。为适应时代需要,他们在湘期间积极推动湖南教育制度改革,改书院为学堂,而将西学纳入教学与考试之中,以培养通晓时务的新式人才。

湖南民性倔强,民气刚强,营造出性格坚韧、作砺敢死的湖南士风。近代以来,曾国藩、左宗棠和胡林翼等以儒生转型为武人所建立的殊勋成为湖湘士人的永久记忆,崇拜这些新型政治偶像在湘人的心理层面泛化弥散出一个重大的颇有历史感的预言命题,即湘人在沉默百年之后将要决定未来中国的走向,这成为湖南士人济世拯民的巨大内驱力。"今之两湖者,固四方之志士仁人、义夫君子所切期焉,深望焉,恕待焉,而过许焉者也,以为欲存中国基于此乎? 欲保教种基于此乎? 将以此为起点成线之聚区也,将求所以善之固之通之同之公之大致也,将以曾胡望其长官、望其士民,其进而未止,其跨出无量也,将由此而各省其然也,故两湖不通,何况中国? 中国不通,则中国必亡!"[11]而德俄日等通过变法走向富强的强国路径为湘人提供了效法榜样,特别是日本明治维新以长洲、萨摩、土佐和肥前等西南诸藩为维新基地,并进而扩至全国的成功经验更是予湘人以巨大刺激。"湖南虽贫国,然士气慷慨尚侠,有萨长肥土之风,腹地居中,与欧洲日耳曼为近",湖南将会如德国、日本一样,成为中国民族复兴中的"初出地平之星"和"骤起之飙轮"[12]。

行使权力的官员士绅是政府形象之载体,他们的政治素养和道德操守直接影响到公众心目中的政府形象。因为公众正是通过他们去认识、了解与评价政府,由此构成自己的政府形象的。在国势陀危、山河板荡之际,湖南士绅发扬作砺敢死精神,"忧乐天下,敢为人先",显示出湖南士绅的勇气、责任感和洞察力。正是在他们的主持下,湖南风气大开,成为全国最富有生气的省份。

三、《湘报》建构了"敢为天下先"的政府绩效形象

政府形象是政府在公众心目中的主观评价,而这个主观评价是基于政府本体状态和客观实在而来的。因此,"政府绩效既是政府理念的具体实施或表现,同时也是社会公众具体感知政府形象的依据。"[13]《湘报》通过其新闻报道,展现了湖南新政所取得的现代化成果,由此建构出"敢为天下先"的湖南政府形象。

1. 政治。保卫局、课吏馆和迁善所等政治改变是《湘报》报道的重点。保卫局是效仿上海巡捕而设立的具有近代警察职能的机构,其主要职责是逮捕罪犯、登记户籍、管理治安和维持交通秩序。变法失败后,保卫局依然得以保存。课吏馆通过纳入新式课程,改革考试办法,旨在整顿吏治,提高官员的政治素养。迁善所类似于今天的教养所,其职责是监督和组织失业人员、犯人从事各种技艺,将其改造成自食其力的良民,以维护社会治安。

2. 经济。湖南富五金之产,新政期间,湖南采矿业得到了较大发展,全省设立矿务总局,鼓励士绅开采矿产,近代采矿遍及湖南全境。开通火轮,改变了湘鄂航运为英商垄断的局面。向湘人陈述铁路之益,积极争取粤汉铁路经过湖南。为改变传统手工制茶质次量低的局面,集股成立两湖机器制茶公司,改良湖南茶叶,"以挽利源而维商本"。其他诸如主要炼制樟脑的化学制造公司,采用机器抽水的湖南水利公司,《湘报》都进行了宣传报道。

3. 文化。在《湘报》看来,"开智"之主要途径是改传统书院为新式学堂和广立学会,以革新观念,培植人才。同时,鼓励、支持湘人出洋留学,以开通视野,掌握新知。时务学堂是湖南教育改革的枢纽。在时务学堂影响下,新式学堂遍及全省。而南学会则促发了全省各地创办学会的高潮,通过对《湘报》的统计,先后在省会长沙成立了不缠足会、延年会、积益学会、学战会、公法学会和法律学会,在府县成立了群萌学会(浏阳)、任学会(衡州)、舆算学会(郴州)、致用学会(龙阳)、明达学会(常德)和三江学会(会同)等,显示了湖南创办学会的巨大成就。

4. 军事。陈宝箴抚湘期间,改革军事,变通营制,由黄忠浩主其事,以西法训练新军;同时,改求贤学堂为武备学堂,仿照天津、湖北规制,培养近代军事人才;同时,购置机器,制造枪弹,以改造军队装备。

5. 社会。湖南新政在社会改良方面的重要举措是大力推动不缠足运动,《湘报》的主要人物谭嗣同、唐才常等发起成立了不缠足会,撰文陈述妇女缠足之野蛮悲惨,详细报道不缠足运动在全省各地的开展情况。

在维新官员和湖南士绅的主持下,新政运动卓有成效,形成了"人思自奋,家

议维新"的局面,"且风气之开,几为各行省冠",以"敢为天下先"的形象出现在世人面前。

四、结语

湖南地方意识的兴起,与晚清中央对地方控制力减弱、湘军兴起后绅权大张等历史因素有着密切关联。《湘报》对建构"敢为天下先"的湖南政府形象虽缺乏明晰的理论自觉,而是出于对自我的激励与对未来的期许。首先,"敢为天下先"是立文明潮流之"先"。《湘报》通过对中西文明的了解,敏锐地把握到了现代政治文明的真谛——"民权",将之作为政府行政的核心价值。强调民意才是现代政治的运作基础,政府应该放开权力空间,着力维护国民的个人权利与政治参与机会,以富民、智民、强民为目标[14]。虽然《湘报》所设想的"民"基本上是"绅商"之民,有其历史局限性,并且其改革亦因改革策略的失误而最终失败[15],但这种"民权"观念代表了世界政治文明的先进性,湖南官绅以其忧乐天下的责任意识和"知其必行"的洞察力,引领时代风气,率先践行这种先进的政治理念,奠定了湖南的现代化基础。

其次,"敢为天下先"是遵传播规律之"先"。陈宝箴主政湖南,与当地士绅展开良好合作,形成了一种"官导之于先,士亦各抒忠义以奉其上,官绅一体,上下一气"的官绅一体传播机制:政府为传媒提供开明的政治环境,开放舆论空间;而传媒则为政府建构舆论氛围,提供民意支持。政府当局开始打破传统"报禁"政策,支持近代传媒的创办,将时局向民众予以剀切说明,阐述政府的政治理念与行政方略,探讨救时之策,讨论地方事务,消除了政府与民众之间的疑虑关系,增强公众认可政府的信心。在政府与民众之间的信息沟通与情感交流过程中,树立了政府的正面形象。因此,《湘报》所建构的"敢为天下先"的湖南政府形象,虽在民族救亡的语境予以展开与形塑,但与如下原因密不可分:当时湖南政府与《湘报》秉持了先进的政治理念,遵循了新闻传播的规律。在政府呼唤传媒为建构良好中国形象而努力的当下,或许可以成为值得借鉴的历史经验。

参考文献:

[1]胡宁生.中国政府形象战略[M].北京:中共中央党校出版社,1998.

[2][3][4][5][6][7][11][12]《湘报》报馆.湘报(上卷)(影印本)[M].北京:中华书局,2006.

[8]方汉奇.中国新闻事业通史(第1卷)[M].北京:中国人民大学出版社,1996.

[9]《中国近代史资料丛刊》编委会. 戊戌变法(四)[M]. 上海:上海人民出版社,2000.

[10]张朋园. 湖南现代化的早期进展(1860－1916)[M]. 长沙:岳麓书社,2002.

[13]刘小燕. 中国政府形象传播[M]. 太原:山西人民出版社,2005.

[14]朱仁显,李军科. 梁启超论国家"精神"[J]. 吉首大学学报(社会科学版),2012,(2).

[15]林志友. 从亨廷顿改革理论看戊戌变法失败的原因[J]. 吉首大学学报(社会科学版),2011,(5).

02

历史文化资源与旅游
开发利用

长沙历史文化资源与文化旅游相关产品开发

彭琬琰

（广州美术学院工业设计学院，广东广州　510260）

世界旅游组织以及欧洲旅游与休闲教育协会（ATLAS）对文化旅游的定义是指人们为了满足自身的文化需求而前往日常生活以外的文化景观所在地进行的非营利性活动。旅游研究学者 Bachleitne 则认为：文化旅游将观察者带进过去的文化之中，从而能够帮助他们从不同的视角看待当前[1]。在欧洲，文化遗产是其旅游业中最古老和最重要的旅游吸引物，各国去欧洲的旅游者中，65% 是进行文化旅游。而作为首批历史文化名城的长沙，文化旅游也将成为城市旅游开发的主要方向。

历史文化名城的文化旅游专注于城市历史的相关资源开发也是应有之义。历史资源不能直接等同于旅游资源，在挖掘历史资源时，要考察旅游者作为主体的消费需求与倾向，其对历史资源的体验深度的期望等要素；不同于历史研究所要求严格的真实性，文化旅游在整合历史资源时具有一定可塑造性，它完全可以在尊重历史的基础上根据旅游消费者的体验期望进行再创造[2]。同时，历史文化的发掘和深入研究，会极大地促进旅游文化的丰富和提升，从而加深旅游项目的文化底蕴，加大旅游者对文化旅游的体验深度，扩大旅游项目的影响和吸引力。

一、长沙文化旅游现状分析

长沙是我国首批公布的 24 个历史文化名城之一。作为一座有着 3000 多年文字可考历史的城市，其城市中心历经数千年而几乎没有发生转移，这在中国乃至世界的城市发展史中都是极为少见的。长沙历史文化资源除了以有形资源形式存在的历史遗址和大量出土文物外，还有以无形资源形式存在的长沙城市数千年发展变化的历史、具有浓厚的地方特色和深厚的历史底蕴的地名和街名、历代历史名人特别是近现代名人在长沙的富有传奇色彩的历史活动。

"文夕大火"毁灭性的破坏、城市的现代化和"旧城改造"等，使长沙古城保存下来的历史遗迹已经不多。目前,长沙历史文化的标志性景观主要有天心阁、岳麓书院、马王堆文物、贾谊故居、开福寺等。这些历史文化的精品旅游资源的开发,对发展长沙城市旅游事业起了至关重要的作用,但这些资源的开发已属"高密度"。长沙文化旅游的发展呈现出如下尴尬的状况。

(一)文物古迹类旅游资源的文化体验开发深度存在不足

岳麓书院、马王堆汉墓文物、爱晚亭等都是中外游客在长沙的首选景点。这些景点具有颇高的历史价值、文化品位以及受到中外游客认同的观赏性,因此吸引了大量慕名而来的游客。然而,这也导致了这些景点的粗放式经营。岳麓书院是湖湘文化的发源地,其文化内涵厚重,而这是一般的旅客很难直观感受的。目前岳麓书院内仅有一些文字说明,供游客了解书院的历史和价值,形式单一,更谈不上生动,很难满足游客的求知需求。往往游客满怀期望来到岳麓书院,游览后对书院文化,特别是对湖湘文化仍了解甚少,文化体验严重不足。湖南博物馆的马王堆汉墓文物驰名中外,中外游客慕名而来,都想一睹风采。但由于其历史悠久,且涉及历史学、考古学等专业知识,一般的旅游者很难理解文物的价值。馆内的讲解和简单的文字说明也只让旅游者一知半解,甚至觉得索然无味[3]。由于旅游产品经营者不注重在文化旅游体验深度上的开发,而只注重不同旅游资源量上的捆绑销售,因此长沙旅游所吸引的旅游者大多为观光文化旅游者,或随意型文化旅游者,他们在旅游地停留时间短暂,多是走马观花,对长沙历史文化资源的体验多浮于表面。

(二)缺少针对文化旅游相关旅游产品的开发

针对长沙的旅游业发展,政府和民间相继投资了大量人力物力进行建设与保护,但针对文化旅游的相关产品却缺乏系统性的开发。

以文化旅游纪念品为例,现在长沙旅游纪念品主要是民间工艺品,如浏阳的菊花石、烟花鞭炮、铜官陶器、湘绣、浏阳红木、麓山红枫叶、捞刀河刀剪;或长沙特产食品:高桥银峰茶、宁乡沩山毛尖茶、浏阳豆豉、浏阳黑山羊、长沙法饼、浏阳茴饼、麻辣子鸡、火宫殿臭豆腐、糖油粑粑、乔饼等。除这些传统特产,针对长沙人文特色以及各景区特色的文化旅游纪念品开发,尤其在设计、包装、销售上,没有得到相应重视。突出表现在缺乏纪念品品牌,景区旅游纪念品普遍雷同,没有地方特色。如一些著名的景区都卖干鱼、茶叶之类的产品,让人感觉处处雷同。还有很多文化景区从批发市场购进一些与景区定位毫不相干的纪念品,如小风车、小玩具、化妆面具之类在景区兜售。这种在文化旅游相关产品销售上缺乏文化敏感性的现状,不仅无助于促进景区消费,而且可能损害旅游资源的文化价值。

（三）对长沙历史资源挖掘不够，诸多重要的近代历史资源被闲置

长沙除了丰富的古代文物资源，长沙城近代历史风云也一直是当代学界、媒体等多方关注的焦点。但除了作为红色旅游线路进行开发的刘少奇故居、杨开慧故居、第一师范、新民学会旧址等旅游景点外，大量的历史事件的旅游开发价值因缺乏实体性遗址而被忽略和闲置。以华兴会建立为例，1903 年，黄兴在长沙西区保甲局巷彭渊恂家办了两桌酒席，邀请陈天华、宋教仁、刘揆一等二十多个革命同志聚会，商量成立秘密革命团体华兴会。保甲巷彭渊恂家这一见证华兴会成立的重要历史遗址于 1938 年毁于文夕大火，之后亦无重建，如今地址何在，即使是本地的居民，也完全不知其然，百年前那段于民族于国家的大事件到今天在闹市中了无一丝痕迹。再如湖南维新运动中的时务学堂，曾被誉为影响了"半部中国近代史"，其旧址在今长沙市开福区三贵街一个名叫"天倪堂"的私宅内。尽管政府在此新建了"时务学堂碑坊"，但其旧址无从恢复，更无法接待游客。很多本地人甚至媒体还想当然地把岳麓书院内的"时务轩"当成了时务学堂的旧址。即使那些建筑侥幸尚存的历史文化资源也有很多不为外人所知。比如今省总工会院内的那幢民国老建筑，便曾是国民党湖南省党部，而在这"党部"外边的紫东园，便是黄兴和继母易自易等亲人曾居住过的地方。这些历史事件以及历史名人故居所在地的考据与相关资源整合，在长沙的城市建设以及旅游开发中均有缺失，不能不说是城市人文历史教育以及文化旅游市场的巨大损失。

二、长沙文化旅游相关产品的开发策略

（一）故事性促进文化深度体验

在文化旅游过程中，旅游者改变了原有的社会角色，置身于一个具有"导泻效应"的场景中，他们可以无所顾及地游戏，甚至"表演"，宣泄自己平时克制的感情，进入一个带有戏剧舞台和幻想色彩的生活世界[4]。要让现有的旅游者拉长在旅游目的地的停滞时间，加大其对目的地各方面的消费，就必须在旅游相关产品的设计和开发中加入故事性的元素，以吸引旅游者在旅游信息的接收中化被动为主动，从而深化文化旅游的体验深度。具体做法是：围绕目的地相关的历史文化资源来编织故事，配合相关资产注入某种意义，使其鲜活起来，并具有相关性。故事性所带来的愉快体验能提高游客的满意度，直接或间接地创造学习机会，并能将散置的旅游点状资源整合为有机的旅游路线。

（二）拓宽旅游纪念品消费市场，深化旅游纪念品文化开发层次

在国内的旅游纪念品开发中，表层开发，即通过提炼本土具代表性的资源，如建筑或文物的外观视觉要素，融入旅游纪念品的设计开发中的方式已经广为使

用,如西安缩小的铜车马模型。表层开发能让旅游纪念品带有纪念地的符号,以满足纪念品开发的纪念性需求。但是却极少考虑旅游者文化体验深度上所需求的故事性。如何在满足旅游纪念品地域性和纪念性的同时,整合长沙历史文化资源以迎合旅游者的文化体验消费需求,亦是旅游纪念品在使用历史元素开发的过程中所需要考虑的。

(三)挖掘开发长沙历史无形资源

历史资源以及历史事件的产物,能够将人推向过去的生活状态。由于文夕大火以及城市的建设发展,作为历史文化名城的长沙,地面历史有形资产与同类城市相比并不出众,历史重大事件的遗址更是廖廖无几。而相关的历史无形资源也因此被长期忽略。长沙的历史无形资源主要包含三个方面。第一,延续近2000余年的长沙城的城市变迁,长沙城市格局跨越千年历史经过长期演化,其城市中心始终没有偏移。长沙的地名街名,极富故事性和历史人文色彩,也能够清楚地印证老长沙的变迁。这种古老城市的数千年变迁史本身就是长沙不可多得的无形资源,如何将这种无形资源变为有形的文化旅游资源,是城市经营者和旅游开发者应该认真考虑的。第二,老长沙的民生百态,那些老长沙作为城市记忆的市井民生百态,如小钵子甜酒、酱油担子、补锅担子等街巷叫卖的小贩身影如今也多只在黄兴路步行街上化为静止的铜像以供游人赏玩。如何让这些代表老长沙的市井生活通过开发具有活性,是文化旅游相关产品开发中的一个开发方向。第三,长沙可考的历史事件以及历史人物活动足迹等历史资源,尤以长沙近代史为甚。相对于当前重点开发的红色旅游,从太平天国、洋务运动到辛亥革命期间发生的重大历史事件,长沙留下了许多人物传奇,在文化旅游开发上基本空白。而随着文化旅游开发的逐步展开,旅游消费者文化水平的提高,以及台海关系缓和等诸多因素,相关历史文化资源的挖掘和开发便势在必行。

将无形历史资源转化为具有精神性或世俗意义的元素带入旅游相关产品进行开发,其历史的重大影响以及其带给人们动人心魄的印象不光能激发文化旅游的消费,而且在民族精神、文化符号以及民族身份的认同等方面将发挥极大的作用。

三、长沙文化旅游相关产品开发设想及案例分析

为提升长沙城市旅游品牌的文化内涵与消费质量而进行的相关产品开发可以在旅游故事性体验、旅游纪念品开发和挖掘长沙历史无形资源等方面进行多层次、多维度的考察与探索。笔者针对长沙大量历史无形资源的开发空缺,提出了"文化旅游虚拟系统"开发的设想,并就此进行具体的案例分析。

在历史文化名城中开发文化旅游,如何利用被毁历史建筑及城市文脉痕迹以及趋于灭绝的老城民生情景,在近年国内旅游的怀旧潮流中也有广泛的讨论。在古城被毁遗址方面,国内有一种思路是复原性开发,根据历史记载资料进行建筑的原地重建。这种开发有很多弊端和局限:其一是建设过程中不尊重原始资料,进行了大量的篡改,很难达到历史资源所传达的真实信息的要求,从而让游人对其旅游消费价值产生怀疑;其二是重建消耗大量的人力、物力和财力,在市政建设上与城市现代生活难免发生冲突。而将长沙城毁于一旦的文夕大火迄今已七十余年,改革开放后飞速的城市发展更使长沙老城格局逐渐模糊虚化,在长沙城市中心原地复原出老长沙建筑群落的构想显然不切实际。

而在历史民生情景方面,一种做法是现在风靡全国的步行街的再现方式,即铜铸的情景雕塑。但雕塑这一静态模型相对于原型的民间传统市井,其信息传达上毕竟略显单薄。诸如市井特色的吆喝声,以及各色买卖的具体章程靠一尊雕塑是无法囊括的。而在广州等地,当地文化保护部门聘用人员在闹市进行传统商业的表演性买卖,如公鸡榄的表演性兜售。这种展示方式显然要比雕塑更具备活性,也蕴含相当丰富的信息量。但这种表演形式并不能适用于所有的市井买卖,如补锅这一架势颇大又十分要求手艺功夫的头卖担子,要在如今的闹市中心进行日常表演并不具操作性。

在信息化飞速发展的今天,虚拟世界已经成为日常生活中不可或缺的一部分。而虚拟产品在专注人性服务开发的同时,也日渐开始关注人文。比起实体历史复原的开发建设,在虚拟环境中进行城市复原性质的模型建设和相关民生表演其实也更能节约人力、物力和财力,也更符合当下低碳环保的开发思潮。

笔者所构思和设计的名为"时光"的城市历史再现服务虚拟系统,是针对城市旅游与城市教育而模拟的一套旅游虚拟服务系统。这一系统运用虚拟技术复原城市历史面貌;通过手机和街市的装置,接收城市的历史印象,通过历史事件、城区历史建筑、旧日的平民生活再现,让人们了解所在城市的起源、成长、变化,为现代都市同质化的今天寻找到不同过往的城市亮点。

整套虚拟服务建立在城市历史复原的数据库的基础上:

首先,相关部门针对城市历史面貌以及市井民生通过考古研究、档案记载、老照片分析、民间调研等途径进行系统性的考察研究。首期历史复原时代分别以西汉、清末民初和20世纪70年代为蓝本诠释长沙城市的古代、近代和当代。

然后,在上述基础上进行历史城市三维模型制作。在历史事件的发生地,将多纬度考察历史事件始末,聘请特型演员对当时事件进行模仿表演并用3D技术进行拍摄,然后将相关影像资料通过电脑技术整合进入所在时代所在地的城市模型,如拍摄华兴会建立的影像资料,融入坡子街保甲巷彭渊恂家所在的晚清城市模型。在城市传统市井民生方面,通过探访民间老艺人进行拍摄记录;而已经绝迹但极富地域文化价值的民间手艺或商业活动,将通过考察资料对其生意流程进行模仿性表演拍摄,而影音资料也同样整合进历史城市模型中。

将以上三方面的资料进行整合得出的历史复原数据库,再通过数字技术转化为可供旅游者消费的网络信息。这些相关信息将以"时光宝盒"手机历史再现体验和"前世镜声"历史再现装置两种体验模式在旅游者面前进行呈现。

"月光宝盒"手机历史再现体验:用户可使用手机 GPRS 定位,在数据库中检索并提取相关体验信息,再经设置在闹市的 Wi-Fi 网络消费接收相关数据。这样旅游者就能置身现代都市却用手机捕捉所在地历史上曾经的旧城风貌,并通过捕捉技术将真人与 3D 虚拟图像合成照片。而在手机界面上,也将呈现出不同时代代表性的人和事,以引导旅游者对城市历史上不同时代进行体验性消费。

"前世镜声"历史再现装置(图1):作为城市公共装置安装于闹市或历史事件遗址,通过玻璃投影和音像还原展示城市的历史面貌,具有情景体验、历史教育等多重功能。而这种民生情景的投影再现,不光较现有的旧景铜塑有更强的活性,在感官上也包含影像、声音等多维度的体验。

图1 "前世镜声"历史再现装置

值得说明的是,不同于传统的旅游纪念品,系统性的旅游体验相关产品应建立在旅游部门与文化遗产管理部门紧密结合的基础上,任何私营性质的部门不足以覆盖城市历史文脉的研究与再现。大众旅游吸引物,可以寻求为旅游者提供一种以娱乐为导向或以寓教于娱乐为导向的体验,从而有意识地为旅游者提供一种更为前沿但仍有意义的经历。在这种状态下,旅游经济的必要性和文化遗产的管理理想都得到了重视[5]。

参考文献：

［1］［5］［加］Bob Mckercher,［澳］Hilary du Cros. 文化旅游与文化遗产管理［M］. 朱路平,译. 天津:南开大学出版社,2005.

［2］胡幸福. 论旅游文化与历史文化的区别［J］. 山西师范大学学报(社会科学版),2005,(3).

［3］卢小琴. 历史文化名城长沙文化旅游发展战略探讨［J］. 长沙大学学报,2005,(1).

［4］张国洪. 中国文化旅游——理论·战略·实践［M］. 天津:南开大学出版社,2001.

宋代长沙城市休闲文化管窥

杨建宏

（长沙大学中文与新闻传播系，湖南长沙　410022）

　　唐宋时代是中国社会的转型时期,史界或称宋代社会是中国近世社会的开始时期。宋代社会区别于唐代的最为显著的特征就是社会从贵族社会向平民社会转化,在文化上最显著的表现是文化娱乐的大众化与平民化。透过《东京梦华录》和《梦梁录》中有关城市生活的生动记载和《清明上河图》的绘声绘色绘画长卷,我们可以清楚地看到宋代汴京和临安的城市文化生活。那么,在宋代文化整体下移,市民阶层文化生活不断丰富的总体社会背景下,南方的重镇长沙的市民生活状态又是一番什么景象呢? 本文拟对宋代长沙休闲文化作一管窥,不妥之处敬请同仁教正。

一、长沙十万户,游女似京都——长沙游乐休闲

　　北宋著名文学家宋祁诗云:"长沙十万户,游女似京都"[1]。按此诗计算,宋代长沙已达到十万户,如果每户按 5 口计算,人数已达到 50 万,赫然已成为一个中部崛起的大都会。据《元祐九域志》的有关资料来看,宋祁的说法并无夸大之嫌,宋人刘说"余读《元祐九域志》,自国初距元丰末,天下生齿以户计者,得一千八百万有奇,而潭与吉最其蕃且息者,潭户客主三十五万"[2]。此处谈到潭州有主客户三十五万,具体到人口集中的长沙就可能有十万户。宋代长沙人口极度繁荣是有原因的,一是北迁的移民增多;二是江西的移民不断东迁;三是长沙自身人口的繁殖。长沙达到 50 万人,已经相当于北宋开封和南宋临安人口之半,算得上全国第二流的大城市,可以想像在这样的大都会里游乐文化当是相当繁荣的。具体而言,宋代长沙人的游乐文化主要有以下几个方面:

　　(一)帅府花园:市民的游乐中心

　　据考证,清明扫墓之风起源于唐代,宋代有所发展。就宋代长沙而言,每年二月妇女纷然出城扫墓,谓之"上山"。妇女们"率以日午而返,因游帅漕花圃,歌饮

尽欢,穷日而后散。"宋人邓深记此事云:"丽人春游相百十,此风长沙云旧习。绮罗映肌白玉鲜,珠翠压鬟乌云湿。借地持杯递呼唤,笑指花枝时小立。晚风忽遣柳絮飞,竹径梅亭巧穿入。恼乱游人归不去,使我樽中无以给。谁念朝来丘陇间,纸钱吹落无人拾[3]。从这首诗的记载看,宋代的长沙妇女是非常开放自由的,她们可以自由地在帅漕花圃游乐,直至日暮时然后散去。从诗的内容来看,宋代长沙的妇女并不受程朱理学"饿死事小,失节事大"的说教所束缚,相反地她们性感大方,自由奔放,她们百十成群,结伴而游,穿着薄薄的罗绮,透过罗绮隐隐约约还可以看到洁白如玉的肌肤,头发润泽乌黑,仿佛如同使用了保湿摩丝。她们可以在帅府花园饮酒赏花,持杯传递,相互呼唤,无拘无束。她们行为敏捷,在竹径梅亭之间,巧妙穿梭,时而对花自顾,时而呼唤伙伴,真是自由而且活脱。

(二)东屯渡梅花园:士大夫与市民赏花

宋代长沙市民特别喜种梅花赏梅花,梅花成为宋代长沙士女表达爱情,寄托愁思的象征物。秦观在贬官郴州时作《鹊桥仙·雾失楼台》词,有"驿寄梅花,鱼传尺素"之句。戴复古的长沙诗有"前村访早梅","手把梅花寄愁绝"等句子。梅花不仅深入到宋代长沙人的感情生活之中,在宋代长沙还形成了赏梅的绝佳胜地和品牌梅花。其中长沙东屯渡应是宋代长沙的品牌梅花,故王公士子多在这个地方购植田地,修建梅园,著名学者张栻曾在此构建梅园十余亩,"我有十亩园,丘壑正盘纡",东屯渡成为长沙士子赏花休闲处。《张南轩集》称"旧闻长沙城东,梅坞甚盛。近岁亦买园其间……始与客游,过东屯渡十余里间,玉雪弥望,平时所未见也。"方园十余里间,瑞雪纷纭,梅花遍野,玉雪弥望,香风四溢,实是宋代长沙士子们休闲的清幽雅境。

秋季对月赏菊是长沙的另一种风俗。据南宋人史铸说长沙城里的百姓喜种菊花,秋天一至,百菊盛开,士女出游,蔚为壮观。《百菊集谱》说,长沙菊花品种很多,珍品也不少。"顷在长沙,见菊亦多品。如黄色曰御爱、笑靥孩儿、黄满堂、金小、千叶、丁香、寿安、真珠;白色曰迷罗、艾叶、球白饼、十月白、孩儿白、银盆;大而色紫者曰荔枝菊。"[4]长沙人为了更早地赏到菊花,还培育出五月即开的早菊。

宋代爱花的长沙市民不仅自己培育了梅花和各品种菊花,还积极引进外来花种,至迟在南宋晚年长沙市民已从江西庐山引种了具有观赏价值与药用价值的瑞香花。据宋元之际的陶宗仪说"瑞香花种出江州庐山,今长沙竞种成俗"[5]。

(三)古阁楼台:士大夫们的游乐休闲胜地

长沙从春秋时期的楚南重镇,发展到汉代的长沙国国都,到魏晋南北朝时湘州治所,再到隋唐时期的潭州州治,湖南观察史治所,至于五代发展为马楚国都城,在这个不断演进的历史过程中,长沙留下许多历史沉淀,一批古阁楼台成为市民与士大夫们发古之幽思,叹历史变迁的休闲胜地。这些古阁楼台著名的有:定王台、沙寺、杉庵、东池和马楚故园遗迹。定王台系汉景帝之第十子长沙定王刘发所修。刘发因母亲地位卑微,不得宠爱,所以被分为地方卑湿的长沙为王,刘发在长沙思母心切,相传每年都派专骑把长沙之米用驿马送到长安,孝敬母亲,然后把长安的泥土运回长沙,年复一年积土成台,每日登高西望长安,发卒后,谥定王,因名定王台。在宋代定王台也成为宋人消遣怀古与娱乐的地方。宋人有戴复古有《定王台》诗云:"长沙米换长安土,筑此崔嵬寄远观;客子登台千载后,倚栏亦欲望长安。"可见,定王台由于自己的历史和传奇,在宋代是长沙骚客士子们发古之幽思,寄托愿望,渲泻情感的地方。

　　沙寺座落于长沙水陆洲,六朝时称江神庙,宋时在此基础上建有沙寺,此处四面水光,面对岳麓,风景极佳,是长沙市民出游的好地方。南宋时期著名的江湖派诗人石屏先生戴复古,曾在水陆洲留连忘返,并写下过《岳麓水陆寺》诗:"长沙沙上寺,突兀古楼台;四面水光合,一边山影来;静分僧榻坐,晚趁钓船回;明日重相约,前村访早梅。"杉庵是晋代名臣陶侃故居。陶侃本是江西九江人,曾长期驻师长沙,对于稳定晋代南方后防起到相当的作用,晚年封为长沙郡公,并定居河西荣湾镇岳麓山下,居室前多种杉树,卒葬长沙城南二十里,后世纪其功德,建有杉庵(上世纪30年代岳麓书院附近还保存有杉庵遗址)。据宋祝穆《方舆胜览》称,宋时杉庵保护较好,尚有杉树"存者七八株,其围三丈,中空空如"[6]。这里也成为士子游人的怀古之处。江湖诗人戴复古来长沙时,宋代长沙守曾在河西杉庵一带设宴招待,《石屏诗集》卷五《湖广李漕革夫大卿饮客西湘》记此事说:"春不再生陶侃柏,人来多打李邕碑"。此外,本书卷六《陶侃柏》诗云:"四绝堂前枯柏树,晋人栽植宋人吟,无枝无叶无吟处,聊寓一时怀古心。"可见,陶侃晚年所居地方也是宋代市民和文人墨客休闲怀古的地方。

　　东池在今解放路与芙蓉路交界处东南角一带。东池为唐代潭州观察史杨凭在贞元年间修建的休闲娱乐场所。东池成后,杨凭以池赐幕僚戴叔伦。唐代诗人柳宗元永贞革新失败后,贬永州司马,路过长沙,专作《东池记》以纪胜事。东池一时名躁长沙,唐时乃成为游览胜地。至宋代东池遂发展成为市民游玩怀古的好去处。戴复古自以戴氏后裔,来长沙后,邀约同志共游东池,并作《东池》诗云:"来寻吾祖隐居处,袅袅春风吹酒旗;手把梅花寄愁绝,东池只是旧东池。"[7]同是隐者,唐代戴简与宋代戴复古际遇迥然各异,诗人难免感伤不已,以至游完东池,手抚梅花,泪流满面,透露出怀才不遇的无限感伤!

　　马楚国在湖南统治五十余年,以长沙为都城,修建了不少皇室园林,马楚灭亡后,这些皇家园林或毁或废,其遗址成为宋代长沙市民缅怀古迹或者休闲之所。

宋神宗时,长沙城内有马楚国遗迹开福寺、白莲池、明心亭、嘉会园、会春园,园内有流杯亭,城内还有史湖。这些地方平时成为长沙士女市民的游玩之所,而官员大吏往往也在此送往辞来,号称热闹。北宋名臣彭汝砺说熙宁六月一个叫吴子正的官员奉诏赴京师为官,彭汝砺与潭州其他六位官员一并送行,他们"饯别开福寺,退,登禅悦堂,观白莲池,道明心亭,出游嘉会、会春二园,至流杯亭,泛舟出史湖,……薄晚,饮使光亭,酬酢欢甚,然终不及醉。"文中提到的这些地方,都是马楚国的亭台楼阁,这些遗址几经战乱,已失去往日的繁荣,但是成为宋代人的游聚送别之所,彭还有诗称叹:"故园余壮观,遗址入荒芜。桧柏高千尺,松杉耸万株;轻风花散漫,细雨草沾濡。"[8]

(四)青楼美梦:长沙官僚士绅富商的浪漫休闲

唐宋时代青楼文化十分发达,文人学士官僚士夫,或者富商大贾都有狎妓的习惯。就宋代而言,北宋的东京汴梁,南宋都城临安,妓院很多,美女如云,文人学士在此流连忘返,彻夜不归。与大都会一样,宋代长沙这样的二级大城市,青楼文化也相当发达,当地文人、士绅、商人经常在此消闲度日。《宋稗类抄》卷十七曾记载秦观与长沙义妓的爱情故事。

另外,宋人曾慥的《类说》也记载了宋代的一个长沙名妓——谭意哥。谭意哥为长沙官妓,能诗词,善歌舞,一日长沙府官蒋田宴客,蒋田故意难为谭意哥,指着谭施了粉的脸说:"冬瓜霜后频添粉",谭意哥不肯示弱,拉着府官蒋田绯红色官衣衣角说"木枣秋来也着绯"。当时参会的潭州茶官河南汝州人张正字非常喜欢才思敏捷的谭意哥,两人由相慕发展为相爱。一场官与妓的爱情,当然成为官场一段佳话,于是有人作诗云:"才色相逢方得意,风流会遇事尤佳;牡丹移入仙都去,从此湘东无好花!"后来张正字调离长沙到别处做官,这时谭意哥已有身孕,临别时告诫张正字不要忘记这一段感情,要对她本人负责,但是张正字离长后,在父母的压力下,不敢与谭意哥成婚,后来谭意哥还写诗给张正字,诗写的很好。清人陈焯编《宋元诗会》还将她的诗录入其中,"潇湘江上探春回,消尽寒冰落尽梅;愿得儿夫似春色,一年一度一归来。"[9]张正字之妻三年后,不幸病死,张正字后来明媒正娶,娶谭意哥为妻,其子后来还登进士第。

《宋稗类抄》和《类说》都成书于宋代,故事虽然离奇,但不完全是虚构,通过这两个个案我们可以推想宋代长沙的青楼休闲应具有一定规模,从业人员也应达到一定的数量,正是有一定的规模与数量才会有像"观粉"和"谭意哥"这样的高素质的青楼奇女出现。

二、宝坊精舍,堪比西湖嵩少——长沙宗教休闲

宗教是人们对于客观世界的歪曲反映,本质上是一种哲学信仰。但是我国古代宗教发展到宋代,已经世俗化、生活化,成为日常生活中的一部分,对许多市民而言,进入宗教寺院并不是进行哲学的思考,也并不是怀有强烈的宗教信仰,相反地,他们进入寺院是为了"祈报"——祈福与报答神灵的恩赐——进而达到释放心理压力,实现心理上的休闲。长沙宗教文化素称发达,《石门文字禅》曾分析了长沙宗教文化发展的原因,并对长沙宗教发展的状况作出绘声绘色的描写。"长沙楚之大藩,民俗殷富可也,而山水之富亦擅名天下。千雉垣迤,万井喧阗,而嚼岳色之芳鲜,饮湘流之甘寒,宝坊精舍,楼观追逐,烟云蔽亏,梵歌酬酢,如钱塘之西湖,伊洛之嵩少。"[10]具体说来宋代今长沙市境内有名的宗教活动场所有:麓山寺、道林寺、铁佛寺、开福寺、东明寺。兹略述如次:麓山寺位于长沙河西岳麓山,著有悠久的历史,《湖广通志》卷80:岳麓寺在岳麓山,晋太始四年法崇禅师创建,南北朝至唐并称名刹,宋元祐间智海禅师复大兴法席,唐李邕碑,今存。山寺名联"魏晋六朝名胜,湖湘第一道场"就很好地反映了麓山寺深厚的历史文化积淀。

道林寺在唐代即是长沙官员与百姓休闲的重要场所,每年清明,长沙士女都会倾城而出,游玩道林寺。杜甫《清时》诗云:"著处繁华务是日,长沙千人万人出。"宋代的道林寺号称"秀绝超五岳,气象吞重湖"[11]是一个十分引人注目的寺院,寺内收藏有沈传师、裴休笔札和宋之问、杜甫之诗篇,称之"四绝",为了保存四绝,寺僧建有"四绝堂"。南宋时,周必大为该寺院书写匾联,后来,宋代名臣蒋之奇在四绝堂内摹写欧阳询书法、韩愈诗歌,称为"衍四为六"。南宋乾淳中,寺僧志茂以"四绝堂"屋宇失修,字迹漫衍,于是刻之于石,并改其堂名为"衍六堂"。由于道林寺的文化底蕴,道林寺在宋代成为文人士大夫和当地百姓的宗教休闲胜地。

铁佛寺建于唐代,《明一统志》称:"长沙铁佛寺,在府城北,唐建,铸三铁佛,因名。元毁,本朝洪武初重建。"《湖广通志》亦载:"铁佛寺,在湘春门外。唐法华禅师建寺,有三铁佛,因名。"唐代高僧法华禅师在长沙城北湘春门外,建立寺院,并铸造三尊铁佛。因名铁佛寺。该寺宋时仍存,是宋人的一个宗教休闲场所。

开福寺初建五代马殷统治长沙时期,为马楚国王皇家祈福寺院。它位于长沙城北,西邻湘水,北揽浏河,独占宝地,雄伟而壮丽,其东藏经殿以巧妙的工艺和宏丽的建制成为湖湘寺院之"第一"。《石门文字禅》称,北宋初年,湖南战火,寺庙荒芜失修,至北宋政和初年,开福寺僧重新翻修藏殿,并修复寺中五法轮,仅此一项即费缗钱500万,耗时六年。修整后的法轮"下推其毂,五轮俱旋,其上涂金间

碧,电驰风绕,庄严之丽,惟见者心了,而言所不能形容也。"实属湘中之壮观。

马楚国时在长沙城南五里还建有东明寺,相传东明寺的观音像雕塑栩栩如生,在宗教塑像中有相当的影响。宋元祐时,宁乡沩山密印寺海禅师曾来此传教,重修庙宇。《潭州东明石观音赞》称:"元祐初……海禅师自沩山来,宴坐于室,不蓄粒米,倚此像以饭四方来者,崇堂遂宇又加丽焉。"宋代的许多文人、官僚都来此休闲。北宋末年蔡京贬岭南,路过长沙,道中生病,即寓于寺中疗养,陶宗仪《说郛》卷39上《蔡元长南迁》条称:"蔡元长既南迁……至潭州,作词曰:八十一年住世,四千里外无家,如今流落向天涯。梦到瑶池阙下,玉殿五回命相,彤庭几度宣麻,止因贪恋此荣华,便有如今事也。"看来蔡京还在此寺中,参禅与反省自己的人身,并作绝命诗,数日后,蔡京卒于东明寺。南宋时有蜀僧来游东明寺,有感于时事,于东明寺壁题诗。费衮《梁溪漫志》称:"三十年前镇益州,紫泥丹诏凤池游;大钧播物心难一,六印悬腰老未休;佐主不能如傅说,知几那得似留侯;功名富贵今何在,寂寂招提一土丘。"[12]诗歌全面回顾蔡氏一身得失,亦颇有禅味,更增加了寺的知名度。

三、志于道,据于德,依于仁,游于艺——长沙艺术休闲

《论语·述而》载孔子说:"君子志于道,据于德,依于仁,游于艺"。此处所言的艺,当是一种技艺或是一种艺术,君子应该把艺术修养当成一种休闲的方式,要游艺其中,乐得其所。宋代长沙"游于艺"的君子不少,兹述于次:

(一)宋代长沙法帖的流传与书法艺术

以前长沙的书法艺术一直号称发达。唐代长沙人怀素和欧阳询都以书法名世,而唐代书法家李邕和褚遂良在长沙的活动,对长沙的书法艺术发展也起到积极的推动作用。于是,唐代余风所扇,波及宋代,使得长沙书法绘画艺术成就斐然。宋代长沙的书画艺术成就首先表现为印行与摹刻"法帖"。所谓"法帖",是指汇刻名家书法墨迹在石、木版上并拓印成可供人们学习的墨本。宋代最早的法帖是宋太宗时制定的《淳化阁帖》十卷。太宗在位时,为了表示对高级官员的宠爱,常以法帖赐之,太宗以后却不再赐予。因之,这种法帖民间十分难得。不过,太宗故相刘沆守长沙时,曾把古法帖十卷带到长沙,他在长沙摹刻两本,一本藏之于官府,一本藏于家。后来长沙僧宝月以官府本为底本,进行了翻刻。宋哲宗时,四川人秦子明为长沙副将,请长沙刻石专家汤正臣摹刻宝月本于长沙,并运至黔江绍圣书院(今重庆市)供生员学习。黄山谷(庭坚)《跋秦氏所置法帖》称"汤正臣父子皆善摹刻,得于手而应于心,近古人用笔意。"后来此刻石本流行于湖南、四川,对两地书法艺术产生了很大的影响。

　　除了汤正臣父子在长沙摹刻法帖以外,宋神宗元丰年间,长沙僧著名书法艺术家希白亦曾在长沙刻石勒碑,此法帖后世称为《潭帖》,《潭帖》摹刻逼真,《文献通考》称"希白善书,不甚失真"[13],《珊瑚网》引陈绎曾云:"希白摹刻潭帖,风韵和雅,骨肉停匀,但形势俱圆,颇乏峭健之气,石在潭之郡斋。"[14]虽然希白之刻不如法帖逼真,但他对于传播与普及书画艺术之功当不可没。

　　长沙书法刻石还应提到今存岳麓山禹王亭的《禹王碑》。此碑最早见于南岳岣嵝峰下,最迟可能在唐代即有发现,唐代刘禹锡、韩愈、南宋时朱熹、张栻都曾到南岳考察该碑,但从他们留下的诗文分析,均没有发现过实物。至南宋晚年的何贤良在南岳发现了传说中的禹王碑。何贤良,又名致,字子一,按张世南《游宦纪闻》所记何贤良"嘉定壬申(1212年)游南岳,至祝融峰下,按《岳山图》禹碑在岣嵝山。询樵者,谓采樵其上,见石壁有数十字,何意其必此碑,俾之导前,过隐真屏,复渡一二小涧,攀萝扪葛至碑所,为苔藓封,剥读之,得古篆五十余,外癸酉二字,俱难识。……取随行市买历碎而模之,字每摹二,虽墨浓澹不匀,体画却不甚模糊,归旅舍,方凑成本。何过长沙,……遂刻之岳麓书院后巨石。"[15]此碑在中国文字史中国书法史上具有相当重要的意义。因该碑经过刘禹锡、韩愈、朱熹、张栻等大师级人物的长期寻访,如今得见世面,一时号为奇迹。因之,长沙休闲之辈,往来者众。

　　(二)宋代长沙的绘画艺术家及其作品

　　宋代强调文治天下,历代皇帝对绘画十分重视,中央专门成立了画院,网罗西蜀和南唐的宫廷画家,收集名家作品,因之绘画艺术取得了相当丰富的成果,绘画理论也趋于成熟,出现了《林泉高致》《画继》《宣和画谱》等著名作品。在这样的背景下,宋代长沙的绘画艺术也颇有成就。出现了一些有代表性的绘画艺术家和描绘长沙风物的艺术作品。

　　(1)别开生面的平远山画。晚唐五代时期我国山水画获得极大的发展,出现了一批著名的全景式绘画大师。但是长沙的著名画僧惠崇却在全景式绘画繁荣时代,独辟蹊径,在北宋初年即开始研习平远山水,他的江南小景,雅趣天然,了无人间烟火之味。从书画历史发展来看,中国传统山水画至南宋时,由全景式转入小景式描绘,特别是南宋文人画更是多以小景取胜,但是仔细考察这种转化,可以说其发轫则在北宋时期的惠崇,所以后人评论惠崇在此方面的成就甚至比南渡诸家还高,《州续稿》称:"惠崇,诗僧也,画品不能当荆(浩)、关(仝)半,而今所睹平湖小屿、汀花水禽、渔舟茅舍,便娟映带,种种天趣,故非南渡后人所及者。"惠崇的画得到宋代文学家黄庭坚的称赞,曾作《题惠崇九鹿图》之文以示奖掖。苏东坡对惠崇的画也十分推崇,曾作《惠崇春江晚景二首》,其一云:"竹外桃花三两枝,春江水暖鸭先知;蒌蒿满地芦芽短,正是河豚欲上时。"目前存世的惠崇作品台北故宫博物院的《秋浦双鸳》,辽宁省博物馆的《沙汀烟树图》,以及日本私人收藏的《荷鹭图》《芦雁图》等。

(2)独步一时的佛道人物画。佛道人物画是中国古代绘画中一个最重要的部门,宋徽宗办画学,设六科,其中佛道列为第一,徽宗朝编写的《宣和画谱》也把道释列于首位。宋代长沙佛道人物画十分有名,出现了独步一时,超绝群伦的武岳父子。武岳北宋人,作画师法唐人吴道子。元人夏文彦《图绘宝鉴》说他"工画人物,尤长于天神星象,用笔纯熟。"[16]其子武洞清,少师法其父,而其画技水准,人物造神又远过其父。《宣和画谱》说他"工画人物,最长于天神道释等像,布置落墨,广狭大小,横斜曲直,莫不合度,而坐作进退,向背俛仰,皆有思致,尤得人物名分尊严之体,获誉于一时。"[17]宣和画谱称当时皇家画院收藏其画作有二十一幅,民间有把他的画刻石署名拓片而求售者,足见其影响已经上达宫廷而下及百姓。受武氏父子影响,长沙人何澄与周兴权也以佛道画名世。《图绘宝鉴》称,何澄,长沙人,工画神佛道释人物。他的祖父曾收集武洞清很多画本,何澄每日观赏,仔细研读,深味其中奥秘,竟"得其遗意",他的佛道人物画"傅染简净,不假重色",多采用白描之法,以线条勾勒人物,颇具神彩。此外,本书还说长沙人周与权"丄佛像,笔法劲爽",也是宋代知名的佛道人物画家。

(3)写形传神的鸟兽、花竹画。鸟兽、花竹也是传统中国画的重要门类之一,宋代画学六科中鸟兽列入第四科而花竹则列于第五。北宋时,长沙有两位名闻天下的鸟兽画家。其一是僧宝觉。此人善画动物,其写动物神态生动,妙得天趣。其二是鸟兽画家易元吉。此人天资颖异,善画工笔,得名于时。他善于观察动物形态动作,深入山林作实地考察,所以他的画栩栩如生,动感十足,颇得对象之灵气,《宣和画谱》称:"写动植之状,无出其右者"。宋英宗治平年间,易元吉被诏到京师为景灵宫画花石珍禽,又命于神游殿画牙獐,都能极致其妙。后来,他又被皇家诏画《百猿图》,得以大显身手。《宣和画谱》记录说宋朝御府收藏易元吉达到245本,这些图大都是花鸟、猿獐图。长沙花竹画则以吴泽较为有名。陶宗仪《说郛》卷九十五下说宋代最著名的花鸟画家是赵昌,他画的"花则含烟带雨,笑脸迎风;果则赋形夺真,莫辨真伪;设色如新,年远不退。王友乃昌之上足,赋形入昌之室,写生则未逮。继友之后者,惟长沙吴泽也。"

(4)长沙地方水墨作品《潇湘八景》。绘画作品一般都会打上地方文化的印迹。画家生活的环境,自身所受的文化熏陶和个人性格都必然在绘画中有所反映。特别是名山大川,秀绝天下的景致,在画家的笔墨中总会有反映。宋代长沙休闲文化的发达,吸引了许多文人墨客和艺术家来长定居与访游,受其地方文化浸润,长沙风物也在绘画作品中有了反映。仁宗天圣年间进士洛阳人宋迪,曾长期游乐于长沙,深入领会长沙山水之精髓,作有《潇湘八景图》:《平沙雁落》《远浦帆归》《山市晴岚》《江天暮雪》《洞庭秋月》《潇湘夜雨》《烟寺晚钟》《渔村落照》。[18]此图成后,在宋代士大夫们心中产生了极大的影响,慕其美景而至长沙者众,这又反过来促进了长沙休闲文化的发展,扩大了长沙休闲文化的影响。

　　总之,至唐朝中后期设湖南观察使,并以长沙为治以来,长沙逐渐发展成为南方的一个区域性的大都会,五代时马殷又以长沙为中心建立楚国,其统治在长沙长达半个多世纪,使得大都会的地位得到巩固。至北宋时代中国政治经济文化重心开始南移,长沙卷入重心南移的大潮,城市获得发展,至于南宋,长沙成为襄阳岳阳防线的大后方,政治地位更为突出,城市获得进一步的发展,一跃而成为宋代中部的大都会,在这样一个大都会里商铺林立,市民众多,市民士女,充斥其间,他们的社会休闲生活丰富多彩,寄情于古迹台榭、游乐于花前月下、浪迹于秦楼楚馆、投身于宗教寺院、徜徉于文学艺术,都是他们休闲娱乐的方式。

参考文献:

[1]宋祁. 景文集[M]. 北京:商务印书馆,1936.

[2]刘弇. 龙云集[M]. 台北:台湾商务印书馆,1986.

[3]邓深. 大隐居士诗集[M]. 台北:商务印书馆,影印文渊阁四库全书本,1986.

[4]史铸. 百菊集谱[M]. 台北:商务印书馆,影印文渊阁四库全书本,1986.

[5]陶宗仪. 说郛[M]. 北京:中国书店影印涵芬楼本,1986.

[6]祝穆. 方舆胜览[M]. 北京:中华书局,2003.

[7]戴复古. 石屏诗集[M]. 台北:商务印书馆,影印文渊阁四库全书本,1986.

[8]彭汝砺. 鄱阳集[M]. 台北:商务印书馆,影印文渊阁四库全书本,1986.

[9]曾慥. 类说[M]. 北京:文学古籍刊行社,1955.

[10]释慧洪. 石门文字禅[M]. 台北:商务印书馆,影印文渊阁四库全书本,1986.

[11]郭祥正. 青山集[M]. 北京:乌程蒋氏密韵楼,1924.

[12]费衮. 梁溪漫志[M]. 西安:三秦出版社,2004.

[13]马端临. 文献通考[M]. 北京:中华书局,1986.

[14]汪砢玉. 珊瑚网[M]. 北京:国学基本丛书,1936.

[15]张世南. 游宦纪闻[M]. 北京:中华书局,2006.

［16］夏文彦．图绘宝鉴［M］．上海：商务印书馆,1933.

［17］佚名．宣和画谱［M］．台北：商务印书馆,影印文渊阁四库全书本,1986.

［18］赵汝鐩．野谷诗稿［M］．台北：商务印书馆,影印文渊阁四库全书本,1986.

长沙市"红色旅游"资源开发研究

罗文斌

（湖南师范大学旅游学院，湖南长沙　410081）

一、长沙"红色旅游"资源的特征分析

长沙是中国近现代革命的摇篮和重要发源地，革命英雄众多，革命历史遗迹、文物资料丰富，发展"红色旅游"条件得天独厚。红色旅游资源主要表现为以下特征：

（一）红色资源种类全，数量多。红色资源根据具体的形态可以分为无形和有形两大类，其中有形红色资源主要是革命遗址和纪念场所[1]。长沙的红色资源种类齐全主要表现在：长沙孕育了众多的革命人士，留传了许多革命事迹和佳话，留下了许多革命遗址。数量多主要体现在：一方面革命英雄人数多，在这片热土上生长和曾奋斗过的革命领袖和英雄就有毛泽东、杨开慧、刘少奇、何叔衡、郭亮、李维汉、胡耀邦、李富春等；另一方面革命遗址和纪念地多，仅被开发和保护的革命遗址和纪念地就有岳麓山景区（爱晚亭）、橘子洲头、第一师范毛泽东纪念馆、清水塘（中共湘区委员会旧址、毛泽东和杨开惠故居）、刘少奇故居和纪念馆、杨开慧故居、秋收起义文家市会师旧址、新民学会旧址、胡耀邦故居、雷锋纪念馆、何叔衡故居、徐特立故居、郭亮陵园、李富春故居等几十处。

（二）红色资源规格高，知名度大。长沙拥有全国爱国主义教育基地4个，省级爱国主义教育基地10多个。众多的红色旅游资源中，刘少奇同志故居和纪念馆是全国重点文物保护单位、全国首批4A级旅游景区、全国首批爱国主义教育示范基地；秋收起义文家市会师旧址是全国重点文物保护单位和全国第二批百个爱国主义教育示范基地；中共湘区委员会旧址和湖南省博物馆都是全国第二批百个爱国主义教育示范基地；岳麓山景区和橘子洲是全国4A级风景区和全国重点风景名胜区；雷锋纪念馆是中央、省、市三级爱国主义教育基地和全国3A级旅游景点。值得一提的是，刘少奇故居和纪念馆、杨开慧故居、秋收起义文家市会师旧址、岳麓山名胜风景区已被列入到全国30条"红色旅游"精品线路和100个"红色

旅游"经典景区中。

(三)红色资源旅游区位优越。长沙红色旅游资源的旅游区位优越主要表现在各个资源并不是孤立存在,而是依附(或隐藏)在一些知名的旅游景区(点)之旁(或中)。如岳麓山景区、橘子洲头、第一师范毛泽东纪念馆、清水塘(中共湘区委员会旧址、毛泽东和杨开慧故居)、新民学会旧址、烈士公园、天心阁、白沙古井公园等都位于市内旅游圈内;刘少奇故居和纪念馆是"长沙—张家界自然风光之旅""长沙—韶山—花明楼名人故里游"这两条黄金旅游热线的中枢联结点;何叔衡故居处在灰汤温泉国际度假中心和密印寺之间;秋收起义文家市会师旧址和胡耀邦故居比邻石霜寺和道吾山风景名胜区;郭亮烈士陵园和杨开慧故居近临黑麋峰森林公园,等等。

(四)红色资源分布相对集中,可达性强。近年来长沙加大对基础设施建设投入力度,交通四通八达。长沙大多数红色旅游资源集中在市区,交通便捷。其他相对较远的资源也都分布在长沙"一小时经济圈"内。

二、长沙"红色旅游"开发已取得的成绩评价

长沙向来就有"革命圣城"之称,"红色旅游"一直以来就是长沙旅游产品中的重要组成部分。随着对文化旅游开发力度的加大,近年来长沙的"红色旅游"开发已经取得了显著的成绩。

(一)精品红色旅游景点(区)已经纳入旅游规划。在长沙市 2001 年编制的《长沙旅游业"十五"计划及 20 年发展规划》中,天心阁、岳麓山、雷锋纪念馆、橘子洲等被分别规划到 4 条精品路线中,其中花明楼被规划为灰汤温泉休闲旅游区的主要旅游项目,橘子洲为湘江风光带的主要旅游项目;清水塘旅游文化步行街被规划为重点旅游工程;第一师范、杨开慧故居等被列为一般旅游工程。近几年长沙市旅游局严格执行《规划》,对所规划的精品线路、景点(区)都按秩序、分步骤加以开发建设。

(二)重点红色旅游景区建设进一步加强。其中,刘少奇故居和纪念馆继续加强管理,加大宣传,全力打造国内红色旅游景区经典品牌。紧紧围绕"全力打造全国红色旅游景区经典品牌"的工作目标,始终坚持"文保立馆、制度治馆、特色兴馆、旅游富馆"的工作方针,2004 年,成功策划和组织了 3 次重大活动,提升了纪念馆在省内外的影响力;通过各种宣传手段进一步提升了红色旅游景区品牌;完善基础设施,加大投入力度,为旅游事业迅速发展创造良好条件。

(三)"红色旅游"景区(点)旅游人数持续增长。目前长沙已经开发并对外开放的红色旅游景点 10 个。2004 年初以来,红色旅游成为节日期间全市旅游的一

大亮点,刘少奇同志纪念馆、爱晚亭、橘子洲、雷锋纪念馆、胡耀邦故居等主要红色旅游区点成为外地游客的首选目的地,共计接待游客达8万人次,全年长沙红色旅游景区景点共接待游客440.5万人次,占全市全年游客总接待量的13.9%。2005年"五一"黄金周,刘少奇同志纪念馆日接待游客1.81万人次,同比增长了77.45%,占核定最佳日接待量的120.67%;岳麓山风景区共接待游客2.2万人次,同比增长了55%,门票收入33万元,同比增长了50%。其他红色旅游景点如杨开慧纪念馆、文家市秋收起义纪念馆接待人数和门票收入与去年同期相比也有显著的增长。

三、长沙"红色旅游"发展中存在的问题分析

虽然长沙拥有得天独厚的"红色旅游"资源,红色旅游的发展也取得了喜人的成绩,但是长沙的红色旅游发展中还是存在着如下问题:

(一)"红色旅游"总体空间发展布局还没有形成。由于"红色旅游"近两年才兴起,红色旅游系统还不完善,"红色旅游发展总体规划"还没有制定出来,因此,长沙的"红色旅游"还没有形成整体合理的空间布局。主要表现在各红色旅游资源的空间上缺少联系,空间组合呆滞,空间发展较散乱。

(二)旅游游览产品形式单一,内容简单。游览产品目前是"红色旅游"的主打产品,但是各地的红色游览产品都清一色地呈现出形式单一、内容简单的特点。长沙的红色游览主要可以用"瞻伟人,游故居,听故事"九个字来概括。大部分旅游点导游讲解死板,基本上都是通过平面文字、图片、遗物、立体雕塑为载体来传播革命事迹、革命精神,缺乏生动的情境,容易使旅游者产生单调感、疲倦感。

(三)"红色旅游"资源开发视域狭窄,缺乏横向联合。通过实地考察我们发现长沙"红色旅游"点的开发只是纯粹的"红色"开发,而没有跳出"红色"来开发旅游,没有注重和"绿色""古色"旅游资源的横向联合开发。如秋收起义旧址和胡耀邦故居等都只是被开发成简单的参观学习景点,没有整合大围山的生态旅游等。

(四)旅游产品种类欠全,缺少体验性的红色旅游项目。长沙的"红色旅游"只涉及到旅游系统中参观游览产品的简单开发,产品种类欠全,主要是单一的游览产品,基本上没有相应的红色购物、红色餐饮、红色体验等旅游项目。红色旅游要寓教于游、寓教于乐,要符合旅游追求愉悦的本质,所以应该尽可能多地开发参与体验性的旅游项目,将平面的、单调的革命事迹、革命精神、革命传统融入到游客的参与体验活动中,让游客在轻松愉快的氛围中学习。

四、长沙"红色旅游"发展的建议及对策

（一）打造"外三角，内圆圈"，优化旅游空间布局

根据长沙红色旅游资源的空间分布特点，我们要因地制宜地重点打造长沙"外三角，内圆圈"的红色旅游空间布局。

外三角：主要是建成"北部以杨开慧故居为三角形的顶点，西部以刘少奇故居为左点，东部以文家市秋收起义旧址和胡耀邦故居为右点"的三角形"红色旅游外圈"，从而统筹开发周边的其他红色旅游资源。其中"杨开慧故居—黑糜峰森林公园，郭亮烈士陵园—刘少奇故居"一线构成三角形的左腰；"杨开慧故居—文家市秋收起义旧址，胡耀邦故居"一线构成三角形的右腰；"何叔衡故居—刘少奇故居和纪念馆—徐特立故居—文家市秋收起义旧址，胡耀邦故居"一线构成三角形的底边。内圆圈：主要是建设成以雷锋纪念馆和市区的红色旅游点在内的一个中心圆圈作为长沙的"红色旅游内圈"。

将红色旅游资源纳入到整体的空间布局中来，不断完善"点—线—面"的发展趋势，优化各景点的空间组合，有利于长沙红色旅游的科学发展。

（二）深挖红色旅游内涵，丰富旅游内容

深挖红色旅游内涵，一方面要加强原有红色旅游景区旅游资源的再开发。例如"花明楼"红色旅游的深度开发就不再只停留在参观游览的旅游要素上，而是要开发出一些具有体验性的旅游产品来延长游客的停留时间，如可以开发出"寻主席的足迹，做主席做的事"等劳作体验性旅游产品。

另一方面对未开发的具有"红色旅游"要素的旅游区的开发。如，岳麓山是中国近现代革命的重要载体，拥有许多中国革命斗争的遗迹、遗址，但是岳麓山的导游讲解很少涉及到革命人物、事件的内容。今后在岳麓山的旅游开发中要将这些革命遗迹开发出来，供游客参观游览。此外，天心阁、白沙古井公园都是革命前辈们驻足谈论国家大事、指点江山的地方，因此，在游客参观游览时也可以向其讲解一些革命历史故事等等。

（三）创新红色游览产品的解说系统，提高游客兴趣

创新红色游览产品的解说系统就是要改变大多数的红色旅游景点的解说都是依靠单调而简单的平面文字、图片及立体的雕塑的传播手段，这些形式过于单一、死板，不能很好地调动游客的参观游览兴趣。因此，可以引进高科技的"三维形象"展览技术：借鉴省博物馆马王堆汉墓陈列展的半景图展览；天心阁的激光表演展览以及其他声、光、影结合的三维动态展览。

（四）拓展红色旅游的开发方式，"借绿上市""借古上市"

中国革命的胜利是广大人民团结的胜利。"红色旅游"的开发不能"孤军奋战"，而是要符合"开放性"原则。长沙市的红色旅游应该走"空间联系，主题联合"的发展道路，采取"红绿""红古""红红"组合开发的方式。

"红绿"组合开发：红色旅游与生态旅游、农村旅游的整合开发。这主要是针对分布在各县农村地区的红色旅游景点的开发。把红色旅游点与"农家乐"捆绑起来开发，把红色旅游点与"度假村"捆绑起来开发。如，文家市秋收起义旧址和胡耀邦故居就坐落在罗霄山脉下、清江旁边，离道吾山较近。这就有利于将周围的生态环境整合开发；罗养真烈士墓位于黑麋峰，有利于和黑麋峰森林公园的生态旅游整合开发。

"红古"组合开发：红色旅游与历史文化、民俗风情的整合开发。红色旅游点与周围的具有教育意义的古建筑和民俗风情结合开发。如何叔衡故居与云山书院、谭嗣同故居与浏阳文庙、文家市秋收起义旧址和胡耀邦故居与石霜寺等。

"红红"组合开发：红色旅游点（区）之间联合开发。如刘少奇故居与韶山毛泽东故居、乌石彭德怀故居联合开发。

（五）开发体验产品，增强市场吸引力

体验性产品的开发一直是"红色旅游"的软肋，也是红色旅游发挥经济效应的突破口，如何加大对长沙体验性"红色旅游"产品的开发，将是增强市场吸引力、开拓"红色旅游"市场、增强"红色旅游"生命力的关键。通过对长沙"红色旅游"资源的调查和研究，我们得出可以开发如下体验产品：1. 建设岳麓山抗日战争旅游体验区。以抗日战争时期长沙"三次会战"为背景，以岳麓山为场地，主要是给游客提供体验国、共两党将士顽强抵抗日本侵略的英勇场景。2. 开发湘江伟人游迹体验区。以毛泽东及其他革命前辈在长沙的游泳事迹为背景，以湘江为场地，主要是让游客体验伟人"指点江山、中流击水"的远大理想和顽强拼搏的情境。3. 开发红色餐饮体验。红色餐饮主要是开发红色旅游中"吃"的旅游要素。营造氛围、创造条件让游客品尝革命年代前辈们所食用的简朴菜肴。

参考文献：

[1]张彬彬. 都市地区的红色旅游开发——以上海为例[J]. 桂林旅游高等专科学校学报,2004,(2):35 - 36.

论长沙发展会展旅游的条件及对策

谭伟明

（湖南师范大学旅游学院，湖南长沙 410081）

会展旅游，即国际上通指的 MICE（Meetings，Incentives，Conventions，Exhibitions），是一项包括各类专业会议、展览会与博览会、奖励旅游、大型文化体育盛事等活动在内的综合性旅游形式。会展旅游因其可观的发展前景、巨大的利润收入和带动作用，早已成为美国纽约、法国巴黎、英国伦敦、日本东京等国际大都市的宠儿。在国内，随着我国加入世贸组织以及北京 2008 年奥运会和上海 2010 年世博会的成功申办，会展旅游呈现出良好的发展态势[1]。长沙作为中西部的重要城市之一，也十分重视会展旅游的发展。本文通过对长沙发展会展旅游的优势和劣势分析，提出其发展会展旅游的对策，加强长沙会展旅游的竞争力，使长沙会展旅游向着更好更快的方向发展。

一、会展旅游的性质

国内外许多学者对会展旅游做出了各种界定，但目前仍未有统一的内涵。国际上一般是指 M、I、C、E 细分事件旅游市场的概念，即 Meetings（会议）、Incentives（奖励旅游）、Conventions（大会）、Exhibitions（展览），并包括节日庆典和体育赛事为主题的节事（Events）在内的旅游形式[2]。会展旅游是指借助举办的各种类型的会议、展览会、博览会、交易会、招商会、文化体育、科技交流等活动，吸引游客前来洽谈贸易，观光旅游，进行技术合作、信息沟通和文化交流，并带动交通、旅游、商贸等多项相关产业发展的一种旅游活动。

二、会展旅游的特点

（一）旅游者素质高。与会者大多是国家部门要员、公司高层或技术销售人员，他们对会展旅游的要求高，花费也更大。

（二）停留时间长。根据"国际大会和会议协会（ICCA）"的界定，国际会议的会期应在 3 天以上，不少人员还会在会展活动结束后安排个人的旅游活动，这样，会展旅游者的平均停留时间为 4 – 6 天,为一般旅游者的 2 至 3 倍。

(三)旅游团队规模大。各类展览会、博览会、展销会等,其规模一般都要大于会议。与会者普遍是组团出行,少则几十人,多则上百人,比普通游客的团队规模要大得多。

(四)经济效益高。近年来,国内大多数旅行社团量很大,但旺丁不旺财,旅游线路价格一家比一家低,旅行社大量的精力都花在了观光旅游的"价格战"上,利润不但没有与组团人数成正比,有的甚至出现负增长。与观光旅游相比,会展旅游利润率相对较高,一般情况下,会展旅游利润率会超过 25% ,国际会展旅游的利润率高的甚至可达 70%[3]。

(五)带动作用强。会展旅游对提升旅游产业乃至经济社会发展都具有很强的带动作用,它能促进交通、住宿、餐饮、购物等各方面的发展,能给举办国家、地区和城市带来可观的直接的和间接的经济效益。有经验数据表明,会展业的直接经济效益和社会综合经济效益的比例为 1 : 9[4]。

三、长沙发展会展旅游的优势

(一)区位优势。长沙位于湘中偏东北处,湘江下游,洞庭湖以南,居东南沿海和长江流域两个通江达海大市场的腹部,是内陆通向两广沿海和西南边陲的前缘地带;又位于上海、广州、重庆、武汉四大全国性商贸中心聚集的交错地带,东南西北四大城市的辐射作用可在长沙地区产生叠加效应,使之成为支撑沿海、沿江开放地区的后方基地和促进内地开发的先导城市。长沙是中南地区重要的资金、技术、原材料集散地和交通枢纽。

(二)交通优势。长沙的交通运输以惊人的速度发展,大大缩短了长沙与世界各地的时空距离。107、319、106 国道和多条高速公路在境内相联,长沙已列为全国 45 个公路主枢纽城市之一;京广铁路经株洲东连浙赣线,西接湘黔线;省内的石长铁路与枝柳线连接;黄花机场为国际空港,已开通 35 条航线;水路通江达海。航运经岳阳上达重庆,中抵武汉,下至上海[5];随着石长铁路开通,东南沿海至西北各省的货物运输至少有一半不必过武汉而必经长沙。国家发改委于 2009 年 7 月 20 日,批复同意贵阳至昆明、长沙铁路客运专线,发改局获悉,沪昆铁路客运专线长沙至昆明段经国家发改委立项,即将开工建设。这条沪昆客运铁路专线长沙至昆明段,是加快客运专线网主骨架,促进长江以南东、中、西部地区经济互联互补,推动区域经济协调发展加快促进沿线旅游业快速、健康发展的需要。同时,随着武广客运专线立项和竣工,为长沙旅游业的快速发展提供了便利的交通条件。

(三)经济发展优势。长沙居民购买力水平一直处上升趋势,2008 年长沙消费市场以 19.4% 的速度递增,累计实现社会消费品零售总额 1025 余亿元,一举跻身全国十强,初步实现了建设区域性商贸中心的目标,其市区社会商品零售总额与市区人口之比在全国过百万人口的城市中,排第 6 位,超过天津、沈阳、南京、武汉等大城市。全市商业网点、集贸市场和商业从业人数也均居全国省会城市前列。根据 2008 年商务部的统计口径,2008 年,长沙市实际利用外资突破 13 亿美元大关,到位外资规模居中西部省会城市第一,超过武汉和成都。从中部省会城市来看,GDP 总量长沙现在排在第三位,从社会消费来看,长沙排在第二位,整体来说长沙是一个消费型城市。此外,长沙也是一类外贸口岸,2007 年,长沙的外贸进出口总额达 91.13 亿美元[6],在全国内陆城市中居前列。

(四)会展基础设施优势。目前,长沙已有 4 大现代化、正规化的会展场馆,即湖南省展览馆、湖南国际会展中心、长沙国际会议展览中心、长沙红星国际会展中心。场馆总建筑面积达 21.9 万平方米,室内展厅面积 12.9 万平方米,标准展位总数 4961 个。展馆数量和室内展厅面积分别位居全国第 4 和第 6 位,具备了承接 2000 个标准展位以内,10 万专业观众以上的各类会展项目的硬件能力[7]。

(五)旅游资源优势。长沙风景秀丽,素有"山水名郡"之称,城内城外风光皆旖旎。东有大围山国家森林公园和浏阳河风景带,西有沩山沩水和灰汤温泉国际旅游渡假区,南有森林植物园,北有长沙野生动物园、山鹰潭度假村、城郊海拔最高的名山黑麋峰等。长沙亦有着悠久的文明历史,有着灿烂的古代文化,它是国务院公布的首批 24 个历史文化名城和第一批对外开放的旅游城市之一[8]。悠久的历史留给长沙众多的名胜古迹,其中最著名的古迹有岳麓书院、马王堆、开福寺、天心阁等,有名的旅游景点还有岳麓山、烈士公园、橘子洲等,另外,长沙周边地区也有着丰富的旅游资源,这些都对会展旅游者构成了极大的吸引力。

(六)举办会展旅游的经验优势。近些年来,长沙会展旅游无论是在展会数量上还是在收益和拉动消费上都有了较快的发展,其中一些影响全国的著名展会,如农博会、浏阳烟花节、金鹰电视艺术节、汽博会等,为长沙提供了宝贵的办展经验。就 2008 年一年,长沙市全年共举办了 217 个会展活动,其中全国性会展有 20 多个,会展销售收入达到 50 多亿元,共接待国内旅游者 2489 万人次,国内旅游收入 175.2 亿元,接待入境旅游者 25.55 万人次,国际旅游外汇收入 2.02 亿美元,国际国内旅游总收入 191.2 亿元,旅游业新增值相当于全市 GDP 增加值的 14%,旅游就业人数达 10 万人[9],成为长沙市第三产业的龙头。

四、长沙发展会展旅游的劣势

(一)政府行政参与过多,宏观调控过少。目前长沙办展活动主要由政府主导,市场化水平不高,办展机构缺乏主动性和积极性,同时尚未建立起有效运作的市场机制,在规划、管理体制方面存在缺陷。由此导致管理不到位,服务不到位或越位、错位等多方面的问题,达不到办会展的理想结果。

(二)会展行业协会和会展服务公司发展不足。长沙市会展行业协会直至2005 年才成立,起步较晚,当时会展行业发展的有些缺陷和漏洞已暴露出来。另外,协会的管理体制不健全,缺少相关经验,很容易造成管理不到位等问题,协会不能真正发挥其职能,不能与政府有关部门建立健全会展业市场体系。长沙的会展服务公司的规模都较小,大部分都是刚刚步入会展行业,对会展市场缺乏深入调研,办展盲目性较大,且规模偏小,资金不足[10],专业人员较少,对会展组织和宣传投入有限,与相关行业联系渠道不畅,很难将会展扶强做大。

(三)办展数量多而不精,重复办展现象严重。长沙会展组织者在利益的驱动下,不顾会展业的长远发展,时常举办题材类似甚至重复的展会,造成了资源浪费,使展会效益下降,吸引力下降,参会参展人员在旅游中"挨宰"的现象也还存在。这些都严重损害了参会参展者的利益,损坏了长沙会展旅游业的声誉,一定程度上对发展湖南会展旅游产生了负面影响。

(四)会展行业硬件环境和软件环境发展不健全。近年来,虽然长沙会展场馆的面积一直在增加,但与国际标准还是有一定的差距,缺乏承接国际性大型会展的能力。另外,一些会展场馆结构的合理性、设施的配套性等也都有待加强,而加速专业会展人才建设更是当务之急。会展作为一门独特的行业,自有其内在的运行规律和要求,但由于我国对会展的研究起步较晚,开展不够,所以各地都缺乏真正懂会展的人才[11]。现在,长沙无论是展览组织者、展览管理者还是为展览提供其他服务的人员的素质总体都不高,大部分都是从旅行社或者其他机构抽调来的临时工,专业化程度低,不利于长沙会展旅游业的长远发展。

五、长沙发展会展旅游的对策

(一)政府扮演好角色,制定"游戏规则"。政府应大力发展地区经济,提高城市化建设水平,完善会展旅游设施,美化城市整体环境,提高全民素质,宣传城市整体形象,为会展旅游的发展提供强大的后盾。政府应在会展旅游发展中起导向作用,使会展旅游业向着规范化、市场化、品牌化、国际化的方向发展,并制定相应的法律法规,明确会展市场的准入机制和主办主体的资质条件,对会展旅游的质量和和展览公司的资质进行市场化和动态化的评估和认证,使会展旅游业能够有法可依,有章可循,为会展旅游创造公平、公正、规范的市场竞争环境。

(二)加快会展行业协会的发展,充分发挥其职能。会展行业协会应协助政府有关部门建立健全会展业市场体系,完善行业自我约束机制,制定行业规范,实行行业管理、行业协调,依法维护行业和行业内单位的合法权益,开展会展业的统计调查、组织评估、信息发布、价格协调、行业准入资格资质审核等多个方面的工作,为会展旅游的发展保驾护航,此外,会展协会还应抓住机会加入国际性会展协会组织,跟踪收集国际品牌企业发展态势信息,为全行业及时提供各种会展信息,提高长沙会展旅游的竞争力。

(三)发挥旅行社在会展旅游中的优势。长沙的旅行社在经营会展旅游方面有着天然的优势。旅行社作为信息沟通的桥梁,同交通、饭店、餐饮、景区等相关部门保持着密切的合作关系,并且由于自身招徕、接待的行业特点,在长期的市场运作中积累了丰富的实践经验,具备很强的接待组织能力和协调能力。长期以来,长沙地区的旅行社一直经营着以观光旅游产品为主的业务,专项旅游产品很少,类型单一,旅行社对会展旅游也缺乏了解,更是缺少经验,会展旅游也对旅行社有着更高更全面的要求,它需要旅行社在人才培养,信息、技术手段、接待方法和技巧等各方面下功夫,不断地完善自己,以适应会展旅游发展的需要[12]。

(四)注重品牌效应,开发具有特色的会展旅游品牌。从会展旅游的发展趋势来看,未来会展旅游市场的竞争将更多地表现为品牌的竞争,而长沙会展旅游止处于起步阶段,承办的大型会展的数量及水平都很低。目前长沙尚未形成具有竞争力的会展旅游品牌,国内外旅游者缺乏对长沙会展旅游形象和品牌的了解与认识,不利于长沙会展旅游知名度的建立,因此,长沙创建会展旅游品牌具有重要意义。各级政府、会展旅游企业、行业协会及会展旅游从业人员应强化品牌战略意识,充分认识到只有实施品牌战略才能在竞争日益激烈的会展旅游市场中获得发展,并制定总体长远规划,通过完善会议展览旅游产品功能、提升会议展览产品质量、营造一流的会议展览旅游企业形象、提供高水准的会议展览企业的经营和管理、增加会展旅游活动的文化含量、提高长沙会展旅游业的经济效益和社会效益来创建会展旅游品牌。

(五)建立人才培育体系,培养专业化的会展人才。现在会展人才已成了长沙会展业的一大症结,制约了会展旅游的发展,大力培养会展人才已成燃眉之急。长沙应利用其雄厚的教育资源,在大中专院校里开设会展旅游专业,培养一批既懂会展又通旅游的全才,并为在校生们提供理论付诸实践的机会,让大学生参与到会展的筹办、招展、接待、展出和展后旅游等过程中来,积累经验,为以后走上工作岗位奠定基础。与此同时,还应开设相应的培训考核项目和建立相应的职业资格考试,聘请国内外专家、会展行业协会、高等院校、会展公司的领导作评判,提高会展旅游的进入门槛,为会展旅游业提供策划、管理、设计、营销、接待和技术等各类专门人才和实务人才。另外,要创造良好的用人环境,吸引各地优秀会展专业人才来长工作。

　　总之,长沙发展会展旅游若想在竞争日益激烈的会展旅游市场中占得一席之地,必须要改变思想,抓住发展机遇,将劣势变为自己的优势和长处,再利用自己的优势条件转化为旅游发展机遇,走出一条适合自己、有自我特色的长沙会展旅游之路。

参考文献:

[1]周彬. 会展旅游管理[M]. 上海:华东理工大学出版社,2003.

[2]刘松萍,李佳莎. 会展营销[M]. 成都:电子科技大学出版社,2003.

[3]陈志平,刘松萍,余国杨. 会展经济学[M]. 北京:经济科学出版社,2005.

[4]伍卓. 长沙会展旅游现状及发展对策[D]. 衡阳:南华大学硕士学位论文,2007.

[5]周春发. 苏州会展旅游开发的初步研究[J]. 旅游学刊,2001,(5).

[6]国家旅游局.2007年中国旅游业统计公报[N]. 中国旅游报,2007 - 09 - 19.

[7]国家旅游局.2008年中国旅游业统计公报[N]. 中国旅游报,2008 - 08 - 11.

[8]吴志才,彭华. 关于广州会展旅游的探讨[J]. 云南地理环境研究,2004,(1).

[9]长沙旅游港. 长沙产业优势[EB/OL]. http://www. hn - travel. com/news/Html/200827223451 - 1. html,2008 - 02 - 07.

[10]Buhalis D,Laws,E(eds). Tourism Distribution Channels:Practices,Issues and Transformations[M]. London:Continuum,2004.

[11]Wahab S, Cooper C. TourismintheAgeofGlobalisation [M]. London:Routledge,2001.

[12]McKercher B. The future of tourism education:anAustralianScenario[J]. Tourism and Hospitality Research,2002,(4).

论长沙的饮食旅游资源

何丽萍

（湖南科技职业学院经贸商务系，湖南长沙 410004）

传统观念认为,在旅游六要素(食住行游购娱)中,"游"是最主要的,饮食只是旅游接待的配套条件,居于"游"的从属地位。虽然饮食可以在一定时段成为旅游吸引物,但也只是季节性强的部分特殊的食品(如口味虾、口味蟹)。其实,这种观念是不正确的。有八大菜系之一的湘菜的长沙,完全可以借美食做旅游文章,使美食成为长沙旅游吸引物。

一、长沙饮食文化的概况

长沙的烹饪,由酸辣寓百味,从酥软出鲜香,尽显刀工、火工之功力。湖南烹饪以酸辣风味为主体,是一种饮食养生文化的体现。由于湖南的地貌,从山区到平原自古就被称为"卑湿之地",生活在这里的人们常受寒暑内蕴之侵而易致湿郁。发汗、祛湿、开郁的辛辣成了必然的选择,嗜辣之习,甚于巴蜀。另一方面,热辣寒酸,开放的辣与收敛的酸相互制约又相互协调,使三湘人民获得了养生保健的呵护,得以在这片独特的土地上休养生息。

（一）湘菜

在湖南的湘江流域、洞庭湖区和湘西山区分布着三种地方风味,构成了湘菜菜系。湘江风味以长沙为中心,还包括衡阳、湘潭等,讲究菜肴内涵的精当和色、香、味、器、质的和谐统一,是湘菜主流。三种地方风味各具特色,彼此交融,构成了湘菜多姿多彩的格局。

湘菜香飘海内外,近几年长沙餐饮业的火爆直逼成都、广州。据中国烹饪协会统计,去年长沙餐饮业产值达50多亿元,湘菜在8大菜系中的知名度也由倒数第2名上升至第4名。湘菜在世界上也具有相当的知名度,是欧美传媒界所热衷推介的一种中国风味。"东安仔鸡"等湘菜在北美便颇受赏识,长沙火宫殿的臭豆腐也被美国前总统布什写入了他的笔记本。

特色菜肴有：腊味合蒸、剁椒鱼头、酸辣鸡丁等；

名特小吃有：臭豆腐、姊妹团子、鳞片豆腐、坡子街的热卤、长沙年糕、口味虾等。

(二)长沙餐馆的空间布局

长沙饮食服务业独具特色,服务设施齐全。拥有星级饭店 53 家,其中华天、通程、神农等五星级酒店 6 家,富丽华等四星级酒店 6 家,宾馆可同时接待 10 多万人。饮食业以湘菜为主,汇集全国各地特色,已成为中南地区亮点,2003 年全市饮食业销售额已达到 60 亿元。以火宫殿、玉楼东、杨裕兴为代表的老字号餐饮名扬天下。

二、长沙美食旅游开发前景良好

(一)长沙餐饮业呈现快速发展的趋势

改革开放后,长沙餐饮业保持了快速发展的态势,对长沙的经济发展和社会生活的影响也越来越大。

近几年湖南省餐饮业零售额保持快速增长,餐饮业零售额增长一般要比贸易业零售额增长快 4 个百分点以上,餐饮业占社会消费品零售总额的比重逐年上升,由 2000 年的 10.2% 上升到 2003 年的 12.4%。就今年春节来看,长沙餐饮业十分兴旺,销售额较去年同期增长了 30% 以上。从除夕夜开始,长沙餐饮业就一派火爆。据了解,团年饭在节前一个月便被预订一空,入座率达 100%。而从农历正月初二以来,长沙整个餐饮业接待人数和销售收入一直居高不下。长沙市饮食集团从大年三十至正月初五,就实现销售收入 427.5 万元。较去年同期增长 12.3%,与往年不同的是,今年节后长沙餐饮市场继续保持火爆势头。农历正月初八开始上班后,各酒店、餐馆生意依然红火,使商家喜出望外。餐饮业对长沙经济和社会发展的贡献越来越大。

(二)经营方式呈现连锁化趋势

去年上半年,全市连锁餐饮企业实现零售额 15.7 亿元,占餐饮业零售额的30.7%,高于全市连锁经营比重 14.4 个百分点。在中国烹饪协会公布的 2001 年全国百强餐饮企业中,长沙餐饮企业也居其中。许多餐饮企业实行了先进的计算机管理,POS 和电子订餐系统等现代化设施也开始引入。经营主体市场化程度提高,行业竞争日趋国际化。据统计,在 2001 年的全市餐饮营业网点中,非公餐饮网点已经占到了 94%,改变了过去国有餐饮一统天下或国有餐饮为主导的局面,餐饮业的市场化和社会化基本形成,使长沙餐饮市场出现了繁荣和有序竞争的局面。

（三）长沙已经具有一定的开发美食旅游的基础

虽然湖南从动物到植物都没有什么傲视群雄的特产，但长沙人在吃的方面总能变换花样，吃出时尚来。仅近几年来，长沙就上演新节目一般，流行过牛尾巴火锅、宁乡口味蛇、干锅墨鱼仔，等等，几乎每年的冬天和夏天都有饮食新风尚。就是湖南人吃腻了的品种，在长沙也能通过重新配制、烹饪和装饰，让人耳目一新并领略到另一番风味。做法的变换是长沙餐饮业招徕顾客的又一"绝招"。有那么一阵子到处都是蒸菜馆。紧接着风行起土菜馆，诸如竹筒蒸米粉肉、竹篾烤鲫鱼之类，再加上屋顶的几串红辣椒，墙上的蓑衣、斗笠、塑料藤，煞有介事地装扮起一种乡村风味、一种野趣。随后瓦钵菜又流行起来，大瓦罐炖啤酒鸭、大瓦罐米豆腐炖泥鳅等家常菜的新做法盛行起来。

（四）供应优势很明显

长沙存在巨大的美食市场需求。长沙人口众多，在 2003 年年底时统计，长沙市人口已达到 601.76 万人，其中城区人口为 196.25 万人。与巨大的消费群体相应，餐饮供应优势日益凸现。长沙拥有 3347 家餐饮企业，30 万个座位，以湘菜为主体，荟萃粤菜、潮州菜、客家菜、川菜、沪菜、淮扬菜、西餐等多种美食。

三、长沙饮食旅游存在的问题

（一）宣传不足

主要是没有在对外旅游宣传中有意识地强化长沙美食的分量，不够突出。即使每年一度的"长沙市美食节"，也局限在长沙市范围内，少有外地专家和旅游企业到会，少有外地宣传，结果没有发挥应有的影响和作用，成了长沙人自己的节日。市民去美食节会场吃一些小吃，仅此而已。相反是一些外地意识到位的旅游区借机生财，到长沙美食节设置摊位，让长沙市民品尝其特色餐饮，吸引长沙市民前往旅游。

（二）场地方面

长沙市美食节有了固定的场地，但是节外的大量时间并没有一个场所让旅游者方便地品尝长沙美食。外地来的旅游者对长沙了解少，信息不足，一时不知道去哪里去体会长沙的美食，往往随便找了两三个餐馆用餐，结果是感觉与其他城市差别并不是很大。

（三）观念意识淡薄

不少人还没有认识到美食是长沙市重要的"旅游资源"和旅游吸引物，在平时工作中对美食没有引起足够重视，美食节也是为节庆而节庆，导致了目前存在的种种不足。可以说，长沙市大力开发美食旅游已经存在机遇。生活水平的提高使人们对饮食更加重视。到长沙的旅游者的数量在增长。旅游者对饮食的关注程度和享受能力在上升中。即使是团队旅游者,也渐渐能够接受适当提高餐饮标准,而不再是长期一贯制的早餐 10 元、中餐和晚餐 20 元。甚至一些专门的美食团已经出现。如果加大长沙美食的宣传,提高旅游团队在长沙的餐饮标准,让旅游者体会一些长沙真正的美味也是完全具有操作可行性的。但是,必须看到,长沙市大力开发美食旅游也面临着挑战,具体表现在地区间竞争日益强烈;很多城市也在打美食牌,办美食节,吸引旅游者。长沙要寻找自己的优势,明确自己的定位,鲜明自己的形象。

四、积极发展长沙美食旅游的对策

发展长沙美食旅游首先要提高认识,要将美食作为长沙旅游吸引物看。旅游者来长沙不一定去景点,但一定会饮食;外地旅游者和长沙市居民可以为美食而旅游。

发展长沙美食旅游,要看到不同的资源要针对不同的目标市场。长沙市饮食可以分为郊区山村美食和城市美食。前者主要是针对长沙市民,游客只会因有旅游吸引力的景点才会顺便去品尝。城市美食包括湘菜、名特小吃和外来菜系,市民和游客都是有开发潜力的市场对象。再从市场层次上划分,长沙市餐饮场所分为酒吧、西餐厅、中餐厅和大排挡,酒吧和中餐厅的市场目标也应当是不同的。落实到具体措施,可以概括如下:

(一)宣传

要大力宣传长沙美食,吸引游客来旅游,吸引来长沙的游客在美食上多花时间、多消费。在宣传着眼点上,要使得长沙成为"美食天堂",成为"美食之都"。建议把宣传的着眼点放在湘菜的丰富多彩和养生营养上,要总结美食节的经验,策划、组织大的节庆,引发媒体注意力。建议召开高规格、世界性的美食研讨会和美食节,形成大的影响。

(二)建设

市区要建设美食街。美食街是一个旅游城市不可缺少的。美食街要分类、系列化,如酒吧街、海鲜街、西餐街、小吃街等等,其中对于停车场的建设要充分考虑。郊区则与度假区相结合,建设美食点。

(三)教育

要全面提高从业人员素质。比赛与表彰对提高从业人员素质会有促进作用,通过比赛与表彰推出"名菜""名厨""名店""名品"("长沙美食十大名厨""长沙美食十大名菜""长沙美食十大著名小吃"等等),让旅游者知道何处可吃、吃什么。

（四）管理

对食品卫生管理要从严。要推出一批"旅游接待推荐餐馆"，利用原料的季节性开展大的美食节庆活动，要推出"长沙美食之旅"，积极组织"长沙美食旅游团"。采用现代科学技术武装餐饮业：长沙餐饮业要向半机械化和自动化操作的方向发展，通过研发和改进厨房加工设备，逐步实现自动报警、自动切断电源、自动消毒、自动隔音和自动排污。同时，加强对餐饮产品制作流程、生产工艺、产品质量的标准化控制，提高全行业的劳动生产率。

（五）信息技术

一级以上餐馆都要普及计算机管理、电子结算、计算机点菜等技术。下力量调整和充实长沙饮食网，使其在实现网络订餐和扩大宣传的同时，发挥全行业的电子商务平台的作用，降低经营成本，增强盈利能力。目前长沙餐饮业网点116.1万个，从业人员327.26万人，平均每千人拥有网点18.1个。

（六）提倡绿色消费

餐饮业要在政府扶持下搞绿色基地建设，在生产无污染的食品和餐饮业原材料的基础上，逐步疏通产、供、销一条龙的绿色通道，并在业内推广绿色认证和绿色专营，向市民提供有信誉的绿色安全食品。

（七）重视治理环境污染

切实解决餐饮业燃料污染、包装污染和垃圾排放污染等问题，促进可持续发展战略。

对发展长沙特色饮食文化的几点思考

蒋　益

（长沙大学旅游管理系，湖南长沙　410003）

一

　　长沙自古物华天宝，人杰地灵，文化发达，经济富庶。长沙特色饮食文化是中华饮食文化的重要组成部分，历史悠久，源远流长，内涵丰富，早在西汉就已形成自己的风格，并对全国饮食文化的发展产生了一定的影响。但长期以来，由于种种原因，长沙的特色饮食文化资源优势并没有转化为相应的产业优势，整体产业形象模糊，未形成一个清晰完整的体系。随着时间的推移和市场竞争，一些历史上的地方名吃甚至已失传、萎缩和消亡，还有些则面目全非，丧失了真实的内涵与底蕴。

　　由此可见，要发展长沙特色饮食文化产业，首先要对长沙特色饮食文化资源进行深入的挖掘与整合。要到烹饪古籍中去搜集，到老字号、老食客、老前辈那里去讨教，抢救和采集失传或濒临失传的传统菜、民间菜、官府菜等，尤其是一些历史上千锤百炼的地方风味精品饮食，并注意按照其本来的风格精心仿制。这种传承不仅是传统及经典菜品的传接和模仿，更应是特有风格及文化内涵的延续。挖掘收集的基础上还要研究、分析与整合。要组织业内专家及文人学者，以长沙饮食文化的历史发展脉络为主线，以湖湘大地特有的人文地理和物产文化为背景，以挖掘收集到的散落在长沙各地的特色饮食文化资源为基础，认真研究、整合长沙饮食文化的风格特色，塑造有特色的长沙饮食文化。

　　发展长沙特色饮食的第二个任务是全方位展示特色饮食的文化内涵，培育饮食产业发展的核心竞争力。

　　中国饮食文化源远流长，知名菜系无不以悠远强大的文化本源为依托，有着深厚的历史文化背景:粤菜以楚越文化为根本;川菜以巴蜀文化为灵魂;鲁菜以齐鲁文化为源泉;苏菜以吴越文化为基础。只有拥有强大的文化根源，一种饮食才具有传承和发展的灵魂，没有文化传承的饮食，就像无源之水、无根之木。可知，湖湘文化传承是长沙特色饮食生命力的源泉;而有意识地主动展现这种文化传承更会给饮食业带来新的竞争点。

饮食是文化的载体。消费者在消费饮食的同时也在自觉不自觉地消费一种文化,目前消费者需求从温饱型向小康型的转型以及随之而来的消费层次的升级,催生和强化了消费者对饮食文化挖掘和展示的需求,即从以往消费者对饮食文化的自悟转到企业要主动为消费者展现饮食文化底蕴和品位,将物质层面的美食经营与精神层面的文化传播合为一体,引导和满足消费者日益增强的饮食文化消费意识,以提高饮食产业的美誉度和内生的附加值,从而锻造产业发展的核心竞争力,并提升企业的品牌影响力和品牌价值[1]。

发展长沙特色饮食的第三个任务是营造独特的饮食文化氛围。事实上,餐饮业不仅菜品有文化,内部装饰、餐具及其摆设与使用、服务人员的穿着等都有其文化背景,所以要以"硬件"和"软件"形式全方位展示这种饮食文化内涵。

首先,饮食产品本身有文化内涵。从菜品本身来讲,它的起源、烹制、风味都有一定历史文化背景,可以通过对这些菜品历史文化背景的研究,结合史料记载,通过民风民俗或历史典故展现菜品的文化价值。其次,饮食环境有文化内涵。饮食环境也是饮食文化的有机组成部分。从餐厅外在的店景到餐厅内部的功能布局、设计装饰、环境烘托、灯饰小品、挂件寓意都能体现出特定的文化主题和内涵。在有意识地展示长沙特色饮食文化方面,"长沙窑"堪称典范。"长沙窑"的就餐环境以长沙文化为基调,充满长沙文化氛围,因此被食客誉为"一座能吃的博物馆"和展现长沙文化的载体。很多消费者来"长沙窑"就餐并不是单纯为了美食,更主要的是来观赏这里的长沙文化和浓缩的长沙历史。

二

大众化消费是我国餐饮业市场发展的趋势。目前,我国餐饮业正处于调整市场定位的时期。市场消费主体正从由单位、团体消费为主转变到家庭、私人消费与单位、团体消费并举,再进一步发展到以家庭、私人消费为主。纵观国内餐饮市场的需求结构变化,"吃公款"的相对减少,"吃自己"的相对增多,大众化经营的市场空间不断延伸。目前,中低档大众化餐饮场所已占据了较大比例的市场份额。从发展趋势来看,大众化消费将成为中国餐饮消费市场的主旋律,大众化消费群体将构成最广阔的餐饮消费市场,因而长沙饮食业定位于大众化消费市场将会获得最大的产业发展空间。

大众化消费符合长沙特色饮食文化产业自身的特点。在中国的食文化中,丰富精致的南方食文化一直处于领军地位。长沙特色饮食文化也是南方食文化的一种。从现实情况来看,目前长沙餐饮市场各菜系菜品应有尽有,但长沙特色饮食却一直不是市场的主流,在高端市场更是鲜见,面对的基本上都是当地中低端消费群体。长沙所有三星级以上酒店的餐饮风格基本上是粤菜,很少有经营长沙本地特色的。长沙特色饮食文化虽因历史原因包含部分家府菜文化,长沙餐饮业长期以来也以"谭家菜"作为自己的金字招牌,但"谭家菜"用料讲究、工序繁琐,不能适应现代餐饮文化的需要,缺乏广泛的消费群体,没有市场基础和成长性,所以不会成为长沙特色饮食文化产业的主体。长沙特色饮食文化的本色是在湖湘数千年饮食习惯的基础上形成的、和湖湘传统文化一脉相承的大众化消费习性。所以,应从自身的饮食文化特点出发,以大众消费群体作为自身的目标市场,面向工薪阶层和广阔的农村市场,并在区域上将饮食文化相似的鄂赣地区作为自己的主要发展空间,在南方地区打出自己的家常菜和地方菜的招牌,把自己定位于中低端大众化消费市场尤其是中国南方地区的中低端大众化消费市场。

总之,将长沙特色饮食文化产业定位于大众化消费不仅适应了中国餐饮市场的发展趋势,也符合长沙特色饮食文化产业自身的产业特点,有利于发挥自身的产业优势和竞争优势。

三

顺应产业化经营的规律和发展趋势,大力发展餐饮品牌连锁经营,是长沙特色饮食的必由之路。

品牌连锁经营是当今世界餐饮经营发展的潮流和趋势。品牌连锁餐饮店有利于充分发挥大型或知名度较高的餐饮企业的经营优势,通过品牌连锁迅速扩大经营规模和市场覆盖面。近年来,随着消费者就餐的品牌意识的增强,我国餐饮市场品牌连锁经营得到了快速发展,并逐渐成为国内餐饮企业发展和竞争的核心路径之一。餐饮企业纷纷将连锁经营作为主攻方向,跨区域连锁开店已成为时下餐饮企业扩张的重要方式,如长沙声势颇旺的金太阳、火宫殿、玉楼东、杨裕兴等。从经营业绩和品牌传播效应来看,几乎所有的餐饮连锁企业全线飘红,显示出强大的生命力和发展潜力,皆是借助于品牌知名度,实行特许连锁经营,迅速实现了企业经营规模的扩张。品牌连锁经营把传统的单店经营模式改造成了具有专业化分工的产业,甚至形成了与工业生产类似的分工明确而又紧密合作的产业链。

目前,长沙特色饮食总体上产业化经营水平不高,品牌开发与运作能力较低,缺乏品牌连锁经营等先进的产业经营业态,这直接影响到长沙特色饮食文化产业的市场竞争能力。尤其是不少有鲜明特色的地方风味小吃没有产业化,基本上散落于作坊式的经营模式,停留在"百年老铺"画地为牢式的单店型式,没有与产业化的经营业态对接,缺乏产业经营意识与市场经营能力,产业规模和市场覆盖面与其知名度极不相称,经营模式落后于市场需求甚至影响到了其发展的可持续性。要振兴和发展长沙特色饮食,就必须顺应餐饮业产业化经营的规律和发展趋势,大力发展餐饮品牌连锁经营,借助工业经营的理念来提高特色饮食的产业经营水平。有一定知名度的单店式餐饮企业可塑造自身的品牌形象并提升企业管理水平,进而通过多店式布局直接发展为品牌连锁经营;有一定知名度的家庭作坊式的传统风味小吃店应首先与产业化的经营业态对接转为真正的餐饮企业,按照现代企业经营管理的理念和方式来运作,逐步增强自身的经济实力并打造品牌形象,而后再由单店式餐饮企业发展成多店式品牌连锁经营。

长沙饮食文化之所以缺乏特色和影响力,宣传不够、缺乏包装也是其中一个重要因素。同其他产业一样,长沙特色饮食文化的发展也需要宣传和包装。考虑到长沙特色饮食文化的弱势,在营销宣传上要加大力度,而且要利用一切方式和手段,多渠道全方位地进行,具体可从以下几个方面展开:

(1)编写一部《长沙饮食文化》专著,系统挖掘和清理长沙特色饮食文化资源的家底,并在省会博物馆中专门设立“长沙饮食文化展区”,展示长沙特色饮食的历史文化底蕴。

(2)拍摄“长沙饮食文化”电视系列专题片,提高长沙饮食文化在全国的知名度。电视系列专题片不仅要展示长沙特色饮食文化的底蕴,还要介绍长沙优秀的餐饮文化企业。另外,要充分利用省内各种媒体的宣传效应。

(3)定期举办“长沙饮食文化节”,综合性展现“长沙饮食文化”和长沙特色饮食文化企业品牌。要以“挖掘、传承、创新”为主题,突出体现长沙饮食文化的独特性,提高其影响力和知名度,进一步推进湖湘文化与饮食的有机交融。饮食文化节举办的时机还要注意与旅游季节相结合,以增强其跨省域的影响力。在微观层面,餐饮企业自身或联手也可举办“美食节”活动,通过对美食文化的弘扬既可宣传自身又可宣传长沙饮食文化。

四

长沙特色饮食应将在传承传统特色饮食文化精髓的基础上,顺应市场需求,以不断创新作为重要的发展方向。与市场需求对接是长沙特色饮食文化发展的根本,脱离市场需求的特色饮食文化只能是一种自恋型或概念性的存在,甚至可能沦落到只能进入饮食文化博物馆的境地。事实上,长沙某些特色饮食文化资源的消亡并非全是人的不作为,也有其口味过于传统因而与现代人的饮食需求偏好不合拍的原因。社会在发展和进步,消费者的饮食偏好也在发生变化,消费者不只是追求中国传统饮食所重视的色香味形,而且会越来越讲究饮食的科学化、营养化和保健化,因而对特色饮食文化产业提出了新的要求。

为此,要弘扬和壮大长沙特色饮食文化,就必须充分考虑现代人的饮食需求特点,在传承特色饮食文化精髓的基础上,顺应市场需求不断创新。继承传统与开拓创新要有机地结合起来,把传统菜肴按现代饮食需求的特点予以翻新,以奇巧的构思与制作标新立异,立足在传统中求新奇,在改造创新中显特色。对传统菜肴的整理改进,既要基本忠于原作,不脱离长沙饮食文化的特色,又要在烹饪技巧、调味、造型、装盘等方面引入全新的手法,以适应现代人的饮食口味和审美需求。

方向之二是适应多样化和多变化的现代饮食需求,将各种饮食文化相互融合取长补短,这也是餐饮市场发展的大趋势。长沙特色饮食文化的发展需要适应这一市场趋势,在保持自身特色的基础上,外引内学,融众家所长,适应现代人的饮食需求特点,增强自身的竞争优势。湘菜这几年良好的发展势头也得益于它的博采众长,融合了其他菜系的东西,吸收了全国其他地方饮食文化的一些特长,顺应了现代人的口味特点,既传统又现代。如"玉楼东"以湘菜正宗为标榜,在保持其固有特色的同时,还进行了必要的烹制工艺的改良,顺应了消费者对健康营养的饮食需求。另外,从横向来看,中国地域广阔,因而形成了多种多样的富有民族特色和地方特色的饮食文化,跨省域扩张的餐饮业者不可避免地面临区域性饮食文化壁垒的阻隔,外来的特色饮食文化要被当地接受也必须适应当地的市场需求特点做出一些改变。事实上,作为市场强势的外省域特色饮食文化之所以能在跨省域竞争中大行其道,原因正是在于它们不仅保留了自身饮食文化的特色,而且适应当地消费者的饮食特点进行了必要的创新,因而跨越了区域性文化壁垒的阻隔[2]。比如,武汉的"绝味鸭脖"和重庆的火锅在长沙均受欢迎,但它们不是原产地原汁原味的东西,而是一种经改造后适合长沙人口味的菜肴。

方向之三是提高产业集中度。纵观中国的餐饮业,随着品牌连锁经营的发展,产业集中度正在逐步提高。这种提高使餐饮市场出现了一批品牌知名度很高的企业,并促成了餐饮业资源的整合和大型餐饮集团的形成。统一性的连锁餐饮集团扩大了市场的覆盖面,促进了餐饮业产业化经营水平的提高,由此形成了产业的集合优势。这些企业的扩张对市场上其他餐饮企业将构成越来越高的结构性壁垒或竞争性壁垒。连锁餐饮集团和餐饮龙头企业不仅能极大地提升企业的竞争能力,而且有利于塑造特色饮食文化形象并引领饮食文化形象的传播[3]。与缺乏品牌连锁经营等先进的产业经营业态相对应,长沙没有具有自主品牌和跨省域竞争能力的大型餐饮集团和龙头企业。要提高长沙特色饮食文化产业的竞争能力,就必须通过连锁经营等方式进行产业整合,发展连锁餐饮集团,提高产业的集中度,从而形成产业的集合优势。此外,有必要提高长沙特色饮食文化产业的空间集中度。产业的空间集聚有利于突出长沙特色饮食文化的个性和形象,扩大长沙特色饮食文化在省内外的影响,对长沙特色饮食文化的发展产生宣传、示范和创新效应,这是产业集合优势的另一种体现。在具体操作中可从两条路径入手:一是将坡子街和湘江大道中段建设成"长沙特色饮食文化街",专门面向长沙特色餐饮业招商;二是将特色饮食文化产业的空间集聚与旅游业的发展结合起来,将其作为旅游业服务设施的重要组成部分。

参考文献:

[1]唐振常.中国饮食文化散论[M].台北:商务印书馆,2007.

[2]王子辉.中华饮食文化论[M].西安:陕西人民出版社,2006.

[3]方铁.论云南饮食文化[J].社会科学战线,2007,(3).

论长沙酒吧文化的审美品位

蒋　益　汪小林

（长沙大学旅游管理系，湖南长沙　410022）

一

"休闲"这一概念的内涵可概括为三个方面：一是认为体现休闲的直接存在物是时间，而且这样的时间是人们求得生存需要之外的时间；二是具体的休闲呈现物是一种表现人类生活方式的动态的状态或过程；三是认为休闲的存在价值主要体现在体悟人生与领略自我、自我发展与自我完善、实现自由三个需要之中。其中最重要的是第三个内涵。瑞典哲学家皮普尔曾指出，休闲是人的一种思想和精神的态度，它既不是外部因素作用的结果，也不是空闲时间的必然，更不是游手好闲的产物，而是人们的一种精神的态度，人之所以如此，是为了使自己沉浸在平和心态中，感受生命的快乐和幸福。

孔子也提出过"依于仁，游于艺"的思想，意为以仁为本，而游憩于礼、乐、射、御、书、数六艺之中。"六艺"对规范社会、教化子民具有重要的地位与作用，是中华休闲文化的基础内容，也是现代人最应传承的休闲方式。游憩则强调了一种文化创造精神，注重人与人之间的文化氛围、文化体验、文化传播、文化欣赏；注重人与自然的和谐相处与发展；注重"人文关怀"的态度。闲暇之时做游憩是人的存在和创造的需要，而游憩中的发现与体验，才会使人"诗意地栖居"。良好的游憩活动影响和丰富着人的物质生活和精神生活。

清人孙家诠曾说，游亦有术。所谓"游"即游憩；所谓"术"，即为方法。从休闲文化的角度看，审美性休闲是一种方法。由于吸引物的外部形态和内在意蕴是不一样的，只要休闲者在休闲过程中是从深层次去观赏吸引物的内在美，领略它悠久的历史及灿烂的文化，而不是简单的走马观花，游山玩水，就可以说休闲者在从事审美性休闲活动。

休闲的目的是审美，休闲审美是通过休闲过程中所见所历的自然美、人文美来培养、提高休闲者的审美能力。这种审美力分别表现为休闲审美感知力、休闲审美联想力和休闲审美想像力。

从审美的角度看休闲，它可以愉悦人的身心，即获得一种愉悦的心理体验，产生美好感。这种美好感有利于铸造人的坚韧、豁达、开朗、坦荡、虚怀若谷的品格；有利于陶冶人的真诚、友善、和谐的美好情操；有利于促进人的理性的进步——睿智、哲学思想的产生；有利于激发人的创新灵感，丰富人的感情世界，坚定人的追求真善美的信念；有利于表达和体现人的高尚与美好的气质。

二

在休闲过程中，休闲者的社会阅历和人文情怀也获得了丰富和提升。但随着现代休闲业的日益繁荣，一个悖谬现象产生了，那就是休闲质量在不断降低，很多人休闲并没有真正达到快乐健康的目的，而是陷入物质饥渴的怪圈，如商场疯狂购物、昏天黑地打麻将等等，这样休闲的结果是疲倦和空虚。

休闲的效率和意义不在金钱和感官享乐上，而在道德、体格、智力和审美力等方面，因此，休闲的质量取决于休闲的品位。高品位的休闲方式是节制物质感官性休闲，扩大审美性休闲，因为从物质性和炫耀性休闲消费中获得的快乐是短暂而虚浮的，还常常会产生负罪感；而审美性休闲则可以使人身心愉悦。

休闲是一种追寻文化的方式，审美是休闲的终极目的，文化是休闲的灵魂。休闲在英文中为"Leisure"，这一词来源于法语，而法语词又来源于希腊语。"休闲"在希腊语中为"Schole"，意为从娱乐中得到教益，并以一定的受教育程度为前提，且与文化水平的提高相辅相成。"Leisure"一词中休息、消遣的成分不大，主要是指必要劳动之余的自我发展，它表明了"休闲"一词所具有的独特的文化底蕴。

休闲的前提是文化，换言之，文化是休闲的本质特征。文化的缺失，将使休闲陷入低层次和肤浅；文化内涵的注入，将提升休闲的质量和境界。

休闲的最大特点是它的人文性、文化性、社会性、创造性，上升到文化范畴的休闲，是指人在完成社会必要劳动时间后，为不断满足人的多方面需要而处于的一种文化创造、文化欣赏、文化建构的生命状态和行为方式。休闲的价值意义不在于实用，而在于文化。它使休闲者在精神的自由中历经审美的、道德的、创造的、超越的生活方式。

提升休闲文化品位的关键是发现美。法国雕塑家罗丹曾说过，世界上所缺少的不是美，而是发现美的眼睛。客体对休闲者来说，只是欣赏的对象，能不能从中获得一种美的享受，关键在于休闲者有没有一双善于发现美的眼睛。许多休闲者缺少的正是这种能够发现美的眼睛。也就是说，休闲的文化品位取决于休闲者的文化素质。

休闲是一种审美过程,也是认识美、享受美、鉴赏美的高雅活动,但由于每个人的社会实践、生活阅历和经验以及情感、兴趣性格不同,因而他们的审美修养、审美能力也不尽相同。这决定于他们的不同文化层次。同样的东西,不同的人有不同的看法,自身的素质越高,越能看出对象的本质,对象的内在美。休闲的客体犹如一部百科全书,只在掌握一定的知识之后才能看出兴致,陶醉其中,激发情怀,否则,就会丧失兴趣,感到索然无味。

三

以上述审美及文化品位的眼光来判读长沙的特色休闲产品,便不难发现它的长处与缺失。我们以酒吧为例。

长沙有全国闻名的酒吧一条街,大有与北京三里屯、上海衡山路一搏高下之势,每天从全国各地慕名而来的"寻欢客"络绎不绝。

与京沪的酒吧不同,长沙酒吧有自己的特色,它以娱乐的各种强音为主打元素,更展示了长沙人豪爽粗犷的辣味和野性。其经营方式也有别于其他城市的酒吧,以歌厅为依托,以表演为招牌,大走演艺路线,偏离了酒吧原本的轨道。这种经营路子有点野,之前并不被人看好,但长沙酒吧却在让人大跌眼镜之余,坚强地走下来了。现在,酒吧已经成为长沙的一块金字招牌。

长沙的酒吧集中分布在解放西路、摩天轮下、火车站附近的五一大道上。湘江风光带略有分布,当然未来的新型酒吧极有可能移师湘江风光带旁。解放西路为长沙酒吧分布最集中、酒吧类型最齐全之地,在一公里左右的距离内分布了22家酒吧,成为酒吧一条街。天幕垂下的时候,这里的生活才开始苏醒。灯光酒影中,诸众时尚狂欢,充满属于长沙本土的喧嚣。

长沙酒吧分五类:演艺吧、清吧、迪吧、慢摇吧、交友吧。演艺吧最著名的有魅力四射、八点半搞笑频道、金色年华;清吧则以可可清吧为老牌;迪吧则有在重金属音乐中跳动着的新荷东、热舞吧等;慢摇吧以苏荷、玛格丽特、魅力四射为代表。不同风格的酒吧诠释着不同的文化内涵和情感色彩。不妨略举几例。

可可清吧诠释着优雅。不仅解放西路,长沙各条繁华的街道上如今都有了可可清吧的影子。兰色底,斜体的美术字体写着COCO,烟花似的门灯,在夜色中清丽又略带些忧郁,舒缓抒情的音乐如宁静平缓水流在玻璃夹层中滑下,烛光溢出温馨和浪漫。可可清吧推崇的是一种纯正的酒吧文化,这种文化氛围给人的感觉是舒适优雅,并且有些远离人群,独自存在的意味。

金色年华诠释着热烈。这是长沙酒吧一条街霓虹灯最为靓丽的一家大型娱乐场所,有名歌手和舞者的表演,也有很多湖南文化界的名人出没在此地。时尚西式的装修,高消费的气势吸引了众多的有产阶级、大老板以及外地来的客商,生意场上的娱乐,便都带到了金色年华演绎吧。这里热烈的演出气氛是对长沙酒吧文化的最豪放的诠释。

金碧辉煌诠释着豪华。它有着酷似拉斯维加斯赌城的大门,楼上则是以中国著名的作曲家田汉命名的大型演艺厅,高雅与华丽同时出现,以这种方式演绎酒吧文化,是新的尝试和旧的风格兼容。金碧辉煌酒吧犹如豪华宫殿般气势庞大,正门口的金色壁画色彩浓烈,境界如同神界,给人奇想,过道的壁纸用的是金色,再加上暖色调灯光,尽显豪华。

玛格丽特诠释着休闲。它是一间没有舞池也没有演出的纯酒吧,除了蓝调和R&B轻摇滚,就是酒。这是一个可以完全放松和释放自我的地方。它也是一个典型的西式大众风格的酒吧,大门外的遮阳伞下有咖啡坐,室内有流光异彩的灯光,颇具休闲氛围。

蒙娜丽莎中西餐厅酒吧诠释着忧郁。它在文化界颇有些名气,名字也充满了人文主义和上层文化的韵味与实质。吉他手和钢琴师清吟慢唱着《橄榄树》或《月儿像柠檬》之类的老歌。在橙色的灯光下,酒吧笼罩着一层淡雅的光泽,若有若无的音乐,若有若无的心情,感觉得像是在一张发黄的老照片里走过。

四

作为长沙特色休闲产品的酒吧,是长沙休闲经济的一张名片,对它的影响人们为之欣然。笔者却认为,长沙的酒吧业和酒吧文化确实有它的长处,也有独特的风格,但是考虑到长沙的发展目标是打造中部休闲娱乐之都,是塑造长沙历史文化名城的形象,那么长沙酒吧文化的形态和内涵都还有可商榷之处。以前述审美及文化品位的眼光来判读长沙的酒吧,便不难发现它的缺失。

酒吧是休闲产品,所谓休闲产品,是指那些满足人们愉悦身心、体验人生价值、享受生活乐趣、彰显文化功能、为休闲目的而消费的物质产品。休闲产品与其他一般产品的主要区别就在于它所含的文化信息、发挥的文化功能比一般消费产品要多得多。从休闲产品的内涵来考量长沙的酒吧便可知其文化品位还有待提高,文化含量也有待丰富。有人认为长沙的酒吧可视为长沙通俗文化的代表,笔者却认为只可称为市井文化,作为长沙休闲产品的代表,它们在热闹刺激之余总让人感觉到放纵过之而内敛不足。仅从经营的角度来看,清吧生意之清淡,热舞吧生意之火爆,也说明了长沙消费者的选择表现出高雅文化层次的缺失和审美品味的浅薄。

从市井文化的层面说"休闲",通常将之看作是从属于工作时间以外的剩余时间,休闲的意义和功能主要体现在恢复体能和打发时间上,这个意义上的休闲往往缺少文化内涵,仅陷于追求感官享乐。笔者认为这正是长沙酒吧文化的一种审美性缺失。如前所述,作为休闲者要有一定的文化素质,缺少文化的休闲是一种素质不高的休闲;同理,无论何种休闲业态也应提升美的因子,追求文化的含量和美的韵味,即使是俗文化或市井休闲产品,若缺失了知识性、审美性也会使之流于浅薄。

休闲者花钱所得到的,不应只是简单的物质满足或感官的刺激,而应是知识的充实、精神的愉悦和美的陶冶三者有机的结合。让人们携带着美去休闲;让大众休闲成为高品位的审美性休闲;让休闲的过程真正成为审美体验;让休闲者拥有一双能发现美的眼睛,这些都是休闲审美的题中应有之义。

论湖湘服饰文化中湘绣艺术的魅力

胡　嫔

（长沙大学艺术设计系，湖南长沙　410022）

古代诗人在秦风、豳风、唐风中曾有三处歌颂了华丽绣裳的色彩,刺绣艺术与服饰早就融合,注定了其密切而悠久的历史,刺绣在服饰中被高度重视。《尚书·虞书》中所记述"予观古人之象,日、月、星辰、山、龙、华虫作绘……以五彩彰施于五色作服。"绘与绣并用于服饰的造型和设计中,所谓"衣画而裳绣"就是形制规定。随着历史的进步和发展,在华夏民族中归纳出现了享誉胜名的四大名绣,它们分别是湖南的湘绣,江苏的苏绣,广东的粤绣和四川的蜀绣。各种刺绣针法技艺有所不同,地域的风土民情各异,构成不同的艺术欣赏风格,离我们最近,也最熟悉的首称湘绣。湘女自古多情,用其灵巧的双手述说和刺绣着人间之美,使湘绣珍情于服饰的审美之中。

一、湘绣艺术自身的鼎盛发展

追忆湘绣的起源,迄今为止发现最早的刺绣制品,是长沙马王堆一号汉墓出土的一件丝织品,它使用的针法与现代湘绣相差无几。从1958年长沙楚墓中出土的绣品看,早在2500多年前的春秋时代,刺绣在湖南就已有一定的发展。1972年长沙马王堆西汉古墓中出土了41件刺绣衣服绣线均为未加捻的彩色散丝,色相多达18种,在针法上采用连环针、齐针、接针和打子针等,绣品针脚整齐,线条洒脱,图案多样,其绣工十分娴熟,其中包括"绢地长寿绣""绢地乘云绣""罗绮地信期绣"等精美的汉代刺绣。

在光绪丁丑以前,湖南还没有"湘绣"这一专门的称谓,湘绣是以湖南长沙为中心的刺绣品总称。楚绣和马王堆汉绣是湘绣最初的发源地,到宋代民间刺绣的针法日趋丰富,在图案的写实风格上,与现代湘绣基本一致。直到清朝末期,约1877年后,湘绣才以一种独立的风格出现在人们的身边。它的发源地是长沙,长沙自古为文化名城,"西南云气来衡岳,日夜江声下洞庭"。山川形胜地理位置可谓得天独厚,历来为蕴秀滋华之地。近代湘绣掺针的发明人是出生湖南平江的李仪徽;第一家长沙湘绣庄吴彩霞的主人叫胡莲仙,1898 年长沙市司门口出现的"吴彩霞"绣庄,标志着湘绣正式走上商品化的道路[1]。她以苏绣为基础,吸收粤绣的优点,经过长期辛勤的工作,积累了丰富的经验,开始对传统的民间湘绣技术的操作方法进行改革,使湘绣具备了它自己独特的风格。其一,湘绣首先运用了掺针来点缀色的阴阳浓淡,使表现的形象近情合理;其二,湘绣是多彩的,同时又能理性地注意到没色的素净,要求能适合物象的本色,适得其度;其三,湘绣很早采用图案装饰形态推广到日常用品中,扩大了服务的范围;其四,湘绣善于运用材料,不但不为材料限制,而且发挥它运用的材料——主要是绒线的性能,达到优美的效果,使湘绣进一步形成独立、完整的风格。1913—1935 年湘绣产量逐年上升,根据湖南实业月刊第 3 卷第 5 期 5 页调查统计,长沙一地绣庄数与绣品件数,由1913 年细绣绣庄 8 家,粗绣绣庄 13 家,共产绣品 1000 件,至 1935 年细绣绣庄 25家,粗绣绣庄 40 家,共产绣品 24000 件,由此可见其增长速度[2]。在 20 世纪,湘绣的发展达到鼎盛时期,甚至超越了苏绣,在中国刺绣业中独占鳌头。"湘绣"随着绣品大量销于国内外而享有盛名,用湘绣来装点生活的需求也越来越多。

二、清末湘绣融于服饰的靓丽风姿

"素纱禅衣"重仅 49 克,精美绝伦,薄如蝉翼,它向世人昭示了古代荆楚大地灿烂的服饰文化,在出土的文物中,湘绣制品以其浓郁的湖湘文化特色而享誉海内外。从服饰中冠帽、上衣、下裳、群褥、手套、鞋袜、肚兜、配件中都采用湘绣进行装饰,无处不在,湘绣运用最多的是在服装的云肩、袖口、衣摆处,其题材以花卉、人物、动物图案为主[3]。在清朝末期,已经达到衣服上无处不是刺绣,无绣不成衣的境界。清代近三百年服装款式没有多大变化,变化的是湘绣的图案和色彩,湘绣的身影布满了生活的空间,反映了湘绣已深入到湖湘人民生活的每个角落。清末服饰中湘绣的艺术魅力具体表现为以下几个方面。

1. 湘绣独具魅力的针法:以彩色散丝作绣线,除运用"齐针""接针""打籽针"等针法外,独创"掺针"法。掺针针脚参差自如,使不同色的线相互参合,逐渐变化,其色彩丰富饱满,色调和谐,是针法含蓄柔和的魅力所在。

2. 湘绣服饰绣线运用的魅力:湘绣的绣线用丝绒线(无粘绒线)绣花,这种绣品当地称为"羊毛细绣"。湘绣绣工劈线,是一种特殊技能,湘绣的匀薄细腻与这技能的日益进步分不开。以手指劈线,可劈至 2 开、4 开、8 开、16 开等,线劈开后,千丝万缕,分辨不出差别,但绣上质地,达到明暗的自然变化,阴阳浑然一体,使原本单调的服饰层次丰富,变化万千。

3. 湘绣服饰绣线的色彩魅力:湘绣绣线色彩的丰富,是与其他绣种区别的主要特点之一。根据《雪宦绣谱》记载,有青、黄、红、黑、白(以上正色)、绿、赭、紫、交、葱(以上间色)共9类,88种原色,因其深浅染制成745种不同的色彩[4]。所以湘绣用色基本上可称为"有色皆备"。

湘绣自身运用七十多种针法和各色绣线,充分发挥针法的表现力,精细入微地刻画物象外形内质的特点。服饰上借用湘绣体现品位和个性,不但体现个人的艺术品位,更将服饰的艺术魅力推向更高的艺术境界。清末湘绣已真实地融入于服饰艺术的靓丽风姿中。

三、现代服饰因湘绣而醉人

湘绣用它独具的特色,带给人们无限的震撼,它用一针一线叙说着时代的故事和传奇。当少年女子怀春时,会用灵巧的手绣一个荷包或一块手绢,用绣者的心情和愿望,叙说着情感;当一位新娘上轿时,满身的服饰都飞龙点凤地绣满了美丽的图案,就连摇摆的轿子也用湘绣装饰得五彩缤纷。在湘楚之地这种来自民间而来有回归民间的刺绣技艺,已融于服饰之中,湘绣与服装合二为一,服饰之花在湘绣的装饰下尽情开放,达到炉火纯青的境界。

随着社会的进步,工业化的出现,手工业逐渐被机器生产代替,二十世纪四十年代出现了缝纫机代替手工绣制的"机绣"产品,这给湘绣的发展带来了一定的阻力,但湘绣凭着丰富的文化内涵和精湛的传统技艺,在现代人的生活中还占有一席之地。

服饰中的改良旗袍是湘绣发挥的最佳场地。漫步于长沙街头,总能发现数家店面内有旗袍的身影,在那一丝一缕的绣线中,可零星地看到湘绣的辉煌。而"嫁衣坊"的旗袍最具有代表性,有着传统风味的中国红,典雅的黑色,温柔婉约的粉色上都点缀婉绣着丝丝情怀,既可以将湘绣在服装领口、袖口、衣摆等作小面积的运用,也有在肩部、胸前作大面积的喧哗,只要恰到好处就能惹人喜欢。

现代服装中追求个性的服饰美,只要留意,就会看到头饰上的湘绣,它在服饰中虽不起眼,但还是散发着湖湘文化的韵味,展示着湘绣的醉人美。在婚纱礼服中,湘绣是大面积运用,湘绣作为一种装饰技巧在礼服中找到了展示美丽的空间,而且大量的礼服服饰也因湘绣的存在而身价倍增。

在市场经济中各大品牌服装开始寻找独特的装饰手法,很多女装设计选择了湘绣,湘绣也在这些摇曳生姿的女装中展现自己独特的魅力。时尚的款式设计,加上湘绣的精巧工艺,为服装带来了点睛之笔,时尚服饰在加入了浓厚的传统文化后,更加的令人陶醉。如粉绿色的连衣裙上绣着黄色的二方连续图案,米色的上装绣着土黄色的角隅纹样图案,白色的肚兜绣着蓝色的四方连续图案,都是那样的美不胜收,此刻的湘绣已摆脱了在清代旗袍上的单调,真正与时装融于一体,淋漓尽致地在留"湘"绘"绣"中展示服饰的风采。每一季新款上市,都能在时尚前沿的服饰中读到湘绣的风姿,品尝到湘绣在服饰中的醉人之美。

四、湘绣艺术带来湖湘服饰文化的繁荣

湘派服饰自成一格,身处内陆省份,既无南方沿海的夸张和大胆,又比北方的保守和稳固多了些妩媚,以湘女特有的风貌,尽情地展示自然之美。二十世纪九十年代,服装市场竞争日趋激烈,湖南的服装业开始出现分化,部分老牌国有、集体企业逐步衰退,一些新型的股份制企业,民营企业迅速崛起,如益鑫泰、中国虎、圣得西、忘不了、派力斯、风景缘、依柳、超世、博雅、天剑等新品牌。尽管湖南的服装工业在自身的基础上有了较大的发展突破,但与全国先进省比较,湖南的服装工业发展明显滞后,一向自负的湖南人不得不身着"京派""南派""海派""汉派"等不同风格的服装。湖湘人是最不甘落人之后的,但由于面料上没有自己的特色,造成服装企业开发产品选择面料不得不舍近求远,到广东、上海、江浙等地去进货,这样导致成本上升,产品价格上无力竞争,再加上很多品牌在款式上没有自己的特色,这就更加降低了湘派服饰在市场上的竞争力。湘绣能够很自然地代表湖南民间艺术,代表湖湘风土人情的文化特色,它除了能运用到服装款式上外,还能很好地运用于开发的面料中。湘绣自身有着光辉的历史,有着曲线式的发展过程,在人们的生活中有着举足轻重的作用与影响。

在"楚乡依影"的依柳服装发布会上,推出的时装系列中,湘绣运用很多,依柳服饰品牌作为湘派服饰的代表,在服装中加上湘绣的描龙绣凤,带着浓厚的民族地方风情,带着古典神韵的品牌风格,立足于服装界,走向全国,走向世界。服装与湘绣二者的有机结合,不仅提高了湘派服饰的个性魅力,表现独特的地方特征,还能很好地提高湘绣的知名度,有助湘绣的发展。

如今,湘绣是否依然能绽放它与生俱来的魅力呢?在发展过程中,湘绣已不单是以欣赏品的姿态出现在市场,它也将走进生活领域,在服饰文化中唱着独特的音符,展示它靓丽的风姿。今日的湘绣在服装中已完全摆脱了传统的概念,随心所欲地在设计师大胆的设计中,为服饰文化增添光彩。湘绣"以针为笔,以纤素为纸,以丝绒为颜色",巧妙地以各种原色花线在质地上参互调和,创造了各种绚烂和谐悦目的色彩,为湘派服饰树立起独有的艺术魅力。作为民间美术工艺的湘绣,在其优秀的基础上充分发挥它的艺术力量,满足广大人们日益增长物质和精神的生活需要。这古老的传统工艺通过一定完善后与时尚的服饰艺术相结合,合

奏出一首独特的袭人心怀,润人心扉的新曲,在湘派服饰文化中突出湘绣的艺术价值和个性魅力。

参考文献:

[1]李湘树.湘绣[M].长沙:湖南人民出版社,2003.

[2]丁永源.织绣设计[M].济南:山东美术出版社,1999.

[3]吴淑生,田自秉.中国染织史[M].上海:上海人民出版社,1986.

[4]沈寿述.雪宦绣谱[A].丛书集成续编(卷1)[C].上海:上海书店,明刻本影印.

望城民间剪纸的祭祀色彩和艺术风格

陈览月

（长沙长大成彩印有限公司广告设计部，湖南长沙 410011）

一、望城民间剪纸的本原哲学体系

剪纸究竟始于何时？史书上没有明确记载。今天我们所能见到的最早的剪纸是 1959 年新疆吐鲁番高昌古国遗址附近出土的南北朝时期的三幅作品，其中保存比较完整的两幅是《对猴团花》和《对马团花》。与这一时期在民间广为流传的《木兰辞》中"对镜贴花黄"的诗句相印证，说明剪纸这种形式在当时民间已经非常普遍。

在纸发明之前，镂刻金银箔而成一种装饰品应是剪纸的前身。镂刻金银箔或应用于漆鬓工艺，称为"金银平脱"。镂刻皮革、绢帛、树叶等也可以制成类似如剪纸的"剪刻镂花艺术"。这些剪镂金银箔和皮革等非纸的薄质材料构成的艺术品可称为"类剪纸"。在湖南以及与湖南邻近的湖北江陵，这种"类剪纸"都曾有过发现。

然而有了纸才会有真正意义上的剪纸。湖南是蔡伦的故乡，蔡伦总结了劳动人民造纸的经验，经过反复实践造出了"蔡侯纸"，为剪纸的普及与繁荣创造了物质条件。加之湖南长沙地区民间刺绣非常发达，作为绣花的底样，经反复应用、锤炼，促进了它的艺术水平不断提高。长沙市望城区民间剪纸艺术在湖南这块土地上发展、流传、广泛应用，以至硕果累累，叶茂枝繁。

民间剪纸是中国本原哲学的文化载体之一，它全方位地表现于民俗文化之中[1]。望城民间剪纸作为民间艺术的一项重要门类，它与楚地传统习俗有着不可分割的渊源关系。南朝人宗懔在《荆楚岁时记》中写道："正月七日为人日，以七种菜为羹，剪彩为人，或镂金箔为人，以贴屏风，亦置头之鬓，又造华胜相遗。"唐代，李商隐有"镂金作胜传荆俗，剪纸为人起晋风"的诗句。

望城民间剪纸的种类有民居的剪纸窗花、炕围花、窑顶花、图腾门神等；生活用具中的缸花、瓮花和民瓷剪纸等;服饰中的刺绣、帽花、鞋花、枕花和肚兜花等;婚丧寿诞中寓意娃娃由图腾母体诞生的虎枕、娃枕、鱼枕剪纸;婚俗中寓意子孙繁衍的阴阳相交的"阴阳鱼""鱼咬莲""莲里生子"剪纸;丧俗丧葬中寓意灵魂不死、生命永生的"生命之树"剪纸;节日剪纸中寓意天地相交、万物萌生、子孙繁衍、五谷丰登的"扣碗""舅咬天开"剪纸;正月迎春备耕贴于门扇的"春牛门神"剪纸;五月端午节驱邪消灾的"爱虎"剪纸等;巫俗剪纸中生命保护与繁衍之神的剪纸"抓髻娃娃"及其多种化身变体剪纸系列等等,不胜枚举。

望城民间剪纸艺术是历史的活化石,它与同一地域地下出土的原始社会考古发现以及历史文献、古史神话传说是完全一致的,是一部活着的远古文化史。例如中华民族远古三大部落集团之一的长江流域的苗蛮集团,在距今 4500 年前向北发展,与黄河流域的华夏部落集团大战,战败后辗转迁徙今日湖南及西南山区,形成今天的苗、瑶民族。苗族没有文字,苗族古史只有口头传说而没有历史文献,而至今仍存活着的苗族服饰剪纸,就是一部完整的苗族古史。长沙古属三苗之地,民间艺术自然要受到它的影响。

望城民间剪纸体现着一个完整的哲学体系和艺术体系,它的基础不是儒道诸子百家的哲学,而是史前的中国本原哲学。它与地下出土的史前彩陶图案完全一致,由此可以认为在中国文化中存在着一个完整的史前哲学体系。这样,不会说话的整个史前文化彩陶符号都可以得到相应的解释。例如,在民俗剪纸中存活了7000 年的双鸟图案,与长沙大塘文化遗址出土的彩陶片上的符号——"高冠长尾对称双鸟"如出一辙。它不是自然形态的双鸟,而是体现史前哲学观念的文化符号。春节和婚俗剪纸中的"扣碗",也不是自然形态的扣碗,也是哲学符号。民间剪纸造型有着超时空的特征,如碗口圆线、碗底直线的天圆地方观,即中国本原哲学的艺术形态。

二、望城民间剪纸的祭祀色彩

望城民间剪纸具体起源的时间已无从考究。但在清同治十年(1871 年)撰修的《长沙县志》中,曾有"元宵剪纸为灯,或悬之庭户,或列之街衢,或为龙灯鳌山游绕里巷"和中元(农历七月十五)"剪纸为衣""焚之以荐祖"的记载。由此可推测,望城境域的民间剪纸在清代以前就广为流传。

望城民间剪纸主要有"喜期窗花""格子花"(一为纸扎冥屋,一为装饰风镜灯、走马灯的灯笼格子,以福禄寿喜、花鸟为母题)、"绣花样稿"及有较多楚文化积淀的"纸菩萨"(以神话、传说人物为主)等四类,其中"格子花"和"纸菩萨"多为"祭祀剪纸"。民间丧葬,要挂一些剪纸招魂幡,打醮求雨则要有纸扎,上面剪贴一些怪诞的形象,以震慑鬼魅。

楚俗尚巫,长沙望城亦不例外。望城剪纸承接战国时楚地剪镂雕刻风俗和南北朝时人节日幡胜装饰之遗风,有着悠久的历史和广泛的群众基础,剪婚习俗渗透到民众日常生活的方方面面。新年凿纸门笺、元宵剪灯花;生孩子,外婆家要做蛋花,贴在鸡蛋上作贺礼,蛋花以莲花、桂花为多,寓"连生贵子"之意;结婚、喜庆有喜花与礼花;中元节"剪纸为衣","焚之以荐祖";民间办丧葬,祭祀场所要悬挂或张贴一些剪纸招魂幡;求雨、冲傩、庆锁等宗教活动,都要扎一些门亭类纸扎,上面常常要剪贴一些狞厉怪诞的形象,以震慑鬼魅。旧时妇女孩子,如发现有凶兆,便要请巫师作法,并用棕片剪一个傩面挂于床头。如果孩子有灾,便请巫师画一符咒,用纸剪一个傩面装在小布袋里,长期挂在小孩身上以作护身符。望城区文震坤老人就擅剪山魈等各类鬼神人物,剪过300多个,造型各不相同,附着楚文化神秘、浪漫的特殊气息。望城剪纸就在这年复一年的民间习俗中代代传承下来。

望城民间剪纸富于神秘、浪漫色彩。剪纸中经常出现神鸟怪兽,不少与《山海经》中的神异形象异曲同工,诸如山魈、火神、赦官、马面、雷公、电母、风伯、雨师、大鹏金翅鸟、六手六足神等,而且造形奇特、想像丰富,打上了浓厚的巫官文化印记。楚人喜用的龙、凤、虎纹在望城剪纸中频频出现。

吊笺儿,即与祭祀有关。吊笺儿又称门笺儿、挂笺儿、花笺儿、纸笺儿,取"吊钱儿"谐音,形似旌旗小幡,贴挂在门楣上。过年挂吊笺儿的习俗在唐代已经形成。传说吊笺是由古时"彩胜"演变而来的。彩胜是一种戴在头上的装饰品。唐人段成式的《酉阳杂俎》中记载:"立春日,士大夫之家,剪纸小幡,或悬于佳人之首,或缀于花下,又剪为春蝶、春钱,人胜以戏之。"还有一种说法,悬挂吊笺儿是为辟邪驱鬼。相传上古时,"年"是一个凶狠的恶鬼,每到春节都要吃人,尤其是专食童男童女,不然就给人们降灾。为了消灾避祸,人们就用五色纸剪刻成花花绿绿的纸笺儿,悬挂在门楣上,使恶鬼望而生畏,以求得家宅平安。吊笺儿的内容,多以吉语和吉祥图案组成。文字用象征、谐音、寓意的手法,如"鹿鹤同春""四季平安""双喜临门""金玉满堂"和"紫气东来"等吉语;图案有"八仙过海""刘海戏金蟾""和合二仙"等,内容与文字和谐统一[2]。

窗花是望城民间剪纸中最普遍的一个门类。在广大农村地区,过年贴窗花的习俗由来已久,并已成为传统节令中约定俗成的一项重要内容。贴窗花源于古人祈求祥瑞的心理。自汉代以来,阴阳五行之说影响着当时人们的观念。南方为离、为阳、为火,"火离为凤",所以用朱雀代指南方;朱即红,红为五方正色,鬼神不敢靠近。在古人心目中,红色有辟邪驱祟的作用,因此,窗花兴起时采用红色,自然也就能求得家宅平安。窗花的题材广泛,内容包罗万象,日常生活中的一切,都是窗花表现的对象。另外还有应时的"招财进宝""肥猪拱门""财神童子""十二生肖"等,也很受人们喜爱。

望城民间剪纸作品,有一部分是"原生态"的或"近原生态"的,作品细腻而不见其假,粗犷而不失其真,具有精美、繁富、纤秾的风格。浓缩了一个民族的文化,渗透出一个地区的民俗心态,反映出下层劳动人民的审美情致。望城县"花客"邹易氏和纸扎艺人文震坤的作品便属这种类型。邹易氏剪的喜期窗花、礼花,多为民间流传的吉祥图样,也有以民间传说为题材的创作,造型古拙,刀法略带涩味。文震坤的作品以神话传说、故事人物和花鸟为主。这些用于祭祀和祈祝的神怪形象,可谓五花八门,无奇不有,它不但反映了剪纸艺人大胆而丰富的想象力,同时也折射出楚巫文化神秘、浪漫的幽光。他们还传承和发展了民间折剪的技法,于对称中求变化,规整中求灵秀,营造了一种柔美而调和统一的剪味。

三、望城民间剪纸的艺术风格

20世纪30至40年代,望城民间剪纸有很多著名的专业匠人,像剪"喜期窗花"的,大户人家都是将艺人专门请到家里,一剪就是十天半个月。望城邹易氏人称邹匕娭毑,剪纸从不用打画稿,用指甲在纸上掐掐就可以了,剪出来的人物拙朴,花花鸟鸟,生动传神。她一年到头都被人请到家里剪,一生剪过的纸,堆起来足有一屋。20世纪80年代时,全县能剪花的有3500人之多。这一带办喜事,都流行贴"喜期窗花",一般是房子里能够贴的地方都贴,尤其是女家陪嫁的东西,连一个茶碗盖子上都贴。望城有句俗话叫"马桶上贴和合","和合"就是剪纸,连马桶都贴,可见十分讲究[3]。

民间剪纸的艺术风格因地而异。在不同的地域,有不同的地理、生活环境,体现在剪纸的图案内容和风格上,自然各有特征。北方剪纸以粗犷、豪放、造型简练著称;南方则以构图繁茂、精巧、秀美闻名。

北方农村相对封闭,处于稳定的自给自足的小农经济状态,那里的妇女依靠剪刀和麻纸,由小窗花到长五六米的大幅剪纸创作,都是胸有成竹,从不起草,拿起剪刀就剪,大刀阔斧随心所欲,具有北方人的风格。陕西、甘肃、宁夏等西北地区剪纸风格多雄浑、豪迈不羁的特点。东北吉林、海伦等地的剪纸画幅一般较大,浑厚朴实,人物形象稚拙生动。山东高密剪纸粗细线条张弛有度,简约而不单调,有中国画中"工写结合"的韵味。河北蔚县剪纸,吸取年画的用色方法,采用阴刻手法,点彩染色,自然天成,有很强的民族韵味。山西浮山剪纸融汇了北方剪纸粗犷、明快的特点,除窗花、礼花外,把十二个月"桥花"串连在一起,用于儿童生日庆贺,颇有地方特色。

　　南方的湖南、贵州、江苏、广东等地也是我国著名的剪纸地区。其中,贵州的侗族剪纸主要为服饰的刺绣花样,如鞋花、衣袖花、背带花、帽花等,表现开花侧重于纹样的轮廓,内部用针刺出,很少剪镂。由于南宋时期资本主义商品经济开始萌生,出现了市井文化和脱离或半脱离农业生产的、以男性为主体的民间剪纸艺人和艺术大师,他们适应新的民俗生活、商品市场机制和市井文化美学观的需要,形成以多层刻纸为主的镂空的艺术风格和技艺高超的镂刻彩绘技艺。江苏南京剪纸图案中的喜花,吸收传统图案的造型特点,花中有花,叶中套花,粗中有细,拙中见巧,颇有唐代"宝相花"的遗风。

　　"十里不同风,百里不同俗。"即使在湖南,不同地方、不同民族,剪纸也有不同的风格。苗族剪纸清丽秀婉、土家族剪纸气魄豪放、湘中汉族地区婉转灵秀、洞庭湖地区构图多变,使湖南剪纸呈现出丰富多彩的多元化风貌。而望城民间剪纸作品,在造型上善于运用民间美术中常用的适形构图的原则,通过复合形、对称形、适合形和共用形等方式,使作品平中见奇,奇中显巧。长沙老艺人李希恩惯用复合形表现神话人物,他剪的观音和"善才""龙女",均为人与莲花的复合体,生动地表现了对象的身份。他剪的"三鱼争头"窗花,画面中心的三条鱼身共用一个头部,巧妙地采用了共用形的造型法,既给人以强烈的动感,又巧妙地突出了争先、向上的寓意。

　　概而言之,望城民间剪纸往往通过谐音、象征、寓意等手法提炼、概括自然形态,构成美丽的图案。从具体用途看大致可分为四类:

　　1. 张贴用,即直接张贴于门窗、墙壁、灯彩、彩扎之上作为装饰,如窗花、墙花、顶棚花、烟格子、灯笼花、纸扎花、门笺。窗花的造型多样,有方形、圆形、条形和穹顶形等。线条的处理要求均匀,突出窗花活泼、玲珑剔透的特征。

　　2. 摆衬用,即用于点缀礼品、嫁妆、祭品、供品,如喜花、供花、礼花、烛台花、斗香花、重阳旗。

　　3. 刺绣底样,用于衣饰、鞋帽、枕头,如鞋花、枕头花、帽花、围涎花、衣袖花、背带花。

　　4. 印染用,即作为蓝印花布印版,用于衣料、被面、门帘、包袱、围兜、头巾等。

　　望城民间剪纸内容纯朴秀美、风格多样,具有浓郁的生活气息,基本上代表湘中一带民间剪纸艺术的特色。以湘江为界,分河西、河东两大风格。河西的剪纸与凿花,两者皆兼,先打画稿,很讲究构图的平衡,受皮影戏影响很大,多人物剪纸,图案丰满,对比鲜明,线条流畅,动态感强,富有装饰图案美。河东剪纸不打画稿,信手剪来,以剪为主,具有简炼朴实、干净洒脱、对称均匀的特点,大有"出手成章"之功,生动传神,追求意境。望城民间剪纸的传统题材广泛,多采用寓意、象征、比喻、衬托的手法,取材于常见的花、草、虫、鱼、兽、人物等,并进行多层次的组合表述。一是祝愿夫妻感情和谐,家庭生活美满。"鸽"字在南方方言中与"合"同音,象征夫妻感情永久和美,"鱼水和合""鸳鸯喜和"。二是祈求家庭清吉平安。以凤鸟居多,反映了湘楚先民对太阳崇拜。民间认为凤鸟是太阳里的神鸟,认为"凶"和"祸"都是"神作鬼使"。平安吉祥图案的大量使用,起着某种避凶避祸的符咒作用,这是崇巫信鬼观念的反映。三是祝愿新人婚后多子多福,人丁兴旺。这类题材的内容已逐步淘汰。四是喜庆祝福,有"鲤鱼跳龙门""福寿双全""福寿平安""福寿三星""喜鹊闹梅""喜报珠圆""八仙庆寿"等。

参考文献:

[1]董季群.中国传统民间工艺[M].天津:天津古籍出版社,2004.

[2]靳之林.中国民间美术[M].北京:五洲传播出版社,2004.

[3]陈泽珲.长沙民间艺术[M].北京:五洲传播出版社,2008.

长沙老字号的生存困境与发展战略

蒋　益

（长沙大学旅游管理系，湖南长沙　410022）

一

老字号是一个约定俗成的概念，是中国商业特有的称谓。中华商业联合会对"中华老字号"的定义是：中华老字号是指在长期的生产经营活动中，沿袭和继承了中华民族优秀的文化传统，具有鲜明的地域文化特征和历史痕迹、具有独特的工艺和经营特色，取得了社会广泛认同和良好商业信誉的企业名称和产品品牌。

清代前期，长沙已是江南的重要商埠，江苏、江西、浙江等省商户纷纷来长开号设店。在长期的经营中各行各业都产生了许多名老字号。

玉和是长沙最古老的酱园，是顺治年间苏帮酱园的首户。开设于小西门，至今已近350年历史，现小西门蔡玉和旧址仍有"蔡玉和酱园光绪贰年立"的碑文。

九芝堂药号于顺治年间在长沙创立，堂址初设于坡子街。九芝堂既制药，又卖药，胶、丹、丸、散、饮、片的制作，均有一定的规程，一丝不苟，从不马虎。今日九芝堂已发展成"长沙九芝堂药业集团公司"，成为长沙药业的首户。

嘉庆年间开设的吴大茂针号系江西人刘大茂创办，手工制作钢针。由于选料上乘，火候适当，操作严密，磨工精细，渐渐饮誉省城。刘死后作坊由徒弟吴为样继承，改商号为吴大茂。后来，洋货涌入长沙，吴大茂遂兼营机制钢针和线、扣、夹之类的小商品。

董同兴字号出现在省城，最早是康熙年间长沙东乡沙坪焦塘坡生产剃刀的手工匠董元春在小古道巷口开设的董同兴剃刀店。开业不久就收购捞刀河剪刀坯，加工精制出售。位于长沙城北的捞刀河镇，生产刀剪的历史悠久，早在明代就有生产"三刀"（剪刀、菜刀、剃刀）的作坊数百户，约占农户的五分之一。所产剪刀采用"镶钢锻打"工艺，锋利无比，清初就小有名气。经董同兴几代人的渲染，已与杭州张小泉、北京王麻子齐名，一并誉为中国三大名剪。

始建于清乾隆12年（1747年）的火宫殿，是与北京天桥、上海城隍庙、天津三不管、南京夫子庙齐名的百年老店,还是长沙民俗小吃的发源地。现如今,它依然神采依旧。

玉楼东是目前湖南惟一的国家特级酒家,也是一家久负盛名、饮誉三湘的百年老店,其特长不在小吃,而是湘菜,并以其成熟的烹饪技术成为湘菜的正源,人称湘菜"黄埔军校"。

杨裕兴凭其独创的鸡蛋手工面和风味独特的油码而风云长沙。现在它已是一家有着数十家杨裕兴品牌面馆和几家甘长顺品牌店的大型连锁企业。

德园名字取《左传》中"有德则乐,乐则能久"之意。最初以官府菜点招徕顾客,因菜肴制作总有海味鲜货剩余料留下,为免浪费,将其剁碎拌入包点馅,谁知竟使他们的包点风味独特备受欢迎。德园包子名声大振,遂有"出笼热喷喷,白色皮暄松,玫瑰甜香美,香菇爽鲜嫩"的民谣。每天早上在德园店前买包子的人都会排成长龙,成为长沙街头一景。

"杨裕兴的面,徐长兴的鸭,德园的包子真好呷!""一走二三里,茶园四五家,楼台六七座,八九十品茶。""火宫殿样样有,饭菜小吃热甜酒。油炸豆腐喷喷香,姊妹团子数二姜,馓子麻花嘣嘣脆,猪血蹄花味道美,各式小吃尝不尽,乐得食客笑呵呵。"这些不知始于哪个朝代的民谣,以一种最直白的方式,唱出了古城长沙老字号昔日的繁华与魅力。这些名字所代表的,实际上就是我们这座城市深厚的历史文化的有机组成部分。当民谣渐渐被人们所遗忘时,老字号昔日的韵味到如今也就只能是它的辉煌历史的写照了。

老字号凝结着民族精神、历史文化和地理属性,老字号的消失,也是一种历史文化的消失,保护老字号、拯救老字号已经迫在眉睫。老字号并不评价历史,因为它本身就是历史,而历史是不能够被遗忘的。

二

老字号有悠久的历史和很高的知名度,具有天然的品牌优势,但是许多老字号并没有充分发挥自己的品牌优势成为市场经济中的赢家,反而成为了输家。在1990年由原商业部评定的1600家中华老字号中,70%处于自生自灭状态,20%能够维持,只有10%蓬勃发展。

1993年,原国内贸易部颁发"中华老字号"金匾,长沙市第一批挂牌的老字号有17家,火宫殿、杨裕兴、玉楼东、德园、九如斋等企业榜上有名。近代历史上,长沙老字号在鼎盛时期曾超过200家,随着时代变迁,古城老字号盛况不再,经营也江河日下,包括有名有号但踪影难觅者在内,总数不足30家。

为什么老字号会出现大面积的经营不善和亏损呢? 笔者认为主要有六个

原因。

第一,理念走入误区。

一是经营理念误区。许多老字号的经营者信奉着"只此一家,别无分店"的经营理念,认为企业最重要的是保证质量,而保证质量的方法就是只此一家,开分店就会导致产品质量难以控制,假冒的产品就会出现,就会危及产品的名声。

二是营销理念误区。许多老字号信奉着"酒香不怕巷子深"的观念,认为老字号的名声不是宣传得来的,自己宣传不如顾客的口碑,因此不注重宣传的功效和媒体的力量。

三是发展理念误区。诸多经营者信奉着"小富即安"的观念,没有发展壮大的思想,小农思想一直主导着经营者的思维。"小富即安"使得老字号无法积累进一步发展的资金,也使得老字号没有竞争的压力和意识。此外,"皇帝女儿不愁嫁"已成为老字号的固定思维模式。然而,随着市场经济体制改革,产品呈现多样化、丰富化,竞争日趋激烈、消费需求日新月异。与此同时,一些老字号却固守其传统观念不放、倚老卖老,自恃几十年的经营管理资历和实力,仍然翻着老黄历,经营品种、店堂布置等依然老气横秋,仍然抱着"凭这块牌子至少也能吃 10 年"想法而飘飘然,于是企业迅速衰落。

第二,体制存在问题。

手工作坊式的生产难以在自动化信息化的市场经济中取得优势。因此,以手工技艺为主的老字号失去了生产上的优势。正宗的臭豆腐在长沙仅有火宫殿一家,完全是手工技艺,不能机械化和自动化,所以生产方式难以改变,生产效率很低。

"老"是老字号的优势,但在市场经济不断完善的今天,其劣势也在这个"老"字上,包括体制老化、产品老化、经营老化、形象老化等。高成本和低效率运营已经成为不少老字号普遍存在的现象。因此,老字号往往有赢利能力不强、缺乏发展后劲、品牌形象衰老、经营不善等问题。

第三,产权保护意识薄弱。

不少老字号知识产权的保护意识十分薄弱,屡屡造成商标被抢注。德园被重庆一家小吃公司在 1995 年以"德元"字样,将"德元""餐馆"类注册了。尽管"德元"与"德园"字有出入,但是按照《商标法》有关规定,如此同音,想在此范围内再行注册已属不可能。"稻香村"商标已有 6 个企业,进行了 7 个群组的商标注册,其中"糕点"类的商标使用权,早在 1989 年便被河北保定市稻香村食品厂注册。"又一村"是誉满三湘的老字号,而"又一村"商标在 1995 年被山东德州市又一村饭店注册,使用权限正是"饭店、宾馆",此外"餐馆"商标使用权则被"上海又一村点心店"注册。"火宫殿"商标涉及的"样品散发、商业咨询、公共关系、推销",已经被北京衡瑞号食品有限责任公司注册;"和记"商标"餐厅、饭店、备办宴席、咖啡馆、酒吧、茶馆、自助餐馆"群组,已被"上海和成餐饮有限公司"注册;"沙利文"商标"住所、餐厅、酒吧、茶馆"群组,已被"重庆赛得经贸有限公司"注册。与此同时,一些已经注册商标的老字号,却没有采取有效的周边保护,给企业的长远发展留下了隐患。

第四,品牌意识淡薄。

老字号有悠久的历史、丰富的文化积淀、传统的内涵和丰富的情感,有着巨大的无形价值,它凝结着民族精神、历史文化和地理属性,是一种独特的标识,它在历史的长河中洗练而出,积累了难以估计的无形财富,是巨大的无形资产。但是,许多老字号的品牌意识淡薄,经营者忽视了对老字号文化的挖掘和整理,不注重运用自己独有的文化去塑造品牌、宣传品牌。老字号企业所拥有的独特的文化内涵,是老字号企业的核心竞争力,是竞争对手无法剽窃和效仿的法宝,充分利用老字号的历史积淀来发展品牌是参与市场竞争的最好的法宝,可是老字号企业一向忽视自己的宣传,很少花大力气做广告。老字号的影响力正在减弱,其品牌价值正在减少。

一个品牌存在的基础在于其核心竞争力,也就是你的竞争对手所不具有的,为消费者所认可的独特的竞争能力。老字号核心竞争力是有的,但是不稳定。比如德园的包子,其口味是独特的,但是,其配方可能有较大的随意性,师傅做包子时根据其经验,其配方没有定量,可能包子就味道万千,很难于工业化复制,也就是难以在工业化和信息化社会中,大面积推广,而消费者却有理由相信核心竞争力是稳定的。老字号还缺乏对品牌的法律保护。就品牌而言,很少有一个公司作为其产权主体,如长沙臭豆腐,它不属于一个商业主体、一个法人实体。于是,有人就可以随意使用,泛滥、失控之后,很容易倒牌子。

第五,传播模式不当。

长期以来,老字号主要凭借口头传播来建立声誉。然而,在当今快速的信息流和广阔的商业圈面前,这种口头传播的沟通方式限制了品牌传播的速度和广度。一些与时俱进的老字号如恒源祥、同仁堂、李锦记、全聚德,通过灵活运用各项传播工具对品牌进行了整合传播,从而大大提升了品牌资产。而另外一些老字号则固执的以拥有金字招牌沾沾自喜、孤芳自赏,很少做宣传,几乎不做广告。据调查,八成以上的老字号都没有建立自己的专门网站,很多老字号甚至没有相关网站的链接宣传。殊不知,再好的招牌,如果在当今的信息社会不运用科学手段全方位沟通,也会被消费者迅速遗忘。

第六,城市改造的影响。

老字号一般因其辉煌的过去都在繁华的闹市区,因而在城市拆迁过程中深受其害。以长沙为例,旧城区改造给长沙老字号带来了前所未有的冲击。如从南门口到先锋厅这条路上,百年或近百年的老字号多达十数家。随着黄兴路的大规模改造,德园轰然倒下;李和盛不得不搬迁到白沙路口另起炉灶;中华国药局、德茂隆酱园、双燕馄饨、强民狗肉曾驰名一时,今日已消声匿迹;半月亭如今只停留在人们记忆中了;九如斋食品店已名存实亡;南北特食品,长沙市民耳熟能详,但如今其门面已被肯德基进驻。还有卖糕点的稻香村、卖副食的国风、卖小百货的吴大茂、卖钟表的亨达利等等,一个个或关门大吉,或改头换面,或背井离乡。老城区改造对老字号称得上是毁灭性打击。因为老字号有其历史渊源和地理标识,人们对老字号的理解往往和当地联系在一起,一旦搬迁,在人们的心目中就不再是老字号了。

三

老字号企业存在很多问题,但也拥有现代企业所没有的优势,经过上百年甚至几百年的洗礼,老字号能够存在下来,证明它适应了历史,证明它能根据社会发展要求进行变革,不断地重塑自己的形象,但是,适应了过去不等于适应了历史,适应了现在不等于适应了未来,老字号的重新崛起主要是老字号企业的自救,要充分利用内在的丰富的无形资产,开拓创新,其中五大战略至关重要。

一是理念战略。首先,老字号企业要摒弃"只此一家、别无分店"的落后经营理念。现在商业社会,扩大生产就是为社会做贡献,扩大经营仍然可以控制产品质量,只要利用先进的技术来保证好产品质量,就不会有损老字号的声誉。其次,要有创新和发展的理念,创新企业管理机制。老字号企业都是历史的产物,一般都是小作坊式的经营发展起来的,都是亲情化的管理,这在企业刚发展时是有利的,随着经营和生产的扩大,这种亲情化管理就显得不足,要创新管理机制,实行制度化管理。"老"是一种资本,有时也会成为一种束缚。在当今市场经济条件下,老字号必须摆脱传统计划经济的运作模式,树立"牌老人不老"的新观念,克服"守摊子"的心态,放下"老资格"的架势,在经营中恪守古训、信守商业道德的同时,要吸收现代营销手段,实现观念创新。现代市场经济的发展,正使"酒香不怕巷子深"的时代一去不复返,而代之以"货好还需勤吆喝"。因此"老字号"必须突破"老"的束缚适应新形势,给传统产品提供现代包装,采用科学的广告宣传和管理模式,着力将产品之"优"化为市场之"势",从而不断树立新商誉,努力重振雄风,不断擦亮"老字号"。

二是特色战略。老字号应充分利用和发挥自己的比较优势。老字号是经过几代人的努力发展起来的企业,凝聚了几代的心血,它们经过历史的检验具有以下特点:历史悠久,物美价廉,工艺独特,产品正宗,货真价实。老字号多具有独家的手艺。中国的绝艺素有不外传的传统,因而手艺历尽多年却只在本家族内流传,而严格的保密措施使得这种一脉相承的独家手艺别人无法掌握,即使仿制也只能是"形似而神不似"。这就保证了其产品的独特性,也成为招睐顾客的一大法宝。以长沙餐饮老字号为例,火宫殿的臭豆腐、和记的米粉、杨裕兴的面、德园的包子、玉楼东的湘菜都有自己的独门法宝,都应该在这方面大做文章。

三是品牌战略。声名显赫的招牌是老字号最大的本钱,经过多年的经营与流传,老字号招牌已深入人心,颇得消费者信赖,因而能轻易在营销中取得事半功倍的效用,可谓因其名大,所以利大。"文化"是品牌的灵魂。从某种意义上说,顾客的忠诚度来自组织的文化,或者说,忠诚度就是一种心理文化倾向。一旦一个品牌对人们的影响深入到文化层面,那么,这个品牌就和人们的生活观念和生存方式建立了链接。我们知道,人们的生活观念和生存方式是相对稳定的,人们对与之链接的品牌认同也是相对稳定的。所以,这样的品牌不会轻易被放弃,这样的企业也不会轻易败落。老字号拥有丰富的文化内涵,一个老字号就是一部历史,蕴含着许多历史故事,老字号充分挖掘历史,以专题片或者电视剧的方式来宣传自己的商标不失为很好的方式。

品牌是重要的无形资产。以全聚德为例,这家老字号加强了以品牌为核心的无形资产管理,把全聚德商标过去分散管理、无偿使用的状况改变为由公司统一在国内外注册、有偿使用。还导入了形象识别系统(CIS),丰富了全聚德品牌的科学内涵,其品牌价值得到规范和提升。全聚德无形资产价值在1994年约2.7亿元人民币,如今已经提升到约85亿元,是1994年的32倍。

四是商标战略。一个品牌在经营上必须重视商标战略。所谓商标战略是指企业的商标已经具有很高的知名度,商标已经成为企业的代名词,商标已经和企业分离,商标本身即具有很高的价值,企业应该利用商标来求发展。它是当企业发展到一定阶段才考虑的战略,即企业商标应该是驰名商标才可能实行商标战略。老字号企业要利用老字号商标(或者品牌)发展连锁经营、特许经营。老字号的无形价值在于其知名度,所以老字号作为商标也是一种无形资产,老字号企业一般都是资金不足,影响了其发展,而许多企业或者个人有资金,但是没有商标这个无形资产,所以老字号企业和拥有资金的企业和个人合作,开展连锁经营,或者以加盟的形式开展合作,这种合作是符合比较优势的。发展特许连锁经营,实质上就是利用名牌再去复制一个名牌,使名牌形成规模。有了名牌的规模经营,就能产生名牌的规模效益,东来顺集团公司充分利用"东来顺"这个驰名商标发展连锁经营,对加盟店输入"东来顺"品牌,也就是直接进行商标经营。东来顺的迅速发展足以证明连锁经营和加盟经营是成功的,是符合老字号企业发展的,也进一步提高了东来顺的品牌价值。东来顺的经验值得长沙的老字号仿效。

五是传播战略。老字号一般都深信"酒香不怕巷子深"这句老话,认为只要我产品好,质量好,货真价实就不怕你不买,所以一般老字号都不太注意传播。殊不知在市场经济条件下,产品日益丰富,产品内在功能和质量差异越来越小,市场已经进入品牌时代,因此不宣传自己,不推销自己,企业名气就上不来,企业就很难被消费者所熟知,企业的产品就会淹没在商品的海洋之中。在传播方面堪称表率的是全聚德与同仁堂。全聚德拍摄的电视连续剧《天下第一楼》播出后,观众反映强烈,企业抓住机遇,借势造市,及时通过一系列宣传活动扩大企业的影响,提高企业知名度,牢固确立企业在广大消费者心目中的地位。企业还拍摄了百年全聚德的专题宣传片,编辑出版了企业文化系列丛书,创办了全聚德展览馆,不断丰富全聚德文化的内涵。同仁堂的传播也做得有声有色,其代表作是《大清药王》。同仁堂之所以延续三百余年,继承了中华民族优秀的文化传统和中药文化传统,其精髓就体现在质量和诚信上。通过拍摄《大清药王》,同仁堂宣传、弘扬这种优良品质。《大清药王》播出后反响很大,从全国各地的市场表现也可以清晰地看到,这部电视剧对同仁堂起到了积极的宣传作用。

加大品牌的宣传力度,会给企业带来起死回生的效果。长沙的许多老字号正处在品牌保护和推广阶段,建议企业充分利用现代化的媒体来宣传自己的商标,利用广播电台和电视来做广告;建立自己的网络平台,利用网站来宣传自己的商标,及时发布相关信息;充分利用老字号的文化内涵,举办一系列的活动,加深和消费者的感情,丰富老字号的底蕴。长沙传媒全国闻名,长沙的老字号所享的传媒资源得天独厚,没有理由不利用媒体来彰显自己的特色。

目前,长沙已在实施复兴老字号的计划,这是值得庆贺的事情,因为老字号凝结着悠久的历史文化,代表着城市的文化氛围,是城市的象征。老字号所具有的悠久的历史,所蕴含的传统商业文化,已经凝结为厚重的民俗文化的一部分,可以反映一个地方的民俗风情、社会变迁的风貌。老字号还代表着诚信,它是一个城市是否具有文化和诚信的标志。老字号的发展可以使浮躁的城市变得稳重和健朗。笔者期待着长沙老字号的发展将为长沙这座历史文化名城注入它特有的魅力。

如何合理保护与利用长沙辛亥革命遗迹遗址

陈先枢

（长沙大学长沙文化研究所，湖南长沙 410022）

100 年前，即 1911 年的辛亥革命，推翻了统治中国几千年的君主专制制度，开创了完全意义上的近代民族民主革命，是中国走向共和道路上的一个伟大的里程碑。在辛亥革命时期，湖南具有极其重要的历史地位，涌现了与孙中山并称"孙黄"的革命领袖黄兴，还有蔡锷、宋教仁、蒋翊武等一大批革命志士从长沙走向全国，掀起一场轰轰烈烈的反清斗争。在长达十年的辛亥革命运动中，长沙始终是"两湖（湖南、湖北）革命"的中心之一。内地最早的革命团体"华兴会"在长沙成立不久，就和在武昌继起的"科学补习所"相约同时发难。嗣后，在创建"同盟会"和"同盟会"组织的武装起义及其他革命活动中，湖南籍的革命志士曾经在长沙本地和全国各地作出了卓越的贡献。武昌首义的史册里，也纪录了众多湘籍革命党人的勋绩。武昌首义 10 天之后，长沙在全国范围内率先响应，解除了武汉战场的后顾之忧，并立即派军援鄂，促进了全国革命高潮的到来。因此，在长沙地区，特别是长沙城内遍布着辛亥革命遗迹、遗址，包括辛亥革命名人故居、辛亥革命活动遗迹遗址、辛亥革命名人墓葬和辛亥革命纪念地。这是辛亥革命志士留给长沙人民、湖南人民，乃至全国人民的一笔宝贵的历史文化遗产，它永远激励着中国各族人民振兴中华、实现民族复兴的伟大抱负。

一、长沙辛亥革命遗迹遗址大盘点

（一）辛亥革命名人故居

主要有：长沙县黄兴镇黄兴故居、长沙县开慧乡杨昌济故居、芙蓉区白果园程潜公馆、浏阳市龙伏镇焦达峰故居、宁乡县东湖塘镇黄钺故居、岳麓区橘子洲头张孝准旧居、开福区左局街谭延闿公馆旧址、开福区松桂园惜字公庄何南熏公馆遗址、开福区山鹰潭章士钊故居遗址、开福区戥子桥宋教仁居所遗址、天心区吊马庄刘赍予公馆、浏阳市龙伏镇沈家大屋焦达峰夫人沈菁莪旧居等。

129

（二）辛亥革命活动遗迹遗址

主要有：开福区三贵街时务学堂故址（时务学堂校长熊希龄,学生蔡锷、范源濂、曹典球等后来都成为辛亥革命著名人物）、开福区西园华兴会成立会遗址、明德学堂老校区（黄兴、张继、陈天华、周震鳞等辛亥革命人物执教于该校,并从事革命活动）、开福区黄兴北路圣公会教堂、浏阳文家市大圣庙戏台（萍、浏、醴起义誓师地）、芙蓉区识字岭马福益刘道一就义处、贾太傅祠体育会体育学堂旧址、太平街马家巷共进会旧址、太平街孚嘉巷四正社旧址、协操坪旧址（新军二十五混成协四十九标、五十标驻地）、开福区兴汉门遗址、炮队坪遗址（新军四十九标炮队驻地）、湖南巡抚衙门（都督府）故址、谘议局大楼旧址等。

（三）辛亥革命名人墓葬

位于岳麓山的辛亥革命名人墓葬有：黄兴墓、蔡锷墓、禹之谟墓、刘道一墓、陈天华姚宏业合墓、蒋翊武墓、陈作新墓、覃振墓、胡元倓墓、刘昆涛墓、林修梅墓、杨卓林墓、阎松年墓、谭馥墓、彭遂良彭昭合墓、童健吾墓、李仲麟墓、易本羲墓、余昭常墓、黎尚雯墓、杜心武墓、辛亥援鄂汉阳阵亡将士公墓、辛亥援鄂民五护国阵亡将士公墓。位于长沙县的辛亥革命名人墓葬有：开慧乡杨昌济墓、青山铺镇余肇康墓。位于宁乡县的辛亥革命名人墓葬有：东湖塘镇黄钺墓、沙田乡何南熏墓。位于浏阳市的辛亥革命名人墓葬有：枨冲镇刘人熙墓。

（四）辛亥革命纪念地

主要有：开福区湘春路辛亥烈士祠遗址、芙蓉区黄泥街双鸿里秋烈士祠遗址、教育街省农业厅大院（原教育会坪）内中山纪念堂遗址、开福区中山亭钟楼、岳麓山中山纪念林（含碑、亭）,以及中山路、黄兴路、蔡锷路。

二、长沙辛亥革命遗迹遗址价值评估

（一）历史价值

长沙留存至今的辛亥革命遗迹、遗址是一笔极其珍贵的历史文化遗产,它见证了湖南在辛亥革命时期的极其重要的历史地位和湖南人对辛亥革命在全国的胜利所作出的独特贡献,为研究辛亥革命史,特别是两湖地区辛亥革命史提供了重要实物资料。

1. 1903 年秋末成立的华兴会在辛亥革命史上占有光辉的一页。黄兴被公举为会长,华兴会以"驱除鞑虏、恢复中华"为纲领。华兴会成立后的一次重大斗争是组织长沙起义。黄兴等人在 1904 年春初,着重联络会党,与具有"同一排满宗旨"、拥众二万的哥老会首领马福益协议,以黄兴为主帅,刘揆一、马福益分任正副总指挥,预定于是年 11 月 16 日（农历十月初十）,以武备学堂联络新旧各军为主力,在长沙发难。长沙起义虽因事泄而归于失败,但起义风声震惊两湖,波及国内外,如孙中山所说,"其事虽不成,人多壮之",影响巨大。华兴会成立会遗址、明德学堂、圣公会教堂等是这一事件的最好实证。

2. 华兴会之后湖南人成为同盟会的中坚力量。1905 年 7 月 30 日在日本召开的同盟会筹备会议,会议代表来自国内 10 个省,共 70 余人,与孙中山属旧相识者,只 10 余人,余皆为华兴会员以及与华兴会有联系的各省留学生。会议推举了黄兴、陈天华、宋教仁等 8 人为同盟会章程起草员。8 月 20 日同盟会成立大会上黄兴宣读了同盟会章程草案,会议举孙中山为总理,黄兴任执行部庶务,居于协理地位。在加入同盟会的各团体中,华兴会堪称主体,同盟会员也是以两湖地区居多。同盟会最初两年入会的 979 名会员中,湘籍有 158 人,湖北籍有 125 人,其中多为华兴会员。同盟会的成立,标志着中国近代史上第一个新型资产阶级革命政党的诞生,在它的组织与领导下,民主革命进入了一个新的发展时期。长沙地区数十处同盟会领导人及会员的故居和墓葬堪称一部同盟会的宏篇史书。

3. 同盟会成立后湖南成为全国反帝反封建斗争最富生气的省份。1905 年,全国的反美爱国斗争进入高潮。湖南在禹之谟等的策动与领导下,青年学生和城市市民首先开展了抵制美货运动。是年底,同盟会中杰出的革命家和宣传家陈天华,为抗议日本政府颁布《取缔清韩留学生规则》,在东京大森湾愤激投海自杀。不久,同盟会骨干之一益阳人姚洪业在上海忧愤自沉黄浦江。陈、姚忧国自杀,在湖南学生和各界中产生巨大反响。同盟会湖南分会负责人禹之谟及留日返国的宁调元,倡议公葬陈、姚于岳麓山,以表彰义烈。5 月 23 日,二人灵柩运抵长沙。同盟会湖南分会冲破官方层层阻挠,发动学界、军界一万多人,举行了公葬仪式。这是对清朝统治者的一次政治大示威,激扬了民心,扩大了革命影响。1906 年秋冬爆发的萍浏醴大起义,是同盟会成立后发动的第一次大规模武装斗争。浏阳大圣庙戏台即为萍、浏、醴起义军祭旗誓师之地。起义失败,起义领导人刘道一被斩杀于长沙浏阳门外。禹之谟、陈天华、姚洪业、刘道一等志士都长眠于千古名山岳麓山,向世人诉说着这一段悲壮的历史。

4. 辛亥革命时期的长沙也是立宪派的大本营。立宪派所追求的君主立宪与革命派所追求的民主共和一样,也具有革命性的政治理想,也在为探索救国道路作艰辛的努力,立宪请愿、保路风潮,一浪高过一浪。谘议局为地方开明绅士提供了民主议事的机构,谘议局议员选举成为中国近代民主选举的开端,故谘议局所在的街道后来被命名为民主东街。1909 年夏天,为反对清朝政府以向外国银团借款方式重新拍卖粤汉、川汉铁路路权,长江流域中上游保路运动再次进入高潮。到 1911 年春季,湖南已出现"通省人士奔走呼号","舆情激昂,万众一致"的民怨沸腾形势。5 月中旬以后,不仅长沙各界群众万人集会,而且还有修筑株洲到长沙一段铁路的一万多工人进城示威,并且号召罢市、罢课、抗租税。保路运动是直接引起辛亥革命的导火线,它首先是在湖南点燃的。湖南保路运动是由湖南立宪派领导的社会各阶层积极参加的民族民主运动,推动了湖南辛亥革命的开展。因此,我们把湖南立宪派著名人物,如谭延闿、熊希龄、余肇康、刘人熙、黎尚雯等在长沙留下的遗迹遗址及谘议局旧址也列为辛亥革命遗迹遗址。

5. 辛亥革命遗迹遗址直接见证辛亥革命湖南光复的过程。辛亥革命武昌首义,是由共进会和文学会共同领导,打响第一枪。长沙作为第一响应者,即辛亥革命首应地,领导人焦达峰也是共进会领导人之一。共进会会员绝大多数同时也是同盟会会员。1909 年 8 月,焦达峰从汉口回到长沙,在太平街马家巷 17 号的同福公栈中设立共进会湖南总机关,焦达峰多次在楼里秘密集会,策划反清起义。湖北、湖南的共进会领导在 1911 年 3 月的武昌会议前约定:"不管谁先发难,发难的省得到成功,则未及发难的省必须于 10 天之内发难,作为支援。"四正社作为长沙起义主力军之一洪江会的领导核心,也设在太平街。长沙起义的另一主力——新军谋划和发动起义的遗迹、遗址,如天心阁、体育会、协操坪、炮队坪、兴汉门、巡抚衙门等真实纪录了辛亥革命湖南光复的壮阔场景。

(二)文物价值

1. 长沙辛亥革命遗迹、遗址是长沙文物保护单位的重要组成部分,并形成完整的一个系列。长沙辛亥革命遗迹、遗址中,今有全国重点文物保护单位 3 处、湖南省文物保护单位 14 处、长沙市文物保护单位 8 处、县级文物保护单位 2 处。另有一般不可移动文物和公布的历史建筑 21 处,以及树立标志的著名历史文化遗址 6 处。

2. 长沙辛亥革命的许多遗迹,其本身具有极高的文物价值和建筑艺术价值。黄兴墓、蔡锷墓等雄伟壮观,墓园依山势而建,展现出高超的建筑技艺,也为研究湖南近代墓葬形式的演变提供了难得的实证。黄兴故居、杨昌济故居、沈家大屋等是湖南农村清末院落式民居的典型代表;共进会旧址、四正社旧址、程潜公馆等是长沙城市传统民居和老式公馆不可多得的实物标本;谘议局大楼、中山亭钟楼、圣公会教堂等是长沙城留存不多的近代优秀公共建筑,其中西合璧的建筑手法,体现了那个时代的城市风格。天心阁、贾太傅祠等既是辛亥革命志士活动的遗迹,又是著名的名胜古迹,具有很高的文物价值。

(三)现实价值

1. 提升了旅游景点的文化内涵。国家级风景名胜区岳麓山今存辛亥志士墓多达 24 座,因有"辛亥革命博物馆"之称。黄兴、蔡锷、陈天华、蒋翊武、禹之谟、刘道一、焦达峰等辛亥风云人物长眠在这千古名山,应验了"青山有幸埋忠骨"的诗句。《太平街历史文化街区保护规划》把该街区的特点定位为"屈贾文化的承载地、商业民俗的传承地和湖南辛亥革命的策源地"。这其中第三个特点是因为太平街集中了多处辛亥革命的遗迹。如直接策动长沙辛亥起义的共进会湖南总机关和洪江会的领导核心四正社都在太平街;培养起义骨干的"湖南体育会"和"体育学堂"设在太平街贾太傅祠内;太平街杨福和豆豉鞭炮庄也是革命党人的聚会之所。千古名楼天心阁因同盟会湖南分会早期机关设于此和辛亥长沙起义秘密会议在此举行,而再添一分革命色彩,为此,《中华历史文化名楼——天心阁》一书特辟《辛亥革命的历史见证》一章。

2. 为省会增添了典型而系统的爱国主义教育基地。众多的文物点不仅给中小学生、年轻人和广大市民提供了学习近代革命历史知识的直观课堂,而且每至清明,岳麓山辛亥志士墓群成了长沙市民和中小学生凭吊革命先烈的最佳场所。

3. 给湖南增添了一条完整的缅怀历史的精品旅游线路,使长沙这座历史文化名城内涵更加深厚。长沙已推出观光游、休闲游、体验游、红色游等旅游产品,如果再将辛亥革命遗迹、遗址进行整体包装,即可打造出"缅怀游"旅游产品。由于长沙辛亥革命遗迹遗址集中、连点连串,可规划出多条旅游线路,如辛亥革命名人故居游、岳麓山"辛亥革命博物馆"游、太平街——天心阁辛亥革命活动遗址游等。

4. 增进海外联谊,扩大长沙在海外的影响力。辛亥革命人物的后裔有很多旅居海外,有的定居台湾地区。辛亥革命遗迹的修复,可吸引他们回乡缅怀先辈、观光旅游,甚至投资兴业,为长沙打造国际文化名城又提供一个途径。由于海峡两岸和世界华人都对辛亥革命持赞颂态度,辛亥革命遗迹、遗址即可成为增进海外联谊和扩大两岸互信的桥梁与纽带。

三、长沙辛亥革命遗迹遗址的保存现状和问题

(一)长沙辛亥革命遗迹遗址的保存现状

分为较好、差、仅存遗址或面临拆除3种情况:

1. 已公布为各级文保单位的遗迹,一般说来保存较好,维修经费基本有保证,发现损坏能及时得到修复。其中3处全国重点文物保护单位,保护得最好。

一般不可移动文物也有保护得较好的,如吊马庄予园公馆系辛亥革命功勋刘赓予留下来的房产,因得益于党的统一战线政策,其产权仍归刘氏后人,房主对其呵护有加,成为长沙城保存最好的民国公馆之一。

2. 大多数未列为文保单位的遗迹,保存状况较差,有的濒临损毁或成危房,亟待抢救。这批遗迹在2010年全国第三次文物普查中被列为一般不可移动文物,

在此之前长期处于自生自灭状态。如共进会旧址、四正社旧址、程潜公馆等长期为居民大杂院，管理混乱，房屋破陋，火险隐患严重，有的墙壁已出现裂缝。浏阳焦达峰故居，围墙、槽门、部分厢房已经倒塌，今存屋舍也岌岌可危。岳麓山许多刚被列为不可移动文物的辛亥革命志士墓，如余昭常墓、童健吾墓等，因年久失修，墓体破损严重，墓地杂草丛生，充满苍凉之感。

少数文保单位保存状况也令人担忧，如浏阳沈家大屋为长沙市文物保护单位，大屋由20多栋屋、200多间房、18厅堂天井组成一个整体，已故市博物馆原馆长黄纲正称"其建筑风格和艺术特色完全可媲美张谷英村"。但因系清同治年间房屋，且有多处房屋无人居住，今已出现8处危房，部分墙体倒塌，所需维修资金较巨，乡政府只能望屋兴叹。从2006年至2008年，田伏隆、何光岳、陈先枢、沈绍尧等专家学者曾三次联名上书，请求市、县两级政府出资抢救这一文化遗产，但收效甚微。

3. 地面建筑已毁，仅存遗址。宋教仁居所、章世钊故居、辛亥烈士祠等毁于上世纪五六十年代。辛亥烈士祠内的烈士铜像被搬至岳麓山后，被红卫兵砸碎，国人无不痛惜。到八九十年代旧城改造时，又一批辛亥革命遗迹被拆除，何南熏公馆因道路扩改而拆，华兴会旧址和中山纪念堂则被两省直单位拆除建干部宿舍。岳麓山赫石坡辛亥革命志士葛谦墓被夷为菜地，以致新公布的不可移动文物名单上没有葛谦墓，好在墓碑已在附近一栋平房后的杂草丛中找到。

2010年新一轮的大拆大建也波及辛亥革命遗迹的保护工作。6月9日公布为不可移动文物的刘贲予公馆（予园），8月25日却收到了大小古道巷棚改指挥部的征收通知。目前，公馆周围的房屋已拆除，只有予园还坚持着，拆迁指挥部未敢强拆。大小古道巷是市政府公布的要保护的历史街巷，而天心区政府却将其公布为棚改区，市政府要保，区政府要拆，令人无法理解。

（二）长沙辛亥革命遗迹遗址保护存在的问题

1. 对辛亥革命遗迹遗址保护的重要性认识不足，宣传不力。长期以来，由于受"左"的思想影响，一些领导总认为，旧民主主义革命文物不如新民主主义革命文物重要。其实，这是一种偏见或误解。旧民主主义革命为新民主主义革命打下了基础，新民主主义革命是旧民主主义革命的延续，两种文物保护应该不分厚薄。"孙、黄"是辛亥革命时期并称的领袖，但长沙市对黄兴的宣传，不及中山市对孙中山的宣传。长沙、武汉同为辛亥起义的策源地，但长沙对辛亥革命遗迹保护和建设的重视，不及武汉对辛亥革命遗迹保护和建设的重视。

2. 辛亥革命遗迹遗址保护资金投入严重不足。投入不足是辛亥革命遗迹、遗址保护工作难以有效开展的重要因素。同时，由于建设投资是由不同部门完成的,难以统一,难以形成整体效应。辛亥革命遗迹、遗址的保护虽然对提高城市文化品位和对发展旅游观光产业有巨大持久的推动作用,但由于遗迹保护本身不产生直接的经济效益,加之现有体制、观念和模式等原因,因而对外资和民间资金缺乏吸引力,文物景点及旅游业收入也基本没有投入到辛亥革命遗迹、遗址的保护。

3. 重要的辛亥革命遗迹缺乏与之配套的纪念及展示设施。在黄兴故居之旁建立黄兴纪念馆,有关部门早有设想,并做过规划,但迟迟未能议决。按国家文物局的规定,故居只能作复原陈列。黄兴生前留存下来的大量实物、墨稿和照片无法陈列展出。长沙地区刘少奇故居、杨开慧故居、蔡和森故居、李富春故居、许光达故居等都已建了纪念馆,而作为全国重点文物保护单位的黄兴故居却未建纪念馆是说不过去的。另外,中山亭的辛亥革命图片展览,黄、蔡墓庐的黄、蔡生平陈列过于简陋。共进会旧址、四正社旧址等至今只是普通出租屋,路人无人知晓其历史价值。天心阁、贾谊故居虽为著名名胜迹,但景区内见不到任何有关辛亥革命活动遗迹的介绍和标识。市内辛亥革命遗址地,除协操坪、辛亥烈士祠等少数几处立有标志碑外,大部分未立标志。

4. 旧址产权关系复杂,管理体制没有理顺,造成保护和利用的困难。长沙辛亥革命遗迹的产权单位大致有:园林部门、文博部门、长房集团、省直机关、教会、私人等。一般说来,属于园林部门、文博部门的,管理较好;属于省直机关、教会、私人的还能接受文物管理部门约束,但不太可能发挥作为辛亥革命遗迹的功能。管理最差的是仍属于直属公房的出租屋,其产权单位根本不把它们当作文物,只管收房租,有的长期不进行维修,任其成为危房,周边环境也差,更无法使其得到合理的利用。

四、对保护和利用辛亥革命遗迹遗址的建议

（一）提高认识,增加投入,切实贯彻国家有关文物保护的方针

留住城市的历史文脉,保护各个历史时期的历史遗迹和历史建筑,是保证历史文化遗产世代承传的大事,是我们这代人义不容辞的责任,也是科学发展观的必然要求。辛亥革命遗迹、遗址是长沙历史文化遗产系列中的亮点之一,根据"保护为主、抢救第一、合理利用、加强管理"的国家文物方针,建议加速对这些遗迹、遗址进行抢救性保护。长沙辛亥革命遗迹中已列入文物保护单位者较多,日后还有可能增补文物保护单位,需要保护和抢救性保护的文物量多面广。而当前政府下拨的长沙市的文物保护经费每年仅几百万元,辛亥革命遗迹所能分享的经费只是杯水车薪,不能解决根本问题。根据《中华人民共和国文物保护法》第十条规定:"县级以上人民政府应当将文物保护事业纳入本级国民经济和社会发展规划,

所需经费列入本级财政预算。国家用于文物保护的财政拨款随着财政收入增长而增加。"为应对当前文物保护的严峻形势,增加政府财政投入是形势所迫,大势所趋。还要解决一批文保单位年久失修的历史欠债,保证文保单位基本上无险情。对于辛亥革命遗迹保护的投入,不能按市场经济的方法来计算短期的"投入产出",而应以科学发展观的眼光,看到它的长远利益,即提升了城市的知名度和文化品位,优化了城市的人文环境和投资环境,并使历史遗产资源得到永续利用。

(二)建立保护和利用辛亥革命遗迹遗址领导小组

该机构主要负责辛亥革命遗迹、遗址保护和利用的统筹、规划、协调、指挥、监管等工作。由市委宣传部部长和主管文物工作的副市长任组长,市文广新局局长任常务副组长,相关部门参与,常设机构设市文广新局(市文物局)。

(三)编制长沙市辛亥革命遗迹遗址及纪念设施保护、建设规划

对本文所列 64 处旧址做全面详细的实地勘察,吸纳专家意见,作出详细的保护利用规划。规划内容应包括:文物本体维修、周边环境整治、纪念场馆建设、陈列展览提质、文物保护基础设施提升等工程。尽快完成辛亥革命遗迹中"市保升省保""省保升国保"的申报和公布程序。对辛亥革命遗迹中尚未列为文保单位的不可移动文物,选择一批提升为市级文物保护单位,以提升保护级别。建议名单如下:焦达峰故居、程潜公馆旧址、共进会旧址、四正社旧址、谘议局大楼旧址、杨卓林墓、阎松年墓、谭馥墓、彭遂良彭昭墓、童健吾墓、李仲麟墓、易本羲墓、余昭常墓、中山纪念林(含碑、亭)。

(四)为纪念辛革命 100 周年,完成一批重点保护、建设工程

主要有:1. 建设黄兴故居的配套设施——黄兴纪念馆及黄兴铜像,全面收集和整理黄兴及长沙辛亥革命文物,完成黄兴纪念馆的陈列设计和布展;2. 全面维修岳麓山辛亥革命志士墓群,并对建设控制地带内的环境进行整治,黄、蔡墓庐重新布展陈列,与蒋翊武墓配套而建的半山亭恢复蒋公亭原名,对尚未列为文保单位的辛亥革命志士墓进行抢救性维修;3. 对破损严重的辛亥革命遗迹进行抢救性维修,如焦达峰故居、沈家大屋、程潜公馆、共进会旧址、四正社旧址等,同时对保护范围和建设控制地带进行环境整治,做好相应的复原陈列和辅助陈列,尽快启动太平街历史文化街区第二期工程,重点修缮共进会旧址、四正社旧址所在的马家巷和孚嘉巷;4. 对中山亭内辛亥革命图片展览进行提质,充实与长沙有关的内容,辟为长沙辛亥革命纪念馆。

(五)理顺遗迹中直属公房的产权关系,将其变更为专业陈列馆

理顺辛亥革命遗迹中直属公房的产权关系,并将房屋用途从出租公房改变为专业陈列馆,主要有 3 处,即程潜公馆旧址、共进会旧址、四正社旧址。建议这 3

处国有资产产权由房产部门划拨至文博部门,对内住租赁户妥善迁移安置(程潜公馆已完成迁移安置),分别改建为程潜生平陈列馆、共进会陈列馆、四正社陈列馆,由市博物馆管理。同时,对旧址周边环境进行整治,在保证旧址本体安全的同时,挖掘其作为旅游景点和教育基地的潜力。

(六)完善辛亥革命遗迹遗址的标示工程

对地面建筑已消失的著名辛亥革命遗址树立其标志,现已立标志碑的有华兴会成立会故址、协操坪故址、兴汉门(新开门)故址、湖南巡抚衙门(都督府)故址、辛亥烈士祠故址等。尚需立标志碑的有何南熏公馆遗址、章士钊故居遗址、宋教仁居所遗址、时务学堂故址、浏阳大圣庙戏台故址、马福益刘道一就义处、炮队坪遗址、秋烈士祠遗址、中山纪念堂遗址等。一些地面建筑虽存,但仍在使用的辛亥革命遗迹,在产权关系不变的情况下也应树立辛亥革命遗迹标志,如张孝准旧居、沈家大屋、明德学堂、圣公会教堂、谘议局大楼旧址、刘贲予公馆等。树立标志的方式可多种多样,如立碑、卧碑、嵌碑、建筑小品、小型雕塑、文化墙等。例如在明德中学老校区靠泰安里一侧的外围墙上可设计制作文化墙,以反映明德中学与华兴会及黄兴等辛亥志士的渊源关系。与辛亥革命活动遗迹有关的著名景点,如天心阁、贾谊故居等,更应增加与景点有关的辛亥革命活动遗迹标示,导游词也应增加相关内容。

(七)成立爱国主义教育基地,开辟旅游专线

宣传、旅游、文博、园林、区县等部门协调合作,打造一条以辛亥革命为主题的爱国主义教育基地和旅游线路。亦可与其他旅游线路组合,丰富其旅游产品的内涵。长沙电视台、长沙晚报等新闻媒体应配合大力宣传,以提高长沙的文化品位和知名度。

参考文献:

[1]田伏隆.辛亥革命在湖南[M].长沙:岳麓书社,2001.

[2]谢建辉.长沙老建筑[M].北京:五洲传播出版社,2006.

[3]陈泽珲.长沙名寝与名人[M].昆明:云南民族出版社,2007.

[4]陈先枢,金豫北.长沙地名古迹揽胜[M].北京:中国文联出版社,2002.

老街:城市历史文化传承的重要载体

——兼论长沙老街对城市历史文化的阐释

蒋　益

(长沙大学旅游管理系, 湖南长沙　410022)

一

　　一座城市就好像一个有生命的肌体,纵横交织的道路犹如动脉,把城市分成若干个区域。城市中被道路划分出的小区,在古代中国称之为里坊。一个里坊往往就是一个基本的行政管理单位,这种情况在中国直到十九世纪中叶几乎无一例外。

　　每个小区之内,又有许多建筑与建筑之间形成的小通道,它密密麻麻布满全城,就像毛细血管那样细小却充满了生机。对这些历史悠久的小通道,现代人通称为"老街"。

　　对任何一座历史文化名城,任何一座知名度颇高的旅游城市而言,老街都属于高等资源。所谓高等资源一般具有五个特征:独特性、垄断性、稀缺性、脆弱性和不可再生性。城市高等资源概括地说有以下六个方面:一是城市古建筑和历史街区;二是自然景观;三是城市的园林与河道;四是城市的总体形象;五是人造景观包括主题公园;六是城市的历史事件;其中最重要的是城市古建筑和历史街区,老街便是它们的代表。

　　从美学的角度论城市,有个性的,才是美的;是民族的,才是世界的。所谓有个性的,就是城市独特的风貌特征,凝聚着地方和历史的文化个性,这才真正叫美。所谓是民族的,就是体现了东方文化美,体现了中国特有的文化美。如果每一座城市都能保留自己的个性特色,都能展示自身悠久的历史文化传承和绚丽多姿的人文风貌,这才是属于世界的,世人也才会赞扬。

　　作为城市历史文化血脉的老街具有鲜明的特征:首先是历史的积累性。老街有着几百年甚至上千年的历史积累,是几十上百代人智慧的结晶。二是创作的艺术性。古代建房经常是一群艺术家和建筑师的创作过程,建设周期可长达数年;

老街上的一些复杂的建筑,需要几十年甚至上百年才将它"研磨"成功,而且参与创作的这些人都是大师。三是鲜明的时代性。老街上的每幢历史建筑都体现着不同的时代风格,都有着不同的时代特色风貌。四是文脉的继承性。一座城市的历史文化是不断地延续的,不同时期的文化脉络非常清晰,所有对不同历史时代感兴趣的人,都可以在老街找到自己心爱的东西,找到自己对艺术的崇敬和临摹的对象。

老街是以历史文化为内涵的特殊的现代聚落,"历史文化"是这些现代聚落与其他现代聚落的本质区别——所有的聚落都是人的生活区,而以"历史文化"为内涵的现代聚落是一种特殊的生活区,其这一内涵概念所指是保存文物特别丰富并且具有重大历史价值或者纪念意义,也就是说两个条件必居其一:或者保存文物特别丰富并且具有重大历史价值,或者保存文物特别丰富并且具有纪念意义。这两个条件是老街的硬指标,是所有老街的特质,这种特质决定了老街的性质是文物,是"不可移动文物"中的一种类型。所以说,老街的核心内容是"历史文化"。

老街对于一座城市而言既是一种载体,也是一种历史文化的阐释。这种阐释可从三个方面来领略:一是格局的肇建与变迁;二是名称的起源与嬗替;三是所经历的人世沧桑。由此三条途径,大致可以获得一座城市历史文化的基本轮廓。

二

论及老街对城市历史文化的传承和阐释,不妨先来谈谈北京的胡同和上海的里弄。

北京的老街称胡同。想要了解北京,无妨自北京的胡同始。胡同,是北京特有的一种古老的城市小巷。在北京,胡同浩繁有几千条,他们围绕在紫禁城周围,大部分形成于中国历史上的元、明、清三个朝代。俗称北京"有名胡同三千六,无名胡同赛牛毛",此语并非夸张,而是基于事实的概括。由于胡同是北京街巷的主体,因而习惯把"街""巷"之类归于胡同,既简化,又符合北京特色。

除数量众多外,北京胡同的另一特色是历史悠久,二三百年者并不稀奇,三五百年者所在多有,六七百年者亦非罕见。不少胡同里的一片砖、一片瓦都有几百年的历史了。单就某一特定的胡同而言,也多具时代与历史印迹,有许多掌故。如此广范围、大群体地历时千、数百年,不仅遗迹犹存,而且仍服务于今世,其名犹直接或间接地使用,仍有生命力,这在世界范围内也属奇迹。

上海的老街是里弄。要了解上海近代历史发展的轨迹,最便捷的方法莫过于从上海的里弄着眼,故俗话说:"上海的里弄北京的胡同"。

1843年上海开埠以来,一种建造在城市偏僻小路两旁的新的民居——石库门出现,这就形成了极具时代象征性、地域代表性的上海里弄。里,是中国城市中的居住单位;在民间文化中,人们也多称故乡为故里。弄,为泊来词,原为"LANE",指称偏僻小路。因此,上海里弄从字面意义上看,既有中国文化因子,也带有西洋味。

里弄是上海市民生活令人难解的情结。它是上海市民的生聚之地,里弄生活包含着上海人特殊的文化记忆。从繁华热闹的大街往里走,眼前一下子就出现了另一个别开生面的世界。这是一个还看得到上海传统的旧的生活方式的地方,是与外面的快速变化完全隔断的、摇摇晃晃的、慢悠悠的,好像时间早就停止了那样的世界。上海的里弄洋溢着因人烟稠密而产生的、令人怀念的温暖。沉浸在这温暖里,你会觉得自己好像跟里弄世界融合在一起,变成它的一员。四通八达的里弄里,旅店、作坊、饭馆,都会来占用一方天地;小食摊、修鞋匠、理发师傅、算命先生,以及转街走巷的各种露天职业者,都来此谋求营生。他们中大多是川流不息的各地移民。形形色色的人物,五花八门的行当,生动地展现了上海的市井百态,是上海这座城市中最浪漫、最能触动人心的部分,同时也折射出上海这座城市"海纳百川""有容乃大"的社会特征。

上海是中国现代建筑的主要发源地,上海里弄是中西现代居住建筑文化交流的见证,是反映上海自身中西文化交融特征的重要载体,大量里弄所构成的城市形态及其背后所代表的城市文化,最为典型地反映了这座城市强烈的市民社会特征。由此,里弄成为上海最重要的城市特征,里弄生活的记忆也成为很多上海人的特殊文化基因。

上海的里弄在最多的时候有9000多条。1949年之后,再也没有新的里弄民居出现了。里弄就此成为上海一道独特的风景线。单纯从建筑的角度出发,石库门是特定历史时期的产物,而且有些石库门的空间结构也已不适合现代人的居住观念,因此消失是正常的。90年代初期,上海开始了大规模的重建和开发,不少石库门老房子被拆卸,取而代之的是一幢一幢的高楼。当一条条充满怀旧风情的里弄渐渐消失时,人们才意识到要去保留这些上海独有的"艺术品"。

要读懂一座城市,可以从它的大约经历了数个世纪之久的老街开始。因为只有在这样的空间,你才能呼吸到一种历史文化的气息。老街时时在提示我们,所谓地缘文化,不过是一种生活状态和思维方式的积淀。然而,这种"历史文化味"却离我们越来越远了,动迁和改造,正在把老街变成钢筋水泥丛林。不错,行政中心、商圈等等或许可以作为一个城市的地标,倘若要说历史文化的象征,却只能是老街。因为它不只是在向人们阐释着历史,也在阐释着文化——地域特征鲜明而又不可替代和复制的文化。

三

现在,让我们来读一读长沙的老街,看看它们是如何对长沙的历史文化内涵进行阐释的。这种历史文化阐释首先表现在老街格局的肇建与变迁。

老街的格局是时代精神与价值取向的体现,因此,长沙老街从其规划产生或自发形成之日起,便具有明确的文化内容。而其在不同时代所经历的变迁、异动、更迭,也会印上不同时代思想观念乃至社会伦理的烙痕。这种格局的变迁,并非偶然,而是随着占统治地位的社会意识、市民文化乃至早期个性解放观念、城市管理制度及其指导原则而转移的。

论及长沙老街的格局所阐释的历史文化,不妨以太平街、南正街、理问街、小东街、青石街、药王街为例。

太平街一带自古为人文荟萃和商业繁华之区。清代地方政府为满足货物和居民出入城需要,在小西门和大西门之间新开一门,名太平门,太平街之名由此而来。太平街历史上就是商业繁华之地,"太平"也有为商家讨个吉利之意。一进太平街口,就闻到一股干辣椒和干鱼混合的味道。狭窄的太平街人声鼎沸,烟花、干货、特产、布料,应有尽有。旧时的许多行栈、货号、店铺一直延续到今日。

太平街的街巷骨架完整地保留了清初的格局,两旁建筑错杂,街衢纵横,而且街名沿用至今。这可从清嘉庆、同治、光绪和民初等各个时期的长沙老地图中得到印证。太平街比较完整、真实地反映了清末、民国时期的传统风貌和地方特色。从上空俯瞰,隐约可见清末民初长沙城那种民居错杂、街衢纵横的风采。小青瓦、坡屋顶、白瓦脊、封火墙、木门窗,是这一带民居和店铺的共同特色。老式公馆则保留了较为原始的石库门、青砖墙、天井四合院、回楼护栏等传统格局。

南门口至织机街口一段古称南正街,织机街口至苏家巷口古为黄道街,苏家巷口至育婴街口古为红牌楼,育婴街口至青石街口古为司门口,司门口至福源巷口古为端履街,福源巷口至药王街口古为八角亭。南正街至八角亭,是近代长沙商业最繁华的街市,各类商店达数百家,其中德茂隆酱园、德园包点店、徐长兴烤鸭店、李合盛清真牛肉馆、中华国药局、四怡堂药铺、吴大茂针扣店、李文玉金号、寸阴金钟表行、太平洋百货庄、九如春茶馆、九如斋南货店、介昌绸布庄、大盛绸布庄等都颇有名气。

今蔡锷路解放路口至五一路口的一段,古称理问街。理问街原是一条很有名的商业街,因藩司的理问厅在此得名,清乾隆间创立的陈力新药铺、光绪年间建立的湖南官钱局、民初的藻华纸庄、泰和钱庄等都在理问街。从五一路口往北至中山路口,古称上、下东长街,系明藩府在藩府东门外仿北京东长安街而建。而清代安徽会馆建在上东长街。

今中山路福星街口至三贵街口,古称小东街。小东街一线历史遗迹甚多。时务学堂、《湘报》社、清巡抚署、民国都督府、清贡院、船山学社等都在小东街左右。1930年代在小东街基址上建成的中山路沟通了湘江码头和粤汉铁路,成为长沙城又一繁华商业区,中华国药局、国货陈列馆、银宫电影院、德和酒家、汉新和文具行、华中理发店、星沙池澡堂等都位于中山路。

西起司门口,东至柑子园的解放路在明代系吉王府南门外的一条护城河。清初,藩府毁弃,这条护城河便填平成了街道,因河上原有三座青石砌的桥,故街以"青石"名之,司门口至登隆街口称"青石街",登隆街口至柑子园称"青石桥"。到清道光年间,青石桥街已成为省城商业繁华之区,街上名店鳞次栉比,名产驰誉遐迩。爵禄斋的帽子、马恒记的鞋子、裕源绸缎庄的绸子、徐元吉斋的汤圆子、徐长兴的鸭子、德馨斋的金钩鲜肉饼子、陈家铺子的益阳簟子、钱清汉楼"双妹子"牌香粉,以及和善记的老板王胖子、饶道生屠坊砍肉的饶妹子等10个带"子"的产品或经营者被誉为"桥上十子",为人津津乐道。

清末民初时,药王街是一条著名的商业街。滇黔会馆和易家祠堂位于此街,建筑较有特色。长沙第一家照相馆—镜蓉照相馆于清光绪元年(1875)开设于此街。还有裕兴、金粟影、镜中天等照相馆也颇有名气。民国时期,此街以制鞋业著称,美利长、五福、大捷、中西、云飞、四明等鞋店都享有盛名。

四

长沙老街对历史文化的阐释还表现在其名称的起源与嬗替。街巷名称铭刻着时代色彩,体现着时代的文化风貌。举凡文化的层层面面,多可于街名中得其征象,获其答案。研究长沙老街的街名对历史文化的阐释是非常有趣的事情。

街名是一种信息载体,是人们赋予各个地理实体的专有名称,是人类生产、生活、交往和进行各种活动必不可少的工具,且具有反映当地历史、地理特有现象的功能。城市是人口的集中聚居地,是人类交往活动的中心,而与这些聚居地和交往中心紧密相关的街巷地名,其形成和演变无不留下可贵的历史遗痕,记录着已经消逝了的历史岁月。

长沙街道地名有着深厚的文化底蕴,它不仅反映了古代长沙的历史、地理、交通、政治、经济、宗教、社会、文化、民俗等状况,而且呈现出深厚的文学韵味、高雅的艺术特质、丰富的想象力和诙谐的幽默感,体现了长沙人性格"清慧而文"的一面。

长沙老街的命名,取材广泛,寓意深邃。

太傅里、定王台、礼贤街、朱张渡、马王堆、药王街、局关祠、左文襄祠、三公里、中山路、黄兴路、蔡锷路,追寻着一个个历史名人的故事;

吊马庄、倒脱靴、马援巷、营盘街、银盆岭、里仁坡、校场坪、协操坪、先锋厅,把人们带人波澜壮阔的古战场和威严肃穆的古军营;

南门口、大西门、小吴门、兴汉门、潮宗街、通泰街、湘春街、浏城桥、西湖桥、培元桥、一步两搭桥、高码头,勾画出长沙古城池的版图与变迁;

碧湘街、小瀛洲、明月池、东牌楼、西牌楼、走马楼、司门口、八角亭、三王街、西长街、藩城堤、老照壁、紫荆街,再现着马楚王都和明吉王府的兴废及历代王朝的更迭;

藩正街、盐道坪、粮道街、巡道巷、都正街、游击坪、县正街、宝南街、皇后街、育婴街、学宫街、学院街、文庙坪,使人对长沙古代的公署、衙门、学宫一览无遗;

玉泉街、铁佛东街、千佛林、火宫殿、轩辕殿、社坛街、龙王宫、斗姥阁、太乙寺、吕祖巷、雷祖殿、玉皇坪,使人仿佛置身于香烟缭绕的古代宗教圣地;

朱家花园、西园、储英园、息机园、梅园、水月林、莱根香、芋香巷、柑子园、白果园、樟树园、荷花池,引人漫游长沙古代的私家园林和风景胜地;

化龙池、金线街、落星田、灵官渡、平地一声雷、回龙山、落刀嘴、鲇鱼套、宝塔山、东瓜山,一个地名就是一个美丽的民间传说;

油铺街、衣铺街、铜铺街、书铺街、织机街、铁铺巷、糟坊巷、糖坊巷、机坊巷、火药局、洋火局、鱼塘街、古稻田、韭菜园,则记录了长沙古代经济发展的脉络。

随着长沙城市建设和旧城改造的飞速发展,一大批老街已经从长沙地图上抹掉了,如柑子园、宜园、芋香巷、藩正街、定王台、水月林、莱根香、平地一声雷、凤凰台、青石井、走马楼、怡长街、社坛街等等。然而,街道地名作为长沙优秀的、有特色的历史文化的一部分却不会消失,它将永载史册,代代相传。

五

长沙老街对历史文化的阐释还表现在它所经历的人世沧桑。老街是一座历史舞台,多少震撼人心的事件,多少历史人物的活动,乃至衙署机构的兴革,坛庙祠宇的盛衰,市肆厂作的演变,府邸宅第的起落,皆以此为依托,而不停地上演。平凡者的奉献,伟大者的奋斗,权势者的所为,贫弱者的疾苦,白丁发迹,王孙没落,善行,劣迹,嘉言,遗泽,奇闻,异事,吟咏,著述,风俗,民情,恩恩怨怨,风风雨雨,真可谓洋洋大观,闻之兴感,非仅为掌故,也是珍贵的世事记录。

老街与名人的关系是构成它的历史文化内涵的重要因素。长沙素有"屈贾之乡"之称。太平街东侧的太傅里就是贾太傅——贾谊故居的所在地。魏晋以来,故居改建为贾太傅祠,成为迁客骚人的必访之地。十分有趣的是,贾谊居住之处曾经也是屈原下榻之所。旧志载,太傅里原名濯锦坊。相传屈原放逐沅湘时,曾在这一居民区内与百姓谈心,并在一口古井旁洗涤染上灰尘的锦衣。屈原诗歌中也屡屡出现"濯发""濯缨"之类的词。濯锦坊于是得名。

长沙市图书馆系古定王台旧址,图书馆后有一条老巷,今仍名"定王台"。定王台为汉景帝之子刘发所建。汉景帝于公元前155年封刘发为长沙王。传说刘发由于挂念母亲,派人从长安运土回长沙,择城东高地筑台,以便时刻登台遥望。刘发死后谥定王,故名定王台。旧时长沙文人在春秋佳日都喜欢登台吊古抒怀。当时的长沙,除岳麓山外,以定王台最负盛名。

东汉建安十二年(207)赤壁大战后,刘备南下取得长沙、武陵、桂阳、零陵四郡,千百年来留下很多传说,"关羽战长沙"即是其中一个有名的故事,为此留下了许多与此有关的地名。

吊马庄位于长沙市今天心区磨盘湾北侧。传说关羽战长沙时紧追黄忠,人困马乏,便把马吊在这里的树桩上,自往一边歇息,"吊马庄"因此而得名。落刀嘴为浏阳河入湘江口。传说关羽从此过河攻打长沙,手中的青龙偃月刀不慎落入河中,入水即化为龙,进入湘江,逆水而上,游到涝塘河入湘江口,再逆水游至涝塘河。周仓下水一口气逆水追了七里才把宝刀捞上来。从此,关羽落刀之处叫落刀嘴,涝塘河也成了捞刀河。古吊桥今名湘春巷,原为古长沙城北湘春门外护城河上的一座石桥,始建于汉代。相传关羽取长沙时与黄忠作战于此。桥侧原有关帝庙,清刘献廷《广阳杂记》载:"长沙北门外有关帝庙,神座下有石。上有自然之文,俨如梅树根也。"故此地又名"枯树一枝梅"。南倒脱靴、西倒脱靴也与关羽战长沙有关。传说魏延追杀长沙太守韩玄,韩意欲从城南向北逃跑,当跑到磨盘湾一小巷时,为骗过魏延,有意将一靴子脱下,靴尖朝南放着,此巷后来就称"南倒脱靴"。魏延识破韩玄的欺诈,继续向北追去。韩玄逃到臬后街一小巷时,又将另一只靴脱下朝西放着,自己朝北门奔去,此巷后来就称"西倒脱靴"。

东晋大诗人陶渊明的曾祖父陶侃(257—333)系晋代名将,以军功封为长沙郡公,拜大将军。陶侃雄毅明断,勤于吏职,深为长沙百姓爱戴,今日长沙仍然留有多处遗迹印证着许多关于他的传说。

天心区沙河街东段原名礼贤街,相传陶侃年轻时居此。一日,陶侃的朋友范逵来访。其时,陶家境贫寒,其母恐怠慢了儿子的朋友,遂把自己的长发剪下,换来酒菜款待客人。范逵知道后叹曰:"非此母不能生此子。"这一"截发留宾"典故便是礼贤街得名的缘由。

小西门内古潭街西侧有小巷名白鹤观。据《岳麓志》载,白鹤观中有高楼与岳麓山抱黄洞相对,此高楼乃陶侃射杀岳麓山噬人恶蟒的射蟒台。抱黄洞即今人所称蟒蛇洞。传说虽不可信,但射蟒台却成了后代文人墨客登临之处。

相传隋唐间号称"药王"的大医学家孙思邈晚年隐居长沙,城中因而有了"药王街""洗药庵"等街道和遗迹。药王街曾建有药王宫,每年4月28日,药业界都要到这里祭祀祖师。洗药庵位于大古道巷,毁于1938年"文夕"大火,遗址在今大古道巷小学,校内原有"洗药井"。

北宋理学家、湖湘学派的创始人周敦颐(1017—1073),世称濂溪先生。长沙城北门的濂溪里便是因周敦颐而得名。据《宁乡河坞周氏族谱》记载,周敦颐嫡系十代孙,名层楼,字上一,于明洪武二十二年(1389)秋,偕妻穆氏,率三子由江西吉水来宁乡河坞落籍。在宁乡繁衍至今已历600多年,子孙传宗20多代。濂溪后裔落籍省城者聚族而居,于是长沙城才有了"濂溪里"的街名。

辛弃疾(1140—1207)于宋淳熙七年(1180)任湖南转运判官,又知潭州兼湖南安抚使。"辛弃疾与营盘街"的传说在长沙广为流传。辛知潭州时,正值金兵入侵中原,他力主抗金北伐,在长沙创建飞虎军,麾下有步军2000人、骑兵500人,配备精良武器。他日夜严格操练,把飞虎军练成一支骁勇善战的地方军。军队驻地便被称为营盘街。

长沙老街不仅是这座名城的脉搏,更是普通老百姓生活的场所。人们对老街有着特殊感情,它不仅是百姓们出入家门的通道,更是一座座民俗风情博物馆,烙下了许多社会生活的印记。长沙老街已成为名城历史文化的载体,也是对名城历史文化的生动阐释。名城的生活气息就蕴藏在这老街的角落里,在古建筑的一砖一瓦里,在居民之间的邻里之情里,只有身处其中才会有最深的体会。

综上所述,老街格局的肇建、变迁,名称的源起、嬗替及其间的人世沧桑,合起来便是一部丰富、生动的城市历史。老街对于一座城市而言既是一种载体,也是一种历史文化的阐释,还是一种不可再生的资源。老街的保护,对于研究城市过往的政治、经济、社会、历史、文化、建筑等有着极其重要的价值。搞好老街的利用,对于促进城市旅游业发展也有着重要的作用。近年来,生活在大城市中的人们怀旧情绪抬头,老照片、老故事、仿古戏楼以及"戏说"风格的历史剧风行。但老街的价值与意义决不仅仅在于此,人们之所以关注、保护、开发、利用老街,主要还是因为它是历史文化传承的重要的载体。历史文化的厚重源于它承载着特定时代的信息,那些记录历史脉动的载体,哪怕是一草一木,一旦毁去,我们的民族文化就少掉了某些遗传因子。中华历史上的许多精华遗存应该认真完整地保护下来。这种保护已经超越了简单的怀旧情绪,它是对民族文化的精神传承。

整合世界文化名人资源，打造长沙国际文化名城

梁颂成

（湖南文理学院文史学院，湖南常德　415000）

长沙作为我国中部迅速崛起的国际大都市，呼之欲出。过去的长沙，属于中部内陆城市，其发展一直受到传统布局的影响，难以在改革开放中施展"大手脚"。近年来，长沙市委、市政府明确提出宏伟的发展战略，要把长沙建设成为国际性大都市。这一规划已经得到国家认可，并且放进了国家建设好中部、向西部纵深发展的过渡地带战略部署之中。因此，可以预计，五到十年内，国家中部地区国际大都市长沙的形象，将焕然一新。

作为一座迅速崛起的国际大都市，长沙必须要有独具特色的标志性文化品牌。这一品牌，体现的应该是这座城市的灵魂，这座城市的内涵，这座城市的精神。那么，什么样的文化品牌，才够得上这一资格呢？我认为，只有以屈原和毛泽东这两位具有世界影响的古今文化名人为代表，结合同长沙有关的其他历史文化名人，打造"世界文化名人之都"品牌，才是长沙将来作为国际大都市的文化标志。

屈原和毛泽东，一个古代，一个现代；一个将"哀民生之多艰"的情怀铸进诗篇，一个将人民当家作主的新中国谱写在世界的东方。屈原在这里赋《怀沙》，投身汨罗江，这里是他人生的归宿；毛泽东在这里"指点江山""挥斥方遒"，从这里走向世界，这里是他革命人生的起点。他们对中华文明的推进，贡献巨大，影响深刻，以"屈原—毛泽东"为代表的世界文化名人品牌，当之无愧应该成为未来国际大都市长沙城市的文化标志。

一

长沙附近的汨罗，今属岳阳，历史上也曾属于长沙，是屈原以身殉国的地方，也是汉代贾谊进入长沙之时写作《吊屈原赋》的地方。太平街的贾谊故居内有屈贾祠，是历代民众祭祀爱国忧民的屈原和贾谊的地方。橘子洲北头的水神庙供奉的水神，古人的诗文中反映就是屈原[1]。2010 年，湖南省会长沙橘子洲重建江神

庙。当时媒体广为宣传,但都只是笼统提到江神,没有具体指明江神是谁。清乾隆《长沙府志》卷之四十八录有曾任湖南按察使和布政使的周人骥的《秋日祭江神庙礼毕登楼眺远因成长句》一诗,诗中称:"五里平沙认橘洲,质明礼罢共登楼。三闾剩吊睡钟祀,八月刚逢落雁秋。"由此可以确定,当时长沙民间认定的江神就是三闾大夫屈原。不仅这里,湖湘整个洞庭湖地区各处的水神庙、水府阁等祭祀的水神都是屈原,或者是屈原作品所涉及的湘君湘夫人[2]。

除此,岳麓山下举世闻名的岳麓书院之内,也有历代相传的屈子祠。长沙城及其周边地区,历来记载有据的屈原纪念地更是比比皆是。明嘉靖《长沙府志》卷之三载:"县北七十里,屈潭之左,昔屈原放逐栖此。"卷之四载:"乔口镇,旧有三贤堂,祀屈原、贾谊、杜甫。"卷之五载:"舜二妃墓在黄陵庙西。屈原墓在汨罗江。"清康熙《长沙府志》卷之七载,湘阴县"汨罗山,县东北七十里,上有屈原墓。"说明明代时期,汨罗这地方是属长沙。还有"玉笥山,一名石帆山,縣北七十里屈潭左。屈原既放,樓于此而作《九歌》,隋于此置玉州。"长沙市的外围,屈原的文化遗迹那就更多了,如益阳的天问台一带、汉寿的沧浪之水一带、常德的屈原朝发枉渚的德山、古代称为平山与高吾山即今天的河洑山一带、澧县城头山所在的涔澧一带[3]。总之,整个洞庭湖流域,到处都是历代相传的屈原文化纪念地,而且历代记载确凿,有据可查。同时,包括长沙在内的整个洞庭湖地区,涉及屈原的各种传说、民间习俗、风俗非常普遍,家喻户晓[4]。

二

湖南是中华人民共和国的缔造者毛泽东的故乡,长沙是毛泽东走上社会,走向中国,走向世界的第一步。毛泽东对屈原情有独钟。现在保存的他在湖南第一师范读书时期的听课笔记《讲堂录》上,就全文抄录有《离骚》《九歌》等许多屈原的作品。屈原的作品中,毛泽东最爱读的是《离骚》。除了反复抄写之外,还密密地圈点,他是把阅读《离骚》、领会《离骚》的精神,当作了最重要的人生乐事。1958年1月12日,他在致江青的一封信中说:"我今晚又读了一遍《离骚》,有所领会,心中喜悦。"这年1月16日,他在南宁会议的讲话提纲中说:"学楚辞,先学离骚,再学老子。"还在会议期间批示将《离骚》印发给与会者。

毛泽东十分敬佩屈原的为人,对屈原有许多精彩的论述。1958年8月,毛泽东在审阅和修改陆定一的《教育必须与生产劳动相结合》一文时,加写了一段关于"中国教育史有人民性的一面"的话,其中,他把屈原概括为"批判君恶"。屈原为什么会有这样的勇气?他的勇气哪里来?那就是一心为国,一心为公。心底无私天地宽,所以他在"荃(楚王)不察余之中情兮,反信谗而赍怒"的情况下,还是"虽九死其犹未悔"。尽管楚国最终因为君王不悟、小人当道而走向衰落,但是屈原这种为国为民"上下求索"的精神,却永远放射出耀眼的光芒。因此,屈原的"批判君恶",完全是为了祖国的强大和人民的幸福,是为了反对错误与坚持真理。这样,毛泽东肯定屈原,并把屈原树立为全体人民尤其是青年学生学习的榜样,就是可想而知的了。

1959年底到1960年初,毛泽东在关于学习苏联《政治经济学教科书》的谈话中,又说到了屈原。他说:"屈原如果继续做官,他的文章就没有了,正是因为开除'官籍'、'下放劳动',才有可能接近社会生活,才有可能产生像《离骚》这样好的文学作品。"毛泽东的话,对于我们理解文学同社会生活的关系非常有意义。它说明了这样一个道理:文人由于生活的改变,他的创作必然发生相应变化。有关屈原在文学史上的地位问题,毛泽东认为,在同类作家中,没有谁能够超过屈原。他在经过比较研究之后指出:"屈原高居上游。宋玉、景差、贾谊、枚乘略逊一筹,然亦甚有可喜之处。"1951年7月7日,毛泽东在中南海会见学生时代的老朋友周世钊时,又谈到《楚辞》:"《楚辞》虽是古董,但都是历史,有一读的价值。"

《楚辞》是毛泽东最喜欢读的书之一,也是他最看重的中国古代诗集之一。1957年12月,他让秘书寻找各种版本的《楚辞》及其研究著作共计50多种。1958年,张治中陪同毛泽东到安徽视察,毛泽东就问他:"你读过《楚辞》吗?"他向张治中推荐:"这是本好书,我介绍给你,有空看看。"1959年庐山会议时,他又让秘书在短时间内给他编了一个有几十种评价和研究《楚辞》的书刊目录,他亲自认真审定后印发给与会代表。1961年6月16日,毛泽东特别指明要两本书:一是人民文学出版社影印的朱熹的《楚辞集注》,一是明代陈第的《屈宋古音义》。此后一段时间内,毛泽东每逢外出视察,就把这两本书带在身边,有空就读。1972年,日本首相田中角荣来华访问,毛泽东把精印的《楚辞集注》作为珍贵礼品赠送给他。盼望世人都喜爱《楚辞》,是他真诚的心愿。

1918年,长沙新民学会会员罗章龙要去日本留学,学会同仁在长沙北门外的平浪宫聚餐,为他送行。毛泽东不仅参加了聚餐,而且把他一直送到船码头,并当面交给他一封信,告诉他里面有一首赠给他的诗。这就是《七古·送纵宇一郎东行》:

年少峥嵘屈贾才,山川奇气曾钟此。

君行吾为发浩歌,鲲鹏击浪从兹始。

毛泽东在诗中称罗章龙为"纵宇一郎",自己署名是"二十八画生"。"二十八画生"是毛泽东当时的笔名,他用这个笔名向长沙各校发出"征友启事",第一个响应的就是罗章龙。罗章龙也用了笔名,就是"纵宇一郎",即"纵横宇宙一男儿"的意思。毛泽东在送行诗中勉励罗章龙:我们湖南这块土地自古就是人才辈出的地方,你应该像曾经在这里行吟啸歌的屈原和贾谊那样,抓住"年少峥嵘"的美好时光,努力使自己成为有用的栋梁之才。诗中,毛泽东不仅将贾谊与屈原并称,而且指出"山川奇气曾钟此",这就点明了他们同湖湘这块热土的关系。

三

1953 年,世界和平理事会在芬兰首都赫尔辛基开会,号召全世界人民纪念世界四大文化名人:屈原、哥白尼、拉伯雷、何塞·马蒂。

哥白尼(1473—1543 年)是波兰天文学家,日心说的创立者,近代天文学的奠基人。他比中国明代著名的理学家王守仁小一岁。拉伯雷(1494—1553 年)是法国文学家,他出生时是中国明代弘治七年,第二年湖南人李东阳开始做宰相。拉伯雷的长篇巨著《巨人传》,从 1532 年第一部开始出版,四百多年来出版了 200 多个版本。何塞·马蒂(1853—1895 年),是古巴卓越诗人、杰出的民族英雄、伟大的思想家。他出生的那一年是太平天国洪秀全进入南京的那一年。何塞·马蒂从 15 岁起就参加反抗西班牙殖民统治的革命活动,42 岁便牺牲在独立战争的战场上。他主张民族独立,后来成为古巴民族的英雄和象征。

国外的这些世界文化名人,各国都有官方或民间的诸如故居、展示馆、遗迹、纪念碑、雕像等等之类的保护和宣传措施。2011 年 6 月 5 日,时任中国国家副主席的习近平在哈瓦那进行国事访问,其中一项重要的仪式,就是向何塞·马蒂的纪念碑敬献花圈。比起国外的这些文化名人,我们对同样是世界文化名人的屈原的重视,显然是不够的。屈原,是战国末期楚国人,杰出的政治家,是一生"哀民生之多艰"的爱国者,楚骚文学体裁的创始人。与和他一起入选的几位世界文化名人相比,他超过其中年龄最大的也是 1700 多岁。屈原著作的版本,从问世以来,专家的统计不下两千种。他的精神所影响的时代,影响的人数,显然是其他各位没法比较的。

综上所述,屈原是早已为世人认可的世界文化名人,毛泽东是不言而喻的世人公认的文化名人。他们都为人类的进步贡献了自己伟大的思想,伟大的精神。他们都同长沙结下了不容置疑的缘分。因此,将"屈原—毛泽东"的文化,作为未来国际大都市长沙城市文化建设的品牌来打造,理所当然。建议全面挖掘和整理屈原、毛泽东与长沙乃至湖湘的文化资料,建设、整合一批以"屈原—毛泽东"文化为主题的雕塑、展示馆等城市文化地标,开辟"屈原—毛泽东"世界文化名人旅游专线,等等。瞄准国际大都市,彰显世界文化名人主题,打造世界文化名人品牌,让长沙的形象在世人心中迅速高大起来,应该成为长沙城市文化建设的奋斗目标[5]。

参考文献：

[1]梁颂成．从历代封号看屈原对道教文化的影响[J]．湖南第一师范学院学报,2011,(6).

[2]梁颂成．常德市城区屈原文化资源考述[J]．湖南文理学院学报,2009,(5).

[3]梁颂成．龙膺与湖湘屈原文化[J]．求索,2012,(6).

[4]梁颂成．王守仁与湖湘屈原文化[J]．武陵学刊,2010,(3).

[5]刘文俭．加强城市品牌及文化品牌建设　着力打造文化强市与文明之城[N]．青岛日报·理论周刊,2012-02-18.

长沙文化特色书库建设思考

薛其林　　简姿亚

（长沙大学长沙文化研究所，湖南长沙　410022）

地方文化作为一个地域政治、经济、文化和社会事业发展以及风俗民情、自然资源等的综合反映，深刻地影响和改变着这个地域的方方面面，其重要性不言而喻[1]。近年来，关于地方文化文献资料的收集、整理、加工、利用成为了国内外文化研究的一个重点选题。就英美一些发达国家而言，在他们的公共图书馆的网站上，都能找到与当地相关的地图、档案、史料、照片、音乐、艺术、文学等丰富资料[2]。我国一些图书馆也有计划、有目的地加强了这方面的工作，如广东中山图书馆建设的《地方文献长廊》、西北五省区图书馆的《西北地方文献书目提要数据库》、廊坊图书馆的《廊坊书库》等。可以说，地方文化特色馆藏的建立，就图书馆而言，是自身发展的需要和策略，对于地方而言，可以促进地方文化的传承和发展，而对于高校而言，则可以有力地提升其教学科研水平和地位，其价值可想而知。

但作为一个历史文化名城，长沙还没有一个集中统一的地方文化特色资源共享平台，因此有必要将长沙范围内的文献资料聚集一起，凭借我校长沙文化研究所和图书馆的实力，建立"长沙文化特色书库"，以给研究长沙文化的学者提供一个良好的科研平台，同时更好地服务于长沙的经济社会建设。

一、特色书库建设的宗旨、基本内涵与定位

长沙地方文化特色书库的基本建设思路为：以长沙大学图书馆为资源建设基地，在现有馆藏文献的基础上，建设一个长沙地方文化特色书库；同时，以馆藏资源为基础，应用网络技术，构建长沙文化数字资源共享平台。其宗旨是构建一个科学、合理、适用的资源体系，推进我校图书馆特色馆藏建设，在此基础上为长沙文化研究和长沙经济发展与科技进步提供信息服务。长沙文化特色书库建设应依据我校的办学定位、学科建设和长沙的政治、经济、文化、历史发展优势以及读

者信息需求而定。其特色化建设的基本内涵应包括三方面内容:一是"人无我有",即独特性或个性,即指长沙文化特色书库的独特性或独有性,资料的独一无二,研究的独一无二;二是"人有我优",即杰出或优质性,即指长沙文化方面版本收录、图书资料收藏、信息汇集、影像资料收录等的权威、经典和齐全;三是"人优我新",即开拓性或创新性,这意味着长沙文化文献资料的收集与整理应该具有一定创新性,做到脱颖而出,同时,资源利用具有技术上的便捷性。

长沙文化特色书库建设的基本定位为:打造一个标准化、开放性、高性能、多用途的长沙地方文化资源共享平台。其服务功能和服务对象则定位为:1. 为科研服务;2. 为政府和企业服务;3. 为教学服务。长沙文化特色书库将在成为文献情报中心、开展信息服务的同时,兼顾专业教学和本校课程的培育,为我校培养具有较高实用型、应用拓展型人才提供服务。

二、特色书库建设的方向、重点和目标

(一)建设的方向和重点

特色书库的特色是由学科建设的目标和地域的特殊性决定的,其建设的方向和重点应是"体现地方特色,围绕学科建设"。建设中注意突出与本校、本地特色学科、特色专业、特色科研项目相关的地方专业性文献收藏,以重点学科、重点专业、重点科研项目为主来构建库藏资源体系,同时注意其他地方性文献的收集整理。

文献重点收藏范围为:一是"专业性"地方文献,即我校及长沙地区地方性专业、学科、科研项目所需的文献;二是记载长沙市过去与现在的政治、经济、文化、教育、地理、重要人物事件、风土人情及民间习俗等方面内容的书刊文献。就长沙文化特色书库而言,应把长沙的"两型社会"建设、社区建设、娱乐文化、电视文化、湘绣文化、出版文化、马王堆文化等地方性文化作为馆藏建设的方向和收藏重点;同时以图书、杂志、报纸、图片、照片、影片、唱片、拓本、传单、票据、文告、手稿、印模、家谱、磁带、磁盘、光盘、网络等为载体,收集有关长沙的地域方志、地方报刊,区域内各单位非正式出版物、地方人士著作,长沙范围内的家谱和族谱、金石文物与碑帖拓片等文献资料。

建库之初的收藏范围包括:1. 记载关于长沙这一区域内自然环境和社会环境的历史与现状的图书报刊资料;2. 长沙本地机关、团体、企事业单位编辑出版或未出版的图书、报刊等文献;3. 长沙本地的各类史料、志书、民谣等;4. 长沙地方名人的著述和本地出版社出版的文献资料。书库基本建成后,为丰富馆藏,我们还将建立长沙名人等专库。

（二）建设总目标

用3—5年时间,建成一个文献信息资源比较丰富、功能比较齐全的资源共享平台,建成国内一流的地方文化资源网络,为使我校成为研究长沙文化的中心而努力。

三、特色书库建设思路与措施

长沙文化特色书库的建设必须多方面、多层次、多途径地进行,才能从更广的范围、更深的角度完成地方文献搜集整理工作,才能真正构筑起具有长沙地方特色的文献资源平台。

（一）建立学科馆员制度,确立特藏书目

学科馆员(Subject Librarian)制度作为一种先进的办馆理念和全新的服务模式,是传统图书馆向数字图书馆过渡的必然趋势,受到国内高校图书馆的普遍青睐[3]。1998年,清华大学就在图书馆参考咨询部选择若干名具有学科专业背景的馆员,率先将"学科馆员"制度引入图书馆工作中。我校图书馆现有人员中专业背景人员不足,采用专职的学科馆员制度尚不成熟,但可从长沙文化研究所,以及各院系聘请教师顾问(称之为"图情教授")来担当学科馆员,由他们负责书目提供、资源购买、评价意见、院系联系等,并为特色书库的发展献计献策。特色书库建设要解决的首要问题是馆藏方向和内容问题,选择什么样的文献直接关系到特色书库建设全局的成败,而学科馆员对专业发展熟悉,能科学合理地确定适合本校实际、能形成优势、有发展前景的文献方向,能根据学校的重点学科、重点专业及人才优势,根据长沙的历史、特点、优势,以及其他图书馆的特藏方向、规模实力,用户群的需求倾向、经费状况等进行认真的综合分析、比较评估之后,科学地确定特藏书目。

具体步骤是:第一,尽快确定学科馆员名单和制度;第二,督促学科馆员(先按专题分)尽快拿出书刊目录;第三,组织专人制定《长沙地方文献收集指南》;第四,购买或征集文献资料。

初期,特色书库的工作人员根据图情教授们提供的书目资料进行采购与收集。特色书库成熟后,采购人员则应根据期刊图书的使用情况,充分考虑图情教授和读者的意见,并结合我校的专业设置,形成订购初步计划,编制采购招标书,然后由书库领导审核,最后再采购。

（二）建立地方文献收集网

特色书库资源的收集、发掘、整理是一项十分复杂和细致的工作,且具有一定的积累性、持续性、连贯性及服务性。因此,在收集过程中,要千方百计地"征",深入细致地"访""求",认真细致地考证与整理,以确定其价值,发挥其作用。因此,在确定学科馆员制度的同时,一方面是从我馆现有馆藏中提取相关文献;另一方面是主动访求、多渠道收集采购符合要求的文献资料,包括"呈缴"、捐赠、转录、复制等方式。第二个方面尤其重要,因此应立即委派专人从事文献征集工作,并由长沙文化研究所专家牵头,建立起一个良性互动的地方文献收集网,确保文献收集的全面、系统、优质和高效。

第一,与市委市政府加强沟通,以争取支持。建成一个良性互动的文献收集网是一个较长的过程,也是一个逐步完善的过程,目前最有效的方法是由市委市政府牵头,甚至发文到各单位,我们即能很快与各部门建立联系和沟通相关事宜,特色书库的建设将会更加省时省力。因此须加强与市委市政委的汇报和沟通,以争取他们的大力支持。

第二,加强与地方各部门的联系,多渠道、多途径地开展收集工作。现在可以着手的工作是:联系各县、区、乡镇宣传部长、文化部长、文联主席,各院校、科研院所、企事业单位等进行地方文献的征集或购买。而为了建立一个长期的、良性互动的文献收集网,必须注重加强与地方志办公室、党史办公室、政协文史委员会、社科联、科协和文联、新闻出版等地方政府机构、学术机构、文化部门的联系,这样可以及时了解和掌握地方文献的分布、生产和流通,有重点、有针对性地突出并强化长沙特色文献资源建设。也应加强和各种拍卖机构、旧书市场的联系,以便获得非出版类图书资料[4]。

第三,搞好宣传,加大征集力度。借助电台、电视台等新闻媒体做广泛报导以促进更多文献资料的征集。比如可与长沙电视台的新闻栏目合作,以"发现——探寻长沙历史文化的昨天"为主题,进行"搜集民间散落的文献资料寻找长沙文化古籍"的大型访古活动,宣传片和片尾都标明"长沙电视台××频道与长沙文化特色书库联合录制"或者"鸣谢长沙文化特色书库",每天进行一次为时三四分钟的新闻报道,连续报道一两个月,这样既可以宣扬长沙历史文化、提升长沙文化品味,又可以扩大长沙文化特色书库的影响力,还可以举全长沙之力收集到更为广泛的文献资料、加快长沙文化特色书库的收集工作,真正实现一举三得。同时为在电视中捐赠文献资料的作者统一颁发"长沙文化特色书库"收藏证书。

第四,广泛开展馆际互借,实现资源共享。应和地方公共图书馆建立馆际协作关系,因为公共图书馆是地方文献的重点收藏单位,收藏的文献种类全、数量多、系统丰富;应同当地其他高校建立资源共享,每个学校的学科设置和收藏重点不一样,所收藏的文献也各有特点,形成资源共享可以互通有无。

第五,充分利用地域优势,收集灰色文献资源。特色书库之"特"主要体现在某类或某种文献的"齐、精、深"三个方面,要建成如此水平,不仅要大量收集相关的传统文献,包括书、刊、报、电子资源等等,还要利用地方性高校与地方密切联系的关系,收集各种有关当地科技、历史、经济、文化的各种灰色文献。例如:长沙各级政府没有出版的政府报告、科技规划、产业规划、政府文件、调研报告以及各种内部专业技术报告和学术会议资料、学术论文、内部刊物等。灰色文献有别于常规的正式出版文献,它内容丰富、信息量大,能反映最新的科技动态和成果,其蕴涵的情报价值是许多常规文献无法代替的[5]。

(三)制定特色书库文献分编及排架方法

应尽快将长沙地方文化特色书库资料进行整理加工,把原始的文献编制成各类书目、索引或文摘,便于读者查找和利用。

目录编制,有几种方式可以考虑:一是按出版物类型。编制普通图书目录、报刊目录、图片与地图目录、复制与缩摄文献目录、视听资料目录等。二是按文献特征。编制书名目录、著者目录、主题目录、分类目录等。如可以编写《长沙文化文献书目提要》《长沙两型社会建设目录》《长沙湘绣文化》《长沙马王堆文化研究专题目录》等等。三是按文献范围。

索引编制则可按文献分类索引,也可按文献专题索引。另外,可以依据《中图法》原理以及目前有的高校的做法,针对地方文献分散在各学科不同领域的问题,制定适合本馆的"特殊文献分类法",并本着有利于文献检索的原则,把这些文献集中分类编目和排架,以提高这类文献的利用率[6]。

(四)制定特色书库管理制度

尽快组织制定《长沙地方文化特色书库管理办法》《长沙地方文献著录规定》等规章制度,实行藏、阅合一的管理模式。特色书库建设达到一定规模后,即对外开放服务。除少数机密文献或珍贵资料不自由取阅外,其他资料一律实行开架阅览。同时,还可利用收集的文献资料,举办各种专题的长沙文化资料展览和形式多样的长沙文化信息资源咨询服务。

资料员应认真履行岗位职责,切实保管好所有图书资料,做到及时建卡、及时归类、上架,并严格执行借阅规定。对于"重点图书资料",须保密且不能随意借阅的,应严格按照规定执行,加强保管,不得泄密。另外也应及时做好新的图书资料信息报导工作,原则上每月公布一次图书资料信息。

(五)建立特色数据库

抽调专门人力,编制特色书库的电子文档,利用校园网络平台,建立"长沙文化电子信息资源库",即将收集到的地方文献资料全部制作成电子文档,建成可供使用者在网上查阅的电子信息库,并安排专人管理,对外开展服务。数据库建成之后,读者在网上输入文名、作者姓名、关键词等信息,即可查询到所需资料。可以说,收集保护和优先开发地方文化的文献资源,并采用先进的手段,建成本地区特有的地方文献电子库,为现代人和后人提供服务,是确保优质文献资源的生命力长盛不衰并充分体现其价值的必要手段。

1. 建设目标

通过应用数据一致性管理、自动收割、动态负载平衡等相关技术,把长沙文化研究资源平台建设成为一个高性能、智能化、开放性、多功能的分布式协同虚拟平台,为长沙地方文化研究提供信息资源服务和技术支持。

2. 建设内容

用3—5年时间,初步建成为包含《长沙地方文化书目数据库》《长沙地方文化电子书库》《长沙地方文化专题报刊库》《长沙地方文化多媒体信息库》等多个专题子库的长沙文化资源共享平台。

(1)《长沙地方文化书目数据库》以馆藏文献为收录基础;

(2)《长沙地方文化电子书库》以国内现有的电子书库为收集和选录对象;

(3)《长沙地方文化专题报刊库》以国内外报刊杂志发表的文献为收录对象;

(4)《长沙地方文化多媒体信息库》广泛收集、加工各种形式的文献资料载体。

3. 技术路线

长沙文化资源共享平台采用分布式协同虚拟发布的架构设计,基本方案如下:

(1)采用模块化、分布式的总体思路来构建整个系统,以资源构件的形式建立各专题子库,设计出以 APPLET 为客户端、SERVLET 为中间件的 N 层分布式体系架构模型。

(2)对 Web 服务中调用的资源构件建立抽象层,向最终用户屏蔽资源调用与重组过程中繁琐复杂的细节。采用服务虚拟化机制,对服务做进一步抽象,将资源构件映射为具体的虚拟图像,最终用户可以通过鼠标拖拉图书、刊物等图像的方式来收集研究长沙文化所需要的各方面资源,从而为最终用户提供了一种图形化的信息环境。

(3)设计一种面向共享发布平台的资源构件调用引擎模型(the resource description language mode of the sharing publishing platform)。该引擎采用开放的协议和契约描述各种资源构件,以屏蔽资源的异构性,包括描述资源集、资源之间的关系集、资源之间的参数配置等信息,能在对资源调用和重组过程的描述文档进行读取解析的基础上进行导航、控制和驱动数据在任务节点之间的迁移,同时可将用户需求自动导引为数据收割订单,以此实现资源快速、自适应增长的功能。

(4)基于 OAI 协议(Open Archives Initiative Protocol for Metadata Harvesting)及 OAI – PMH 协议(OAI Protocol for Metadata Harvesting)基础上的数据定向收割技术研究。通过定义 URL 及关键词的互通性检索,以无修饰词(unqualified)的 DublinCore – 元素集支援下的 XML 的编码格式实现数据的定向收割,并针对 C、C#、C ++、Java 几种常用编程语言建立后台编译和服务发布环境,对客户端提交的请求进行编译并将其转化为 Web 服务予以测试和部署。

参考文献:

[1][6]何敏. 浅谈地方高校图书馆的地域文化馆藏建设[J]. 时代教育(教育教学版),2010,(2).

[2]周均东,孔稳舒. 文化研究热背景下的曲靖市地方文献开发策略[J]. 曲靖师范学院学报,2007,(2).

[3][5]苏利英,王建兵,赖彩霞. 浅谈地方性高等院校专业教学与图书馆的特色馆藏建设[J]. 惠州学院学报,2008,(10).

[4]张伟. 浅谈地方高校图书馆特色馆藏建设[J]. 内蒙古科技与经济,2009,(3).

03

文化源流与特色

长沙地名源流考

彭雪开

（湖南工业大学湘东历史文化研究所，湖南株洲　412008）

《史记·秦始皇本纪第六》："分天下为三十六郡,郡置守、尉监。"《集解》中列有"长沙"。《汉书·地理志第八下》："长沙国,秦郡,高帝五年为国。"共和国《长沙县志·大事记》："秦王政二十六年(公元前221)置长沙郡,附廓湘县。"[1]秦置长沙郡后,长沙,名显国中。

长沙,上古名"沙",周初为越人方国地名,得名长沙。作为行政区划地名,历有长沙、湘、临湘、抚睦之名,皆有历史文化渊源可考。沙,作为越族集落地名,得名约在西周之前。

其一,长沙上古为三苗国地。《战国策·魏策一》："昔有三苗之后,左彭蠡之波,右洞庭之水。"《韩诗外传》纠正为"左洞庭之波,右彭蠡之川。"唐代杜佑《通典》："今岳州、潭州、衡州,皆古三苗国。"《史记·五帝本纪》："三苗在江淮,荆州数为乱。"三苗,古籍多指南蛮重要一支。《逸周书·尝麦篇》《国语·楚语》《战国策·秦》《吕氏春秋·荡兵》等典籍记:相传在氏族制(原始社会)后期,我国北方有炎黄部落集团,东方有九黎部落集团,南方有南蛮部落集团,有长期争战的记载。其中九黎部落集团为蚩尤。《史记·五帝本纪》集解,孔安国曰："九黎君号蚩尤。"《国语·楚语》注云："九黎,蚩尤之徒也。"《太平御览·卷一五》："黄帝与蚩尤九战九不胜。"最后炎、黄部落联盟联合,在涿鹿(今河北涿鹿县)将蚩尤擒杀,九黎部落集团败退江南。至尧、舜、禹时,又渐形成三苗部落联盟,史称"三苗国",其首领为驩兜。《尚书·尧典》《墨子》《荀子》等古籍中,多有三苗族处南蛮而不宾服的记载。三苗族退居南方后,渐成为江汉地区蛮民之一支[2]。

二是地下文物考古证实,三苗族确在南方活动过,后为古越人所居。彭适凡先生认为:我国三大部落集团之一苗氏之一支,确在南方,其活动范围,正是南方几何纹陶的主要分布区[3]。他们创造了屈家岭文化,其文化遗址已发现近1000处,主要分布在长江中游和江汉地区[4],距今4600—5000年,其经济以种植水稻为主,兼营渔猎与采集;陶纹以点、线状几何纹为主,陶面常饰以弘纹、浅篮纹、刻划纹、瓦楼纹、镂孔;其墓葬形制,以竖穴土坑墓为主。这些与古越人陶、墓文化基本一致。由此推知,屈家岭文化,及其稍后受其影响的石家河文化(距今 4300—5000 年),应是三苗人后裔及古越人创造的文化。1958 年长沙市发掘月亮山文化遗址,采集石斧、石矛、石鼎、石铲等石器 70 件,属距今约 4500 年的龙山文化遗址[1]。这些文化遗址应受到石家河文化的影响。1958 年以来,长沙境内共出土文物 683 件,其中石器类 575 件,有商至春秋战国时期的碗、盆、陶片类 50 件[1]。

三苗部落联盟的苗领驩兜,受到尧、舜、禹多次征伐。《尚书·尧典》:"放驩兜于崇山,以变南蛮。窜三苗于三危。"今有驩兜放逐于湘西张家界市之说。《辞源》释"崇山":"在湖南大庸县(今张家界市永定区)西南,与天门山相连。相传舜流放驩兜于崇山,即此。"今有驩兜冢。《直隶澧州志》亦有载。舜发兵征三苗,在"丹水之浦"(今湖北丹水流域)将三苗打败,但三苗族累征不服,后舜率部族大举南征。《淮南子·修务》云:"舜南征三苗,遂死苍梧(今湖南永州市宁远县)。"三苗被征服后,一部分融入古越族,一部分向今湖南湘西沅水上游迁徙,成为今湘西及云贵高原苗、瑶族居住地先祖。由此推知,今长沙地区上古为三苗国,三苗败后为古越人所居。

三是长沙上古名"沙",属古越人族居之地。周振鹤、游汝杰两位先生研究,据《左传·襄公十四年》《左传·宣公四年》《说苑·越人歌》及有关先秦古籍记载,古越语与华夏语有很大区别。"江浙一带古越语地名的一条规律是齐头式地名只有关加式,即以发语词领首,未见有倒置式地名。"[5]长沙在商周之交,为古扬越人族居之地,极可能属此种情况。

沙,古文中多指细碎的石粒。《诗·大雅·凫鹥》:"凫鹥在沙,公尸来燕来宜。"《墨子·备梯》:"城上繁下矢石沙炭以雨之,薪火水汤以济之。"《说文·水部》:"沙,水散石也。"段玉裁注:"石散碎谓之沙。"古今文中有 20 余种释义,其本义指碎石粒。在《休盘》等金文中,沙之字形,就像一条曲行河流旁有一片细碎石。扬越人族居此地后,发现湘江边白沙如带,形成长而大的白沙带,故叫"沙"。但越语读"沙"前加惊叹字"长","长"即为发语词,冠首,实为虚敬词而已,实以"沙"名族邑。

经地质专家考证:长沙地质结构,以石英砂岩、沙砾岩、粉砂岩及页岩为主,经长期内部地层崩塌、风化及外力作用及流水冲刷,致使大量砂、石聚于地表,长沙湘江河谷地带,分布着大片沙滩、沙洲。枯水季节,沙滩沙洲裸露。

四是有古籍史料记载。《湘中纪》:"白沙如霜雪。"《路史》:"沙,为长沙;云阳,为茶陵。"晋代阚骃《十三州志》载:汉"有万里沙祠,而西自湘州,至东莱万里,故曰长沙。"《元和郡县志》引《东方朔记》:"南郡有万里沙祠,自湘州至东莱可万里,故曰长沙。"唐代杜佑《通典》载:潭州"秦为长沙郡"。注云:"有万里长沙,故曰长沙。自此后,历代地方志多引此为据,长沙得名于'万里沙祠'。"《史记·孝武本纪》载:汉武帝元封二年(公元前109年),至今山东东莱祈祷"万里沙"。因有"沙经三百里"之沙原,故祭之。东汉应劭注曰:"万里沙,神祠也。"有感于晋代今长沙湘江水陆洲(橘子洲)大面积显露沙滩,故阙骃便附会成"万里沙祠"。但不能否认,其时长沙已建"万里沙祠"或"沙祠",供人祭祀。《楚辞·湘君》及《湘夫人》等载:楚人历有敬祭"湘女神""湘夫人""鬼母"之俗,这当为古越人敬祭之遗存。在"蛮越"中,据传"长"为祭祀,"沙"为女神之意。"长沙",在越语中,是祭祀白沙神及女神的地方[5]。今壮、侗民族,据考证为古越人后裔,至今有"未立村寨,先立长沙"的成语,这也可视为古越人祭祀白沙、女神之遗传。唐代《长沙土风碑记》引《遁甲记》云:"沙土之地,云阳之墟。"《元和郡县志》:"秦并天下,分黔中以南之沙乡为长沙郡,以统湘川。"以上"沙土""沙""沙乡""白沙"等应是古越人地名之遗存。

五是,长沙又有水陆洲可证。《水经注·湘水》称为橘洲,当地习称橘子洲,长约5000米,宽20—200米,均宽约102米。《湘中记》:"晋惠帝永兴二年(305年)生此洲。"《太平环宇记》:"晋惠帝永兴二年此洲生。"但经地质专家取样分析考证认为:水陆洲是第四纪全新世时形成,至少10000年以上。古代湘水位低,如1986年发掘长沙县南圮遗址,与水陆洲南头相距不远位置就处在低于今水陆洲的河滩上,距今7000年,其底层亦为第四纪全新世地层。由此可知,水陆洲早于晋代前很久已存在[6]。这亦佐证,长沙上古以"沙"名地。

长沙,最早见于《逸周书·王会篇》:"路人大竹,长沙鳖。"孔晁注:长沙鳖"特大而美,故贡也。"《逸周书》亦名汲冢周书,传为晋太康二年(281年)在汲郡(今河南汲县)战国魏安厘王墓中发现。成书约在战国之前。战国至秦汉,历有增删,但历代学者考证,为先秦古籍,记载的史迹,大多有据。其中《王会篇》记载了公元前11世纪周成王营建洛邑竣工之后,大会诸侯及方国的盛况。方国,在甲骨文、金文中,亦称多方。周之方国为周公所封。《周易·既济》:"方,国也。"《诗·大雅·大明》:"厥德不回,以受方国",多指与中原王朝之外的诸侯'服国'。《王会篇》:"方千里之内为比服,方二千里之内为要服,方三千里之内为荒服,是皆朝于内者。"这种记载是一种大概数据,并无实凭。《史记·周本纪》载:洛邑居"天下之中,四方八贡道里均。"大概是为了区分各方国向周王朝进贡方物的多少,才有此说。

《尚书·洛诰》载:"新邑"王城落成后,即行庆典,大会诸侯接受诸侯及方国的朝贡,表示臣服于周。长沙为"要服"之地,其时为扬越人所居,应为大的方国了,故贡"长沙鳖",以示臣服。商末周初至春秋中期以前,楚人势力还未能深入今湖南境内。这已被今江汉考古文物所证实[7]。共和国《长沙县志·总述》载:长沙"商周时,长沙县为荆州之域,古三苗国地。"三苗国衰落后,为古越人所居,周初实为扬越人族居。

这也为地下发掘文物所证实[1]。扬越人所立方国首领,以"沙"侯向周王朝进贡沙鳖,当为方国无疑。因冠以越语"长"虚词,读为"长沙鳖",后被周王朝以中原文字,载入《王会篇》,名曰"长沙鳖",从此,长沙始名矣。

至战国时,长沙之名多见。《战国策·赵策》:"长沙之难,太子横为质于齐。"《史记·越王勾践世家》:"长沙,楚之粟也。"1986年湖北荆州发掘战国中期(约公元前300年)包山2号墓,其中有"长沙正"名"龚怿","长沙公之军"两竹简。由此可见,"长沙"地名,不晚于战国中期,已被史籍所载。应劭《汉官仪》云:秦郡长沙系因袭旧名。《湘川记》载:"秦分黔中郡以南之沙乡地区置长沙郡,则长沙之名始于洪荒之世,而以之为乡为郡,则在后世耳。"

长沙方国,当为周公所封。《史记·封禅书》:"武王克殷二年,天下未宁而崩。"《尚书·金滕》:"既克商二年,王有疾,弗豫。"《逸周书·作洛解》亦有载:"殷二年,天下未宁而崩。"其时,儿子成王年幼,周公旦(武王弟)替成王摄政,史称"周公摄政。"周公东征三年,平商遗武庚之乱,打垮了商人在东方的潜伏势力。《史记·鲁世家》:"人或潜周公,周公奔楚。"后流言澄清,周公又受命征战东南方。《诗·鲁颂·閟宫》称颂西周:"奄有龟蒙,遂荒大东,至于海邦,淮夷来同。""及彼南夷,莫不率从。"《孟子·滕文公下》:"周公相武王诛封;伐奄三年讨其君,驱飞廉于海隅而戮之,灭国者五十,驱虎豹犀象而远之,天下大悦。"《吕氏春秋》:"商人服象,为虐于东夷,周公遂以师逐之,至于江南。"这表明周公征战东南,主要在今黄河及长江中下游,也到过江汉一带。大约在此时,扬越族"沙"侯首领助周公征战,周公以越语读音华夏文记载,被封为"长沙"方国。至周成王洛邑成,大会诸侯、方国时,长沙扬越族方国向周成王献"长沙鳖",又臣服于周。

长沙得名于沙星,依据不足,当为后人附会。《史记·天官书》:"天则有列星,地则有州域。"古人认为天上有星象,天下则有"星野"对应。二十八宿中轸宿有一附星为"长沙星",故有人依此推论"长沙星"以应"长沙"地域,故长沙历有"星沙"之谓。今长沙县治即为"星沙镇"。可见,"星沙"影响至巨。唐代张守节《史记正文》:"长沙一星在轸中,主寿命。"后文人多附会长沙星明亮,则"主长寿,子孙昌。"此说契合封建时代官、民心理,影响深广,至今不弭消。

二十八宿名称,最早见于1978年湖北随州曾侯乙墓(战国早期),其墓中出土一漆箱,箱盖上绘有二十八宿天文图,将二十八宿画成一圈,中间有北头七星。《周礼·秋官·硩蔟氏》有"二十有八星之号。"《吕氏春秋·圜道》亦载:"月躔二十八宿星,轸与角属,圜道也。"并详述了二十八宿星名称[8]。《史记·天官书》、《汉书·天文志》皆载:创立二十八宿体系的,为战国早中期的甘公(甘德)和石申。石申为魏人,甘公为楚人。《史记·天官书》:"斗为帝车,运于中央,临制四乡。"战国末楚国道家《鹖冠子·环流篇》认为:北斗之柄的指向,随着四季变换而运转,因而分为四季。由上可知,二十八宿体系的创立,当在春秋晚期至战国初期。"长沙"之名,始载《逸周书》。《逸周书》多为战国时成书,所载周初之事,多有根据。故长沙以"星沙"名地,依据不足,当为后人附会。

湘。"秦王政二十六年(公元前221),置长沙郡,附廓湘县。"[1]因境内有湘江(湘水),故以名县,县治今长沙市老城区南部。《晋书·卷十五》载:秦灭楚后"分黔中郡为长沙郡"。《湘州记》:"始皇二十五年,并天下,分黔中以南之沙乡为长沙郡,以统湘川。"实际上秦置长沙郡,当在始皇二十六年(公元前221年),并非始皇二十五年。

湘,又名湘水、湘江,得名较早。楚怀王三年(公元前323年),楚王颁发《鄂君舟节》铭文,上有江(长江)、湘、资、沅、澧等诸水之称。屈原《楚辞·九歌》中,亦多有其载。战国初,湘称为湘水,至秦始皇凿灵渠平定南越后,始有湘水之称。

湘,作为河流专称,实为楚、越人所创,其义多重[9]。其一,湘,古与鬺通,皆为烹之意。烹,其本义是用三足鼎,注清澈河水煮鱼,以祀河神,这是古越人祀祭河神的仪式。战国初,楚文王从枝江迁罗子国遗民于沅湘汨罗,允其复国,为附庸国,这是楚国经略今湖南之始。其时,一支楚军与罗人共居一地,楚人假借《诗经》中"湘"字,为罗子国内大河流之称,也是沿袭古越人渔祭水神之俗。其二,湘字从相从水,皆符合湘水地貌特征。从相,表示楚、越、罗人常在湘水岸边劳作捕鱼,见湘水两岸森林茂密,风光秀美,故从相;发现湘水两岸,地广人稀,从南往北流的河水,清澈如鉴,故以三点水。后楚、罗人依越人读音,借《诗经》中"湘"字,读写为湘。其三,古罗人族居沅湘流域后,在古越人族居其地时,就流传"湘君""湘夫人"二水神传说。古罗人与古越人共居一地后,亦常作"大水神",时常供祭。楚、罗人假借"湘"字,为河流专称,符合古越人沅、湘下游祭祀"大水神"之习俗。于是,湘字作为今湖南境内河流专称,由此而生[10]。

临湘,《汉书·地理志》:"长沙国。秦郡,高帝五年为国。莽曰填蛮,属荆州。"有县十三:临湘,莽曰抚睦[11]。清康熙《临湘县志·目例》:"临湘乃汉长沙县名。"《水经注·湘水》:湘水"右经临湘县故城西。县治湘水滨,临川侧,故即名焉"。这说明汉高祖五年(公元前202年),改湘县为临湘县,以临湘水而得名。

抚睦。新朝王莽始建国二年(10年),改临湘县为抚睦县,县治原址[1]。抚,古文中多有拊、摩之意。《国语·晋语八》:"叔向见司马侯之子,抚而泣之。"韦昭注:"抚,拊之也。"《韩非子·十过》:"未终,师旷抚止之。"《说文·手部》:"抚,揗也。"段玉裁注:"揗者,摩也。"古今文中有20种释义,其本义指拊、摩之意,即轻拍安抚。睦,古文中多指和、亲之意。《书·尧典》:"九族既睦,平章百姓。"孔颖达疏:"睦,即亲也。"《左传·定公四年》:"故周公相王室,以尹天下,于周为睦。"杜预注:"睦,亲厚也。"古今文中有数种释义,其本义指和、亲。抚睦,当为安抚和亲之意。

临湘县改为抚睦县,当与王莽篡汉乱改地名有关。《汉书·王莽传中》载:王莽改制,多从更改郡县地名开始,"岁复变更,一郡至五易名,而复还其故"。王莽乱改地名有如下几种:一是把原地名,改成带有"亭"字的地名,"郡县以亭名者三百六十,以应符命也"。二是把原地名改为带有治、安、宁、平、顺等字的地名,以求吉顺,见之于史载者有108例。三是取吉祥之名,其中以美、信、睦、昌字最多。这类改名有59例。四是用同义、同音字改名者,有40例。五是用反义字改地名。六是使用侮辱性字眼改名者,有郡名者10例,有县名者26例[12]。王莽改长沙郡为"填蛮",改长沙县为"抚睦",即属乱改地名第三种、第六种情况。

王莽不顾地名命名规律,乱改地名,使"吏民不能记",导致政区乱象丛生。公元23年,绿林、赤眉义举,推翻了"新"朝,王莽被杀。之后,东汉王朝建立,又复西汉郡县制。东汉光武帝建武元年(25年),仍改抚睦县为临湘县;并析县境东南地置醴陵县。东汉建安十四年(209年),析临湘县置浏(刘)阳县。隋文帝开皇九年(589年),改临湘县为长沙县,为长沙名县之始。隋炀帝大业三年(607年),浏(刘)阳、醴陵两县并入长沙县。唐高祖武德四年(621年),析长沙县东南地,复置醴陵县;唐中宗景龙二年(708年),复置浏阳县。自此后,长沙县名不易;县城数析他县;归属随长沙郡、州、府、路、厅、道、市而更改,终属长沙市[1]。今长沙市所辖各县、市、区内,资源丰富,交通便捷,为湖南经济、政治、文化、社会聚集中心。长沙城市建设,日新月异,旧貌不识。境内名胜古迹众多,游者不绝于途[13]。

参考文献:

[1]长沙县志[M].北京:三联书店,1995.

[2]王光镐.楚文化源流新证[M].武汉:武汉大学出版社,1988.

[3]彭适凡.中国南方考古百越民族研究[M].北京:科学出版社,2009.

[4]孟华平.长沙中游史前文化结构[M].武汉:长江文艺出版社,1992.

[5]周振鹏,游汝杰.古越语地名初探——兼与周生春同志商榷[J].复旦学

报(社会科学版),1980,(4).

　　[6]湖南地名志[M].长沙:湖南地图出版社,2009.

　　[7]俞传超.寻找楚文化渊源的新线索[J].江汉考古,1982,(2).

　　[8]吕氏春秋·淮南子[M].长沙:岳麓书社,1989.

　　[9]彭雪开.湘江地名源流考[J].湘东文化,2014,(3).

　　[10]彭雪开.湘阴地名源流考[J].湖南工业大学湘东历史文化研究所内部文稿,2014.

　　[11]汉书[M].北京:中华书局,1999.

　　[12]华林甫.中国地名学源流[M].长沙:湖南人民出版社,2002.

　　[13]湖南行政区划大典[M].长沙:湖南地图出版社,2015.

长沙老街的地名文化

陈先枢

（长沙大学长沙文化研究所，湖南长沙 410022）

　　城市是人口的聚居地，是人类活动的中心，而与其密切联系的街巷地名的形成和演变无不留下了可贵的历史遗痕，记录着远逝的历史岁月。可见，街道名称作为一种地名，是一种信息载体，具有反映当地历史、地理特有现象的功能。长沙这座历史文化名城，几千年的风云变幻、城池变迁、阛阓布局、市井风情、居民迁徙，以及城市内的名人往迹、王府官衙、风景名胜、祠庙馆所、书院学宫、园林官邸、民居商铺等等全浓缩在这老街里。通过考察老街街名命名的特点、规律及其演变过程，可窥见长沙城市变迁及其都市文化演变。

一、长沙老街地名文化溯源

　　长沙素有"湖湘首邑"之称。春秋时期长沙已纳入楚国版图，战国时城邑已颇具规模，成为楚南重镇。大量考古资料表明，战国时长沙城范围东西长 700 余米，南北宽约 600 米，东起黄兴路和蔡锷路（今名，下同）之间，南到坡子街一带，西临下河街，北抵五一路与中山路之间。西汉临湘故城的具体位置，东起东牌楼、南阳街，西临太平街、西长街，南达解放西路，北止中山西路、又一村，也就是今五一广场及周围地区。从此以后，长沙城不断向四周扩展，而城中心的位置经历 2000 多年没有改变，这在世界大城市中并不多见。

　　秦汉时，中国城市的基本结构是一种严密封闭的市坊模式。居民区——坊，商业区——市，被严格分开，用围墙各自封闭起来，白天开放，黄昏关闭。对市、坊实行严格分开的制度，一是出于防御的目的。作为居民区的"坊"，在古代与"防"字同义。唐代城市的居民区坊实行坊里邻保制、按时启闭坊门制和宵禁制，也明显流露出防御性质。二是市场管理和征缴税收的需要，正是由于店铺的集中，才产生了最初的市场管理组织"行"。

　　有关长沙城市的市坊制度的详细情况，文献缺少记载，但长沙自秦汉以来就已是工商业较为发达的城市,其城市布局理应与时代的节拍相合,有理由认为长沙城市的发展必然经历了市坊制度这一发展阶段。唐代诗人杜甫大历年间流寓长沙时曾写过"茅斋定王城郭门,药物楚老渔商市"的诗句,把"城"和"市"分得清清楚楚。我们还可从宋元时期留下的街区地名中寻觅到古代长沙城市市坊制度的发展线索和坊街演变的发展过程。如"市"有暮云市、南岳市、全塘市、大阳市、㴪湾市、赛头市等,"坊"有升平坊、永丰坊、濯锦坊、孝顺坊、安业坊、鸡狗坊等。

市坊地名可视为街巷地名的前身。坊中民房之间必留有走道,即最初的街巷。随着人口的增加和商品交换需求的扩大,限时交易的封闭型市坊制度已不能适应城市的发展。从唐中期开始,市坊制度已发生松弛、裂变,商业不再限制在专门的商业区,许多坊中出现了店铺、作坊和市场。街道的作用不再是单纯的居民走道,而有了方便商品交易、促进商品流通,乃至交通运输的功能。中唐以后,拆毁坊墙、临墙开门的现象已十分普遍。到了宋代,封闭的市坊制度正式宣告崩溃。关于长沙城坊中出现商业街巷,并有街巷名的记载最早见于元陆友的《墨史》。据《墨史》载:宋代长沙多墨工,"州之大街之西,安业坊有烟墨上、下巷;永丰坊有烟墨上巷"。"烟墨巷"可能就是史载的长沙最早的街巷名。1985 年,湖南沅陵双桥元墓中出土了两张元代潭州油漆颜料印刷广告实物,广告上明确记载这家危姓油漆店位于"潭州升平坊内白塔街"。烟墨巷、白塔街位在何处已无从可考,但雄辩地证明长沙街巷的命名始于市坊制度崩溃和商品经济兴起之时。亦可以说,街巷格局的成型是商品经济发展到一定阶段的产物。

宋代,西濒湘江的长沙城已南至南门口,北至湘春门,东至浏阳门。明代长沙已成为人口密集、工商业繁荣的商埠。绕城 7 公里的城墙有 9 座城门,即西临湘江 4 座,东向 2 座,南向 1 座,北向 2 座。从城门口入城都为宽敞的正街,正街与正街之间有许多横街,横街之间还有小巷,纵横交错,构成了整个城市的街巷骨架。

明清长沙城既是辖 12 县州的长沙府的府治,又是长沙、善化两县的县治所在地,人口密集,工商业繁荣,嘉靖至万历中为了"以四方之财,供一方之利",几次展开长沙历史上最为壮观的"开河通商"工程,交通条件大为改善,出现了"日夜商贩而北"的景象。据明崇祯《长沙府志》卷 6 所记述,今日长沙老城区的结构布局在明代就已定型,志中所记织机巷、碧湘街、大椿桥、晏家塘、下河街、清泰街、盐仓街、学院巷、金钱巷、苏家巷等大小几十条街道位置已与今无异,而且街名一直沿用至今。清代长沙商业更趋繁荣,长沙、善化两县均多次对长沙街巷进行修缮和改造,以致"城池崇屹,甲于他郡"。清光绪年间史志学家陈运溶所纂《湘城访古录》首次列出长沙城的街巷表,把当时长沙主要城门内的正街、正街两侧的横街记载得清清楚楚,勾画出整个长沙城的街巷格局和走向,并对每条街巷的历史、掌故和街名来历都加以说明。

二、长沙老街地名的命名方式及其文化内涵

众所周知,地名由专名和通名两部分组成,如"太平街",太平是专名,街是通名。长沙街道地名有着深厚的文化底蕴,它不仅反映了古代长沙城的历史、地理、交通、政治、经济、宗教、社会、文化、民俗等状况,而且呈现出无穷的文学韵味、高雅的艺术特质、丰富的想象力和诙谐的幽默感,体现了湖南人性格"清慧而文"的一面。长沙老街的通名多种多样。国家民政部规范的城镇街道通名仅有"路、街、巷、里、胡同"等数种,而长沙老街的通名却五花八门,具有浓郁的地方特色。据20世纪80年代地名普查不完全统计,长沙纵横交错的1026条道路街巷中,通名为街的有144条,为巷的有253条,为路的有94条,为里的有126处,合计616处,占全部街名60%。其余通名较多有园52处,村58处,坪31处,桥18处,井19处,塘13处,湾12处,子13处,岭10处,头15处,这10种通名占全部街名的23.4%。其他尚有66种通名,占16.6%。长沙老街通名共有80个,可编成四字韵文20句,分列如下:

道路街巷,湖井渡塘,里径墅庄,池堤沟湾。

阁殿祠坊,台局庙观,牌坑镇站,岭坎坡岗。

村桥田山,园圃堆仓,嘴口背杆,楼坪壁墙。

洲门留香,雷靴边梅,岸城铺场,圮矶泉潭。

林侧套峰,厅子岔宫,头址板冲,尾亭港垅。

这些街道通名的来由与形成,很大部分与城市地理环境及历代王府、官衙、寺庙、园林的设置有关。

长沙老街专名的命名,取材更加广泛,寓意十分深邃。按街名的由来,主要可分为以下类型:

(一)留下名人印记的老街

长沙历代名人辈出,从街名即可得到体现。如:太傅里因西汉长沙王吴著的太傅(老师)贾谊故宅位于此而名;祝威岗为纪念祝良而得名,祝良为东汉顺帝时洛阳令,以威勇著称,令行禁止,盗贼敛迹;礼贤街,因纪念陶侃之母而名,原有贤母祠,后改为陶公祠;药王街相传为隋唐间号称"药王"的大医学家孙思邈晚年隐居之处;濂溪里因北宋理学家周敦颐的后代移居此地而得名,"濂溪"是周敦颐的号;苏家巷与老泉别径街名的由来均与宋代大文学家苏洵的名字联系在一起,"老泉"即为苏洵的别号;朱张渡因南宋"朱张会讲"时朱熹、张栻二人经常同舟往返于湘江之中而得名;营盘街的来由与辛弃疾有关,南宋淳熙年间,潭州知州兼湖南安

抚使辛弃疾创建飞虎军,营垒所在的街道即为营盘街;王祠巷因明代兵部侍郎王伟故宅和王公祠位于此而名;接贵街与清代乾嘉间名臣刘权之有关,相传刘权之晚年荣归故里,邻里百姓数百人在街口迎接,因而有了"接贵街"之街名;菜根香这一街名原为清学者贺熙龄的居所之名;左文襄祠原是祭祀晚清重臣左宗棠的祠堂,后来却成了街名;胡家菜园原是湘军名将胡林翼故宅"五福堂"的所在地,胡在堂后辟菜园,种菜以自娱,于是有了胡家菜园之街名。

(二)以行业分布而名的老街

关于古代长沙的经济状况、产业结构和行业分布,明清历朝的地方志书均语焉不详。然而,长沙街道地名却为我们留下了一张完整的"古代长沙产业分布图"。织机街、金线街这两条街便是明末清初长沙纺织业的集中之区;登隆街旧名灯笼街,因这条街糊制灯笼的作坊较多而得名,后取"生意兴隆"之意,雅化为登隆街。因同业作坊集中在一条街上而得名的街巷也不少,如糟坊巷、糖坊巷、机坊巷、豆豉园等等。旧时商业,同行业也喜欢集中在一条街上,因此又形成了许多以商业自然行业命名的街道,如引铺巷、油铺街、铜铺街、外铁铺巷、茶馆巷、衣铺街、伞铺巷、草药铺巷、菜场坪等等。从街名还可窥见清代长沙的铸钱历史,宝南街之名就源于清代的宝南钱局。农作物种植的地区分布,也能从地名中寻到一些影子,如古稻田、席草田、麻园岭、茶园坡、韭菜园等,从这些地名也可看出,今天这些已成市区的地方,在清末民初时还是广袤的田野。

(三)以山水为名的老街

古代长沙岗峦交替,湖塘星布,城郭错落其间,是一座典型的山水城市。民国以后,随着市政建设步伐的加快,一些山岭被推平,一些山岭则依势建起了民居和商铺,山岭名渐渐变成了街道名,如妙高峰、东瓜山、宝塔山等。很多山岭以其自然特征而命名,如金盆岭、银盆岭、峨嵋岭、识字岭、留芳岭、燕子岭等等。金盆岭就因"山势盘曲如盆"而得名;阿弥岭,原名峨嵋岭,因山形像蛾眉而得名;识字岭,原名石子岭,因山上有碎石小路而得名,后有人在这里设私塾教授蒙童,故雅化为识字岭;留芳岭,原为一片荒山,人称牛坊岭,后雅化为留芳岭。还有以姓氏为名的山岭。伍家岭相传因明洪武年间,靳毛李廖杨五姓在此定居而得名;杨家山、袁家岭则因旧为杨氏、袁氏坟山而得名。

旧时长沙水面广阔,湖泊池塘星罗棋布,从今天所存的街名可得到印证。这些湖塘,有的以自然特征、方位或形状而命名,如望月湖、仰天湖、清水塘、东塘、南湖、砂子塘、天鹅塘、扫把塘、三角塘等;有的以塘主的姓氏而命名,如侯家塘、左家塘、晏家塘等。今日城市建设,一座座山头被削平,一口口湖塘被填平,最终人们只能从这些地名中领悟山水城市的景致。

（四）以古井、古桥为名的老街

据 1948 年统计，长沙市区共有水井 3446 口。自有城池始，市与井就连在一起，井因此成了老城街坊赖以维系的象征。以井名街，更确立了井在街坊中的地位。古代长沙河渠纵横，人们出行离不了桥。桥维系着古城的交通，也维系着古城人民的生计，因而长沙城以桥为名的街巷也不少。长沙以井、桥为名的街道，旧有"九井十三桥"之说，其实远远不止九井十三桥。白沙井附近的白沙街、白沙井街、白沙巷、白沙岭、白沙里、白沙游路等街道皆因白沙井而名。其他以井为名的老街有水风井、桃花井、桂花井、螃蟹井、高井街、丰泉古井、青石井、观音井、双井巷、石井巷、古井巷、平地一声雷、泉嘶井、路边井、彭家井、陈家井、洪家井、左家井、伍家井等等。以桥为名的老街有浏城桥、青石桥、戥子桥、大椿桥、广济桥、顺星桥、文星桥、司马桥、培元桥、孙家桥、活源桥、登仁桥、落棚桥和一步两搭桥等。

（五）以古近代园林为名的老街

古近代长沙，园林遍布全城。松桂园、榕树园、荷花池、柑子园、水月林、芋园、芋香巷、紫荆街、西园、梓园、宜园、息机园、杏花园、耕耘圃、樟树园、听橘园等等，这些充满诗情画意的街名，是古近代长沙园林的缩影。原解放路东端至吉庆街一条麻石老街，名柑子园。清道光年间，开缺回籍的两江总督李星沅在这里筑李家花园，园内广植柑橘。柑子园附近还有水月林、芋园、芋香巷等街道，也曾是李氏园林的所在。朱家花园又称余园，亦为地名，系清咸丰年间长沙巨商朱昌琳（朱镕基曾伯祖父）为休养余年而建，故名"余园"。荷花池为长沙古游憩胜地，今留街名。清乾隆间湘抚杨锡绂撰《荷花池》联云："时倚曲栏贪看水；不安四壁怕遮山。"

（六）以古城池地名为名的老街

长沙楚时已建有城池。汉初，吴芮在楚城基础上再筑临湘故城。以后，长沙古城一直在汉代临湘故城原址上建造，发展到宋元，城墙的位置和形状格局已定形，明清再没向外扩展。城西据湘江天险，其余三向绕以护城河池。今芙蓉中路东侧名为"便河边"的老街，就是当年护城河所经之地。上世纪初，长沙城市建设迈入近代化历程，其首要工程便是拆城墙，填便河，修筑环城马路。至 1924 年，巍然屹立于湘江之滨达千年之久的古城墙，在一片号子声中轰然倒塌，仅剩下城南一小段城墙及天心阁被保留下来。今日能见证长沙城池沧桑的佐证，除这一小段城墙外，只有明代几座城门所留下的 9 个地名。这 9 座城门，南为黄道门，北为湘春门、兴汉门，东为浏阳门、小吴门，西为小西门、大西门、潮宗门、通货门。黄道门旧址即南门口，从南门进城的街道，旧名南正街；湘春门为长沙北门，从北门进城即为北正街。天心阁坐落在长沙老城东南角上的古城墙上，天心路、天心街、天心巷、天心里、天心游路,皆因天心阁而得名。

（七）以王府地名为名的老街

长沙历史上有3个著名的王府,一是西汉所封诸侯国"长沙国",二是五代十国时期马殷割据湖南建立的楚国,三是明王朝所封的藩王。王府建筑早无踪影,只留下能见证这段历史的街名。定王台今为街名,长沙市图书馆系古定王台旧址,其台基尚能觅到一片痕迹。定王台即为汉景帝之子刘发所建。由于刘发死后,追谥为长沙定王,故名定王台。后唐天成二年(927年),后唐朝廷册封马殷为楚国王。马殷乃仿效天子体制,以长沙为国都,在长沙城内修宫殿,筑园林,置百官,建立了一个名副其实的独立王国,史称"马楚"。楚王宫就建在今马王街所在地。而小瀛洲、碧湘街、明月池、会春园、马王塘等都是马氏宫廷园林留下的地名。明朝长沙藩王府位于长沙城的正中,几乎占了全城的一半,东牌楼、三尊炮、樊西巷、三王街、西牌楼、东长街、藩城堤、左局街、老照壁、木牌楼、西长街、小四方塘、司门口、红牌楼、怡长街、八角亭、端礼街、走马楼、右局巷等都是明藩王府留下的地名。

（八）以官衙遗址为名的老街

古代长沙城不仅是湖南省的治所,而且是辖12县州的长沙府的府治,还是长沙、善化两县的县治。所以,官署衙门之多,是一般城市所不能比拟的。然而,长沙历经兵火,留下的原址并不多见,只能从街巷地名中去寻找蛛丝马迹。如又一村、院正街、辕门上、先锋厅,这是一组与清代湖南巡抚院有关的街名;藩正街和藩后街因位于藩司(布政使署)之前和之后而分别得名;臬后街因位于臬台衙门(按察使署)之后而名;学院街因学政衙门设于此街而得名;盐道坪因驿盐长宝道设于此街而得名;粮道街因明朝曾设粮道衙门于此而得名,道门口则是粮道衙门的进出口处;府后街因清代此街位于长沙府署后侧,故名;县正街为明代善化县衙驻地;都正街因明清都司署设此而得名;校正街、校横街旧时是明清大校场所在地,校场撤销后,此地形成校正街和校横街两条道街;协操坪原是清末新军二十五混成协驻地操坪,故名协操坪;游击坪因清军长协游击署设在此街而得名;清代同知署称二府,通判署称三府,因而有了二府坪、三府坪之街名;臬司监狱旧称司禁,参军署的官弁旧称副爷,故又有了司禁湾、副爷坪之街名。今开福区从藩城堤到南阳街口,原排列着一系列带"仓"字的街名,自西往东,依次有永丰仓、皇仓街、仓后街、皇仓湾、一仓里等。这些街道皆因集中于此的清代湖南皇仓、长沙府仓、长沙县仓和善化县仓而名。

（九）以古学宫、贡院为名的老街

长沙素有"潇湘洙泗"之称。洙泗,洙水和泗水,孔子曾居洙泗间教授弟子,洙泗因以成为儒家教化源流的代称。文庙是古代祭祀孔子的庙宇,长沙有4座文庙。河东3座,分别是今日西文庙坪、东文庙坪、北文庙坪所在;河西1座,是岳麓书院的附属建筑。唐代以后,文庙与官学结合,行"左庙右学"之制。长沙河东的3座文庙分属于3个学宫,即长沙府学宫、善化县学宫和长沙县学宫。西文庙坪、修文街、学宫门及东学巷、西学巷、南墙湾等街道均由长沙府学宫而得名。与西文庙坪一街之隔的东文庙坪,是善化县学宫留下的街名。与善化县学宫有关的街名还有出入是门、化龙池。"出入是门"之名语出自《孟子·万章》:"夫义,路也;礼,门也。惟君子能由是路,出入是门也。"化龙池原是善化县学宫泮池之名,后来却成了街名。北文庙坪是开福区学宫街、红墙巷、魁星楼、崇文里、崇圣里、希圣园这些街名的总片名。这些街名皆因清代长沙县学宫而得名。明代长沙县学宫还留下了文昌阁之街名。

科举不仅造就功名,而且也造就街名。相传科举时代,应试士子从湘春门入城,经高升门、紫东园,过文星桥达贡院街,一路街名均以"文运"之意命名。高升门取"步步高升"之意,紫东园取"紫气东来"之意,文星桥取"文星高照"之意。还有高升巷、顺星桥、文运街等等街名,都充满了士子对功名的企望。清雍正元年,朝廷诏谕两湖分闱,湖南巡抚在原今中山路百货大楼及教育街一带设立了贡院,这条街也因之改名为贡院街。与贡院交界的巡道街一侧,墙上还嵌有一块"贡院巡道街宽壹丈壹尺"的石碑,至今犹存。贡院的建立,又带动了试馆的问世。因而,长沙城又出现了以试馆命名的街道。如小吴门衡清里,即以衡清试馆设在这里而得名;望麓园原是试馆的馆名,后来试馆所在的街道也叫望麓园。

(十)以佛寺道观为名的老街

古长沙是中国佛教八宗之一的禅宗的重镇,佛教信徒众多,佛寺遍布全城,因此形成许多以佛寺为名的街道。如开福寺路、多佛寺捷径、千佛林、玉泉街、天妃宫、铁佛东街等等。长沙道教源远流长,城内道观神庙数不可数,从留存的街名可略知一二。如寿星街以寿星观为名,玉皇坪以玉皇殿为名,吕祖巷以吕祖殿为名,大古道巷因街上旧有洗药庵而得名,小古道巷因旧有南岳行宫而得名。许多街道干脆就以道观为名,如太乙寺、雨花亭、右太清宫、东岳宫、南元宫、白鹤观、轩辕殿、七里庙、白马庙、李公庙等等。

还有以民间传说为名的老街,如落刀嘴、白果园、七里庙、灵官渡、平地一声雷、鲇鱼套、落星田、老龙潭、回龙山、古堆山等,一个街名就是一个美丽的民间传说。另有大量以地理地形、姓氏家族、吉祥用语和谐音雅化为名的街巷,如坡子街、犁头街、黄泥街、杨家巷、彭家巷、如意街、吉祥巷、福胜街、清香留、师敬湾等等,无不浸染着浓郁的乡土气息,反映出古代人民祈盼平安幸福生活的心愿。

三、长沙老街地名文化的特点

（一）具有很强的地理方位指示性

地名作为一种信息载体,首先要有"指路"的功能,长沙老街的命名非常注重这一点。长沙城地理环境复杂,地理实体的区域性分布使地名具有很强的指示性。自然地理名称,其通名多为湖、塘、山、岭、河、湾、井、坡、村、坪等,靠近这些地理实体的街道直接就以原地名作为街名。交通要道上的关、桥、渡、津、铺等地名也直接以原地名作为街名,地理方位的指示性不言而喻。同时还有与市坊有关的街,如通名为市、镇、店、集、坊等的街名,其指示性也很强。

长沙老街常用方位词作为专名的组成词汇。东西南北与左右前(正)后的相互对应是中国方位文化的一个重要内容。长沙老街名称具有很强的方位指示性与普遍使用方位词不无关系。如古城长沙以城中的府治为中心,四面的4条大街分别叫东长街、西长街、南正街、北正街等。以东西表方位的老街有东长街、西长街,贡院东街、贡院西街;以南北表方位的老街有南正街、北正街;以左右表方位的老街有左局街、右局街;以前(正)后表方位的老街有府正街、府后街,藩正街、藩后街、都正街、臬后街等等。

（二）稳定性与时代性并存

街名的稳定性,实质上就是街名寿命长短的问题。一般寿命较长的街名,一是以山、河、湖、塘等自然实体为名的街名,尽管人世沧桑,但地名始终保持着旺盛的生命力。这是因为自然界的山、水等地理实体变化较小,很少受到政治变革的影响,因此相对稳定。二是以历史地名或历史事件为名的街名,是一个城市历史文脉之所在,只要不遇到"文革""破四旧"之类的政治运动,一般不会消亡。如长沙汉代的太傅里、定王台,五代十国时的马王街、马王塘、小瀛洲、碧湘街,宋代的朱张渡、营盘街,明代的东牌楼、西牌楼、司门口、八角亭、走马楼,清代的又一村、藩后街、学院街、府后街、县正街、左文襄祠等,这些地名一直沿用至今。"文革"时有的改了名,但"拨乱反正"后又恢复了原名。三是以民间传说命名的街名寿命也较长。民间传说深深扎根于人民群众之中,来源于这些故事的街名自然比较稳定,不易受到改朝换代的影响。一些民间传说或寄托人们对美好生活的向往,或表达一种理想和追求,或记录劳动人民同大自然作不屈不挠的斗争,开创美好家园的历程,如灵官巷、回龙山。或反映劳动人民勤劳、朴实、善良的优秀品质和青年男女反对包办婚姻的气概,如落星田。

时代性是相对于稳定性而言的。地名是人类社会发展到一定历史阶段的产物,并随着时代的发展而发展。地名的时代色彩即地名所体现的时代气息和时代氛围,也是社会历史发展变化在地名中的投影和时代风貌在地名上的凝固。封建社会,儒家思想占统治地位,"忠、孝、仁、义"既是伦理概念,又是政治概念,因此某些街道也采用这些词汇命名,如仁美园、孝友里、忠信园、成仁街、里仁坡、居仁里等。封建王朝希望自己的统治长治久安,故"安、宁、永"等在街名中使用频率较高,如永兴街、永安坊等街名。

街名常能反映时代的变迁。中国的近代化始于19世纪60至90年代的洋务运动。办工厂、造军械是洋务运动的主要项目。而湖南最早的近代工器局又名制造局,位于长沙今蔡锷北路东侧的制造局巷便是当年制造局的所在地。在制造局之前,长沙还有个火药局,今长沙天心阁下的一条名为火药局的老巷,就是当年火药局所在地。维新运动期间,建工厂、办公司在长沙开明士绅之间成一时之风气。1895年,长沙成立了"善记和丰火柴股份公司"。当时火柴俗称洋火,百姓都叫火柴公司为洋火局。从此,长沙又多了个"洋火局"的街名。清末的长沙是湖南立宪运动的中心,立宪请愿风起云涌。学宫街附近有条老街,叫民主东街。1909年,湖南巡抚在此处设谘议局,民国初年又在原址兴建湖南省谘议会大楼。因而此地被誉为湖南近代民主的发祥地。这就是民主东街的由来。到民国,封建王朝的那些官署衙门的称呼都不吃香了,出现了许多近代化的名称,如教育局、税务局、保安团、公路局等,公路局坪、保安巷、税务局巷、教育街等街名也应运而生。

(三)重宗族的心理倾向

传统文化把宗族看成是社会构成的重要支柱。湖南人之先辈,多数系宋元以来由外省迁入,以明朝时的江西移民最多。特别是元末明初战乱,湖南许多地方十室九空。明洪武年间,政府为复垦荒地,恢复经济,允许外来移民到湖广插标占地,于是有了历史上有名的"江西填湖广"现象。外来移民聚族而居,他们的宗族观念很强,同族同姓的人往往聚居在一起形成街巷或村落,从而这些村落和街巷便以聚居家族的姓氏命名。有些村落靠近古代城镇,后来随着城镇的扩大,村落变成了城镇的一部分,形成街巷,街巷仍沿用原地名,这在一定程度上反映了人们把姓氏看作宗族的标志,以及想与江山同在,流传千古的心理。这正是诸如杨家巷、伍家岭、年家湖、晏家塘、左家塘、孙家桥、韩家湖、蒋家垅、潘家坪、左家垅、陈家井、易家巷、杨家山、马家巷、伍家井、古家巷、侯家塘、黎家坡、王家垅、赵家坪、洪家井、袁家岭之类的街巷遍及长沙城的原因所在。

族必有祠。民间祭祀祖先的家庙祠堂更是遍及长沙城乡。长沙的街名中有徐祠巷、毛祠巷、王祠巷、吴祠巷、戴祠巷、范祠巷等,也印证了古代长沙宗祠之普遍。

（四）体现追求安定、吉祥、幸福的美好愿望

古代湖南，烽火连绵，战乱不断，加上洪水、干旱等自然灾害也对人民的生命财产造成了巨大的威胁，社会上普遍产生一种求天下太平、安宁的心态。这种心态在街名中也表露了出来，于是就有了许多以长治、永宁、永安、太平等词语作为地名。

湖南人把语言符号当作幸福、健康、长寿、兴旺的象征。长沙老街地名中用吉、寿、康、福、禄、昌等字眼者达80余个。如清泰祠、寿星街、高升门、万寿街、紫东园、如意街、福源巷、顺星桥、福庆街、丰裕街、长康路、福星门、福寿桥、福胜街、一路吉祥、九如里等。

街名中的谐音取义现象也较普遍。为求吉利，人们常用语音相同或相近的字把原来俗陋不雅的地名改得较文雅。一种是由于方言语音相同或相近，出现同音不同义的谐音地名，久而久之，原生地名被遗忘，衍生的谐音地名却成为通用地名。如阿弥岭原名峨嵋岭，识字岭为石子岭的雅化，乐嘉巷为乐家巷的雅化，咸嘉湖为韩家湖的雅化，肇嘉坪为赵家坪的雅化，师敬湾为司禁湾的雅化等等。二是原有地名不吉或不雅，为人们所厌恶，人们有意识地同音雅化。如牛坊岭雅化为留芳岭，京腔留雅化为清香留，塘湾里雅化为堂皇里，副爷坪雅化为富雅坪等等。

另外图腾崇拜也是街道命名的一种取向，长沙多有带"龙""凤"的街名，如老龙潭、龙王街、红龙庙、凤凰台、凤嘴路、栖凤园等等。

（五）取材广泛，寓意深邃，清新高雅，富于诗意

最能展规这一特征的是一些流传甚广的街名巧对。用对联的形式把老街地名串连起来了，读起来朗朗上口，无论是文人雅士，还是市井百姓都津津乐道。如一副街名组合的对联一共用10条街道名，依次为金线街、灯笼街、老照壁、四方塘、八角亭、玉带桥、如意街、连升街、一步两搭桥、位列三台。联曰：

金线吊灯笼，老照四方八角；

玉带缠如意，连升一步三台。

街名联有组织非常工巧的，如：

东牌楼，西牌楼，红牌楼，木牌楼，东西红木四牌楼，楼前走马；

南正街，北正街，县正街，府正街，南北县府都正街，街上登龙。

此联用了12条街名，只有四牌楼非街名。上联全是明吉藩府留下的街名，下联全是古城池、古官衙留下的街名。走马楼、登隆街用倒装谐音巧对，洽到好处。又如八角亭对四方塘，喜鹊桥对天鹅塘：

八角亭高栖喜鹊（桥）；

四方塘阔集天鹅（塘）。

长沙街名五颜六色,有联云:

青石(井)白沙(井)红墙巷;

黄泥(坑)蓝粉(墙)赤岗冲。

数字开头的街名也不少,如:

一仓(里)二府(坪)三公(里)四方(坪)伍家岭;

六铺(街)七里(庙)八角(亭)九尾(冲)十间头。

长沙老街的地名历经了几千年的演变,今天我们还能从这些趣联巧对中寻找到一些规律,不能不说是一种文化的巧合。

参考文献:

[1]陈运溶.湘城访古录[M].长沙:萃文堂,1893.

[2]长沙市人民政府.湖南省长沙市地名录(内部资料)[Z].1986.

[3]陈先枢.长沙老街[M].长沙:湖南文艺出版社,1999.

长沙春秋扬越来源探究

喻立新

（沩山风景名胜区管理委员会，湖南长沙　410627）

长沙地区春秋时期的历史面貌虽在传世文献中几近空白，考古方面也未发现城址一类的大型聚落，但发现了一种以狭长形土坑竖穴、随葬青铜器为特征的墓葬。这种墓葬在解放后湘水流域考古发掘中曾多处发现，年代为春秋战国时期，限于当时的条件，相当一段时间内被认定为楚墓。后来随着资料的不断积累，逐渐引起了专家学者的重视，对其反映的文化内涵、社会结构、族属等问题展开了讨论（有关讨论文章如下：1. 蒋廷瑜《从银山岭战国墓看西瓯》，《考古》1982 年第 2 期；2. 吴铭生《从考古发现看湖南古越族的文化概貌》，《江汉考古》1983 年第 4 期；3. 邱立城《广东东周青铜墓葬制当议》，《广东先秦出土文物》，香港中文大学 1984 年版），现已基本形成了共识，认为这些墓葬的主人是扬越人。

扬越是湖南地区先秦时期生活过的一个古老族群，长沙古称"扬越之地"。关于长沙地区扬越人的来源，史载含混不清，今人尚无考证。笔者拟就此发表浅见，以求教于方家。

一、长沙扬越人是外来民族

考古资料证实，在长沙地区（今宁乡黄材，长沙金井、高桥、麻林等）多处发现春秋时期以随葬铜器为主的越人墓。但到春秋战国之际，普遍存在的越人墓消失，代之随葬陶鬲、盆、罐为组合，或出楚式铜器的楚墓，说明了两个民族的更替。也就是说，楚人进入长沙地区前，当地生活的族群是以扬越人为主。

据史籍记载，长沙之地夏属三苗[1]。说明在扬越人之前，三苗曾是长沙地区的主人。遗憾的是，三苗后来神秘消失了，导致长沙先秦历史从商代开始就模糊不清。有专家认为，商周时期，湘水下游和资水下游土著居民很可能是越族的一支[2]。具体而言，这支越族就是扬越[3]。《湖南通史》也认为：商周之际长沙地区生活族群主要是"古越人"[4]。

至少从晚商开始至西周时期,长沙地区的中心在宁乡黄材。自二十世纪三十年代以来,在宁乡黄材及其周边一带发现了一大批具有造型独特、纹饰精美和铸造工艺精湛的晚商西周青铜器。1963年,在黄材盆地沩水北岸发现一处商周文化遗存[5],即炭河里遗址。2001年至2005年,湖南省文物考古研究所对炭河里遗址进行了考古发掘,确认该处是一处西周时期的古城址[6]。专家认为这里应是一个区域青铜文化的中心聚落或都邑所在地[7]。这个区域至少包括了今长沙地区。

炭河里遗址年代其实应早至商代。据考古发掘,炭河里古城外有一条壕沟,开口被西周文化层叠压,与城墙方向一致,应是修建现存城墙时取土形成的。由此分析,城外壕沟为西周文化层所压,而壕沟和城墙是同时形成的,则城墙亦为西周文化层所叠压,表明城墙年代应早于西周文化层。这种上下地层关系,证明炭河里古城的城墙建筑年代要早于西周。既然早于西周,其始建年代至少可早到商代晚期。城墙与最早的大型建筑年代应该相当。因此,城内早期大型建筑至少建于商代晚期[8]。再者,炭河里遗址出土的陶器中有部分带有中原地区商代晚期的特征性文化因素[9],这些陶器是易损器物,不可能来自遥远的中原,所以除能证明炭河里古城内生活的族群受到了中原文化的影响外,也可证明它始建的时间至少早到了商代晚期。

然而,炭河里古城的生活族群与扬越人具有不同的文化面貌。本世纪初,对炭河里遗址进行考古发掘时,在其附近还发掘了7座西周时期的墓葬。这批西周墓葬埋葬习俗特别,开口往往呈椭圆形,随葬的铜器几乎无一件完整器。而在湘潭县花石镇洪家峭发现的一座西周时期扬越人墓,墓室为狭长方形的土坑竖穴,长4.5米,宽1.03米,墓内出土了两件云纹铜甬钟[10];再者,西周时期扬越人墓还在株洲县白关镇团山村发现过一座,墓坑已被挖毁,出土了六件青铜器[11]。这两座扬越人墓葬就在长沙地区周边,与炭河里这批西周墓葬基本同时,文化面貌却不相同,说明这是两种不同的族群。

《湖南通史》认为商周时期长沙地区主要生活族群系古越人,令人难以信服,因为该著是使用后面的史料推测前面的历史[12]。其中《吕氏春秋·恃君览》载:"扬汉之南,百越之际",说的是战国之事。《汉书·地理志》颜师古注"臣瓒曰:自交趾至会稽,七八千里,百越杂处,各有种姓"和《史记·货殖列传》载"九疑、苍梧以南至儋耳者,与江南同俗,而扬越多焉",时间更晚,已到了汉代。梳理关于"扬越"甚至"越人"的史料,竟然没有发现一条记载商代西周长沙地区生活族群是扬越。

支撑商周时期长沙地区主要生活族群是越人的依据,主要是在我国华东、华南地区的古代文化遗址里,常见有一种在器表上拍印几何形纹饰的陶器,在考古学上称为印纹陶或几何形印纹陶。这种陶器常常与具有地方特点的有肩或有段石器并存。印纹陶后来普遍出现在春秋战国时期越人墓中。《百越民族史》一书中认为,烧制印纹陶是百越文化的重要特征之一[13]。而湘水流域商周遗址中均发现了印纹陶,包括宁乡炭河里、长沙杨家山、浏阳樟树潭上层和社港等。其实,几何印纹陶的历史是很长的,有传统性的特征。据考古发掘,在新石器时代晚期的文化遗存——长沙县团里山遗址中,发现了几何形印纹陶[14]。而史书记载,当时该地属三苗范围。所以将凡有几何印纹陶的古遗址归属越文化是不妥的。

炭河里古城废弃于西周晚期[15],关于其生活族群,笔者认为,他们是三苗。拙文《试揭开宁乡青铜器之谜》论述了三苗直到商末西周时期依然存在,炭河里遗址是古三苗国的都邑所在地[16]。

三苗是我国南方远古时期的一个氏族部落集团。尧舜禹时期,三苗的活动中心在江汉平原,势力范围大致包括江汉、江淮流域和长江中下游南北、洞庭彭蠡之间的辽阔地域,即今天的河南南部、安徽西部,以及湖北、湖南、江西等地[17]。

大禹曾对三苗进行了大规模的征伐,迫使三苗势力退出了长江以北[18],其中一部分人群脱离了三苗集团(包括留在江汉平原的三苗人),这些人经过几百年的演变,成为了遍及南方各地的"越人"。所以许多专家学者认为越人是三苗后人的观点有一定道理。

商周之时,南方各地的越人虽然分布地不同,但由于受三苗文化的影响,与以炭河里古城为中心的三苗一样拥有发达的几何印纹陶并不奇怪。

考古发掘长沙地区的扬越人墓葬年代均为春秋时期,可见扬越人在长沙地区生活的年代主要系春秋时期。这些扬越人是外来民族无疑。

二、长沙扬越人来自于赣水流域

扬越之名始于西周。《史记·楚世家》记:周夷王(公元前885年—公元前878年)时,王室衰微,诸侯交相攻伐,(楚)"熊渠甚得江汉间民和,乃兴兵伐庸、扬粤,至于鄂"。"扬粤"即"扬越",古时"越"通"粤"。同时还说明两个问题,一是周夷王之前,江汉平原主要的生活族群是扬越。二是熊渠伐扬越后,楚国势力已到达了鄂地(今湖北鄂州市城区东),扬越势力退出了长江以北。所以,春秋时期生活在长沙的扬越人不可能直接来自江汉平原。

图1 西周中晚期之际长沙中游政治势力分布图

《史记·楚世家》载,"(楚)成王恽元年(公元前671年),初即位,布德施惠结旧好于诸侯,使人献天子。天子赐胙曰:镇尔南方夷越之乱,无侵中国,于是楚地千里。"据罗香林先生考证,所谓夷越当即扬越[19]。说明楚成王南征扬越后"楚地千里"。但这条史料没有指明楚国占领的扬越之地具体在何区域。

考古发现,楚人进入长沙大约在春秋晚期[20]。楚成王南征扬越系春秋早中期之际,所以其南征扬越之地不在湘水流域。早在上个世纪三十年代,林惠祥先生就指出扬越分布在江西[21],楚成王南征的扬越之地只可能是赣水流域,这也能合理解释其后"楚地千里"。《水经注》曰:"赣水又北迳南昌县故城西,于春秋属楚。"《元和郡县志》亦曰:"洪州(南昌),春秋时为楚东境也。"

如此说来,春秋时期生活在长沙的扬越人来自赣水流域。同时,从湖南扬越人墓葬朝向习俗来看,这些扬越人应均来自赣水流域。古人墓葬一般都注重朝向,湖南所清理的春秋、战国扬越人墓,以正南北向的极少,但东西向较为普遍[22]。此种崇尚"东西向"的葬俗,应是湖南扬越人怀念东方故土的具体反映。

目前赣水流域发现的扬越人墓葬仅有六座,均在赣西北至赣北(鄱阳湖以西)一线。然而,江西省越人墓材料少,且多已遭破坏,没有完整清理者,据其随葬品器形特征与湘水流域东周青铜墓一致,故可认为它们属这类墓。现存六座:上高塔下村一座(《考古》一九六三年八期);清江田家村一座(《考古》一九六二年七期);清江樟树农校、武宁毕家坪、萍乡家坊各一座(《中国考古学会第一次年会论文集》一百八十五页);瑞昌墩北张一座(《考古》一九八四年十期)。这说明两个问题,一是扬越人在江西生活区域主要在赣西北—赣北(鄱阳湖以西),二是以狭长形土坑竖穴、随葬青铜器为特征的越人墓葬俗应始于进入湖南的扬越人。也许有人问,相比于湘水流域,为何在赣水流域发现的扬越人墓如此之少?这并不奇怪,扬越人于春秋早中期之际因楚成王南征而退出了赣水流域,而湘水流域战国时期还有扬越人生活于此。

关于扬越人进入今湖南之地的时间和路线,目前湖南发现的扬越人墓葬,年代最早为西周晚期,均在湘水中上游。其中两座就在株洲县白关镇团山村和湘潭县花石镇洪家峭,这里与今江西萍乡相邻。萍乡素有"湘赣通衢"之称,是湘水流域与赣水流域的分界之地。向东通过袁水进入赣水,向西通过渌水进入湘水。据此分析,赣水流域的扬越人是从此进入湘水流域的,时间应在西周晚期。

湖南发现的扬越人墓葬主要分布在湘水流域和资水下游。就湘水流域而言,长沙、株洲、湘潭、衡阳、郴州等地区发现了扬越人墓葬,但是与长沙相邻的岳阳地区,却尚未发现扬越人墓葬。其实这并不奇怪,罗子国系楚同姓国,约公元前 7 世纪初被楚武王所灭,其遗民南迁于郢都附近枝江一带。楚文王时,又将遗民南迁至今汨罗一带[23]。说明春秋早期的楚文王时,今岳阳地区已归属楚国。

楚国占领今岳阳地区应可早至西周末期至春秋早期。在湘阴晒网场曾发现一处西周末期至春秋早期的遗址,所出陶鬲与澧县周家湾遗址中的鬲十分相似,还出绳纹罐、深腹钵、矮喇叭圈足豆[24],这无疑是当时楚人已到达该地的物证。而与其相邻的长沙之地发现了春秋时期的扬越人墓,这些扬越人不可能是沿长江转湘水逆流而上进入今长沙的。

扬越人通过渌水进入湘水流域后,应是分两路发展。一路向南沿湘水而上到了郴州地区。1978 年至 1980 年在资兴旧市发掘的扬越人墓葬中,有随葬品的 20 座,出土青铜器 60 件,简报将这批墓的年代定在西周末期至春秋早期[25]。扬越人进入今株洲、湘潭地区,迫使原来生活在该地的一部分三苗人离开自己的家园,沿湘水而上,进入今郴州、永州地区。今天苗、瑶民族是远古三苗人的后裔,这在学术界已形成共识,而现郴州、永州地区生活有许多苗、瑶人。

另一路向北沿湘水而下进入了长沙地区,时间应在两周之际,因为考古发掘长沙扬越人墓葬最早年代为春秋早期。扬越人的进入,迫使原来生活在长沙地区的一部分三苗人进入沅水和澧水流域。现生活在沅水和澧水流域的苗、瑶民族应就是两周之际离开今长沙地区的三苗人的后裔。

1986年在桃江县桃谷山乡腰子仑村发现了一个大型越人墓葬群[26]，其年代为春秋中晚期，表明至迟在春秋中期扬越人进入了资水下游。但扬越人应没有沿资水而上，因为资水中上游尚未发现越人墓葬。原本生活在资水中上游的三苗人后裔到唐宋时期形成了以今安化、新化为中心的梅山蛮，从唐代晚期开始不服中央王朝管辖，直到北宋神宗熙宁五年（1072）才归化王朝。

三、扬越人所依附的政治实体是虎方

关于长沙春秋时期的社会形态，许多人认为，在楚国势力进入长沙前，该地区"大体仍处于'蛮夷'所居的'荒服'之列"，即"蛮荒之地"。这是值得商榷的。

人们通常把青铜器、文字、城址作为人类文明社会的三大标志，也称为三大文明要素。在宁乡黄材炭河里商周古城址及其周边一带发现了晚商西周青铜器，其中有的青铜器铸有铭文，这表明长沙地区至少在晚商西周时期就已进入了文明社会。

社会是发展进步的，春秋时期的今长沙地区不可能再退回野蛮的原始社会，所以当时当地的扬越人应依附一个政治实体，而这个政治实体就是虎方。

据《竹书纪年》载："周穆王伐大越，起九师，东至九江，驾鼋鼍以为梁也"，关于九江地望，学界尚有分歧。有的认为是指洞庭湖地区[27]，有的认为在鄂赣交界一带[28]。笔者认为，就此处而言，应是后者符合史实。周穆王南征，应是沿汉水而下，洞庭湖地区在汉水西南，九江在鄂赣交界一带符合实际。况且如果"九江"指洞庭湖地区，那么周穆王所伐"大越"当在洞庭湖以西。然而文献无此记载，考古也无此发现。如此说来，周穆王所伐"大越"与后来楚王熊渠伐杨粤（越）后"至于鄂"的区域大致相同，此处"大越"应就是扬越。

周穆王是周昭王之子，周昭王也曾南征，只是征伐的对象是虎方。西周金文安州六器《中方鼎》云："唯王（周昭王）令（命）南宫伐反虎方之年，王令中先省南国，贯行、艺王居。"意思是：周昭王命令南宫伐反虎方的那年，命令"中"先巡视南方诸侯国，建立昭王行宫。这说明周昭王确实讨伐过南方的虎方。这一点于2000年在山西晋侯墓内出土的韦支甗也可证实，其铭文中有"王令南宫伐虎方之年……"。

虎方早在商代即已存在，甲骨文中一条卜辞[29]记载了商王武丁南征荆楚，其中虎方是主要征伐对象：

贞，令望乘暨举途虎方，十一月。

□举其途虎方，告于大甲，十一月。

□举其途虎方，告于丁，十一月。

□举其途虎方,告于祖乙,十一月。

甲骨文中关于"虎方"的这条卜辞,大意是商王为了征伐虎方,卜问是向先祖大甲还是祖丁、祖甲举行告祭才能得到保佑,取得胜利。而虎方的地望,据李学勤先生考证,位于汉水之南[30]。

周昭王并没有征服虎方,反而被其设计而死。《史记正义》引《帝王世纪》说:"昭王德衰,南征济于汉,船人恶之,以胶舟进。王御船至中流,胶液船解,王及祭公俱没于水中而崩。"说的是,周昭王缺少德操,率领军队南征,准备渡过汉水。"船人"设计献胶粘接的船只,船驶至中流,胶液融化,船只解体,周昭王及其部众溺水而死。

周昭王南征虎方,周穆王南征扬越,父子俩征伐地点均在江汉平原。令人不解的是,周穆王南征扬越时怎么不为报杀父之仇而征伐虎方?难道当时虎方已不存在,扬越系虎方后裔?不是!据《左传·哀公四年》载:"夏,楚人既克夷虎,乃谋北方。"说明虎方春秋时期依然存在。笔者认为,父子俩征伐的是同一个对象,扬越即虎方。扬越是一个民族,而虎方应是扬越民族依附的政治实体(方国)。

春秋中晚期,扬越人所依附的虎方方国的政治中心肯定在湖南地区,因为从楚成王南征扬越后,虎方被迫退出赣水流域。这个政治中心最可能设在宁乡黄材一带。首先,从历史的传承性来看,黄材一带在扬越人进入前,是一个区域青铜文化的中心聚落或都邑所在地。其次,从历史的延续性来看,今宁乡黄材一带,从战国到秦代是洞庭郡治所在地,西汉时期是青阳县治所在地[31]。再者,在炭河里墓葬发掘区发现了春秋时期的越人墓[32]。况且炭河里周边发现了春秋中晚期的青铜器。据湖南省文物考古研究所官网介绍,2014年黄材一村民主动上交了在上世纪90年代末自家建房时发现的一件铜矛。相同形制的铜矛过去在黄材亦有出土,其时代大体在春秋中晚期[33]。

黄材一带,包含从黄材沿沩水而下不到5公里的横市在内,古时横市可能延续了黄材的辉煌,春秋中晚期的虎方都邑也有可能在横市。横市北与桃江灰山港相邻,灰山港北去十公里就是发现了腰子仑大型越人墓葬群的桃谷山乡。腰子仑越人墓葬群年代为春秋中晚期,出土了许多青铜兵器。越人当时应是在此设立了一个军事基地,目的是为了防止楚人从北面攻击虎方都邑。

春秋晚期,"楚人既克夷虎,乃谋北方"(《左传·哀公四年》),说明虎方于哀公四年(公元前491年)被楚国所灭亡。这与考古资料证实楚人是春秋晚期进入今长沙地区的结论相吻合[34]。

公元前491年即楚昭王二十五年。楚昭王曾经南征,到过江西省萍乡县,据《太平寰宇记》记载,萍乡县"楚昭王渡江获萍实于此,今县北有萍实里、楚王台也,因以县名"。长沙与湘潭交界段昭山下的湘水中有一个昭潭,《广舆记》谓楚昭王南征至此而得名[35]。楚昭王之时,今赣西北—赣北(鄱阳湖以西)早已归楚,所以楚昭王南征线路应是沿赣水而上转袁水经萍乡,再通过渌水入湘水,然后沿流而下攻克虎方的。

春秋末期,虎方虽然灭亡了,但扬越民族并没有消失。湘水中上游的扬越人直到战国中期才被征服,这已超出本文所讨论的范围,故不多言。

综上所述,春秋时期生活在今长沙地区的扬越人是外来民族。扬越人原本生活在江汉平原及今赣西北至赣北(鄱阳湖以西)一线,其所建立的政治实体是虎方。虎方势力于两周之际进入长沙地区,于春秋中晚期将政治中心设立在今宁乡黄材一带。

参考文献:

[1]长沙府志·前言[M].长沙:岳麓书社,2008.

[2][24]何介钧.湖南商周时期古文化的分区探索[A].湖南考古辑刊(辑2)[C].长沙:岳麓书社,1984.

[3]何介钧.从考古发现看先秦湖南境内的民族分布[J].求索,1983,(4).

[4][12][23][34]伍新福.湖南通史·古代卷[M].长沙:湖南人民出版社,2008.

[5]高至喜.湖南宁乡黄材发现商代铜器和遗址[J].考古,1963,(12).

[6][7][9]湖南省文物考古研究所.湖南宁乡炭河里西周城址与墓葬发掘简报(节选)[A].湖南出土殷商西周青铜器[C].长沙:岳麓书社,2007.

[8]刘彬徽.关于炭河里古城址的年代及其和宁乡商周青铜器群年代相互关系的思考[A].湖南省博物馆馆刊(辑5)[C].长沙:岳麓书社,2009.

[10]湖南省博物馆.湖南省博物馆新发现的几件铜器[J].文物,1966,(4).

[11]雷芬.株洲白关西周晚期越人墓出土的青铜器[J].湖南考古辑刊,1999,(00).

[13]陈国强.论百越民族文化特征[J].中华文化论坛,1999,(1).

[14][27]伍新福.湖南民族关系史[M].长沙:湖南人民出版社,2010.

[15]湖南省文物考古研究所.湖南宁乡炭河里西周城址与墓葬发掘简报[J].文物,2006,(6).

[16][17][18]喻立新.试揭开宁乡商周青铜器之谜[J].长沙大学学报,2012,(4).

[19]罗香林.古代越族分布考[A].百越源流与文化[C].台北:国立编译

馆,1978.

[20]伍新福. 湖南通史·古代卷[M]. 长沙:湖南出版社,1994.

[21]林惠祥. 中国民族史[M]. 北京:商务印书馆,1936.

[22]吴铭生. 湖南古越人葬俗[J]. 南方文物,1995,(2).

[25]湖南省博物馆. 资兴旧市春秋墓[A]. 湖南考古辑刊(辑1)[C]. 长沙:
岳麓书社,1984.

[26]益阳市文物管理处. 湖南桃江腰子仑春秋墓[J]. 考古学报,2003,(4).

[28]李秀国. 湘赣两广东周青铜墓与扬越文化的关系[J]. 东南文化,1987,
(2).

[29]郭沫若. 甲骨文合集[M]. 北京:中华书局,1980.

[30]江鸿. 盘龙城与商朝的南土[J]. 文物,1976,(2).

[31]喻立新. 楚汉青阳今何在[J]. 长沙大学学报,2014,(1).

[32]四羊方尊故里宁乡探索大遗址保护发展新模式[N]. 中国文物报,2010
-10-15.

[33]盛伟. 宁乡黄材采集一件铜矛[EB/OL]. http://www.hnkgs.com/show
news.aspx? id=879,2014-04-08.

[35]罗汝怀. 昭潭考[A]. 湘城访古录湘城遗事记[C]. 长沙:岳麓书
社,2009.

长沙郡起源初探

张超凡

（湘潭大学历史系，湖南湘潭 411105）

里耶秦简 J1(16)5 简正面的文字如下：

廿七年二月丙子朔庚寅，洞庭守礼谓县啬夫、卒史嘉、假卒史、属尉：令曰："传送委输必先悉行城旦舂、隶臣妾、居赀赎债。急事不可留，乃兴徭。"今洞庭兵输内史及巴、南郡、苍梧，输甲兵，当传者多[1]。

材料中涉及洞庭、内史、巴、南郡、苍梧五个地名。内史、巴郡、南郡都是郡名，那么相对应的，我们有理由认为洞庭和苍梧也是郡名。正是由于秦代湖南地区有洞庭、苍梧二郡这一说法被学术界接受，所以长沙郡是由秦朝所设置这一观点才会被推翻。

关于长沙郡的设置者，笔者认为应该是西汉初年第一任长沙王吴芮。其原因有三：一是秦汉之际湖南地区行政区划发生过很大变化，这为长沙郡的出现提供了可能；二是汉初吴芮实际控制了长沙郡，他有条件进行这一政区变更；三是长沙之名来源于古越语，而吴芮本人属于越人集团。

一、洞庭、苍梧二郡演变为长沙一郡

由前可知，秦代在湖南地区设有洞庭、苍梧二郡。汉高祖在册封吴芮为长沙王时，虽然封了长沙、豫章、桂林、南海、象郡五郡给吴芮，但是桂林、南海、象郡均是南越国的统治区域。至于豫章郡，辛德勇先生在《秦汉政区与边界地理研究》中提出了反对意见，认为汉高祖在册封吴芮为长沙王的诏书之中是有豫章郡的，只是册封没多久就又把豫章郡转予淮南王英布，辛先生进而作出推想，认为高帝只云长沙而不云黔中，是因为在此之前政区已经有过调整，即原来的苍梧与洞庭二郡已经合并成了长沙郡。

秦代的洞庭、苍梧二郡到汉初不复存在，取而代之的是长沙一郡。而洞庭、苍梧周边的南郡、九江郡、巴郡在秦汉两代均有。秦郡的名称大部分都保留到了汉代,虽然有些郡域会有所变动,但名称大多数都没有变。汉郡是在秦郡的基础上发展而来的,具有很强的继承性,而长沙、武陵这种完全毫无关联的郡名更替,只能是在秦汉之际,该地区在政区划分上发生了很大的变化,使得洞庭、苍梧二郡名均已经名不副实,从而才改用长沙、武陵作为郡名。

二、长沙郡是吴芮的实际控制区域

要论证长沙郡是吴芮的实际控制区域,就要证明以下几点:第一,吴芮本人有一定的军事实力,否则刘邦不可能承认这股势力,并且分封为异姓王;第二,吴芮在汉五年时已控制长沙郡,否则长沙郡不可能是由吴芮所置。

（一）吴芮的军事实力

《汉书·高帝纪》记载,汉五年春诸侯上书劝刘邦称帝时开头是:"楚王韩信、韩王信、淮南王英布、梁王彭越、故衡山王吴芮、赵王张敖、燕王臧荼……"[2] 吴芮能够与六位有实力的诸侯王一起劝刘邦称帝,这说明吴芮本人是掌握了一定军事力量的,否则不可能和其余六位异姓王平起平坐。

《汉书·吴芮传》载:"项籍死,上以(梅)鋗有功,从入武关,故德芮,徙为长沙王。"[3] 如果汉高祖真是因为梅鋗的功劳大而封吴芮为长沙王,那说明梅鋗的功劳是非常大的,但《史记·高祖功臣侯者年表》却根本没记载梅鋗的封号,梅鋗本人连侯都没有封到,所以这种说法并不可信。

王勇认为"刘邦在楚汉战争后,违背其分封原则,将军功并不显著的吴芮封在长沙为王,并遥夺南越三郡以予之,实欲利用其在越人中的威望和手下军队习于水战及南方气候的特点,阻挡南越北犯和平定南越。"[4] 由此可见,吴芮是有一支军队的。

（二）汉初吴芮应当占有长沙郡所辖之郡域

《史记》《汉书》在记述项羽封十八诸侯时,都提到了吴芮被封为衡山王,但是《汉书·高帝纪》记载封吴芮为长沙王的诏书中指出:"项羽侵夺之地,谓之番君。"[5] 这就说明,吴芮是被项羽给废掉了的,衡山郡也就不会再归吴芮所有。那么吴芮迁往何方便是一个值得探讨的问题了。笔者认为吴芮是往湖南地区发展,理由有三点:

第一,若是西汉政府徙封,必定不会建都长沙。

建都临湘并不利于汉政府对于长沙国的管控。因为从长安到临湘的交通十分不便,要先从南郡入沅澧流域,然后经洞庭湖转道湘江,最后到达临湘。定都长沙对西汉政府来说主要有以下两个麻烦:

其一,中央传命令给长沙国的过程会很慢,影响行政效率。《唐六典》记载:

"水行之程:舟之重者,溯河日三十里,江四十里,余水四十五里,空舟溯河四十里,江五十里,余水六十里。沿流之舟则轻重同制,河日一百五十里,江一百里,余水七十里。"[6]由于唐一里等于300步,一步等于五尺,一尺约等于30厘米,也就是说唐代空船在沅澧流域和湘江流域顺水而行时,每天只能行31.5公里,而汉寿至长沙的直线距离大约有110公里,则水路距离更远。如果按160公里计算,则中央下达的政令从索县传到临湘需要五天,这也就意味着中央的政令在沅澧流域得到执行至少要浪费十天,这样的设置绝对是不符合中央政府的要求的。

其二,孔艳在《明清时期湘江长沙段历史地理问题探讨》中认为"长沙濒大江,风涛之险难以避之。湘江长沙段属顺直型河段,缺少舟楫湾入之所。如遇水患,导致渡口码头很难泊舟,使得沿岸港口建设成为必要举措。"[7]可见长沙的水运条件并不理想,甚至都没有一个理想的港口。这样的条件虽不利于物资运往临湘,却在一定程度上保障了临湘城的军事安全,任何敌军想要从水路进攻临湘城其实都很困难。如果吴芮等人有造反之心,拒城而守对中央政府势必会制造极大的麻烦。

综上所述,其实建都临湘城是十分有利于长沙国而不利于中央政府的,所以建都临湘必定是吴芮本人的主意,那么自然也就表明吴芮当时其实已经实际掌控了这一地区。

第二,秦汉之际的临江国并没有苍梧郡。

《史记·秦楚之际月表》言汉五年一月分临江国为长沙国,周振鹤据此认为"临江国相当于汉五年时的南郡和长沙国之和。"[8]但笔者认为这是有争议的。

《史记·项羽本纪》记载:"汉之元年四月,诸侯罢戏下,各就国。项王出之国,使人徙义帝,曰:'古之帝者地方千里,必居上游。'乃使使徙义帝长沙郴县。"[9]既然把义帝迁徙到郴县,那么义帝作为名义上的共主,他的王畿之地还是存在的。从迁徙义帝到义帝被杀之间,义帝的都城在郴县,那么他的王畿之地势必也在郴县附近。项羽分封十八路诸侯王的时候,只是把洞庭郡封给了临江国,而苍梧郡则是义帝的王畿之地。当英布杀掉义帝之后,苍梧郡自然也就成了英布的统治区域,只是没过多久英布背叛项羽,并且被项羽打败,只身逃入了刘邦的大本营。吴芮很可能就是利用这个机会趁乱占领了苍梧郡。

那么,《史记·秦楚之际月表》里的分临江国为长沙国又该怎么解释呢? 笔者认为应该是指分临江国的洞庭郡给长沙国,也就是正式承认吴芮占领洞庭郡这一事实。

第三,临湘城乃吴芮所筑。

按《水经·湘水注》记载:"湘水左迳麓山东,上有故城……又右迳临湘县故城西县治,湘水滨临川侧,故即名焉……汉高祖五年,以封吴芮为长沙王。是城(临湘城)即芮筑也。"[10]临湘城其实是吴芮受封为长沙王之前所筑。根据《史记·秦楚之际月表》记载,吴芮本人死于汉五年七月,距其受封为长沙王不过五个月,如果吴芮是在徙封为长沙王之后才筑此城,以当日湖南之地广人稀的情况(《汉书·贾谊传》载《治安策》曰:"长沙乃在二万五千户耳,功少而最完,势疏而最忠。"[11]汉初长沙国地贫人稀,只有二万五千户,吴芮很难集中大量人力来修筑临湘城),要在五个月的时间内建好一座都城是件不可能的事情。

因此,笔者认为吴芮重建长沙城是在受封为长沙王之前,这也就表明,吴芮在此之前肯定就已经控制了这一区域。

三、长沙郡之名与古越语有关

(一)"长沙"一名来源于古越语

关于长沙这个名字的起源,皇甫一弘《谈长沙地名的成因》提出了五种说法:一说得名于长沙星;二说得名于万里沙祠;三说得名于沙土之地;四说得名于长形沙洲;五说得名于"蛮越"语"祭礼女神的地方",其中,"长之意为祭坛,沙之意为女神"[12]。其中,得名于长沙星和万里沙祠这两说都已经被学术界所否定。

再看得名于沙土之地,《谈长沙地名的成因》记载:"唐大历年间,长沙太守张谓著《长沙土风碑铭》引《遁甲记》云:'沙土之地,云阳之墟。'又《路史》曰:'沙,为长沙;云阳,为茶陵。'又《元和郡县志》云:'《禹贡》荆州之域,春秋为黔中地,楚之南境。秦并天下,分黔中以南之沙乡为长沙郡,以统湘川。'"[13]历史时期的长沙地区的确是沙土之地,但是这只能解释一个"沙"字,却不能说明"长"字,所以此说是很牵强的。

再说得名于长形之洲,《水经·湘水注》记载:"湘水又北径南津城西,西对橘洲,或作吉字,为南津洲尾。"[14]除此之外,湘江长沙段再无其他洲记载,由此看来,这个得名于长形之洲的洲只可能是南津洲或橘洲,根据《水经注》记载,这二洲在湘江水位较低时,应该是连在一起的,如此一来,这延绵数公里的沙洲的确是长形之洲,因此而命名为长沙是有可能的。

但是,长沙作为地名,最早见于《逸周书·王会篇》。《王会篇》记载了周公营建雒邑竣工后,周成王大会诸侯、方国的盛况。当时"长沙鳖"是作为方物贡献给周王室的,而这也是"长沙"之名第一次在古籍文献里出现。楚人南下远在这之后,当时长沙在越人的势力范围之内,即便越人也按照"长形之洲"而命名为"长沙",那读音也会与汉人的不一样。

顾铁符在《楚国民族述略》中指出"楚人自从受封在南蛮地区之后,为了要团结周围的蛮夷,所以很注意学蛮话。"[15]"关于楚国对境内及其周围蛮夷的策略,以及对待他们的基本情况,略如上述。"[16]楚国对境内各民族的风俗习惯是尊重的,并且保护各族文化。所以楚国南下之后,不会随意更改地名,应该会沿用越人所使用的地名,其所作的改变很可能只是根据古越人的发音将"长沙"音译成了后世的长沙。而长沙之名又恰巧契合了"长形之洲"这一说法,所以后世便以为长沙之名得名于"长形之洲"。周宏伟在《释"洞庭"及其相关问题》中指出"doengh nding组合起来作为壮语地名词汇,就是红色的平地、坝子之意。"[17]由此可见,洞庭在壮语里其实是红色土地的意思。以此类推,楚国在新征服地区的命名上很可能沿用之前的名字。

《长沙地名的由来》指出"在楚国'南平蛮越'之前,长沙居民属'蛮越'族。在蛮越语中,'长'是'祭坛'的意思,'沙'是'女神'的意思,而不是'沙土之神'。'长沙'在蛮越中的含义就是'祭祀女神的地方'。至今,壮、侗诸民族聚居区还有女神崇拜的风俗,他们的成语中有'未立村塞,先立长沙'之语。"[18]由此可见,"长沙"作为古越语词汇,是有具体的含义的,"长沙"一名来源于古越语是可以解释得通的。

吴铭生《湖南古越人葬俗》指出"古越人的墓葬,大都葬于丘陵地带,且有自身的墓地。"[19]一般民众的墓地都离自己居住的部落不远,所以古越人的聚居地应该也在附近。而且,吴铭生在《从考古发现谈湖南古越族的概貌》中指出"远在新石器时代晚期到商周这个历史阶段,湖南境内湘东的浏阳、湘北的岳阳、湘中的湘分(结合文章内容来看是湘乡,湘分应是作者笔误)、湘南的衡阳、安仁、零陵等地,都有越文化的遗存,证实了这个纵深地带都是古越族活动的区域。"[20]综上所述,古越人的活动区域似乎以丘陵地带为主,岳阳虽然位于平原,但是发现越文化遗存的黄秀桥临近洞庭湖,而洞庭湖在先秦时期面积很小,这说明现在临近湖边的黄秀桥在先秦时期是一个海拔相对较高的地方,否则早已沉入湖底。

所以,笔者认为完全可以作如下假设:古越人住在丘陵地带,而在地势低的地方进行祭祀活动,而湘江两岸地势平坦,古越人完全可能在此进行祭祀活动,甚至古越人有可能就是在橘洲之上进行祭祀活动。

(二)吴芮是越人

《汉书·高帝纪》中高祖册封吴芮的诏书有这样一句话:"项羽侵夺之地,谓之番君。"[21]而《汉书·吴芮传》也说:"吴芮,秦时番阳令也,甚得江湖间民心,号曰番君。"[22]那番君应为何意呢?

番县是吴芮起家的地方,所以最开始的番君可能指番县之君。吴芮被废之后,他有可能被赶回番县,但番县在当时属于九江王英布的辖区。如果是在英布的九江国被项羽灭掉之前,则英布不可能让吴芮到番县。如果是在九江国被项羽灭掉之后，那么吴芮是有可能在番县站稳脚跟的，但如此一来，汉高祖封英布为淮南王时就难以将已经封给吴芮的长沙郡转交到英布手中。《史记·灌婴传》记载："(灌婴)渡江，破吴郡长吴下，得吴守，遂定吴、豫章、会稽郡。"[23]番县属豫章郡，这说明番县不是吴芮所控制的。

从统率的军队来看，吴芮是越人的首领，《汉书·吴芮传》记载："因率越人举兵以应诸侯。"[24]如果吴芮跟越人没有一点关系的话，怎么领导越人呢？即使吴芮是汉人，在他领导越人军队之后，也就成为越人集团的军事首领，其所作所为符合百越人的习惯也就不足为奇了。而且，《史记·黥布列传》载："长沙哀王使人给布，伪与亡，诱走越。"[25]吴臣欺骗英布，说要一起逃到越地去，这恰恰说明了吴氏父子在越人心目中的地位，否则英布不会相信。当他们统率越人之后，他们就已经是实质上的越人，所以番君之意应是少数民族首领之君，用越语来命名一个新设郡对他们而言可以被更多越人认同！

综言之，秦汉之际，湖南地区行政区划发生过重大变化，吴芮在受封为长沙王之前，实际控制了长沙郡所辖的地区，在调整所辖区域的行政区划时，用了古越语的词语来命名这个新郡——长沙郡。

参考文献：

[1]王焕林.里耶秦简释地[J].社会科学战线,2004,(3).

[2][3][5][11][21][22][24]班固.汉书[M].北京:中华书局,1962.

[4]王勇.汉初长沙国独传五世原因新探[J].中南民族大学学报(社会科学版),2003,(2).

[6]李吉甫.唐六典[M].北京:中华书局,2014.

[7]孔艳.明清时期湘江长沙段历史地理问题探讨[D].上海:上海师范大学硕士学位论文,2011.

[8]周振鹤.西汉政区地理[M].北京:人民出版社,1987.

[9][23][25]司马迁.史记[M].北京:中华书局,1959.

[10][14]陈桥驿.水经注校证[M].北京:中华书局,2007.

[12][13]皇甫一弘.谈长沙地名的成因[J].中国地名,2012,(7).

[15][16]顾铁符.楚国民族述略[M].武汉:湖北人民出版社,1984.

[17]周宏伟.释"洞庭"及其相关问题[J].中国历史地理论丛,2010,(3).

[18]长沙地名的由来[J].中国地名,2006,(2).

[19]吴铭生.湖南古越人葬俗[J].南方文物,1995,(2).

[20]吴铭生.从考古发现谈湖南古越族的概貌[J].江汉考古,1983,(4).

宁乡青铜文化起源再探索

喻立新

（长沙大学长沙文化研究所，湖南长沙　410022；
沩山风景名胜区管理委员会，湖南长沙　410627）

　　湖南宁乡出土的商周青铜器举世闻名,总数达 300 余件,表明商周时期宁乡之地应该存在一个青铜文明中心。1963 年,在宁乡黄材沩水河畔发现了商周时期的文化遗存——炭河里遗址,使这个青铜文明中心初露端倪。2001 年至 2005 年湖南省文物考古研究所对炭河里遗址进行了考古发掘,确认该处是一处西周时期的古城址[1],宁乡作为青铜文明中心得到了世人的承认。然而这处青铜文化的起源问题,作为著名的"宁乡青铜器之谜"之一,至今尚无令人信服的结论。拙文《试揭开宁乡青铜器之谜》曾作初探[2],本文谨此再陈浅见,以求教于方家。

　　从现有材料来看,长江流域包括宁乡的青铜文化均不是独自起源的,而是在商文化的影响和刺激下产生和发展起来的[3]。也就是说,宁乡的青铜文化是中原青铜铸造技术传入后而随即产生的。那么究竟是何时何人将中原青铜铸造技术传入了宁乡？这就是探索宁乡青铜文化起源需要回答的两个问题,即传入青铜铸造技术的时间和带入青铜铸造技术的族群。

一、传入青铜铸造技术的时间

　　探索中原青铜铸造技术传入宁乡的时间,有必要先弄清宁乡青铜文明形成于何时。

　　专家认为,宁乡商周青铜器与炭河里古城的主人属同一个政治集团或人群[4],这在学术界取得了共识。粗略看,炭河里遗址为西周时期,以此为中心的宁乡青铜文明当然形成于这一时期。然而宁乡商周青铜器中有许多是商代晚期铸造的,西周时期的炭河里遗址及其周围怎么会出土许多的商代晚期铜器？这是一个令人费解的问题。

　　炭河里遗址位于湘江下游支流——沩水上游的黄材盆地,隶属湖南省宁乡县黄材镇栗山村。黄材盆地地处雪峰山脉东北麓,是沩水上游一个面积近千万平方米的山间盆地,中央地势平坦,三面高山环抱。沩水主源黄材河自西向东从盆地中流过,炭河里遗址即坐落在盆地西部的黄材河北岸(见图1)。

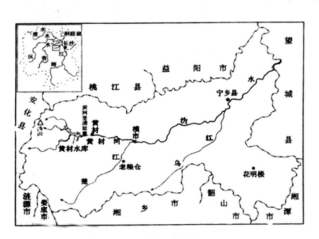

图1　炭河里遗址地理位置示意图

关于炭河里古城生活的族群,当今学术界主流观点认为:黄材地理位置偏僻,虽然在日用陶器方面以本地文化传统为主,但在大型建筑、墓葬葬玉和仿铜陶鼎等方面却显示出深受商文化礼制的影响。出土的青铜器中有许多带有中原风格,因此认为它们只可能是作为一个整体在较短的时期内集中由一定规模的外来迁入者带来的。据此推测,周灭商前后,因受到强大的周王朝势力压迫,一些殷遗民被迫南逃至此。同时,炭河里考古学文化构成中明显有一些可能来自于江汉平原、鄂东南、赣西北地区的因素。据此推测,在周初周人用兵汉水,分封诸侯的大背景下,江汉地区的豪族大家跟随殷遗民也一起南逃至此,他们的人数甚至可能超过了殷遗民。殷遗民及江汉地区的土著势力与当地土著势力融合,建立了以炭河里遗址为中心的政治实体或地方方国[5]。这一观点被称为"殷遗民南迁说"。

笔者认为,"殷遗民南迁说"值得商榷,因为持此观点的专家没有对宁乡地方型青铜器的来源给出令人信服的解释。宁乡确实出土了部分中原型青铜器,它们的造型、纹饰风格、铭文作风与中原完全相同。如黄材出土的"癸"兽面纹提梁卣、"己"分裆鼎、"父乙"窝纹罍、"戈"卣;沩水下游望城高砂脊出土的带"酉"字铭文的圆鼎;回龙铺和横市分别出土的晚商圆鼓腹卣等。然而有两类宁乡商周青铜器从未在中原等地发现过,即大铜铙(如云纹铙、兽面纹铙、乳丁纹铙、齿纹铙等)和现实生活中存在的动物造型类青铜器(如四羊方尊、虎食人卣、人面纹方鼎等),它们则属于典型的地方型青铜器[6]。

关于大铜铙,持"殷遗民南迁说"的专家认为:"湖南的大铜铙应该是(以炭河里古城为中心的湘江流域)本地产品,但铸造年代主要为商末至西周时期。"[7]就是说,它们应该是殷遗民及江汉地区的土著势力南下到宁乡后铸造的。不过也有专家认为,兽面纹铙铸造于殷墟二期;云纹铙铸造于殷墟三、四期[8]。1983年出土在宁乡黄材龙泉村距四羊方尊出土地仅250米处的象纹大铜铙,当时窖藏现场基本没有破坏,窖内填土中发现大量商代遗物,铜铙是处于商文化层中[9],从而可以确定该铙系在商代埋藏,其铸造年代也在商代。

关于动物造型类青铜器,到目前为止在中原地区出土的青铜器中非常少见,而宁乡及其周边出土较多,大多数学者认为它们产于湖南,其中四羊方尊、虎食人卣、人面纹方鼎等青铜器铸造年代为商代晚期。持"殷遗民南迁说"的专家认为"本组铜器的造型特征虽在殷墟等地出土商代铜器中少见,但是它们的装饰风格和铸造工艺却与殷墟铜器一致"[10],应该与殷遗民有关。虽"不敢肯定这类铜器到底产于何地"[11],但"如果年代为商代晚期,则肯定不是在湘江流域铸造。"[12]除此之外,"还有一种可能,即它们是商末周初殷遗民南迁湘江流域后在本地铸造的","将本组铜器的铸造年代断为西周早期也并无大碍。"[13]就是说,这些精美的青铜器,要么是殷遗民南迁时带来的,要么是殷遗民南迁后在湘江流域铸造的。

推测四羊方尊、人面纹鼎、虎食人卣等青铜器可能是殷遗民南迁后在湘江流域铸造的,其年代为西周早期,实在太过勉强,尚无任何证据。那么,如果确认它们为商代铸造,就一定是殷遗民南迁带来宁乡的吗?笔者也不敢苟同。宁乡商周青铜器在出土环境上存在一个特殊现象,即大多是出于窖藏,埋藏浅,且多出在山顶、山腰、河岸。专家由此分析是当时奴隶主贵族祭祀江湖山川的遗物[14],说明宁乡商周青铜器的主人应具有独特的祭祀文化。这些精美的青铜器,据专家考证它们的铸造年代均为殷墟二期[15],说明这个族群当时已具有成熟的青铜铸造技术。从殷墟二期至商周之际至少上百年,如果它们是殷遗民南下带来的,那么在中原应该存在一个像宁乡一样的地方,窖藏有许多精美的商代动物造型类铜器,然而这个地方至今尚未发现。

由此可见,"殷遗民南迁说"难以令人信服。那么,谁是炭河里古城和宁乡商周青铜器的主人?笔者认为,他们是历史上赫赫有名的三苗。三苗是中国传说中尧舜禹时代的古族名,但后来却神秘消失了。拙文《试揭开宁乡青铜器之谜》论述了三苗直到商末西周时期依然存在,炭河里遗址是古三苗国在商末西周时期的都邑所在地。三苗在商代时地域包含了赣西北、鄂东南、湘水下游和资水下游,与商王朝以长江相隔。炭河里周边出土的晚商青铜器,应是在三苗境内的江西瑞昌铜岭古矿冶遗址和湖北黄石铜绿山古矿冶遗址或两遗址附近铸造,同时不排除可能在三苗境内的江西吴城铸造,后通过长江借道湘江逆沩水河将它们运到宁乡黄材的[16]。然而,这个观点离不开考古材料的支撑,也就是说,必须有证据证明炭河里遗址可早到商代晚期。

图2 商代三苗地域图

炭河里遗址发掘简报认为这是一座西周时期城址。然而宁乡出土了许多商代地方型青铜器,尤其是象纹大铜铙确认系商代埋藏,使我们不得不怀疑炭河里遗址的断代可能有误。据考古发掘,炭河里古城外有一条壕沟,开口被西周文化层叠压,与城墙方向一致,应是修建现存城墙时取土形成的。由此分析,城外壕沟为西周文化层所压,而壕沟和城墙是同时形成的,则城墙亦为西周文化层所叠压,表明城墙年代应早于西周文化层。这种上下地层关系,证明炭河里古城的城墙建筑年代要早于西周。既然早于西周,其始建年代至少可早到商代晚期。城墙与最早的大型建筑年代应该相当。因此,城内早期大型建筑至少建于商代晚期[17]。再者,炭河里遗址出土的陶器中有部分带有中原地区商代晚期的特征性文化因素[18],这些陶器是易损器物,不可能来自遥远的中原,所以除能证明炭河里古城内生活的族群受到了中原文化的影响外,也可证明它始建的时间至少早到了商代晚期。

据史籍记载,宁乡之地夏属三苗,可见三苗是本地土著,并非商周时期外来之族群。专家将宁乡商周青铜器的铸造年代分为四期。第一期相当于殷墟二期,这一期包括四羊方尊、人面纹鼎、虎食人卣等;第二期相当于殷墟三、四期,如"癸"兽面纹提梁卣、"己"分裆鼎、"戈"卣;第三期相当于西周早期,如"父乙"窝纹罍;第四期相当于西周中晚期。其中,地方型青铜器在第一期最为丰富。第二、三期,除大铜铙外地方型器物较少,但到第四期时又出现较多[19]。由此可见,最早最多的宁乡地方型青铜器出现在殷墟二期,因此,笔者认为宁乡青铜文明应形成于此时。

中原青铜铸造技术传入宁乡后,三苗先民从开始接受到逐渐掌握该技术,最后形成青铜文明的过程应该不会很长,所以中原青铜铸造技术传入宁乡的时间不能排除就是在殷墟二期。当然这个青铜文明形成的过程也需要一定的时间,所以青铜铸造技术传入宁乡可能早到殷墟一期偏晚时期。殷墟一期偏晚时期约当商王武丁前期,殷墟二期约当武丁晚期至祖庚、祖甲时期。武丁祖孙三人在位近100年,宁乡从青铜铸造技术传入到形成灿烂的青铜文明完全可能。所以,中原青铜铸造技术传入宁乡的时间是武丁至祖庚、祖甲时期,宁乡青铜文化随着中原青铜铸造技术传入而产生。

二、带入青铜铸造技术的族群

宁乡商周青铜器中许多带有铭文的中原型青铜器,例如"癸𠙻"兽面纹提梁卣、"己𠙻"分裆鼎、"𠙻父乙"窝纹罍、"戈"卣等。其中""字和"戈"字,当是作器者氏族名,或是族徽,在中原商周青铜器上也时有所见[20],笔者曾经认为,应该是这些南迁的商人将中原青铜铸造技术传给了三苗[21]。然而,这些中原型青铜器集中在殷墟三、四期和西周早期,而宁乡早在殷墟二期形成了灿烂的青铜文明,使笔者对此产生了怀疑。

关于"𠙻"、"戈"等族商人来到长江中游的时间,应在二里岗时期。据考古发现,长江中游有两个相当于商代前期二里岗文化遗存,即湖北黄陂盘龙城遗址和湖南岳阳市郊铜鼓山遗址,其中铜鼓山遗址位于三苗境内。有专家认为,它们是商王朝在长江中游为了某种目的而设置的军事基地[22]。这种目的应是为了获得位于长江上游的云南东北部的青铜铸造原料。上个世纪八十年代,有专家将铅同位素分析技术应用于考古研究,发现许多中原商代青铜器中含有高放射成因铅。高放射成因铅应主要来自铅矿,生产这些铅料的矿山最有可能位于云南东北部。虽然黄河流域并不缺乏铅矿资源,但它是"示踪剂"。云南东北部(永善—鲁甸—巧家之间)有一个储量巨大、易于开采的自然铜矿,"在永善茂林和鲁甸沿河自然铜矿山有很多古代矿洞存在"。所以,来自云南东北部的铅料应该是同当地所产而黄河流域缺乏的铜锡资源一起输入中原的,其线路为沿金沙江、长江而下,通过盘龙城运至中原王都[23]。

商王朝的运行机制,具有行政和宗族两方面特点,二者常常不可分开。商王的政令,可能需要通过宗族系统方可最后实施,例如商王征集军队,是以族为基础的。所以晚商各族墓地中,男子墓常常随葬兵器,可能与他们曾作为战士出征有关[24]。商王朝派据盘龙城和铜鼓山等南方军事基地的商人,应该含有"𠂤"、"戈"等族人。

承接铜鼓山遗址而发展起来的是岳阳费家河和对门山遗址,它们的时代均相当于殷墟时期。有研究者将这两个遗址出土陶器分为四群,第一群继承了铜鼓山遗址的陶器;第二群是长江中游新石器时代末期至商时期普遍流行的器物;第三群与江西万年类型的陶器相近但又有区别;第四群为只见于当地的硬陶器。与铜鼓山遗址相比,当地土著文化占据了这两个遗址的主导地位,其文化面貌是逐渐发生变化的,当地文化陶器的比例从早到晚在不断增加[25]。表明至少有一部分商人留在了湘江流域,他们逐渐融合到了三苗人中。这些商人应给三苗带来了先进的中原文化,因为炭河里城址在大型建筑、墓葬葬玉和仿铜陶鼎等方面都显示出深受商文化礼制的影响。

这些商人是否给三苗带来青铜铸造技术?应该没有。铜鼓山遗址下限不会晚于二里岗上层偏晚[26]。从此时至殷墟一期,至少经过上百年,宁乡甚至湘江流域青铜文化并没有发展起来,至今没有发现过殷墟一期的青铜器。

中原青铜铸造技术传入宁乡的时间是武丁至祖庚、祖甲时期,在此期间是否有商人给三苗带来青铜铸造技术?这也不可能。在武丁祖孙三人统治的近100年间,是商王朝中兴的极盛之期,断无中原商人来到江南将此技术传予三苗的道理。

那么,是何人(族群)将中原青铜铸造技术传给了三苗?宁乡及其周边出土了许多以虎形象作为装饰艺术母题的商周青铜器引起了笔者的注意。例如沩山与安化交界处出土的虎食人卣,整个器形作猛虎形状[27];老粮仓北峰滩出土的一件兽面纹大铙,器内有四只伏虎[28];2003年黄材栗山村出土的虎首纹铜车辖[29];湖南省博物馆收藏的长沙虎纹钺[30]。这些以虎为纹饰的青铜器,使笔者联想起一个以虎为图腾崇拜的氏族——虎方。

虎方是甲骨学家从甲骨文中考定出来的一个商代方国。武丁时期,在江汉平原发生了一场战争,即武丁南征荆楚,其中虎方是主要征伐对象。关于商代虎方的地望,专家学者有三种意见,即淮水上游说[31]、汉南荆楚故地说[32]和古三苗聚居地区说[33]。甲骨文中有关"虎方"的记载,只有一条卜辞[34]:

贞,令望乘暨举途虎方,十一月。

□举其途虎方,告于大甲,十一月。

□举其途虎方,告于丁,十一月。

□举其途虎方,告于祖乙,十一月。

"途"有"征伐"义[35],举、望为族名。在商代,王师只有右、中、左三军,遇有重大军事行动,一般是以王师为骨干,辅以用兵地附近的氏族军。据专家考证:举是居住于湖北汉水支流——举水流域的一个氏族[36];望位于亳南淮阴间,即今淮水上游北岸[37]。据此分析:商王武丁征伐虎方前,虎方离此不远。但淮水上游属于正统商文化区域[38],虎方不可能在此。所以,汉南荆楚故地说是可信的,虎方当时应位于汉南。

商代初期,长江以北分布有许多氏族部落和方国,商人统称之"荆蛮"。商王朝对其进行了征伐,据《竹书纪年》载:"商师征有洛,克之,遂征荆,荆降",说的是:商人的军队在攻占"有洛"(今河南洛河一带地区)之后,曾乘胜南下征伐"荆蛮",一度迫使"荆蛮"归顺。又《吕氏春秋·孟冬纪·异用》载:"汤见祝网者置四面……汤收其三面……汉南之国闻之,曰:'汤之德及禽兽矣。'四十国归。""汉南"指汉水之南。商初,由于成汤征伐与招抚结合,汉南四十个氏族部落和方国都归附于商朝,虎方应在其中。

《毛诗正义》云:"高宗前世,殷道中衰,宫室不修,荆楚背叛。"高宗即商王武丁,说明武丁之前,商王朝国力衰弱,江汉平原的"荆蛮"背叛了商王朝。"荆蛮"的背叛,应该隔断了盘龙城、铜鼓山等军事基地的商人与商王朝的联系。盘龙城的废弃,也就是商文化在周边地区向腹心地区的退缩,是在二里岗阶段刚结束、殷墟阶段方开始的时候[39]。后来商王武丁曾大规模南征"荆蛮",虎方是主要征伐对象。而居住于举水流域的举族应也属"荆蛮",却是商王朝军队的一部分。所以,背叛的"荆楚"应主要是虎方,背叛的行为应是虎方攻取了盘龙城。

甲骨文中关于"虎方"的这条卜辞,大意是商王为了征伐虎方,卜问是向先祖大甲还是祖丁、祖乙举行告祭才能得到保佑,取得胜利。这次战争,以商王胜利而告终。《诗·商颂·殷武》曰:"挞彼殷武,奋伐荆楚。罙入其阻,裒荆之旅。"

战败的虎方应被迫迁徙到了江南。江西新干考古发现有两个重要的商代遗址,即大洋洲商墓和牛头城商周遗址,系同一文化内涵[40]。大洋洲商墓于1989年出土了480多件铸造精美的青铜器,具有浓厚地方特色,这批青铜器上的虎形象特别引人注目。张长寿先生据此认为,牛头城商周遗址居住族群很可能是甲骨文中记载的虎方[41]。

大甲、祖丁、祖乙都是商王朝的名君,被视为战神[42],商王因战事向他们举行告祭,仅见于征伐鬼方、土方等少数劲敌,这从一个侧面说明虎方也很强大。如果张长寿先生关于牛头城商周遗址居住族群就是虎方的推测符合史实,那么虎方应是越过了长江,沿赣水而上,征服了居住在新干牛头城的当地土著人。虎方曾臣服过商王朝,当然接受过中原文化的熏陶,在牛头城出土了一种陶南瓦,上半截是江西万年类型土著商文化南瓦形器的上半部分,下半截是中原商文化的袋足鬲,专家认为,是两种商代文化融合的物证[43]。

江西新干大墓出土的青铜器上限在二里岗时期,下限不晚于殷墟二期[44],说明这支青铜文化起源比宁乡早,虎方应在武丁征伐前已掌握了青铜铸造技术。

关于虎方青铜铸造技术的来源,应来自二里岗时期盘龙城的商人。盘龙城遗址发现有许多沟槽状的黑灰烬遗迹,沟内发现有许多陶缸及厚胎坩埚,沟内外还发现少量熔渣,或碎铜片。在杨家湾、楼子湾遗址,发现一些陶缸留有熔渣残迹。从而推断商代的盘龙城遗址已出现了铸造场所[45]。如果虎方在武丁征伐前攻取了盘龙城符合史实,那就不难理解虎方因此获取了青铜铸造技术。况且新干大墓出土的青铜器主要继承了二里岗时期的传统,专家认为这与盘龙城类型商文化不无关系[46]。

江西新干青铜器可分为四期,第一期相当于二里岗时期;第二期相当于二里岗至殷墟阶段;第三期相当于殷墟一期;第四期相当于殷墟二期。在这四期中,一期和四期的铜器比较丰富,而二、三期铜器相对较少[47]。据此分析,虎方攻取盘龙城后,缴获了二里岗时期商人铸造的许多青铜器,这就是新干青铜器第一期数量较多的原因;二、三期青铜器相对较少,说明虎方掌握青铜铸造技术有一个过程;四期数量较丰富说明虎方在殷墟二期完全掌握了青铜铸造技术。

专家对新干大墓出土的11件青铜器进行铅同位素测定研究,发现它们全部属于高放射成因铅的器物[48],说明新干大墓青铜器应是利用储存在盘龙城且来源于云南东北部的原料铸造的。

据考古发现,炭河里文化构成中明显有一些可能来自于江汉平原的因素,如扁棱鼎足、假腹豆等,这些应该是盘龙城类型商文化因素在当地商代晚期文化中的遗留[49]。加上宁乡及其周边出土了许多以虎形象作为装饰艺术母题的商周青铜器,令人不难想到:武丁南征虎方,应该有一部分虎方人越过长江进入了三苗境内,是他们带来了青铜铸造技术,助使三苗创造了灿烂的青铜文明。

炭河里古城的主人是否为虎方,而不是三苗?笔者认为,无此可能。2003年冬至2004年春,湖南省文物考古研究所在对炭河里遗址进行考古发掘过程中,发掘了7座西周时期的墓葬[50]。这批墓葬与后来春秋时期长沙地区流行的越人墓葬具有明显不同的文化面貌,说明长沙地区生活族群从西周到春秋发生了变化。如果炭河里古城的主人是虎方,那么虎方在春秋时期就应该不存在了。然而据《左传·哀公四年》载:"楚人既克夷虎,乃谋北方。"夷虎即虎方,说明虎方直到春秋晚期才被楚国所灭。

综上所述,宁乡青铜文化产生于武丁时期(即殷墟一期偏晚至殷墟二期偏早阶段),因武丁南征而兴起。这支青铜文化虽是受中原青铜文化的影响发展起来的,但是间接的,其青铜铸造技术直接来源于虎方。古三苗国以宁乡炭河里为中心从殷墟二期开始创造了灿烂的青铜文明。

（本文得到湖南省博物馆原馆长、研究员熊传薪先生的悉心指导,在此深表感谢!）

参考文献:

[1][50]湖南省文物考古研究所.湖南宁乡炭河里西周城址与墓葬发掘简报(节选)[A].湖南出土殷商西周青铜器[C].长沙:岳麓书社,2007.

[2][16][21]喻立新.试揭开宁乡商周青铜器之谜[J].长沙大学学报,2012,(4).

[3][6][8][15][19][25][44][47]施劲松.长江流域青铜器研究[M].北京:文物出版社,2003.

[4][5][7][11][12][46][49]向桃初.湘江流域商周青铜文明研究的重要突破[A].湖南出土殷商西周青铜器[C].长沙:岳麓书社,2007.

[9]盛定国,王自明.宁乡月山铺发现商代大铜铙[J].文物,1986,(2).

[10][13]向桃初.宁乡铜器群与新干铜器群比较研究[J].江汉考古,2009,(1).

[14]高至喜."商文化不过长江"辨——从考古发现看湖南的商代文化[J].求索,1981,(2).

[17]刘彬徽.关于炭河里古城址的年代及其和宁乡商周青铜器群年代相互关系的思考[A].湖南省博物馆馆刊(第5辑)[C].长沙:岳麓书社,2009.

[18][26]湖南省文物考古研究所.岳阳市郊区铜鼓山商代遗址与东周发掘报告(节选)[A].湖南出土殷商西周青铜器[C].长沙:岳麓书社,2007.

[20]彭适凡.南方青铜器及其特色[A].中国南方青铜器研究[C].上海:上海辞书出版社,2012.

[22][39]俞伟超.长江流域青铜文化发展背景的新思考[A].湖南出土殷商西周青铜器[C].长沙:岳麓书社,2007.

[23]金正耀.中国铅同位素考古[M].合肥:中国科学技术大学出版社,2008.

[24]唐际根.殷墟:一个王朝的背影[M].北京:科学出版社,2009.

[27][29]姚福平.厚重沩宁[M].长沙:湖南人民出版社,2012.

[28]周世荣.湖南省博物馆新发现的几件青铜器[J].文物,1966,(4).

[30]湖南省博物馆.湖南出土殷商西周青铜器[M].长沙:岳麓书社,2007.

[31]丁山.甲骨文所见氏族及其制度·虎氏·虎方[M].北京:中华书局,1988.

[32]江鸿.盘龙城与商朝的南土[J].文物,1976,(2).

[33]彭明瀚.商代虎方文化初探[J].中国史研究,1995,(3).

[34]郭沫若.甲骨文合集[M].北京:中华书局,1978.

[35]李亚农.殷代社会生活[A].李亚农史论集[C].上海:上海人民出版社,1979.

[36]彭明瀚,陈树详.商王对南土方国征伐简论[J].江汉考古,1996,(1).

[37]岛邦南.殷墟卜辞研究[M].上海:上海古籍出版社,2006.

[38]宋新潮.殷商文化区域研究[M].西安:陕西人民出版社,1990.

[40]郑林生.文物专家考察新干县牛头城址[EB/OL].华夏经纬网,2008 - 02 - 21.

[41]张长寿.记新干出土的商代青铜器[N].中国文物报,1991 - 01 - 27.

[42]王宇信.周原出土庙祭甲骨商王考[J].考古与文物,1988,(2).

[43]李家和,杨日新,徐长青.江西省新干牛头城遗址调查与试掘[J].东南文化,1989,(1).

[45]湖北省文物考古研究所.盘龙城——1963 - 1994 年考古发掘报告(上)[M].北京:文物出版社,2001.

[48]金正耀.商代青铜业的原料流通与迁都问题[J].二十一世纪,2002,(2).

试析马王堆文明的特点

罗庆康

（湖南师范大学，湖南长沙　410081）

马王堆汉墓的发掘距今已三十年了，它的出土是上世纪考古中的一件大事。马王堆文明是汉初文明的缩影。本文拟就马王堆文明的特点作些探索，以求教方家。

一

农业与家庭纺织业紧密结合成统一体是马王堆物质文明的特点。所谓"物质文明"就是指的物质，独立于人意识之外的客观存在，包括基本需要、建筑、工程等，关键是基本生产、生活资料。我们知道，吴氏长沙国存在于西汉初（公元前202年—公元前157年），即汉景帝前元二年（公元前155年）之前。就物质资料生产来说，耕织结合的自给自足的自然经济占统治地位。正如贾谊所云："一夫不耕，或受之饥；一女不织，或受之寒。"[1]耕织产品不是为了出卖，而是自身需要，有余则以换取不足之需要物。

马王堆汉墓里出土的农畜副产品繁多，简直是一个农博展览馆，有稻、小麦、大麦、黍、粟、大豆、赤豆、麻籽、苋菜籽、枣、梨、香橙、柿、菱角、藕、笋、梅、杨梅、批杷、鹿、黄牛、山羊、绵羊、猪、狗、兔、鸡、雉、鸭、雁、鹧鸪、鹌鹑、鹤、天鹅、斑鸠、鸳鸯、竹鸡、火斑鸠、号鸟、喜鹊、麻雀、鲤、鲫、银锢、刺鳊、鳜、鸡蛋、花椒、茅香、佩兰、桂皮、姜、高良姜、杜衡等[2]。

纺织业十分发达，可分为丝纺与麻纺。马王堆1号汉墓里出土的丝织品很多，有绢22幅，纱7幅，绮和罗绮13幅，绵4幅，绦2种，共63件。服饰有丝绵袍11件，夹袍1件，素纱禅衣1件，以及裳（裙子）、手套、纱帽、鞋、袜、枕、包袱、镜套、香囊、组带等40余件[3]。同时，马王堆1号汉墓还出土有粗麻布3块；细麻布33块，其中灰色的17块，白色的16块。经实测，经纱支数为135—151公支，纬纱支数为161—209公支[4]。

上文所列耕织产品,特别是奢侈丝织品,大多是吴氏长沙国役使老百姓在官家作坊中生产出来的,是为了满足王室及官吏的需要。但有一点应该知道,这种以耕织紧密结合为特征的自给自足的自然经济,是国民经济中的本业,汉中央是不容许老百姓从事其他行业的。所谓"民无二事""禁民二业"就指此。《后汉书》卷28《桓谭列传》说:"夫理国之道,举本业而抑末业,是以先帝(指刘邦)禁人二业,锢商贾不得宦为吏,此所以抑并兼,长廉耻也。……如此,则专役一己,不敢以货与人,事寡力弱,必归功田亩。田亩修,则谷入多而地力尽矣。"从这里可以看出,"禁民二业"政策,确属西汉初年建立的。

诚然,汉初采取了抑商政策,《汉书》卷24《食货志》曰:汉兴,"天下已平,高祖乃令贾人不得衣丝乘车,重税租以困辱之。"表面上是限制商人的衣食住行与加重税收,实质上是尽量压低商人的政治地位。确切地说,老百姓在耕织自给的情况下,只需要购买所不能生产的盐、铁来弥补自己的不足。因为,"夫盐,食肴之将;……铁,田农之本;……非编户齐民所能家作,必仰于市,虽贵数倍,不得不买。"[5]

由于汉初在经济上发展以耕织结合的自然经济,并实行抑商政策,所以出现了农业繁荣的景象:"至武帝之初七十年间,国家亡事,非遇水旱,则民人给家足,都鄙廪庾尽满,而府库余财。京师之钱累百钜万,贯朽而不可校。太仓之粟陈陈相因,充溢露积于外,腐败不可食。众庶街巷有马,仟伯之间成群……"[6]马王堆汉墓出土众多的农畜副产品及纺织品,就是最好的证明。

二

维护刘氏封建王朝的统治是马王堆政治文明的特点。所谓"政治文明",是指国家的体制、社会制度的建设以及政治秩序与行为等,核心是体制的性质。作为吴氏长沙国的丞相利仓,还包括承袭的第二代车大侯利豨、三代利彭祖,是汉中央任命的,有责任监督与约束诸侯王推行汉法,维护刘氏封建帝制,否则,就要连坐。诸侯王有罪,不立刻举报,就是阿党,就是违法,要追究责任。看来,利氏在这方面做得很称职,现举三件事加以说明。

(一)监督长沙王为西汉尽"忠"

经过多年战争建立起来的西汉,是一个专制主义的封建政权。为了避免重蹈亡秦的覆辙,推行了郡国并行的制度。但分封的诸侯王是否能推行汉法,与汉中央一致呢?正如班固所云,多数异姓诸侯王因"见疑强大,怀不自安,事穷势迫,卒谋叛逆,终于灭亡。"仅留下一个异姓诸侯王吴芮,"不失正道,故能传号五世,以无嗣绝,庆流支庶,有以矣夫,著于甲令而称忠也!"[7]这样一个结果,作为吴氏长沙王吴臣、吴回两代17年的丞相利仓,是有大功劳的。

我们知道,利氏是楚国的贵族,与项羽叔侄关系密切。在垓下之战中,利仓投降刘邦而被重用。高祖七年(公元前 200 年)来长沙国任丞相,"统众官"[8],负责王国行政,是长沙国握有实权的第二号人物。到惠帝二年(公元前 193 年)四月就封为车大(治今河南光山县西北息县界)侯,食"七百户"[9]。高后三年(公元前 185 年),利仓死后,其子利豨希承袭车大侯。孝文十六年(公元前 164 年),利豨希死后,又由其孙利彭祖袭侯。如果不是在维护刘氏帝制上有贡献,决不会到这一步,加之,这是在刘邦立誓"非刘氏不王,若有亡功非上所置而侯者,天下共诛之"[10]之后。

正因为如此,利仓父子及妻子辛追死于湖南后,没有葬在封地,而安葬在长沙市东郊东屯渡乡五里牌(火车站附近)外的马王堆,这就是震惊中外的马王堆文明的诞生地。

(二)恰当处理好了黥布的叛乱

利仓担任丞相之时,正是刘邦消灭异姓王的时候,也正是第二代长沙王吴臣统治时期。淮南王黥布是长沙王吴芮的女婿,于高帝十二年(公元前 195 年)谋叛,犯下了颠覆汉中央的滔天大罪。按汉律,属犯上作乱,依法当诛,亲属还受株连。维护皇权的神圣不可侵犯,这是大原则的事。吴臣与黥布乃郎舅关系,在大是大非面前,态度十分明朗。当黥布逃到长沙后,吴臣"使人绐布,伪与亡,诱走越,故信而随之番阳"[11],并让人杀死黥布于江西番阳枭阳县(治今江西都昌县东南的鄱阳湖中的四望山)的兹乡。

利仓当时的态度怎样,史书没有记载。但我们知道,黥布谋反而逃往长沙,这是公开的秘密。如果吴臣要计杀黥布,非取得利仓的支持不可;同时,作为丞相的利仓,要维护汉中央的权威,一定会和吴臣同步。可是因刘邦在征剿黥布时身受重伤而死,故对利仓来不及封赏。汉惠帝即位的第二年(公元前 193 年)四月庚子,马上封利仓为车大侯。这就是最好的说明。

(三)利豨希带兵配合汉中央军打退南越国的骚扰

南越国是岭南的一个区域性政权,经常骚扰长沙国的南部边境。汉初,为了使西汉有一个安定的后方,曾多次派兵征剿。如吕后七年(公元前 181 年),南越王赵佗借口吕后"毋予蛮夷外粤金铁田器:马牛羊即予,予牡,毋予牝",而发兵攻打长沙国南境,"败数县"而去[12]。汉中央曾派隆虑侯周灶、博阳侯陈濞两将军带兵击之。按理,正如《读史方舆纪要》(卷 80)云:"南越有事,长沙其兵卫也。"这时,正值第二代车大侯利豨希是驻守长沙国南部的一员武将,应该配合了汉中央这次抵御行动。马王堆 3 号利豨希墓的随葬品中提供了证据:出土了地图 3 幅,其中的第 1 幅为长沙国南部 8 县舆地图,第 2 幅为长沙国南部驻军图,主要指道县以南至广东连县以北的地区。另外,还出土了兵器 38 件,有弓、弩、箭、剑、戈、矛等。到文帝前元元年(公元前 179 年),汉文帝决意改变这种敌对状态,派陆贾对南越进行了安抚,撤出了汉中央两将军,由利豨统兵守御,保证了长沙国南部的安定。所以,利豨是立有大功的。

三

"黄老之学"的推行是马王堆精神文明的特点。所谓"精神文明",指文化艺术、民族精神、思想道德、科学、教育等,重要的是指导思想。那么,汉初治国的指导思想是什么呢? 一句话,就是"黄老之学"。

"黄老之学"是祖述黄帝和老子之道的,是原始道家的两个不同的学术流派。正是这种源自道家的黄老思想,支配着汉初吴氏长沙国的文化艺术及其精神生活,所以取得了很高的成就,具体反映在帛书和帛画上。

马王堆 3 号墓出土的西汉帛书共 26 件,但充分表现黄老思想的是《老子》《黄帝四经》。马王堆出土的帛书《老子》有甲乙两本,与传世的《老子》都是《道经》在前不同,而是《德经》在前,《道经》在后。它是道家的代表作,相传为"楚苦县历乡曲仁里"的老聃所作,是一部产生于楚地而具有楚文化特色的哲学理论著作,提出了"使夫知不敢弗为而已,则无不治也"[13]的政治思想。

然而,过去我们对"黄学"一无所知,在马王堆汉墓出土的《老子》乙本前有四篇佚书,即《经法》《十六经》《称》《道原》,成书于公元前四世纪左右,属战国中期作品,内容大体上是继承《老子》而加以发挥的。唐兰先生认为,这四篇佚书即《汉书》卷 30《艺文志》所载的《黄帝四经》。

这两种学术思想从战国流传下来后,到了汉初,便混合在一起,成为了"黄老之学"。开始作为治国指导思想是在齐国,而萧何实践于关中,后为刘邦末年所确立。作为汉初诸侯王的吴氏长沙国当然也离不开这个大气候,必须推行汉中央颁发的一切政令,包括"无为而治"的既定国策。

利仓、利豨之姓也是楚姓,《通志》卷 149《氏族略》曰:"楚公子分食采于利,后以为氏。"据此推断,利仓应是楚国贵族的后裔。投降汉后,利仓做了长达 17 年的相,而利豨嗣车大侯 21 年,利彭祖嗣侯 24 年,应该说,从小到大,均对楚地的道家思想耳濡目染,贯彻起来是得心应手的。所以,利仓及其子孙在约束吴氏长沙王推行黄老无为思想治国上有功,才使湖湘经济蓬勃发展起来。

与此同时,马王堆汉墓出土帛画 5 幅,尤以 1 号汉墓出土的"非衣"帛画所打上的黄老思想的烙印最深。帛画的内容分为三部分,上部代表天上,中部代表人间,下部代表地下,是一幅古代统治阶级用来引魂升天的铭旌。这里无处不着墨闪光的道家思想,因为自然神秘莫测,也就是"道"的难以捉摸,表现在绘画上的是离奇的幻景和寓意深刻的飞升,向往着人生的超脱。整个帛画以人物为中心,暗示墓主可以成仙。

四

综上所述,汉初农业与家庭纺织业相结合是马王堆文明的基础,维护刘氏封建王朝的统治是马王堆文明的大目标,推行"黄老之学"是马王堆文明的统帅。三者紧密的结合,这就是马王堆文明的特点。那么,我们要问:为什么会出现这样一些特点呢?

其一,马王堆文明出自于一个诸侯政权的组织作用。在亡秦灭楚中立有大功的吴芮封在长沙为王,"宫室百官同制京师",俨然是一个小国家,领有封地和人民,有军、财大权,对推行治国政策,组织生产、生活,保卫疆土等,有着不可替代的作用。正如《汉书》卷14《诸侯王表》所云:"虽然,高祖创业,日不暇给,孝惠享国又浅,高后女主摄位,而海内晏如,亡狂狡之忧,卒折诸吕之难,成太宗之业者,亦赖之于诸侯也。"

其二,马王堆文明出自于湘中河谷平原地区,气候温和,交通方便,物产丰富,为吴氏长沙国君臣施展才华提供了基础。湘中河谷平原处于湘、资、沅水中游,河港纵横,土地肥沃,雨量充沛,矿产丰富,"长沙出连(连者铅也)锡"[14],有"有色金属之乡"的美称。

其三,马王堆文明是在楚文明基础上再创造。长沙,楚国曾在此筑城,是楚国的主要粮食基地。《史记》卷41《越王句践世家》云:"复雠、庞、长沙,楚之粟也。"庞,即衡阳,处在长沙之南。楚国赖以生存的粮食,湖南竟占了两处。此外,屈原来湖南后,写下了《渔父》《怀沙》等,大涨了爱国主义精神和浪漫主义文风,也给湖南人民救国救民、自强不息以伟大精神力量。

吴氏集团的核心人物多是楚人。吴芮家居江西,为番令,属南楚;马王堆墓主利仓丞相,家住湖北潜江,属西楚;梅早年家在湖南郴桂地区,属南楚;太傅贾谊是河南洛阳人,临近西楚,算得上是个准楚人,故后世称湖南为"屈贾之乡"。对马王堆文明的创建,这些人功不可没。

文明是靠多次积淀,才能升华。吴氏集团就是在楚文明的基础上进行再创建,出现了辉煌灿烂的马王堆文明,历史上统称为"楚汉文明"。

其四,马王堆文明的出现是形势使然。长沙国之南有南越国,臭氏集团所封之土有南海、象郡、桂林三郡为其控制,并不时"为南边害"[15]。如果长沙国不发展,势必有丢失更多封土的可能。

参考文献：

[1][5][6]《汉书》卷24《食货志》.

[2]湖南省博物馆. 长沙马王堆汉墓[M]. 长沙:湖南人民出版社,1979.

[3]长沙马王堆一号汉墓(上集)[M]. 北京:文物出版社,1973.

[4]长沙马王堆一号汉墓出土纺织品研究[M]. 北京:文物出版社,1980.

[7]《汉书》卷34《韩彭英卢吴传》.

[8]《汉书》卷19《百官公卿表》.

[9]《汉书》卷16《高惠高后文功臣表》.

[10]《汉书》卷18《外戚恩泽侯表》.

[11]《史记》卷91《黥布列传》.

[12]《汉书》卷95《南越传》.

[13]戴维. 帛书老子校释(第三章)[M]. 长沙:岳麓书社,1998.

[14]唐兰. 马王堆帛书与鹖鸟冠子[J]. 江汉考古,1983,(2).

[15]《史记》卷129《货殖列传》.

长沙是楚国"洞庭郡"的首府

陈蒲清

（湖南师范大学，湖南长沙　410081）

《史记·秦始皇本纪》记载，秦始皇二十六年（公元前221年）灭燕以后完全统一六国，"分天下，以为三十六郡，郡置守、尉、监"。《汉书·地理志下》说："本秦京师为内史，分天下作三十六郡。"还记载："长沙国，秦郡，高帝五年为国。"全祖望《汉书地理志稽疑》考证秦始皇二十六年所设置的三十六郡，其中包括黔中郡与长沙郡。顾祖禹《读史方舆纪要》卷八十说："秦置临湘县，为长沙郡治。"研究长沙历史的人，根据这些记载，都认为秦朝建立长沙郡，长沙才成为郡的首府。

其实，长沙在战国时代已经成为楚国洞庭郡的首府。

当然，《史记》和《汉书》的记载中，都没有出现洞庭郡。《史记·楚世家》，顷襄王二十二年（公元前277年）记载："秦复拔我巫、黔中郡。"这是秦国夺取了楚国的巫郡、黔中郡。《楚世家》负刍王五年（公元前223年）记载："秦将王翦、蒙武遂破楚国，虏楚王负刍，灭楚名为郡云。"所谓"灭楚名为郡"者，大多数研究者认为就是取消楚国称号，增设了南郡、九江、会稽等新郡。《史记·秦本纪》记载：秦昭襄王二十一年（前280年），"使司马错发陇西，因蜀攻楚黔中，拔之"。三十年又派蜀守张若伐楚，"取巫郡及江南，为黔中郡"。今常德地区还保留了司马错故城、张若故城的遗址。总之，《汉书》与《史记》出现了长沙郡、黔中郡的名称，而没有出现洞庭郡的名称。

但是，战国时代的楚国与秦王朝统一中国之后，曾经设置过洞庭郡。

首先是，里耶秦简中出现了"洞庭郡"的名称。里耶秦简 JI(6)2 简云："迁陵以邮行洞庭。"这是行政区划之间传递邮件，其中的"洞庭"是行政区划，决不是指洞庭湖。里耶秦简 JI(16)5 简，更明确标明了有洞庭郡。该简云："廿七年二月丙子朔，洞庭郡守礼谓县啬夫、卒史嘉、假卒史毂、属尉，令曰：'传送委输，必先悉行城旦春、隶臣妾、居赀赎债。事急不可留，乃兴徭。'"

而且，无独有偶，《战国策》中也有作为行政区划名称的"洞庭"。《战国策·

楚策一》记载苏秦对楚威王说："楚地西有黔中、巫郡,东有夏州、海阳,南有洞庭、苍梧,北有汾陉之塞、郇阳。"这条记载中共出现八个地名。其中黔中、巫郡、苍梧是郡名;夏州是陈国故地,大概也是郡级单位。海阳是南滨大海的地区(可能是今广东潮州一带),汾陉之塞与郇阳(今河南郾师与山西南部)是楚国跟三晋交界的地区,诸侯各国设置郡首先都在边远地区,因此这三处也可能是楚国的郡。总之,除了"洞庭"以外的其他七处,即使不全部都是郡名,也都是行政区划名。既然"黔中"等七处都是行政区划名,那么,"洞庭"也应该是行政区划名,而不应该是洞庭湖。结合耶秦简中的"迁陵以邮行洞庭""洞庭郡守",可以进一步肯定,《战国策》中的"洞庭"不仅是行政区划,而且是一个郡。

地下出土的里耶秦简,是可靠的历史资料;《战国策》主要是战国时代人的记载,它的历史时代要早于《史记》与《汉书》。因此,我们认为,历史上的确有洞庭郡存在。那么,洞庭郡在那里呢? 它相当秦始皇二十六年所设置的三十六郡中的哪一个郡呢?

吉首大学王焕林老师的论文《里耶秦简释地》,根据秦简推断认为:秦朝的黔中郡,就是楚国的洞庭郡。文章说:"黔中郡、洞庭郡所辖地域其实并无多大出入。不过,前者为战国旧称,后者为秦代新名。"其新旧名称说的依据是:秦始皇二十四年灭楚,二十五年王翦平定江南,所以初期沿用战国时代楚国的旧名。王焕林老师的这个推断有一定的理由。首先是因为,战国时代的各诸侯国都设置了郡,这是没有问题的。郡县制度是中国古代的主要行政区划制度。春秋时代已经出现了"郡"级行政单位,《国语·晋语二》《左传·鲁哀公二年》都有记载。战国时代各国都设置了郡,如《战国策》的《楚策》与《秦策》都多次提到"汉中"郡。其次是因为,《史记·秦始皇本纪》记载,秦始皇二十六年"分天下,以为三十六郡"。这时灭楚还仅两年,所以人们可能沿用旧称。但是,这个推断存在一个明显的缺陷,也许是致命的缺陷。里耶秦简是公文,公文是严肃的政治倾向强的文件,它不像老百姓的口头习惯,而且秦朝法律严酷,它怎么可能并敢于使用属于楚国的"战国旧称"呢? 我们只可能有两种猜测:第一种推测是,秦朝初期叫洞庭郡,后来才改用新的名称;第二种推测是,秦朝自始至终就叫洞庭郡,直到汉朝才改用新的名称。我们更倾向于后面的推断。为什么呢? 因为,《汉书·地理志下》说:"长沙国,秦郡,高帝五年为国。"它只说了秦朝设立了郡,并没有说秦朝叫"长沙郡";而且,里耶秦简明确地说了"洞庭郡";设郡仅十多年秦王朝就灭亡了,郡名是不会朝令夕改的。

我们不同意王焕林老师的"秦朝的黔中郡就是楚国的洞庭郡"的推断。我们认为:黔中郡不是洞庭郡,而长沙郡才是洞庭郡。为什么这样推理呢?

第一,《战国策》把"洞庭"与"黔中"并列,可见在战国时代,"洞庭"与"黔中"是两个不同的郡。它们基本上相当汉朝的"长沙郡"与"武陵郡"。汉朝的长沙郡管辖临湘、罗、益阳、下隽、连道、攸、茶陵、湘南等13县,主要地盘在湖南湘江与资江流域;武陵郡管辖义陵、孱陵、索、临沅、沅陵、迁陵、酉阳等13县,主要地盘在湖南沅江及澧水流域。行政区划往往具有历史的连续性,因此,汉朝的"长沙郡"与"武陵郡",应该是继承了楚国与秦朝的"洞庭郡"与"黔中郡"的划分习惯。"洞庭郡",可能在秦朝时仍然使用旧名,汉朝改名叫"长沙国"。"黔中郡",秦朝也沿用旧的名称,汉朝改名叫"武陵郡"。

第二,当时的"黔中"与"洞庭"郡,都是靠近洞庭湖的。但是,后者更加靠近洞庭湖的主要部分,其辖地中的古下隽县、古罗县与古益阳县,包括现在洞庭湖区的岳阳、华容、汨罗、平江、湘阴、沅江、益阳等地;而且,《汉书》还明确提到了洞庭湖中的"湘山",即今天所称的君山。既然长沙地区如此毗邻洞庭湖,那么,当时所设立的郡就可能叫做"洞庭郡",而长沙理所当然地成为楚国的洞庭郡的首府。

第三,里耶秦简 JI(6)2 简云:"迁陵以邮行洞庭。"当时的迁陵县,相当今湖南省保靖县以及今重庆市的东南角,属于黔中郡的地盘。迁陵既然是黔中郡的下属县,上下级间不应该是一般的通邮关系。从黔中郡的迁陵跟外郡通邮,更合情理。因此,"以邮行洞庭",并不可能证明就一定是与"黔中"通邮。

也许有人会说,长沙郡开始是包括在黔中内的。然,《史记·秦本纪》秦昭襄王三十年伐楚,"取巫郡及江南,为黔中郡"。可见,秦朝设置的黔中郡比楚国的黔中郡大,包括楚的巫郡以及相邻的长江以南地盘。于是,人们进一步认为,长沙郡是秦朝后来才从开始设置的黔中郡中划分出来的。《元和郡县图志》卷二十九明确地说:"潭州,《禹贡》荆州之域。春秋时为黔中地,楚之南境。秦并天下,分黔中以南之沙乡,为长沙郡,以统湘川。"

其实,《元和郡县图志》的进一步推断是值得怀疑的,长沙郡不应包括在黔中郡内。我们提出下列理由:

第一,在楚国时代,长沙地区是应该独立设郡的。长沙是楚国的南方重镇。湖南发现的几千座楚墓,大半是在长沙。而长沙发掘出的 3000 多座战国楚墓,不少是大夫级别人物的墓葬,出土了许多珍贵的文物。这就是长沙为楚南重镇的铁证。因此,楚国在长沙及其周围地区是应该独立设郡的。它就是《战国策》中提到的"洞庭"郡。

第二,在秦朝,长沙地区也是独立设郡的。全祖望的《汉书地理志稽疑》已经考证,秦始皇二十六设立的 36 郡,其中既有黔中郡,也有长沙郡(也许应该叫洞庭郡),而不是后来从黔中郡分出长沙郡。《秦本纪》说"取巫郡及江南为黔中郡",

我们理解其中的"江南"一词,不应该无限扩大,而只限于巫郡附近的长江南岸地区,即楚国都城郢都一带(今湖北省江陵、枝江一带)。如果无限扩大,江南的范围就可以包括长江中下游地区,那显然是不恰当的。

第三,长沙地区不是在黔中地区以南,而是在东方。《元和郡县图志》所谓"秦并天下,分黔中以南之沙乡,为长沙郡",在地理方位上也是不准确的。

第四,黔中郡的郡治问题。黔中郡的郡治在沅陵。张守节《史记正义》引《括地志》云:"黔中故城,在辰州沅陵县西二十里。"如果黔中郡包括长沙郡的地盘,那么,把郡治设在沅陵,而不设在南方重镇长沙,是不可理解的。因此,黔中郡、洞庭郡(汉朝叫长沙国)的郡治应该分别设立在沅陵、长沙(临湘县)。它们应该是两个不同的郡。

总之,长沙地区在秦朝以前已经设置郡,它就是楚国的洞庭郡,洞庭郡的首府就是长沙。秦朝设置36郡时,可能沿用楚国洞庭郡的旧名。汉朝实行郡国并存制度,把洞庭郡改为长沙国。

马楚国时代长沙诗学述略

杨建宏

（长沙大学旅游管理系，湖南长沙 410022）

五代时期是我国文学的一个重要发展期,发源于隋唐的词在这个时候得到了成熟,出现了花间词派,奠定了婉约词的正宗文学地位。在唐代成熟并达到高峰的诗歌,在五代时期仍然是文学的主流,不过此时诗歌承晚唐余绪,已经较少有盛唐博大的气象,呈现出许多末世的哀伤与个人的悲叹。湖南马楚国未见有词人的活动,但是诗歌创作则与南唐、西蜀不相上下,在马楚国内形成了以天策府学士为中心的在朝诗人群体,和以廖融为中心的在野诗人集体,活跃于这两个集体之外的诗人也不少。三个集体之间互相唱和,共同推进着五代时期湖南文学的发展,在湖南文学史乃到中国古代文学史上都有很重要的地位。

一、天策府学士在朝诗派

马楚国非常重视文化建设。特别是马希范"好学善诗"[1],主政时期于天福四年(939年)在长沙仿唐太宗李世民之政,开天策府以收揽文人墨客,任命拓跋恒、李弘皋、廖匡图、徐仲雅、李铎、潘起、卫曠、李庄昭、徐牧、彭继英、裴颃、何仲举、孟玄晖、刘昭禹、邓懿文、李松年、萧洙、彭继勋等十八人为学士[2]。这十八学士中,拓跋恒、李弘皋、廖匡图、徐仲雅、何仲举、刘昭禹、邓懿文等人还颇有一定文学才能。

拓跋恒,本姓元,避景庄王偏讳改姓拓跋。他少以才学见称,马殷时即以学士兼仆射,文昭王马希范开天策府,置十八学士,首选拓跋恒,"恒沉默长者,切直强谏"。天福八年,马希范用孔目官周陟议,令各县常税之外,大县贡米二千斛,中千斛,小七百斛。拓跋恒上书直谏,书云:

"殿下长深宫之中,藉已成之业;身不知稼穑之劳,耳不闻鼓鼙之音,驰骋遨游,雕墙玉食。府库尽矣,而浮费益甚;百姓困矣,而厚敛不息。今淮南为仇雠之国,番禺怀吞噬之志;荆渚日图窥伺,溪峒待我姑息。谚曰:'足寒伤心,民怨伤国',愿罢输米之令,诛周陟以谢郡县,去不急之务,减兴作之役,无令一旦祸败,为四方所笑。"

其文辞流畅,语意恳切,颇有学士风范。二马争国时,湖南大乱,后唐边镐入醴陵,马希崇命恒奉笺诣军门投降,恒叹曰:"吾久不死,乃为小儿送降状。"[3]后马希崇入南唐,拓跋恒不知所终。

李宏皋(?—950),长沙人,少年能文,与父善夷、弟宏节均有诗名,仕马楚,初为营道(今道县)令,县有何仲举,年十三,家贫不能输官税,李弘皋命系狱中,有人称何仲举能诗文,弘皋爱材,立即召问,说:"若能诗,吾当贷汝!"何仲举援笔立就一诗:"似玉来投狱,抛家去就枷;可怜两片木,夹却一支花。"[4]李弘皋大为惊异,延之听事,免除租税,并鼓励何仲举努力学习,后何仲举进士及第。李宏皋为天策府学士后,又推荐他入朝,同列十八学士之中。天福四年(939年)马希范与溪州刺史彭士愁发生战争,史称"溪州之战",战争胜利后,马希范仿东汉名将马援征交趾立铜柱故事,立"溪州铜柱"(今存永顺县王村),李宏皋奉命撰《溪州铜柱铭》,全文2118字,其结语赞词为:"招灵铸柱垂英烈,手执干戈征百越;诞今铸柱庇黔黎,指画风雷开五溪;五溪之险不足恃,我旅争登若平地;五溪之众不足平,我师轻蹑如春冰;溪人畏威思纳质,弃污归明求立誓;誓山川兮告鬼神,保子孙兮千万春。"后官至刑部侍郎。因反对马希萼以庶子夺位,与弟宏节俱被杀。有诗集2卷,后散失,《全唐诗》卷762存其二首。其《题桃源》诗云:"山翠参差水渺茫,秦人昔在楚封疆;当时避世乾坤窄,此地安家日月长;草色几经坛杏老,岩花犹带洞桃香;他年倘遂平生志,来着霞衣侍玉皇。"诗中隐约流露出远离世事,引退江湖的思想,可惜还没有全身而退即卷入二马争位的政治旋涡而被杀。

廖匡图或称廖图,字赞禹,虔州虔化人,父爽,后梁韶州刺史,马殷据湖南时,投奔幕下,命为永州刺史。匡图年少,善文辞,永州江曾经断流,他写过《永州江干感兴》,其中有句云:"正悲世上事无限,细看水中尘更多。"[5]后来,他以"文学博赡,为时辈所服"[6],授江南观察判官。马希范置天策府,授天策府学士,与同时刘昭禹、李弘皋、徐仲雅、蔡昆、韦鼎、释虚中、齐己等赓倡迭和。居数年,卒于官。

廖匡图著作颇多,诗名很高。宋人阮阅《诗话总龟》卷36称他"与李宏皋,刘昭禹齐名,所业百余卷,并行于世"。宋以后,其作品纷纷散佚,《全唐诗》卷740仅存诗四首。其《赠泉陵上人》云:"暂把枯藤倚碧根,禅堂初创楚江喷;直疑松小难留鹤,未信山低住得云;草接寺桥牛笛近,日衔村树鸟行分;每来共忆曾游处,万壑泉声绝顶闻。"诗写景细致,描摹逼真,禅意盎然,友情真挚。廖匡图与同时代著名诗人齐己交往甚密,齐己卒前还千里寄诗廖氏兄弟,说:"僧外闲吟乐最清,年登八十丧南荆,风骚作者为商榷,道去碧云争几程。"[7]

廖匡图之弟廖凝也有诗名。凝字熙绩,随父爽奔马殷后,隐居衡岳。南唐灭楚后,他与马希萼同迁金陵,授水部员外郎,出为建昌令,转彭泽县令,终江州团练副使,"善吟讽,与李建勋为诗友相善,江左学诗者,多造其门"[8],有集七卷,《全唐诗》存其诗三首。他在金陵以降人为官,常郁郁不得志,其《彭泽解印》云:"五斗徒劳谩折腰,三年两鬓为谁焦;今朝官满重归去,还挈来时旧酒瓢。"其《闻蝉》诗则表达了异域为官的浓浓乡愁,读来让人感伤落泪。诗云:"一声初应候,万木已西风;偏感异乡客,先于离塞鸿;日斜金谷静,雨过石城空;此处不堪听,萧条千古同。"

徐仲雅,字东野,祖籍秦中人,徙居长沙,少有隽才,长于诗文。起家为昭顺观察判官,马希范开天策府,仲雅年方十八,以文名列其中,楚人以为荣。尝陪侍马希范左右,因而作品大多描写宫廷奢华生活。一日,文昭王马希范夜宴,迎四仪夫人,徐仲雅赋诗赞云:"云路半开千里日,洞门斜掩一天春。"又作《宫词》云:"内人晓起怯春寒,轻揭罗帏看牡丹;一把柳丝收不得,和风斜搭玉栏干"[9]。诗虽内容平泛,格调不高,但是写景状物,描摹形态,却是十分贴切入微。故宋人胡仔称其诗"富贵、潇洒、可爱"[10]。马希范作会春园、嘉宴堂,徐仲雅变为之作诗咏叹,其"深浦送回芳草日,急滩牵断绿杨风";"剪开净涧分苗稼,划破涟漪下钓筒"[11]等名句,"词调清越,当世士流,无不传诵"[12]。此外,其咏明月圃联"凿开青帝春风圃,移下姮娥夜月楼"[13],《题合欢牡丹》"平分造化双包去,拆破春风两面开"[14]等联,均为后世文人所推许。

徐仲雅虽为马楚国御用文人,但是性情简傲,喜好嘲嗉,而遇事无所畏避。南唐灭马楚后,他淡然退出政坛,自号"东野先生"。周行逢主政湖湘后,曾招其为官,他当面讥刺周行逢署官太滥,被复放之邵州。在邵州时,徐仲雅结庐山寺,狂简之气不改,一日他看到群僧剥橡树,联想到自己的人生际遇,即赋诗道:"叶似新蒲绿,身如乱锦缠;任君千度剥,意气自冲天!"[15]表明其不为周行逢所屈的意志。在五代那个武人专权,斯文扫地的黑暗时代,徐仲雅高扬独立个性,别出新声的精神实是难能可贵。

徐仲雅卒年,史无记载,文集亦不见著录。其诗作当时有人评论,"徐(仲雅)诗富艳,李(弘皋)多用事。李谓徐曰:'公诗如女子,喜调脂弄粉。'"[16]宋人文莹称"东野诗,浮脆轻艳,皆铅华歌舞,媚一时樽俎"[17]。平心而论,仲雅为宫廷诗人,浮脆轻艳,富贵奢华本是在所难免,不过,从《全唐诗》卷762所存其诗作6首来看,这种评价也失之偏颇。如其《耕夫谣》"张绪逞风流,王衍事轻薄;出门逢耕夫,颜色必不乐;肥肤如玉洁,力拗丝不折;半日无耕夫,此辈总饿杀。"看来,他在马楚灭亡,流放邵阳后,对下层群众的生活有所了解,并表示一定的同情。此外,其《赠汪处士》一诗"门在松阴里,山僧几度过;药灵丸不大,棋妙子无多;薄雾笼寒径,残风恋绿萝;金乌兼玉兔,年几奈公何",也颇有晚唐风范,堪称佳作。

何仲举,营道(湖南道县)人,美姿容,俊迈绝伦。李弘皋为营道县令时首先发现其诗才,后力学,于长兴(930—933年)年间登进士第,仕后唐。时明宗爱子秦王从荣"好为诗",何仲举与当时名士张杭、高文蔚等"出入门下","分廷抗礼,更唱迭和"[18],有句"碧云章句才离手,紫府神仙尽点头"[19],为秦王所称赞。秦王败亡后,何仲举入楚,仕马希范为桂管观察推官。不久,以李弘皋推荐而名列十八学士之中,后出为全州、衡州等州刺史,以寿终老。他与当时著名诗人沈彬、廖凝、刘昭禹、尚颜、齐已、虚中等相比,"实伯仲诸子间",但李弘皋于众诗人中,独为器重何仲举,认为何仲举是"诗家之高逸者"。其诗《秋日晚望》中"树迎高鸟归深野,云傍斜阳过远山"[20]一句,颇有高雅意境,为人所称。《全唐诗》卷762存其十三岁时作品一首。

刘昭禹,字休明,婺州人,少师林宽为诗,刻苦不惮风雪,有诗云:"句向夜深得,心从天外归",是其写诗的真实感受。以才学仕马楚,累为县宰,马希范开天策府,名列十八学士之间。他"好折节下贤",推举以诗才出名而相貌丑陋的石文德入马希范幕府。刘昭禹的五言诗成就很高,曾与人讨论五言诗的写作,说过"五言如四十个贤人不能着一字,屠沽辈也。觅句者若掘得玉匣有盖有底,但精求必得其宝。"[21]句虽平凡,的确也是经验之谈。后为严州刺史,卒于桂州幕中,有诗三百首。《全唐诗》卷762存其诗九首。其"《送休上人之衡岳经费冠卿旧居》二章,甚称于时"。此外其《怀萧山隐者》云:"先生入太华,杳杳绝良音;秋梦有时见,孤云无处寻;神清峰顶立,衣冷瀑边吟;应笑干名者,六街尘土深。"亦累为后人所称道。而其《括苍山》中"白云随步起,危径极天盘;瀑顶桥形小,溪边店影寒"两联,《灵溪观》中"云开孤月上,瀑喷一山寒;人异发常绿,草灵秋不干"两联,写景细致,对仗工稳,颇得晚唐遗韵。

邓懿文,"以文学雄楚中"[22],仕文昭王马希范为静江府掌书记,不久擢升天策学士,又兼领营田使,籍逃田募民耕艺。文昭王薨,懿文与刘彦瑫辈力主立废王希广,后马希萼率朗州兵入长沙,为恭孝王马希萼所杀。可惜他的诗文今已佚。

马楚政权割据湖南之际,大量罗致文人才士,特别是至马希范统治时期,大开天策府,吸纳文士学士进入政治中心,某种程度上是统治者想以文人学士介入政权,进而塑造政权在列国中的形象,以确保武人政权的稳定和发展。这正如清人赵翼在《廿二史札记》卷二二《五代幕僚之祸》中所说的那样:"五代之初,各方镇犹重掌书记之官。盖群雄割据,各务争胜,虽书檄往来,亦耻居人下,觇国者并于此观其国之能得士与否。一时遂各延致名士,以光幕府。"[23]正由于马楚政权用文人的目的在于为政权树形象,所以真正的文人学士在马楚并没有能够发挥其政治作用。如十八学士中拓跋恒曾上书直谏马希范,告诫他不要过于奢侈,最终被马希范疏远,并禁止其入宫言事。徐仲雅也敢直言,最终也受到打击。而廖光图、李宏皋等则见事不能谏,日与希范饮酒高呼。而其他一些隐逸地方的文士,也没有机会上书言事,或者言事,也受至排斥,如戴偃则被排斥到几至饿死。

二、以廖融为核心的隐逸诗人及其他

马楚国统治湖南时期,湖南区域经济得到了较大的发展,而唐末五代社会动乱,又使得一批读书士子为了自身与家族稳定,选择隐逸山林,而成为隐逸诗人。隐逸诗人主要以隐逸之士为主,他们大多放情山水,寄身物外。诗歌多歌咏山林之乐,朋友情怀,有一种超然物外,清醇自由的意境。马楚国隐逸诗人的精神领袖当推廖融,在他的周围活跃着一群诗人,现今有姓名可考的有任鹄、王正己、陆蟾、王元、潘若冲、曾弼、翁宏、李韶等。

廖融,字元素,隐居衡山,生卒年不详,曾活动于马楚至宋初年间。在宋太宗时期还曾"以诗教授生徒"[24],廖融以诗闻名,不乐仕途,宋代《分门古今类事》称其"有道高尚之士,年六十,以嘉遁自乐,上官多慕其高行。融好吟诗,有佳句传湘人齿牙间"[25]。廖融隐居衡山,多与僧人来往,且游历名山,多交僧人,他说过"僧是诗家奴"[26],僧人游走四方,充当作文化使者的角色,他的诗借僧人传播,传颂很广。由于诗歌成就很大,许多当朝官员都乐于与他来往。《五代诗话》说马楚时,桂州守官杨徽之(入宋后曾参与《文苑英华》的编写)官满回阙,曾专门绕道衡山看望他,并留诗:"清和春尚在,欢醉日何长;谷鸟随柯转,庭花夺酒香;初晴岩翠滴,向晚树阴凉;别有堪吟处,相留宿草堂。"廖融的诗留传下来的不多,今《全唐诗》卷762存其诗7首,其中的《梦仙谣》《退宫妓》《题桧》为时人所称叹。《梦仙谣》云:"琪树扶疏系辟邪,麻姑夜宴紫皇家;银河旌节摇波影,珠阁笙箫吸月华;翠凤引游三岛路,赤龙齐到五云车;星稀犹倚虹桥立,拟就张骞搭汉槎。"梦中仙境,栩栩如生,临卷读诗,如临其境!《退宫妓》云:"神仙风格本难俦,曾从前皇翠辇游,红踯躅繁春殿暖,碧芙蓉笑水宫秋;宝车钿剥阴尘覆,锦帐香销画烛幽;一旦色衰归故里,月明犹梦按梁州。"色衰爱弛的宫女,晚景凄凉,令人同情。

廖融卒后,北宋刺史,文学家何承矩为其举行葬礼,一代文人进士郑铉为其墓葬题碑文,廖融以一介处士的身份,赢得死后如此殊荣,可见,其特立独行的个性和文学成就是得到同时代诗家的肯定的。

廖融在衡山隐居时,一批隐逸诗人纷纷投南岳,以见到廖融,得到他的评论为荣。"国初时,廖氏家以诗盛,而四方诗人慕廖氏者,来衡山颇众。"藤州镡津人陆蟾,有诗名于楚越之间,得到廖融的称许。陆蟾也是一位隐士,他"常幅巾布衣,好秉高节,所至闭户自处,不肯与常人交接"。其《题庐山瀑》称:"灵源人莫测,千尺挂云端;岳色染不得,神功裁亦难;夏喷猿鹤浴,秋溅斗牛寒;待到沧溟日,为涛更好看。"此诗看似写景,其实抒己所怀抱,最后两句颇有"王霸大略"[27]。陆蟾晚年隐居攸县司空山,好神仙,喜僻谷,后客死于攸县。《五代诗话》存其诗3首,分别为《题庐山瀑》《经石头城》《闻子规》。

廖融居衡山时,追随者逸人任鹄亦常与之论诗。任鹄,字射己,富有学问,《诗话总龟》录其五言律诗2首。其《题君山》云:"不碍扬帆路,盘根压洞庭;波涛四面白,云雾一堆青;鱼跃晴波动,龙归石洞腥;终期托名画,为我簇为屏。"高度赞美洞庭湖君山之美,其中"波涛四面白,去雾一堆青",堪称佳句。其《送王正己归山》云:"五峰青挂天,直下挂飞泉;琴鹤同归去,烟霞到处眠;鼯跳霜叶径,虎啸夕阳川;独酌应怀我,排空树影连。"[28]对诗人王正己的高逸品格进行了贴切的描写,同时也表达了自己的志向与情怀。

上文提到的王正己,既是任鹄的诗友,也是廖融的诗友。《全唐诗》卷762说王正己是"楚逸人,与任鹄、陆蟾、廖融、王元友善。"王正己的诗现大部分散佚,《全唐诗》存其一首。《赠廖融》:"病起正当秋阁回,酒醒迎对夜涛寒;炉中药熟分僧饭,枕上琴闲借客弹。"廖廖数笔,即把一个隐者形象刻画得入木三分。此外,《五代诗话》卷4存其一联:"未可轻樗栎,尤能济雪霜。"樗栎之树,多生冈阜之上,大则偃亚,小则卷曲,不可以为栋梁之材,但是伐为薪柴,锻烧为炭,却比其他木材更好,从这两句诗来看,王正己对自己的才能与际遇是颇有不平的。

王元,字文元,桂林人。家境贫寒,是一个苦吟诗人。妻黄氏也颇爱诗,王元每次夜半得句,妻必先起燃烛,具纸笔。他的《听琴》诗云:"拂琴开素匣,何事独颦眉;古调俗不乐,正声公自知;寒泉出涧涩,老桧倚风悲;复有来听者,谁堪继子期。"表达出一个寒苦之士,洁身自好,廉以自守,却又无人知遇的哀伤。《五代诗话》还录其《登祝融峰》《题邓真人遗址》《吊贾岛》和《赠廖融》。其《赠廖融》句云:"伴行惟瘦鹤,寻寺入深云",传神地描摹了廖融的仙风道骨。

据《五代诗话》记录,王元还有一个诗友曾弼,系长沙人,二人往来甚密。《五代诗话》录其《宿玉泉寺》云:"山偷半庭月,池印一天星。"《君山》"云翠鱼龙窟,寒堆波浪心。"王元还有一个诗友叫李韶,郴州人,也是一个苦吟固穷的诗人,晚年曾隐居于攸县司空山。作《题司空山观》云"梁代真人上紫微,水盘山脚五云飞;杉松老尽无消息,犹得千年一度归。"五代宋初,他累试不第,卒后王元《哭李韶》诗悼之云:"韶也命何奇,生前与世违;贫栖古梵刹,终著旧麻衣;雅句僧抄遍,孤坟客吊稀;故园今孰在,应见梦中归。"[29]王元是廖融的诗友,曾弼、李韶则是王元的诗友,他们也可能与廖融互通诗歌。

潘若冲,马楚至宋初时期人。与廖融最为友善,"二人更唱迭和,诗家之劲敌"[30]。北宋太平兴国中,潘若冲桂林官满回京,路经南岳,特赠一只仙鹤与廖融,并赠诗一首:"峭格数年同垫兴,一官才罢共船归;稻粱少饲教长瘦,羽翼无伤任远飞;侧耳听吟侵静烛,衔花作舞带斜晖;朝天万里不将去,留伴高人向钓矶。"[31]他回至京师汴州后,依然往来唱和,有《寄南岳廖融》诗:"曾经别墅住行踪,春浪和烟撼钓筒;共步幽亭连石藓,寄眠静榻带松风;秋来频梦岳云白,别后应添鹤顶红;又泛扁舟随汴水,不堪南望思忡忡。"[32]后来潘若冲至扬州为官,听说廖融与鹤相继而亡,又感赋绝句:"南岳僧来共叹吁,风亭月榭已荒芜;先生去世无十日,留伴高僧鹤亦徂。"廖融卒后,潘若冲又经过廖融隐居地,再作诗哭廖融:"天丧我良知,无言双泪垂;惟求相见梦,永绝寄来诗;应有异人吊,从兹雅道衰;春风古原上,新塚草离离。"[33]潘若冲诗文大多散佚,曾有著作《郡国雅言》二卷,今亦不存。

翁宏,字大举,桂岭人,寓居韶、贺间,不仕,以诗称名,与廖融、王元等友善。《五代诗话》称廖融南游桂岭,翁宏以诗相赠云:"病卧瘴云间,莓苔渍竹关;孤吟牛渚月,老忆洞庭山;壮志潜消尽,淳风竟未还;今朝忽相遇,执手一开颜。"流露出自己怀才不遇的悲伤,又表达了见到廖融后的激动心情。二人相见后,翁宏出示平时作品一百篇,请廖融批评。廖融读后,大为赞赏,称:"高奇一百篇,见造化工全;积思游沧海,冥搜入洞天;神珠迷罔象,瑞玉失雕镌;休叹不得力,《离骚》万古传。"廖融称翁宏的诗自然朴实,想象奇绝,将与《离骚》一样,将流芳后世。翁宏与同时的诗人王元也是诗友,翁宏卒后,王元还作《怀翁宏》云:"独夜思君切,无人知此情;沧洲归未得,华发别来生;孤馆木初落,高空月正明;远书多隔岁,犹念没前程。"《全唐诗》卷762存翁宏诗3首,为《送廖融处士南游》《春残》《秋残》,后两首系宫词。其中《春残》中的"落花人独立,微雨燕双飞",把春花飘落中的年老色衰的宫女与细雨和风中的双双飞燕相对比,于不动声色之中,把宫女的幽怨无奈描写得淋漓致尽致,"最为当时所称"[34]。

总之,在马楚国及宋代初年,湖南境内存在着以南岳处士廖融为核心的一个隐逸诗人群体,他们政治上怀才不遇,官运不通,但是他们寄情山水,游览天下,有时也出入官僚幕府与官员们相互唱和,他们的诗歌大多写山水之乐,同时也抒发怀才不遇的幽怨,在一定程度上传承了晚唐以来的诗风,他们的创作既是晚唐诗韵的一部分,也为宋代诗歌的发展起到承上启下的作用。特别值得注意的是,以廖融为首的隐逸诗人的创作活动从一个侧面配合了以天策府十八学士的士大夫创作活动,共同促进了长沙诗歌的繁荣,因此,他们的创作活动,在湖南地方文学史应该占有重要的席位。

三、其他诗人

在马楚国除了上述两个核心创作集体外,还散落着一些诗人。如隐居于湘阴的处士戴偃贤而有才,他见马希范务穷侈靡,国中不胜其苦,作《渔父诗》百篇讽谏。诗歌以史诗告诫马希范"总把咽喉吞世界,尽因奢侈致危亡",请求马希范"若须抛却便抛却,莫待风高更水深"[35],惜马希范不能任用。再如,连州人黄损,字益之,连州人,少负大志,栖隐静福山,不与俗人相接,博通经史,尤长于诗赋,凡所经佳山善水,无不留题殆遍。他曾担囊负籍,游历洞庭诸名胜,结交天下名士,著《三要》一书,后登龙德二年进士第。他与都官员外郎郑谷、僧齐已"定近体诗诸格,为湖海骚人所宗"。著有《桂香集》若干卷,《射法》一卷[36]。此外,据《五代诗话》记载,在马楚活动的诗人还有伍彬、毕田、王鼎、廖齐、裴谐、路洵美、欧阳彬、刘章、李观象、张子明、高仁矩、曹菘、狄焕、蒋钧、蒋密、成干、韦鼎等。他们或官宦马楚,或隐逸山林,但他们都笔耕不辍,共同培植了马楚国的文学之花。

总之,马氏父子割据湖南长达五十七年。从武穆王马殷至文昭王希范的半个多世纪以来,湖南一直是文人学士聚集之地。就数量而言,马楚政权下的文人并不比当日并存的前蜀、后蜀及南唐等政权少,甚至远远超过了荆南和吴越,但由于时代的局限,他们在政权中所发挥的作用来却并不十分明显。这一方面是马氏父子没有从根本上认识到文人对政权巩固的作用,另一方面则是五代文人身逢乱世,自顾不暇,他们政治上采取了隐逸观世、待时而出的态度。但我们撇开其政治作用而言,这一批文人学士在能在世事纷纭、乱象频生的社会背景下驻足长沙,对湖湘文化中心的确立又的确是产生了极为重大的影响。

参考文献:

[1]欧阳修.楚世家第六[A].新五代史(卷六十六)[C].

[2]吴任臣.文昭王世家[A].十国春秋(卷六十八)[C].

[3]吴任臣.拨拓恒传[A].十国春秋(卷七十三)[C].

[4]陶岳.何仲举及第[A].五代史补(卷二)[C].

[5]廖匡图[A].全唐诗(卷七四○)[C].

[6]廖图[A].唐才子传(卷七)[C].

[7]阮阅.齐已[A].诗话总龟(卷四)[C].

[8]廖凝[A].全唐诗(卷七四○)[C].

[9]曾慥.徐仲雅诗[A].类说(卷二十七)[C].

[10]胡仔. 渔隐丛话·前集(卷二十六)[M].

[11]郑方坤. 徐仲雅[A]. 五代诗话(卷七)[C].

[12]马永易. 东野先生[A]. 实宾录(卷二)[C].

[13]王楙. 展江亭语[A]. 野客业书(卷十九)[C].

[14]陶宗仪. 湖湘故事[A]. 说郭(卷三十·下)[C].

[15]吴任臣. 徐仲雅传[A]. 十国春秋(卷七十三)[C].

[16]叶廷珪. 调旨弄粉[A]. 海录碎事(卷十九)[C].

[17]事实类苑(卷三十七)[M].

[18]陶岳. 秦王掇祸[A]. 五代史补(卷二)[C].

[19]何仲举[A]. 全唐诗(卷七六二)[C].

[20]陶岳. 何仲举及第[A]. 五代史补(卷二)[C].

[21]郑方坤. 刘昭禹[A]. 五代诗话(卷七)[C].

[22]吴任臣. 邓懿文传[A]. 十国春秋(卷七十四)[C].

[23]赵翼. 五代幕僚之祸[A]. 二十二史札记(卷二十二)[C].

[24]胡次焱. 赠从弟东宇东行序[A]. 梅岩文集(卷三)[C].

[25]廖融得句[A]. 分门古今类事(卷十四)[C].

[26]曾慥. 荆湖近事[A]. 类说(卷二十二)[C].

[27]释契嵩. 陆蟾传[A]. 镡津集(卷十六)[C].

[28]阮阅. 任鹄[A]. 诗话总龟(卷十五)[C].

[29]阮阅. 李韶[A]. 诗话总龟(卷十一)[C].

[30]曾慥. 大市里买平天冠[A]. 类说(卷二十二)[C].

[31][33]阮阅. 潘若冲[A]. 诗话总龟(卷二十六)[C].

[32]厉鹗. 潘若冲[A]. 宋诗纪事(卷四)[C].

[34]吴任臣. 翁宏传[A]. 十国春秋(卷七十五)[C].

[35]陶岳. 戴偃摈弃[A]. 五代史补(卷三)[C].

[36]吴任臣. 黄损传[A]. 十国春秋(卷六十二)[C].

试析马殷父子创修长沙开福寺的缘由

罗庆康　周虎辉

（湖南师范大学，湖南长沙　410081）

五代时的湖南，由河南军阀马殷建立了第一个割据政权——马楚国。他于后唐明宗天成二年（927年），在长沙市北湘春门外二里处（即今长沙市开福区新河附近），修建了宣扬佛学的开福寺，至今有一千余年了。本文拟就马殷父子创修开福寺的缘由作些分析，以求教方家。

一、修建开福寺有赎罪之嫌

五代马楚国的建立者马殷，许州鄢陵（今河南鄢陵）人。他出身清苦，"少为木工"[1]。他生活于唐末，正是江南各省被黄巢大起义冲击后分崩离析之际，诸多的军阀为争夺地盘而大战不休。马殷被招募从军，先后跟随军阀孙儒、刘建锋从江西打到江苏，又从安徽打到湖南，这时正是乾宁三年（896年）。恰巧遇上潭州（治今湖南长沙市）主帅刘建锋因贪色被部下所杀、军中无主之时，被行军司马张佶等推为潭州刺史。唐光化元年（898年）被任命为武安军节度使，爬上了湖南最高统治者的宝座。至此马殷的阶级本性也发生了变化，由一个下层农民一变而为藩镇争雄的军阀。

当时，马殷仅有潭州、邵州（治今湖南邵阳市）两州，便于第二年派兵驱逐了地方豪强所盘踞的衡州（治今湖南衡阳）、永州（今湖南零陵县）、郴州（今湖南郴县）、道州（今湖南道县西）、连州（今广东连县）。光化三年（900年），马殷又袭取了岭南五州，包括桂州（今广西桂林市）、宜州（治今广西宜山县）、岩州（治今广西来宾县）、柳州（治今广西柳州市）、象州（治今广西象州县）。不久，相继夺回了岳州（治今湖南岳阳市）、朗州（治今湖南常德市）、澧州（治今湖南澧县）。开平二年（908年），又袭取了昭（治今广西平乐）、贺（今广西贺县东南）、梧（今广西梧州市）、蒙（今广西蒙山南）、龚（今广西平南）、富（今广西昭平）六州之地。自此，马殷拥有20余州，辖境相当于湖南全省、广西大部及贵州和广东的一部分。总之，马殷自中和(881—885年)间"隶军中"[2]到开平二年止,前后征战近30年。实感胸中空虚,放下屠刀后有借佛事以"解冤赎罪"之意[3]。一些出身戎伍的将领也有这种心理,如马楚后期的将领周行逢说得更直接:"吾杀人多矣,不假佛力,何以解其冤报乎?"[4]

同时,马殷一生信神,他深深感到自己的命运是由神主宰着。这样,为他晚年崇信佛教找到了切合点。《五代史》卷113《世袭列传·马殷传》中有这样一段记载:"初,殷微时,隐隐见神人侍侧,因默记其形像。及贵,因谒衡山庙,睹庙中神人塑像,宛如微时所见者。则知人之贵者,必有阴物护之,岂偶然哉。"还记得马殷入主湖南前,正在邵州征战,忽见一黑人手拿大棒催促他回潭州,说:"军国内外平安。"俄而不见,马殷以为"嘉兆"。当即离开邵州,到达长沙,而受拥戴入主湖南留后[5]。足见马殷是相信世间能有发达的人是自有神人保护的。

插说一下南岳佛教传承之大概。

唐末的衡山信奉的佛教,乃禅宗中的南岳怀让,尔后分为临济、沩仰两派。临济行于北方,沩仰行于南方。由于当时禅宗是简易而不尚经义的研求,倡导"明心见性",凭自意解释佛法。这样,易为人们所接受。不过,到马殷时,沩仰宗亦衰,而临济宗尤盛。

佛教是国外宗教,是世界三大宗教之一。自东汉传入我国后,与内地宗教经过几次碰撞,如唐武宗、后周的灭佛,但还是站稳了脚跟,基本上做到了与中国社会条件和文化传统相适应,形成了独具特色的中国化佛教。因为佛教教义中强调宇宙间一切事物和现象的产生、发展和变化都有其原因,都有相对的互存关系。并认为凡是有因必有果,无因必无果;善行产生善报,恶行产生恶报。这些说教,对于没有多少文化、又无什么学派的马殷来说,正好可以解释他之所以能上台的原因,又符合他多年征战、造成不可挽回的恶果以求解脱的心意。双方因为有这点因缘,所以,他在晚年除重修了道林寺"四绝堂"的传经重地及派妻子去南岳捐佛外,还大修开福寺以祈福[6]。

二、利用佛教作为驯服百姓的工具

马殷走上湖南政治舞台之后,究竟用什么办法来驯化百姓呢? 他首先想到的是佛教。

我们知道,五代时期,中原连续出现了五个小朝廷,都是凭借武力来改朝换代的。南方出现了十国,除北汉在北方外,其余均在江南,也都是靠武力进行分裂割据,且相互之间杀伐不断。而广大人民苦于兵燹杀掠,无以自存,不少人剃度为僧,逃避赋役,以保全性命。湖南在唐末经过黄巢义军三次扫荡,虽最后失败而退出湖南,然被黄巢义军燃起的反抗火焰依然不熄。

马殷经过深思熟虑,认为要巩固新建立的马楚政权,也只有借宣扬佛教来泯灭人民心中的反抗情绪,转移其视线,向佛教宣泄,以求得来生有善果报应。

同时也与马楚国内信佛的大气候有关。一方面有些士家子弟与知识分子在仕途无望的情况下,想通过佛事以抬高自己的身价,求得从官路上得不到的东西。如诗人齐已家穷而剃度出家,因作诗出色,深得王侯及其他诗人的抬爱,获得了"诗僧"的称号[7]。加之,有的僧人巴结官府、权贵,也是马楚佛教大兴的原因。如湘西栗成寺的游方僧虚中,与马殷长子马希振"情好甚笃",相互吟诗,"不以为忤"[8]。另外,有些统治者为了装点门面,征请高僧,参与朝政,表示愿意放下屠刀,立地成佛,如武信王高季兴有意聘请齐已为"僧正";又如马殷请僧人居遁在潭州龙牙寺当主持等。

前面说过,南岳禅宗南宗中的沩仰宗到马楚时已开始衰落,不得不另立新宗,以求取得麻痹人民的极佳效果。这时,南宗中的临济宗已在北方,教事正盛。加之,它所宣扬的"指直人生,见性成佛"的宗风,既不要卷帙浩繁的经典,更不需要旷劫不息的苦修,只强调"顿悟"[9]。这就为出身贫寒而胸无点墨的军阀马殷所能接受。

这里还应交代一下临济宗来长沙扎根的来龙去脉。临济宗原取河北镇州(治今河北正定)城东南的滹沱河侧的临济院(一称临禅院)行法而得名,它的教义是彻底否定主观世界,必须"人境俱夺",大立大破,明心见性。浏刚石霜寺的楚圆高僧曾游于北方,悟得临济宗的真谛。南归后,临济宗的宗风才传播开来。马殷便请来楚圆的隔代弟子保宁禅师,由他主持开福寺的修建及创行佛法。

三、马殷晚年享乐情绪的滋长

在谈这个问题之前,先谈谈开福寺的修建。据宋人洪迈所撰《夷坚志》载:"潭州城北开福寺,五代马王所建,殿宇宏丽。"主要部分为山门、三圣殿、大雄宝殿、毗卢殿、东西配殿等。山门,乃寺庙大门,多建在山林之处,故名(山门横额"古开福寺",由清江南福山镇总兵陈海鹏于1891年题;山门对联"紫微栖凤,碧浪潜龙",由清代书法家韩葑于1806年赐书)。三圣殿,乃供奉华严三圣之处,正位主尊为报身佛卢舍那,左为文殊菩萨,右为普贤菩萨。大雄宝殿,是佛寺中最重要的大殿,是供奉佛祖释迦牟尼之地。毗卢殿是供奉毗卢舍那法身佛,即密宗的大日如来。其寺,"西至罗家桥,东抵阮家垅、木鱼岭;界其南曰莲池,抵其北湖名碧浪,井曰龙泉"[10]。是五代时期一大型寺院,是佛教禅宗著名的"十方丛林"。目前,这座千年古寺的建筑面积为6311.43平方米,占地面积16000平方米以上。

像马殷这样出身的人,本无长远打算,一旦上台,便志得意满,只想维持下去。加之,马殷妻妾甚多,子女成群,便自然而然地追求享受。一有闲暇,就来此拜佛、避暑、游玩,耗尽了有限的物质,又将财政亏空转嫁到老百姓身上,压得老百姓透不过气来。

到了马殷第四子马希范上台时,信佛之风已是到了痴迷的地步。有次,他的秦国夫人从报恩寺烧香回来,说及长老探问"夫人何家妇女"时,马希范竟说:"何不答以彭家女,马家妇?"唯恐失去"禅机"。马希范则请报慈长老占验阳寿,听到"大王无忧,当与佛齐年"[11]时,沾沾自喜。正因为如此,所以他大肆扩建开福寺,扩其成为会春园景区。《湖南通志》卷32《地理志·古迹》载:"所谓会春园者,寺之西,被禊亭,下临湖光,举目平远,为此邦展览胜处。"当日的会春园规模宏大,南宋张拭曾在《题长沙开福寺》中有过描写:"所谓会春园者,会荒郊中,时得砖甓,皆为鸾凤之形。"即砖瓦都饰成鸾凤,十分华丽。

园内除开福寺外,还修建了不少景点。紫薇山,是由人工从碧浪湖中清出的泥土垒成,山水环绕,为僧侣栖身之所。碧浪湖,俗称黑罗塘(一称黑潦塘),"广袤约二三十顷,周四五里",上有九尾冲小溪注入,位于湘水与浏阳河交汇处,座落于开福寺后。被禊亭,是马希范根据旧时节日以农历三月上旬巳日为"上巳",到水滨洗濯,除去宿垢、灾病而修建的。还有嘉宴堂、流怀亭、圆通阁等。嘉宴堂最为胜景,除马希范将其一部分施舍给保宁和尚作为佛寺外,其余就作为子弟、僚属游览之所。流怀亭的修建状况,可从宋代徐兰皋的《流怀亭》诗里看出来:"梵王宫开马王宫,惟有楼台带晚风。属玉不知兴废事,双双飞入藕花丛。"可惜,历经沧桑,现会春园不存,仅存开福寺而已[12]。

四、余论

正如清朝徐树钧在《长沙开福寺碑》中所记:"开福寺者,五代石晋时马武穆王(指马殷)所创建,马希范嗣业落成。"以此寺为中心,马楚还修了龙牙寺、报慈佛寺等等。其时开福寺创修的影响,笔者认为有三:

第一,过量的精神文化消费,耗尽了有限的物质,给人们造成了巨大的灾难。我们知道,开福寺的规模巨大,"占地千亩,耗资巨万";寺内僧侣众多,初时所谓"千僧云集",每年香火挂单食用之费肯定不少。

诚然,佛教文化是精神文化的一部分。开福寺之巨大精神文化消费,它必须通过物质载体来支撑。马楚建国时,刚刚结束战争,社会经济虽有恢复,但要支付这么一大笔开支,也是有困难的。实际上,消费主体与消费客体暂时无法达到统一。所以,从马楚建国一开始,就意味着走下坡路了。

第二,开福寺的修建和扩展,使寺院经济开始庞大。佛教盛行于五代,禅宗除了其教义简易,易为人们所接受外,主要由于它散居各地山林,与平民接近。唐武宗会昌年间(841—846 年)的灭佛,对它损失较少,湖南也是一样。马殷父子一提倡,很快就兴盛起来。信佛之"风景犹胜往年",寺院经济开始膨胀。

寺院经济是封建地主经济的一种特殊形态,只不过以宗教为外衣、以寺院所有为外壳而已。开福寺的经济来源无非是三种:一是马楚国的财政划拨。这是主要的。如马殷拨地千亩创建;马希范扩建后,还将嘉宴堂的一部分施舍给它。二是香客的损赠。即由向佛之人"发(善)心捐赀"[13]。三是剥削佃客的剩余劳动。开福寺的寺田,到清咸丰八年(1858 年),仍有 700 余亩;到同治间(1862—1874 年),"岁入香火租谷六百余石"。

本来,开福寺不是创造生产价值的实体,完全是靠王朝、香客施舍和剥削佃客来维持其运转。尤其是佃客,遭受重租剥削,虽有什么"重佃者减轻之"的约定,但并未形成常规。所以,一些有识的统治者也有灭佛之举。如马楚灭亡后的余部周行逢,在建立朗州政权后,他见马楚造成的佛教兴盛至极,出现了"以淫祀为患"的现象,便下令将"管内祠庙非前代有功及民者,皆拆毁之"[14]。这种行动还是可喜的。可惜到了后期,他也顶不住来自周围的压力,思想上有了反复,又利用佛教来为自己服务。这是因为佛教早已深入人心,且周行逢是人而不是神,也不可能例外。

第三,开福寺的"佛法创兴",使它真正成为向人民灌输精神鸦片的场所。刚开始时,可谓是"舟车络绎之途,实缁衲息肩之所"。顶礼膜拜之人,除了达官贵人、乡绅富户而外,还有附近平民,"虽三尺童子必抢地伏拜之"。尤其是马氏二代六王,包括他们的后妃、家属没有一个不信释氏的,不时前往开福寺祈福。尤为可笑的是第四任马楚王马希广,当被其兄马希萼围困潭州时,他竟大造泥塑佛像,又请人诵佛经来退敌,结果是被马希萼生擒而赐死[15]。这是手足相残,以致埋下亡国之祸。

参考文献:

[1][11]薛居正. 旧五代史(卷 133)[M]. 上海:上海古籍出版社,1983.

[2][4]路振. 九国志(卷 11)[M]. 北京:商务印书馆,1937.

[3]陶懋炳. 五代史略[M]. 北京:人民出版社,1988.

[5]吴任臣. 十国春秋(卷 67)[M]. 北京:中华书局,1985.

[6][12]罗庆康. 马楚史研究[M]. 长沙:湖南人民出版社,2004.

[7]吴任臣. 十国春秋(卷 76)[M]. 北京:中华书局,1985.

[8]吴任臣.十国春秋(卷71)[M].北京:中华书局,1985.

[9]郭朋.隋唐佛教[M].济南:齐鲁书社,1980.

[10][13]胡景曾.重修紫薇山开福寺碑记[M].长沙:湖南文艺出版社,1998.

[14]吴任臣.十国春秋(卷70)[M].北京:中华书局,1985.

[15]吴任臣.十国春秋(卷69)[M].北京:中华书局,1985.

论宋代潭州区域的社会变迁

——以手工业、商业经济发展为视域

杨建宏

（长沙大学旅游管理系，湖南长沙　410022）

自唐代中期安史之乱以后，古代中国的政治、经济、文化重心逐渐南移。与此相适应，长江以南区域随之发生激剧的社会变迁，与汉唐相比较，两宋时代的南方各地的手工业和工商业经济得到迅速的发展，南方大城市、市镇、草市不断涌现，手工业产品、农副产品不断商品化，国家商业税收超过了农业税收，成为财政的主要收入来源。在这样的社会背景卜，位居长江以南的南洞庭湖潭州（治今长沙市，辖长沙、安化、醴陵、攸县、湘乡、湘潭、益阳、浏阳、湘阴、宁乡、善化；约相当于今长、株、潭三地区之全部和益阳地区之部分）区域摆脱了汉唐时期的蛮荒地位，发展成为"湘、岭要剧""江、湖都会"，形成江南中部地区区域性大都会，域内手工业、商业经济得到迅速发展。本文以潭州的手工业、商业发展为中心，管窥该区域之社会变迁，不妥之处，请方家指正。

一

在宋代以前，我国封建经济的基本形态是自给自足的自然经济，手工业只是自然经济的一种补充，大量的产品并不作为商品而存在，唐代中后期，特别是宋代开始，手工业产品不断商品化，市场化，手工业不再是作为自然经济的补充成分，而是成为重要的经济收入来源，手工业者也随之演变成商品生产者。在这样的大背景下，宋代的潭州手工业获得前所未有的发展，其产品商品化程度得到不断提高，手工业者渐变成商品生产者。

（一）酿酒业的发展及酒的商品化

宋代是我国黄酒酿造和白酒蒸馏技术最辉煌的发展时期。宋人在总结数千年的酿酒行业经验后，形成了古代传统的酿酒理论，传统酿酒工艺流程，技术措施及主要的工艺设备至迟在宋代基本定型。宋代潭州的酿酒技术达到全国先进水准,酒的商品化程度也达到全国中等水准。

潭州酿酒酒质当属上乘,早在大历四年,唐代诗人杜甫即在《发潭州》诗中说"夜醉长沙酒,晓行江水绿"。此后,在宋代文集中,不少文士都谈到"长沙酒"。北宋诗人邓深《大隐居士诗集》"追欢难共长沙酒,遣睡姑尝陆羽茶";江湖诗人戴复古《石屏诗集》有"自饮长沙酒,春风几醉醒";曹彦约《昌谷集》有"坐对长沙酒,空伤夜雨神"。至于元代文人学士诗文集中称道"长沙酒"的就更是不胜枚举。宋代的"长沙酒"应是系列酒名的总称,据考证,当时长沙酒至少有"湘源""白鹤"之类的品牌。北宋邹浩《道乡集》卷四《游湘西道林寺用沈传师韵》诗:"方寸悠忽丛百感,湘源白鹤空盈樽。"作者自注云:"湘源、白鹤,乃长沙酒名。"

按史料记载,宋代对酒的管理十分严格,实行官方专买,宋代在潭州有专门管理酒类专卖的酒正。杨万里《诚斋集》说他的同乡李次鱼曾在潭州担任过酒正[1]。官府还设有专门储酒的酒库,朱熹说:"长沙米仓、酒库自在城外"[2]。不过,宋代虽然官方垄断酒业,但民间私酿私售之风却十分盛行,每至丰年,潭州中户以上人家一般都会私自酿酒并在市场出售。北宋诗人宋祁《渡湘江》诗称"晴日花争发,丰年酒易沽。"[3]遇到丰年,潭州乡村农户之酒到处可以买到。为了招徕顾客,促销"长沙酒",长沙街市内酒铺多挂酒旗,米芾的《山市晴岚》诗写道"正值微寒堪索醉,酒旗从此不须招";范成大《泊湘江鱼口滩》写道"趁客卖鱼双桨急,隔林沽酒小旗寒";王以宁在《水调歌头·裴公亭怀古》中所吟"人在子亭高处,下望长沙城郭,猎猎酒帘风",从这些诗人的诗句来看,当时长沙酒旗飘扬,酒店林立,酒成为人们日常生活中的重要商品。

由于酒的生产量大,作为商品又有相当大的消费需求,所以政府加强了对酒税的控制,酒税成为潭州重要的财政收入。据《文献通考》卷十七《征榷考·榷酤》记载,神宗熙宁十年(1077)潭八务每年征收酒税5万贯以上,在全国酒税收入中属中等水准。按当时全国年纳酒税四十万贯的两州,三十万贯以上的三州,二十万贯的五州,十万贯的三十一州,五万贯以上的七十三州,五万贯以下的四十一州,三万贯以下四十一州,一万贯以下二十州,五千贯以下十六州。其他州没有定额。宋代全国酒税按税收多少划分成九等,潭州属于第五等,由此看来,潭州的酒税在宋代大约居全国中流水平,反映出潭州酿酒业发达和酒品消费量较大的事实。

(二)造船业的发达和造船折赋税

宋代由于水上交通和航海贸易的日益发达,造船业较唐代更为兴盛。荆湖两路和江南、淮南、两浙等地,都有大型造船场,其中潭州是重要的造船基地之一。太宗至道末年,全国各地造漕运官船达3337艘,以后增减不定,真宗天禧末减为

2916 艘,其中荆湖南路的潭州就有 280 艘,相当于全国造船总数的 1/10,可见宋时漕运官船中每十艘中即有一艘为潭州制造,其规模之大,可见一斑。

宋代,潭州的造船技术也达到了相当高的水平。《宋朝事实类苑》卷 62《风俗杂志》记载有"潭州三绝",其中"巨舰漕米,一载万石"[4]为其中一绝。

宋代潭州的造船不仅用于漕运,而且还广泛用于战事。南宋时,李纲在潭州操练水军并就地组织造船工人"创造战舰数十艘,上下三层,挟以车轮,鼓蹈而前,骤于阵马"。李纲亲自组织水军在潭州临湘门外湘江操练,并挥笔写下诗篇云:"战舰初成阅水军,旌旗戈甲照湘滨;浑人未识舟师制,叹息工夫若鬼神。"[5]可见,这种巨舰,不仅体积大,而且运作灵活,显然,军用战舰的制造又促进了潭州的造船业的发展。

值得注意的是,漕米的"巨舰"和用于作战的"战舰",一般是不作为商品而上市的。但是宋代潭州某些地方造船却是可以折租赋的。如潭州茶陵县生产船木,送自潭州造船,当地以船木折合租赋。宋代的租赋是实物与钱币并收的,把船木折合成租赋,有可能折成钱币,这其实就是一种商品的交换关系的存在。这可以间接地说在潭州造船业中也存在着商品关系。

(三)矿冶业的发达与金属制品的商业化

矿冶业是宋代湖南一个突出的手工业部门,当时,金、银、铜、铁、锡、铅、丹砂、水银等矿的开采和冶炼均已形成相当的规模。其开采方式,主要由官府在各地置坑场,派官吏管理,实行官府垄断。潭州矿冶主要是银、铜、金的冶炼。最著名的银冶地为浏阳永兴场。据《宋会要辑稿·食货·坑冶上》记载,浏阳永兴场始设于熙宁七年(1074 年),初产银 1.6673 万两,此后,生产规模不断扩大,产量也不断提高,4 年后产银达到 2.8757 万两,占全国总产银量的 14%。铜也是潭州的重要矿冶业。宋神宗元丰元年(1078 年)潭州收铜 107.825 万斤,居湖南之冠。潭州永兴场还是宋代铜的主要产地。当时永兴场采用了先进"以药化铜"的胆水浸铜法,宋哲宗(1086—1100 年)末年,全国有胆水浸铜工场 11 处,永兴场名列其中。据《宋会要辑稿·食货三三·坑冶上》记载,南宋绍兴、乾道(1131—1173 年)年间,潭州永兴场产胆铜 64 万斤,每年输胆铜 3414 斤赴饶州永平监铸钱。

矿冶业的兴盛,刺激了潭州地区金属制造业的发展。如潭州出现了一批冶制铜器为业的铜户、铜匠。如潭州乌山一带有铜炉 46 所,麻潭鹅羊山有铜户数百余家,这些铜户能制造销量广泛的铜制茶具和铜镜。以铜镜为例,当时潭州的铜镜多有"真"字标志,类似于今商标形式,有的还注明了售价。为了刺激消费者的购买欲望,宋代潭州铜户在铜镜铭文设计上颇下功夫,一些铜镜上铭铸有"照我百年"、"八面玲成,一尘不受""铸铁为鉴,衣冠可正""月样团圆水漾清,好将香阁伴闲身,青鸾不用羞孤影,开匣当如见故人"等寓意深远,扣人心弦的铭文,而铭文字形则有小篆、隶书、楷书等,书法精美,十分诱人。从镜形上看宋代潭州铜镜龟鹤人物镜、莲塘小景圆形镜和人物故事镜,这些式样美丽,做工精细,设计巧妙的铜镜,在市场上颇受客户欢迎,流通较为广泛。

此外,由于白银的大量生产,也刺激了潭州的银器制造业的发展和银制品的商品化。如,宋代潭州工匠能制造出一种用工用料十分考究的银制茶具。《清波杂志》称:"潭州匠者造茶器极精致,工直之厚等所用白金之数,士大夫家多有之,置几案间,但知以侈靡相夸,初不常用也。"[6] 南宋周密《癸辛杂志》也称"潭州茶具,精妙甲天下",不仅形制精美,而且茶具种类齐全,"凡茶之具悉备"。据说赵葵(字南仲)治潭时,曾以黄金千两购得一套,"以进上方,穆陵(宋理宗)大喜。盖内院之工所不能为也"[7]。这种茶具做工精巧,品质高档,市场售价有的甚至达到"黄金千两",属于一种高档奢侈性商品。这种商品的制造和市场销售,反映出宋代潭州手工业水准的高超,同时也反映出潭州商品经济的发展。

（四）文具产品的市场化与印刷品的商业利润追求

纸、笔、墨、砚素来被称为文房四宝。宋代潭州除了不产名笔以外,其他三宝都达到很高生产水平。潭州是宋代有名的产纸地。潭州盛产造纸原料,如竹、藤、楮、稻草、麦杆、桑皮等,这为当地造纸业的发展提供了可靠原材料保证。马楚时代潭州的造纸业即相当发达,宋初开宝年间,朝廷每年从"潭州岁调纸百七十八万余幅"[8]。可见,潭州的造纸业已达到相当的规模。岳麓书院和宋代潭州的市坊大量刊刻印行书籍,都是从当时购买纸张,就近印刷。

宋代潭州制墨业发展十分迅速。南宋时潭州胡光烈、郑子仪两家的墨业号称名牌。王迈《臞轩集》卷十六《试墨》五首之二称"潭州游玩地,多有墨工奇,旧说胡光烈,今夸郑子仪。"胡光烈字景纯,以制造"千金獭髓"墨而名闻全国。这种墨以桐油烧烟,墨质坚健而形制绵薄,其外不加纹饰,体积大的不足数寸,小的只有园钱大小,发水研磨,光泽可鉴。画工将其视同墨宝,一般在作人物或动物画时,用来点画眸子,用潭州墨点出来的眸子,如同点漆,明亮有神。郑子仪继承了胡光烈的制墨遗法,制墨也非常有名。潭州除了两家名牌墨业外,还有许多卖墨的专业街巷,如"州之大街之西安业坊,有烟墨上下巷;永丰坊有烟墨上巷"[9]。南宋宰相张浚曾写有《墨铭》,盛赞潭州之墨,称墨为"潇湘之宝"。既有名墨,必有名砚。宋代书法家米芾《砚史》称潭州谷山砚,"色淡青,有纹如乱丝,扣之无声,得墨快,发墨有光",非常有名。

宋代潭州造纸业与制墨业的发达,为潭州印刷业准备了物质条件,而宋代潭州思想文化的发展,特别是湖湘学派的形成,更是刺激了士子读书风气的形成,因之宋代潭州的雕版印刷业迅速发展起来。雕版印刷在宋代大致分官刻、家刻、坊刻三类。三类刻书中,官刻本和家刻本仅有少数作为商品出售,坊刻为书贾所设书肆、书铺、书坊所刻的书籍,书贾经营目的是谋利,所印书籍也是作为商品销售。据考证宋代潭州坊刻书籍涉及品种十分广泛,如民间日常所需的历书、家书、韵书、佛像、年画、医药、通俗唱本、童蒙读本、占卜星相,以及为士人应科举考试需要而刻的类书、八股制艺、试帖书等均在刻印范围之中。少数资金雄厚、名气大的书肆也刻过一些经书、正史及子集名著。目前所知道的较著名的宋代潭州坊刻书有《百家词》127 卷,《文献通考》称此书"其前数十家皆名公之作,其末亦多有滥吹者,市人射利,欲富其部帙,不暇择也。"[10] 坊刻此本的目的主要是为了"射利",即谋取经济利益,所以内容并不是非常精当。此外,据《直斋书录解题》卷 21 称,潭州书坊刻印过辛弃疾《稼轩集》1 卷;据真德秀《鹤山集》卷 34 称潭州书坊也刻印过《求学记》;据《四库全书总目提要》说潭州还刻过吕本中的《童蒙训》,但是错误较多。不论这些书的刻版质量如何,可以肯定的是,宋代潭州的书贾经营的坊刻是比较发达的,书籍等印刷品的商品化程度也是非常高的。

二

宋代封建商品经济发达,城市呈现高度繁荣,已涌现出人口达到百万的大城市,如汴京(开封)、临安(杭州)。二线城市如苏州、成都、鄂州、泉州等人口也达到四五十万以上。在全国城市繁荣的总背景下,南洞庭湘江之畔的潭州,也已位居先进城市之列,拥有居民 20 万以上。《元丰九域志》就曾列举宋代 20 万人口以上的城市 6 处,潭州(长沙)位列其中,其他 5 处是汴京、京兆府(西安)、临安、福州、泉州。北宋诗人宋祁在《渡湘江》诗中生动地描绘了潭州人户之繁,商业之盛,称"长沙十万户,游女似京都"。在人口众多的城市里,商业十分繁荣,宋代潭州商业的繁荣可以从以下几个方面分析:

(一)水陆交通便利,商贾往来频繁

曹家齐先生研究认为"宋代长江以南地区南北交通干线,整体框架因袭于唐。中原经荆州和鄂州至潭州而达岭南道仍是南方地区三条最大的交通干线之一,官府的纲运,官员、商旅往来,仍以这几条道路为主。"[11] 按这个说法,中原至岭南的交通要道上,潭州是一个非常重要的水陆交通枢纽。

以水路而言,潭州在两宋时期成为荆湖南路的物质集散中心。当时荆湖南路各州的租赋、和籴均由水路转运潭州,再由潭州沿湘江转运洞庭湖,入长江,再由长江各般仓转运到汴京或者临安。此外,潭州与岭南的交通也十分便利,宋代以广西灵、兴安二县令兼管修治连接湘漓二水的灵渠,以通漕运。从潭州出发,溯湘江而上,通过灵渠可以达岭南,商旅往来,十分方便。此外,潭州联系巴蜀与两浙道路也十分通畅。从潭州出发沿湘江,入洞庭,西溯长江而上,经三峡,可以入巴蜀。而入洞庭以后,顺潭州东下,则可以进入两浙。

以陆路而言,从潭州出发,可以经江西至两浙;也可以沿秦汉以来的直道越五岭通往岭南;还可以经岳州进入今湖北之鄂州,或经鼎州入四川。

总之,湖南境内以潭州为中心包括湘资沅澧四水流域,通过洞庭湖的联络形成了一个湖南省内的开放性水道网络。所以宋人陈师道说潭州是"湖岭一都会,西南更上游"[12],成为北起洞庭湖南至五岭,西接巴蜀,东连两浙之间的一个重要的政治经济文化中心。

在这样四通八达的商路上,南来北往的商贾频繁出入潭州城。如广东的富商会把岭南的珍珠贩运到长沙,而江浙的大贾则会把潭州的米、竹、木等运到建康,此外,两浙、广东、福建的客商还会把当地的海产品运到潭州销售。南宋时李纲曾在岳麓山高处观望潭州城,他写道:"橘洲枫浦指顾中,俯视更觉长沙小;风樯浪舶千艘屯,丹楼粉堞百雉缭。"[13]长沙城外湘江之畔,商船云集,熙熙攘攘,而长沙城内丹楼粉堞,十分繁华。由此看来,宋代潭州城市已经初步形成了商品聚集和辐射功能,此为明清时期长沙"江南商埠"地位的确立奠定了基础。

(二)城市市场繁荣,经营突破市坊限制

汉唐时代,潭州地处南偏,多为朝廷逐臣贬客流窜之地,经济发展相对于北方而言实属落后。安史之乱后,经济重心南移,长江洞庭湖南畔的潭州得到了迅速的发展,潭州城商品经济空前活跃,交换关系日益频繁,在各地集市贸易的基础上发展起一批集市或市镇。

集市在湖南一般称为"场",《文献通考·征榷考》称:"场坊即虚市也,商税、酒税皆出焉。"大体上北宋中期每个坊场年课税1000贯以上的,由官府直接设立税务机进行管理和收税,年课在1000贯以下的,"通计场务该得税总数,俾商先出钱与官买之",叫做"买扑"[14]。按《文献通考》卷14《征榷考》所记,宋神宗熙宁十年(1077)潭州辖区有七个市场,年收商税达到5万贯左右。这些市镇交易十分发达,如槠州市(今株洲市),位于湘江上游,地当舟车来往之中,居民繁盛,"交易甚伙";衡山县的南岳市,"环庙皆市区,江浙川广众货之所聚,生人所须无不有既",商品经济十分活跃。

商业的发达,市镇的形成,必然突破汉唐以来市、坊的限制。唐代以前居民所居之地称之为坊,为了安全的需要,以坊墙包围,定时关闭,实行宵禁,坊内严禁经商。市是专门的交换贸易场地,也是定时开闭,非时不得经营。商业的发展必然打破市坊的严格限制,宋代坊内已出现了市,坊内开商店已经普遍,于是坊内的走道逐渐演变成街道。宋代潭州城内已出现了商业街巷,元人陆友的《墨史》载:宋代潭州多墨工,"州之大街之西,安业坊有烟墨上、下巷;永丰坊有烟墨上巷。""烟墨巷"就在坊内,显然是坊内的商业街巷。"如今,虽然已经无从考证烟墨巷的具体位置,但这些的商业街巷的出现,却以雄辩的事实证明:宋代潭州商品经济的发展已经冲破了市坊制度的樊篱,并走上商品竞争的道路,获得了新的生命力。

(三)商品构成变化,生活资料商品化

唐代以前,生活资料一般是自产自销,不求购于市场。但至两宋的潭州境内,社会商品构成发生了重大变动,越来越多的生活资料被商品化。如粮食、茶叶等均被商品化。宋代潭州的粮食作为商品被大量销外湖北、江西、浙江、江苏等地,当时有所谓"巨舰漕米,一载万石"之说,而陶宗仪《说郛》卷18上则说:"湖南无荒田,粟米妙天下"。从这些记载来看,宋代的潭州已成为全国重要的商品粮生产与传输基地。茶叶也是宋代人的基本生活资料之一,宋代潭州的长沙、攸县、茶陵、安化、宁乡等地都盛产茶叶,这些茶叶行销全国,商品化程度也很高,而且在销售中还形成了自己的品牌,如《文献通考·征榷》说潭州出"独行、灵草、绿芽、片金",而湘潭则出"芙蓉茶",其"茶味略似普洱"。其他如布匹、日用铁器、陶瓷器等生活用品在市场上均应有尽有。更值得注意的是,生产资料也被商品化。如长沙和攸县的木材、楠竹等生产资料被转买到江浙。宋代土地交易频繁,有所谓"千年田,八百主"[15]之说,在这样的背景下,宋代潭州的土地、耕牛等生产资料的交换也是十分频繁的。总之,生活资料和生产资料的商品化,标志着两宋时期潭州商业的高度发展,是社会转型与变迁的显著表现。

(四)商税激增,跃居全国前列

潭州的商业发达,还表现在商业税收的丰富。按《文献通考》卷14《征榷考》所记:宋神宗熙宁十年(1077年)以前,天下诸州商税岁额40万贯以上者3,20万贯以上者5,10万贯以上者19,5万贯以上者30,5万贯以下者51,3万贯以下者95,1万贯以下者35,5千贯以下者73,共计310。其中,商税年5万贯年以上的多分布在东京、四川、两浙等地;潭州拥有七个税场,岁收商业税约3至5万贯,在全国城镇中商业税约居中流,在中部的城市中达到领先水平。如果按照《宋会要辑稿·食货十六之十二》的记录,则潭州所辖各县的商税年收入达到了9.2万贯。如果此记录可靠,那么潭州的商业已达到全国的先进行列。

值得注意的是潭州的商业税收虽然比较高,而且城市内的商业已经突破了市坊的限制,但是潭州的商业品种多集中在铜器、银器、茶具和各种农副产品之上,品种尚不够丰富,与两浙、汴京、成都等发达区域相比较还存在着一定的差距,在全国来看,潭州的商业应该是居于中游水平。

三

总之,自唐安史之乱后,北方黄河流域各地陷入了长期的动乱,为了避免战祸,大批北方居民南迁,潭州北抵重湖,邻长江天险,地理位置相当优越,成为北方居民南移的重要选区。而至宋金对峙金兵南下主要兵分两路,东路沿山东、江苏、安徽、浙江、福建一线,而西路则出陕西,南下四川,入云南,两路对中华腹地构成战略包抄。而南宋与元对峙时期,元军的主要战略企图与金兵的方略几乎没有二致。显然,这样的战略攻势中,湖南潭州一带就成为一个难得的战略安全岛。

事实上,这个战略安全岛确实是比较稳定的。自安史乱后,潭州处于马楚国统治时期,政局就相对比较安定,北宋收得湖南后,潭州基本没有战乱,两宋之际,潭州曾一度受到金人的蹂躏,随之又遭受到北宋溃兵游勇和钟相杨幺农民起义军的攻击,但是持续时间仅两三年,即宣告平定。潭州在南宋时代元兵入侵前,基本也是安定中发展。

可以这样说,两宋时代潭州形成为一个战略安全岛,在这个安全岛内,社会相对平和,战乱较少,因之,人口迅速发展,生产力水平跳跃式发展,手工业和商业得到迅速发展,经济水准由汉唐时期的蛮荒落后一跃而成为领先中部的主力城市。潭州经济地位的变迁必然引起人口结构、风俗习惯、精神风貌、消费方式、思想文化等方面的全面变迁,限于篇幅,作者将另行文论述。

参考文献:

[1]杨万里.赣县主簿李仲承墓志铭[A].诚斋集(卷一三二)[C].

[2]黎靖德.朱子三·外任[A].朱子语类(卷一〇六)[C].

[3]宋祁.渡湘江[A].景文集(卷一二)[C].

[4]风俗杂志[A].宋朝事实类苑(卷六二)[C].

[5]李纲.绝句五首(之二)[A].梁谿集(卷二九)[C].

[6]陆廷灿.清波杂志[A].续茶经(卷中)[C].

[7]周密.癸辛杂识(前集)[M].

[8]李焘.太祖(乾德五年)[A].续资治通鉴长编(卷一三)[C].

[9]陆友.墨史(卷下)[M].

[10]经籍考[A].文献通考(卷二四六)[C].

[11]曹家齐.宋代南方地区陆路交通干线沿革述考[A].张其凡,范立舟.宋代历史文化研究(续编)[C].北京:人民出版社,2003.

[12]寄潭州[A].张芸叟宋元诗会(卷三〇)[C].

[13]李纲. 寓长沙游道林岳麓赋诗见意[A]. 梁溪集(卷18)[C].

[14]邱浚. 大学衍义补(卷32)[M].

[15]释普济. 长庆安禅师法嗣[A]. 五灯会元(卷4)[C].

诗海遗珠　民俗瑰宝

——从长沙窑器表诗文看唐代民间诗歌文化

潘　军

（浙江大学汉语言研究所，浙江杭州　310028）

　　长沙窑是唐代著名的南方瓷窑，它所出产的精美瓷器曾开创了国瓷外销的先河，对开通"陶瓷之路"，促进中外文化交流功不可没。遗憾的是，由于政治战乱、时代审美风尚、原料匮乏等种种原因，五代时期，长沙窑衰退直至没落，以至后世对其也少有提及。20世纪50年代中期，分布于湖南长沙铜官镇一带的长沙窑主要窑口遗存终被发现。1983年，国家文物部门对其进行了第一次大规模的考古发掘，后在长江流域、海上航线等考古工作中又陆续发现了数千件长沙窑瓷器。面对这些被撩开千年面纱的器物，我们不仅惊叹于其高超的釉下彩工艺和铜红釉探索成果，更惊喜地发现，部分壶、罐、盏等日用器物上被人为地书写了诗句文饰，尤为难得的是，这些诗歌或诗句绝大多数均不见于各类唐诗典籍，是被历史和诗史忽视和遗漏的文化瑰宝，它们个性鲜明，内蕴丰厚，除了具有陶瓷学、历史学、社会学、书法文字学等研究意义外，也从独特的视角为我们进一步研究唐代民间诗歌文化提供了鲜活的实物资料。

一、长沙窑器表诗文的文化意义和诗史定位

　　我们依据考古资料知道，新石器时代的陶器上就有了原始刻画符号，后代少量陶瓷器上也有或书或刻或印的文字内容，但在陶瓷器物上大量书写诗句，却属长沙窑首创。这种独特的"瓷诗"将民间日用器物与传统诗歌文学有机地融合起来，"瓷"与"诗"这两大别具中国特质的文化产物在这里构成了丰厚的文化综合体，形成了一种别具魅力的"瓷诗文化"。作为民间工艺的长沙窑瓷器在深蕴哲学精神和文化情怀的诗学意境里实现了雅俗共赏，极大地提升了自身的文化品位，也让我们充分领略了古代中国民间将生活与艺术巧妙融合的民俗文化。

　　同时，长沙窑制瓷艺人也自觉地认识并推进了经商文化，他们早在一千多年

以前便谙熟了市场需求对生产销售的决定性影响,并主动尝试着去迎合消费心理。"买人心惆怅,卖人心不安。题诗安瓶上,将与买人看。"从这首长沙窑题诗上,我们可以明确地感知"卖人"(制瓷艺人或贩瓷商人)为讨好"买人"(消费者),刻意题诗于瓷瓶上,加以美化,追求品位的煞费苦心。而且,这些题于瓷器上的诗,其主题和题材多不相同,它们更进一步证明了长沙窑制瓷艺人迎合不同消费需求心理的自觉意识。

此外,这些天真活泼的唐人书法也为我们研究中国书法史特别是民间书法与主流书法的交叉影响关系问题提供了极好的文化视角。

虽然长沙窑器物始终无缘充当官窑,但其作为唐代民窑的大宗却广泛地销往周边地区,甚至远销国外。这些书写在日用瓷器上的诗歌自然而然也成了唐代百姓日常生活的有机构成元素。这些诗歌生发、传播与接受的自然顺畅的过程,足以体现诗歌在中国这一"诗国"里的肥沃民间土壤和强大的生命发展力。同时,它们也明确揭示了唐诗(包括部分前代古诗)在当时就广泛、深入而又如此熨贴地影响到了百姓的日常生活,这也从独特的视角进一步证明了唐代诗歌文化在中国诗史上的鼎盛地位。我们根据出土资料得知,题于长沙窑器表的诗文除少量的是抄录贴近民心、通俗晓畅的文人作品外(如刘长卿《苕溪酬梁耿别后见寄》:"鸟飞平芜近远,人随流水东西。白云千里万里,明月前溪后溪"),绝大多数属民间原创。这些民间诗歌没有庙堂文人"文以载道"的严肃主题,没有"先天下之忧而忧"的心理负担,少却了政治的束缚与文化的禁锢,也没有生僻的典故和矫情的词藻,句句明白晓畅,处处率真质朴,别显一种自然天成的乡土亲切感。它们本能地暗合了"诗缘情"的抒情艺术本质,自觉地继承和发扬了《诗经·国风》与乐府诗歌的民间现实主义传统,真实地记载了特定时期的民俗文化,而这恰恰是主流文化所缺失的。考古资料证明,这些长沙窑器物除在湘江下游经济发达地区自产自销外,还销往扬州、明州、广州等东南沿海地区。当地都市繁荣,市民阶层正成为一股上升的社会势力,这自然带动了市井文化的兴盛。而长沙窑器物上的题诗正是制瓷艺人主动满足销售地市井百姓文化需求的表现。这些诗文多以都市商贾、歌楼妓馆、游子旅人等为题材,明显根植于市井社会的土壤,它们与兴起于晚唐的词共有着深厚的市井情结与隐约的感伤情怀,成为中唐以后新兴的市民文学的组成部分。

二、长沙窑器表诗文的时代特征和审美特质

史料记载和考古研究均表明,长沙窑兴盛于中唐,衰落于五代。长沙窑器表上的诗文也证明了这一结论。迄今为止,在长沙窑器物上发现的不同的诗有 80

首(句)左右,但几乎没有一首带有盛唐气象那样的宏阔意境和昂扬意气。从整体情绪上考察,长沙窑的诗文或恬淡禅静,或感伤失落,大多是个人情感的抒发,而且多是以恍惚愁怅、人生失意作为感情基调,这与中唐以后孤寂清逸、悲怨感伤的文人诗风殊途同归,有力地表明了时代对诗风的整体影响。这种不以气势显而以情趣胜的抒情方式和审美特质,为长沙窑器表诗文创作出现在安史之乱后而非盛唐时期提供了更为充分的依据。

　　当然,长沙窑器表诗文也不乏俏皮机警和抒发男儿意气的,但它们的动人之处也同样在于其率真质朴。那些劝人为善的好意提醒抑或酒后的真言流露,处处传递着民间诗歌的亲切与敦实。这些诗歌共同具备着一种庙堂文学所不具备的简单朴素,但却留给了我们别具清新的审美感受。这些通俗晓畅的诗句被大量书写在日常生活器物上,也足以证明其符合了当时市井社会的审美风尚,这为我们进一步研究不同历史阶段、不同区域的社会风尚和审美文化提供了一个良好的切入点。

三、长沙窑器表诗文的题材来源和民俗信息

　　如前所述,我们绝不能将长沙窑器表诗文简单地当作是对当时流行的文人诗歌的照搬抄录,事实上,迄今为止,我们发现长沙窑器表80首左右的诗歌(诗句)中属于或近似于文人现成作品的仅有10首左右。除前文已引的刘长卿《茗溪酬梁耿别后见寄》外,还有张氲《醉吟三首》:"去岁无田种,今春乏酒财。恐他花鸟笑,佯醉卧池台";贺知章《题袁氏别业》"主人不相识,偶坐为林泉。莫谩愁酤酒,囊中自有钱";韦承庆的《南中咏雁》:"万里人南去,三秋雁北飞。不知何岁月,得共尔同归"等。我们不难发现,这些少量的文人诗歌之所以被民间瓷器用作装饰,主要还是其具有乡土情怀且明白晓畅,易于上口的特点。值得一提的是,此外还有"二月春醴酒,红泥小火炉。今朝天色好,能饮一杯无"一诗,与白居易《问刘十九》("绿蚁新醅酒,红泥小火炉。晚来天欲雪,能饮一杯无?")相似而有所变化,其中原因颇值分析。有人认为是民间制瓷工匠明知是白诗而故作剪裁,将其改得更为通俗化[1];有人认为白诗看似不假雕琢,实则几经修改,《问刘十九》一诗最初就是以长沙窑器表上所题之诗的面目传世的[2]。此外,我们是否还可以设想,白居易曾贬官江州多年,积极倡导"新乐府运动"的他所作的《问刘十九》是否本身就是从长沙窑器表诗文那样的民间诗歌中汲取了创作素材而加以提炼的呢?

　　与此同时,闪现于长沙窑器表的是大量的民间原创诗歌(含少量民间流传的古诗)。它们的题材大多取自市井里巷、田间地头,部分也从历史典故和文人作品中吸取营养,并创造性地加以改造,其内容空前广阔,包括了读书处世、道德伦理、

边塞征战、商旅活动、婚姻爱情、佛理教义等社会生活的多方面,生动地反映了当时民众的价值观念、审美情趣和生存状态。兹择取几首,结合其中的民俗信息做简要评析:

"天地平如水,王道自然开。家中无学子,官从何处来?"该诗直截了当地反映了市井平民的价值取向和人生选择,读书成了出人头地的唯一出路,其语气不管是感叹还是告诫,都深刻地揭示了封建科举对当时百姓生活影响的广泛和深入。

"客来莫直入,直入主人嗔。打门三五下,自有出来人。"该诗最具有乐府民歌直白晓畅的特质,看似简单的语言却反映了礼仪之邦的基本社交规范,唐代市井生活所具有的礼仪文化从中可见一斑。

"一日三战场,离家数十年。将军马上坐,将士雪中眠。"该诗颇具王昌龄、岑参边塞诗歌气质,白描了冰天雪地里的战地生活,感叹了戍边的艰苦与无奈,其中也折射出经历安史之乱后,百姓对战争的厌弃和对戍边价值的质疑。

"人归千里去,意在一杯中。莫道前程远,开坑(航)逐便风。"该诗表达了对商旅远行之人的祝福,意趣近似高适《别董大》中的"莫愁前路无知己,天下谁人不识君"。诗中临别对饮的风俗与王维"劝君更尽一杯酒,西出阳关无故人"相一致,而末句更表明了民间"一帆风顺"祝福的由来已久。

"君生我未生,我生君已老。君恨我生迟,我恨君生早。""自从君去后,常守旧时心。洛阳来路远,不用几黄金。"两首言情诗,前者坦率炽热,相见恨晚的感叹中表明了未受理学束缚的唐代女子在婚姻生活中的感情思绪;后者在表达女子坚守忠贞的同时,也对对方感情含蓄地提出了质问。

"圣水出温泉,新阳万里传。常居安乐国,多报未来缘。"该诗宣扬了因果报应,倡导民众修善积德,以求来世轮回好果,表明了佛教对唐代市井生活的影响。

此外,再如"寒食原无火,青松自有烟。鸟啼初柳上,人拜坟古前"反映了清明寒食节上坟祭祖的习俗;"自入新丰市,唯闻旧酒香。抱琴酤一醉,尽日卧垂杨"反映了酒文化在唐人社会中的广泛渗透;"从来不相识,相识便成亲。相识满天下,知心能几人"是对世事人心高度辩证而又深入浅出的概括;而"去去关山远,行行胡地深。早知今日苦,多与画师金"则表达了在小说、戏曲等影响下,民间对历史悲剧人物的同情和惋惜。

值得一提的是,这些诗文多用楷书或行书书写,少有难以辩识的草书和篆隶作品,且书写多有别字,如将"事"写成"士","航"写成"坑",这些均表明了长沙窑器物的制作者和接受者的平民身份。而在前文中引述的咏昭君史事的诗句中,竟然有"关""远""与""师"四个简化字,这表明了我国简体书写的由来已久,也反映了一千多年前长沙窑瓷工们改革文字的愿望。

四、长沙窑器表诗文的创作手法和修辞艺术

我们若对迄今发现的长沙窑器表诗歌中的典型作品做集中分析,就会发现其中大部分是合律或基本合律的,只有三分之一左右的诗歌还保留着古风的特点。这种古风的形式因其不讲究格律、押韵与对仗,谴词明白晓畅,故较易被文化层次相对不高的民间艺人所借用或抄录。它们主要分为三种类型:其一是用仄声作韵脚的,如"自如长信宫,每对孤灯泣。闺门镇不开,梦从何处入"("泣""入"同为入声"缉"韵;"宫""开"平声但不同韵,不是韵脚);其二是每句句尾皆用平声的,如"天明日月盟,五月己三龙。言身一寸时,千里重金钟"("龙""钟"同为"冬"韵,作韵脚;"盟"为"庚"韵,"时"属"支"韵,皆不是韵脚);其三是虽在偶句句尾押平声韵,但句间不讲粘对的,如"上有东流水,下有好山林。主人有好宅,日日斗量金",一、二句失对,三、四句失粘,内部的平仄格律也相应紊乱。当然,毕竟近体诗(格律诗)是唐代诗歌创作的主流,也是中国诗歌发展的历史必然,民间诗歌显然受到了这一风尚的影响,成了"唐诗"的有机组成部分。大部分长沙窑器表诗歌的合律或基本合律正应证了这一点。在此仅取两例:其一为"一别行千里,来时未有期。月中三十日,无夜不相思。"该诗首句仄起仄收,以下几句均讲究粘对,平仄和律,二十字无一重复,二、四句平声韵脚"期""思"押"支"韵,可以说是唐代五绝的典型了;其二如"夜夜挂长钩,朝朝望楚楼。可怜孤月夜,长照客心愁。"该诗首句亦入韵,一、二句构成对仗,文句合乎诗律,朗朗上口,也是一首明确的唐诗。大概是因为五言绝句体式灵巧,节奏明快,不求对仗,要求词汇量相对较少,又承继了古乐府朴素真挚的情感内蕴,从艺术品质上来讲,它们比律诗和七绝更容易贴近市井乡土,也更易为平民百姓所接受乃至创作,所以,长沙窑器表诗歌绝大部分均为五绝,目前我们尚未发现律诗留痕于长沙窑器物,七言绝句也仅见四首左右,兹摘录以作参照:一首是卧狮脉枕枕面上的言情诗:"日红衫子合罗裙,尽日看花不厌春。须向庄台重注口,无那萧郎悭煞人";另一首是青釉褐彩"七贤"人物诗文罐上的即兴遣怀诗:"须饮三杯万事休,眼前花揆(发)四枝叶。不知酒是龙泉剑,吃入伤(肠)中别何愁";还有两首是"熟练轻容软似绵,短衫披帛不秋缠(辫)。萧郎恶卧衣裳乱,往往天明在花前"和"一树寒梅南北枝,每年花发不同时。南枝昨夜花开尽,北内梅花犹未知"[3]。

由于长沙窑器表诗文多属民间创作,故其在修辞上也鲜明地体现了民间质朴鲜活的特点。"小水通大河,山高鸟夜多。主人看客好,曲路亦相通。"该诗继承了《诗经·国风》的艺术表达方式,前两句采用民歌中常见的比兴,借用水脉连通,鸟宿山林的道理,巧妙表达了主客朋友之间不能被阻隔的情谊;"春水春池满,春时

春草生。春人饮春酒,春鸟弄春声。"该诗累用八个"春"字,而且句句对仗,这在唐代文人那里绝对是一种别扭不正常,但在民间诗歌里,它们反而显得自然。这八个"春"构成了"春水""春池""春草""春人""春酒""春鸟"等可见的意象,再加上"春时""春声"这两个无形但可感的意象,共同构成了愉悦祥和的春天乡村意境。这种春景及其背后的春感的多次出现确实起到了《诗经》回还往复,渲染情感的效果。当然,我们也可以理解为这是民间的一种文字游戏,但它却显示了唐诗中求变的一支。当人们发现这种文字装饰的美感时,就会刻意地加以运用[4]。民间对这一充满游戏意味的新变总是敏感而乐于接受的,因为他们没有严肃正统的思想负担,所以游戏文字在此更加得心应手;"日日思前路,朝朝别主人。行行山水上,处处鸟啼新。"该诗有效吸收了乐府古辞和早期文人五言诗运用迭音加强音韵节奏的优点(如"青青河畔草,绵绵思远道"——《饮马长城窟行》;"迢迢牵牛星,皎皎河汉女,纤纤擢素手,札札弄机杼"——《古诗十九首》),每句都用迭音词开头,充分体现了民歌节奏轻松明快,易于咏唱的特点;"从来不相识,相识便成亲。"该诗句运用顶真的修辞手法,使其前后衔接,自然顺畅,这也是民歌的常用手法;再如"孤竹生南岭,安根本自危。每蒙东日照,常被北风吹。"该诗借根浅无依的"孤竹"托物言志,流露了中唐乱世以后,百姓难以自主命运的无奈,含蓄表达了渴望安稳的基本生活需求,这真是民间疾苦的诗化表现了。

总之,长沙窑器表诗文确实是平实中蕴涵着深刻,简单中蕴涵着丰厚。它们不用矫揉豪华的文辞来装饰,更没有陷入故做深沉的庸俗泥坑,它们只是用生动晓畅的语言反映了寻常人家的生活状态,表达了市井百姓的生活情调,而这种真实鲜活的生命感受恰恰是我们在一般唐诗中所难以获取的。从这一意义上讲,我们则可以将长沙窑器表诗文称作民间瓷器上的另一部《唐诗三百首》了!

参考文献:

[1]蒋寅.读长沙窑瓷器所题唐俗语诗札记[J].咸宁师专学报,1999,(8).

[2]吴顺东.关于长沙窑诗文瓷的几点认识[J].湖南考古辑刊,1999,(3).

[3]周世荣.长沙窑瓷鉴定与鉴赏[M].南昌:江西美术出版社,2001.

[4]贺晏然.唐长沙窑诗文初探[J].南方文物,2005,(2).

长沙花鼓戏戏班发展进程及研究意义

许艳文

（长沙大学，湖南长沙　410022；中南大学，湖南长沙　410083）

长沙花鼓戏是在人民群众长期的生产劳动过程中产生的,反映了劳动人民的生活、斗争、思想与愿望,并为人民群众所喜闻乐见因而广泛地流传开来。尽管遭到历代传统阶级和旧势力的摧残和干扰,但依然具有无可比拟的艺术活力。

长沙花鼓戏最初产生于民间,其生存和发展有赖于戏班。戏班是戏曲艺术历史发展的产物,是戏曲发展到一定历史阶段而自然产生的。戏曲是演员通过扮演各种角色,在一定场地进行表演的一种艺术形式,具体的组织必须通过戏班来完成。所谓"填词之设,专为登场。"[1]戏班主要是组织演员排练和演出的团体,可以丰富演出剧目,提高戏曲表演技巧,安排各种演出活动,培养和扶持戏曲新人。这样看来,戏班在戏曲的长期发展中发挥了重要的促进作用,是戏曲艺术发展的一个重要标志。

本文试图从长沙花鼓戏戏班历史上的基本生存和经济状况、解放后戏班的整理和改造以及今后的方向等三个方面来进行阐述,以期管窥长沙花鼓戏的发展之一斑。

一、长沙花鼓戏戏班发展进程

长沙花鼓戏戏班从产生到发展,根据龙华先生的详细考证[2],经历了不同的历史阶段,首先我们来看看它曾经走过的路程,从中可以了解到其基本的生存状况。

1. 农村自发的花鼓戏演唱活动。这是长沙花鼓戏班社发展的第一个时期,开始并没有组织,也没有职业艺人。在劳动之余和节日之际,或邻里喜庆,农村中的农民、手工业者互相邀演花鼓戏,大多用以节劳,或作自我娱乐。演出内容多为反映农村中的日常生活,表现劳动者的思想感情。一般剧目比较短小,内容也很简单。在演唱艺术上质朴粗犷,生活气息浓厚,演出形式简单粗陋,与元杂剧之前的宋金杂剧一样,大都以日常生活的服装登台演出。自发的花鼓戏演唱活动,也很受群众的欢迎,延续了很长的一段时间。时至今日,广大农村和城市还有许多业余花鼓戏班的演出。

2. 草台花鼓戏班。这是长沙花鼓戏班社发展的第二个时期。长沙花鼓戏的迅速发展,必定在自发演唱的基础上出现半职业性或职业性的班社和艺人,农村中的农民和手工业者大部分时间从事劳动生产,也利用较多的机会到各地演出。长沙花鼓戏在新春节日前都有频繁的演出,聚钱唱戏,当有戏班,可能是半职业性的于农闲间演唱的艺人。农村中的农民或手工业者,于二、三月间在农村演出花鼓戏,这在当时是半职业性的艺人。农村职业班社——四季班社的出现是花鼓戏繁荣昌盛的重要阶段。四季班社终年演出,影响深广,扩大了演出剧目,提高了表演艺术,从而推动了花鼓戏的蓬勃发展。

3. 花鼓戏进城后的班社组织。这是长沙花鼓戏班社发展的第三个时期。长沙花鼓戏由农村进入城市,是花鼓戏进一步发展的标志,而随之班社不断涌现,组织更为严密,这对花鼓戏的思想与艺术的提高产生过积极的作用。清末期间,花鼓戏在城市中逐渐兴盛起来,首府长沙就有过禁演花鼓戏的"四言训示":"省垣首善,敦俗为先,淫戏卖武,谕禁久宣"[2]。是说演唱花鼓戏一类的民间小戏在长沙城里属禁止之列,这说明花鼓戏曾经在长沙城里演出的事实。根据有关调查材料证实,长沙花鼓戏班社是光绪年间王三乐组织的"新太班",1901年至1912年进入长沙。1920年有"义和班"进入长沙正式演出,为四季班社,长年至各地演出。1947年《晚报》载:"昨天在绿苹书场看花鼓戏《田氏谋夫》是整本戏"[2]。绿苹书场是长沙最早的剧场,《田氏谋夫》是整本戏,可见花鼓戏在长沙城已占据了一定的地盘。可以说,清代末年至民国时期,花鼓戏在长沙演出是有确切的历史材料可以证明的。花鼓戏进入城市演出标志着它进入繁盛时期。

在长沙花鼓戏的历史进程中,班社不断涌现,艺人也逐渐增多,这对长沙花鼓戏的发展是有积极作用的。尤其是发展到后期的班社,组织更为完善,班规更加严格,管理更加规范,形成了一套完整的有关艺人演出与生活的班社制度,这种严密的班社制度反映了花鼓戏的繁荣昌盛和高度发展。

这些不同历史时期的花鼓戏班,都有着不同的演出条件和艺人活动情况。在这些不同的历史阶段中,自始至终反映着花鼓戏的发生、发展、兴盛和衰落的演变过程。长沙花鼓戏是民间小戏,戏班的组织、规模和演出不同于地方大戏,由于它主要在广大农村演出,长期的艺术实践与锤炼,也使它逐渐形成了自身不同的特点。

湖南花鼓戏是流行全省境内的地方小戏,而长沙花鼓戏在全省又占有龙头老大的地位,在全国具有较大的影响。长沙花鼓戏是民间小戏剧种,它形成并流行于旧长沙府的十二属县:长沙、善化(今望城)、湘阴、浏阳、醴陵、湘潭、湘乡、宁乡、益阳、安化、茶陵、攸县,以长沙官话为统一的舞台语言,是湖南花鼓戏中影响最大的艺术种类。它来自"地花鼓""花灯"和"竹马灯",在民间流行过程中逐渐形成了花鼓戏。

长沙花鼓戏扎根在民间,以广大乡村和小集镇为基地。由于各地民间艺术、民俗和乡音土语的差别,于是形成了几种艺术流派,艺人称为"路子"。大致分为西湖路子、宁乡路子、澧陵路子和长沙路子。各路花鼓戏在发展过程中均有自己的班社、艺师以及代表性艺人,在剧目、声腔、表演及音乐风格上也有差别。过去多称为"花鼓班子",或以班社命名,如得胜班、土坝班等。长沙路子指的是长沙市区及近郊的花鼓戏,主要在广大农村流动演唱。长沙因是省会,有比较多的机会吸收各路花鼓戏的长处,再加之受到地方大戏的影响,所以能够博采众长,逐渐形成自己的特色,成为湖南花鼓戏中最有代表性的流派。1947年西湖班进入长沙市汇合成长沙班子,也曾称为楚剧改进社,直到本世纪五十年代初,才正式定名为长沙花鼓戏。

纵观长沙花鼓戏形成与发展的历史,大致上经历了以下三个阶段:从演出形式和角色发展上看,可分为"对子花鼓"(二小戏)、"三小戏"和多行当的本戏;从班社的演变看,可分为草台班(半职业)、半台班(同湘剧合演)以及专业班(四季班);从声腔的形成和发展看,经历了民歌灯调、戏曲正调(打锣腔、川调)的形成和诸声腔合流而综合发展的成熟阶段。

长沙花鼓戏专业性班社的出现及诸声腔的综合发展应在同治(1862—1874年)以后。四季班成立较早的是光绪年间的义和班。更多的专业班社大多出现在辛亥革命以后,并逐渐走向城市。历代统治者均禁止花鼓戏的演出,而专业的花鼓戏班还具有演唱湘剧的技能,于是遇上军警抓人禁戏,花鼓戏班就组织演出湘剧,待军警走后,又继续演出花鼓戏。

长沙花鼓戏的形成与发展,经历了两百多年的漫长岁月。通过各个时期艺人的艰苦创造,留下了甚为丰富的宝贵遗产。但由于花鼓戏历遭严禁,许多班社已经奄奄一息。它的真正繁荣和兴旺,还是在建国以后。四十多年来,长沙花鼓戏从内容到形式,都发生了巨大的变化。五十年代,花鼓戏艺人和新的文艺工作者共同努力,整理传统剧目,剔除糟粕,舞台上出现了一批内容健康、艺术完美的戏,如《刘海砍樵》《南庄收租》《讨学钱》等等,同时也用花鼓戏形式编演现代剧目,如《田寡妇看瓜》《双送粮》《好军属》《祥林嫂》《三里湾》等,均受到社会各界的好评。六十年代,是花鼓戏的兴旺时期,全省有花鼓戏剧团三十多个,出现了一批在全国很有影响的剧目:《补锅》《打铜锣》《刘海戏金蟾》等。1953 年建立了以新的文艺工作者为主体的湖南花鼓戏剧团,1959 年扩大建成省花鼓戏剧院,大量编演现代戏,戏曲的音乐创作能够立足长沙,放眼全省,博采广用;表演和舞台艺术全面革新,多方面进行探索与实验,使长沙花鼓戏改变了原有的风貌而以崭新的姿态面向广大民众。七十年代中到八十年代,现代戏创作获得大丰收。代表性剧目有《牛多喜坐轿》《碧螺情》《八品官》《啼笑因缘》等等。现代戏的编演,大大促进了长沙花鼓戏在编剧、导演、表演、音乐、舞台、美术等方面全面的变革与提高。现在的长沙花鼓戏已经成为一个多声腔综合发展、曲调连缀与板式变化相结合,艺术上更为成熟、表现力更为丰富的戏曲剧种,也是湖南地方戏中剧团最多的一个剧种[3]。

二、长沙花鼓戏戏班的研究意义

长沙花鼓戏尽管有着悠久的历史和深远的影响,但对其历史与现状作系统而完整的研究却还远远不够。湖南省艺术研究所的文怡萱、尹伯康等几位专家和湖南师范大学的龙华教授曾做过不少的调查和研究,留下了一些很珍贵的文献资料,但他们的重点都放在剧目的收集和整理等方面(有一大批花鼓戏剧本已经结集),或者很看重花鼓戏音乐的革新,至于花鼓戏戏班的有关情况,在以上研究者的著作中,只是寥落而粗略地提及,尚未有过专门而细致的论述。况且,几位专家均年事已高,很难有精力对此再做进一步的深入研究。

关于戏班的有关问题,近几年已经得到了一些学者的关注和重视,张发颖先生先后出版了《中国戏班史》和《中国家乐戏班》;戏剧理论家傅谨先生出版了《草根的力量——台州戏班的田野调查与研究》。傅谨先生曾经用了长达八年之久的时间,采用"田野调查"对浙江台州的民间戏班进行了跟踪调查,在民间戏班的研究方面取得了重大的突破,填补了戏班研究的空白,显示了他的创新精神和学术智慧。他曾经深有感触地提到过:"因为历史的原因,中国学者对戏剧的研究,主要集中于剧本的研究、音乐的研究……而对戏班的研究,尤其受到忽视,不仅成型的研究非常少见,事实上就连对戏班实际演出的记录也不多。"[4]

《草根的力量》是一部研究民间戏剧活动的著作,它的研究对象,只局限于浙江台州地区近 20 年的民间戏班,但是它涉及到的问题远远超出了台州地区,远远超出了戏剧领域,表现出民众在精神生活和情感生活领域的强烈渴求,为我们的文学艺术研究、文化批评以及社会学研究提供了新的研究对象和研究课题。

湖南花鼓戏是湖南戏曲的重要组成部分,长沙花鼓戏在湖南花鼓戏中具有代表性意义,研究长沙花鼓戏可以起到"以窥全豹"的作用,而长沙花鼓戏班的研究又足可以帮助从某个角度见出湖南戏曲和长沙花鼓戏的全貌。长沙花鼓戏为什么能盛行至今？无疑戏班起了极其重要的作用，然而恰好一直都被忽略了。基于以上实际情况的了解和对于这一问题的重要认识，也鉴于长沙花鼓戏戏班在民间兴盛的历史与目前仍旧在民间大量存在的现状等，很有必要对此进行较为系统而完整的研究。目的在于如何上升到理论的高度，然后又能回过头来指导实践，使长沙花鼓戏在新的历史时期和新的文化背景下努力超越自己，从而得到进一步的发展，以求更好地为民众服务。

　　长沙花鼓戏在它的发生和发展过程中，决不是孤立地进行，左右它的因素很多，像社会的土壤、现实的气候无时不在影响着它。笔者拟在学习前贤著述的基础上，在广泛收集当代学者研究成果和信息的基础上，结合自己多年来学习和研究的心得与体会，从戏曲的本体出发，充分阐述长沙花鼓戏的发生发展以及变革的一些基本问题。并且以戏曲自身的发展为经，以各个时期戏曲研究的要论为纬，密切结合戏曲的现实性，分析戏曲在特定时期发展变化的历史必然性；探究戏曲在政治、经济的背景中与中国传统道德、传统文化及其文学艺术沟通联结的机制，辨察戏曲在社会历史中发生的影响和作用。

　　中国戏曲是在一个市场化程度相当高的环境中诞生并成长起来的。早在南宋年间，就已经有了较为成熟的戏曲演出形式，而且当时的演出就有了市场化的性质和结构。其中最重要的原因就是从事艺术生产、提供戏剧产品的剧团——戏班的存在。戏班的研究一直处于不受重视的学术边缘，有关这个领域的成果很少，研究资源也十分缺乏。虽然从整体上看，对于具有上千年悠久历史与独特美学风貌的中国戏曲进行深入与全面的研究成果还很不够，但是相对于戏班的演出而言，在现有的戏剧研究成果里，已经显得非常超前了。

　　戏曲是通过现场演出给观众提供精神食量的艺术形式，无论剧本创作的水平高低与否，都必须通过现场演出，才能达到教育人感染人的目的。站在这个角度来看，演出似乎比创作更关键，更能够凸现一个时代表演艺术的状况。目前中国正处在文化转型期，我们既要尊重和保持长沙花鼓戏的优良传统性，将之作为一种真正的文化遗产保留下来，又要在其传统的基础上结合时代的特点、观众的欣赏眼光来加以革新，努力寻找"老朽"的东西与时代的共振点，使湖南地方戏曲更具有一种现实的意义。

　　中国戏曲目前面临的不景气，需要政府和人民群众的理解和支持。作为一种最古老的戏剧形式，作为世界上三个最古老的戏剧形式（希腊悲剧、印度梵剧、中国戏剧）中唯一还活跃在戏剧舞台上的剧种，戏曲更需要人民的关心和支持。如此看来，以长沙花鼓戏为代表的湖南民间戏曲在三湘大地永世承传，再展风华，是一件可以乐观其成的事了。

参考文献：

［1］李渔．李渔全集［M］．杭州：浙江古籍出版社，1991．

［2］龙华．湖南戏曲史稿［M］．长沙：湖南大学出版社，1998．

［3］中国戏曲志——湖南卷［M］．北京：文化艺术出版社，1990．

［4］傅瑾．草根的力量——台州戏班的田野调查与研究［M］．南宁：广西人民出版社，2001．

略论长沙油画的发展及艺术特色

严 明

（长沙大学艺术系，湖南长沙　410003）

从美术史的角度来看，长沙油画应该属于地域性的文化概念，无论是从它的组织机构的建立，还是从它作品的学术价值、时代特征和艺术样式来看，无不印有湖湘文化的痕迹，包括在经历了几个大的历史转折时期的艺术嬗变后所呈现的具有当代文化态势的种种特点和面貌。我们研究长沙油画从其地域性特点入手，以长期生活在长沙的油画家及作品为切入点，以发生在长沙的各种油画艺术活动为基本内容，来透视油画作为一种艺术形式的演变过程所给予我们的启迪与思考。本文试图从长沙油画的几个发展阶段、油画作品的价值及特色、创作上的得失和可吸取的经验等三个方面加以阐述。

一、长沙油画发展的主要时期和艺术家及主要作品

长沙是省会城市，湖湘重要的美术活动和艺术大事件都集中体现在长沙市。追溯历史，1949 年 12 月初，长沙市成立了文联筹委会，后更名为湖南省文联筹委会，1956 年成立湖南省美术工作者协会，1958 年在长沙召开了第一次代表大会，后又更名为"中国美术家协会湖南分会"，应该说湖南的美术专门机构从此正式挂牌并开始正常运作。长沙市文学艺术界联合会的成立也是在 1949 年 12 月，由于种种原因，时隔 9 年后的 1958 年才召开了第一次文代会，文联的一切工作也才能够得以规范的展开。为了更好地理清长沙油画发展的主要脉络，我们有所侧重地区分为四个阶段。1958 年至 1966 年这一个时期里，长沙油画代表性人物是陈子云，1957 年他创作了油画《带路》。他也曾在韶山住过一段时间，创作了数十幅表现毛主席青少年不同时期的生活与革命的油画作品，60 年代初，陈子云还创作了《农村调查》，后来有《火种》等作品问世。50 年代中期，油画家钟以勤参加了由湖南省军区组织的革命军事题材的创作小组，创作出了《彭德怀平江起义》的大型油画。另有长沙油画家刘仕欣创作了描绘大跃进时期的湖湘乡村田乡村风光的作

品,50年代后期,油画家李光烈以湖湘少数民族为主题,进行了系列的创作如《农家乐》。长沙女油画家陈碧野一生油画作品不多,《舂米歌》和《我的伙伴》是她的代表作。1963年油画家易利森受湖南省文化局委托创作了《毛泽东青少年赴农村考察》的历史画,该画由湖南省第一师范收藏陈列。此外,一直活跃在省会长沙的油画家,如当时在湖南师范学院任教的钟以勤、陆露音、李毅元、蔡吉民等油画家,也创作了不少具有湖湘政治文化特点的作品,如领袖早期革命旧址:清水塘、新民学会、湖南第一师范等,还有一些反映长沙风土人情的作品等等。

1966年—1976年的"文革"十年中,长沙油画亦有不少优秀作品。值得一提的是,1968年湖南省革委会指示并委托长沙部分油画家创作了一幅高30余米、矗立在长沙市五一广场的毛主席像塔,这个塔有4个面,每个面都是用油彩来表现毛泽东在不同时期的形象,这件作品由油画家李安生负责,姜铁山、曾涤尘、刘木千等数十人参与描绘,耗时好几个月。60年代中后期至70年代后期,曾任湖南省美协副主席的长沙油画家詹鸿昌,其作品《日落》入选当代中国油画展。籍贯为长沙的油画家刘范国创作了油画《大庆代表到涟钢》,以及冯椒生的《三月》和《姐妹》等。

1977年—1985年这一时期,是"文革"结束中国美术复苏重要的8年,特别是发生在中国美术界的"85美术新潮",被誉为在中国美术史上"具有里程碑意义的一年",它对中国整个艺术界产生了极大的影响。从"文革"后走出来的长沙美术,面临着改革开放、思想解放、创作相对自由的一个新的时期。1979年,张月明创作的《我是人》曾入选全国美展。曾正民与潘嘉俊合作的一幅题为《挽回失去的青春》的油画作品获得建国30周年美展三等奖,与此同时,邓平祥的《历史的鞭策》也入选全国第二届青年美展,蔡吉民的油画《刘昆与徒工》入选第四届全国美展。1982年陆露音的油画《花馨人家》入选全国少数民族画展,1984年冯椒生创作的《乡亲》入选第六届全国美展,钱德湘的《相亲》也同时入选,贺大田的油画《根》在这次展览中获得银奖。1985年曲湘建的《晨妆》入选"前进中的中国"全国青年美展,1987年《送郎参军》入选建军50周年全国美展等。同年,萧沛苍的油画《沉寂的轰响》入选中国首届油画展览,在随后的几年,他陆续有作品《南塘·寂静》系列、《窗光阴》系列等发表,或入选全国美展。刘云的《月魂》《半个月亮》《一条带淌在水中》等作品曾在中国美术馆展出。

1985年美术新潮运动,对于推动当代中国美术起着重要的作用,在湖南省会的长沙油画家也异常活跃,前后成立了"大石油画研究会""野草画会"以及"湖南艺术集团",涌现了《生日》《夜游者》《大集结系列》《无题》《黑猫》《病理分析——五官科发来万分之一的人群抽样调查》《丘》《云兮风兮》《西部系列——静守》

《墟》等不同形式风格的作品。这些艺术社团的主要成员有莫鸿勋、邓平祥、马建成、石强、魏大巩、傅忠诚、刘庄、贺大田、袁庆一、李自健、贺旭、刘采、吴德斌、罗政等。

80年代中期至2003年长沙油画的特点,整体上与全国的美术发展趋同,但地域特点比较明确。80年代中期湖南省美协换届,设立了油画艺术委员会,在这个时期,长沙油画有了长足的进步。如石强的油画《铁屑一号》在1989年举办的全国七届美展中获得银奖,1990年李路明的《种植计划》系列入选"首届广州艺术双年展"并获得最高奖——文献奖。1994年段江华的油画《王后2号》获第二届中国油画金奖,作品被中国美术馆收藏。1994年第八届全国美术作品展中杨志坚的油画《冷宇》获奖。1997年,油画家李毅元应中国美术家协会之邀,有10件作品通过国际互联网向全球190多个国家展播。1999年党朝阳的作品《痕》获得第九届全国美展铜奖,其作品亦被中国美术馆收藏等等。2003年7月湖南省美协召开七届会议,选举产生了新一届美协班子,油画艺委会也相应进行了改选,不久在湖南省博物馆举办了第五届湖南省油画作品展览,同年还引进了中国第三届油画精品在长沙展出。

从2003年至今,长沙油画与时俱进,不断开创了油画发展新的局面,而且也在考虑市场经济下的走向与其他深层次问题。2004年在全国第二届油画山水风景画展中,陈和西作品获铜奖。2006年3月,长沙市美协油画艺委会成立,不久还创办了省内第一份油画专业报纸《长沙油画》,后与湖南省油画艺委会合办,更名为《湖南油画》。2009年2月在长沙三亩地美术馆展出了长沙市油画艺委会的"人悟"展览,参展油画家有曾涤尘、成祖诚、童柯敏、王作堂等。同年3月,湖南当代油画院在长沙锦锈生态农庄成立,按艺术市场的游戏规则进行运作,并正式签约了近50位油画家,其中大部分油画家长期居住生活在长沙。9月湖南当代油画院在长沙美庐美术馆举办了"和谐世纪"庆祝建国60年油画展。

二、长沙油画的艺术价值与特色

长沙油画作为地域性的文化视觉艺术,总是能够从一个侧面表现湖湘文化的特征,体现其艺术价值与特色。并且,也能较全面地反映在生活于省会长沙的油画家所创作的油画艺术作品的品质。我们了解长沙油画,需要通过从这些层面来诠释。

从长沙油画发展的五个时期来看,50年代初—60年代中期的长沙油画,显然受到当时政治艺术和地域的影响,创作以具象写实的方式为主,而且,在艺术样式上也与苏联的艺术模式大相径庭。这一时期,长沙油画主要是围绕伟人来表现与描绘的,据考证,一直生活在长沙的油画家几乎都有在伟人故居、革命圣地深入生活进行创作的经历。如油画《带路》和《毛泽东青少年赴农村考察》等,如果脱离了去纪念地深入了解伟人早年生活,是无法创作出来的。"文革"十年的长沙油画除了有不少描绘领袖的题材外,遵照毛主席的文艺创作服务于人民群众的思想,更多的作品仍然还是表现工、农、兵和生活在湘湖土地上的少数民族的内容,特别是描绘湘西少数民族朴实生活的画面。这几乎也是长沙油画家的艺术钟爱与情结,他们经常下去体验生活,持之以恒,不断完善自我的绘画理念、磨炼艺术技巧。的确很有"油画民族化"和"湖湘化"的品质,长沙油画家借用"他者"的技术方法和形式语言,表现本土的人文与风情。总会在其中融入东方文化的情感与形式,自觉地将外来艺术中国化、湖湘化。特别是那幅巨制领袖像塔,更是"文革"期间具有特殊意义的象征性作品,这在全国也是少见的。

"文革"结束后的改革开放初期,是中国油画史上、长沙油画史上比较重要的时期。当时国门打开,思想开放,大量的西欧现代艺术以及各种西方艺术流派的信息传入我国,中国的艺术家不仅在艺术观念上,而且在视觉鉴赏、创作体系上有了一定程度的改变。在这九年中,长沙油画蓬勃发展,一方面以生活在长沙河西的曲湘建等一批中青年油画家为代表,另一方面则是以长沙河东的陈子云等油画家为代表。他们创作状态良好,收获颇丰,在人物、风景及历史画上有不同的建树,但在创作上都有一个共同点,均以现实主义的艺术手法和主题性的创作为主,在油画创作中力图体现长沙油画的时代追求。和湖湘文化在省会城市的浸透,以及折射在建筑、服饰、生产生活资料上的符号特征。他们的艺术创作是沿袭传统的视觉方式进行的。而在 85 美术新潮的长沙,油画呈现的状态则完全让人另眼相看。长沙不仅成立了多个画会,而这一批大都为科班出生的青年油画家,充满朝气与活力,他们善于思考当代的艺术问题,以多元化艺术价值为取向,体现在油画作品中,更多的是个人化的东西,或者是个性化的面貌,在内容上却有明显的地域性文化的特征,如《生日》《精灵》《草垛》《灵》《人生第一首诗》《红树家族》等等。就是表现属于湖湘文化和人类共有的本性的东西,并赋予它富有生命力的形式,这些形式是艺术家对生命的一种视觉解读方式。与传统的现实主义不同,却又那么显得充满生命的张力与活力,这在当代中国油画殿堂上无疑留下了重重的一笔。

80 年代中期后的十九年中,长沙油画创作不断地走向成熟,各种艺术活动和有档次的展览频繁举办,给长沙油画家提供了更多的创作平台。从这个时期一系列的获奖油画作品来看,内容上主要还是反映了湖湘人文与少数民族的生活,形式上却逐渐体现现代前沿性的诸多信息元素。长沙油画的地域文化特征显而易见,这有利于我们在整体上把握长沙油画的风貌,提升长沙油画的整体形象和艺术品质。

在之后的七年中,长沙油画应该说是从另一个角度和另一个层面来展现自我,并开始以各种方式包括团队力量试图走进艺术市场。2008年8月,陈和西、曲湘建、李丝竹三位写实油画家的油画作品,涉及的艺术题材不一,写实的方式各异,但在表现主义盛行、样式主义备受推崇的油画界,他们相对写实的图像,试图再一次弘扬现实主义的画风与精神,实属不易。同年12月在长沙三亩地美术馆,展出了从马来西亚艺博会归来的长沙油画家谢鹏程、吴洪生、毛修武的"三人展",形式更为凸显湖湘文化写实风格,内容为三湘风景及人物。"和谐世纪"庆祝建国60周年油画作品展,更具双重含义,一方面,强调作品的主题性,服务于当下的政治需要,社会主义祖国建设发展60年来发生了巨大的变化,需要艺术家用笔墨书写和描绘,这无疑是艺术家不可推卸的职责;另一方面,参展油画家都是签约的油画家,每一件作品同时又隐含地标出了价格,兼顾市场的需求,即观众(包括画商)在欣赏油画作品的同时,又可以购买喜欢的画作,展览意义非同一般。这在长沙油画发展史上应该是别具一格的,也许是一个契机,艺术不仅仅是像牙塔中的艺术,它已经逼近当下的市场经济,融入到人民大众的精神与视觉世界之中。

三、长沙油画的困惑与前景展望

长沙油画经历几十年的演绎,从其发展的几个历史阶段,以及它的艺术价值纵横来看,我们可以从中获得启迪与感悟。美术史所承载和表述的信息,总是与国家的文化发展同步,艺术活动与创作也是反映国家变革的一面镜子,反映艺术家的思想和创作趋向,以及在全球化背景下日益开阔的艺术视野。地域性的文化活动也不仅局限于地理性,它是整体文化活动的局部体现。油画从专业术语上说是一个画种,其实,它是人类文化系统中的一个形象符号,不仅记载人类文明发展进步的历程,而且还担负着创造艺术作品,反映人们的生活和社会进步的人类精神需求。

长沙油画在长沙政治与经济文化的发展中,整体上能够体现出其自身的历史使命,创造出人们喜闻乐见的艺术作品。特别是作为领袖与众多伟人早年生活和工作过的地方,我们以形象的方式再现其艺术真实与生动的一面,这又是其他艺术形式不可替代的。长沙油画对湖湘儿女在这块土地上辛勤耕作,创造新的生活和新的历史的一面,应该有责任去加以表现。但是,历史总是向前进的,生活在长沙的油画家面临如何思考与创作出与时俱进的、具有社会主义特色的优秀的艺术作品。从这几年在省会长沙举办的几次油画展览中,我们可以看到一些正如中国美协副主席吴长江所说的现象,他说,我们今天在美术创作手法上和样式上丰富多彩、在语言形式上也有很大发展,但很多作品所表现的依然是自我欣赏的状态,在形式语言上似乎有新颖之处,可在表现技法与精神思想反映上都是在进行着另一种复制,一些表面化、卡通化的作品并未触及到人类的精神内核。长沙油画在发展中亦存在这些问题,经历了几十年的艺术变革,长沙油画的宗旨还是需要继续坚持深入生活,不断地创作出广大人民群众所渴望的精神作品,这始终是我们从事油画创作的主流,正如中国美术家协会主席刘大为提出的"美术服务于人民"的思想宗旨,应该是油画家们的创作纲领。法国艺术评论家让·吕克·夏吕姆说:"如果我们将作品仅仅当成艺术,而忘了它所蕴含的价值,我们还能够很好地欣赏它吗?"作为地域性的长沙油画,描绘湖湘文化演进中的历史人脉与地理风情,以此来弘扬湖湘的精神,更应该是长沙油画家的神圣职责。

四、结语

在阐述长沙油画的发展演变过程中,不难看出地域性文化与国内大环境的影响与制约作用几乎同时存在,油画的发展也会因地域上的差异在整体的油画格局中呈现不同的状态。从长沙油画演绎的几个时期来看,始终与社会的进步、人们的视觉与精神的需求密不可分。在新的历史发展时期,长沙油画存在的困惑与发展前景,需要我们积极地作出对策,特别在当下市场经济进一步浸透到艺术领域中来,油画艺术的商业化趋向愈来愈明显的时候,把握住艺术的正确方向十分必要。列宁在《论文学与艺术》一书中说,艺术是属于人民的,它必须深深地扎根于人民大众之中,并为人民所理解和热爱;它应该牢固树立于人民的心中,伴随着人民大众的感情、思维和愿望而发展。长沙油画如何借助于湖湘文化的土壤,以全球化的思维和视野来提升品质与地位,值得探讨。

长沙油画的文化品质与学术价值

严　明

（长沙大学艺术系，湖南长沙　410022）

长沙油画成为一个地域性的符号是因为油画进入湖湘就与本土的文化紧紧地扣在一起,必然有着地域文化的某些特征。在近60年的发展中,依托湖湘文化的大背景,油画作为西方"他者"的一种绘画表达方式,在被"民族化"和"地域化"的同时,也以其特有的视觉文化和语言形式,成为人们精神生活与视觉审美中不可或缺的需要。就长沙油画而言,其文化品质在不断地提升,学术价值也在逐渐加强。

一、长沙油画发展的两个时期

长沙油画归纳起来可以分为四个时期:1949—1962 年、1963—1978 年、1979—2002 年、2003—2012 年,而这四个时期也正经历了国家的社会变革和文化的演绎。不同阶段的长沙油画,以图像方式记录了在地域文化语境下,包括"红色经典"艺术与油画转型的学术态度。在深入研究长沙油画的过程中,发现这两个重要时期,比较集中地体现了文化与学术的影响力,是具有代表性的两个不同时段:即 1963—1978 年,2003—2012 年这两个时期的长沙油画,总体上能够比较全面深刻地反映地域文化与社会变革给艺术带来的变化。前一阶段的划分,题材上是以"红色经典"最为集中的 15 年,创作内容多为伟人早年生活学习和从事的革命活动,包括至今依然存在的"纪念地"。湖南的政治题材资源极为丰富,生活在长沙的油画家,创作了大量的比较有典型性的作品,如《带路》《农村调查》和《毛泽东在秋收起义部队中》等。2003 年湖南省美协油画艺委会又一次改选,湖南省第五届油画展成功举办,从当时的作品中能明显感觉到较之以前的艺术理念和形式追求有了很大的不同。从那一转折开始至今,长沙油画的整个艺术态势,包括涵盖内容的语言形式呈现出多元化,引进国外的油画艺术展,"出湘"与"入湘"频繁的学术交流,"艺术长沙"两年一次有学术高度的展览,在很大程度上提升了油画的文化品质与学术价值,长沙油画在全国的学术地位也越来越高,油画的湖湘特色与精神倾向也愈来愈明显。

二、长沙油画的文化品质

艺术总是表现出一定的文化品质,长沙油画亦如此。主要体现在两个层面,一是政治资源极为丰厚。湖南是伟人辈出的地方,他们的足迹遍布湖湘大地,那些地方至今仍然留下许多革命旧址,成为永恒的纪念物,固态的文物在绵延不断地传递一种正能量,所反射出的精神强度与视觉上的力量,最能够触及人的灵魂深处,因为,它有最真实原本的时代印迹和厚重的历史感,无疑给长沙油画提供了不可多得的创作素材,明确了一条清晰的创作线路,从而也奠定了长沙油画文化品质的物质基础;二是题材内容的革命性。长沙油画在四个发展时期中,无论在哪一个时期,很难绕开本土的政治文化,始终会贯穿一条红线,成为艺术创作的焦点,从而构成了"红色经典"的图像,其实这也是对中国革命历史的一种敬畏。在1963—1978年期间,长沙油画的创作最全方位地描绘了伟人与"纪念地",将本土的政治地域文化表现得异常充分,而且也逐步将湖湘油画的写实风格推向一个高峰,是长沙油画极具标志性的时期,是"红色经典"作品最为辉煌的15年。值得一提的是,2010年启动、2012年在湖南长沙举办的"湖南重大历史题材创作工程"已经将湖湘的重要历史人物、重大事件、风俗民情、历史变迁等都包括其中,无疑这是一项大规模的"红色历史题材"的大检阅。对题材深度的挖掘与技术表现的追求,也是前所未有的。如油画《长沙文夕大火》《湘籍二十位院士》《长沙会战》《灶头·1961》《山那边人家·作家周立波在农村》等,在思想理念上仍然恪守着地域文化的本质和精髓。通过形象的再创造来振兴湖湘精神,艺术的文化品质蕴藏在作品的每一块色、线、形之中。正如潘公凯说,精神性是艺术品的价值所在,但不能只局限于艺术家个体的精神性,它必须融会到更为宏大的背景中。长沙油画正是融个体精神于时代精神之中。

三、长沙油画的学术价值

艺术作品的学术价值,有一个最基本的核心就是创新,构建出新的理论与观念。亚历山德景·罗兰迪说:艺术家应创造价值,而非制造物品。长沙油画的一个学术特点在于注重艺术的"原创"性,如早期的写实油画《农村调查》《秋收暴动》《送郎参军》《彭德怀平江起义》《沉寂的轰响》《春染湘山》《山妹》《孕》《老桥》《老屋系列》《春天来了》和《落日湘江》等作品,应该说这些创作题材是记录了湖湘历史政治与民俗的视觉的"文献图像"。改革开放以来的几十年,特别经过

"85美术新潮"洗礼之后的长沙油画,在题材的选择与作品风格样式上都有所拓宽。但作为主流创作方式的写实风格,仍然是长沙油画的发展趋向,无论长沙油画所表现的内容是否跨越本土地域的界线,仍以湖湘为创作的母体和素材。而且,在形式语言表述上也融入湖湘文化元素,因此学术性更强。长沙油画的发展在2003—2012年间学术特征愈加明显,在"意象"绘画形式上较之以前更加注重"原创"性,如《王后二号》《天空系列》《若隐若现系列》以及《血肉系列》。批评家在阐述《天空系列》时说,作者在画面上用极为浓重的笔触描绘建筑物,它们都是高出画面五到十厘米的颜料肌理所构筑的,这使得画面的这一部分图像极为厚重,并且与薄涂的天空形成强烈的对比。画面的颜色以黑为主,以此加强了所谓的历史"沉重"感。在作品中,画家一方面强调人类试图追求"不朽"的结果,另一方面又对结果是否真的成为不朽表示怀疑,在这种思考的"纠结"中寻找到了一种"可能性"的意义。而《血肉系列》创作,是借用了"毛体"的书法书写历史的情怀和当下的灵魂,《血肉系列》中"毛体"的运用有诸多因素:画家青春期的视觉记忆、对历史的反思、地缘文化资源的利用、权利与秩序的表征等。一位批评家这样阐述,画布上自由重组的文体,或正或反,或叠构或简化,凝固地吸附着他的个案解释;厚重的油料夹缝中,"毛体"书法犹如魂魄镌刻在血肉之处挥之不去;强烈的视觉图式,在试探追问作品背后的文化支点。而《人·生态系列》关注的却是人类共同遭遇的诸多命运,如海啸、地震、台风、飞机失事和车祸等等,以艺术家内心的灵魂融入所谓"灾难"的创作主题中,反思人类如何在自然和人类社会中寻求和平与和谐的原则。从长沙油画家的创作个案中可以看出,作品题材的选择、镶入画面所构成的内心个性追求,继续沿袭、深化了湖湘文化"敢为人先、敢于担当"的座右铭,这些代表性的作品,在展现长沙油画的学术与原创文化的同时,也确立了长沙油画在中国油画界的学术地位。

四、两个时期"画派"的思想异同

纵观长沙油画史,有两个时间节点产生了诸多所谓"画派"。其一,被称为中国美术史上的"85美术新潮",是指在1980年代中期在中国大陆出现的一种以现代主义为特征的美术运动,并引发的全国范围内的艺术新潮,全国各地纷纷成立了如"北方艺术群体""厦门达达""江苏红色旅""浙江池社"等画派和群体。长沙油画家自然不能等闲视之,也先后成立了如"野草画会""湖南O艺术集团""磊石油画研究会"等。这些画会的艺术家极大地关注西方现代艺术,并在很大程度上刻意"模仿"其形式,制造了"求新求变"的集体时尚,作品观念新颖,不考虑商业、市场等因素,根据艺术家自身的经验来创作,这种理念后来也极大地改变了长沙油画的传统格局,甚至颠覆了单一的油画表现方式,唤醒了人们对待新艺术审美的觉悟。这种"思潮"的思想背景主要是哲学和文化学,但它也存在着尚未完全立足于本土文化的缺憾。其二,这几年长沙也成立了诸如"湘江画会""窑湾写生俱乐部""松西子写实画会""岳阳726"和"长沙画派"等,它与湖南省美协下属的油画学会、油画艺委会和当代油画院的不同之处是,人员的结合是基于志趣相投、艺术观念基本趋于一致的,并不以作品是否参加国家级专业展览为入会标准。而且,还有一个最大的特点,就是立足于本土地域这个"根",试图使湖南油画重新崛起,而不是重蹈"85美术新潮"的辙,并挪用现代主义概念催生具有本土真正意义的艺术。应该说是一个地域艺术的现代升级版。"长沙画派"的成员都是一批地道的长沙中青年油画家,近几年来,已经举办了多次展览,有一定的影响,他们的油画作品触角始终瞄准长沙本土,如一些艺术家先后去了长沙窑实地考察写生,以"窑"为题材进行创作。有的艺术家还在长沙的酒吧、橘子洲、长沙夜景中发现或者说找到了某种自我的语言灵感。如果说"85美术新潮"的画派钟情于哲学,以前卫艺术理念左右题材与绘画技术,偏向于"形而上",那么,当下的"长沙画派"更加垂青于"接地气"与寻根,实实在在地去耕耘属于湖湘本土的东西,是本土与现代的合一,这种创作模式更具有生命力和活力。回顾1963—1978年"红色经典"的内容与创作手法,与另外三个时期的绘画方式比较贴近或者相类似,但是从2003—2012年间的长沙油画来看,艺术家个人与"画派"群体更加执着于对绘画品质的"同"的追求与探究,同时希冀保持人格的独立与作品的个性。所谓"个性"是指作品异于其他人的特质与存在方式,风格相"异",是其意义所在,而"同"存在于浓郁的湖湘文化、长沙文化的土壤之中,没有流失艺术的品质与价值。

探析长沙油画的文化品质与学术价值,需要历史客观地把握长沙油画发展的脉络,发掘有湖湘文化特征和属于精神符号的东西。康定斯基说,风格是一种和"个性"并列的"时代精神",它和个性共同形成艺术作品的时代特征。长沙油画也正是"个性"与"时代精神"的结合。过去我们在评价长沙油画家的个人成就时,容易忽略文化环境和时代精神对其的影响,其实个人创作的艺术是与他所在的时代紧密联系的,作品本身不仅具有历史文献的意义,而且也具有一定的视觉文化品质与学术价值,并体现出社会的一种精神。批评家邓平祥说:艺术有两个法则,一个是精神,一个是形式,"真实"和"良知"。当下,在长沙等地兴起的各个"画派"是一种值得关注的美术现象,集中反映了长沙油画的当代品质与学术走向。

综上所述,长沙油画经历了近60年的发展历程,在其四个不同发展时期,都有着较为辉煌的图像记载。油画总是与社会的进步、思想观念的开放、人们物质生活的提高以及双重体制并轨带来的文化反思、市场商业运作的经济浸透相联系。2013 年 7 月,湖南与其他六省的风景油画家聚在一起,在广西南宁成立"南方油画山水画派"。这个多省份跨地界的油画家联盟,是以山水风景为创作媒介,试图打造一个如费迪南德·露德勒所言(绘画作品中每一棵单独的树就是一个世界,每一块微小的物体都显示出一个世界、一个充满生活的世界,因为在所有这些小的碎片和微粒中,都有一个组成世界存在的共同元素)的世界,构筑一个"充满生活"的、具有南方山水特色的大天地。2013 年第七届中国美术批评家年会的学术主题定为"中国当代艺术的属性及其价值标准",可以说,中国当代艺术的属性与发展思路评判标准及其与西方后现代艺术的关系,以及中国当代艺术中的后现代特点等,都是长沙油画家需要认真思考的地方。在全球化、信息化的时代,在全觉艺术与多觉艺术兴盛的今天,艺术家们应以其"独立思想""独立精神"与"独立人格",持之以恒地营造长沙油画的大文化与大气场,极大地提升其学术平台,真正找到长沙油画与国际对话并具有当代价值的契合点。

04

社会转型与区域文化演进

论长沙城市近代化的开端

彭平一　陈　琳

（中南大学政治学院，湖南长沙　410083）

戊戌维新运动前,长沙还只是一个维持着传统的城市运作方式和生活方式的消费性的商业城市。从 1895 年到 1898 年,发生在长沙的维新运动使长沙的城市结构、城市功能发生了前所未有的变化,社会风俗和居民生活方式也开始发生变革,从而使长沙开始了从传统城市向近代城市转化的历史进程。

一

长沙近代化的开端首先表现在近代经济的产生。一系列近代企业的创办和城市公用事业的兴办既是长沙城市经济结构近代化的标志,也是长沙城市近代化发展的动力。

长沙的第一个近代工厂就是陈宝箴委派士绅张祖同、刘国泰、杨巩等筹办的善记和丰火柴公司。1895 年(清光绪二十一年),长沙地区遭受严重旱灾,清政府特拨救灾赈济银 1 万两。长沙士绅刘国泰等提出以工代赈的想法,建议:"以此赈款创立洋火局,藉以收纳贫民,以从事工作,庶民有常业,不致流离;制造若能讲求,更可挽回利权"[1]。这一建议得到了陈宝箴的肯首,他委任长沙士绅张祖同为总办,刘国泰和杨巩为帮办,筹办火柴厂。1896 年,"善记和丰火柴股份公司"正式开工,公司设长沙北门外开福寺和迎恩寺之间,所在地的街道,居民名之"洋火局"(今长沙市工农街)。

宝善成机器制造公司是维新运动中首先由长沙士绅集股创办,后来改为官营的一家影响较大的近代民用企业。1896 年,陈宝箴与长沙、善化诸绅议创机器制造公司。经王先谦与黄自元、张祖同等商议,创办湖南宝善成机器制造公司。初时拟官商合办,但因经费问题改为官督商办王先谦本人出资 1 万两,由长沙商人陈文玮集资 5000 两,计 15000 两,先行筹办。后转为官办。

除官办的宝善成机器制造公司外,戊戌前后长沙还出现了一些小规模的民营机器厂,如陈万利机器厂、裕湘机器厂等。陈万利机器厂初创于 1898 年,厂址在府后街。以生产石印机为业[2],这应该是适应维新运动期间报刊书籍大量印刷的需要。裕湘机器厂则由姜华林创办于 1900 年。这些工厂规模都很小,但作为民营的近代企业,对长沙近代化的开端无疑也是具有重要意义的。

长沙维新运动中,举办近代新式企业方面最有成效的还是在矿冶业方面。1896 年,陈宝箴在长沙设立湖南矿务总局。湖南矿务总局总揽了全省矿务,这在全国都是少见的。丁文江认为:"官矿机构之最重要者,莫如湖南,其始为湖南官矿局(即湖南矿务总局)。"[3]

因为湖南各地锑矿大量开采,锑矿砂外销"滞销",因有"设炉提炼"之议。1896 年和 1897 年,先后有从事锑矿提炼的湘裕炼矿公司和大成炼矿公司成立。湘裕炼矿公司是湖南士绅张祖同、朱恩绂、汪诒书、杨巩于 1896 年合资创办的长沙最早的炼锑厂,厂址在长沙南门外灵官渡。大成公司是湖南矿务总局与广东商人胡贞甫以官商合办的形式创办的,厂址也在灵官渡。其生产设备和生产工艺明显优于湘裕公司。

戊戌维新运动期间,长沙还出现了为农业和矿业服务的新式企业——水利公司。1898 年 5 月,士绅梁肇荣等禀请创立水利公司,并在长沙和衡阳申请十年"专利",其业务是"集股购置汲水,专为旱潦救护田禾,及包汲长、衡两府属一带煤窿、灰洞积水"[4]。湖南抚院批准立案,并给予十年专利。经过数月筹备,"长衡福湘水利公司"成立。公司原设长沙福星街,后迁至紫荆街。这种运用近代机器提供农田灌溉排涝和矿山突水救护服务的新式企业的创办本身就说明了长沙经济和社会发展中的新因素,是值得注意的。

长沙的近代交通业也是在维新运动时期发端的。1898 年 3 月,湖南和湖北两省合办的湘鄂善后轮船公司创办,并开始营运湘鄂、长岳、长常、长潭等航线,标志着近代内河轮船航运业在长沙的诞生。1898 年 7 月,湖南士绅龙璋又邀集商股,成立了民营的鄂湘溥利轮船有限公司。湖南铁路的筹办也是始于戊戌维新运动时期。光绪二十二年(1896 年),清政府拟议修筑粤汉铁路(广州至武昌),以与筹办中的卢汉铁路(北京卢沟桥到汉口)相衔接。按照原来的计划,粤汉铁路由武昌经江西至广州。湖南士绅得知这一消息后,极力争取粤汉铁路经过湖南。最终促使清朝廷于光绪二十四年正月初五(1898 年 1 月 26 日)批准了粤汉铁路经由湖南的方案[5]。虽然由于修建粤汉铁路的巨款久筹未果,直到维新运动失败,粤汉铁路也没有动工。不过湖南维新派争取粤汉铁路经由湖南,对于长沙的近代化发展的意义是非常深远的。

随着近代企业的创办,长沙城市开始出现了近代基础设施建设和近代公用事业。当时,湖南的官商士绅为发展近代工矿交通的需要,曾在长沙修筑码头、驳岸,以停靠轮船。1897 年,朱昌琳主持疏浚北门外新河港口,使新河沿岸出现了码头、街市和行栈,成为长沙北门的繁华之区。次年,宝善成公司仿日本式样制造人力车。宝善成机器公司的发电厂使长沙用上了电灯,南北厂总装灯 800 余盏,还供不应求。1987 年,皮锡瑞从江西回到长沙时,看到"水风井电气灯烂烂然",感到既新奇,又高兴[6]。1897 年 4 月,湘鄂之间电报干线全线竣工。5 月,长沙电报分局成立。近代邮政也开始在长沙酝酿,到 1899 年成立了长沙邮局。长沙电报分局的设立,使湖南终于与各省有了电讯联系。当时,满怀激情的维新志士还曾设想,在长沙开辟市场、设劝工博览场、修筑道路、疏浚沟洫,以进一步促进长沙近代经济的发展。

在维新运动期间,传统的长沙商业开始出现了一些新的因素。随着维新思潮的传播和西学的传播,西方生活方式也开始对长沙市民产生影响,从而导致一些经营西方商品和西式服务的新式商铺的产生。1895 年,在长沙药市集中的坡子街,出现了长沙,也是湖南第一家经营西药的药房——中西药房[7]。该药房虽然中西药兼营,但因长沙以前没有西药房,因此,中西药房的开张引起了时人的注意。1898 年,湖北人范锦堂在长沙吉祥巷租借了湘军旧将、提督熊铁生的公馆,开设了长沙第一家西式旅馆,以其所在地名为其旅馆名称,称为大吉祥旅馆。他带来了武汉的经验,用高薪聘请了两名湖北籍的茶房,并仿上海式样,置办了床帐被褥、什物器皿,使大吉祥旅馆成为"当时长沙的第一家高级西式旅馆"[8]。该旅馆为方便旅客,还附设有澡堂,每人每次收制钱 20 文,"首开长沙沐浴业之先例"[9]。西餐消费也开始在长沙出现。皮锡瑞在光绪二十四年四月十二日的日记中记载:"赴公度廉访席……席属番菜,无大味,洋酒亦不醉人"[10]。这说明,至少在 1898 年,长沙城内已经有了经营西餐的餐馆。

长沙书业是受维新运动影响最大的一个行业。由于维新运动中维新派以学西学、开民智为号召,以开学会、设报馆、兴学校等形式促进文化建设,这无疑对传统的书业产生了深刻的影响。首先,书局大量涌现,而且许多新开书局的名称带有明显的这一阶段的时代特征:如新学书局、经济书局、实学书局、维新书局等。其次,书局刻印或销售的书籍也呈现出明显的时代特征,从各书局在广告推销的书籍除传统书目和湘籍名人的文集外,大量是与西学或新学有关的书籍。再次,这些书局的经营方式呈现出不同于传统书局的特征。在报刊上发布广告,这本身就反映了近代的特征。这些书局还大量运用了所谓"招股"刻印新书的运作方式。一些书局或报馆刻印大型丛书前用广告"招股",实际上是一种预售的方式,即有意购买此书的顾客向书局预交一部分书款,书局向顾客发放"股票"以示凭证,待书籍刻印完成后,再凭"股票"交完余款,领取书籍。这种方式既使书局解决了资金不足的困难,规避了书籍积压的风险,同时顾客也能得到一定的优惠。这种"股票"实际上是以书局的信誉作为担保,实际上是一种近代的"商业信用融资"方式。

二

长沙近代经济的产生和发展,使长沙的经济社会结构发生了一系列积极的变化。

首先,长沙城市的经济结构开始发生变化,其经济功能逐步加强。甲午战争前,长沙作为湖南的省会,其行政中心的政治功能是其主要的功能;作为一个消费性的商业城市,其商业、手工业、典当业、传统运输业等,主要是为庞大的统治阶级及其统治机构的消费服务。长沙境内的商品除输出的茶叶和大米以及输入的食盐外,其余商品基本上与外部没有太多联系。其经济功能依附于政治功能的特点非常明显。维新运动期间,长沙兴起的近代工矿业和轮船运输业,采用先进的机器设备、交通工具和技术,按照资本主义经营方式组织生产和经营,如湖南宝善成机器公司购置了蒸汽机、刨床、车床、发电机等机器设备;轮船局开办时就集有商股银5万两;和丰火柴公司,官、商投资共3万两;湘裕炼矿公司和大成炼矿公司的开办资本都在3万两以上。这都是传统的一家一户的商店、作坊和船户不可企及的。同时,由于社会化大生产的客观要求,这些企业与外部的联系也十分密切。矿务总局分别在湘阴、汉口设立转运局,以转运销往汉、沪等地的矿砂,其矿砂还大量运销欧美和日本。由长沙开出的轮船,行驶于汉口和省内各重要口岸。和丰公司年产火柴1万余箱,分销省内外。大成炼矿公司是湖南矿务总局与广东商人胡贞甫合作创办,为引进合作资本,主持矿务公司的提调邹代钧与上海方面的代理汪康年进行了大量的考察和协调工作,胡贞甫为更好地合作,还专门派人到日本去学习新的炼锑技术[11]。而《湘报》馆印刷厂开办前,熊希龄也多次派人或委托人到上海购买印刷机器和铅字等。这些都表明,长沙城市的经济结构已经发生变化,在传统经济仍占主导地位的同时,近代经济已经开始显现出其生命力。同时也表明,长沙城市的经济功能也增强了,并与外部发生了密切联系,长沙开始成为辐射全省的经济中心。

其次,长沙近代经济的兴起,使长沙城市的空间布局也发生了变化。清前中期的长沙城,位于湘江东岸,东南地势较高,西部沿江一带低平潮湿。省、道、府、县各级官署、富商巨室的公馆邸宅、书院、会馆和祠堂庙宇为城区的主要组成部分,而官署、贡院和公馆、园林主要分布于东、南部的高敞之地。又一村一带湖南巡抚衙门所在地为城市中心区。沿江一带是贫民居住地。商店行栈主要集中于潮宗门内和小西门内太平街至坡子街、药王街一带。城垣之外,主要为贫民和农民居住之区。长沙城市的这一空间布局,强烈地反映出城市的政治功能在支配着这里的一切。维新时期,这一状况开始有了改变。当时,长沙新办的企业,如湘裕炼矿公司、大成炼矿公司、宝善成公司发电厂(南厂)等都设在长沙城区之外的南门外临江一带,南门外的灵官渡则成为装卸矿砂的码头。于是在长沙南门外开始形成长沙最早的工业区。小西门内外原就是商号荟萃之所。维新时期,临江建造了轮船码头,商业更为兴旺,并沿着坡子街、药王街逐渐扩展到司门口、八角亭一带,开始形成长沙城市商业区的雏形。而长沙城市中心,也随之开始由行政首脑机关驻地向繁华热闹的商业区转移。这也表明长沙城市的经济功能在不断加强。这些都为20世纪20年代长沙工业区和商业区的最终形成打下了基础[12]。

再次,近代经济的产生和发展又导致了社会阶级和阶层结构的变化。随着近代经济的产生,一部分商人、地主、官僚积极投资创办新式企业。曾任矿务总局提调的张通典谈到:"湘省风气大开,火柴、煤油、轮船、制造,皆绅士禀请……矿务局之开,通省欢跃,绅商集赀具禀,请开者八十余起,计矿山百六七十处";又,"集货开设民厂、创立制造公司之举,与湘省诸大绅言之,皆极踊跃,今冬可集十万金,至明春当可收齐三十万"[13]。这部分商人、地主、官僚投资于近代企业,表明他们至少是部分地从封建剥削转向了资本主义剥削,开始了从封建阶级向资产阶级的转化过程。长沙早期著名的资本家朱昌琳、龙璋、陈文玮等,就是他们的代表。随着资本主义企业的兴起,长沙的早期工人阶级也应运而生。一部分城市贫民和流入城市的破产农民,被招进近代企业,从而转变为雇佣工人。如湖南矿务总局与广东商人胡贞甫合办的大成炼矿公司,使用外国先进炼炉和日本技术进行生产,工厂总有8个炼炉,每个炼炉每班需要6个人,每天分4班进行生产[14],因此该公司的第一线冶炼工人就有将近200人,如果算上其他工序和工种的工人,该厂应该至少有300工人。而善记和丰火柴股份公司更是一个劳动密集的企业。该公司刚开工时就有工人800人左右。其中女工就有六七百人,工人最多时达1000多人[15];而其制盒的工作全部外包至厂外,公司附近贫民赖此为生者达数千人。特别是这个企业是一个以工代赈的项目,被招进厂的工人大都是农村涌入城市的灾民和破产农民,这从一定程度上说明了传统农民向近代工人转化的历史趋势。

长沙城市社会结构的变化还表现在传统士绅阶层的分化和近代知识分子阶层的形成。在新的因素和政治变革的刺激下,传统的士绅阶层不可能再原封不动地维持现状,即使如叶德辉这样比较保守的士绅,也开始有保留地接受新式企业和新式教育的出现。在维新运动的高潮中,长沙士绅阶层的分化表现出两种倾向:一种由绅而商,一种是由绅而学。前者以王先谦、张祖同、黄自元等为代表,他们属于上层士绅阶层,本来就有较高的声望,又有投资于近代企业的资本,因而在维新运动中他们踊跃投资于新式企业,成为了绅商阶层,如王先谦、张祖同、黄自元创办宝善成机器制造公司,张祖同还与刘国泰、杨巩等创办了善记和丰火柴公司。后者以谭嗣同、熊希龄、唐才常、毕永年等为代表。所谓由绅而学的学,并不是指原来的传统教育,而是指维新运动中兴起的近代文化教育事业,包括学堂、学会、报纸等。这部分士绅一般都是年轻的下层士绅,也没有能力投资和经营近代企业。谭嗣同和唐才常也曾在家乡浏阳筹办过矿务,熊希龄更是在长沙维新运动的初期参与内河轮船航运和宝善成机器制造公司的创办,但他们只是代表官府参与其中,并不是自己投资和经营。他们热衷于兴民权,而兴民权必须开民智,因此,他们致力于举办学堂、开设学会、刊发报纸来达到开民智、兴民权的目的。时务学堂、南学会、《湘报》是他们热心新政的成果。这部分士绅已经开始从旧的士绅营垒中分化出来,再加上他们通过时务学堂和南学会培养出来的一群没有传统功名的学子,如林圭、李炳寰、田邦璿、蔡钟浩、蔡锷、杨昌济等,从而在长沙形成了一个近代的新式知识分子群体,这也是长沙能够成为维新运动中全国最活跃的省份,并成为20世纪初立宪运动的重要基地和资产阶级革命运动的策源地之一的重要原因。

三

近代经济的兴起以及由此导致的经济结构和社会结构的演变必然也要在城市的政治功能、城市的管理方式等方面表现出来。

维新运动中长沙城市政治功能的变化主要不是表现在政治机构的变革,而在于市民政治参与意识的萌发和政治参与途径的初现。南学会是湖南维新运动中最重要的政治团体,维新派在创办南学会的过程中有着非常明显的政治目的。谭嗣同设想使南学会总会和各级分会成为一种类似于西方议会的权力机构,拥有参政、议政、选官、订法、理财等权[16]。他在给陈宝箴的信中对于这一想法表达得更加明确:"湘省请立南学会,既蒙公优许矣,国会即于是植基,而议院亦且隐寓焉。"[17]梁启超也把南学会当成一个开启绅智、培养合格议员的场所。他主张在各州县选举士绅进入南学会总会,"学习议事","日日读书,日日治事,一年之后,会中人可任为议员者过半矣。此等会友,亦一年后,除酌留为总会议员外,即可分别遣散,归为各州、县分会之议员,复另选新班在总会学习。"[18]按照他的设想,南学会将最终演变为议会。黄遵宪也主张将南学会办成实现他地方自治理想的地方议会。但是,由于各种主客观条件的限制,谭嗣同、梁启超、黄遵宪等人将南学会办成议院的构想是没有也无法实现的。维新派的"政治构想"与南学会的现实

"功能"存在着很大的差距[19]。从南学会的现实功能来看,它不仅没有"兼地方议会之规模",甚至连对地方事务的干预功能都是非常有限的。但是值得注意的是,这种设想的提出本身就反映了一种近代城市市民政治参与的意愿,而且这种意愿与当时维新派所津津乐道的地方自治理论联系在一起,这就更具有近代色彩。维新派的政治设想是想通过南学会参与到地方政治决策中来。《南学会总会章程》中规定:"各会友于地方风俗利病、兵马、钱粮、厘金、矿务、法律、刑狱等事,如有考查确凿,有裨治理者,许达本会转咨课吏馆衡定,察请抚宪核夺施行。"[20]尽管这一规定并没有实现,但其政治参与的意图是非常明显的,所表达的政治参与的愿望也是非常强烈的。而且,在南学会的讲论和问难中,演讲者和提问者所涉及的问题也明显表现出强烈的政治参与意识。其实,维新运动时期,长沙成立的各种学会都或多或少表达了维新派希望参与政治的愿望,维新派也正是试图通过学会这种组织形式提供一些政治参与的途径。

维新运动期间,长沙城市近代化还突出表现在城市管理机构的创设,这就是湖南保卫局。湖南保卫局是在陈宝箴的支持下,由黄遵宪为主创办,于光绪二十四年六月初九(1898 年 7 月 27 日)正式开办的新政机构,是中国仿办警政之嚆矢[21]。从城市管理的角度来说,湖南保卫局的近代化因素主要表现在三个方面:

第一,地方自治的城市管理思想。黄遵宪在后面回忆他创办保卫局的初衷时说:"既而念警察一局,为万政万事根本。诚使官民合力,听民之筹费,许民之襄办,则地方自治之规模,隐寓于其中,而民智从此而开,民权亦从此而伸。"[22]按照他的设想,保卫局的最高议事机构为"由本城各绅户公举"产生的绅商董事会议。"凡议事均以人数多寡定事之从违。议定必须遵行章程,苟有不善可以随时商请再议"[23]。这种基于西方资产阶级民主学说的地方自治思想,无疑具有非常明显的近代意义。尽管,保卫局于存在的时间内是否完全按照黄遵宪的设想在运作还是一个值得研究的问题,但将资产阶级民主思想和地方自治思想自觉地运用于城市管理,这本身就是维新运动中长沙城市近代化进程中值得大书特书的一点。

第二,分层分区的城市管理模式。清代城市,"省会及府属地均隶州县管理"。但该州县主要只负责城市的治安,其他城市公共事务如市场、道路、消防等则由行会和城厢街团管理。当时的长沙府城内有长沙和善化两县,在城市管理方面,两县职责不分的问题突出。而一些公共事务则由行会或由上层士绅把持的集团所控制,随意性很大,不可能形成规范的层级管理。湖南保卫局成立后,将整个长沙府城作为一个整体来管理,设立一个总局;以下按照地段、街道分为 6 个分局和 32 个小分局;每个分局和小分局都有明确和固定的管理范围[24]。这种分层分区的城市管理模式改变了以前职责范围模糊,管理随意性大的弊端,适应了维新运动后长沙城市近代化发展的需要。

第三,明确规范的城市管理职责。湖南保卫局的职责主要有清查户籍、巡查街巷、侦查探案、清疏交通、处理偶发事件、调解纠纷等,这些职责基本上就是近代警察承担的职责,其中如清疏交通、监督卫生、维护市容等职责则适应了城市近代化发展的需要。而且,保卫局这些职责的履行都有严格而规范的具体要求,如统一着装,统一配发警棍和警笛,巡查必须配有"凭单"等。另外,保卫局的有关章程规定,巡查没有"局票"不能擅入民户,非现行案犯需持票往捕,侦探不得"抉发人家隐事,播扬人家小过"等[25]。这些规定都体现着近代人权精神和法制原则。

四

戊戌维新运动期间,长沙城市近代化进程的开启还表现在文化教育、社会习俗和社会生活方式等方面。

维新运动中,长沙创办了一系列近代学堂、学会和报刊。这些近代学堂、学会和报刊一方面是维新派宣传民主思想和维新变法思想的重要阵地;另一方面时务学堂、南学会和《湘学报》《湘报》具有明显的近代文化教育和新闻机构的属性,是维新运动中文化教育近代化进程的重要表现。特别是南学会附设的藏书楼,"凡古今中外有用之书,陆续购置,其尤要者多置数本,以便有志向学者恣观各书"[26];该藏书楼通过购置和会友捐献的方式,收藏了大量中外图书,其中大量是西方近代自然科学方面的书籍;同时,藏书楼还订购了大量时务报刊,供读者阅览;藏书楼规定了详细的书报购置、登记、分类、入藏、保管、借阅的制度,允许社会各界人士"领取阅书凭单入内浏览"。开放一月以来,前往阅览者"计每日有数十人之多"[27]。因此,南学会藏书楼已经不同于中国传统的藏书楼,已经具有了明显的公共图书馆的要素,被认为是"近代公共图书馆的先声"[28]。

更具重要意义的是,这些学堂、学会和报刊的创办为长沙市民提供了一种新的交往方式和聚会场所。除南学会藏书楼允许一般民众"领取阅书凭单入内浏览"外;南学会还定期放映幻灯片,"愿来听者,须先一日领取凭单"即可观看,因而前往观看者甚众,"多拥挤向前,人气殊不可当"[29]。时务学堂也经常向民众开放其"各种图器",如"大天文镜"(望远镜)、大显微镜等。南学会每次集会讲论,除讲论会友外,"其余诸友可于开会之日齐集会讲",而且"无论官绅士庶,既登会籍,俱作为会友,一切平等,略贵贱之分"[30]。因此,南学会成为长沙城内官绅士庶进行交往的一个重要场所。除了集会讲论外,皮锡瑞等士绅也经常利用南学会进行一些聚会,交流讨论时局和新政事务。《湘报》也试图尽量贴近一般民众。为扩大读者面,《湘报》"取值极廉,仅收工本纸张之费,无论贵贱贫富士农工商皆可阅报"[31];《湘报》还进行过一次改版,主要是"论说文字","用俗语编成","其词虽浅,其理却精,俾士农工商皆可购读"[32]。这种办报思路不仅使《湘报》赢得了大量读者,而且为一般市民通过《湘报》表达自己的观点提供了条件。《湘报》刊登的文章除本馆撰稿人所撰和报馆特聘的"报友"投稿外,还有大量一般市民的投稿。《湘报》还专门将一般市民投稿而暂时不能刊登的文章列名公布并致谢。同时,《湘报》还以"照录来函"的形式刊登读者来信,以沟通编者、作者与读者的联系。以上说明,维新运动中的学堂、学会、藏书楼和报刊已经具备了近代市民社会"公共空间"的因素。

长沙维新派士绅还大力提倡移风易俗、革除传统陋习,使长沙城市的社会风俗和生活方式开始发生变化。他们发起成立"不缠足会""延年会",反对妇女缠足的恶习和奢侈浪费、因循苟玩的旧生活方式,甚至有激进者还提出剪辫易服、废跪拜礼和婚姻陋俗的主张。在他们的倡导下,新的文明风气和生活方式开始在长沙出现。湖南不缠足会成立后,参加和捐助者踊跃,更有不少妇女响应号召,放绑松足。如长沙县清泰都和尊阳都妇女百数十人在许黄萱祐等的带领下于1897年"联为此会",还"选刻歌词,相为劝勉","幼者、弱者、壮且老者,一律放足,今逾一载,居然健步如释重囚"[33],"浏阳汤茂才、纪彝等设立分会,入籍者已数百家"[34]。谭嗣同还为湖南不缠足会起草了《湖南不缠足会嫁娶章程十条》,除规定不缠足会会员不得与缠足者通婚外,还提倡破除旧的婚嫁礼俗,建立新的婚嫁时尚,如"破除不肯远嫁之俗见","女家不得丝毫需索聘礼","男家尤不得以嫁妆不厚存非薄之意";主张婚礼从简,倡立女学堂,提倡资助女子入学[35]。延年会则要求会员免除一些不必要的请客、拜客和与宾客无聊闲谈等习俗;请客也不要奢侈浪费;凡办公地点均不得饮酒会客,非休息日不得博弈、听戏、撞诗钟,虚文酬谢答之信函也皆免绝,居处不净、衣服不洁皆在禁例,还要求会员学做体操,提倡健康的生活方式等。

与此同时,西方生活观念和生活方式也开始在长沙城内悄然出现。黄遵宪曾向陈宝箴建议采用西方作息时间,"用礼拜日休息"[36]。其实,《湘报》就是按照西方作息时间,每周礼拜日休息,不出报。西医西药也开始在长沙得到认同。《湘报》第39号刊登了《湖南宜开医院说》,认为"近二十年来西医之游中国者,如天津有北洋医院,广东有博济医院,香港等处有华英医院,华人之就医全愈者,岁以千计。利诚溥矣,法诚备矣。"因此,该文提议,"先于省城拓一广厦,购置化学器机,精选西医,聘为院长",并"拨时务学堂聪颖子弟,中文通达,西文说明者数人,入院学习,考验有成",以期三年内培养出一批西医医师[37]。长沙街头也出现了西药店。另外,如上所述,西餐洋酒、西式旅馆和公共澡堂等西式生活服务也在长沙出现,反映了长沙城市社会生活方式的细微变化。

参考文献:

[1]佚名.湖南和丰火柴股份有限公司之调查[J].湖南实业杂志.

[2]湖南省地方志编纂委员会.湖南省志·工业矿产志·机械工业[M].长沙:湖南出版社,1992.

[3]丁文江.中国官办矿业史略[M].北平:地质调查所,1928.

[4]湘报(第176号)(影印本)[M].北京:中华书局,2006.

[5]密汝成.中国近代铁路史资料(第2册)[G].北京:中华书局,1963.

[6]皮锡瑞.师伏堂未刊日记(1897—1898)[J].湖南历史资料,1958,(4).

[7]长沙市志编纂委员会.长沙市志(第2卷)[M].长沙:湖南出版社,1995.

[8][9]长沙市政协文史委,长沙市二商业局.长沙名老字号(上编)[G].北京:国际展望出版社,1993.

[10]皮锡瑞.师伏堂未刊日记(1898.6.11—10.14)[J].湖南历史资料,1959,(2).

[11]上海图书馆.汪康年师友书札(第3册)[M].上海:上海古籍出版社,1987.

[12]梁小进,郑兆欣.湖南维新运动和长沙城市近代化[A].谭嗣同与湖南戊戌维新[C].长沙:岳麓书社,1999.

[13]上海图书馆.汪康年师友书札(第2册)[G].上海:上海古籍出版社,1986.

[14]汪敬虞.中国近代工业史资料(第二辑下)[M].北京:科学出版社,1957.

[15]陈先枢,黄其昌.长沙经贸史记[M].长沙:湖南文艺出版社,1996.

[16][17]谭嗣同.谭嗣同全集(增订本)[M].北京:中华书局,1981.

[18]梁启超.饮冰室合集(文集之三)[M].北京:中华书局,1985.

[19]彭平一.戊戌地方制度改革与维新派的地方政治思想[J].中南大学学报(社科版),2009,(3).

[20]湘报(第35号)(影印本)[M].北京:中华书局,2006.

[21]彭平一.戊戌维新时期的湖南保卫局[J].求索,1993,(4).

[22]黄遵宪.黄遵宪集(下卷)[M].天津:天津人民出版社,2003.

[23]湘报(第7号)(影印本)[M].北京:中华书局,2006.

［24］湘报(第31—34号)(影印本)［M］.北京:中华书局,2006.

［25］湘报(第126号)(影印本)［M］.北京:中华书局,2006.

［26］湘报(第44号)(影印本)［M］.北京:中华书局,2006.

［27］湘报(第75号)(影印本)［M］.北京:中华书局,2006.

［28］李龙如.我国第一个省级公共图书馆为何诞生于湖南［J］.图书馆,
2004,(5).

［29］皮锡瑞.师伏堂未刊日记［J］.湖南历史资料,1959,(1).

［30］湘报(第34号)(影印本)［M］.北京:中华书局,2006.

［31］湘报(第27号)(影印本)［M］.北京:中华书局,2006.

［32］湘报(第84号)(影印本)［M］.北京:中华书局,2006.

［33］湘报(第43号)(影印本)［M］.北京:中华书局,2006.

［34］湘报(第39号)(影印本)［M］.北京:中华书局,2006.

［35］湘报(第53号)(影印本)［M］.北京:中华书局,2006.

［36］王闿运.湘绮楼日记(卷4)［M］.长沙:岳麓书社,1997.

［37］湘报(第39号)(影印本)［M］.北京:中华书局,2006.

19世纪末20世纪初长沙区域经济中心地位的确立

彭平一　汤　文

（中南大学历史文化研究所，湖南长沙　410083）

　　19世纪末20世纪初,在戊戌维新运动和清末新政的热潮中,长沙近代城市经济的发展开始起步,特别是1904年长沙开放为通商口岸,逐渐完成了从传统的消费性商业城市向近代的外向型工商业城市的转型,长沙近代经济得到了前所未有的发展。到20世纪初年,长沙已经成为湖南全省的工商业中心、航运中心和外贸中心,并最终确立了其区域经济中心的地位。

一、长沙作为湘省工商业中心地位的形成

　　建省以来,长沙一直是湘省的政治和文化中心,但受传统水运、市场条件制约,其城市工商业发展并不景气,商业地位亚于湘潭。但这一局面很快随着湖南维新运动的开展和长沙开埠通商发生改变,长沙近代城市工商业迎来黄金时期,发展前景焕然一新。

　　甲午战争使湖南的士气民风发生根本变化,湘省成为"全国最富朝气的一省",长沙作为湖南省会,也自然地成为了湖南维新运动的中心。戊戌维新运动对长沙经济的影响是巨大的,湖南"官绅一体",在长沙举办了一大批近代工矿和交通企业,并进行了一系列文化和政治改革,为长沙近代工商业的兴起造就一个前所未有的机遇期。新政期间,长沙的工矿企业充当行业先锋,较早引进资本主义新因素,将西式生产设备和工业技术投入生产。在劳动力转化方面,新式企业将大量破产流亡的农民和城市贫民吸纳成为新式企业的劳动者。如戊戌维新运动中兴办的善记和丰火柴公司"收纳贫民,以从事工作,庶民有常业,不致流离",工厂工人最多时达到1000多人,其中大部分是因灾流亡的农民;工厂火柴盒外包加工,"公司附近赖此为生者达数千人"。湖南官矿局与广东商人合办的大成炼矿公司的工人也在300人左右[1]。这些劳动者成为了长沙城市最早的工人阶级。人才、设备方面,宝善成机器公司曾聘请技术人员曾昭吉为工程顾问指导生产,公司还先后从上海引进小马力锅炉、发电机、车床等生产设备创办了制辫机和发电厂。

为了适应市场竞争,它们具备了较强的外向性:矿务局分别在湖北汉口和本省湘阴设立了特殊分支机构——矿砂转运局,以扩展销售业务;湖南各地金属矿特别是锑矿矿砂在长沙集中后,再通过矿务局的转运机构出口欧美、日本。往来长沙的船只川流不息,穿梭于长江各大口岸之间,长沙与外界的经济联系大大加强。

维新期间,长沙商业也表现出了一些近代性,经营西方商品和西式服务的新式商铺开始出现:1895 年,湖南第一家经营西药的药房——中西药房在长沙药市集中的坡子街成立[2];1898 年,湖北商人范锦堂到长沙,租借湘军宿将熊铁生的公馆,开设了大吉祥旅馆,他学习借鉴武汉的经验,并仿上海式样置办床被褥和什物器皿,使这家旅馆成为当时长沙第一家高级西式旅馆[3]。长沙商业的新因素还表现为传统商铺经营方式的改变。1898 年,长沙著名的老利生青布庄挂出"一言堂"招牌,首倡明码实价,随后各店仿照,称之为绸布业的"戊戌改革"[2]。明码实价的改革整顿了绸布业的市场秩序,也为整个长沙商界的变革树立了范式。长沙的一些旧式刻书业也大量刊刻与西学和新学有关的书目,并大量运用了所谓"招股"的运作方式。一些书局或报馆刻印大型丛书前用广告"招股",实际上是一种预售的方式,即有意购买此书的顾客向书局预交一部分书款,书局向顾客发放"股票"以示凭证,待书籍刻印完成后,再凭"股票"交完余款,领取书籍。这种方式既使书局解决了资金不足的困难,规避了书籍积压的风险,同时顾客也能得到一定的优惠。这种"股票"实际上是以书局的信誉作为担保的一种近代"商业信用融资"方式[1]。

长沙开埠对湖南的采矿业和矿冶业的发展影响尤为重大。1905 年陈文玮、程景光、常振复三人集资 10 万银元,在长沙创设了长沙地区见于记载的首家大型煤炭贸易企业——同人豫煤务公司[4];1906 年,湘裕、大成炼锑厂分别注册为湘裕湘盛合股有限公司和大成合资有限公司;而规模更大、技术与设备更先进的华昌炼锑公司和湖南黑铅炼厂也分别于 1909 年和 1908 年在长沙南门外开设。这一时期创办的著名工矿企业还包括湖南电灯公司、奏办湖南粤汉铁路公司、湖南铁路筹款购地公司等。开埠通商无疑给长沙商业造成了更加剧烈的冲击。开关后,外人纷至沓来,大量外国轮船、贸易公司相继在上自永州码头,下至大西门鱼码头 1 里多长的范围内修建码头、仓库等。这些货场、商号给长沙的商业布局和经营带来了生机,长沙城周边出现了大量西式经营的货栈和商号。"铁门之城"内洋行也迅速增加,据 1913 年的一项统计,当时长沙共有洋行 28 家,其中日本 10 家、德国 9 家、英国 7 家、美国和俄国各 1 家[5]。到 20 世纪初,这些洋行及相关店号增加到了 88 家,洋行大都集中在太平门、大小西门一带,直接导致西门外的湘江东岸成为长沙最繁华的地段。洋行使长沙的商品市场迅速活跃起来,并形成了一些布局规范的商业区,商品经济取得了突破性的发展。

维新运动和开埠通商为长沙工商业的发展带来了重大机遇。维新运动时期,长沙已开始成为辐射全省的工商业中心,到开埠后的 20 世纪初,长沙正式取得了全省工商业中心的地位。

二、长沙作为湘省航运中心地位的确立

长沙拥有较好的航运区位:长沙江面宽广水深成为"铁船时代"新式轮船航行和停泊的有利条件;长沙是整个湘江流域的货物和贸易集散地,无论是湘潭的米、衡州的煤,还是平江的布都通过湘江及其支流汇聚于长沙。特别在开埠通商的推动下,长沙关的运输能力得到了较大提升。长沙成为湘省航运中心经历了一个起步、兴盛到最终确立的过程。

水运是长沙最早的近代交通,而长沙近代航运则始于鄂湘善后轮船局的开办。1896 年,陈宝箴在新政中开始提出试办轮船公司的计划,经过一系列运作,1897 年 8 月,湖北、湖南两省各筹资 10 万两,开设了鄂湘善后轮船局(分北、南两局)。《湘报》第 40 号出现了轮船局的"新造木轮"广告,称"此轮仿苏河木轮式样加工制造,轻便异常。往来长沙湘潭载客,甚为稳便而价极廉,每日上午八点钟开往湘潭,晚间八点钟开回长沙,决不迟误。停泊定所长沙在大西门外,湘潭在十四总。"[6]按《鄂湘善后轮船局合办章程》计划,两局各购置大轮 1 艘,小轮 2 艘,大轮用于湘鄂航线,小轮用于各省省内航线。但就相关史料来看,当时的轮船公司仅仅开通了省内的一些航线,如长湘航线、长常航线、长岳航线等,湘鄂航线其实并未用于航运。直到 1898 年 6 月,鄂湘善后轮船局改名为两湖轮船局,并于该年农历 6 月 15 日正式开通长沙至汉口航线[7]。该局用于此航线营运的轮船主要有楚宝、楚威和慈航三轮。轮船局的成功开办,使得长沙的民营轮船运输业也开始仿效起步。内河航运业的兴起带动了湘江航道的开发,近代的轮船码头和相关行业也随之出现。

随着湘省航运能力的提高,外国资本主义对以长沙为中心的湘江航运表示出极大的兴趣。最早在长沙设立轮船经理处的是英商太古洋行。该洋行在小西门与大西门之间购地约二百房里,"以为码头之用地。因为地太狭,故现时再向上流邻地扩充焉"[8]。1903 年 4 月,太古洋行所属"沙市"号轮船由汉口首航湘潭,成为最早开辟湖南境内内河航线的外国轮船公司。另外一家在长沙设有经理处的英国轮船公司是怡和洋行,不过怡和洋行在长沙筹备多时,直到长沙开埠后才正式营运长汉线,并"配合太古与日本航业竞争"[9]。此外,日本轮船公司也加紧了对湖南内河航运业的渗透。在白岩龙平的积极活动下,湖南汽船会社于 1902 年 9

月在东京成立,正式开展湖南业务。专为经营湖南航线而建的"湘江丸"和"沅江丸"两艘浅水轮船也于1903年11月驶抵湖南。到1907年,湖南汽船会社、日本邮船会社与其他两大会社组成了日清汽船会社,逐渐成为了湖南内河航运的霸主。外国轮船公司的介入虽然在一定程度上侵害了湘省轮船航运业的利益,但新式轮船装备和技术的引进也在客观上推动了湖南内河航运业的兴起。

开埠后,外国轮船公司和轮船招商局都进一步加快了湖南的航运业务,逐渐形成了一个以长沙为中心,沟通湘、资、沅、澧四大水系和洞庭湖沿岸各港口的轮船运输网。省内湘江航道的主要航线有:长沙至湘潭、长沙至株洲、长沙至衡阳;湘江与洞庭湖的航线有长沙到岳州、长沙到湘阴、长沙到沅江、长沙到南县;湘资航线有长沙至益阳;湘沅航线有长沙至常德;湘澧航线有长沙至津市等[9]。随着轮船公司的兴起,长沙关进出口轮船的数量和吨位不断增长,据《湖南省志·交通志·水运》的统计,长沙开埠当年,进出长沙港的本国籍商轮为7551吨,到民国元年(1912年)这一数字达到了13,753吨,8年间增长了82%[9]。而外国轮船公司的商轮吨位则更远不止如此。以下是1904年至1911年长沙关进出港外国和中国船只的艘次和吨位统计:

表1 1904至1911年长沙关进出船只统计表[10]

年度	进出船只总数		外国船只艘次、吨位和百分比				中国船只艘次、吨位和百分比			
	艘次	吨位	艘次	%	吨位	%	艘次	%	吨位	%
1904	924	176,602	238	25.7	163,738	92.7	686	74.3	12,864	7.3
1905	3032	401,831	608	20.1	346,640	86.3	2424	79.9	55,191	13.7
1906	2955	354,951	442	18.0	288,574	81.3	2513	82.0	66,377	18.7
1907	4342	619,714	725	16.7	535,213	86.4	3617	83.3	84,501	13.6
1908	4648	573,299	701	15.1	474,435	82.8	3947	84.9	98,864	17.2
1909	5750	715,132	898	15.6	597,742	83.6	4852	84.4	117,390	16.4
1910	7577	627,156	717	9.5	460,862	73.5	6860	90.5	166,294	26.5
1911	8223	790,037	1,080	13.1	622,213	78.8	7143	86.9	167,824	21.2
总计	37,451	4,258,722	5,409	14.4	3,489,417	81.9	32,042	85.6	769,305	18.1

在以上进出关船只中,外国船只以英、日居多。从1904年至1911年8年间,进出长沙关的英国船只占进出关外国船只的52.7%,日船为43.9%;德船为180艘次,美船仅2艘次。在数量方面,中国船占绝大多数,但从吨位来看却大大低于外国船,外船平均为645吨,而中国船平均仅24吨。可见,在整个湘省航运业中,

本国轮船公司的发展存在着较大的提升空间,而外国轮船投资的介入对本国航运业而言,无疑充满机遇和挑战,必将给湘省航运业的发展带来巨大的外在助力。

三、长沙作为湘省外贸中心地位的形成

开埠通商对长沙最直接的影响就是推动进出口贸易额和关税额激增。长沙开关不到半年,进出口贸易额就有了较大幅度的增长,长沙关的情形正如长沙关税务司夏立士所呈:"查本关开办半年以来,报运进出口各货,约估值关平银三百万两,与岳关去年所记之数多六十五万七千有奇,可见已有起色,诚为今日开此商埠获益之先声也。"进、出口贸易额的上升直接导致了长沙海关税收的增长,"本关税课自西历一千九百零四年七月一号起至年底止记六个月,共征关平银三万五千三百六十六两,内出口税银约占三分之二,子口半税银三千一百三十七两。"[11] 开埠后,长沙关的贸易额和关税额迅速超过岳州关,且呈逐年递增的趋势。以下是开埠十年间长、岳两关的进出口贸易值比较表:

表2　1904至1913年长沙、岳州进出口贸易值比较表(单位:关平两)[10]

年度	进口值			出口值		
	长沙	岳州	长沙占百分比	长沙	岳州	长沙占百分比
1904	2,203,119	1,263,737	63.55%	641,395	898,815	40.60%
1905	4,273,956	173,102	96.11%	1,621,874	316,956	83.65%
1906	3,997,974	404,133	90.82%	1,293,835	342,955	79.05%
1907	5,003,269	536,261	90.32%	2,288,864	817,894	73.67%
1908	5,306,007	547,431	90.65%	3,934,285	2,396,486	62.15%
1909	5,667,406	1,306,561	81.27%	4,890,387	1,709,352	74.09%
1910	6,973,920	1,135,899	85.99%	6,116,110	805,910	88.36%
1911	8,119,620	1,999,645	80.24%	9,570,735	1,456,325	86.78%
1912	11,667,484	3,794,796	75.45%	10,370884	2,490,471	80.62%
1913	15,000237	3,284,016	82.04%	8,719,525	3,635,050	70.59%

不难发现:(1)长沙开埠的第一年,进口值就超过了岳州关,占两关总额的63.55%,此后一直到1913年这十年内(1909、1912年除外),长沙关所占百分比一直呈上升的趋势,1905年更是达到峰值,为96.11%(岳州关的进口值仅为长沙关的4%);(2)长沙关出口值的增长同样表现出强劲的势头,除开关第一年低于岳

州关以外,其他年份所占的百分比值都远远高于岳州关,而且在同一年即 1910 年达到峰值,分别为 88.36%,出口值与进口值的发展趋势一样,基本上都保持着增长(1908、1911 等年分除外);(3)整体而言,长、岳两关的进出口贸易值都在逐年递增,特别是 1912 年出现了较大幅度的增长,这与辛亥革命扫清了资本主义发展的障碍,民族资本主义进入黄金发展时期有关。总地来说,长沙的外贸地位已超越岳州,并呈现拉开差距的趋势。

我们还可以从长、岳两关的海关税收的比较窥探二者贸易地位的转换。

表 3 中,除开埠第一年外,1905—1913 年这九年里,长沙关的海关税收额都要大大高于岳州关,除了 1908 年的 64.61%、1913 年的 73.12%,长沙关在两关总额中所占比例都在 75% 以上。长沙关的海关税收在 1910 年更是达到了 183,743.927 关平两,占两关总额的 86.49%,这意味着长沙关的海关税收额也以绝对优势领先岳州关。从此,长沙的各项相关经济指标已占据湘省的绝对多数,毋庸置疑地确立了长沙作为全省外贸中心的地位。

表3　1904 至 1913 年长沙、岳州海关税收比较表(单位:关平两)[10]

年度	长沙	岳州	长沙占百分比
1904	35,367.677	59,390.482	37.11%
1905	85,996.180	14,274.061	85.75%
1906	75,398.269	13,848.005	84.47%
1907	117,733.418	31,541.543	78.86%
1908	191,824.891	105,828.131	64.61%
1909	212,574.159	51,803.707	80.39%
1910	183,743.927	28,690.831	86.49%
1911	287,413.368	60,901.155	82.52%
1912	390,335.962	107,136.946	78.44%
1913	371,154.327	136,301.488	73.12%

开埠后,长沙利用湘省外贸中心的优势条件,大力发展对外事务,经济实力不断增强。清末民初,全国约有设立海关的通商口岸 70 多处。按照潘君祥、于顾道等人的划分,长江流域有重庆、万县、宜昌、沙市、长沙、岳州、汉口、九江、芜湖、南京、镇江、苏州、上海、杭州、宁波、温州等 16 处通商口岸[12]。从长沙关海关税收的综合排名情况来看,我们可以看到长沙经济地位的上升。现将 1909 至 1918 年长沙关海关税收在全国和长江流域开埠城市中的排名列如下表:

表4 1909 至 1918 年长沙关海关税收在全国范围及长江流域开埠城市中的排名表[10]

年度	长沙关税收在全国排名	长沙关税收在长江流域排名	海关税收排名优于长沙的长江流域其他口岸城市
1909	25	9	上海、汉口、重庆、九江、芜湖、镇江、杭州、宁波
1910	29	9	同上
1911	19	9	同上
1912	20	9	同上
1913	22	9	同上
1914	18	8	上海、汉口、重庆、芜湖、镇江、杭州、宁波
1915	17	8	同上
1916	11	4	上海、汉口、九江
1917	10	4	同上
1918	19	8	上海、汉口、九江、重庆、宁波、芜湖、镇江

可以看出:(1)从 1909—1917 年,长沙关海关税收在全国的排名不断上升,总体而言,长沙关的关税收入在全国开埠城市中的排名一般维持在第 20 位左右,在全国是属于中上水平;(2)在长江流域的 16 个开埠城市中,长沙一般排在第 8—10 位之间,是中等水平,最好成绩为 1916 年和 1917 年的第 4 位,甚至超过了比长沙更早开埠的沿海城市(如杭州、重庆等);(3)1914—1918 年,长沙的税收排名无论在全国范围内还是长江区域内都有较大的进步,这应该与第一次世界大战期间,各开埠城市的对外贸易额都迅速下降,而五金矿砂作为长沙关战略性的大宗出口商品,出口量不减反增,且烟花一直作为长沙关最稳定的一项出口商品有关。由此可见长沙在全国和长江流域区域经济中的地位,也可以看出长沙开埠后外贸水平和城市经济的稳步提升。

湖南戊戌维新运动和长沙开埠是长沙近代历史上两个重要的历史事件。新政中,长沙学习西方工商业发展模式,创办了一大批近代新式工矿企业和商铺,大大加快了近代资本的原始积累,为长沙成就区域工商业中心地位并实现腾飞奠定了坚实的物质基础;1904 年长沙开埠通商,则是长沙区域经济地位不断上升的关键因素,开埠通商使长沙的航运能力和通商能力得到大大提升,加强了长沙与外界的经济联系,促成了其航运中心地位和外贸中心地位的确立。长沙从此站在了新的发展起点上,进入近代化快速发展的新时期。

参考文献:

[1]谭仲池,彭平一.长沙通史(近代卷)[M].长沙:湖南教育出版社,2013.

[2]长沙市志编纂委员会.长沙市志(卷2)[M].长沙:湖南人民出版社,1995.

[3]张朝祥.日新月异的旅馆业[A].长沙名老字号(上编)[C].北京:国际展望出版社,1993.

[4]长沙市志编纂委员会.长沙市志(卷8)[M].长沙:湖南人民出版社,1995.

[5]张洪祥.近代中国的通商口岸和租界[M].天津:天津人民出版社,1993.

[6]王先谦.告白[A].湘报(第40号)[C].北京:中华书局,2006.

[7]熊希龄.总办两湖官轮局[A].湘报(第123号)[C].北京:中华书局,2006.

[8]刘甲杜.湖南航运之竞争[A].国民日报汇编(集2)[C].台北:台北文海出版社,1983.

[9]湖南省地方志编纂委员会.湖南省志(卷10)[M].长沙:湖南人民出版社,2001.

[10]李玉.长沙的近代化启动[M].长沙:湖南教育出版社,2000.

[11]湖南历史资料编辑室.湖南历史资料[M].长沙:湖南人民出版社,1980.

[12]中国社会经济史研究编辑部.中国社会经济史研究[M].厦门:厦门大学出版社,1993.

近代长沙城市市民意识启蒙初探

彭平一　　向定洋

（中南大学政治学与行政管理学院，湖南长沙　410083）

所谓市民意识是指城市社会中的个人自觉意识到自己是独立的、自由的、平等的社会主体，具有自己独特的价值追求和在私人领域不受国家和他人非法干预和侵害的观念体系。戊戌新政在长沙的推行，长沙官绅以及社会其他各阶层人们一改守旧之习，湖南一跃成为当时全国最富生气之省份。正是在这种情况下，长沙市民逐渐形成了近代城市市民意识。这主要体现为以市民自觉意识为基础的市民法律意识、市民平等意识和市民团体意识的觉醒等几个方面。

一、市民法律意识的启动

市民法律意识的启动首先出现在维新志士们身上。在推动维新运动过程中，谭嗣同对法律有过较深刻的探讨。他认为以往法律繁杂无章，职事不全，体裁陈旧，因而提出通过制定"章程""表"和"图"来解决以往法律不合理的地方。他指出："以中国之大，庶政之殷繁，乃无以章程以为办事之规则。惟恃寻箠尘牍，零星凑集。"因此，须有"章程"定"准则"，法律方不至于零星；"表"能"以简驭繁，一览而了如指掌"。至于"图"，则是"少知书者皆能为之"[1]。他认为只有"章程""表""图"三法皆备，法律才能完整，才能清晰，才能治吏、治国，故而指出"且由此较稽权量，以归画一；通达刑律，以清狱讼；旁及公法，以育使才。于是无变法律之名而有变法律之实。"[2]谭嗣同通过对章程、表、图的分析，倡导总分学会，各当设章程学、表学和图学，并相授之。可见，谭嗣同已经洞察法律之要害，并力图修改之、维护之。但是，他对法律的关注点只是落在了国内法上，而维新派另一先锋人物唐才常，则关注到了国际公法及其用途。他在《湘报》上先后发表《论公私》《论情法》《论外交》等多篇文章，对古今中外之情、法、公、私各方面进行了对比研究，从而指出公法之强、西法之利，从而要求中国当学习西方之情法。与此同时，他对各国列强对中国实施不平等的国际公法进行了深入研究，并有着精辟见解。在

《论情法》中，他明确指出："夫公法有各国自主之主，无论生斯土者，自外来者，皆归地方法律管辖"，但事实上中国却"不能自有其民矣"，直至造成"其他商务、军务、税务、界务，中国之受制西人，处处有违公法者，难屡指叙"的局面，并且指出造成这种局面的一个很重要原因还在于中国人鲜通公法，不能正确运用公法来维护本国利益，导致列强有机可趁。因而他特意指出："盖彼既见中国鲜通公法者，遇有案件不能据理与争，至其律例若何，尤属茫如，故得任其悖缪而末如之何。"[3]维新志士不只是将其法律意识停留在意识层面，同时还自觉将它运用到实践中来。为确保法律改革，谭嗣同提出由学会制作"简明章程"；为将法律意识推广给全民，倡导在学会中设立章程学、图学以及表学。而唐才常则直接为公法学会作会叙。这些举措促进了法律意识的扩展和提高。而保卫局的设立则是维新派力图通过设置独立机构，将法律意识制度化，从而确保法律的顺利执行以及法律的公正性。例如在湖南保卫局的章程中规定，保卫局巡查无"局票"（即执法证件）不得擅入民宅；探查人员不得泄露他人隐私等。这些西方人权的基本准则出现在近代长沙"官绅合办"的机构律则中，不能不说是长沙市民法律意识的体现。

　　戊戌维新时期，在维新志士的倡导下，地方士绅创建了公法学会。该学会旨在"期于古今中外政法之藩变，和战之机宜，条例约章之毂列，与中国所以不齿公法之故，一一讲明而切究之，而一归诸素王改制之律意，以求转圜于后日，补救于将来。"[4]公法学会的创办大大提高了士绅及整体市民的公法意识，从而为稍后推动的各种群众性运动提供了思想基础。

　　如果说公法学会的创办更多的在于维新志士的倡导，那么稍后出现的"华洋杂处交涉"则在很大程度上反映了士绅阶层自觉运用法律的意识。长沙自开为商埠，外国商民依约应居住在长沙城外。但是，对长沙窥视已久的列强，暗中支持各国商人强行入住长沙城，由此引发出旷日持久的"华洋杂处交涉"事件。在这一事件中，地方士绅力图运用国际公法来维护国家、民族和个人的利益。在列强提出外国人在长沙城内居住的建议后，以王先谦为首的地方士绅紧急呈文，以表强烈反对。在呈文中王先谦极力指陈外商强行进入长沙城内开行设栈是"违约行为"，并"沥呈华洋杂处的严重恶果，要求依约办事，以维大局。"[5]并遍列《江宁条约》《烟台条约》中各条各例，直言"查两国（中英）交涉，须遵约章，彼此不容违背。"同时指出："是遍考各约，洋商居住贸易之地，只有在于港口之明文，更须划定居住之界址，并无准在城内杂居之条，不难查核共明，无所用其强辨。"那么作为自开商埠的长沙，其主动权更应操掌在中国手中，"各国更未便强以所难"。并且强调"盖长沙开埠，虽载在光绪二十八年新订英约第八款第十二节，系中国允愿开辟，声明与江宁、天津各约所开口岸无异，是已不能杂居城内。况该约下文载明，第八款若不施行,则不得索开该口。所谓第八条,即指加税而言。现在尚未加税,长沙本不应遽尔开埠,中国先行开口,实与自辟无异。盖照约,若俟加税再开,此时犹属内地,洋商即不能居住贸易。今中国体念商情,先行辟埠,俾洋商早得在该埠所定界内开设行栈,已属多占便宜,岂能转肆要求?中外律法虽异,情理实无二致。易地以思,当亦知其不可也。"[6] 由此看来,湖南绅商反对华洋杂处的首要依据便是国际条约,即必须根据国际条约据理力争,强调必须按照条约行事。这反映了随着时代的发展,传统的绅商已经开始学会用国际公法来保护自己的权益。

在反对华洋杂处的交涉过程中,不独地方士绅极力运用国际公法来维护自己的权利,普通市民也积极加入到反对华洋杂处的斗争中来。面对地方当局无力解决"贝纳赐事件"而企图拖延时间以图不了了之时,普通市民积极响应士绅们的号召,广布揭帖,痛陈贝纳赐的违约行为和不齿行径,为最后驱除贝纳赐出城提供了极大的力量支援。从某种程度上说,这也是对法律意识的朦胧承认。

综合观之,此时的长沙市民已经出现了以维新志士为先导,以士绅为中坚,普通市民共同参与,运用国际公法解决国际争端的法律意识。由此可见,城市近代化过程中的法律意识已经在长沙开始启动。

二、市民平等意识的觉醒

戊戌新政在长沙的推行催生了长沙市民阶层平等意识的觉醒,而男女平等意识的形成则成为市民平等意识觉醒的重要补充。

首先,商人地位得到前所未有的提高。

戊戌新政,奖励工商。在新政引导下,长沙社会各阶层积极投入工商行业,商人阶层随之壮大,社会地位得到了很大提高。巨富朱昌琳,在戊戌新政之前依靠经商致富,在长沙购地置园,多行善举,成为当时长沙首富,但影响力不甚宽广。直到1896年,"以开辟利源,救济桑梓,既于已开之乾益号借银万两"[7] 给阜南钱号官局而被湖南巡抚陈宝箴委为总理,而由他的侄儿朱卓钦负责营业事务后,其影响力迅速扩展。朱昌琳自商至官,社会地位得以提升,这为稍后出现的文人弃文从商以致发迹的现象提供了样板。近代知名企业家和民族资本家陈文玮便是其中典型。他投笔从商,辞官不受,自办颐庆和钱庄和绸缎庄,并同王先谦等创建宝善成制造公司,后又创办湖南电灯有限公司,成为近代著名企业家和民族资本家。综观朱、陈事迹,可见他们均通过经商致富,尔后颇受社会重视,显然打破了以士农工商四大阶层为主体、以商为末的传统城市社会阶层不平等状况。朱、陈社会地位的提高暗示着该时期长沙城市社会中商人阶层的社会地位已经发生着悄然的变化——商人地位迅速提高。

此外,在戊戌变法至辛亥革命期间,参与以及引领长沙社会活动的力量也发生着巨大的变化。在戊戌变法之初,以龙璋为首的开明士绅和以王先谦、叶德辉为首的守旧士绅,共同参与和左右各种社会要务。但是,在辛亥革命前夕,长沙城市社会大事参与者的领导席位已经悄然由开明士绅和商人所占据。例如,新政推行前后,士绅阶层积极参与新政,设工厂、兴学校、办报刊,并由王先谦等人领导了旷日持久的"华洋杂处交涉"事件,同时也引导了全民参与的收回利权运动和抵制美货运动。后来,以陈文玮、梁焕奎等为代表的商人阶层,则引领了二十世纪初叶后半段时期的经济活动。他们创办各种近代工矿企业及公司,甚至用创办湖南商会的形式来力图取代传统封建城市经济体制中的行会制度,促成了近代经济体制在长沙的形成。显然,商会、谘议局等机构成了商人阶层的活动舞台,而传统士绅在此刻已经被排斥在新兴的各种社会机构之外。而政治活动中,则由黄兴、宋教仁等革命党人领导的政党活动取代了变法改良事业。由此可见,该时期,长沙城市社会各阶层的势力和地位都发生了巨大的转变,而商人阶层实力的壮大,彻底改变了传统的以士农工商四大阶层为主体的局面。这在无形中也促成了长沙市民平等意识的形成。

其次,普通市民在城市生活中的影响日益增加。

这里的普通市民暂且理解为除了官僚阶层和士绅阶层以及上述商人阶层之外的其他阶层,主要包括新兴知识分子群体、城市手工业者,以及城市流民等一切城市居民。普通市民在城市生活中的影响日益增加的现象主要表现在如下几个方面:其一,参与社会活动的频率增加。据对《长沙市志·第二卷(大事记)》中从1895至1910年大事记载的统计,长沙普通市民参与的社会活动,多达十余起。而这些活动,又以1905年为界,分为两大时段。之前仅有1897年长沙民众不许德人锷尔福入城一件,而其余事件主要集中在1905年之后。自1905年至1910年间爆发的市民参与社会活动,年均两起以上。特别是在辛亥革命前夕,长沙城内市民活动风起云涌,势不可遏。其二,参与社会活动的市民规模扩大。在1897年反对德人锷尔福入城事件中的长沙市民,多为下层士绅,但是在1910年前后的各次市民社会活动中,其参与者范围和规模都不同程度地扩大了。如参与1910年抢米风潮运动的市民就包括饥民、泥木工人、外卖沙水工人,并且引发了全市罢市,参与范围明显向商人阶层延伸。与此同时,农民也参与到社会活动中来,长沙县的农民因参与运动在南门外惨遭地方政府兵勇的杀害。而至1911年辛亥革命前夕,出现了"长沙各界群众集会,反对邮传大臣盛宣怀借外债修铁路""长沙各界代表集会贾太傅祠反对铁路国有""长沙各团体1万余人集会教育坪,反对铁路国有及举借外债,并议定保路办法15条"等事件,而后工人罢工、商人罢市,并且出现

"长沙县西乡农民 5000 余人吃大户"[8] 的现象。由此看来,自 1895 年至 1910 间由市民参与的社会活动,无论是广度和深度都得到拓展,其影响则更为深远。其三,参与社会活动的自主性增强。如果说 1897 年市民参与的社会活动,是在士绅阶层影响下进行的非自觉行为,那么,到辛亥革命前夕出现的事件,则反映了市民参与社会活动的自觉性。抢米风潮,多为因米价上涨而影响市民生计所发,是市民为生存而战的结果;而反对举借外债修筑铁路,反对铁路国有,则展示了市民维护自身非生存权利之权利的意愿。可见,市民参与社会活动的自主性得以增强,影响力不断增加。

在城市各阶层地位逐渐趋于平等的同时,在维新志士的大力推动下,男女平等思想也开始盛行,这主要体现在自新政开始推行的"禁缠足"和"兴女学"上。新政伊始,谭嗣同便提出:"男女同为天地之菁英,同有无量之盛德大业,平等相均"[9] 的观念,破除了传统社会中男尊女卑的性别歧视观。同时,谭嗣同、唐才常、熊希龄等人把创办"不缠足会"当作实行男女平等的起点,强调"立会的目的,是禁止缠足并防止妇女因放足而受到守旧分子的歧视"[10],这显示出以谭嗣同为代表的维新志士对男女平等的追求。受教育平等权也反映出男女平等意识的兴起。谭嗣同首先提出"兴女学以课妇职"等主张。维新人士组织的南学会亦重视女子教育,尖锐地批判"贵男贱女,女子不宜读书识字"的迂腐之论,从而主张"男子读书当明大义,女子读书亦当明大义。皆应读经史有用之书,孜孜古今事变中外政学乃为善教"[11]。此外,他们还在《湘报》上登载上海中国女学会书塾章程以及中国女学增设报馆的公告。这些兴女学的重大举措,在对开通湖南女学风气发挥了积极作用的同时,也为女性争取同男性一样的受教育的权利起到了不可忽视的作用。而新兴起的近代教育家们在兴办女学时,坚持的"男子读书当明大义,女子读书亦当明大义"主张,不但在潜意识中认同了女性的受教育权,同时更要求女性受教育的目的也与男性一样,皆当"明大义"。由此可见,该时期市民的男女教育平等意识已经悄然诞生。

综合观之,戊戌维新后,长沙城市社会各阶层中的市民平等意识通过商人阶层地位的提高、普通市民在日常生活中的影响增强以及男女性别平等三个方面得以形成和发展。这即是长沙城市社会向近代化转型的表现,也为长沙城市近代化进程中增添了新鲜血液和必要动力。

三、市民团体意识的启蒙

在戊戌新政至辛亥革命期间的长沙,诞生了大量具有近代社会性质的社团组织,它们在一定程度上反映了当时的长沙已经出现了市民团体意识。

　　长沙最早的近代社团,是在戊戌变法期间兴起的各类学会。在新政的推动下,长沙城内"家家言时务,人人谈西学"[12],并迅速成立了一批以南学会为代表的近代社会团体。其后湘学会、公法学会、学战会、法律学会、延年会、积益学会、公理学会也相继宣告成立。它们以组织的形式要求设学会,改书院,讲实学,开民智,使得新政在长沙得以真正的执行,促使湖南风气骤开,"几为各省之冠"[13]。维新性质的社会团体也迅速崛起。1905年前后,长沙又涌现出由革命党人黄兴等人创办的华兴会、同仇会、黄汉会、东学文社和长沙日知会等革命团体。1906年陈文玮、郑先靖等在长沙宣布成立湖南商务总会[14],其后湖南教育总会、湖南省农会、湖南谘议局、湖南工业总会、"长善百工公所"[15]旋即成立。由此看来,该时期成立的社团组织已经覆盖长沙城市社会的各个阶层、各个行业。而在宪政运动期间,湖南资产阶级立宪派也深受鼓舞,希望能实现参与政权管理的愿望,为此,他们成立了不少立宪团体。主要有:1907年12月,谭延闿等人发起成立"湖南宪政讲习所""湖南宪政公会",1911年7月成立了以黄忠浩为支部长的"辛亥俱乐部湖南支部",谭延闿也发起成立了"宪友会湖南支部"[16]等。至此,由社会各界掀起的创办社团、政党活动已成燎原之势,市民团体意识的启蒙也毋庸置疑。这既是长沙城市向近代化迈进的一大成果,也是长沙近代化进程中不可或缺的力量之源泉。

　　新政之后团体、政党组织从诞生到成燎原之势,不是偶然的,有其深刻原因。综合来看,主因有二:其一,民族危亡和国家危难的历史语境使然;其二,市民的主体意识和团体意识的诞生和发展。甲午战败,列强加紧瓜分中国,民族危机进一步加深,国难深锁人心。这也使得湖南士民顿首捶胸,乃至有人发出"甲午的败仗,实是我们湖南人害国家的"的悲愤言论,进而奋力呼出"吾湘变,则中国变;吾湘存,则中国存"的变革壮语。随即,新政在长沙得到红红火火的推行。这就是各种学会团体在长沙成立的历史语境。正是在这个历史语境中,以南学会的成立为发端的长沙各种社会团体以及政党组织纷至沓来,犹如雨后春笋。新政时期,谭嗣同便指出:"大哉学会乎!所谓无变法之名而有变法之实者,此也。黄种以之而灵,中国以之而存,孔教以之而明。"[17]显然他认为创办"学会"才能"保国""保种""保教",才能让变法落到实处。正因如此,南学会方应运而生。此后,各种社团、政党组织蜂拥而生。此其一。

　　其二,市民的主体意识和团体意识的诞生和发展成为长沙各种社团、政党组织的深层动力。新政不但带来了社会革新的具体措施,而且为当地带来了最为可贵的主体意识和团体意识,这首先表现在维新派的"群"意识上。谭嗣同曾在浏阳创建群萌学会时指出:"……然而湖南省会,既大张新学,有若南学会,犹若校经书院……独吾浏阳乃至今而不有学会。不有学会,是新学无得而治也。治而不能联群通力,犹不治也……万事万物,莫不以群而强,以孤而败,类有然也。"[18] 显然,在这里,他认为办"学会"可以治"新学",可以"联群通力",而后"以群而强"。他在阐述自己对学会的认识时指出:"士会于庠而士气扬,农会于疆而农业昌,工会于场而工事良,商会于四方而商利孔长。各以其学而学,即以其会而会……会成而学成。"[19] 这里他认为各个阶层的人士,只有组成以学会为代表的各种组织时,才能形成一种可以图强的合力。因而,他强调:"不通力合作,则其所造有限而为程无尽也。"如此看来,无论是群萌学会还是南学会,抑或是不缠足会,创办它们的目的无外乎在于通过"联群通力","以群而强",进而实现保种、保教、保国的终极目的。唐才常也曾在《论热力(下)》中慷慨呈词:"今天下豪杰之士,知涣之不敌萃,独之不敌群,私之不敌公也,于是乎言群学,于是乎言人世界,于是乎言《春秋》公法,国统系于民统,民统系于天统之义;及叩其群民,权民之术,则群而权之学会,群而权之公司矣……即所谓学会、公司者,徒群其耳目,而未群其脑筋也;即群其脑筋,而未群其肝胆也。蒙壮有言:'哀莫大于心死'。才常忧之曰:心之死,则死于亡肝胆矣。"[20] 在这里,唐才常不但深知"涣之不敌萃,独之不敌群,私之不敌公"需要发展群学、公司的道理,而且还进一步指出,在发展群学、公司的同时,更需要注意到"群"其脑筋的重要性。他认为,只有"群"其"脑筋","群"其"肝胆",才能真正的激发人们的"热力",才能最终图强争胜。唐才常一番言论,不仅展示出他自己对于新政时期创办学会、公司的态度和认识,而且也反映出了当时一些豪杰之士对于新政中创办学会、公司的认识——"群"的观念和意识已经深入人心。

维新派对"群"意识的言传身教,催生了其他阶层的团体意识和主体意识。商务总会的成立,在于当时商人力图通过"商战"来实现救亡图存;教育总会的创办,则是近代教育家们试图走"教育救国"的路径来救国救民;宪政组织则希望通过"宪政改革"来完成社会革新……无疑,在该时期的长沙社会里,由于民族危机和国家危亡的历史语境的催生,各个阶层的团体意识和主体意识得以诞生,从而促成了各种社团组织的蓬勃崛起。

参考文献:

[1][2][9][13][17][18][19][20]蔡尚思,方行. 谭嗣同全集增订本(下)[M]. 北京:中华书局,1981.

[3][4]湖南省哲学社会科学研究所. 唐才常集[M]. 北京:中华书局,1982.

[5][10][11]刘泱泱. 湖南通史·近代卷[M]. 长沙:湖南出版社,1994.

［6］［7］湖南省哲学社会科学研究所古近代史研究室辑.帝国主义与岳长等地开埠资料(2)［J］.湖南历史资料,1980,(1);1958,(4).

［8］长沙市志编撰委员会.长沙市志(卷2)［M］.长沙:湖南出版社,1995.

［12］中国史学会主编.中国近代史资料丛刊:戊戌变法［M］.上海:上海人民出版社,2000.

［14］［16］田伏隆.湖南近150年史事日志(1840—1990)［M］.北京:中国文史出版社,1993.

［15］《中国工运史料全书》总编辑委员会编.中国工会运动史料全书·湖南卷［M］.长沙:湖南师范大学出版社,1998.

梁启超对湖南新学传播的作用与影响

陈先枢

（长沙大学长沙文化研究所，湖南长沙　410022）

梁启超（1873—1929），字卓如，号任公，广东新会人，湖南维新运动中任时务学堂中文总教习，是全国闻名的维新派人士，与谭嗣同、蔡锷等湖湘杰士结下深厚情谊。梁启超对湖南新学传播发挥了很大的作用，并产生了深远的影响。

一、梁启超在湖南时务学堂的新式教育实践

光绪二十三年（1897年），湖南官绅筹备时务学堂，陈三立和黄遵宪提议梁启超和同在《时务报》任职的李维格分别任时务学堂中文总教习和英文总教习。黄遵宪请熊希龄写信给当时在南京的谭嗣同，请他与梁启超与李维格联系。同时，熊希龄、江标、黄遵宪等都曾给《时务报》经理汪康年写信，劝说他放梁启超来湘。在汪康年同意放梁启超和李维格赴湘后，梁启超又提出，时务学堂的分教习应由总教习"自行聘定"，得到了熊希龄等的同意，于是梁启超自聘了同是康门弟子的韩文举和叶觉迈任时务学堂中文分教习，一同于光绪二十三年十月（1897年11月）来到长沙。

梁启超在到长沙后的次月即上书陈宝箴，提出了湖南自立、自保的主张。接着又向陈宝箴呈递了《论湖南应办之事》，对湖南办学堂、学会、报馆和其他新政措施提出了自己的看法，对湖南维新运动产生了重要影响。同时，梁启超和其他几位分教习利用在时务学堂的讲学和批答学生课卷，大力宣传康有为的"素王改制"思想和公羊春秋学说以及资产阶级民权思想，从而引起了反对派的极力攻击。

梁启超亲手制定了《时务学堂学约》，对时务学堂的教育目的、教学内容、教学方法等方面进行了明确的规定，对于时务学堂的教育教学活动产生了重大影响。"学约"共十章，曰立志、养心、治身、读书、穷理、学文、乐群、摄生、经世、传教。读书、学文要求学生不能"只通一国之书"，而应"通古今中外能为世益者"之书，须以数年之力，"于中国经史大义，悉已通彻，根柢既植，然后以其余日，肆力于西籍，

夫如是而可谓之学"[1]。

关于教学方法,"学约"也提出了一些可贵的思想[2]。

第一,主张启发式教学。梁启超认为真正的读书应该是启发学生"深造有得,旁通发挥",要使学生在读书过程中能联系所学的内容"发明新义"。他规定教习每天讲课完毕即向学生提出有关"目前事理或西书格致浅理",或"各报所记近事"方面的几个问题,让学生"精思以对""各抒所见",学生答完后,教习再加以解释说明。

第二,主张联系实际进行教学。梁启超认为读书应"切于今日之用","于当世有所救"。因此,他主张联系当时中国的实际需要进行教学,无论是中国经史,还是西方格算,既要穷其理,又要"为经世之用",联系中国的现实或"目前事理"。

第三,主张中西比较进行教学。梁启超认为学生既要精通"中国要籍一切大义",又要"旁征远引于西方诸学"。他主张将儒家"六经"及"周秦诸子"与"西人公理公法之书","历朝掌故沿革得失"与"泰西希腊罗马诸古史","今日天下郡国利病"与"西国近史宪法章程之书"进行对比,从中求"治天下之理""治天下之法"。

梁启超离开长沙二十六年后再次来到长沙,但仍无法释怀于他的"时务"情结。1922年刚任金陵东南大学教授的梁启超应湖南省长赵恒惕之邀来湘讲学,8月30日抵长,下榻省教育司(今教育街省民政厅)。次日即在任过梁秘书的李肖聃的陪同下专程去寻访位于今三贵街的时务学堂故址,并写下了"时务学堂故址二十六年前讲学处民国壬戌八月重游沏记梁启超"的条幅。9月1日梁启超分别在长沙东牌楼遵道会礼堂和省立第一中学作"奋斗之湖南人"和"湖南教育界之回顾与前瞻"两场演讲[3]。在"湖南教育界之回顾与前瞻"的演讲中,梁启超深情回忆了当年在时务学堂的教学及推动维新运动的活动,他说:

时务学堂,我觉得与湖南教育界有关系,而且于全国教育界有莫大影响的,在师弟同学间的精神能够结合一气,一群人都有浓厚的兴味,联合多方面来注重做事……那时的青年皆有进取思想,高谈时局,研究满清怎样对不起汉人,及中国二千年来的专制恶毒。这班青年,都是向这二个目标走。而我们所做的事,分作四项,是:(一)办时务学堂;(二)组织南学会;(三)发刊《湘报》——日报;(四)发刊《湘学报》——杂志。南学会是公开讲演的机关,讲演社会上不以为奇怪的话。时务学堂则专研究怎样贯彻我们的主张。《湘报》与南学会同一作用,《湘学报》与时务学堂同一作用……我在时务学堂,每天除讲三四点钟的学外,还要同学生谈话,及作种种运动,一天到晚忙个不了,因此成病,就往上海就医[4]。

二、梁启超对谭嗣同思想及湖南维新思想的支持与弘扬

梁启超称:"晚清思想界有一慧星,曰浏阳谭嗣同。"[5]梁启超为何对谭嗣同有如此高的评价,这要从梁、谭二人的交情说起。梁谭交谊大体上经历了四个阶段[6]。

第一阶段:1896年春,谭嗣同北游访学到了北京,在那里他结交了梁启超。还在北上访学之前,谭嗣同已在甲午战败的刺激下经过艰苦思索产生了"尽变西法"的维新思想,为了进一步开阔眼界,增广见闻,他于1896年2月北游访学,首先到上海,希望在沪能拜会康有为,因后者已经离沪南下而未果。对康有为"心仪其人,不能自释"的谭嗣同没能在上海了结自己的心愿,于是到了北京很自然地就会去结交康的得意门生梁启超。梁启超向谭嗣同介绍康有为学术思想之源流及一切微言大义,受到后者的热烈欢迎,于是自称为康的"私淑弟子"。谭嗣同身为巡抚之子,能与康梁同一主张,自然引起梁启超的极大兴趣。他写信给康有为,盛赞谭嗣同"才识明达,魄力绝伦,所见未有其比","公子之中,此为最矣",可充"伯理玺之选"[7]。谭梁结识之后成为"讲学最契之友"。梁启超后来在《亡友夏穗卿先生》一文中说,他当时与夏穗卿、谭复生在北京住得很近,几乎没有一天不见面,见面就谈学问[8]。

第二阶段:1896年7月,梁启超在上海与汪康年、黄遵宪等创办《时务报》并担任主笔。这年8月谭嗣同结束了北游访学,抵达南京候补,在金陵期间他集中主要精力从事《仁学》一书的写作。从这时起到1897年是谭梁交谊的第二阶段。谭嗣同在撰写《仁学》的过程中,"问月至上海",与梁过从甚密,《仁学》每成一篇,"辄相商榷",梁启超在《仁学序》中说他们当时"每共居,则促膝对坐一榻中,往复上下,究天人之奥,或彻数日废寝食,论不休。每十日不相见,同论事论学之书盈一箧"。

第三阶段:共同参与湖南维新。1897年10月,梁启超应邀到湖南担任时务学堂中文总教习。谭嗣同受熊希龄之托为争取梁启超赴湘作过努力。1898年2月中旬,谭嗣同也返回湖南,协助巡抚陈宝箴推行新政。梁启超邀他和他的"二十年刎颈交"唐才常担任时务学堂分教习。他们还共同发起南学会,创办《湘报》,大力推进湖南维新运动。在时务学堂的教学中,他们共同举起两面旗帜,"一是陆王派的修养论;一是借《公羊》、《孟子》发挥民权的政治论。"[9]

第四阶段:1898年春,梁启超因患大病离湘赴沪就医,痊愈后入京会试,协助康有为开保国会。百日维新期间,梁启超和谭嗣同同被侍读学士徐致静所举荐。梁奉诏以六品衔办理泽书局事务,谭则以四品卿衔军机章京参与新政。从8月21

日谭嗣同进京到 9 月 23 日梁启超出逃,这极不寻常的一个多月,是谭梁交谊的最后阶段。梁启超出逃日本的第二天,谭嗣同因袁世凯告密而被捕,几天后,9 月 28 日便与康广仁等一起殉难于北京宣武门外菜市口,史称"戊戌六君子"。

梁启超逃到日本不久,即在横滨创办《清议报》,以倡民权、衍哲理、明朝局、厉国耻为宗旨,是继《时务报》之后影响深远的维新报刊。梁启超在该报的创刊号上,就开始连载《戊戌政变记》,他以感情激越的文字记述和颂扬包括谭嗣同在内的维新派的活动,辟专篇介绍"湖南广东情形",称湖南绅士谭嗣同、熊希龄等"专以提倡实学,唤起士论,完成地方自治政体为主义"。在这部影响深远的著作中,梁启超为戊戌六君子立传,歌颂他们维新救亡舍身救国的精神,其中《谭嗣同传》以五千余字的篇幅全面向世人介绍了谭嗣同的生平事迹、成长道路、思想变迁、主要著述、维新事迹及其奋斗与献身精神,成为后人研究谭嗣同的必读文献资料。也就是在《清议报》上,谭嗣同"冲决网罗"思想的代表著作《仁学》开始与世人见面。《仁学》是谭嗣同一生最重要的著作,它以平等思想为武器批判君主专制,批判纲常伦理,宣传反满革命思想,"其学术宗旨,大端见于《仁学》一书"[10]。梁启超从《清议报》第二册起以连载的形式将其公开发表。梁启超在《校刻浏阳谭氏仁学序》中称,"此中国为国流血第一烈士亡友浏阳谭君之遗著也"[11]。在《清议报》发行一百册之时,梁启超在长篇"祝辞"中,进一步指出:"其内容之重要者,则有谭浏阳之《仁学》,以宗教之魂,哲学之髓,发挥公理,出乎天天,入乎人人,冲重重之网罗,造劫劫之慧果,其思想为吾人之所不能达,其言论为吾人所不敢言,实禹域未有之书,亦众生无价之宝。此编之出现于世界,盖本报为首焉。"[12]

梁启超对谭嗣同思想的弘扬不仅限于戊戌政变后的几年,而且终其一生。1920 年,梁启超在其名著《清代学术概论》中,专辟一节介绍谭嗣同的学术思想。他将谭嗣同冲决网罗的精神与牛顿提倡"打破偶像"的主张相提并论,认为"《仁学》欲将科学、哲学、宗教冶为一炉,而更使适于人生之用,真可谓极大胆、极辽远之一种计划","其驳杂幼稚之论甚多,固无庸讳,其尽脱旧思想之束缚,戛戛独造,则前清一代,未有其比也。"

梁启超对维新运动期间湖南推行的新政极尽褒扬之能事,他说:

时陈公宝箴为湖南巡抚,其子三立辅之,慨然以湖南开化为己任。丁酉六月,黄君遵宪适拜湖南按察使之命;八月,徐君仁铸又来督湘学。湖南绅士某某等踔厉奋发,提倡桑梓,志士渐集于湘楚。陈公父子与前任学政江君标,乃谋大集豪杰于湖南,并力经营,为诸省之倡。于是聘余及某某等为学堂教习,召某某归练兵。而君(指谭嗣同,下同)亦为陈公所敦促,即弃官归,安置眷属于其浏阳之乡,而独留长沙,与群志士办新政。于是湖南倡办之事,若内河小轮船也,商办矿务也,湘粤铁路也,时务学堂也,武备学堂也,保卫局也,南学会也,皆君所倡论擘画者,而以南学会最为盛业。设会之意,将合南部诸省志士,联为一气,相与讲爱国之理,求救亡之法,而先从湖南一省办起,盖实兼学会与地方议会之规模焉。地方有事,公议而行,此议会之意也;每七天大集众而讲学,演说万国大势及政学原理,此学会之意也。于是君实为学长,任演说之事。每会集者千数百人,君慷慨论天下事,闻者无不感动。故湖南全省风气大开,君之功居多[13]。

三、梁启超对蔡锷政治思想形成及变化的影响

蔡锷以领导辛亥云南起义和护国运动而闻名于世,是中国近代史上带有传奇色彩的人物。然而,他作为梁启超的学生,一生的思想受梁启超的影响甚深,在政治上与梁启超保持着密切的联系和相当广泛的合作关系。从蔡锷与梁启超的关系来考察,可理清蔡锷政治思想演变的历程[14]。

蔡锷在 1897 年冬进入时务学堂头班学习,与梁启超建立了牢不可破的师生情谊和政治联系。梁启超任中文总教习,力主维新变法,以开通天下风气为己任,试图将时务学堂办成为变法服务的速成政治学堂。为了实现其政治理想,梁启超以《公羊》《孟子》教学生,宣讲康有为的孔子改制之说和大同三世说,鼓吹维新变法,这对年轻的蔡锷思想触动甚大。而且,梁启超等人采用教师批改学生札记的教学方式,使学生思想为之一新。梁启超自言:"时吾侪方醉心民权革命论,日夕以此相鼓吹,札记及批语中盖屡宣其微言",学生"日日读吾体裁怪特之报章,精神几与之俱化","他们象得了一种新信仰,不独自己受用,而且努力向外宣传。"[15]蔡锷正是在梁启超的思想熏陶下不断成长的。他"每月月考,皆居前列。英气蓬勃,同学皆敬慕之。"[16]亦深得梁启超的赏识。在梁启超的帮助下,蔡锷开始了他人生道路上具有真正意义的转变,即从传统儒学向变法维新思想的转变。蔡锷开始鼓吹仿效西法,指出"西法何? 议院之制也。议院之制何? 万心之推也"。

1898 年 9 月,戊戌变法失败,梁启超亡命日本。蔡锷也因时务学堂被解散,求学两湖书院遭拒绝,几经周折,于 1899 年 6 月考入上海南洋公学。7 月,接梁启超来函相召,蔡锷偕唐才质、范源濂等人东渡日本,进入由梁启超主持的东京高等大同学校学习,研究政治哲学。学校所用教材多采欧美自由平等、天赋人权之说,使蔡锷耳目为之一新。梁启超与唐才常过从甚密,而受唐才常的影响,蔡锷加入了"自立会",并于 1900 年 7 月回国参加自立军起义。旋起义失败,蔡锷虽幸免遇难,但受刺激很大,为此事,他曾赋诗十首,其中有云:"流血救民吾辈事,千秋肝胆自轮菌",并将原名艮寅改为锷,意在砥砺锋锷重新做起,决心学习军事,以拯国

难。这时，蔡锷以学习陆军为念，屡请于梁启超，并坚定表示："只须先生为我想方法得学陆军，将来不做一个有名之军人，不算先生之门生。"[17]梁启超利用他与日本政界的密切联系，帮助蔡锷实现了学习陆军的愿望。蔡锷先后毕业于日本东京成城学校和陆军士官学校。

留日期间，蔡锷曾投稿于梁启超主办的《清议报》，嗣又在梁主办的《新民丛报》上发表文章，而《军国民篇》就是他刊登于该报的一篇代表作。在此文中，蔡锷沉痛指出："居今日而不以军国民主义普及四万万，则中国其真亡矣"，提出以军国民主义灌输于国人头脑，以培养"国民新灵魂"，来实现军事救国的目的。这种从军事入手进行改革的军事改良主义，与梁启超的改良思想是一脉相承的。

由于西学的启迪，加以梁启超于1900年前后曾密谋与革命派合作，极力鼓吹所谓"破坏"，甚至认为"破坏之药"是救国的"第一要件""第一美德"[18]，蔡锷受其影响，开始结交一批革命志士，并参与组织团体，从事反清革命活动。云南光复后，蔡锷被推为军政府都督，建立了具有资产阶级民主革命性质的都督府，并进行了若干带有民主主义色彩的改革。

清帝退位之后，蔡锷认为"破坏"已基本告一段落，下一步主要任务是团结各种政治力量，共图建设。1912年6月5日，蔡锷致电敦请恩师梁启超回国，电文称："锷追随先生有年，觉其德行之坚沽，学术之渊博，持义之稳健，爱国之真挚，环顾海内，实惟先生之一人。"同年10月，梁启超结束流亡生涯，体面回国，这与蔡锷不无关系。梁返国后，在"开明专制"思想的指导下，极力鼓吹"国权主义"，希望通过袁世凯建立强有力政府，推动国家建设。蔡锷亦主张建立强有力政府，与梁产生思想共鸣，他认为："特以民权恒视国权为伸缩，必国权巩固而后民权有发展之期。总统当国家行政之中枢，负人民付托之重任，使因少数人之党见，减削其行使政策之权，恐一事不能为，必致陷国家于不振之地"，这与梁的"国权主义"同出一辙。

1915年8月，袁世凯复辟帝制的活动公开化，梁启超和蔡锷一反过去拥袁的政治立场，转而筹备反袁。蔡锷与梁启超在反袁护国战争的组织发动及战争的进程中确实起到了重要作用。8月14日，为袁复辟帝制摇旗呐喊的"筹安会"成立，15日，蔡锷便赶赴天津，与梁秘密策划反袁。蔡锷当即表示："我们明知力量有限，未必抗得他过。但为四万万人争人格起见，非拼着命去干一回不可。"[19]他们共同商定，发挥各人特长，分别从文、武两条战线反袁。由蔡锷亲自回云南发动武装讨袁，梁启超则大造反袁舆论。22日，梁启超拒绝袁世凯的收买，公开发表《异哉，所谓国体问题者》，明确表示反对帝制复辟。梁利用他在思想舆论界的显赫地位，联络各派头面人物反袁，是护国运动的一面旗帜。蔡锷每周都赴天津与梁共商大计,并召集戴戡等重要人物入京,部署一切。蔡锷利用他与各派政治力量之间所保持的良好关系,联络西南实力派,并与在美国的黄兴取得联系,秘密实施与梁商定的各项反袁计划。1915 年 11 月 11 日,蔡锷设计秘密出京,历尽艰险,于 12 月 19 日绕道日本,抵达云南昆明,12 月 25 日发动了著名的讨袁护国之役。

在战争进行当中,蔡、梁同舟共济,互相支持。蔡锷在军事上领兵鏖战,梁启超在思想战线方面密切配合,共同推进反袁斗争事业。梁启超一方面向蔡锷指陈革命方略,策划与指导军事行动,诚如蔡锷所云:"锷在军中凡得先生八书,每书动二三千言,指陈方略极详。"另一方面,梁又利用他的特殊地位,扩大反袁联合阵线,为云南护国军扫清障碍。在蔡锷最困难之时,梁策动桂督陆荣廷独立,促进了全国反袁形势的根本性转变。后来,梁冒着生命危险南下广东,策动龙济光独立,并使龙济光最终宣布独立,从而加速了袁世凯的失败。蔡锷认为:"先生亦间关入两粤,当锷极困厄之际,突起而拯救之,大局赖是以定。"高度评价了梁启超在护国运动中不可磨灭的历史贡献。而梁启超在以后的岁月中一直以有这样一位反袁的学生为荣。蔡锷逝世六年后,即 1922 年,梁启超应湖南省长赵恒惕之邀在长沙作题为《奋斗的湖南人》的演讲,重点举了蔡锷反袁护国之例。演讲中说:

民国成立,袁世凯称帝,自以为布置周密,预料必可成功。那时蔡松坡离居在京,算已入了袁的樊笼,但他千辛万苦设法逃去袁的势力范围,突然在滇起义,以很单薄的兵力出四川,袁倾全国之力同他相持。结果居然摧倒袁氏,使他活活地气死。然而松坡也因为劳顿过度,得了吐血症,后来死在日本的医院里。那时出力的不止蔡松坡,同事的湖南人也很多[20]。

参考文献:

[1]梁启超.湖南时务学堂学约[A].梁启超.饮冰室合集(文集之二)[C].上海:广智书局,1902.

[2]彭平一.长沙通史(近代卷)[M].长沙:湖南教育出版社,2013.

[3]陈先枢.梁启超题"时务学堂故址"始末[A].湖湘文史丛谈(集2)[C].长沙:湖南大学出版社,2008.

[4][20]梁启超.湖南教育界之回顾与前瞻[N].大公报,1922-09-03.

[5]梁启超.饮冰室合集·清代学术概论[M].北京:中华书局,1936.

[6]郭汉民.谭梁交谊与晚清思想[A].湖湘文化论集(下册)[C].长沙:湖南师范大学出版社,2000.

[7][8][9][15]丁文江,赵丰田.梁启超年谱长编[M].上海:上海人民出版社,2009.

［10］梁启超．谭嗣同传［A］．饮冰室合集［C］．北京：中华书局,1936.

［11］梁启超．校刻浏阳谭氏仁学序［N］．清议报,光绪24年11月21日．

［12］梁启超．文集之六［A］．饮冰室合集［C］．北京：中华书局,1936.

［13］梁启超．戊戌政变记·殉难六烈士传［A］．饮冰室合集［C］．北京：中华书局,1936.

［14］饶怀民,阳信生．蔡锷与梁启超［A］．湖湘文化论集(下册)［C］．长沙：湖南师范大学出版社,2000.

［16］［17］田伏隆．忆蔡锷［M］．长沙：岳麓书社,1996.

［18］李华兴．梁启超选集［M］．上海：上海人民出版社,1984.

［19］梁启超．文集之三十九［A］．饮冰室合集［C］．北京：中华书局,1936.

辛亥前后长沙社会风俗的变迁

薛其林　简姿亚

（长沙大学长沙文化研究所，湖南长沙　410003）

一

社会风俗不论是作为一种行为文化还是一种意识形态，都是以它独特的方式来反映社会存在和作用于社会存在的。社会存在发生了变化，社会风俗必然随之发生变化。"移风易俗"往往发生在社会急剧变革的时代，就是这个原因。至于变化的速度、广度、深度，则取决于主体社会人的敏感度与民众的认同度。近现代之际的中国，随着社会的急剧转型、西学东渐以及思想的解放，社会风俗发生了全新的变革。康有为在维新运动期间，即提出了改革中国旧习，"与欧美同俗"的主张[1]。严复从改变"人心风俗"入手，提出了"鼓民力，开民智，新民德"的主张。他认为，鼓民力，就要从禁食鸦片和禁止缠足入手；而开民智、新民德，则旨在提高思想观念、知识水平和道德水准，即从改进野蛮的风俗、愚昧的迷信、保守的思想入手。谭嗣同则在猛烈批判封建习俗、冲决封建网罗的基础上，提出了"尽变西法"的激进主张，并身体力行，创办时务学堂，发起不缠足会，造成了"天下移风"的局面。辛亥时期，革命派认为改良风俗与革命事业相辅相成，因而大举提倡断发易服，废除跪拜礼仪，反对迷信，劝禁缠足和兴办女学，通过移风易俗来铸造"国魂"。章太炎断然提出："公理之未明，即以革命明之；旧俗之俱在，即以革命去之。"在他们的倡导下，一时间，《剪辫易服说》《家庭革命说》《婚姻改良论》《奴婢废止议》《无鬼说》等文章纷纷出笼。

晚清兴起的移风易俗思潮，到民国初年出现了高涨的形势和全新的局面。在民国政府和知识阶层的共同推动下，移风易俗、革故鼎新，成为全社会流行的时尚。进德会、社会改良会、昌明礼教社、改良风俗团等各种风俗改良团体纷纷建立起来，全方位地抨击了社会存在的各种恶风陋俗，极大地促进了社会风气的改变。

新文化运动高举"民主""科学"两面旗帜，提倡新道德、反对旧道德，提倡科学、反对迷信，提倡新文学、反对旧文学。一时间，文化领域的哲学革命、文学革命、史学革命、宗教革命和白话文运动风起云涌,男女平等、婚姻自由、女子放足、现代服饰、反对封建"贞操观"与"节烈观"等社会风俗革新运动,如狂风巨浪,横扫社会的每个角落,冲刷着封建习俗的种种污泥浊水。

二

恩格斯曾经指出:"妇女解放的程度是衡量社会进步的天然尺度。"这场旷日持久的社会风俗变革运动,就内容而言,主要是围绕妇女解放(妇女地位、女子教育、妇女经济独立、妇女人格、女子参政等等)这个中心展开,并波及到社会的其他层面;就地区而言,主要以大型城市为中心,然后逐渐辐射到基层社会。其中,长沙在这场社会风俗革新运动中的影响和作用是十分突出的。1919年11月,长沙女青年赵五贞因反抗包办婚姻而自杀事件,1920年春,长沙女青年李欣淑因反对包办婚姻毅然出走事件,以及围绕这两件事件,展开的波及全国的有关婚姻自由的大讨论,就最为典型,影响最大,对解放妇女和革新社会风俗具有巨大的推动作用。

辛亥革命后,长沙迎来了一个"民气勃发,思潮泉涌,革新观念,亦如春笋之怒生"的时代,长沙的社会风俗发生了全方位、多层次的变革,主要表现在:

第一,发型改观。

清初,汉人被迫蓄满族发辫,汉族民众以"身体发肤受之父母,不敢毁伤",采用各种办法逃避。清廷诏令"留头不留发,留发不留头"。辛亥革命爆发之后,风暴所及,民众纷起剪去发辫以示革命,一时间,剪辫几乎成为衡量人们是拥护共和还是忠于清朝的政治倾向的标志,"不剪发不算革命,并且也不算时髦,走不进大衙门去说话,走不进学堂去读书"[2]。在省城长沙,剪辫子是光复后最早形成的一种风气,大家认为不剪辫子就是甘心做满奴和亡国奴的鲜明标志。

随着辛亥革命之后发辫的剪除,发型也趋于多样化。就男士而言,由于辛亥革命党人大多曾留学日本,因此,辛亥之后,日本发型遂成为长沙男士的流行发型,即在头盖顶上留有长约一厘米的圆发,时称"球头"或"东洋头";另有一种在头顶留有一厘米长的平头,时称"陆军头"。之后,随着欧美风尚逐渐进入,流行于欧美的西式发型也随之流行于长沙,俗称为"西式头",其中有一种西式发型将额上长发高高耸起,用凡士林或者发蜡进行固定,时称为"飞机头"。对于一般的普通长沙民众而言,剪除了发辫,对于个人头发的处理,更为随意,一般的年长者大多留光头,俗称"和尚头""光脑壳",小男孩头顶多时兴保留一片短发,俗称为"一片瓦"或"气门头"。就妇女而言,辛亥前,女性大都盘辫于脑后,俗称"粑粑头"。辛亥后,在长沙成立了"女子剪发会",号召女性剪发,破旧立新,做民国的新国民,此时的女性多将头发剪成齐耳短发,民间又俗称之为"鸡婆头"。另外,还有些学校女生将头发修剪成新式的"学生发"。30年代,短发逐渐定型,除中老年女性仍留"粑粑头"外,"粑粑头"不复存在。

辛亥之后在长沙兴起的男女剪辫易发的风潮,在很大程度上也带动了长沙理发业的发展和革新。在1912年,长沙共有大小理发店三百余家,从业人员有七百余人,其中还有外商经营者。剪辫易发这一革命形式,不仅是长沙民众革命的象征,同时也是市民生活方式向近代化转变的具体表现之一。

第二,放足运动展开。

中国女性缠足之习俗,绵延已久,至清代,尤其在广大的汉族妇女中,更是普遍风行,被视为是讲礼数、有教养的象征,已经成为一种惯例。长沙俗语所谓"新娘子脚大,孔夫子愧颜",即是此意。缠足是封建时代男尊女卑社会风尚的显现,极大伤害了妇女身心健康,所谓"小脚一双,眼泪一缸"即是鲜明写照。所以,社会风尚的转变是以妇女的解放为标志,而妇女的解放则以放足为前提。

维新时期,梁启超、谭嗣同等维新志士将妇女放足视为事关妇女解放、强国强民的大事,他们历陈缠足之酷毒,并在长沙小东街湘报馆内建立湖南不缠足总会,以"入会人所生女子不得缠足,凡8岁以下缠足少女一律解放,所生男孩则不得娶缠足之女"为该会章程,积极倡导不缠足运动[3]。在维新志士的推动下,省城少女放足、幼女不缠足者日渐增多,如长沙妇女黄氏、陈氏等联合百余人,不论老幼壮弱,相约放足。长沙妇女放足之新风渐开,并成为全国女子放足运动的中心。如浏阳谭嗣同之妻李润(闰)、焦达峰之妻沈菁莪首倡放足,尤其是沈菁莪1903年与焦达峰成婚时,是浏阳乃至长沙的第一个天足新娘。1910年,长沙府对城内缠足妇女进行登记造册,并申令在一年内如不放足,处以罚款,并禁止鞋店产销弓鞋,违者议罚。

辛亥革命后,社会移风易俗浪潮高涨,湖南省城长沙更是以积极进取、敢为人先的精神革除各种陈规陋俗。自维新时期兴起的不缠足运动在新的历史条件下日益发展成为一场社会性的民众运动。长沙光复之后,民众就自发地行动起来,妇女放足已是蔚然成风,"不待命令,自然解放,风靡一时"[4]。长沙各级学校尤其是女校成为辛亥之后发动放足运动的主力军。放足运动,迈出了女性自我解放和争取自身权利的第一步,极大地推动了社会风俗的革新,无疑是一场意义重大而深远的反封建社会革命。

随着缠足恶习的革除,以小脚为美的病态审美观得以改变,以天足为美的新式审美观开始流行。再加上西学西俗的传入和影响,从而使得长沙地区女性所穿之鞋袜在辛亥前后也发生了显著的变化:妇女布鞋的花样日渐增多,各种时髦的与西服配套的皮鞋、高跟鞋逐渐兴起,机制的布、纱、丝袜渐渐取代了传统的家织布袜,从而带动了长沙近代鞋袜制造业的革新和发展。1911 年,湖北人唐晋兴在长沙开设作坊制作皮鞋,这也是近代长沙正式生产皮鞋的开始,此后,长沙药王街利长鞋庄、坡子街开设华盛皮鞋厂等生产各种女式皮鞋的鞋庄鞋厂不断开设。

第三,西式服饰盛行。

随着近代社会风气和民智的日益开化和变迁,长沙民众的服饰发生了重大改观。早在甲午战后,长沙的有识之士如谭嗣同就提出要"变衣冠"的主张,长沙近代意义上的服饰变革由此起步。此后经戊戌至辛亥,长沙地区的社会服饰发生了前所未有的显著变化。在辛亥革命之前,各种洋纱、洋绸等新式衣料开始大量输入,西装开始出现,传统中式服装开始革新。辛亥之后,则是长沙服饰的突变和迅速发展时期,传统中式服装逐渐销声匿迹,而各式新式服装则迅速大面积普及,直接推动了长沙地区社会服饰的近代转型,在整体上呈现出中西并存、新旧混杂、满汉融合、异彩缤纷的时代特征。

自长沙开埠之后,来自国外的洋纱、洋布、洋绸及其他呢绒制品开始大量地、源源不断地输入,在很大程度上促进了长沙地区服饰的革新,促成了"男女衣式皆改旧观"的新面貌。这一时期随着大量留学日本的湘籍学生回湘,也将他们在日本的服饰习惯带回长沙,西服开始兴起,穿着者日渐增多,而与之相配的皮鞋、丝袜等也开始出现。随着新式教育的发展和女学堂的创立,一些新式的学生装也随之渐兴。除西装外,民国初年,经孙中山改良而来的中山装,朴实、庄重、大方,颇具中国特色和气派,迅速流行起来,尤其是在长沙新派人物和政府官员之中,更为盛行,并迅速成为长沙城乡男子的主要服装式样。随着衣着的改变,女子首饰方面亦相应变革,传统的发上饰物逐渐废弃,代之以戒指、手镯、项链、耳环等饰物。长沙的社会面貌焕然一新。

第四,婚俗革新与新式婚礼流行。

长沙地区的婚制、礼俗经历了逐渐演变的历程,其传统的婚俗,是沿用源于周代的"六礼",具有浓厚的封建专制和宗法色彩;近代以来,在西学西俗以及民主革命等因素的影响下,长沙地区的婚制礼俗也发生了相应的变化,新的婚姻观念和新式婚嫁之风逐渐兴起,辛亥之后,长沙婚俗一方面在继承传统的基础上发生了部分革新,另一方面是"文明结婚"的新式婚礼逐渐盛行。

长沙地区传统的旧式婚姻多为父母包办婚姻,注重广家族、繁子孙、求内助、别男女、定人道,强调的是父母之命、媒妁之言,看重的是门当户对,是封建专制和宗法制度的具体体现。在辛亥之前,长沙地区的婚俗形式极为繁琐,各种禁忌清规颇多,充满浓重的封建包办性、迷信性、买卖性以及等级观念,特别是一些婚姻陋习,对女性、对社会危害很大,亟待革除。

辛亥革命后,新式婚俗开始流行。新式婚俗又称之为"文明结婚""文明婚礼",完全是西俗影响下的产物,主要流行于长沙城中的进步士绅和青年知识分子之中。这种新式婚俗注重自由恋爱、自主结婚,尊重男女双方当事人的意见,在仪式上倡导去奢从简,革除陈规陋习,有时还确定若双方自愿即可自由离婚。新式婚俗有两条最基本的原则:其一是必须举行公开的仪式,其二是须有两人以上的证人。二者齐全,婚姻方可成立。其程序已简化为订婚、请期、结婚三部分。新式婚俗以男女双方感情为基础,淡化了封建家长制、宗法制等传统色彩,增强了婚姻的自主、平等观念,在形式上删繁就简,充分体现出辛亥以来社会移风易俗的大变革趋势。

第五,建筑风格变革。

近代以来,随着西方建筑形式的传入,对长沙民居建筑的发展也产生了很大影响,在很大程度上推动了长沙民居建筑的变迁,此后,长沙民居建筑在保持传统中式风格的基础之上也较多地吸取和融合了西方建筑的诸多元素,呈现出中西合璧的特征。

长沙传统的民居,住宅形式大多属于庭院式建筑,以土、木、石、竹、砖、瓦为建筑材料,在建筑构造上多为竹木结构或木砖瓦结构。清末民初,随着商品经济的发展,一批企业新贵和军政权贵崛起,他们大多不惜巨资在省城长沙营造规模庞大、精致豪华的公馆、别墅等园林式住宅,从而推动了长沙园林式住宅的大发展。各类带庭院的大型住宅、宅园、别墅等遍布长沙城区和郊区。著名的有:陶澍的印心石屋、罗汝怀的荷池精舍、胡仁兴的旷寄园、黄月厓的晚香山馆、朱剑凡的蜕园、朱昌琳的余园、何键的蓉园等等。这些巨家大宅均规模庞大、布局精巧、富丽堂皇,表现了很高的建筑技艺。另外,自近代长沙开埠以来,外国传教士、商人、领事、海关人员等纷纷大量涌入长沙,亦将他们本国的生活习惯和居住方式带到了长沙,陆续兴建起许多不同类型、不同风格的西式建筑,如领事馆、教堂、海关、洋行、商店、育婴堂、医院、学校、住宅等,长沙北门外至西城区沿河一带以及湘江中间的水陆洲是各式西式建筑最为集中的地方。

辛亥之后,长沙地区的园林式住宅以及其他的大型建筑,在建筑材料、内部结构、室内装修等方面,受西式建筑的影响更趋深入。如以红砖红瓦部分取代青砖青瓦,部分采用钢筋、水泥、五金、放大窗户、玻璃等,木结构承重逐渐改为砖墙承重,室内装饰中也开始粉刷墙壁、贴面砖、画腰线、设护墙板等;同时也借鉴西方建筑的科学思想,注意解决住宅的通风、采光、防潮、隔热等问题;在建筑形式上,具有明显的由传统向现代建筑逐渐过渡的趋势,不少建筑是中西合璧式的。对于一般的普通民居而言,囿于经济条件,不太可能自建西式的住宅,但是在一定程度上也深受西式建筑风格的影响,如在建筑材料上开始使用玻璃作为装饰,门窗廊柱也采用西式风格等。而且,西方建筑学中的科学思想也逐渐被民众所认可和接受,民众开始注意合理处理房屋的布局和使用,这在一定程度上改善了长沙民众的居住环境和条件,不能不说是一种社会的进步[5]。

三

由于中国封建文化成熟发达,传统观念深入人心,社会风俗根深蒂固,这一时期的社会风尚仍然表现为古老习俗与近代文明之间的不断冲突与融合,表现为固守传统与鼎新革故的抉择与彷徨。同时又因为中国社会政治、经济、文化发展的不平衡性,晚清的风尚变化沿着沿海到内地、南方到北方、大城市到中小城镇到乡村的路径缓慢发展,一直影响到民国年间。文化古城长沙恰恰处于中国中部,具有深厚的传统文化内涵和颇具特色的地方风俗,在西方文化的深刻影响下和整个中国社会变革的推动下,其社会风尚也在进行着深刻持久的变革,社会风尚在保守与革新的反复拉锯中不断趋新发展。

参考文献:

[1]康有为. 请断发易服改元折[A]. 康有为政论集(上册)[C]. 北京:中华书局,1981.

[2]严昌洪. 中国近代社会风俗史[M]. 杭州:浙江人民出版社,1992.

[3]刘泱泱. 近代湖南社会变迁[M]. 长沙:湖南人民出版社,1998.

[4]粟戡时. 湖南反正追记[M]. 长沙:湖南人民出版社,1981.

[5]黄纲正,周英,周翰陶. 湘城沧桑之变[M]. 长沙:湖南文艺出版社,1997.

经世·自强·进取:近代化大潮中的长沙精英

伍春晖

(长沙师范专科学校,湖南长沙　410100)

"精英"指具有敏锐的洞察力,善于把握契机、洞察动向,以其价值取向、态度、言行深刻影响乃至改变历史进程的极少数优秀人物。古往今来,从柏拉图、马基雅弗利到司马迁、梁启超、蒋廷黻,都曾毫不隐讳对于精英主义的推崇。英国哲学家卡莱尔甚至慨言,人类历史归根到底只不过是精英们的历史。世有非常之人,然后有非常之事。辩证唯物主义者强调人民群众创造历史,但并不回避精英人物对历史发展的重大作用。普列汉诺夫曾说,千百个平凡的天文学家代替不了哥白尼或牛顿,千百个平凡的音乐家也不会使人们获得贝多芬、舒曼、萧邦给人们的那种享受。

近代以后的中国,国难频仍、危机四伏,各路精英粉墨登场,英雄辈出。作为传统中国典型区域的湖南开始走出边缘化,"天下称之",成为人才渊薮。激荡风云中,湖湘文化重镇、湖南首府长沙更是精英迭出,他们以积极进取的姿态,投身于社会的变革大潮,他们与时俱进,应势而起,创建事业,成为时代骄子,有力地推动了近代中国复兴的历程。

本文题中的长沙不局限于现有行政区划的六区三县市,而是取历史上"长沙府"范围。自明洪武五年(1372)起潭州府改名长沙府,隶湖广布政使司,辖11县1州:长沙县、善化县、湘潭县、湘阴县、宁乡县、浏阳县、醴陵县、益阳县、湘乡县、攸县、安化县、茶陵州,府治长沙城。相关人物遴选,既包括长沙籍的本土精英,又包括非长沙籍但与长沙有过重要渊源、在近代长沙历史上留下重要痕迹的精英。

一

长沙历来是湘楚重镇。近代以后,湖南在全国地位日隆,英才辈出,地处湘江中下游地区的长沙更是繁星闪烁。近代湖南地位转折缘于湘军之兴,其时长沙地区既是太平天国在湖南的主战场,也是湘军首领招募士兵的主要地区,名将帅主要集中于此,以此为界,在近代湖湘以曾国藩为代表的湘军将帅、谭嗣同为代表的维新志士、黄兴为代表的资产阶级革命先驱和毛泽东为首的无产阶级革命家四个精英圈中,以其籍贯湘乡、浏阳、长沙、湘潭为圆心划圈,这四个圈相连的地域杰出人物占同期全省精英的一半以上。

第一,面对近代中国"数千年未有之大变局""数千年未遇之强敌",最先提出破解之道"师夷长技"的是湖南人,第一批履践"师夷长技"主张的是长沙人

近代以后,面对"数千年未有之大变局"下"数千年未遇之强敌",湖南邵阳人魏源率先提出"师夷长技以制夷",自此,"师夷长技"成为中国求富、求强一以贯之的主题。此后当魏源的主张淹没于依然沉睡的大多数国人,是以曾国藩(长沙府湘乡县人)、左宗棠(长沙府湘阴县人)为代表的长沙人率先成为"师夷长技"主张的履践者。他们挽救了岌岌可危的清王朝,客观上也成为传统中国走出中世纪、走向近代化的第一推手,在推动传统文化和社会近代化转型的同时,通过榜样的激励作用,指引更多的长沙精英面对现实,面向世界,向新派精英转化开辟了新路。

第二,戊戌维新期间,湖南是最开风气的省份,长沙更是众星云集、全国瞩目的焦点

甲午战后,开明大吏陈宝箴主持湘政,其时省城官场署按察史黄遵宪、学政江标及继任徐仁铸等,思想开明,锐意改革,一大批热血青年如谭嗣同、唐才常等,聚集省城长沙,"皆在二三十岁之间,无科第、无官阶、声名未显著者"(梁启超语),有的只是一腔热血,他们率先兴办新政,开学会、兴学校、办报纸,一时间从长沙至整个湖南"风气渐开,而谭嗣同辈倡大义于天下,全省沾被,议论一变"[1]。这一大批维新志士中,救国最坚定、最富牺牲精神的是长沙人,谭嗣同、唐才常、沈荩、林圭、秦力山等都为救国图强而壮烈牺牲。

第三,辛亥革命,湘人首应,这其中又以长沙人牺牲最多、对革命贡献最大

辛亥革命中打头阵的是湖南人,其中长沙人贡献思想,也贡献头颅与血液。早年陈天华高呼,"今日之世局,国民与国民相竞争之日也,非使人人有国民思想,则必不能立于优胜劣败之场。"《猛回头》《警世钟》《狮子吼》"一字一泪,沁人心脾,谈复仇而色变,歌爱国而声虚"[2];杨毓麟著《新湖南》,成为当时宣传民主革命思想最有影响的代表作;作为华兴会、同盟会骨干的谭人凤,曾主持东京同盟会本部,与宋教仁等创建中部同盟会于上海,"热心毅力,竟能于横流之日,组织干部,力图进取,钦佩何极!"[3]湖南是湘军故乡,长沙籍军事精英自是备受瞩目,从1906年领导浏醴萍起义,黄兴先后组织领导策划了香港、辽东、钦廉防城、镇南关、广州、黄花岗起义,武昌起义后被举为中华民国军政府总司令,领导武汉保卫战;

早年时务学堂学生蔡锷大倡军国民主义、尚武精神,辛亥期间在昆明发动起义,袁世凯复辟后高举护国大旗,再造共和,居功阙伟。

第四,作为全国立宪派的重要基地,在与革命派相对应的立宪阵营,长沙同样精英荟萃

时至今日,对于立宪与革命的评价,早已脱离了原有二元化意识形态偏见的窠臼,其实革命和立宪,只是救国救民的立场、观点、路径的区别,都是为国家求富求强。长沙是20世纪初全国最早发起立宪请愿运动的地方,这其中的代表人物如谭延闿、杨度、刘人熙、符定一等,与革命派一道,推动反封建的民主化进程,也为长沙近代化进程贡献良多。以出身精英阶层的谭延闿为例,谭是光绪年间进士,在省城长沙极有号召力和动员力,初期推动长沙立宪运动风生水起,辛亥后在"会元"与"会党"的较量中更理性、更能凝聚大局初定的长沙人心的谭取陈、焦而代之,一定程度上也有其历史必然性与合理性。谭坚持反清、共和的政治路线,支援武汉保卫战,支持南京临时政府,在湖南实行立法、司法、行政三权分立的政治制度。此后在1911—1920年期间三次督湘,凭借个人的政治影响和手腕,于政局动荡、南北军阀逐鹿湖南的艰难岁月里,在经济、教育、社会各个领域,有力地推动了湖南早期现代化进程。

第五,绿林未必非豪杰,乱世草莽涌精英

从战国时期大量侠客、义士开始涌现,代代传颂的荆轲、专诸,张角、黄巢至水泊梁山快意恩仇、个性鲜明的一百单八将,中国不缺乏崇拜草莽英雄、江湖豪杰的传统。但按照中国传统史学观,尽管太史公有《史记·刺客列传》成例在前,但多数时候绿林是入不了正史的,更与精英无缘。本文认为,衡量精英的唯一标准,是看其在特定的社会情势下,其言行是否从客观上推动了社会的进步。辛亥前后的长沙,会党同样曾经叱咤风云,在这场革命中,他们已不同于传统意义上的"乱世豪客",更不是"群盗股匪",他们积极参与到社会的近代化进程之中,为推动历史的发展发挥了巨大的作用。

地处典型农业社会的近代湖南,会党组织自是特别发达,哥老会、三合会之类的江湖堂口比比皆是。至20世纪初,随着政府控制力进一步减弱,帮会的战斗力和破坏力都大大增加,对此以暴力推翻清廷的革命党都有着清醒的认识。1904年黄兴创立华兴会,为内地反清革命团体,并发动了第一次武装起义——长沙起义,主要依靠力量就是会党首领马福益及其部下龚春台、姜守旦、冯乃古、肖克昌所部哥老会力量。1906年爆发的萍浏醴起义,参与民众也多是"六龙山洪江会"成员。在历史大潮中,一部分会党领袖譬如马福益,在客观上成为推动历史进步的革命精英。马身材魁梧,有勇有谋,性格豪爽,符合传统意义上一呼百应、豪气干云的

典型草根豪杰形象,是影响及于闽、赣、湘、鄂的哥老会大头领,后在黄兴等人的动员下走上武装反清之路,萍浏醴起义前夕马福益被捕,端方威逼利诱依然不屈,慷慨陈词"革异族命,为汉族复仇,我一人杀头,有四万万同胞接着起来,只要冤仇得报,死所何憾!"后被杀害于长沙浏阳门刑场。

辛亥革命之后的长沙,会党依然存在而又肯定无法融进新的社会体制。后来出任正副都督的焦达峰和陈作新都是以革命党人的身份作了会党的,革命大局稍定,会党们纷纷找焦、陈要官当,要钱花,会党较少政治上自觉的弱点日益暴露出来,普通帮众自是迅速抛弃"取之有道,行之有义"的人生信条,发生政治上的退化和自身的癌变,即便是焦、陈也昏昏然弄不清自己到底是革党还是会党,江湖义气高过了革命理想。因而在后来"会党"与"会元"的博弈中,进步性日益消逝殆尽的会党与明显倾向理性思维、有条不紊的立宪党人相比,肯定会一败涂地。这既是历史的潮流,又是现实的必需。

第六,政治、军事领域之外,辛亥前后长沙经济、文化、教育领域同样精英云集

近代长沙政治、军事奇才成批涌现的同时,在经济、文化教育领域也同样精英云集。一部分新派士绅开始放弃单一的仕进目标,以振兴民族经济为号召,主动吸纳西方先进思想,以新型资本家的卓越姿态出现,以长沙为中心,湖南近代工业开始发生和发展起来。如长沙阜南官钱局的朱昌琳就是湖南最早的民族资本家之一,以经营茶叶、谷米、淮盐起家,成为巨富,支持陈宝箴新政。梁焕奎组织久通公司,承办益阳板溪锑矿公司,后组织了著名的华昌公司。龙璋致力于发展实业,创办湖南第一家商办轮船公司。廖树衡主持开采常宁水口山矿务,盈利数百万两,被称为湖南近代矿业先驱。

与叱咤风云于政治、军事领域一样,中国教育近代化进程的每一步都能找到长沙精英的身影。这其中,张百熙以废科举、定学制及振兴京师大学堂等卓越贡献,成为名符其实的近代教育改革先驱。此后的范源濂从戊戌变法至民初数十年间,始终立身于中国教育近代化的行列。范源濂三任民初教育总长,数度参与并曾主持了新学制的策划和制订,竭力主张义务教育入宪,曾参与游美学务处与清华学堂管理、主持北京师范大学校政、筹办南开大学,管理中美科学教育文化基金等等,这些活动对近代中国教育及相关领域具有极为重要的影响力。此外,十九世纪末开始的传统教育近代转型过程中,在省城长沙,涌现了以胡元倓、朱剑凡、陈润霖等为代表的近代教育家精英群体。这些社会转型时期志在教育救国的社会中坚,在政争不息、战祸频仍的近代长沙,引领教育界风气的转变,并通过其表率和榜样的力量,有力地推动了教育近代化转型进程。

二

谭嗣同、唐才常、黄兴、蔡锷、禹之谟、朱昌琳、张百熙、胡元倓、朱剑凡……一个个闪光的名字在撑起民族脊梁的同时,也赢得了世人的由衷赞叹。近代长沙精英,淋漓尽致地诠释了"尽掷头颅不足痛","不怕死,霸得蛮"的湖湘精神。

第一,近代长沙精英体现了湖南人的责任感与担当

在中华民族数千年的繁衍发展过程中,责任与担当,是民族文化历史长廊上的价值烙印,是士人阶层高尚的、积极的、向上的,具有使命感和凝聚力的民族情感。古往今来,一大批有理想抱负、有学识、有才智、有谋略的中国脊梁,如屈原的"路漫漫其修远兮,吾将上下而求索",陆游的"位卑未敢忘忧国",顾炎武的"保天下者,匹夫之贱,与有责焉耳矣",其深沉的忧患意识,转化为对国家、民族、苍生的社会感、使命感、责任感。

责任源于自信,只有自信者才能跳出"读书只为稻粱谋"的狭隘视野,才有站出来承担责任、肩负使命的勇气、信心与底气。湖南人历来是讲责任感与担当的,千百年来,岳麓书院门楣上"唯楚有材,于斯为盛"所透出的湖湘文化的底气与豪情,烙在无数湖湘精英的心里,成为千年相继的文化梦想。马克斯•韦伯(Max-Weber)在谈到新教徒的核心教理时曾说,上帝应许的唯一生存方式,不是要人们以苦修的禁欲主义超越世俗道德,而是要人完成个人在现世里所处地位所赋予他的责任和义务,这是他的天职。近代长沙精英便是有一种新教徒般"我不下地狱,谁下地狱"的虔诚和担当,他们面对的是残酷无情的社会现状、四处碰壁、步履维艰、进退维谷,甚至有时自身难保,但他们并不为之气馁,而是始终以自强不息的进取精神不懈地持续努力着,以极强烈的人生社会感、使命感、责任感作为激励,矢志如一,百折不挠,此路阻塞,则再辟他途。除去曾国藩《讨粤匪檄》浓郁的卫道气息之外,维护中华传统名教的使命感与责任感同样大义凛然。甲午战后,身处亡国灭种边缘,湘人的忧患意识与挺身而出的使命感臻于极致,这种意识在长沙精英身上,体现得更为明显。公葬陈天华、姚宏业二烈士时,禹之谟撰联,"杀同胞是湖南,救同胞又是湖南,倘中原起义,应是湖南。烈士竟捐生,两棺得赎湖南罪";"兼夷狄成汉族,奴夷狄不成汉族,痛建虏入关,已亡汉族。国民不畏死,一举能张汉族威"[4],责任、使命、反思、呼吁,将当时长沙乃至整个湖南精英界的心态展现得淋漓尽致。

第二,近代长沙精英是"不怕死,霸得蛮"湖湘精神的最佳诠释者

不怕死,霸得蛮,是湖南人百折不挠,勇于任事的英雄气概最通俗的表达。湘军之兴并大获成功源于此,戊戌期间湖南成为"最富生气的省份"源于此,辛亥前后长沙成为首应之城亦源于此。辛亥前后的长沙精英,淋漓尽致地诠释了"尽掷

头颅不足痛","不怕死,霸得蛮"的湖湘精神。谭嗣同不怕死,"今日中国未闻有
因变法而流血者,此国之所以不昌也。有之,请自嗣同始!"唐才常不怕死,自立军
起事失败被俘后张之洞派郑孝胥审问,唐才常大义凛然,"此才常所为,勤王事,酬
死友,今请速杀!"并狱中题诗"剩好头颅酬故友,无损面目见群魔";黄兴不怕死,
在同盟会组织领导的多次武装起义中,他总是将生死置之度外,身先士卒。1911
年的黄花岗起义中,他更是亲率敢死队直扑两广总督署,勇猛冲杀,虽被敌弹击断
右手食、中两指,亦在所不辞;"宁可牛马其身而死,甚毋奴隶其心而生"的禹之谟
不怕死,1906年8月被捕前,有人苦劝他远走躲避即将临头的灾难,遭到他婉言谢
绝,"吾辈为国家为社会死,义也,各国改革,孰不流血? 吾当为前驱"[5],临刑前高
呼"禹之谟为救中国而死,救四万万人而死!"民初,孙中山在给陆军部的命令中专
门表彰了湖南革命烈士,"按民国缔造之初,匪一手足之烈,睹兹灿烂之国徽,尽系
淋漓之血迹。以上诸烈士,或谋未遂,而身赴曹市,或难未发,而瘐死图圄,或奋铁
椎之一击,或举义旗于万夫,或声嘶去国之吟,或身继蹈海之烈……"[6]这是表彰
湖南英烈的,也是表彰长沙精英的。

第三,近代长沙精英中空想家少,实干家多

务实是湖南的传统,湖南人最认干实事的人。近代湖湘各个层面上的代表人
物,无论是进步的还是守旧的,在理论上、实践上都注重实事求是,关注民生,求真
知、讲实学。从左宗棠"身无半亩,心忧天下"到黄兴"卖家"干革命,从朱剑凡毁
家办学到胡元倓磨血兴学,他们不仅指点江山,而且击水中流,是真正的实干派;
他们喜欢干实事、大事,只要认定了某个主义、某条道路,就会持之不疑,行之不
悔,"一意干将去"(左宗棠语)。王先谦曾言,"中国学人大病,在一空字……言满
天下,而无实以继之,则仍然一空,终古罔济而已。"[7]近代长沙精英中,有杨毓麟、
章士钊等一大批革命宣传家,更多的则是为实现民主共和、长沙社会近代化而浴
血奋战、上下求索的实干家,如黄兴、胡元倓等。"湖南有黄克强,中国乃有实行的
革命家!"这是青年毛泽东对黄兴的评价。作为职业革命家,黄兴十七次指挥、策
划、参与武装起义,打硬仗之外,其最大的梦想就是亲自参与中国的经济建设,把
中国"造成一个最富足最强盛的国家"[8];禹之谟也常说,"要能实际任事,空言哪
里能拯救国家啊!"[9]在"师拿破仑,学玛志尼"浴血推翻封建专制的同时,禹之谟
积极主张大力发展工商业以抵制西方列强的侵掠。他曾任湖南商会会董,先后在
安庆和湘潭开办织布厂,创办驻省湘乡中学和驻省邵阳中学、唯一学堂等新式学
堂,即便被捕后,禹之谟仍然深感"捕拿入狱,不遂我杀身之志;幽居无聊,又不能
尽建设之义务,恨何如之!"[10]历经千年湖湘风雨积淀,质朴、务实而不务虚已内
化为长沙人的文化心理本体,深刻地影响到近代长沙精英的性格、认知和行为。

三

关于近代以来湖湘人才济济、精英辈出的原因,学界一致归结于特定的地域环境、湖湘文化的历史传承所提供的思想基础和精神养料,特殊的历史条件与动荡的社会局势所提供的机遇,以及湘籍人才之间互相帮带、扶植和举荐等(关于此,陶用舒、彭大成等多名学者已有过专门论述)。作为湖南省府所在地也是近代湖湘精英最为集中之地,近代长沙精英成批涌现同样离不开上述背景与土壤,对此本文不再赘述。

本文着重强调的,是处于历史大变革时期的长沙情势与精英成批涌现的关联。鸦片战争后,长沙以南的两广直接面临欧风美雨的冲击,而长沙以北的武汉、北京,则是清王朝的中心与重镇,保守势力比较强大。长沙处于南北通道,尽管较之沿海长沙开放较晚,但随着湘军之兴大批湖南人走出闭塞,湘人眼界大大地扩充了;至19世纪60、70年代,相当一批因军功得到奖擢的退役湘军将领云集省城,一部分官员也先后退职返乡聚居长沙,一时间内长沙新增"宫保第"十三家。这其中,既有郭嵩焘、熊希龄等思想开明、与时俱进的新派士人,也有孔宪教、黄自元、张祖同等一意以卫道为职志的旧派官员,长沙成为新旧思想和新旧势力的必争之地。激烈的斗争与碰撞中,新派新得很激进,旧派旧得也很极端,你方唱罢我登场,一定程度上肥沃了各式精英成长的土壤,是以19世纪后期,在历次影响全国的大事件中,湖南一点也不落后。戊戌维新运动中,长沙一度是全国瞩目的焦点,起事最早最热闹,也最早偃旗息鼓;新政之初留日热潮勃兴,湖南留日学生数一度居全国之冠,其中长沙籍留日学生又居全省之冠;20世纪初的立宪大潮中,以谭延闿为首的湖南立宪党人纵横捭阖,将清廷中央专制大背景下的地方立宪蓝图做到极致;在以收回利权为中心的保路运动中,长沙同样率先垂范,在四川之前,长沙各界人士上万人隆重集会,由此带动湖北、广东、四川的人民也积极行动,并很快发展成为声势浩大的武装起义。是以章开沅先生曾说,"湖南保路运动虽然始终未能发展到四川那么大而持久的声势,但直接引起辛亥革命这场大火,首先却是在湖南点的燃。"[11]与此同时,伴随中央权威日渐衰落,清廷控制力大大减弱,自19世纪末再次掀起的革命热潮至20世纪初风起云涌,湖南因特殊的历史机缘在辛亥革命时期成为举足轻重的地域,长沙成为当时全国最为活跃的城市之一,长沙起义、萍浏醴起义、湖南保路运动以及湖南光复等等都是辛亥革命链条中的重要环节。

一方面是威权落地,铁桶般的专制管制日渐松弛;另一方面是随着"四民"社会秩序逐渐解体,特别是科举的废除使得传统的上升之道被淤积堵塞,在一个事功意识浓厚的传统社会里,在混乱无序却又相对宽松的社会环境里,何去何从?面对近代中国"数千年未有之大变局"、"数千年未遇之强敌"的历史大变革时代,时势为长沙精英大批喷涌而出提供了机遇,也提出了具体而明确的历史任务。何清涟女士在《社会上升管道梗阻:中国近现代三次精英出走的原因》一文中曾提到,一个政权如果无法提供吸附精英的制度性管道,必然导致大批精英对政权的精神出走,最终导致精英的反叛。还是以黄兴为例,尽管曾言"一第岂能酬我志,此行聊慰白头亲",他还是参加了1896年的科举考试,并考上了秀才,科举制度废除后踏上东瀛游学之途,此后国事日蹙、时局日坏,黄兴最终毅然走上革命之路。出身官宦之家的龙璋(1854—1918),其父龙汝霖、二叔龙溥霖、三叔龙湛霖皆得意仕途,早年也曾热衷传统科举取士道路,乡试中举后任江苏多个县的等地知县(记名候选道员)。但时局的变化使得龙璋渐趋积极的革新,后来成为近代长沙著名的改革家,先后创办汽船公司,开济、利济轮船公司,醴陵湖南瓷业公司等,并曾任湖南商务总会总理(1909年)、湖南农会会长(1911年)等职。当然近代长沙同样不乏一意孤行、僵化到底者,如叶德辉,他是大藏书家,也是大学问家,革命军起时章太炎曾语湘诸党人曰,"湖南不可杀叶某,杀之则读书种子绝矣",但从戊戌变法到辛亥革命,到北伐战争、湖南农民运动,他却一直站在历史潮流的对立面,他是长沙人的异数,从某种意义上讲,他也是不怕死、倔犟霸蛮、一条筋到底的湖南人典型,同样具有另类的样本意义。

四

　　处于历史与现实、传统与现代、民族性与世界性的冲突与融合过程中的长沙精英,他们前赴后继,孜孜以求,扶大厦之将倾、挽狂澜于既倒,以自己巨大的人格魅力和事功成就,谱写了一曲曲壮烈的凯歌;他们在风雨如晦的中国近代史上,在充满血污与屈辱、奋斗与光明的历史大转折时代,在时代氛围酵母般的作用下,为中国近代化的发生与纵深发展,吹起了嘹亮的号角,也为传承和弘扬湖湘文化留下了最浓墨重彩的篇章!他们的每一个脚印里,都有着这个国家、这个民族的命运的投影!作为后来者,祭奠、铭记之外,更需理解、传承,包括他们的追求与惶惑、困境与出路、误解和洞见。

　　他们的丰功伟绩,与日月同辉;他们的精神伟力,永垂不朽!

参考文献:
[1]梁启超. 戊戌政变记·湖南广东情形[M]. 上海:上海人民出版社,1957.
[2]祭陈星台先生文[J]. 民报,1906,第2号.

[3]黄兴.黄兴集[M].北京:中华书局,1981.

[4][9][10]陈新宪,禹问樵.禹之谟史料[M].长沙:湖南人民出版社,1981.

[5]冯自由.革命逸史(2)[M].北京:中华书局,1981.

[6]孙中山.孙中山文选[M].上海:上海远东出版社,1994.

[7]林增平,杨慎之.黄兴研究[M].长沙:湖南师范大学出版社,1990.

[8]刘泱泱,陈珠培,刘云波.黄兴集外集[M].长沙:湖南人民出版社,2002.

[11]章开沅.湖南人与辛亥革命·辛亥革命在湖南[M].长沙:湖南人民出版社,1984.

05

重大事件与长沙文化

时务学堂创办过程述略

陈先枢

（长沙大学长沙文化研究所，湖南长沙 410022）

从 1897 年黄遵宪、徐仁铸、梁启超等相继入湘和谭嗣同回湘参与新政，湖南维新运动的内容更多地向文化教育和政治领域扩展，从而使湖南维新运动进入一个新的阶段。湖南维新运动进入新阶段的重要标志即是时务学堂的创办。熊希龄、蒋德钧等人雷厉风行，开办新式学堂，全力投入学堂筹备工作。1897 年 11 月29 日，时务学堂正式开学。

一、时务学堂的酝酿

1894 年甲午战争后，面对中华民族所面临的空前严重的民族危机，维新派提出"教育救国"。维新派在维新变法的宣传中十分重视"开民智"的作用。康有为认为，"才智之民多则国强，才智之士少则国弱"[1]；梁启超则强调，"变法之本，在育人才，人才之兴，在开学校，学校之立，在变科举"[2]；严复则直接把民智水平与政治发展水平相联系："君权之轻重，与民智之深浅成正比例，……以今日民智未开之中国而欲效泰西君民并王之美治，是大乱之道也"[3]。1896 年，刑部左侍郎李端棻上书清廷，主张自京师以下及各省州县皆设学堂。1897 年 3 月，安徽巡抚邓华熙奏请各省在省会另行设立格致等学堂。清政府同意了邓的建议，此后各省兴办新式学堂蔚然成风。湖南在此背景下，也开始了新式学堂的筹办。湖南巡抚陈宝箴即自称："臣于光绪二十二年（1896）准礼部咨山西抚臣胡聘之奏请变通书院章程一折，承准总理衙门咨议复刑部左侍郎李端棻奏请推广学校一折。"[4]湖南维新运动中，维新派官绅深感"开民智"对于经济发展和政治改革的重要意义，因而把教育改革看作是维新的主要内容之一。

浏阳算学馆是湖南维新运动的开端，而设在长沙的湖南时务学堂的创办则是长沙旧式书院制度向近代学堂制度转变的肇始；同时也是长沙维新运动之所以领先于内地其他城市的重要标志之一。

最早提出在湖南设立新式学堂的是蒋德钧。他说:"世变日深,需才孔亟;求才之道,立学为先","开民厂以造机器,设学堂以造人才,兴国保邦,莫急如此"[5]。促成湖南时务学堂成立的具体背景和直接原因,是乡绅王先谦、蒋德钧等人所从事的实业活动。陈宝箴就任湖南巡抚后,对于湖南的实业开发持鼓励和支持态度。1896年,王先谦联络蒋德钧、黄自元等人,集股创办官督商办性质的宝善成机器制造公司。宝善成公司在经营实业的同时,也注意在文化教育事业上的投资。1896年冬,王先谦、张祖同、蒋德钧、熊希龄等公司负责人为了扩大公司业务规模,向陈宝箴申请三万两资助,陈宝箴在申请报告上批道:"公极则私存,义极则利存。"这两句带有多重涵义的批语使王先谦等人极不高兴,以为未办事而先受申饬,遂改为少用公款而多用民间资本。嗣后不久,参与其事的蒋德钧更觉得宝善成公司"迹近谋利",不太合乎他们原先创办该公司的宗旨,于是提议在机器制造公司之下亦即宝善成公司之下设立时务学堂,推广工艺[6]。这大概是创办湖南时务学堂的最早动议。

蒋德钧提议创办时务学堂,最初的目的只是为了推广工艺,计划招收二三十名学生,常住局中学习制造,计划聘请一位通重学、汽机等相关学科的老师主其事,"俾日与诸生讲解制造之理,并随时入厂,观匠人制造。"[7]带有为宝善成机器制造公司培训人才的意味。

机器制造公司创办学堂的计划,得到了王先谦和熊希龄等人的赞同,由公司负责人王先谦等领衔上报湖南巡抚陈宝箴。这一计划与陈宝箴的思路不谋而合,当陈宝箴看到蒋德钧等"复议请开设学堂"的呈文后,"惊喜叫绝",并亲自为之命名为时务学堂[8]。陈宝箴于1896年底将这个计划批准立案。1897年1月,陈宝箴批准了由蒋德钧起草,王先谦领衔,张祖同、汤聘珍、熊希龄、蒋德钧等依次署名的《请设湖南时务学堂公呈》和《开办湖南时务学堂简明章程》。陈宝箴随即颁发钤记:"公司学堂归并办理"[9],并许诺从湘省矿务余利中提拨款项予以补助。创办之初,"公司学堂归并办理"。

1896年冬至1897年初,熊希龄建议筹办公司与时务学堂等事应该各有人专司其责,于是推汤聘珍、朱昌琳负责湘鄂行轮之事,后又推张祖同专办此事;推王先谦专办宝善成公司,推熊希龄专办学堂之事。后来在争取办学经费的过程中,王先谦不愿意由他自己出面,熊希龄遂请示陈宝箴,将时务学堂与宝善成公司分开办理。蒋德钧积极协助熊希龄筹办时务学堂。

二、时务学堂开办经费的筹措

时务学堂的创办首先要解决的是办学经费的问题。此前湘抚陈宝箴虽曾许诺从矿务余利中拨款以充常年经费,但蒋、熊均清楚这不过是一张空头支票。因为湘省矿务总局自保尚且艰难,何来矿务余利? 为另谋他策,熊希龄与蒋德钧都认为个人捐助是办法之一。其时有前湖北布政使、湖南衡南县人王之春踊跃响应,一次性捐助购买书籍银 2000 两。熊、蒋也以身作则,会同上海道刘麒祥合捐2000 两,用于购买制造局译书。但个人捐助也仅此而已,相对于时务学堂所需巨额经费来说,无异于杯水车薪,所以学堂经费问题的解决还必须从公款中筹措。最初熊希龄打算从湘省督销局李艺渊处想办法,劝他将所拨湘社仓之每年 7000金移归学堂。据《戊戌变法档案史料》载,张祖同透露湘省督销局尚有未收的加价湘省盐厘一项可以想办法,"每年补收此项,应有银一万四千余两"。熊希龄与蒋德钧闻知此情,不禁欣喜万分,随即禀请陈宝箴予以支持。陈对此自然深表赞同。为争取将此款项用作创办时务学堂,熊希龄等先不惊动督销局,以免督销局闻知此情,抢先下手,将此款移作他用,而是决定由熊、蒋亲赴南京,向两江总督刘坤一请拨此款。因湘省征收盐厘的督销局属两江总督管辖,故欲得此款,尚须两江总督刘坤一批准。

1897 年 4 月 29 日,蒋德钧与熊希龄经由武汉抵达上海。熊留沪采购图书仪器及办理其他杂务,蒋则于 5 月 2 日持禀稿到达南京。禀稿上署名者有王先谦、汪概、熊希龄、罗长裿、汤聘珍、刘凤苞、黄自元、成邦幹、蒋德钧、张祖同、邹代钧、李桢等。禀稿称[10]:

查江防经费一款,照原定之数,每斤加价一文,并入牌价扣收,每百斤应收长平银六分有奇。现查此款各盐行只收银五分,较议加之数并未收足。湘省各善堂支绌,酌定本年五月起,每售盐百斤,补收银一分作为善举,汇解督销局提用。就已定之成案,收应加之盐厘,并非格外加增。等因。又上年职员陈海鹏等于湖南省城设立积谷公仓,禀请督销总局,以光绪二十年江防补加一文,留备本省军需,以钱合银,每百斤亦应收银六分有奇,盐行又只缴五分,议加之数仍未收足。由局详请查照成案,于本省军需加增一分内,每售盐一百斤,补收银一分,以为储买公谷之费;亦蒙准行,先后尊奉各在案,湘省士民同声感颂。

伏查湘省盐厘,尚有光绪二十年部议东征筹饷,每斤加价二文,并入牌价,民间早已遵输,以钱合银每百斤应收银一钱二分有奇,盐行又只缴一钱,是议加之数已取之于民者,亦未缴足入公也。可否仰恳鸿施,俯念湘省创开风气,急求人才,以视善堂、积谷尤为重要。准照历次成案,赏发告示,并札饬督销总局,于湘省东征筹饷部议加增二文内,每售盐百斤补缴银二分,由总局汇收转发,以为湘省时务学堂常年经费。就已定之成案,收应缴之余厘,食户系已出之钱,运商无滞销之虑。如蒙允准,则大裘广厦、教泽宏敷,洞庭、衡岳之间群材蔚起,莫非高厚生成之德矣。

刘坤一对湖南创设时务学堂之举深表赞同,愿意扶植,在禀稿上批复:

在籍湖南绅士熊希龄等,禀请将各盐行已收未缴之余厘,拨充湘省时务学堂经费批:阅牍,具见振兴实学,培植人材,曷胜佩慰。至称光绪二十年部议盐斤加价,每斤二文,民间早已遵输,以钱合银,每百斤应收一钱二分有奇,盐行只缴一钱,是尚有二分中饱,为数较多。江南拮据异常,亦不能不资分润,候行湖南督销局,查明各盐行未缴若干?补收岁得若干?覆候核办。此复。

蒋德钧经与湘省督销局总办易顺鼎交涉查核,果有应补缴之盐厘 14000 金。但刘坤一不愿将此款全部拨给湖南时务学堂,谓"江南拮据异常,亦不能不资分润",只同意拨给时务学堂一半,另一半拟分给江南支应局收用。熊、蒋虽多方力争全拨,刘坤一始终不肯答应,无奈只好作罢。

刘坤一批准每年拨给湖南时务学堂盐厘 7000 金后,即檄行湖南督销局遵照办理。不料督销局总办易顺鼎还要打它的主意,他借口该局缉私经费紧张,禀请刘坤一从已拨时务学堂的 7000 金中分拨 2000 金作为缉私经费及湘水校经堂与《湘学报》之用。熊希龄闻知此情,坚决不让,又一次呈文刘坤一,谓倘让易顺鼎从中"分去盐款银 2000 两,学堂之成,将功亏一篑"。幸得刘坤一能够顾念学堂,虽让易顺鼎从中划拨去 2000 金,却又批示"准于此项长余盐款按成分拨,以加足 2000 金为度",终使学堂的 7000 金得获保全[11]。

有了刘坤一同意拨给的每年 7000 金的盐厘,可谓解决了大问题,然仍有不足。据预算,时务学堂每年所需经费约为 15000 两,熊希龄等为之焦虑。这时陈宝箴查到本年四月总理衙门咨复安徽巡抚邓华熙筹议添设学堂请拨常年经费的一个奏折。于是,陈宝箴援引邓华熙设立学堂时动用公款的办法,上奏清廷,请准"每年于正款项下拨款一万二千两酌充两处(时务学堂与武备学堂)常年经费",清廷准予所请。此外,陈并饬由省署提拨公款 3000 两以充时务学堂开办费用。

1898 年 2 月 12 日,陈宝箴上《设立时务、武备学堂请拨常年经费折》,获光绪帝批准。奏折称:

自咸丰以来,削平寇乱,名臣儒将,多出于湘。其民气之勇、士节之盛,实甲于天下,而恃其忠肝义胆,敌王所忾,不愿师他人之长、与异族为伍,其义愤激烈之气、鄙夷不屑之心,亦以湘人为最。近年闻见渐拓,风气日开,颇以讲求实学为当务之急。臣自到任,迭与湘省绅士互商提倡振兴之法,电信渐次安设,小轮亦已举行,而绅士中复有联合公司以机器制造者,士民习见,不以为非。臣以为因势利导,宜及此时因材而造就之,当于本年秋冬之间,与绅士筹商,在省会设立时务学堂,讲授经史、掌故、公法、方言、格致、测算等实学。额设学生一百二十人,分次考选,而延聘学兼中西品端识卓之举人梁启超、候选州判李维格,为中学、西学总教习,另设分教习四人。现已开学数月,一切规模已粗具。省城旧有求贤书院,现拟改为武备学堂,略仿天津、湖北新设规制,以备将才而肄武事。

伏查邓华熙原奏,请于各省正款内,每年拨银一万两,以充费用。湖北武备学堂,亦经奏准动用公款。今湘省设立时务学堂、武备学堂,事同一律,拟请援照每年于正款项下拨银一万二千两,酌充两处常年经费。自光绪二十四年为始,由臣在藩库、粮库、厘金局三处筹措分拨。其京、协饷及一切应解各款,仍照解不误。总计两处学堂,每岁经费约需二万数千金,除指拨正款外,所有不敷之项及建造学堂房舍之资,即由臣督率绅士,另行设法筹措就地支给,以期有成。

1898 年 5 月 14 日,陈宝箴又上《拨盐厘加价款用于学堂备案片》,文称:

臣查时务学堂每年经费约需银一万五六千两。公款不敷甚巨,迭据绅士在籍翰林院庶吉士熊希龄、前四川隆安府知府蒋德钧等禀称:"湘省盐厘,于光绪二十年部议东征筹饷,每斤加价二文,其时各盐行以钱折银,每百斤缴银一钱,现就近来钱价折合,应有盈余银二分有奇。拟请在此项加价二文内,每售盐百斤,饬补缴银二分,作为时务学堂经费,仍于公款毫无所损,而以地方已出之款,为地方作育人材,尤与另行筹捐不同。因前往江宁,禀经两江总督批:'查每年补收此项,应有银一万四千余两,准以一半为湘省时务学堂经费,其余一半解归江南支应局收用。'嗣因湘督销局总办道员易顺鼎以缉私经费不敷,禀于准拨时务学堂之七千两内划拨二千两,为缉私经费及湘水校经堂与《湘学新报》之用。绅等复电请两江总督拨足前议所允之数,旋奉印电批示:'于此项长余盐款,按成分拨,以加足二千金为度'等语在案。此后应由湘督销局每年汇收拨解经费银七千两,合之奏拨公款,可支常年之用,应请奏明咨部立案"等情前来。臣查此项盐厘加价二文余款,实因现在银价与初收时盐行折合银价情形不同,故每百斤得有此二分盈余,于应缴官款并无出入。既经两江督臣刘坤一批准,于补缴数内每年拨银七千两,为湖南时务学堂经费,以湘人已出之款,为湘人学堂之用,于理尤顺。

至此,时务学堂经费问题基本解决。

三、时务学堂校舍选定及开学

在争取经费的同时,熊希龄和蒋德钧等积极进行购置图书设备、建造校舍、招聘教习、招收学生等筹备工作。熊希龄和蒋德钧用自己和士绅捐的款项,在上海购置了一批图书设备。建造校舍,熊希龄征得湘绅同意,在省城北门外侯家垅购得一块地皮,计有数百亩。这里前临大河,后倚冈阜,颇踞湖山之胜,是一处理想的建校所在地。但因经费不足,暂不兴建,拟先租用衡清试馆(位于今开福区戥子桥衡清里)作为校舍。因房舍狭小,只好另觅他处。后租佃位于小东街(今中山西路)三贵街的清乾、嘉两朝重臣刘权之的故宅作为校舍。刘权之曾参与编纂《四库全书》及《四库全书总目提要》,官至吏部尚书、礼部尚书、协办大学士,加太子少保衔。刘权之晚年荣归故里,邻里百姓数百人去街口迎接,因而有了"接贵街"之街名。同、光年间刘权之府第转让给益阳翰林周桂午(周谷城叔祖父),周将房屋改造成三进四合院式公馆。周桂午恰好与熊希龄为同榜进士,两人关系甚密,熊希龄遂从周桂午手中租得刘权之旧邸作为校舍。

周宅非一般民居,它的原主人是刘权之,其时长沙百姓皆称刘宅为"国相府"。刘宅原有南北向并列的三线房屋,各自成单元,三单元之间隔以长沙地区传统的封火山墙,据《长沙地名古迹揽胜》考证,这三个单元的宅第属刘氏三兄弟所有。三兄弟均为大官,百姓谓之"三贵",三贵街由此而得名。刘宅周围的街道,如如意街、连升街、三贵街、福星街(今福庆街)皆因之而得名。至今当地百姓中还流传着刘宅"前有如意,后有连升,左有三贵,右有福星"的谚语。如意街紧挨今中山西路(原小东街)。今三贵、连升、福庆三街仍在。可见,南起中山西路,北至连升街,东起三贵街,西至福庆街,近似于方形的这块地盘,原都为刘氏宅第所占。这块土地面积约 15 亩。到清末刘氏其他二兄弟的宅第已经破败,惟有刘权之宅第,在新主人周桂午的呵护下保存较好。刘权之宅第约占刘宅总面积三分之一,资料称刘权之宅第面积约为 4.5 亩,较为可信。

1898 年戊戌政变后,时务学堂改办为求实书院,迁至落星田。后来周桂午的儿媳将三贵街宅第租予湘潭人言清华,1915 年办起了泰豫旅馆。泰豫旅馆老板言清华的儿子言泽坤曾向他的同班同学陈云章谈到过泰豫旅馆(时务学堂故址)的原貌。陈云章系原省参议员,湖南省文史研究馆原名誉馆长,1946 年他买下时务学堂故址的部分土地新建住宅和公司。据陈云章向笔者转述言泽坤所说,泰豫旅馆原为合院式民居,南北向主轴线上建正厅正房,左右为厢房,形成东西向次轴线。沿轴线形成三进院落,整个刘权之宅第实际上由 3 个四合院组成,内有大天井花园 1 个,小天井 2 个。言泽坤、陈云章二先生已作古,而泰豫旅馆老板言清华的孙子言立、言颐苏尚健在,他们对幼年时记忆,与言泽坤之说亦相吻合[12]。

时务学堂为官办学堂,学堂管理人员也由抚院扎委任命。1897 年 11 月 29 日,时务学堂正式开学。陈宝箴委任熊希龄为时务学堂总理(亦称提调,即校长),主持一切行政事务。另委绅董 9 人,即熊希龄、王先谦、蒋德钧、李维翰、谭嗣同、黄自元、张祖同、陈海鹏、邹代钧,组成时务学堂董事会,参与学堂章程及各有关大事的讨论与决定。总理(提调)的主要职责为招考、堂规、银钱、用人等 4 项。谭嗣同兼学堂总监。另设管堂 2 名,由陈奂奎和杨自超充任,陈奂奎管银钱收支,杨自超负责管理教习测量。又以狄钟翰为副管堂,协助两位管堂管理学生的思想和生活。教学事务则由熊希龄全权委托中、西文总教习梁启超和李维格负责组织。

时务学堂开学当日举办了隆重的开学仪式,学堂总监谭嗣同、学堂总理熊希龄均撰联以贺。谭嗣同联曰:

揽湖海英雄,力维时局;

勖沅湘子弟,共赞中兴。

熊希龄联曰:

三代遗规重庠序;

九州奇变说山河。

八星谈天,三带说地;

四宗异教,五族同人。

湖南时务学堂开学之际,为扩大影响,阐明意义,向社会公布了《湖南时务学堂公启》。公启疾呼"吾湘变,则吾中国变;吾湘立,则中国存。用可用之士气,开未开之民智,其以视今日之日本宁有让焉",强调"广立学校培植人才为自强之计"。这份公启由梁启超起草[13],全文感慨激昂,如:

吾湘以士气开,天下通商数十载,西人足迹交遍中国,惟于楚地几不敢越半步,论者谓志气之盛,魄力之厚,视日本之言锁港者殆将过之。于是海内海外遂咸以守旧目湘士。然窃闻吾乡先辈有魏默深、郭筠仙、曾劼刚诸先生咸于天下不讲西学之日,受怨谤,忍尤诟,毅然慨然以倡此义,至今天下之讲西学者则靡不宗诸先生,乌在湘人之为守旧也?且如日本前日虽守旧何害,其守愈笃者其变亦愈诚。吾湘变,则吾中国变;吾湘立,则中国存。用可用之士气,开未开之民智,其以视今日之日本宁有让焉。

今事变益急,天子宵旰殚虑,惟广立学校,培植人才,为自强之计,累降纶绰,布此义于天下。江淮闽浙秦晋鄂蜀闻风兴起,云鳞丛萃,而吾湘以凋蔽之余,未克具举。今值制军张公、中丞陈公、督学江公咸以一时通人,提倡新政,嘉惠斯土,吾湘士及今不思自励,上无以宣圣天子作育之化,中无以答贤有司宏奖之雅,下无以塞薄海豪杰敬畏相望之心。用是簪萃同人,共倡新举,将聘达人以主讲授,选聪俊以充生徒,藏书籍以备群摩,置图器以资试验。常年之费,岁以数万,亦既呈请大吏将东征筹饷部议加增盐厘已收未缴之项,拨归堂中藉充岁费。然草创伊始,构造房屋,购置书器,需费极繁,开办不易。盖闻千金之裘,非一腋所集;万间之厦,非独木所成。凡我同志,远念敌王所忾之义,近思维桑与梓之情,大为强国保种之谋,小为育子克家之计,其诸有荣于是欤。

参考文献:

[1]康有为.上清帝第二书[A].康有为政论集(上)[C].北京:中华书局,1981.

[2]梁启超.变法通议·论变法不知本源之害[A].饮冰室合集(文集之一)[C].北京:中华书局,1989.

[3]严复.中俄交谊论[J].国闻汇编,1897.

[4]陈宝箴.奏办时务学堂、武备学堂折[A].光绪朝东华录(第4册)[C].上海:上海集成图书公司,1909.

[5]蒋德钧.请设湖南时务学堂公呈[A].求实斋类稿(卷5)[C].清光绪刻本.

[6]熊希龄.为时务学堂事上陈宝箴书[A].熊希龄集(上)[C].长沙:湖南人民出版社,1985.

[7]邹代钧.致汪康年函(42)[A].汪康年师友书札[C].上海:上海古籍出版社,1986.

[8]周秋光.熊希龄与湖南维新运动[J].近代史研究,1996,(2).

[9]王先谦.致陈中丞[A].虚受堂书札(卷1)[C].清光绪刻本.

[10][11]周秋光.熊希龄集(上册)[M].长沙:湖南人民出版社,1985.

[12]言颐荪.也谈泰豫旅馆[N].长沙晚报,2003-08-03.

[13]麦仲华.皇朝经世文新编(卷5)[M].上海:上海大同译书局,1897.

长沙近代新式知识分子群体的形成与辛亥革命

彭平一　　邱添韵

（中南大学政治学院，湖南长沙　410083）

我曾在《社会结构变迁和近代文化转型》一书中分析了中国近代知识分子群体形成的过程及其特征，认为中国近代新知识分子具有自觉的群体意识、开放的知识体系和强烈的自我主体意识。"这种强烈的自我意识和主体意识使新式知识分子积极参与现实政治活动，从而使他们成为清末政治改革和政治革命的中坚力量"，"这正是 20 世纪初年新式知识分子群体的伟大历史责任"[1]。分析辛亥革命前十余年长沙近代知识分子群体形成及其与政治改革、政治革命的关系，可以进一步验证这一观点。需要说明的是，此处所称"长沙近代新式知识分子群体"，并非仅指长沙籍的知识分子，而是指从近代长沙地区的教育改革中涌现出来，或以长沙为中心从事近代教育文化事业或政治运动的知识分子。

一

绅士阶层的分化，是晚清社会结构变迁的重要表征之一。这种分化突出表现在，随着晚清社会经济的近代化发展，一部分旧式绅士开始向新的社会阶层转化。这种转化有三种主要的趋向：一种趋向是由绅而商，即旧式绅士转而举办近代企业，成为近代企业家或实业家；一种趋向是由绅而学，即旧式绅士转向新式教育文化事业，成为近代教育家、教师、新闻和出版的从业者；第三种是由绅而军，即以绅士身份投入新式军队，有的甚至加入到会党中。当然，这三种趋向只是从整个绅士阶层的分化过程来看，如果就某一个绅士的分化来看，可能三种趋向都兼而有之。而从近代知识分子形成的要素来看，由绅而学具有更重要的意义。

从全国范围看，绅士阶层的分化从洋务运动时期就已经开始，到甲午战争后，形成了较大规模。而从长沙来看，这一趋势则是从甲午战争后的维新运动开始的。甲午战争前，以长沙为中心的湖南绅士还陶醉在由于湘军镇压太平天国的辉煌战功而形成的"湘军情结"中，几乎没有人参与到近代企业的创建活动中，更没有人从事近代教育文化事业。甲午战争中湘军的辽东溃败击碎了湖南绅士的"湘军情结",湖南绅士由震惊而自省,从而开始了领先各省的湖南维新运动。在湖南维新运动中,长沙绅士积极投入了近代工矿企业和近代文化教育事业的创建活动中,从而使他们步入了向近代社会阶层转化的过程。

仔细分析湖南维新运动中长沙绅士阶层的分化,我们可以看到一个令人深思的现象,即由绅而商的绅士大都是家财殷实、名声显赫的上层绅士;而由绅而学的绅士则主要是身家地位都不怎么高的中下层绅士。从 1895 年到 1898 年,在长沙创办的一系列新式企业,几乎都是由上层绅士创办的。如举人张祖同等于 1895 年 11 月创办和丰火柴公司,进士王先谦、进士黄自元等于 1896 年创办宝善成制造公司等,当然也有较低层次的绅士创建的近代企业,如由监生张本奎、廪贡生萧仲祁、廪生王国柱等于 1898 年 7 月创办的化学制造公司。但这种企业相比上层绅士创建的企业来说,其规模和影响都要小得多。上层绅士从事的创办企业活动,从本质上来说,只不过是洋务运动的补课,他们的思想远未冲破洋务派"中体西用"思想的樊篱。因此,这部分上层绅士并没有完成向近代新式知识分子的转化,而仍属于传统绅士的范围。正因为如此,他们与那些下层绅士围绕着时务学堂、南学会、湘学报、湘报所宣传的内容发生了激烈的冲突。王先谦领衔的《湘省公呈》联署者共十人:王先谦、刘凤苞、汪贻、蔡枚功、张祖同、叶德辉、郑祖焕、孔宪教、黄自元、严家鬯[2],其中除张祖同和严家鬯为同治举人外,其余均为同治或光绪年的进士。从他们的出身地位及其政治态度,从一定程度上可以看出当时上层绅士在绅士阶层分化中的作用。

与此同时,一些下层绅士如熊希龄、谭嗣同、唐才常等则积极地参与了一系列近代文化教育新政的创办,如时务学堂、南学会、湘学报、湘报等。他们配合梁启超等康门弟子,把这些文化教育方面的新政作为宣传资产阶级民权学说的阵地,并以此培养维新事业的政治人才。这一点,梁启超在给时务学堂拟定的"学约"中说得非常明白:"今中学以经义掌故为主,西学以宪法官制为归,远法安定经义治事之规,近采西人政治学院之意。"[3]他们还在课堂上,在学生的课卷批札中公开抨击封建专制统治,宣传西方自由和人权思想。他们还设想把南学会办成西方议院式的立法、决策机构,把湖南保卫局办成三权和地方自治的近代城市管理机构[4]。这些都说明,这些下层绅士已经开始具有了近代新式知识分子的某些特质。

以谭嗣同、唐才常等为代表的下层绅士在长沙创办文化教育新政,不仅使他们自己开始向近代新知识分子转化,而且通过他们创办的这些文化教育新政,对长沙近代新式知识分子群体的形成产生了直接的影响。这种影响在长沙时务学堂培养的学生上突出表现出来。

长沙时务学堂前后招生三期。原定招收三期共120人,后来接受梁启超的建议,招收外课生和附课生,同时根据清政府的安排,招收备送北洋学生。第一次录取了蔡锷、唐才质等40名内课生。第二次录取了内课生30名,外课生18名,附课生7名。第三次录取了内课生46名,外课生52名,备送北洋学生10名。三次共招收各类学生203名[5]。按照规定,报考者"均由各府州县学官、绅士查报",因此,这些学生大都为官绅子弟或各府、州、县学的生员,也就是说,他们都具有一定的绅士背景,湖南的传统绅士气质对于这些半新式的学生无疑还是有影响的。从地域上分析,湖南巡抚衙门原来规定120名学生中,长沙府有24个学额,占20%;如果按此比例,在203名时务学堂的三期学生中,长沙府大约有40名左右。不过这一数字对于估计长沙地区新知识分子群体的人数并无多大意义。因为其他府州县的学生,一进入时务学堂,就在长沙"富有生气"的维新气氛中接受着半新式的教育,开始了向新式知识分子的转化过程,并以此为基点向全国施展着他们的影响。

长沙时务学堂存在的时间很短,可以说,这些半新式的学生还没有来得及完全转变为新式知识分子,时务学堂就已经随着戊戌政变的发生而改为了求实书院。于是,他们又面临着新与旧的重新选择。

1900年的自立军运动及其失败对于长沙地区新式知识分子群体的形成具有十分重要的意义。这种意义可以从两个方面来理解。第一,自立军运动是长沙知识分子自主地、群体性地从事政治实践活动的开端。第二,自立军运动的失败促使了长沙地区知识分子向革命阵营转化。自立军运动的主要领导者是唐才常,在他手下,聚集了一批长沙府籍,或者从长沙走出来的知识分子。还是在维新运动失败后,梁启超募款于1899年秋在东京创设了高等大同学堂。"从学者有前湖南时务学堂旧生林锡圭(述唐)、秦鼎彝(力山)、范源濂(静生)、李群(彬四)、蔡艮寅(松坡,后改名锷)、周宏业(伯勋)、陈为璜、唐才质(法尘)、蔡钟浩、田邦璇、李炳寰等十余人"[6]。在上述名单中,大部分是长沙时务学堂的内课生和外课生。其中秦鼎彝(力山)虽然不是时务学堂的学生,而是善化县学的生员,但他向往新学,经常到南学会和时务学堂听讲或听课,因而也成为梁启超的追随者。当梁启超招时务学堂学生东渡进入东京高等大同学堂学习时,他也随行进入大同学堂学习。在唐才常回国从事自立军运动时,这些留学生也大都跟随回到国内。另外,在自立军运动中充当骨干的还有维新运动中就非常活跃的毕永年和沈荩。正是这批经过时务学堂教育,后来又留学日本的湖南学子,充任了自立军的各路统领——自立军总统:唐才常;中军统领:林圭,副统领:李炳寰;前军统领:秦力山;后军统领：田邦璇；左军统领：陈犹龙，副统领：唐才中；右军统领：沈荩。此外，参与起义或者协助起义的长沙府籍知识分子还有张通典、禹之谟、黄钺、杨毓麟、黄兴、朱德裳、曹典球等。还有一些原长沙时务学堂的学生也参与了起义，如蔡钟浩、蔡钟沅、唐才质、蔡锷、陈荆等。这支以湖南学子为骨干的自立军，有着明确的政治纲领、内外政策和行动准则，这些纲领、政策和准则体现着新式知识分子的政治理想、主体意识和开放精神。

自立军起义最终失败了，唐才常与林圭等被捕死难。经过这一壮烈之举而大难不死的其他知识分子，或回到湖南，或逃亡日本。他们在反省了自立军起义的得失后，毅然走上了革命道路。这些热血青年后来成为了20世纪初年湖南革命知识分子群体的骨干。因此，从这一意义上来说，自立军起义是长沙知识分子群体形成的标志。

二

如果说，在进入20世纪前，绅士阶层的分化是长沙新式知识分子群体形成的主要途径的话，到20世纪初年，新式学堂的学生则成为长沙新式知识分子群体的主要补充来源。

在清政府颁布改书院为学堂的诏命前，长沙就于1900年创办了私立的明耻小学堂。此后，根据清政府的"新政"谕令，湖南省从1902年年初开始逐步改革教育制度。1906年，清政府宣布废除科举制度，使"天下士子，舍学堂一途，别无进身之阶"[7]，这就使长沙的近代学堂教育得到了进一步的发展，逐步形成了一个官办、民办和私办配合，大、中、小学衔接，普通教育和职业技术教育并举的近代学堂教育格局。据清学部的统计，1905年，湖南共有新式学堂245所，学生数为10232名；1907年的新式学堂为732所，教员数为2593名，学生数为30201名；到1909年，学堂数达到1437所，教员数达到4069名，学生数达到52229名。学堂数和学生数在五年间分别增长了4.86倍和4.1倍，教员数三年间增长了0.57倍[8]。省城长沙没有确切的统计数字，从长沙在全省的政治、经济和文化地位来看，其比例当不在少数。据《长沙教育志》的统计，1906年长沙城区共有官立小学堂40所，每所小学堂有学生40名；另外还有为数不小的私立和教会小学堂。到1911年长沙城区共有官立和私立普通中学堂12所，每所中学堂的学生，少则数十人，多则百余人。另外还有中等师范学堂2所（另外宁乡、浏阳等县在省城曾办有"驻省师范"，但时办时停，很难统计）；中等职业技术学堂10所（1911年）；官立和私立高等学堂（含专科）6所[9]。不过，晚清的新式学堂中绝大部分是小学堂，而对于新式知识分子群体形成有直接影响的中学堂以上学校并不很多。据学部的测算，

1909 年湖南全省有中学以上学堂 87 所,学生共有 8550 名[10]。如果按上述《长沙教育志》的估算数字,全省中学以上学堂约有一半上下在长沙城区,那么,长沙城内大约有中学以上的学堂学生 4000 余人,加上从小学堂到高等学堂的教员 1000 人左右。这些就构成了 20 世纪初年长沙新式知识分子群体的主要补充来源。当然,还有很大一部分知识分子不是在学堂工作,而是从事教育行政、报刊、新闻、图书馆等工作。

长沙知识分子群体中留学国外的人数比例当然不会是多数,但是这部分人在知识分子群体中所起的影响和作用却是巨大的。长沙最早的留学生是戊戌维新失败后追随梁启超到日本东京大同学校留学的原时务学堂的学生。1901 年,湖南抚院派张孝准(长沙籍)、梁焕彝(长沙府属湘潭人)到日本学习军事和矿冶,同时还派遣了三名学生随候选同知黄忠绩赴美洲和澳洲留学,这是湖南的第一批官派留日学生。而湖南省较大规模向日本派遣留学生是在 1902 年。这一年,湖南抚院派大挑知县胡珍率 12 名生员前往日本考察教育,学习师范。这 12 名生员中,长善两县有俞诰庆、俞蕃同、王履辰、汪都良等 4 人,其余属长沙府各县的有龙纪官(湘乡)、仇毅(湘阴)、颜可驻(湘乡)、胡元倓(湘潭)、朱杞(湘乡)、刘佐楫(醴陵)等 6 人[11]。此后,湖南抚院派遣的留日学生逐年增加,到 1910 年,湖南官费留日学生达 200 人。与此同时,自费留学日本的学生也不断增加甚至超过了官费留日学生的人数。1904 年,湖南自费留学日本的人数可能达到了将近 200 人[12]。在这些留日学生中,涌现了许多在后来的辛亥革命和立宪运动中具有重要影响的人物,如黄兴、宋教仁、陈天华、杨毓麟、焦达峰、刘揆一、刘道一、胡瑛以及杨度、易宗夔等。

由于废除了科举制度,20 世纪从新式学堂(特别是中等学堂)走出来的青年学子已经有很大一部分没有了传统的功名出身,他们在新式学堂接受新式教育,完全成为了新式知识分子。即使是原来具有绅士身份的学生,也不再是传统意义上的绅士,但这并不意味着原来的绅士阶层在新式知识分子群体中影响的减少。实际上,具有传统绅士身份的人士仍在新式知识分子中具有特殊的地位和重要的影响。第一,20 世纪初年的新式学堂的创办者、管理者和教员,大部分还是具有绅士身份的人士担任。这是因为,地方绅士既有投身新式教育的热情,又有清政府政策的支持[1]。长沙地区的学务公所议长和议绅,以及长善两县的劝学所所长都是由著名的地方绅士担任自不待说,各级官立学堂的监督(相当于校长)也基本上由地方绅士担任。1906 年,《申报》曾对长沙城内的 17 所官立学堂(不包括初等小学堂)进行过调查,其中能够确定是由绅士担任监督的有 11 所[13]。而那些民办学堂(包括多人捐款举办的公立学堂和一人独资创办的私立学堂)也大都是由绅士为主出面集资或独自出资举办的。至于说长沙地区新式学堂的教员，也是以绅士，或者是留学归来的兼有双重身份的绅士担任。这部分人士在新式知识分子群体中占有一定的比例，同时，由于他们在新式学堂的地位，对新式学堂的学生也具有重要的影响。第二，新式学堂中也有一定比例的下层绅士。科举制度废除后，通过科举入仕的途径被堵塞，大量绅士不得不进入新式学堂，以谋得新的社会职业，因此要准确地估计这一部分新绅士在长沙新式学生中的比例是很困难的。但从全国的情况来看，新式学堂，特别是师范学堂和高等学堂的学生很大一部分是由传统士子转化而来，应该是有依据的。如京师大学堂1906年共有师范生321人，其中243人具有传统功名（举人43人、贡生36人、生员164人）[14]。有人估计，自19世纪末以来，尤其是废除科举制度以来，全国绅士群体中约有1/5左右的人接受过程度不等的新式教育。因此，长沙新式学堂的学生中具有绅士身份的人当不在少数。第三，留学生中也有很大一部分具有绅士身份。湖南派遣的官费留学生绝大部分是原地方官学或书院的生员，他们当属于绅士阶层；由于到国外留学所需费用不菲，一般家庭的人士是很难负担的，因此自费留学的人员大部分出身于官、绅、商之家，其中有相当一部分本身也具有绅士的身份。我们可以从华兴会中的一些湖南留日学生的功名背景看出这一点：黄兴、宋教仁、谭人凤、杨毓麟等都是秀才；陈天华、刘揆一、仇亮、宁调元、章士钊等都曾就学于官学或书院，属于生员。

由此可见，20世纪初长沙地区新式知识分子群体虽然是以新式学堂或留学生为主要补充来源，但其中很大一部分仍然具有绅士身份，他们是兼有新式学生和传统绅士双重身份的知识分子。指出这一点是很重要的，我们将在下面论及这一点。

三

综上所述，19世纪末到20世纪初，长沙地区知识分子群体已经形成，并在社会生活中产生了重大而深刻的影响。其中20世纪初长沙教育改革实施前，传统绅士的分化是新式知识分子群体形成的主要来源；教育改革实施后，特别是废除科举制度后，新式知识分子的主要补充来源是接收新式教育的学生，但其中仍有很大部分兼有绅士的身份，而且这一部分人在新式知识分子中所起的作用和影响是很大的。

长沙地区新式知识分子群体无疑具有新式知识分子的一般特征，如具有明确的群体意识和自主意识、具有开放的认知空间和知识结构、具有鲜明的爱国精神和民主思想。这些特征使他们在晚清长沙、湖南，乃至全国的社会政治、经济、文化的变迁中产生了重大的影响。特别是在辛亥革命的浪潮中,以长沙为中心的湖南新式知识分子的作用在全国新式知识分子中都是非常突出的。然而,仅仅指出这一点,是不足以深刻地分析长沙知识分子群体在辛亥革命过程中深刻而独特的作用和影响的。我们还必须看到,由于长沙新式知识分子群体的形成与绅士阶层的分化有着非常密切的关系,又由于以长沙为中心的湖南是晚清绅士势力最为强盛的地方,长沙新式知识分子群体在很大程度上遗传了湖南绅士阶层的特性;而湖南绅士又是传统湖湘文化的典型代表者,湖湘文化的精神特质又通过绅士阶层影响着长沙新式知识分子群体,从而也影响着这一群体在辛亥革命中的作用和影响。

首先,长沙新式知识分子从湖南绅士群体那里继承了一种"天下不可一日无湖南"的担当精神。湘军镇压太平天国的赫赫战功既使湖南绅士人数大大增加,也使湖南特别是长沙绅权大为增长;同时,湖南绅士从湘军的赫赫战功中感受到一种湘军天下无敌的荣耀,再由这种荣耀转化为一种对天下的自负和对朝廷的担当精神。正如陈宝箴所指出的那样:"自咸丰以来,削平寇乱,名臣儒将,多出于湘,其民气之勇,士节之盛,实甲于天下,而恃其忠肝义胆,敌王所忾,不愿师他人之所长,其义愤激烈之气,鄙夷不屑之心,亦以湘人为最。"[15] 甲午战争中,湘军出师辽东惨败,这对湖南绅士的"湘军情结"是一个沉重的打击。然而,这并没有改变湖南绅士的自负和担当,只不过那种对朝廷的担当开始升华为一种对于国家和民族的担当。维新运动中,长沙的维新派士绅提出湖南"自立自保"的主张,正是以这种湖南绅士阶层的担当精神为基础的。这种担当精神被长沙新式知识分子群体所继承,并发扬光大。1903 年,黄兴等创立华兴会时,提出了"雄踞一省,与各省纷起之法"相结合的战略,并把湖南作为"雄踞一省"之所在,希望能够"取湘省为根据地","使湘省首义"[16]。这正体现了长沙新式知识分子的担当精神。此后,这种担当精神被湖南的先进知识分子发挥得淋漓尽致。也就是在 1903 年,华兴会的主要创始人之一,长沙留日学生杨毓麟(笃生)以"湖南之湖南人"的笔名发表《新湖南》一文。在此文中,他慷慨激昂地大谈"湖南有特别独立之根性"和"湖南人的责任",提出要"以我湖南人之血,染我湖南之地","以我湖南人之血,染我中国之地";要"建天心阁为独立之厅,辟湖南巡抚衙门为独立之政府,开独立之议政院,选独立之国会员,制定独立之宪法,组织独立之机关,扩张独立之主权,规画独立之地方自治制","以吾湖南为古巴,以吾湖南为比利时,经吾湖南为瑞士"。特别是他寄希望于湖南的军界与学界,激励"湖南之青年军演新舞台之霹雳手"[17],进一步将这种担当精神赋予了青年知识分子。另一位知识分子的代表杨度于 1903 年在日本写了著名的《湖南少年歌》,将长沙知识分子的自负和担当发挥到极至:"中国如今是希腊,湖南当作斯巴达,中国将为德意志,湖南当作普鲁士……若道中华国果亡,除非湖南人尽死。"正是这种自负和担当,使长沙知识分子群体在辛亥革命中充当了革命的先锋和骨干。在20世纪初年的长沙知识分子群体中,成为著名实业家、科学家屈指可数,但成为革命者的却是非常多。有人对20世纪初年的46位具有典型意义的兼有绅士和学生身份的湖南籍知识分子的政治立场进行统计,46人中,竟有一半也就是23人参加了自立军、华兴会、同盟会等激进或革命团体[10]。由此,我们不难理解,为什么长沙能够成为响应武昌起义的"首应之地"。

其次,湖湘文化传统中的"朴实勤奋、劲直勇悍、好胜尚气"等民风民俗也通过传统绅士的传授对长沙新式知识分子群体产生了影响,从而对辛亥革命中的湖南青年革命派产生了影响。在湖南历史上曾经发生过两次大规模的移民迁入,一次是在元末明初,一次是在明末清初。因此,近代的湖南人大部分是从江西和广东等省移民而来,是"在族源和血缘方面同清代以前的湖南居民基本上没有联系的新居民。全省人口素质实现了更新,带来了移民所具有的开拓精神和进取心;又因与苗、瑶、侗、土家族等族联姻,吸收了这些少数民族强韧、犷悍和刻苦的习性,从而在湖南渐次形成了一种有别于他省的朴实勤奋、劲直勇悍、好胜尚气、不信邪,甚至流于偏狭任性的乡俗民气。"[18]这种乡俗民气势必也对介于官、民之间的绅士形成影响,并形成了一种"士气"。长沙作为湖南、经济、文化的中心,又是绅士权势最强盛的地方,因而也集中体现着湖南的乡俗民风。在传统绅士转化为近代知识分子的过程中,由于原来的致仕路径被堵塞,昔日的权势也逐渐丧失,在绅权没落过程中转化的新式知识分子对朝廷的离心力越来越大,而在民族危亡和国家衰落的危机刺激下,新式知识分子很容易走上造反的道路。这就是辛亥革命时期大量新式知识分子积极参加革命运动的深层次动机。而这些知识分子一旦走上革命道路,就会义无反顾地为他们信仰的事业付出自己的鲜血与生命。黄兴的"屡败屡战"和"明知不可为而为之",刘道一的"舍身此日吾何惜,救世中天志已虚",禹之谟的"我一人之死而全此亿万人之生",蔡锷的"流血救民吾辈事,千秋肝胆自轮囷"都反映了这种"劲直勇悍、好胜尚气"的"士气"。而这种民风士气发展到极至,就会有不计后果的"偏狭任性",这在辛亥革命过程的长沙新式知识分子身上也表现得很突出。禹之谟在官府要逮捕他时可以逃避而拒绝逃避,坐以待捕,杨毓麟、陈天华、姚宏业相继蹈海投江而"殉道",其精神可嘉,不过其做法值得商榷。

参考文献:

[1]郑大华,彭平一.社会结构变迁与近代文化转型[M].成都:四川人民出版社,2008.

[2]叶德辉.翼教丛编(卷5)[M].台北:文海出版社,1971.

[3]梁启超.饮冰室合集(文集之二)[M].北京:中华书局,1989.

[4]彭平一.戊戌地方制度改革与维新派的地方政治思想[J].中南大学学报(社会科学版),2009,(3).

[5]汪叔子,张求会.陈宝箴集(中)[M].北京:中华书局,2005.

[6]冯自由.革命逸史(初集)[M].北京:中华书局,1985.

[7]朱寿朋.光绪东华录(5)[M].北京:中华书局,1958.

[8]王笛.清末学堂与学生数量[J].史学月刊,1986,(2).

[9]长沙教育志编纂委员会.长沙教育志(1840—1990)[M].内刊本,1992.

[10]应星.废科举、兴学堂与中国近代社会的转型[J].战略与管理,1997,(2).

[11]湖南省志编纂委员会.湖南近百年大事纪述[M].长沙:湖南人民出版社,1980.

[12]彭平一.湘城教育纪胜[M].长沙:湖南文艺出版社,1996.

[13]许顺富.湖南绅士与晚清政治变迁[M].长沙:湖南人民出版社,2004.

[14]桑兵.晚清学堂学生与社会变迁[M].北京:学林出版社,1995.

[15]朱寿朋.光绪朝东华录(4)[M].北京:中华书局,1958.

[16]毛注青.黄兴年谱[M].长沙:湖南人民出版社,1980.

[17]张枏,王忍之.辛亥革命前十年时论选集(卷1下)[M].北京:三联书店,1960.

[18]林增平.近代湖湘文化试探[A].林增平文存[C].北京:中华书局,2006.

辛亥革命与长沙

梁小进

（长沙大学长沙文化研究所，湖南长沙　410003）

　　2011 年 10 月 10 日,是我国近代史上伟大的资产阶级民主革命——辛亥革命发生一百周年纪念。这一伟大的革命,推翻了清王朝的封建统治,结束了在我国延续了二千多年的封建帝制,创建了民主共和,是我国近代历史的第一个伟大的转折点,对我国社会历史的发展产生了重大而深远的影响。素有改革进取精神和革命斗争传统的长沙,是这场革命的重点地区之一。这里产生了与伟大的革命先驱孙中山并称的卓越领袖黄兴;黄兴、宋教仁、陈天华、谭人凤、蒋翊武、秦毓鎏、吴禄贞、刘揆一、刘道一、焦达峰等全国著名的革命家曾在这里从事革命活动;二十世纪初至 1911 年长沙所发生的一系列革命事件,在全省乃至全国都起了重大作用;更有大批长沙籍革命志士,追随孙、黄,前赴后继,在长沙或全国其他地区的反清革命斗争中,作出了重要的贡献。值此隆重纪念辛亥革命一百周年之际,笔者谨以此文,试图对这一伟大革命在长沙的不朽进程和长沙籍革命志士在这一革命中的历史功绩予以简要叙述,以表达我们对一百年前为建立新中国而英勇奋斗的志士先烈的无限敬重和永远怀念。

一

　　中国资产阶级民主革命运动在长沙的历史进程,大致可分为三个阶段。

　　第一阶段,从清光绪二十九年(1903 年)黄兴等回到长沙从事革命活动,至光绪三十一年(1905 年)同盟会湖南分会成立之前,是这一革命在长沙兴起的阶段。

　　十九世纪末,中国在甲午战争中遭到失败,帝国主义掀起了瓜分中国的狂潮。面临这一危机,中国人民展开了维新变法、救亡图存的斗争。戊戌变法运动中,长沙地区聚集了梁启超、谭嗣同、黄遵宪等全国著名的维新人士。他们创办时务学堂、设立南学会,发刊《湘报》,使长沙成为全国"最富朝气"的地区。谭嗣同以炽烈的爱国热情投身变法,他大声疾呼"冲决"封建"网罗",直至以流血变法"请自嗣同始"的气慨英勇就义。戊戌政变以后,浏阳唐才常、长沙秦力山和沈荩等在孙中山影响下,发动自立军起义,以大规模武装暴动的形式,继续从事救亡图存的斗争。

戊戌变法和自立军起义造就了一大批改革者和革命者,影响了包括黄兴在内的一代有志青年。它们的失败促成了后来反清革命的兴起,使大批爱国青年由维新转向革命,在谭嗣同、唐才常"冲决网罗"的呐喊和流血牺牲精神的激励下,从事反清活动,揭开了资产阶级民主革命的序幕。

自立军起义失败后,维新志士纷纷东渡,流亡日本,又适逢清王朝实行新政,国内青年知识分子大批赴日留学,革命运动由是勃然兴起。以黄兴为代表的长沙籍青年热情投身其间,组织团体,创办报刊,举行集会,为革命在长沙的兴起和发展作了思想上和组织上的准备。

1903 年的拒俄运动被清政府镇压下去以后,留日学生纷纷归国策动革命。同年 7 月,黄兴回到长沙。随后,他应胡元倓之请,任教于明德学堂(今明德中学)。不久,陈天华、谭人凤、宋教仁等也先后来长。他们以明德学堂为基地,进行革命宣传,发展革命力量。11 月 4 日,黄兴借 30 生辰宴集,邀约刘揆一、宋教仁、章士钊、周震鳞、柳聘农等十余人在长沙西区保甲局巷彭渊恂宅集会,发起成立华兴会,一百多人参加成立大会,黄兴被推为会长。华兴会对外称华兴公司,其总机关设长沙南门外。其下有联络会党的同仇会、运动军队的黄汉会,并在湖北、上海建立了联络机构。仅仅几个月的时间,华兴会的成员即迅速发展到四五百人。

华兴会是中国内地最早成立的革命团体,以"驱除鞑虏、复兴中华"为宗旨,以武装起义、"雄据一省与各省纷起"为革命方略,对推动湖北、上海革命团体的建立,进而对同盟会的成立起了举足轻重的作用。黄兴也以此为世人瞩目,成为辛亥革命的杰出领袖之一。华兴会的成立促进了长沙革命运动的进一步发展,使长沙成为了湖南革命的中心,成为了全国革命运动的重要地区之一。

华兴会成立后,决定于 1904 年 11 月 16 日(光绪三十年十月十日),趁西太后七十生辰,省城文武官员在玉皇殿行礼之机,举行起义。这年春初,黄兴和刘揆一雪夜步行,在湘潭一处山洞与哥老会著名首领马福益会晤,商讨起义大计。为筹集经费,黄兴毁家纾难,出卖祖遗田产 300 石,柳聘农、彭渊恂等也变卖家产,且四处借贷。华兴会印发了大量书刊,以宣传革命。其时,长沙城内革命书刊"罗列满布,触手即是",人们"交头手指,争相阅诵"。9 月 24 日,华兴会在浏阳普迹市为马福益举行授将仪式,并赠与枪支、马匹,"仪式庄严,观者如堵",情绪极为高昂。

然而,在起义紧张筹备之际,消息泄露。湖南巡抚下令侦缉和搜捕党人,黄兴等被迫逃亡。长沙起义虽然流产,但它仍然产生了很大的影响,时人誉之为"中国内地革命之先声","湖南人之革命思想实籍此……播下种子,植其根基",革命风潮"则已弥漫三湘七泽矣!"[1]

长沙起义夭折,长沙革命运动陷入短暂的低潮。黄兴等流亡日本,部分华兴会员留在长沙坚持斗争。湘乡人禹之谟充当了这一时期的实际领导人。1905年5—8月,他发动商、学两界,参加了收回粤汉铁路利权和抵制美货的爱国群众运动。他以其鲜明的反帝立场和坚韧、务实的精神赢得了很高的声望,"绅、商、学各界之驻湘者,皆推崇之",并被举为湖南商会会长和学生自治会会长。

1905年8月,黄兴和孙中山在日本东京成立了中国同盟会。同盟会的成立推动了全国反清革命运动的高涨。长沙革命从此进入1906年春至1909年的新阶段,即第二阶段。

1905年冬,黄兴从东京密函禹之谟,委托他在长沙组建同盟会湖南分会,并指派陈家鼎前来协助。1906年,同盟会湖南分会在长沙成立,禹之谟为负责人,机关设在他所创办的湘利黔织布厂(遗址在今长沙市开福区荷花池)。在禹之谟、陈家鼎领导下,湖南分会曾在天心阁举行会议,宣传革命,"无论政界、军界、警察、工商界皆得旁听";又组织《民报》(同盟会总部机关报)发行网,禹之谟"日持革命书报于茶楼酒肆,逢人施给,悍然不讳"[2]。他们还派出会员在小吴门等处"开设酒店贱沽,结欢军人"[3]。长沙又出现了"民气伸张与革命暗潮四布"的形势,而1906年5月发生的公葬陈(天华)、姚(宏业)运动将长沙革命斗争推向高潮。

1906年5月,同盟会杰出的革命宣传家陈天华和同盟会骨干姚宏业先后在东京、上海愤国自尽的消息传来长沙,激起了各界人士特别是青年学生的极大悲愤。禹之谟、宁调元乃以此为契机,首倡公葬陈、姚于岳麓山,以彰义烈。1906年5月23日陈、姚灵柩迎抵长沙后,禹之谟、陈家鼎、宁调元等即发动学界、军界,冲破官府的层层阻挠,举行公葬仪式。29日,长达十余里的队伍抬着灵柩,分路从朱张渡和小西门过江,前往岳麓山。一万多名学生身着素服、手执白旗,齐唱哀歌。"观者倾城塞路",军警也只得鹄立两旁,不敢干预。公葬陈、姚事件是同盟会领导长沙人民对清朝封建统治的一次政治大示威。毛泽东曾称之为"惊天动地可纪的一桩事",并评论说:"湖南的民气在这个时候几为中狂发癫,激昂到了极点。"[4]

适时,同盟会总部又派遣刘道一、蔡绍南回国,返湘策动革命。黄兴特为指示:"今欲规取省城,宜集合会党于省城附近之萍、浏、醴各县,与运动成熟之军队联合方可举事。"[5]1906年夏,刘、蔡等来到长沙,随即约集同志38人在水陆洲附近船上举行会议,决定于阴历年底发动萍浏醴起义,"占据省垣重地",并基本确定了起义的策略方针和进行步骤。会后,刘道一留驻长沙掌握全局,蔡绍南等则分赴各县组织会党。不久,龚春台在浏阳麻石设立了起义总机关。12月4日,起义

334

在麻石爆发,各路随即发动,龚春台、姜守旦等分率义军攻占了浏阳高家头、金刚头、永和市和萍乡上栗等地。各县群众纷起响应,队伍发展到三万多人。起义坚持了一个多月,因清朝重兵镇压而失败。

萍浏醴起义是同盟会成立后领导的第一次大规模武装起义,它第一次在中国打出了"中华民国"的旗帜,发出了必破千年专制,"必建共和民国"的口号,对全国革命的发展产生了重大影响。

萍浏醴起义的失败,使革命力量遭到重大损失。刘道一、魏宗铨等起义领导人被捕就义,万余名义军将士遭杀害。同盟会总部再次派来策应起义的宁调元被捕入狱,禹之谟也于1907年1月牺牲。然而,地下烈火仍在燃烧。1907年4月,刘谦、黎尚雯等受宁调元狱中之托,在长沙妙高峰重建同盟会湘支部。8月,起义后败走日本的焦达峰,联络湖北革命党人孙武等在东京成立共进会,以图在长江流域再举义帜。不久,焦达峰就派出黎先诚、黄小山等回长,恢复革命机关。1909年8月,焦达峰又与周海文、刘肯堂等在长沙太平街同福公栈设立湖南共进会总机关。共进会沿用萍浏醴起义时洪江会的名义,以长沙为中心,分途联络省内各地,使全省会党再次统一起来,焦达峰成为继马福益之后湖南会党的魁首,从而为后来发动会党、准备长沙起义奠定了基础。

第三阶段。1910年春—1911年10月,是资产阶级民主革命在长沙日益高涨、终于爆发辛亥革命的阶段。在这一阶段,革命党人愈挫愈厉,反清风潮愈演愈烈,下层人民群众奋起反抗,资产阶级立宪派积怨日深,最后,各种反清、抗清、怨清的力量汇合一起,终于推翻了清朝的反动统治。

首先是1910年4月中旬爆发的长沙"抢米"风潮。这场大风潮以长沙南门外黄贵荪一家四口投水自尽事件为导火索,发展为成千上万的手工业工人、贫民、农民大规模的暴动。一天一夜,就捣毁、焚毁了湖南巡抚衙门等官署和外国领事馆、洋行、教堂共40多处。宁乡、浏阳、长沙、善化四县人民也"相继而起",焚毁教堂、官衙。其规模之大、起事之烈,震动全国,当即有人惊呼这是"整个清朝前所未见的紊乱"[6]。长沙抢米风潮是一次群众自发的反帝反封建斗争,促进了长沙革命时机的成熟,直接为辛亥革命长沙的光复提供了群众基础,这场斗争实际上成为了辛亥革命的前奏和序曲。

长沙抢米风潮以后,革命的形势继续高涨,1911年又爆发了以长沙为中心的湖南保路运动。早在八年前,湖南绅、商、学界即率先于湘、鄂、川三省举起了收回粤汉铁路利权的旗帜。1909年,长沙即掀起了保路风潮。1911年5月,清政府悍然宣布"铁路国有",再一次激起了人民的反抗。这时又是"湘人率先反对",14日,长沙各界在教育会坪举行万人大会,要求清政府收回成命。长株铁路一万多工人举行罢工,进城示威,并倡议"商须罢市,学须停课,一般人民须抗租税"[7]。6月,在徐特立等人倡导下,长沙各校相继罢课。一时"舆情激昂、万众一致",形成了一个大规模的群众爱国运动。立宪派领导了这场保路运动,而且在革命大风暴迅即到来、清朝封建统治行将崩溃之际,一部分立宪党人如左学谦、龙璋等也走上了反清革命的道路,原来的一些保路团体和立宪团体也转而成为掩护或从事革命的机关。保路运动是辛亥资产阶级民主革命的重要组成部分,它标志着辛亥革命在长沙的时机已经成熟。

在"抢米""保路"两大风潮冲荡着湖南省城的同时,革命党人也日益加紧了活动,焦达峰、陈作新主动承担了领导责任。1910年,宋教仁、谭人凤等在上海成立中部同盟会,先后派遣刘文锦等来长,打入新军。他们和焦、陈在新军中做了大量工作,使标、营、队、排、棚各级都有了革命党的代表,不少士兵都参加了同盟会。1911年初,同盟会总部谋划在广州大举起事,派谭人凤、刘承烈等回湘策动响应。谭人凤抵长后,在晏家塘设立机关,布置方略。焦、陈紧相配合,加快了对新军的发动。3月31日,在陈作新主持下,刘文锦在天心阁召开了新军各标营代表72人的会议,作出了加强宣传、组织,"发挥勇敢精神","共同赴义"的决定。天心阁会议是对新军革命力量的大动员,但因被暗探侦悉事败。焦达峰等只得暂离长沙,前往汉口。

不久,黄兴领导的广州起义失败的消息传来。5月4日,焦达峰、孙武等在武昌举行紧急会议,商讨两湖革命的发动。会议作出了中国革命以两湖为主的重大决策,确定了"长沙先发难,武汉立即响应;武汉先发难,长沙也要立即响应"的协定。这就是辛亥革命中著名的两湖在十日内互相响应的"约盟誓守"。两湖相互砥砺而终底于成。

武昌会议后,焦达峰等急返长沙。其时保路风潮正炽,民气旺盛。焦达峰抓住这一良机,立即召集陈作新等20多人密商大计,分任工作。陈作新负运动新军重任,焦则全力主持调集会党、策动巡防营等工作。他们还先后在寿星街培心堂、落星田定忠客栈、太平街贾太傅祠与孚嘉巷设置了秘密机关。

10月10日,武昌起义爆发。13日晚,湖北军政府代表赶到长沙,先后与陈作新和立宪派左学谦、谭延闿等会见。次日,由陈作新出面,在杨家山小学召开各界代表会议,成立了以焦、陈为首的同盟会战时统筹部,并决定10月20日举行起义,后因故一再展期至23日。不料,21日晨事机泄露。湖南巡抚余诚格急令新军调离长沙,并关闭城门,大捕党人。时迫事危,焦、陈当机立断,颁布特别命令16道,决定提前于10月22日举义。

22日清晨,在焦、陈指挥下,长沙协操坪(今东风广场)新军正式起义。按原计划,东、北两路分由小吴门和北门湘春门入城,中午会攻巡抚衙门(今青少年宫),处决了巡防营统领黄忠浩。余诚格等清朝官员闻变潜逃,长沙起义一举成功。巡抚衙门前坪旗杆上的龙旗,换上了象征革命的"汉"字大旗,长沙遂告光复。当晚,各界代表在省咨议局(遗址在今开福区民主东街)召开特别会议,一致推举焦达峰、陈作新为正副都督。次日,焦、陈就职,宣告中华民国湖南军政府正式成立。

湖南军政府成立后,发表了《讨满清檄文》,宣告湖南脱离清廷独立,并电告全省各道、府、州、县,饬令即时归顺。省会长沙光复,声威所播,各地传檄而定,至10月30日,除湘西外,全省次第光复,清王朝在湖南二百多年的封建专制统治从此寿终正寝。

军政府又作出了援鄂北伐的决定,很快就编组了湘军独立第一协,由王隆中带领,北上援鄂。10月28日,第一协在大西门乘轮北上;以后又陆续派出三批,总兵力达16个营,共八千多人。援鄂湘军在武汉前线和湖北革命军并肩作战,以热血和生命保卫了湖北革命政权。据不完全统计,在武汉保卫战阵亡的湘军将士,仅有姓名可考者即292人[8]。

辛亥革命在长沙的胜利,对湖南全省的迅速光复起了决定性作用,在全国也具有重大意义。长沙起义的成功,使湖南成为全国第一个继武昌首义后光复的省份,她解除了湖北革命政权的后顾之忧,隔断了清廷与华南、西南数省的联系,促进了全国革命的继续高涨。长沙又是全国第一个出师援鄂,为保卫辛亥革命的首善之区,为全国各地的光复,赢得了宝贵的时间。

二

湖南素来"民风强悍",自古不乏慷慨悲歌之士,而为全省政治、文化中心的长沙,衔群龙之首,得风气之先,更是人才辈出,各领风骚。特别是辛亥革命时期,长沙志士如群星璀璨,耀人眼目,产生了辛亥革命的卓越领导人黄兴,涌现了杨毓麟、毕永年、沈荩、秦力山、章士钊、周震麟、龚春台、焦达峰、陈作新、张百麟、黄钺、彭寿松等一大批杰出的革命家。他们在清末外侮频仍、国难迭起之时,投身反清革命大业,不仅肩负起长沙乃至湖南全省革命的重责,而且奔走于日本、南洋,活跃在全国各地,为辛亥革命在全国的胜利作出了突出的贡献。

首先,在革命的宣传工作方面,长沙志士以强烈的爱国热情和革命精神,较早地展开了革命的宣传,对唤起人民的觉醒、传播反清革命思想、推动辛亥革命高潮的到来起了重要作用。

1901年5月,秦力山在日本东京创办《国民报》月刊,并担任总编辑。该刊

"大倡革命仇满学说,措词激昂",打破了自兴中会成立以来革命沉闷的局面,是中国留日学界的第一份革命刊物。1902 年 11 月,黄兴、杨毓麟等在东京创刊《游学译编》杂志,大力传播民族民主革命思想,成为当时在留日学生中颇负盛名的革命刊物。章士钊是一位卓著声名的宣传家,1902 年在上海充任中国教育会机关报《苏报》主笔。他利用这一阵地,大力宣传民族主义思想,并曾推荐邹容《革命军》一书,发表章太炎驳斥康有为、梁启超保皇论调的文章。次年 8 月,他又在上海创办了革命报刊《国民日日报》。1903 年,他还先后编写了《黄帝魂》《孙逸仙》《沈荩》《苏报案纪事》等书。其中《孙逸仙》系节译自日本友人宫崎滔天《三十三年落花梦》,他在译者自序中赞颂孙中山为"近今谈革命者之始祖,实行革命者之北辰",认为"谈兴中国者,不可脱离孙逸仙三字"。这本书在国内外广泛流传,对宣传孙中山的革命生涯,确立孙中山的革命领导地位起了较大的作用。也是这一年,杨毓麟撰写了著名的《新湖南》一书。该书以痛快淋漓的笔触,揭露帝国主义侵略中国的罪行,批驳康、梁保皇谬论,旗帜鲜明地提出了反俄必先反清的主张。该书受到广大爱国青年和革命志士的欢迎,对当时的思想界产生了很大影响。

同盟会成立后,长沙志士的宣传工作更为扎实、广泛。黄兴积极为《民报》撰稿。陈家鼎、杨毓麟于 1907 年分别在东京、上海主编《汉帜报》和《神州日报》,"极力鼓吹革命,直诛政府之专制"。

其次,在革命组织工作方面,长沙志士最先成立了中国内地的革命团体,积极组建同盟会,出色地从事联络会党、运动军队的活动,为革命队伍的建立和壮大,为革命领导核心的形成,作出了显著贡献。

早在本世纪初,长沙志士就开始了革命组织工作。1901 年,秦力山在东京发起成立革命团体"国民会","其宗旨在宣扬革命、仇满二大主义,拟运动海外各埠华侨与内地志士联合一起共图进行"。翌年春初,他又和章太炎等发起"支那亡国二百四十二年纪念会",号召人们奋起反清,震动了当时的留日学界。1903 年拒俄运动兴起,黄兴等在东京组织拒俄义勇队和军国民教育会,以"养成尚武精神,实行民族主义"为宗旨,并提出了鼓吹、起义、暗杀三种革命方法。

1904 年,华兴会策划的长沙起义流产以后,黄兴深感"非联合各省革命党员组织一大团体,决不足以推翻清朝",从此开始从事革命大联合的工作。同年冬,他组织数省留日学生,成立了革命同志会。当时人评价说"留东青年,以黄兴为革命实行家,多倾向推重……黄可操东京革命志士之牛耳"[9]。1905 年 7 月,黄兴与孙中山在东京数次会晤,两位领袖情意欢洽,商讨了华兴会、兴中会的联合,从而有了同盟会的成立。长沙志士在建立同盟会过程中起了很大的作用。据统计,在 1905 年 7 月 30 日的筹备会上,与会 79 人,其中湖南 20 人,而长沙有 8 人[10]。据同盟会最初两年名册,同盟会共有会员 979 人,其中湖南 158 人,长沙为 39 人[11]。长沙志士是一支较大的力量,而黄兴在同盟会筹建过程中起了举足轻重的作用,并成为同盟会内仅次于孙中山的领导人。

同盟会成立后,即派遣人员归国,到各地建立分会,发展革命力量。1905 年 9 月,黄兴亲赴上海,接纳光复会首领蔡元培加入同盟会,建立了上海分会。12 月,他到达桂林,在广西巡防营随营学堂内发展会员,建立了桂林分会。次年春,又委托禹之谟建立湖南分会。1907 年 10 月,张百麟在贵阳成立贵州自治学社。该会革命倾向日趋浓厚,并于次年转为同盟会贵州分会。1909 至 1911 年,为适应革命形势的迅速发展,革命党人发挥了高度的革命自觉性,在坚持同盟会反清革命的前提下,又建立了一些革命团体。焦达峰等组织的共进会,对两湖革命的发动起了很大作用。彭寿松鉴于福建运动军队工作的不足,在福州创立福建军警同盟会,以军队、警察为对象,会员很快就发展到万余人,为稍后的福州光复打下了基础。

再次,是发动武装起义,响应武昌光复。武装起义是资产阶级革命党人从事反清革命的主要形式。他们出入锋镝、血战沙场,以自己的血肉之躯奠定了民主共和的基础。长沙志士在这一方面也作出了很大贡献。

毕永年是长沙籍志士中最早参加革命和最早参加反清武装起义者。1898 年戊戌政变发生,他很快就抛弃了改良立宪主张,东渡日本,加入了孙中山领导的兴中会,并参加了 1900 年的兴中会惠州起义。

黄兴是同盟会杰出的军事家,他曾策划华兴会长沙起义和 1906 年的萍浏醴起义,领导了 1907 年至 1911 年同盟会成立以后的八次武装起义。1908 年钦州起义,他"以二百人出安南,横行于钦、廉、上思一带",激战清兵二万余人,"转战数月,所向无前,敌人闻而生畏,克强之威名因以大著"[12]。1911 年震惊全国的广州"三·二九"起义中,他亲率"选锋"百余名,直捣清两广总督衙门,冒死作战,仅以身免。这次起义极大地激励了全国革命士气,"全国久蛰之人心,乃大兴奋,怨愤所积,如怒涛排壑,不可遏抑,不半载而武昌之大革命以成"[13]。

武昌起义爆发,长沙首先响应,活跃在全国各地的长沙志士也奋起举义。1911 年 11 月 4 日,张百麟策划贵州起义,宣告独立。11 月 9 日,彭寿松等发动福州起义,福建光复。12 月 28 日,刘先俊等在新疆迪化领导起义,因敌众我寡,不幸失败,刘先俊等惨遭杀害。1912 年 3 月 11 月,黄钺在甘肃秦州发动起义,成立甘肃临时军政府,黄钺自任都督。

此外,还有一大批长沙志士,如刘树棠、钟厚棠、李家白、杨海滨、吴孙懿、蒋紫馨、黄瑞云、陶忠福、陶懋桢、谭德贵等,深受革命熏陶,投入反清事业,分别在湖北、江西、江苏、广东、浙江等省参加辛亥起义[14],有的献出了自己的宝贵生命。

综上所述,可以说在本世纪初至武昌起义期间,中国资产阶级革命派所发动的每一重大活动,几乎都有长沙志士的参加;全国大多数地区,都可以看到他们活跃的身影,宣传革命、组织团体、筹集经费、从事暗杀、发动武装起义……从而在辛亥革命的巍巍丰碑上写下了自己光辉的名字。1912年3月,中华民国临时大总统孙中山曾在一道纪念陈天华、杨毓麟等烈士的命令中说:"按民国缔造之功,匪一手足之烈,睹兹灿烂之国徽,尽系淋漓之血迹。以上诸烈士,或谋未遂而身赴西市,或难未发而瘐死囹圄,或奋铁弹之一击,或举义旗于万夫,或声嘶去国之吟,或身继蹈海之烈……故铜山崩而洛钟应,光复大业,期月告成。"[15]这同样可用以为对辛亥革命时期长沙志士昭昭功业的彰扬。

列宁曾经指出:"如果对伟大的资产阶级革命者不抱至深的敬意,就不能成为马克思主义者。"[16]今天,辛亥革命虽然已经过去整整一百年了,但当年长沙志士们为民主共和、为振兴中华所作出的历史贡献,他们的爱国热情和革命精神以及那种坚韧不拔、百折不挠的斗志,值得我们永远纪念。

与全国一样,辛亥革命在长沙也很快遭到挫折。1911年10月31日,反动军官梅馨发动长沙兵变,焦达峰、陈作新惨遭杀害。1913年10月,袁世凯任命其忠实爪牙汤芗铭为湖南都督。从此,长沙开始沦入北洋军阀的黑暗统治之下,又回到半殖民地半封建社会的状态。但是,辛亥革命这一伟大的民主革命在长沙造就和影响了一代革命志士和爱国青年,使民主共和的思想深入人心。它不仅推动了当时社会的发展,而且深深地影响了后来社会历史的发展进程。

参考文献:

[1]彭楚珩. 光复之经过[A]. "中华民国开国五十年文献"(第2编第3册)[C]. 台北:"正中"书局,1962.

[2][3]金蓉镜. 破邪论[A]. 湖南历史资料[C]. 长沙:湖南人民出版社,1958.

[4]本会总记[J]. 湘江评论,1919,(4).

[5]刘揆一. 黄兴传记[A]. 刘揆一集[C]. 长沙:湖南人民出版社,2008.

[6]周锡瑞. 改良与革命——辛亥革命在两湖[M]. 杨慎之,译. 南京:江苏人民出版社,2007.

[7]杨世骥. 湘省反对公路国有风潮[A]. 辛亥革命前后湖南史事[C]. 长沙:湖南人民出版社,2009.

[8]贺觉非. 辛亥武昌首义人物传(下册)[M]. 北京:中华书局,2009.

[9]左舜生.中国近代史四讲[M].北京:友联出版社,1962.

[10]郭汉民.同盟会非"团体联合"史实考[A].中国近代史实正误[C].长沙:湖南人民出版社,1989.

[11]丘权政,杜春和.中国同盟会成立初期(乙巳、丙午两年)之会员名册[A].辛亥革命史料选辑(上)[C].长沙:湖南人民出版社,1981.

[12]孙中山.革命原起[A].曹锦清编选.孙中山文选[C].上海:上海远东出版社,1994.

[13]中国社科院近代史所.黄花岗七十二烈士事略序[A].孙中山全集(4)[C].北京:中华书局,1900.

[14]湖南烈士祠管理委员会.辛亥革命同志调查表[Z].长沙市档案馆馆藏.

[15]中国社科院近代史所.孙中山全集(2)[M].北京:中华书局,1900.

[16]第二国际的破产[A].列宁选集(2)[C].1960.

论长沙在辛亥革命中的地位

薛其林

（长沙大学长沙文化研究所，湖南长沙　410003）

　　20世纪是中国历史上翻天覆地的伟大时代,辛亥革命(旧民主主义革命的开端)、新民主主义革命和伟大的改革开放这三列火车头,前后相继,奔腾前进。三次历史性巨变产生了三位伟大人物:孙中山、毛泽东、邓小平[1]。1911年爆发的辛亥革命结束了中国几千年的封建帝制统治,开启了民主革命的崭新进程,成为中华民族伟大复兴的起点,具有划时代的历史意义。

　　长沙是一座享誉中外的"历史名城"。作为湖湘文化的发源地和中心地,"长沙"之名,早在3000多年以前的西周就已存在。悠久的历史在这里留下了众多文物古迹,其中马王堆古汉墓、三国孙吴纪年简牍和唐代铜官窑釉下彩等考古发现震惊世界。同时,长沙也是一座人才辈出的"文化名城"。从古代湘楚文学的开创者屈原、阴铿、李群玉、胡曾、周敦颐、李东阳、王以宁等,到湖湘经世文学时期的王夫之、魏源、曾国藩、何绍基、郭嵩焘等,"经世致用、兼收并蓄"的湖湘文化源远流长,"心忧天下、敢为人先"的长沙精神一脉相承,"惟楚有才,于斯为盛"的自豪感和自信心更是激励长沙人才辈出,成为近现代中国历史上一座万人景仰的"革命圣城"。戊戌流血变法第一人谭嗣同,辛亥首臣黄兴,护国将领蔡锷,政党政治第一人宋教仁,共和国的缔造者毛泽东、刘少奇、彭德怀……这些都是引领近现代中国政治思想演进和社会变革的突出代表,造就了近现代中国历史上无与伦比的功业和敢为人先的长沙精神。这种厚重的文化底蕴为当代长沙经济文化事业和城市的发展注入了不竭的动力。

　　辛亥革命前后,长沙在中国历史上占有特殊的地位,成为全国瞩目的中心和重镇。伟大的长沙人民在民族危难之际,挺身而出,浴血奋斗,谱写了一曲曲震撼山河的壮歌。随着革命思想的广泛传播、革命运动的持续开展,新一代的三湘俊杰(黄兴、蔡锷、宋教仁等)脱颖而出,成为挽救时艰推动社会进步的骨干,发动和领导一波接一波的思想启蒙和革命运动,极大地推动着全国革命形势的高涨。在他们的带动下,长沙成为全国最富朝气的城市,勇当社会责任、作励敢死、"敢为天下先"的长沙精神进一步彰显,并赋予了全新的时代内涵。这种爱国意识和进取精神经过五四新文化运动的进一步拓展,直接催生了以毛泽东、刘少奇、胡耀邦、朱镕基等为代表的现当代革命家和政治领袖群体,使长沙成为全国瞩目和耀眼的革命圣地和摇篮。

历史上任何一次伟大事变的发生,都离不开思想舆论、严密的组织和大规模的运动三个要素。辛亥革命爆发前后,长沙作为革命重镇(辛亥元勋诞生地、红色火种酝酿地、辛亥武昌起义首应地),在革命思想的宣传与发动、革命组织和方略的策划与部署、革命行动的坚毅迅猛等方面都发挥了核心作用,充分彰显了长沙在中国近现代历史上非同寻常的地位和影响。

一、有力的革命思想宣传与发动

辛亥革命前夕,长沙人就大肆倡导和宣传革命排满、暴力革命、民主共和思想,使得排满革命、民主共和思想深入人心。期间,各种由长沙人创办的反清革命书刊蜂拥而出,极大地推动了全国性反满革命思潮的高涨。其中《国民报》《游学译编》《洞庭波》《二十世纪之支那》《猛回头》《警世钟》等影响尤为突出。反满志士杨毓麟在流亡日本后,创办了"湖南编译社",发行《湘学译编》,以"湖南之湖南"为名发表了《新湖南》一文,积极鼓吹革命排满,要求先"鼓吹民族革命",后"推行民权革命"。易白沙在《帝王春秋》一书中,用大量的历史资料,全面揭示了几千年封建专制帝王政治上的反动、思想上的愚昧、生活上的荒淫,呼吁人民起来彻底推翻吃人的帝王专制制度。《民报》创刊后,陈天华相继发表了《中国革命史论》《论中国宜改创民主政体》以及《今日当分省界之日耶》等文章,再次强调:"欲救中国,惟有兴民权,改民主,而入手之方,则先之以开明专制以为兴民权、改民主之预备。最初之手段,则革命也。宁举吾侪尽牺牲之,此目的不可不达",并对改良主义谬论进行了有力的批判。提醒人们不要迷信维新派的改良主张,更不要为清政府的假"宪政"所迷惑,而要吸取教训,走暴力革命的道路,从而使长沙成为了全国暴力排满革命的先锋和中心。也正是在这种激进暴力革命思想主张的影响下,无数辛亥志士毅然决然投身反满革命的洪流中。

比较江浙、广东等地的革命思想而言,湖南长沙的革命思想更为激进,充分凸显了暴力革命的色彩。在长沙的带领下,"杀身以易民权,流血以购自由"等革命排满和激进暴力革命的思想口号迅速传遍全国。

二、正确的革命方略策划与部署

在同盟会成立之前,长沙即已成立了时务学堂、华兴会等民主革命组织,精心策划和准备了革命的战略、策略、手段和方法。

1904 年,华兴会在长沙成立,并积极准备力量筹划长沙起义,成为全国武装革命的中心。华兴会会员很快发展到四、五百人,分布省内外,还建立了同仇会、黄汉会等外围组织。华兴会的筹建,标志着长沙和湖南革命组织上的重大发展,在辛亥革命史上占有光辉的一页。从此,革命风潮弥漫三湘和全国。

华兴会成立之初,就制定了比较明确的革命方略,黄兴等在确立了暴力革命方式的同时,也认识到了革命成功的突破点。认为,暴力革命不可能从都去首都"建瓴以临海内"开始,"只宜采取雄踞一省,与各省纷起之法",明确提出了中部一地发难他地驰援的方略对策;就中部形势分析,湖南长沙和湖北武昌,是理想的发难之地[2]。因此,在黄兴的支持,宋教仁等的策划下,谭人凤、焦达峰等在湘鄂之间积极运作了长江流域起义事宜。

在革命的主体、内容和目标上,辛亥长沙志士跳出了狭隘的精英革命与民族革命的局限,上升到精英革命与国民革命、民族革命与民主革命相结合的高度。以孙中山为代表的资产阶级革命派,曾经一度将革命的主体侧重于会党、军人、知识界和上层人士身上,对一般民众,尤其是工人、农民大众的力量没有足够重视。辛亥革命前夕,陈天华、宋教仁认识到以前的中国革命是少数人的"英雄之革命",今天的革命则是多数人的"国民之革命"[3],开始意识到民众的力量和地位。华兴会在长沙成立之时,黄兴最先倡导并提出了"国民革命"的口号[4]。在民族革命与民主革命方面,长沙的辛亥志士对此也有清醒的认识。杨毓麟要求以排满为手段的同时,实现民主共和的民主革命目的。陈天华也鼓动排满与宣传民主同时下手,在其《绝命辞》中更是强调,反满不是狭隘的排满,要求把政治问题与种族复仇问题区别开来,不仅要反对满族贵族,而且要反对封建的汉族贵族。宁调元虽主张激进"排满",但在民族问题上,则倡导民族平等,反对民族歧视和民族压迫政策,更反对滥杀满人,从而在排满的民族革命中凸显了民主革命的中心任务。

历史证明,要完成在帝国主义和封建主义双重统治下的民族主义和民主主义革命的艰巨使命,这一民众革命的方略是绝对必需的,也是极为正确的。也正是因为有了民众革命思想的基础和铺垫,所以,长沙才有了新民主主义革命时期最早、影响最大的农民运动和农民革命策源地。

三、坚毅迅猛的革命行动

革命思想成熟、革命方略制定后,就必需持续且坚毅迅猛的革命行动。就此而言,辛亥长沙志士可谓言行一致,前赴后继,以坚毅果敢的行动再次彰显了"湖南骡子"的精神面貌。

1900 年 8 月,浏阳人唐才常、林圭、沈荩、秦力山等以两湖和安徽为基地,发动自立军起义,标志着戊戌维新运动改良主义道路的基本结束,成为以后同盟会领导大规模武装起义的先声。1904 年 11 月,以黄兴为主帅,刘揆一、马福益分任正副总指挥,联络会党发动的长沙起义,声震两湖,波及国内外。正如孙中山所说:"其事虽不成,人多壮之"[5]。1906 年 5 月 23 日,长沙的湖南同盟会员禹之谟等发起了公葬陈天华、姚宏业两位烈士的活动,在湘江两岸掀起了民主革命汹涌澎湃的浪潮。

1906 年爆发的萍浏醴起义可以说是长沙人民排满革命之预演,也是同盟会成立后发动的第一次大规模武装斗争。这次起义,不仅声势浩大,而且第一次举起了"中华民国"的旗帜,因而震惊了长江沿岸各省。

1911 年辛亥革命在武昌爆发后,长沙首起响应,焦达峰立即组织举行长沙起义,光复长沙,使湖南成为第二个宣布独立的省份。"武昌响,长沙应",长沙首应的作用由此可见。与此同时,在武昌起义爆发后的最关键时刻,长沙立即组织援鄂军。湘军的入鄂作战,对于安定武汉前线人心,巩固以黄兴为总司令的武汉保卫战的胜利,促成各省的光复,发挥了巨大作用,直接导致了满清统治在全国范围的迅速解体和辛亥革命的胜利。

创业者道艰,承之者任重。以孙中山、黄兴为轴心的辛亥革命作为中国民主革命的开端,为以后中国历史的发展开辟了道路。"现代中国人,除了一小撮反动分子以外,都是孙先生革命事业的继承者。"[6]以毛泽东为核心的中共党人继之而起,高举新民主主义革命的旗帜,成功开拓出中国民主革命的全新面貌。在百年之后的今天,我们纪念辛亥革命,对于促进社会各界更深刻地理解辛亥革命的划时代意义,弘扬民主革命精神,进一步彰显长沙人的爱国热情、敢为人先的开拓精神和长沙在中国近现代历史上的地位与影响,无疑具有深刻的历史意义和巨大的时代价值。

参考文献:

[1]江泽民文选(卷 2)[M].2006.

[2]刘揆一.黄兴传记[A].辛亥革命(4)[C].上海:上海人民出版

社,2003.

　　[3]宋教仁. 汉族侵略史叙例[J]. 二十世纪之支那,1905,(1).

　　[4]黄兴. 黄兴集[M]. 北京:中华书局,1981.

　　[5]孙中山. 革命原起[A]. 辛亥革命(1)[C]. 上海:上海人民出版社,2003.

　　[6]毛泽东选集(卷5)[M].1995.

二十世纪最大的城市火灾

——抗战时期"长沙大火"扫描

唐正芒　李衍增

（湘潭大学历史文化学院，湖南湘潭　411105）

长沙大火是在日本侵略者的进攻威胁下，在以蒋介石为首的国民党统治集团"焦土抗战"政策的指导下，由国民党湖南军政当局酿成的骇人听闻的大惨案，损失惨重，影响巨大。本文试从大火的惨状、损失、经过和原因，以及善后处理等方面加以论述，以期再现六十多年前的这场惨案。

一、长沙大火之惨状与损失

1938 年 11 月 13 日凌晨，湘垣长沙，突然火起，顷刻之间，火蔓全城。人们猝不及防，于不知不觉中已陷入火海，致使火灾之惨状与损失空前剧烈。

长沙大火连烧了数日，"虽远在数十里外，而火可烛人，犹如咫尺，火焰之烈，可以想见。"此次大火其"火势之大，实为本世纪来未有也"[1]。这是二十世纪全世界最大的一次城市火灾，它给长沙人民带来了极其深重的灾难，造成了极为巨大的损失。

第一，人民生命牺牲巨大。长沙大火前，市内居民包括未及转移的伤病兵员等，大约共有三万多人。大火烧起之后，震耳欲聋的爆炸声接连响起，纵火士兵又逐户地驱赶居民，人们大都惊醒，纷纷夺路而逃。城内的居民大多逃出火海，而"不能逃出火垣的，如许多重伤官兵、衰老民众、酣睡未起的人们，则惟有葬身火窟了"[2]。据有关记载，大火后，军政当局组织人力掩埋尸体共六百余具，但尸体被焚毁者则无法统计了。据中央社记者报道："湘垣大火，市民未及逃出者两千余人，迄今尸体大部掩埋。"[3] 长沙大火使数千无辜生命葬身火海。

与此同时，大火又使更多的人失去家园而离乡背井。长沙在大火前已有三十万人口，至 11 月 12 日已疏散百分之九十，如今长沙全城焚毁殆尽，这三十万人顿成无家可归的难民。大火之后，有关当局曾进行灾民登记，以安置、收容和抚恤火后灾民。据统计,至12月9日最后一次发放救济款,全市登记灾民共约十三万人,仅收容的孤儿即有数千人。

第二,建筑街道损毁严重。建筑物的损失情况如下:(一)机关:省政府、民政厅、建设厅、省会警察局及除第五分局外所有各分局、省市党部、保安处、地方法院、高等法院、电报局、电话局、邮政局、市商会、中央通讯社、中央广播电台等均被焚毁。(二)学校:湖大、明德中学、岳云农工、楚工、南华女中、育才耀芳女校、明宪女校、妙高峰中学、省立长沙高中、民教馆等被全部或大部烧毁。(三)银行:湖南省银行、江西裕民银行、上海银行、交通银行、中国银行等均遭焚烧。(四)工厂:上河街第一纺织厂及其他厂家共三、四十处均毁。(五)民房:除东站路及城外一部分未毁外,其余全部烧毁。值得注意的是,有两类建筑很少被烧毁:一类是外国人的洋行及教堂医院,如太古、瑞丰、三隆等洋行,湘雅、天主堂医院等;一类是属于神祠、庙宇、庵堂,如药湘街的天符庙、玉泉街的玉泉山等。这是因为放火者长时期受奴化教育和迷信思想的影响,怕得罪洋人,怕得罪菩萨。这次大火,焚毁了百分之八九十的房屋,约计五万六千余栋。

长沙的许多繁华街道在大火中变成了废墟。南正街(今黄兴路)、坡子街、八角亭、药王街、太平街、西长街、大西门正街及沿江一带,破坏严重。在北门,从中山西街、清泰街、北正街至北门口,除北正街的圣公会外,荡然无存。据解放初期长沙房地、税务两部门的房屋查估资料统计,长沙全市有一千一百多条街巷(不包括水陆洲和河西),全部焚毁的有五百九十余条,幸存房屋不到五栋的三百三十多条,严重受灾的街道几近百分之九十。

第三,工商业损失惨重。长沙号称近代中国四大米市之一,粮食业十分发达。大火前,长沙从事碾米业和粮栈业的商号上百家,职工上千人,存有谷米二百多万石。火灾后除草潮门德安等十二家半(太丰粮栈半毁)厂、栈幸存外,其他全毁于火,损失谷米一百九十多万石,大量职工流离失所。湘绣是中国四大名绣之一,长沙自清末以来湘绣业即十分兴旺,至大火前有四十家之多。但在大火中,几乎所有的绣品和画稿都连同铺屋俱毁于火,如药王街锦华丽一家,就烧掉三大房的优秀画稿和版本。长沙绸布业除去布庄外共九十余家,全业资金约五百万元左右,其中以八角亭大盛绸庄资金最雄厚,约占全业资金百分之二十,其次为瑞丰、日新、天申福等。该业除极少数店铺,火前用人力将货物疏散乡间,损失较轻外,一般损失都较严重。大盛业主心存观望,又以为风火墙可以保险,货物多未转移,致使绝大部分被焚毁,计损失资金八九十万元之多。瑞丰、日新等店则将贵重货物置于防空洞内,一经火烤,也大部分损毁。瑞丰收藏的匹头初看去还完好,但触手即成灰末,计损失三十余万元。绸布全行业损失约三百几十万元,占全行业资金百分之七八十。再如百货业,批发号与零售店共二百余家,除新世界、五大洲事先疏散去沅陵,损失较轻外,其他如八角亭的太平洋,桌后街的裕厚长、畅记,以及朝阳巷的大德昌等较大铺店,损失都在十万或二十万元以上。全业资金损失约百分之五十,许多铺店破产。

这场大火,使长沙工商业元气大伤,一蹶不振。大火后,有些资本家、小业主与职工相继回城复业。但厂店已坍塌,设备、机器、货物已成灰,无业可复。有的只好在废墟上搭个棚屋,找张门板做门面,写个红纸条作招牌,以凑合营生。有的厂店则不复再起,厂(店)主远走他乡,甚至投河自尽了。

长沙是历史文化名城,是湖南省最大的城市,是全省的政治、经济、文化中心,其城市建设、物质财富、文化成就均为全省之冠,堪称湖湘人民千年缔造之结晶,可是,一场突如其来的火灾将其精华付之一炬,使人痛心不已。

二、长沙大火之经过与原因

长沙大火是在日本侵略者的进攻威胁下,在以蒋介石为首的国民党统治集团"焦土抗战"政策的指导下,由国民党湖南军政当局酿成的骇人听闻的大惨案。

"焦土抗战"政策在国民党内部由李宗仁首倡,后为蒋介石所接受。武汉会战,鏖战了三个月,在武汉即将不保的情况下,蒋介石遂萌发了火烧武汉的念头,但由于种种原因而未能实现。武汉沦陷后,日寇沿粤汉铁路继续南犯,向湖南进逼。1938 年 10 月,蒋介石在湖南大学召开军事会议,参加会议者有:何应钦、陈诚、白崇禧、冯玉祥、张群、张治中等军政要员。蒋介石在会上,痛斥武汉撤退时没有实施"焦土抗战"的政策,使武汉的交通水电设备和大量器材物资被敌人利用。决定长沙如果不守时,必须彻底破坏,不许留下任何物资、设备资敌,并责成张治中切实照办。

会后,张治中令省保安处长徐权研究执行。徐权召集湖南省会警备司令部、省会警察局、省保安处、长沙市保安团、长沙市政府、长沙市商会等有关单位负责人开会。一再讨论,做出如下决定:(一)加紧疏散人口、物资,由警察局、市政府、市商会负责办理;(二)采取放火烧光办法,彻底破坏;(三)征集一万加仑煤(汽)油备用;(四)执行放火时间以敌军过新墙河为定;(五)放火的具体行动计划由省会警备司令部负责拟定,包括地区划分、煤(汽)油点火材料配备、确定备划区执行放火负责人、最后撤走路线等等。可见,在"焦土抗战"的指导思想下,只要日军继续进逼,火焚长沙在所难免。

1938 年 11 月 10 日,日军攻占城陵矶,长沙的形势日益紧张起来,紧急疏散的工作和火烧长沙的工作加紧进行。星城长沙到处是山雨欲来风满楼的景象,有钱的人家几乎完全迁移,只留一两个人看守宅屋。多数商铺仅于夜晚营业,至11月11日,绝大多数店门完全关闭,以致旅客饮食居住均极困难。医院负责人率先退走,伤病人员颠沛流离,不绝于道。民用交通工具如汽车、人力车等,均难以搭乘,难民全部步行迁出,络绎于途。至11月12日午后,省市政府及其他党政军各机关人员大部撤退,沿街沿路人潮涌动。12日晚举行火炬游行纪念孙中山诞辰,参加者不及千人,围观者更是寥寥。警察未奉命令先行撤退,至12日长沙已无警察站岗。张治中命省会警察局长文重孚令警察两小时内复岗,竟未照办。张再以电话询问,警察局电话不通,文重孚不知去向。12日下午,军警机关以警备司令部名义,到处抓车,中央通讯社及中央日报社之卡车都曾被扣。12日晚,因秩序无人维持之故,市内已有散兵以盘查为名,劫掠行旅。11及12两日,在大街的墙壁上,可以看到日文标语,认识日文者知道这是对日军思乡反战的宣传,不识日文者则以为汉奸或敌人便衣队已在城内活动,更加人心惶惶。

11月12日上午9时许,张治中在集合军管区兵役干部训练班学员点名训话时,接到林蔚文电话,传令说:"我们对长沙要用焦土政策"。随后又接到蒋介石文侍参电,文曰:"限一小时到。长沙张主席。密,长沙如失陷,务将全城焚毁,望事前妥密准备。勿误。中正文侍参。"[4]张治中为慎重从事,又专门询问了驻守长沙的国民党第九战区司令长官陈诚对于火烧长沙的意见,陈诚认为那是"当然要做的"[5]。

前线的糟糕战况,蒋介石的紧急电谕和陈诚的肯定话语,使张治中不敢怠慢,赶紧落实电报精神,他急令长沙警备司令酆悌和保安处长徐权,立即拿出焚城纲要和焚城细则。酆悌等很快就制定出了焚城计划,并迅速成立了以警备旅第二团团长徐昆为正指挥的焚城组织,配备了足够汽油和火把,组建了24个小分队,一人一个火把和油桶,按照划好的区域待命,只等最高军事当局的命令一到即点火。为使焚城不出差错,张治中特地交待酆悌和徐昆:"下命令还不够,要等到接命令后,先放空袭警报,使人民逃避,等到再放紧急警报时,即开始行动。"[6]

然而负责放火的官兵将日军已过"新墙河"的情报误听为日军已过"新河"(新墙河距长沙城上百里而新河离长沙城仅咫尺之遥),以为日军兵临城下,焦躁不安,于13日凌晨1点多钟,看到火苗突起(后查明是一个民团队员因恐慌和愤慨,点燃了自家房屋),警备旅第二团团长徐昆等人即按捺不住,在未获得准确情报下,不顾张治中事先的规定,慌张而错误地命令部队开始毁城。佩带臂章的武装自卫队在持枪士兵监督下,以警备旅第二团为主力,长沙警察配合,开始纵火。大火首先从省政府和警察局燃起,而后一发不可收拾。

关于长沙大火的经过和原因,国民党中宣部及政治部有如下说明:"十二夜长沙大火,实为地方军警误信流言,自卫民众激于民族义愤之所造成……然大火何以骤起,其原因:一,由于地方军警负责者误信流言,事先准备不周,临时躁急慌张之所致;二,由于曾从事破坏准备之人员及人民(自卫团员丁森等)鉴于敌机之连日轰炸,及最近平江、岳州、通城、通山等县被炸之惨,激于民族义愤,以为敌寇将至,乃即自焚其屋,遂致将准备工作变为行动。于是一处起火,到处发动,以致一发而不可收拾。"[7]这份说明是周恩来参与修改的,有其符合实际的一面,但并没有揭示出长沙大火案的真正原因。

长沙大火案的罪魁祸首是日本军国主义者,日军的侵略威胁是造成长沙大火的根本原因,长沙大火案是日寇犯下的又一重大罪行,是欠中国人民尤其是湖南人民的又一笔血债。然而,长沙大火的直接原因却是与国民党脱离民众的所谓"焦土抗战"政策和军政当局的腐败无能相联系。

长沙大火后,国民党辩称:"盖战略转移,我军对于预定撤退之战略支点及重要城市之建筑物,施以破坏,免资敌用,原为作战上之必要,在各国战史上不乏先例。故长沙既临战区,政府于事前有所准备,当为必然之事实。"[8]欲以"焦土抗战",坚壁清野为由,摆脱罪责。对此,《新华日报》发表了《论坚壁清野》的社论予以严厉驳斥。社论指出:"最近的长沙大火……叫什么都可以,但决不是真正的坚壁清野。我们完全赞同在必要的地区上用坚壁清野的方法来打击敌人,即使蒙受重大的物质损失也在所不惜。但是我们完全不能同意这种不发动民众,不依靠民众的,不关心民众的疾苦的'火焚'办法,这种办法将要失去坚壁清野的本意,将使群众莫名其妙,将使敌人可进行欺骗的阴谋。"[9]"焦土抗战",坚壁清野原本也是抗敌的有效手段之一,但它必须建立在发动广大民众的基础上,否则会适得其反。

另外,国民党军政系统的腐败无能、指挥失灵,是造成长沙大火的最直接原因。湖南省会警备司令酆悌、警备第二团团长徐昆,辱职殃民;湖南省会警察局长陆军宪兵上校文重孚,未奉命令,放弃职守;湖南省政府主席张治中,用人失察,疏于防范;一般军警官兵,误信流言,躁急慌张,他们对长沙大火都负有不可推卸的责任。

三、长沙大火之善后

日寇未至而长沙火起,损失之大,举国哗然。国防参议员左舜生、傅斯年、王造时等致电蒋介石,要求严防不抗战而焦土。面对群众和舆论的压力,蒋介石亲至长沙采取了下列处置:"(一)速捕首事有关人员,依法严惩;(二)拨付巨款,救济被难民众;(三)调集重兵,加紧长沙防卫;(四)改组地方军警机构、办理一切善后。"[10]将酆悌、徐昆、文重孚三人处以极刑,令张治中革职留任,负责善后事宜。

火后长沙,全城一片焦土,人民流离失所,抓紧善后、安定人心成为当务之急。11 月 13 日上午,张治中和陈诚下令开展善后工作,但因火势猛烈和人员缺乏,只是维持治安,恢复通讯而已。最先组织和从事善后救济工作的是周恩来及其领导的政治部第三厅人员。周恩来 11 月 16 日赶回长沙后,即约同陈诚、张治中等人视察灾情、慰问灾民,商讨善后事宜,并决定调集三厅人员速赴长沙救灾。次日,田汉、洪深率三厅人员一百三十多人抵达长沙,组成"长沙大火善后突击工作队",全力投入了善后救灾。

"突击队"下分宣传、救济和调查三个组。队员们佩戴着盖有八路军通讯处印章的袖标,清理现场、救护伤员、开设粥站、进行善后宣传……19 日,郭沫若又率领三厅后续人员二百余人赶回长沙,他们为长沙的善后工作做出了巨大的贡献。

1938 年 11 月 22 日——火后的第十天,长沙市火灾临时救济委员会成立(下简称"救委会")。"善后工作可以说是从这一天正式开始。"[11] "救委会"是负责长沙善后的重要机构,以财政厅长尹任先为主任委员,田汉、席楚霖为副主任委员,民政厅长陶履谦、建设厅长余籍传、教育厅长朱经农、长沙县青年会总干事张以藩、教育界知名人士狄昂人等为委员,下设总务、交通、救济、治安、工程、宣传、市场、经理八个组和一个工程总队,实施善后救灾的各项工作。总务组主要负责文书、庶务、交际及其他不属于各组之事项;救济组主要负责救济难民及配运医药、丧葬、保育等工作;工程组主要负责整理断砖残木、清除道路及其他工程事项;市场组主要负责提倡、补助商民临时营业及购置、发售日常生活用品等工作;交通组主要负责恢复水陆交通及通信;治安组主要负责照料、收容散兵游勇和维持社会秩序;宣传组主要负责日报或壁报及其他宣传事宜;经理组主要负责管理本会经费。救济费最初确定为五十万元(省政府筹拨三十万元,中央政府拨二十万元)。应当承认,"救委会"对于灾后救济是起了积极作用的。

长沙大火的善后工作具体分四步展开。首先,救济难民。第一步设收容所,办理灾民登记;第二步给以经济助力,使灾民能自力更生。从 11 月下旬开始,"救济委"在长沙市及湘潭、湘乡、浏阳、邵阳、宁远、溆浦等县设立了 10 多处收容所,遍及湘中、湘南、湘西,以安置和疏散难民。对于不愿疏散的,每人发贷款 10 元,12 岁以下儿童,每人发给保育费 5 元。此外,"救济委"还按甲、乙、丙三等,给每户受灾房主象征性地发放了 2—8 元的"津贴"费。

其次,清除街道。"省市政府及政治部第三厅突击队,动员近郊民众八千人,开始清除道路,将全部瓦砾可用者堆一处,残毁者另堆……开放未焚房屋,为难民众之家居。"[12]通过二十多天的奋战,清理街道、掩埋尸体、拆卸危墙断壁、收集砖木、搭建棚屋等工作,于 12 月中旬大致完成。

再次,恢复市场。早在"救委会"成立之前,恢复市场的工作已经开始了。11月19日,长沙市第一临时市场成立,有卖肉者三人,卖菜者二人。21日《新华日报》报道,市内"小本营业,露天商场、旅社饭馆,均颇发达,日用必需品应有尽有,并组设盐米公卖处,凭证供给,银行设有兑换所,流畅金融"[13]。

复次,恢复交通和通讯。交通方面,市内自街道清除后已能通行车辆。长沙火车站于11月29日开始恢复营运,12月初长沙至湘潭、浏阳的班车恢复。通讯方面,11月25日,长沙邮局在北门外成立,长沙邮务全面恢复。至12月初,省际、国际电报均已开放,并开始收发商务电报,长沙电讯完全恢复。

经过数十天的艰苦努力,救济灾民、清除街道、恢复市场与交通通讯等工作基本完成。12月22日,"救委会"宣告各项工作结束。至此,长沙的善后也告一段落。

长沙大火案是日本侵略者犯下的一大罪行,也是国民党抗战时期做的最丢人的两件事之一(另一件是重庆隧道案)。六十多年后的今天,重温这段历史,依然发人深省。

参考文献:

[1]坚壁清野长沙已成废墟[N]. 新华日报,1938 – 11 – 16.

[2]一片焦土之长沙[N]. 新华日报,1938 – 11 – 27.

[3][9]大火中牺牲二千余人[N]. 新华日报,1938 – 11 – 20.

[4][5][6][7][8][10]张治中. 张治中回忆录(上册)[M]. 北京:文史资料出版社,1985.

[12][13]论坚壁清野[N]. 新华日报,1938 – 11 – 21.

长沙会战与湖湘精神

薛其林　谭纬纬　陈　婷

（长沙大学长沙文化研究所，湖南长沙　410022）

湖南省有着"21 万多平方公里肥沃的土地，三千万'夙以忠勇勤朴称'的人民，'取之不尽，用之不竭'的丰富资源，'绾毂南北，控制东西'的交通机关。这一切……使得湖南成为国防重镇与复兴中华民族的根据地"[1]。长沙为"湖南襟要"之地，"指顾伸缩，皆足有为，南出则连韶之项背可拊，东顾则章赣之肘腋可挟，西下则黔之咽喉可塞。争南服者，不得长沙，无以成席卷之势，欲向北者，不得长沙，则马首无所托。"[2]在八年抗战中，湖南居于十分重要的地位。抗战初期，湖南军民高举爱国主义旗帜，结成抗日民族统一战线，开展了轰轰烈烈的抗日救亡运动，全力支援前方抗战。武汉沦陷后，湖南变成抗日前线，成为抗战相持阶段正面战场的主要战场。1939 年 9 月开始，1942 年 1 月结束的三次长沙会战，是中国正面战场展开的最成功、世界最关注、评价最高的战役。同一区域内敌我双方拉锯式地进行的三次大规模会战，其作战时间之长、双方用兵之众、战争规模之大、伤亡之多，是抗战时期绝无仅有的。三次长沙会战，消耗了侵华日军的大量有生力量，挫败了敌军迅速占领湖南、彻底"解决中国事变"的作战计划，有效支援了全国的持久抗战和世界反法西斯战争，为抗日战争的胜利作出了重大的奉献和牺牲[3]。

战争的胜负既决定于物质力量，更决定于精神力量。面对强敌，取胜的法宝就是不屈的意志和牺牲精神。三次长沙会战，作为抗日战争正面战场上的一次成功歼灭战和太平洋战争爆发后反法西斯同盟军的第一次重大军事胜利，其原因与尚武好勇、自立自强、爱国爱种之湖湘精神密切相关。

一、长沙会战开创了中国正面战场成功反击的先例

1937 年"七七"卢沟桥事变，日寇发动了全面侵华战争，国民党正面战场先后开展了淞沪会战、南京会战、徐州会战、广州会战等著名的大会战，有效地阻滞了

日军的进攻步伐和速战速决灭亡中国的图谋。但这几次大规模的会战，均以我方的巨大牺牲和失败而告终。此后在中国抗日战争的战略相持和战略反攻阶段，正面战场开展的比较大的会战有13次，其中6次是在湖南境内：即1939年9月至1942年1月的三次长沙会战，1943年11月至12月的常德会战，1944年6月至8月的长衡会战，1945年4月至6月的湘西会战。6次会战，从1939年9月至1945年6月，持续时间长达5年又8个月。据1995年中国文史出版社出版的《湖南四大会战》的资料统计，日军投入湖南战场作战的兵力先后有37个步兵师团80多万人，中国参战部队有160多万人，湖南战场共毙伤日军257000余人。

就长沙会战而言，它不仅处于中国抗战的关键点，而且也处于世界反法西斯战争的关键点。第一次长沙会战，正值第二次世界大战正式爆发之时，德国法西斯开动战争机器并相继占领了奥、捷、波、荷、比、法等欧洲国家。中国第一次长沙会战的胜利，不仅极大地打击了日本法西斯，而且极大地鼓舞了欧洲反法西斯盟国人民的斗志和信心。第二次长沙会战，正值德国法西斯发动对苏进攻之时，长沙军民的英勇顽强，拖住了日军的主力，使得日本法西斯无力从东方进攻苏联，从而使苏联避免了两线作战的不利局面。第三次长沙会战，正值太平洋战争爆发世界反法西斯战争局面最艰难之时，长沙守军以巨大的勇气和牺牲，成功击退日军，击毙击伤日军5万7千人，成为中国抗日战争的一个转折点，而且有效地牵制了日军的"南进计划"，一扫同盟国上空的战争阴霾，极大地鼓舞了世界反法西斯战争的信心。伦敦《每日电讯报》说："籍此远东阴雾密布中，惟长沙上空云彩确见光彩夺目"；英国《泰晤士报》在会战胜利后发表评论说："12月7日以来，同盟军唯一决定性之胜利，系华军之长沙大捷。"[4]

据统计，三次长沙会战，中国守军拖住日军30多万兵力，时间长达2年又4个月，打死打伤日军14万余人[5]，成功击退日军，扭转了战争不利局面，挫败了日军"速战速决"占领长沙的企图，打击了日军不可一世的嚣张气焰，鼓舞了中国军民和世界人民反法西斯侵略战争的斗志。《新华日报》社论指出："我三湘健儿，我神鹰队伍，在此次长沙保卫战中，誓死保卫家乡，有效击退敌人，这表明反法西斯战争的东方战场上，有着伟大的中华民族的抗日生力军，有决心、有实力，不让敌人在太平洋上得逞的时候，同时进攻中国。"长沙战役，"配合了友邦作战"，与亚洲太平洋地区同盟军，与反法西斯战争的欧洲战场"遥相呼应"。"此次长沙之捷，是有着国际意义的"[6]。蒋介石也称："当此各国反侵略战事初期失利之时，我们在长沙方面能获得如此空前的胜利，不仅可以告慰全国民众，而且可以告慰于世界友邦。""此次长沙胜利，实为'七七'以来最确实而得意之作。"[7]

所以，长沙会战不仅改变了中国抗日战场的被动局面，开创了中国正面战场战役反击的先例,而且成功逆转了太平洋战争爆发后盟军连遭失败的形势。

二、长沙会战充分彰显了尚武好勇、自立自强、爱国爱种之湖湘精神

湖南的地貌特征是东西南三面环山,对北敞开,面对烟波浩淼的洞庭湖,地理上自成一体,由此生成湖南特有的气候条件:冬季寒潮凛冽,酷冷无比,夏季酷暑炎热,成一火炉;春秋两季则气候多变,时晴时雨,遽冷遽热。气候的变化无常和极端恶劣,培养了湖湘文化认同天道变化无常的道理和"忧国忧民、无私无畏"的不屈奋斗精神,陶冶了湖南人倔犟(世界三大倔强种群:德国的普鲁士人、英国的爱尔兰人、中国的湖南人)、霸蛮(吃苦耐劳、敢于拼命)、刚直("特别独立之根性":不怕邪、不怕压、不怕辣、不怕死)、"好胜尚气"的特有性格。基于这种独特的文化和性格,湖南人能够在国家民族危难之际挺身而出,勇担重任。古代就有"楚虽三户,亡秦必楚"一说,近代就有"若道中华国果亡,除非湖南人尽死"的称许。所以,守土自强、尚武好勇、爱国爱种便成为湖南人的特质。这一特质,不仅体现在19世纪末20世纪初中国社会急剧转型、体制转轨的艰难阵痛时期,而且体现在20世纪30、40年代面临亡国灭种的伟大抗战时期。在这国家民族生死存亡的关键时期,英雄的三湘儿女,挺身而出,自觉担负起救国救民的伟大使命,以爱国自强、敢为天下先的独特秉性和舍生取义、一往无前的精神,挺立潮头,成为挽救时艰和复兴民族的脊梁。

三次长沙会战,中国将士和湖南民众的种种表现,就是对这种湖湘精神的最好诠释和体现。

(一)战区总指挥守土有责、与城共存亡的精神

1939年1月,长沙会战的总指挥薛岳在就任第九战区代理司令长的就职仪式上就表达了与湖南共存亡的决心:"湖南占有东南地区最重要的位置,是抗战最有利的地位。我们今后的生命,只有放在湖南,湖南存则与之存,湖南亡则与之亡。"[8]第一次长沙会战前夕,面对日军的进攻,国民党最高军事委员会制定了长沙会战的两套方案,都以"转移"撤退、"保持实力"为目标,蒋介石派陈诚、白崇禧前往长沙劝说薛岳执行,但薛岳以"长沙不守,军人之职责何在";"军人守土有责,不忍轻言撤退"为由,不顾蒋介石一夜九次电话撤退之令,决心死守长沙[9]。为此他反复推演制定"天炉战法",积极准备以长沙为中心的湖南防务,集中30万兵力于战区,在赣西布置重兵,在湘北的新墙河、汨罗江到捞刀河构筑三道纵深防线,严阵以待,准备在湘北地区节节阻击,渐次消耗敌人的有生力量,最后反攻和歼灭来犯日军。1941年12月31日,第三次长沙会战伊始,薛岳在岳麓山的战时指挥所里,起草了著名的《世午忠电》,宣示"必战、必死、必胜"的决心:"第三次长沙会

战关系国家存亡。岳抱必死决心,必胜信念。"他要求各集团军总司令、军长、师长务必亲临前线:"各集团军总司令、军长、师长务确实掌握部队,亲往前线指挥,裨能适时捕拿战机,歼灭敌人。职如战死,即以罗副长官(罗卓英)代行职务,按预定之计划围歼敌人;总司令、军、师、团、营、连长如战死,即以副主官或次级资深主官代行职务;各总司令、军、师、团、营、连长倘有作战不力、贻误战机者,即按革命军连坐法议处,决不姑宽。"[10]在薛岳的表率下,湖南战区的广大将官表现出了"人在城在,人亡城亡"的决心,并以"一寸山河,一寸血肉"的实际行动死守长沙。正是因为有这种守土有责和"必战、必死、必胜"与城共存亡的决心,"长沙会战没有出现武汉会战、广州会战中某些部队消极避战甚至不战而逃的现象。"[11]

(二)将士英勇顽强、敢于牺牲的精神

在第九战区总指挥的感召下,全军将士斗志昂扬,上行下效,雷厉风行,积极备战,顽强抗战,表现出了英勇无畏、拼死一战的决心。第一次长沙会战时期,第15集团军总司令关麟徵命令所辖部队"要像台儿庄歼敌一样,打击日军,保卫长沙";守卫长沙城的第十军军长李玉堂指着军部所在地湖南电灯公司说:"这是长沙市的四行仓库,也是第10军的四行仓库。"[12]他们的必战决心极大地鼓舞了全军。预10师师长方先觉预立遗嘱"决心以死殉国",率部渡过湘江后,效仿当年项羽破釜沉舟,一船未留,表达不胜不归的决心和信念。《长沙日报》以"方师长誓死守土,预立遗嘱"为题,将遗书全文刊登。长沙古城顿时浩气回荡,看到遗书的官兵们纷纷表示"成则以功勋报国家,死则以长沙为坟墓",表达了抗战到底、视死如归的决心。

广大官兵自觉自愿投身战场,殊死抗敌,不怕牺牲,在兴汉门、小吴门、湘雅医院、天心阁、开福寺、上潘家坪、唐家巷、上大垅、湖积渡、陈家山、邹家庄、小林子冲等处,人自为战,屋自为战,守城将士与敌人展开激烈的肉搏战。其中,守卫陈家山阵地的第190师第570团长李芝上校在阵地反复易手、弹药告罄的情势下,亲率部属,与日军短兵相接。守卫南门冬瓜山、修械所阵地的10师第28团葛先才团长,以狠斗狠,面对日军的轰炸机、敢死队和燃烧弹,组织几十支敢死队,身绑炸药,猛冲日军队形,与敌人同归于尽,守住了岌岌可危的阵地。阵地5次易手,第28团经此一战,仅剩53人。守卫邹家庄、小林子冲等处的第3营阮成营长亲率官兵80余人,乘敌进犯混乱之际,进行猛烈逆袭,一场白刃战将顽敌击退[13]。战斗非常惨烈,许多战斗整团整连整排,战至一兵一卒,也决不后退。如,坚守湘阴城东北角的曹克人营以四百血肉之躯阻挡数千日军五六天,坚守草鞋岭的第52军第195师之一排,坚守傅家桥的第20军133师389团王超奎营全体阵亡。第一次长沙会战,坚守新墙河之西王街坊的士兵曹锡"独力击毙了日军500人以上"[14]。

湖南守军的坚韧顽强、英勇无畏,第一次使不可一世的日寇感到害怕、恐惧。

正是由于官兵的坚韧顽强,守军终于化被动为主动,击退了气势汹汹的日寇,打破了"皇军"不可战胜的"神话"。

(三)民众同仇敌忾、团结一心的精神

战争的伟大力量源于民众。长沙会战期间,湖湘儿女都能够万众一心,共御外侮。广大城乡、社会各界,大都动员起来,涌现出以长沙为中心、辐射全省的全民性抗日救亡运动。长沙民众更是同仇敌忾、团结一心,踊跃捐输材料,大力协助军队的城防工事,表现出守卫家园、"焦土抗战"的悲壮气概。同时,湖南民众自觉坚壁清野,放水淹没良田,挖路毁桥,"不准敌人走湖南的路,不准敌人住湖南的屋,不准敌人食湖南的米",利用一草一木来阻击困扰日寇。在湖南战场上,先后有100万民众直接支援守军作战。他们自觉组织侦察队、交通队、运输队、救护队、慰劳队,运送军粮、弹药,救护受伤官兵,慰劳前方抗日将士,帮助守军侦察敌情、布雷、毁路,破坏敌人水陆交通。第一次长沙会战中,湘北农民4万余人破坏公路1230余公里,并将道路两旁30华里内的牲畜、粮食运走。"长沙以北及东北100英里以内的公路乃至一切小路,都被彻底破坏了","马路被掘有时竟长至一百码左右,所以日军的坦克车和大炮一入其中即无法走出。"[15]第二次长沙会战,粤汉铁路员工为了抢运军队至前线,冒着敌机的轰炸,每日工作15—16小时,有的司机3天3夜不下机车,运送军列20列,保证了战争的顺利进行。与此相似,战区内可能被敌机械化部队利用的道路,或破坏或封锁,如湘赣铁路、湘赣公路、湘鄂公路、湘江赣江水路等[16]。1940年底,长沙、平江等21县组织侦探队共9432人,交通队共50620人,救护队共49560人,输送队共78212人,宣传队共6531人,慰劳队共1395人,并组训长沙市茶役、厨役、码头、水手等员工5000余人。第三次长沙会战时,数十万民众参加作战,"长沙县有6495人,浏阳86058人,平江有34340人"[17]。日军败退到平江,平江南阳乡、易粟乡、平安乡、绥安乡的老百姓,自动武装起来,携带干粮,早出晚归,在敌人必经的山林小道上,严密搜索敌人。麻林桥乡的一位少年,手持大刀,躲在山中,砍杀了三个敌兵,并活捉了一个。在他们中间,不少人"中弹殒命"。

人民群众的杀敌行动,不仅使日军机械化装备和陆、海、空配合的优势难以发挥,而且使日军胆颤心惊,他们将湘北地区称之为"魔窝"[18]。日寇的汹汹气势和冈村宁次"一个星期内占领长沙"的狂言,在高昂的民众抗日热潮中化为泡影,连日军战史也不得不承认"作战始终是在极为困难的情况下进行的"。中国军队引诱日军一直深入到长沙,集中长沙城内外30万大军将日军包围。尔后,日军第一线部队几经苦战,付出了高于香港作战两倍多的代价,于1月15日撤回到原驻防地。"这次作战,动摇了一部分官兵的必胜信念。"[19]

长沙会战是湖湘人民以血肉长城抵抗铁嘴铜牙的虎狼之师的胜利。正是湖南民众的竭力支持,湖南的持久抗战才有可能。对此,陈诚、白崇禧、薛岳等一致给予肯定,认为"军民的亲密合作和民众空室清野工作的成功",是"湘北会战中的一个特色",是"胜利的原因之一",薛岳则把长沙会战胜利的原因直接概括为:"将士忠勇用命,人民动作协同"[20]。湖南民众的"不退缩、不畏惧",充分彰显了湖南人的"蛮干精神"[21]。马歇尔对中国军民誓死抵抗日军的长沙精神表示敬仰,并向蒋介石致电表示祝贺,蒋介石为岳麓山上"七十三军公墓"墓碑亲笔题词"精神不死"。

长沙会战是一场悲壮的战争,更是一首英雄的壮歌。在湖湘这块刚烈的土地上,那些杀身成仁的将帅士兵,那些可亲可爱的平凡民众,在国家民族危难之际表现出了"宁为玉碎,不为瓦全"、视死如归的民族气节和自强不息、战斗不止的精神品格。他们用血肉之躯铸就了战争的胜利,捍卫了国家的尊严,谱写了可歌可泣的民族精神新篇章。

抗战胜利70年之后的今人,追溯历史,考问原由,贫弱的中国靠什么战胜仇经济、军事力量都比自己强大很多的日本帝国主义呢?从有形的国力来说,在于中国地大、物博、人多、兵多,能够经得起长期战争的消耗;从无形的国力来说,则在于中国军民有为保卫国家顽强奋战、不惜牺牲的伟大民族精神。

继承和发扬长沙会战中的湖湘精神,对于今天我们团结一致,齐心协力建设小康社会,实现中华民族伟大复兴的中国梦有着深刻的现实意义。

参考文献:

[1]杨东莼. 抗战一年来的湖南[J]. 中苏(半月刊),1938,(9,10).

[2]蒋纬国. 抗日御侮(卷6)[M]. 台北:黎明文化事业公司,1968.

[3][8]范忠程. 湖南抗战述论[J]. 抗日战争研究,1996,(4).

[4]杨树标. 蒋介石传[M]. 北京:团结出版社,1989.

[5][11]陈蒲清. 岳云留浩气,湘水吊忠魂——从比较看长沙会战的光辉胜利[J]. 长沙大学学报,2005,(6).

[6]长沙保卫战与目前军事任务[N]. 新华日报,1942-01-11.

[7]蒋介石秘录(卷4)[M]. 长沙:湖南人民出版社,1988.

[9][12][14]王晓华,戚厚杰. 抗日战争正面战场档案全纪录(中)[M]. 北京:团结出版社,2011.

[10]薛岳致电蒋介石密电(1941年12月30日)[A]. 王晓华,戚厚杰. 抗日

战争正面战场档案全纪录(下)[C]. 北京:团结出版社,2011.

[13]血战86小时,厄敌两大师团于城下——长沙守城全景[J]. 国际展望,2005,(18).

[15]湖南省交通厅. 湖南公路史(第1册)[M]. 北京:人民交通出版社,1988.

[16]郭汝瑰,黄玉章. 中国抗日战争正面战场作战记(下册)[M]. 南京:江苏人民出版社,2005.

[17]钟启河,刘松茂. 湖南抗日战争日志[M]. 长沙:国防科技大学出版社,2005.

[18]陈和坤. 湘北之战[M]. 北京:青年出版社,1939.

[19]王晓华,戚厚杰. 抗日战争正面战场档案全纪录(下)[M]. 北京:团结出版社,2011.

[20]萧栋梁,余应彬. 湖南抗日战争史[M]. 长沙:湖南教育出版社,1995.

[21]胜利之城——长沙[N]. 中央日报,1942-01-16.

试论长沙会战的历史意义

梁小进

（长沙大学长沙文化研究所，湖南长沙　410022）

一、长沙会战的艰难进程

长沙会战是在我国抗日战争已进入相持阶段,世界法西斯势力嚣张已极,全世界乌云笼罩、阴霾满天之时发生的。

1938 年 10 月,日本侵略军占领我广州、武汉以后,湖南地区骤然成为抗战的前线。1939 年 9 月 1 日,德国突袭波兰,第二次世界大战的欧洲战争爆发。英、法等国被突然卷入战争,无暇东顾。日本遂加强了对我国的侵略,一方面,加紧策划成立汪精卫伪政权的活动;另一方面,积极调整和加强在华军事力量,决定对国民党"抗战主体"之一第九战区进行打击,妄图"于 9 月下旬把第九战区军队消灭在赣、湘北部边境地区,挫败敌军抗战企图"[1],以迫使中国重庆政府屈服,早日"解决中国事变"。

9 月中旬,日军第十一军司令官冈村宁次指挥 10 万兵力,采用"分进合击"、"长驱直入"战术,分别在赣北、鄂南和湘北地区向我第九战区发动大规模进攻。我第九战区在战区代司令长官薛岳的指挥下,实行"后退决战,争取外翼"的战略方针,"沉着应战,积极抵抗",是为第一次长沙会战。

9 月 14 日,日军第 101、106 师团向我赣北会埠防线发起进攻,我第 60 军雄踞有利山地奋起抵抗,拉开了会战的序幕。22 日,集结在鄂南通城的日军第 33 师团,向我第 27 集团军阵地进犯。两路日军均系为策应其主力在湘北战场的作战,企图分由浏阳、平江会攻长沙,但都被我军坚决地阻拦于赣北、平江一带。

湘北战场为会战的主战场,而新墙河则为我湘北的第一道防线。18 日,日军第 6、13 师团向我新墙河北岸发起猛烈攻击,首以炮火猛轰,继以步兵、战车冲锋。我第 52 军第 2、195 师坚守阵地,英勇反击,战斗异常激烈。第 2 师胡春华营、第 195 师史思华营誓与阵地共存亡,阻抗日军三天三夜,直至全部牺牲。23 日,日军以数十架飞机、近百门大炮配合，又施放大量毒瓦斯和烟雾弹，再次发动猛攻，突破我军防线。我军按既定方针，向东转移，继续抵抗。随后，日军分头东进、南下，先后渡过汨罗江、捞刀河、浏阳河，其一部于9月下旬窜抵长沙外围，实已进入我伏击圈。至9月底，孤军深入的日军已胶着于长沙城外，既没有捕捉到我军主力，而所带粮弹均已用尽，其赣北、湘北部队又遭我军打击，形势十分不利。10月1日，冈村宁次只得下令撤退。薛岳立即严令各部全力追击，中国空军也从成都机场起飞，轰炸武汉日军机场。北撤的日军狼奔豕突，我军四起追击，于10月7日将日军赶过新墙河。至此，第一次长沙会战结束。

第一次长沙会战历时24天，我军共歼灭日军近2万人，击毁日机70余架，击沉日军汽艇100多艘，取得胜利。这是自第二次世界大战爆发以后日军在中国战场发动的第一次攻势，也是抗战以来中国军队以武力迫使日军回到战前原态势的一次战役。这一胜利，粉碎了日军"以战迫降"的狂妄企图，振奋了全国人民抗战的信心。

日军的战略目的没有实现，两年以后，又发动了第二次对长沙的进攻。1941年6月22日，德国突袭苏联，苏德战争爆发，第二次世界大战进一步扩大。日本帝国主义为夺取在远东和太平洋地区的霸权，妄图"迅速解决中国事变"。9月上旬，日军第十一军司令官阿南惟畿调集12万军队，并配备强大火力和大量骑兵，改用"中间突破""两翼迂回"战术，发动了对长沙更大规模的进攻。薛岳仍采取"诱敌深入"战术，在长沙及其周围地区部署约30万大军，计划"于汨罗江以南、捞刀河两岸反击而歼灭之"。

9月7日，日军第6师团进犯岳阳大云山，我第40军立起抵抗，揭开第二次会战的战幕。18日凌晨，日军集中第3、4、6、13、33师团主力，在新墙河北岸长达20公里的阵线向我展开猛烈进攻。由于我第九战区对于日军进攻的规模估计不足，选择决战地区不当，加之我重要的指挥电讯被日军破译，因而在会战前期，我军处处被动、节节失利。自18日至22日，日军迅速突破我新墙河、汨罗江、捞刀河防线，于27日晚攻入长沙。在这紧要关头，我战守各军仍奋勇抗击，薛岳亦镇定沉着、处变不惊，果断迅速地指挥我军从各个方面向长沙集结。国民党最高当局也适时地命令第三、五、六、七战区部队，分别向当面之敌发动猛烈攻击。9月底，长沙附近日军已陷入我四面包围之中，遂于10月1日突围北撤。我军急起直追，围追堵截，予敌大量杀伤。10月8日，日军全部退过新墙河，双方又回复到战前状态。

第二次长沙会战，我军先败后胜，又一次打退了日军的进攻，挫败了日本帝国主义妄图消灭我军主力、打击我抗战意志、迫使我方屈服的阴谋。战后，日军不得不承认:此次长沙作战,"没有给予重庆军以应有的打击,相反地,更加促进了在这块大地上掀起了全民防御的高潮"。

1941 年 12 月 8 日,日军偷袭美国珍珠港,太平洋战争爆发,第二次世界大战继续扩大。与此同时,日军又在太平洋地区向英、美、荷殖民地发动一系列进攻。日军第十一军为牵制中国军队增援香港、九龙及缅甸,摧毁我第九战区战斗力,又集中 12 万兵力,发动了对长沙的第三次进攻。大战在即,薛岳详察敌情,并总结第一、二次长沙会战的经验教训,制定了"天炉战"战略,即在预定地区内,组织网形阵地,配备必要兵力,以阻击、伏击、诱击、侧击、尾击诸手段,逐次消耗敌之兵力,然后以捞刀河、浏阳河之间区域为决战地带,以优势兵力、炽烈火网,将敌包围而歼灭之。其整个作战区域为一大火炉,炉底则在决战地区,日军进入,即将其消耗熔化,故曰"天炉战"[2]。

12 月 23 日晨,日军第 3、6、40 师团及军直属各部队在飞机、大炮配合下,兵分八路,猛攻我新墙河防线。我第 20、58 军依既设阵地英勇阻击,第三次长沙会战正式打响。次日下午,日军开始渡过新墙河。我 133 师于南岸第二线阵地继续抵抗,战事至为激烈。其第 398 团官兵誓与阵地共存亡,拼死作战,反复争夺,第二营营长王超奎、第三营营长向有余率部坚守阵地,全营阵亡[3]。27 日,我军在消耗敌军后,奉命向东南转移。骄横不可一世的日军见包围我军的计划落空,气急败坏,继续南下进攻长沙,1942 年 1 月 1 日,其先头部队第 3 师团进至长沙南郊,准备一举攻占长沙。是日,日本空军还为其送来了供占领长沙后竖立于长沙城中央的大幅太阳旗,外国记者团也已飞临长沙上空视察。

此时,我第 10 军奉命守卫长沙,仍由原军长李玉堂指挥。李玉堂受命后,积极督促部队构筑工事,激励全军将士同仇敌忾,勇敢作战,誓死保卫长沙。他曾指着军指挥所,向部下宣告:"这就是长沙的四行仓库!"[4] 表达了"与长沙共存亡"的决心。蒋介石鉴于日寇将大举进攻长沙,特地电令在两广的部队驰援,参加会战;还从全国仅有的两个野战重炮旅中,抽出一个旅,开赴长沙,进驻岳麓山阵地。

1 月 1 日中午,日军在飞机的配合下,分三路从南郊向猴子石、金盆岭、阿弥岭我预 10 师第一线阵地猛攻。至黄昏时,我阵地被突破,预 10 师退守黄土岭、修械所、侯家塘第二线阵地,拼死作战,与敌反复争夺。3 日拂晓,日第 6 师团主力参加攻城,攻打我东门、北门。我第十军各部将士坚决抵抗,予敌沉重打击。我岳麓山炮兵亦配合有力,发炮猛轰。至 4 日下午,日伤亡惨重,势已不支,只得撤退。而此时我外围各路大军均已分别进抵各指定地点,按照薛岳下达的追击命令,分别自东向西、由南而北、从西向东、自北而南,向溃逃之敌展开全面攻击。日军惊慌失措,狼狈北窜,处处遭到我军痛击。我军先后在长沙县磨盘洲、朗梨市、福临铺、影珠山等地,围歼残敌,取得辉煌战果。最后残余的日军,还是靠着南下援军和空军的掩护,并施放毒气弹,才得以逃脱。1月15日,日军逃回新墙河北岸,次日,日军司令部亦从岳阳撤回武汉。

第三次长沙会战,中国军队杀敌5万余人,又一次挫败了日军的战略企图,大获全胜。这是自太平洋战争以来,同盟国一连串失败中,反法西斯阵营取得的第一次胜利。这一胜利,极大地提高了中国的国际地位,有力地支援了在南太平洋地区作战的英、美友军,具有十分重大的意义。

二、长沙会战胜利的原因

长沙会战战场广阔,历时二年多,是国民党军队正面战场上展开的重要战役。在这三次战役中,中国军队以落后的武器装备,三战三捷,打败了"经济实力和军事装备远比自己强大的侵略者",其原因主要有以下几个方面。

第一,我军官兵发扬了不畏强敌、英勇奋战、敢于牺牲的爱国主义精神。1939年至1941年,日本侵略军向我发动的三次大规模都是依仗其优良的军事装备而展开的。其每次进犯,兵力多达十余万,而且均以海、陆、空军种配备,作立体攻势;其出动飞机,少则70架,多至280架,其舰艇也多至数百,甚至灭绝人性地使用毒气弹、烟幕弹。而我第九战区部队没有空军、没有海军,装备低劣、武器落后,但没有丝毫的畏缩,上至战区司令长官、军长、师长,下至连长、排长、普通士兵,人人抱定必死的决心,以血肉之躯筑成了保卫长沙的钢铁长城,阻挡着日军的进攻。在新墙河前线,在影珠山区,在长沙城下,我广大爱国将士誓与阵地共存亡,尽管弹尽粮绝,坚守不退,伤痕累累,不下战场,以致全连、全营阵亡,涌现了无数胡春华、史思华、王超奎似的英雄,惊天地,泣鬼神,谱写出激昂悲壮的爱国主义颂歌。由于有了这一精神,所以我军能以弱胜强、以少胜多。胡春华、史思华以两营之兵力阻抗日军三千多人的反复进攻,坚守阵地三天三夜。连长方琼,为掩护全连撤退,只身抗敌,击毙日军270多人。第10军坚守长沙,以万余兵力,击退日军近五万人连续四天的猛烈进攻。据统计,三次长沙会战,我军阵亡、受伤和失踪的将士达93944人。爱国主义的伟大精神,激励了我军全体将士前赴后继,勇往直前,浴血奋战,取得了最后的胜利。

第二,广大人民群众同仇敌忾,大力配合,做出了巨大的贡献。自古以来,湖湘人民忠勇倔强,激昂慷慨,素有爱国主义传统。抗日战争爆发以后,湖湘人民强烈的爱国热情和战斗精神极大地迸发出来,义无反顾地投身神圣的抗战事业,并做出了卓越的贡献,在长沙会战中表现得尤为突出。会战之前,他们实行大规模的空室清野,"化路为田,运粮上山",使日军机械化部队无法行进,其运输和补给十分困难。会战中,他们积极为我军运粮弹,当向导,参军参战,协同军队英勇杀敌。第一次会战中,日军从平江撤退,嘉义乡 100 多农民组成自卫队,袭击敌人。第三次会战时,湘北、鄂南 12 县共出动国民兵团战时任务队 25 万人,给前线我军以极大支援。湘阴县一 15 岁少年,乘日军饥饿困乏之际,神出鬼没,击毙日军 3 人,生擒 1 人。蒋介石曾总结长沙会战胜利的原因:"一方面由我作战将士忠勇许国,经验增多;一方面尤赖我战地人民深明大义,志切同仇,协助杀敌";"无论男女老少,一致随军进退,并且皆听从军令,一如士兵。对于破坏交通、运输军实、侦察敌情等工作,莫不奋勇从事";"又有若干民众,引导军队,自效前驱,冲入敌阵,拼命杀敌"[5]。曾来长沙协助薛岳指挥作战的陈诚也为之赞叹道:"此次会战,湖南民众功劳最大。我敢说湖南一省民众力量就可以打倒日本军阀。"[6]毛泽东同志曾经指出:"战争的伟力之最深厚的根源,存在于民众之中。"[7]长沙会战的整个过程,也雄辩地说明了这一点。广大人民群众的爱国爱乡、舍身忘家、支前杀敌,是会战取得胜利的最大因素。

"兵民是胜利之本。"长沙会战中,我军广大官兵士气高昂,忠勇用命;广大群众民气旺盛,奋勇协力,从而共同构成了长沙全民抗战的一幅历史长卷。长沙这一旺盛炽烈的民风士气,孕育于湖湘文化悠久绵长的历史传统,而当国难当头、民族危亡之际,它就无穷无尽地喷发出来,形成强大的战斗力量。

第三,我第九战区战略指导正确,指挥得力。长沙三次会战之所以能取得胜利,也是与会战的指挥机关——第九战区长官司令部的果断决策、正确指挥分不开的。

首先,第九战区根据敌我力量的对比,制定了正确的战略方针。三次会战中,第九战区实行的战略战术各有不同,但都是鉴于敌之装备优越、我之装备较差的客观情况,没有采取与敌硬拼的方法,而是利用湘北自北而南新墙河、汨罗江、捞刀河、浏阳河四水依次排列,而东南一带山岭起伏的天然形势,对敌之进攻,节节抵抗,以不断消耗敌军实力,而将我之主力转移东面山地。最后,待日军深入腹地、战线拉长、兵力消耗之际,我军从四面八方赶来,与之展开决战,予以聚歼。

其次,第九战区于战役展开之前,在各方面做了充分的准备。一是注意收集情报,时刻把握日军动态,从而对敌之移动、集结迅速作出判断,实行战略部署。二是大力修筑工事。三次会战,我军在初期均是处于防御地位,工事的修筑至关重要。第九战区对此十分重视,每次战前都做出切实布置,在第一、二线修筑了大量工事,如新墙河防线即在两岸设置了五道防御工事。这对于掩护我之兵力、暴露敌之进攻,起了重要作用。三是在动员民众方面作了扎实的工作。会战之前,薛岳提出了"犁田蓄水,化路为田,空室清野"的口号,动员湘北民众将一切道路概行破坏,一切食物全部转移,使日军寸步难行。同时,第九战区早在战前即发动县、乡政府与群众团体制定"战时公约",又派出人员到各乡镇组训练国民兵战时任务队,使群众发动起来,参加会战。

再次,严明军纪,要求各级将领身先士卒,以身作则。薛岳性格刚强,治军严格,所率各部多能遵守军纪、服从指挥。三次会战,他都坐镇长沙指挥,临危不惧。他也要求部属亲临前线,率部作战。第三次会战前,他通令战区各部队,表示"本会战,岳有必死决心","如战死,即以罗副长官代行职务";并规定各部队长官都要"亲往前线指挥""如战死,即以副职或次级资深主官代行职务";"各级主官如有作战不力、贻误战机者",即按连坐法议处,"决不姑宽"。坚守长沙的第10军,为表示"与长沙共存亡"的决心,在战斗打响时,各级主官都写有遗书,其预10师师长方先觉的遗书并在各报刊发表,对全军士气激励甚大。

此外,国民党最高军事当局对于第九战区战略地位的重视,为三次长沙会战确定的基本战略原则和所作的战略指导,以及临近各战区对第九战区的及时支援,也对会战的胜利起到了重要的作用。

三、长沙会战胜利的伟大意义

长沙三次会战,是抗日战争进入相持阶段以后,国民党正面战场抵抗日本帝国主义军队侵略,所取得的第一次重大胜利。这一胜利,在我国抗日战争史上有着重要的地位,对于全国抗日战争的进程乃至世界反法西斯战争,都产生了重大而深远的影响,具有十分重要的意义。

第一,长沙三次会战的胜利,沉重地打击了日本侵华军队,粉碎了日本帝国主义妄图消灭我军主力、"以战迫降"的战略目标,振奋了全国人民抗战胜利的信心。三次长沙会战,我军歼灭日军共计11万余人(长沙三次会战歼灭日军的人数,中、日双方公布的数字各异,此据萧栋梁、余应彬《湖南抗日战争史》的统计),缴获大量武器、弹药、战马、船艇,其残部狼狈逃窜,每次都被我军打回新墙河以北。这是抗战爆发以来,我军第一次以武力迫使日军回到原战略态势的战役。

而日军的战略目标一个也没有实现,并导致日本内阁的两次垮台(指1940年后阿部内阁的下台和1941年10月近卫内阁的下台)。消息传开,全国群情振奋,欢声雷动,各类报刊纷纷发出报道、发表社论,欢呼长沙的胜利;不少地方还举行庆祝会,发来贺电,并派出慰问团前来长沙慰问。蒋介石当即说道:"湘北打了胜仗,捷电传出,大家心理为之一变,国际上的观感也就焕然一新。"[8]我党创办的《新华日报》曾发表由叶剑英同志撰写的社论《论长沙的胜利》,兴奋地指出:长沙会战的胜利,是抗战三年来第一个伟大的胜利!"给全国将士以战则必胜的兴奋,给全世界援助中国的友人以满意的答复,给一切反对侵略的人们证明中国军队英勇的作战,是可以把侵略军击退的",予以了高度的评价[9]。

第二,长沙三次会战的胜利,有力地支援了世界反法西斯阵营的作战,极大地提高了中国在世界反法西斯阵营的地位。长沙三次会战,都是在世界法西斯势力向人类文明与进步肆无忌惮地发起挑战、世界大战不断扩大的形势下发生的,而长沙三次会战则给了穷兵黩武的日本军阀当头一棒。

特别是第三次会战,是太平洋战争爆发以后同盟国军队一连串失败之后的第一次胜利。这一会战,牵制了日军在我华中地区的主力,支援了英国在印度支那半岛、英美两国在南太平洋群岛的作战。其时,英国、美国、苏联等各国大报纷纷以显著位置报道了这一消息,英、美高层人士纷纷致电祝贺,英、美两国并立即宣布给我国贷款。1942年1月3日,经美国总统罗斯福提议,同盟国推举蒋介石为中国战区最高统帅,担负中国及泰国、越南地区盟军部队的总指挥任务。这一切都表明:中国人民的抗日战争得到了国际的重视,与世界人民的反侵略战争成为一体,中国的国际地位得到了明显的提高。

第三,长沙三次会战的胜利,有力地保卫了湖南广大地区和我国西南大后方的安全,稳定了湖南局势,并使之成为支持全国长期抗战的重要基地。抗日战争时期,湖南在全国具有重要的战略地位。1938年10月武汉失守以后,日军继续南犯,侵占岳阳,湖南一度出现恐慌和混乱局面,以致发生长沙大火事件。长沙会战的胜利,打退了日军的进攻,使湖南的局势稳定下来。长沙《大公报》曾著文称:"湘北大捷以还,湘省地位巩固,社会秩序大定——全省工业迅速发展。"农业也连年丰收。局势的稳定、经济的发展,从而在军事上能够与日军长期相持,并屡挫日军,同时对全国的抗战做出贡献。抗战八年中,湖南在人力、物力、财力上,给全国抗战以有力支援,平均每年提供兵员26万多人(居全国第二)、军粮1000万石、军布300余万匹、军棉7万担,"对国家贡献居全国之冠"。

湖南地区的稳定,不仅使这一广大地区成为全国抗战的有力支撑点,而且成为西南广西、贵州、四川诸省的坚强堡垒,使日军始终不能由湖南而入侵西南、南下粤北,保证了我战时陪都重庆的安全。

长沙三次会战胜利的重大意义,无论从哪个角度而言,都是值得我们高度重视,并进行认真总结、深入探讨的。

参考文献:

[1]日本防卫厅.中国事变陆军作战史[M].北京:中华书局,1980.

[2]广东省乐昌市政协.抗日战争中的薛岳[M].1995.

［3］萧栋梁，余应彬．湖南抗日战争史［M］．长沙：湖南教育出版社，1995．

［4］罗至诚．长沙抗日战役局部见闻［A］．董学生．长沙会战（下册）［C］．长沙：岳麓书社，2010．

［5］第一、二、三次长沙会战经过及我军伤亡统计表［A］．第九战区历次会战经过：1939 年 7 月至 1942 年 1 月［C］．中国第二历史档案馆藏．

［6］陈诚．陈诚回忆录：抗日战争［M］．上海：东方出版社，2009．

［7］毛泽东．论持久战［A］．毛泽东选集（卷 2）［C］．1966．

［8］何应钦．八年抗战中之三次长沙会战［A］．董学生．长沙会战（上册）［C］．长沙：岳麓书社，2010．

［9］论长沙的胜利［N］．新华日报，1939 - 10 - 07．

06

城市建设与公共管理

长沙老城区的街巷格局和结构

陈先枢

（长沙大学长沙文化研究所，湖南长沙　410022）

一、长沙老城区的街巷格局和类型

老城区的街巷格局受所在城市的地理环境、城池布局乃至风物民俗的影响和制约。

长沙从宋代一直至1924年城墙拆除前,绕城7公里的城墙开9座城门,即西临湘江4座,东向2座,南向1座,北向2座。从城门口入城都为宽敞的正街,正街与正街之间有许多横街,横街之间还有小巷,纵横交错,构成了整个城市的街巷骨架。从四面城门的数量差异来看,南北方向、东西方向的城门都不是对称的,没有形成"十"字形或"井"字形的中轴线。南面黄道门俗称南门,北面湘春门俗称北门,南门入口大街叫南正街,北门入口大街叫北正街,但南正街与北正街既没有贯通,也不在一条直线上,北正街大约向西偏离南正街50米。古长沙城东西方向也无贯通的主干道,西面四门入口大街小西门正街、大西门正街、潮宗街、通泰街与东面二门入口大街浏正街、小吴门正街更无法对接,而呈犬牙交错之状。这是因为长沙是一座山水之城,城墙的走向、街道的走向都是随山势、水势的变化而变化的。因此,长沙的街巷不可能形成北方城市那种棋盘式格局,而是不规则的蛛网式格局。但是古人还是讲礼制的,在不受地理条件限制的地段,还是要讲南北中轴线对称的,还是有许多局部的"十"字形或"井"字形街道,因此在大蛛网内布满着小棋盘,只不过小棋盘之间无法对接罢了。在长沙东南部山峦起伏之地,更多的是曲尺形、Z形、S形、T形街巷,颇有曲径通幽之感。从下面清光绪三年(1878)《善化县志》省城图(见图1)可略见这种街巷格局:

这些街道,就连接方式与街道形状而言,可分成以下类型:

1. 正街:一般为城门入口通往城中的街道,是老城的主干道、全城的枢纽,代表着全城的气魄,路面宽广。如长沙南正街、北正街、浏正街、大西门正街、小西门正街等,都是主要的中心街。正街与横街相互垂直,呈十字形。有的十字大街东西不直通,也有的十字大街南北也不直通。不直通的原因有的是地理条件的限制,有的则是从军事防御角度进行规划的。

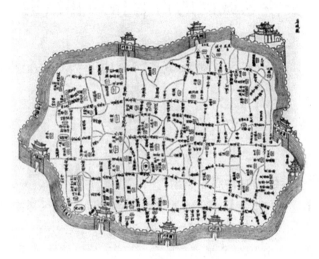

图1　清光绪三年(1878)《善化县志》省城图

2. 长街:长街相对于短街而言,也是城池的主干道之一。长沙的东长街、西长街系明代仿北京东长安街、西长安街而建。

3. 窄巷:老城街道由于用地紧张,往往出现房屋相连、街道狭窄的状态。每个里坊再用十字街划分,街后还有"坊曲"(街坊中的小巷),坊曲十分狭窄,大多是穷人居住的地方。最窄的小街叫做墙缝,两侧都是大院墙,墙与墙之间的一条缝隙,只能一个人行走或二人并行。黎家坡、谭家湾内便有名为"一人巷"的小巷。

4. 口袋路:由于老城内房屋密集,大宅占据了小巷的部位,因而出现袋状路。北方称为"死胡同",湖南称为"断头路"。死胡同车马行人无法穿行,格外安静。行人一旦误入,只得原路返回,很不方便。

5. 斜街与曲巷:城中若有水沟、河道,便会产生斜街和曲路,它打破了方形城池的呆板布局。斜街还能缩短距离,便利行人,如长沙东庆街通往东城浏阳门有一条斜街,其街名便叫"东门捷径"。坊街上有大型建筑,但在坊内还有小路通行,小路多井字路。其中民居排得满满的,其间的小路不直通,是弯曲的,所以叫曲巷。曲路有的为曲尺形,有的为之字形,有的为弧形,还有S形的。长沙太平街与茨山街之间的马家巷、孚嘉巷就是典型的曲巷。

6. 环城路:环城路非常普遍,靠城墙而建,有内环和外环之分。环城路有拐角整齐的,有在拐角做弧状的;有环城一周全部贯通的,也有断开的;有明显的,也有不明显的。内环在城墙里,距城墙10米左右。一侧为城墙,另一侧为民房或店铺,长沙称之为墙湾,今存老街名"草墙湾"、"南墙湾"[1]等即是这种类型。外环在护城河之外。古代环城路都没有正规的路面,因为路的一侧是城墙或护城河,一侧是环状路,这种小路,通行的人较少,且是穷困居民,房屋也很破烂。

7. 丁字路与端头路:老城中曾有许多丁字路,路不直通。古时是从军事上考虑的。当敌人入城到端头时,我军可从两侧的街道向丁字端进行火力交叉,还能使敌人迷路。端头路是一条路走到端头,因已到城墙根,路不通了,有时环城路也未接通。这样的路在每个城中都有,走到端头,没有什么景物可供观览。

8. 裤裆路与对裆路:裤裆路又称岔口路,实际上是一条路通过来,碰上一处建筑或自然山体挡了道,便分成两条路再往前延伸。如文运街向南走被贡院坪(今三角花园)挡住了,就分成了东南方向和西南方向两条路。当两个裤裆形路前后相对时,中间环绕阻挡物的路即成了菱形路。这样形式的路,从一端到另端分岔为两条平行路,到一定长度后,两条路再合而为一,这样人们可以从四面八方进入。这种情况叫做对裆路。

9. 河街:即沿河路。城市沿河而建,沿河都有通路。这种通路,旧时路况较差,或为农副产品集散地,或为贫民聚集区。有的河街沿河一侧没有房屋,成了"半边街",有的沿河一侧也有房屋,但多为"吊脚楼"。湖南的河流大多为"九曲十八湾",故河街走向也依河流走向而千姿百态,如一字形、曲尺形、U形、Z形、S形等等。河街也有位于沿河城墙内侧的,如上河街、下河街。因湘江水运之便,清代长沙牙行(经纪行)多分布在河街,尤以土果行、杂货行和玉兰片行居多。

二、长沙老街的构造特征

(一)路面

与北方古城街道路面多为土路相比,长沙老街路面多为石条铺就。湖南盛产石材,据有关文献记载,主要有麻石(即花岗石,产于长沙丁字湾、浏阳东乡金钟桥、临湘等地)、青石(产于湘西、湘南及浏阳东乡锁匙湾、长坑等地)、白石、红石(即沙石,产于桃源、益阳等地)等,皆为铺设地面的好材料。近溪涧者,亦用鹅卵石铺路,取携便利,路亦洁净坚固。

长沙用麻石铺路始于清雍正(1723—1736)年间,至光绪初年,无论大街小巷均铺麻石。长沙铺路的花岗石均产自湘江下游的丁字湾,旧时有"丁字湾的麻石五百年长一寸"之说。铺路石均凿成长条形,厚20—30厘米,长60—120厘米,宽30—40厘米,朝天的一面平整,凿较浅的凹槽,以防雨天路滑,朝下的一面则任其粗糙。长条形麻石根据街巷的宽窄,一般按中间横排、两侧直铺的形式,顺路势铺压在土路上,或压在街中的暗沟上。有的街虽绵延数里,仍十分整齐平坦,与街巷两边的民房、店铺相映成趣,显得十分古拙质朴。每逢雨后,素雅的街面被冲洗得干干净净,给人以舒适恬逸之感。化龙池街的麻石铺设方法与潮宗街、金线街稍有不同。前者两侧直铺,中央亦直铺一道麻石,将街面一分为二。后者中间直铺麻石,左右则为横排麻石。有的麻石街的铺设还有一法,即在街中心铺3块并列的石条,两侧还是用土,这是为了节约石料。

从20世纪20年代开始,因麻石路面无法满足日益发展的交通运输的需要,长沙市政当局开始实行路面改造计划,到60年代末期,麻石路面全部改造成水泥路面或柏油路面,仅剩下潮宗街、金线街、化龙池、白果园等少数麻石街作为长沙城市变迁的历史见证。

有的老街两侧还铺设有人行道,宽仅1米左右,高出街面15厘米左右,阶沿用石砌或砖砌,路面多为三合土,间或有铺青砖或石板者。直到20世纪30年代城市修筑大马路后,才普遍有了较宽的专用人行道。

(二)下水设施

老街的下水设施分明沟和暗沟两类,大都不设管道。旧时许多城镇街巷两边的下水道多为土质明沟,但长沙老街的明沟要比其他城市先进,多用麻石彻成凹槽或斜槽。

长沙老街更先进的下水设施是地下八大公沟系统(见图2)。八大公沟原名八大御沟,为长沙旧城区内八条自东而西通往湘江的排水沟渠,始建于清雍正(1723—1735)年间,因经皇帝御批,故称御沟。公沟底部、边墙均为麻石,麻石盖板与麻石街面连为一体,深、宽各1米左右。如流经白果园、化龙池的公沟为第七公沟,今存遗迹,已公布为不可移动文物。第七公沟流经东、南、西三区,总长35768米,主沟起自都正街,经红光街、东门捷径、永庆街、丰盈里、白果园、化龙池、大古道巷、晏家塘、南门口,沿西湖路南侧入湘江;接纳高正街、尚德街、解放路、文庙坪、里仁坡、天心路、城南路、马益顺巷等高地支沟来水,汇水面积117.92公顷。

1930—1932年,长沙市政处对一、二、三、七公沟分段进行疏浚,计疏浚长度8400米。1947年,市政府工务局动员20余人,调查淤塞情形,写出了报告。1949年10-12月,市人民政府建设局对八大公沟现状作了调查,组织专业队伍疏沟。1950年,共疏浚公沟14278米,修理改建公沟4675米,挖出污泥5876吨,大部分改成砼质管道。基本解决了当时一些沟段多年淤塞、排水不畅现象。

图2 长沙老城区八大公沟走向图

(三)老街民居和店铺

老街两厢除少数地段为官衙、寺院等建筑所占据外,大多数为民居与店铺。有的老街民居较集中,往往多条街巷连成一片,形成一个个居民区;有的老街店铺较集中,形成一条条商业街。当然也有许多民居与店铺杂处的街道。

长沙老街上的民居具有造型均衡简洁、色调素净明雅的特点。多由前后两个一明一暗的3间房组成,屋体的构架采用"三间四架""五柱八棋"的形式,灵活运用吊脚楼穿斗、马头山墙等手法构成多变的形制。中间为一内院种植花木,形制较小者则成为天井,以此作为整个住宅平面布局组合的中枢。房屋的空间高大通敞,便于通风除湿。房顶覆青瓦,墙体刷白粉,其山墙多做成"马头墙",又称"风火墙"或"封火墙",用以封闭隔绝邻居可能发生的火灾。

老街民居,反差很大。清末以来,湘军将领及民国湘籍军政要员不少都曾在长沙等古城广建深宅大院、公馆别墅,玉宇琼楼散落四区,花木扶疏,宽敞而气派。而在河街等贫区民,多见低矮破烂的茅屋棚户,伸手触瓦,拥挤潮湿,为无产者聊蔽风雨之所。市井街巷店房,多为木架砖瓦结构或竹木结构。

长沙老街上的店铺大致分为公馆型和当街型。公馆型店铺为砖石墙壁,黑漆木制大门,进大门正中有香案财神,条屏书画,厅上方摆茶几靠椅,陈设富丽堂皇。正厅的一侧为铺房,规模大的店铺正中为花厅,有水池假山、盆景花卉。铺台末端靠正厅处竖黑漆招牌书"老一言堂""童叟无欺"等字语。当街型店铺的铺房全部裸露,入夜时用木板嵌合封闭,俗称"关板子"。有的招牌用横幅悬于街心,或用布帘竖挂。茶楼、酒店、当铺则挂一面大旗,旗上写"茶""酒""当"字样。

(四)街口牌坊

长沙老街旧时许多街口立有牌坊,有石质、木质、砖质之分。有的牌坊名也成为一个时期的地名。如长沙河西"牌楼口"入口处立有"岳麓书院坊",石质,明嘉靖四年(1525年)同知严陵创建,上渤"岳麓书院"四大字;"楠木厅"入口立有"护国佑民坊",楠木所制,原真武宫所立,相传为明吉藩所建;"湘春门正街"(今北正街)入口处有"宗伯师臣坊",石质,明天启四年(1624年),礼部右侍郎兼翰林院侍讲学士庄天合所立,坊题曰:"泰山梁木,四方名卿,硕彦迁客,骚人舟车所至,登临凭吊者留题户壁常满"。上述三坊,清代屡有修葺[2],至光绪年间犹存。今牌楼口岳麓书院坊已重建,另二坊无存。

明代长沙城牌坊众多,据明崇祯《长沙府志》载:王府坪(今樊西巷一带)有六坊,吉宣王立,坊额分别为"明德懿亲""圣勅重褒""帝脊忠慈""俭慈为宝""天眷孝友""忠孝贻谋";南门外有二坊,坊额为"乐善可风""上游雄镇";府署周围有五坊,坊额为"承流宣化","会元"(明进士张治立)、"状元学士""天官少宰""节镇吴粤";善化县署前有四坊,坊额为"弦歌""龙脉先收""高步天衢""黄榜题名"。另外,大西门内有"柱国"坊,李东阳立;北门有"东官日讲"坊,庄天合立;灵官渡有"道岸文津"坊,宋张栻建,大西门有"三湘胜迹"坊,等等。

长沙老街古潭街西侧原有名为"孝顺坊"的小巷,相传元代有孝女翊剌氏,在此地黄香井旁割股救母。明代这里树起一座牌坊,即孝顺坊,即为表彰翊剌氏的孝道而立。到清末,孝顺坊字迹剥落,渐就倾圮。宣统元年(1909年),居民争买坊下地基,终为粮商贺久悌所得。贺将坊石撬倒,欲在此建房,街邻不服,与他展开诉讼。拖到宣统三年,善化县衙才断定坊地仍归地方公有,罚贺出钱若干,又捐得若干,新建一坊,矗立街旁,到民国中期犹有新色。

这些街口牌坊多为麻石构筑,结构大同小异,一般为四柱三门。长沙今仅存的老街石坊为位于西文庙坪巷的"道冠古今"石坊,原为长沙府学宫西入口牌坊,由花岗石砌成,高约10米,宽约6米。石坊始建于明代,清同治五年(1866年)重建。学宫东入口原有一座"德配天地"石坊,规制与今存石坊完全相同,惜于"文革"时为作"四旧"拆除。因"道冠古今"石坊的两端被民房卡住,而未拆成,故能幸存至今。古石坊共分三层,最下面的石廊上面有两头凸出的半米高的石狮子,中间有石绣球。第二层雕刻的是石竹、花草。第三层是镂空的石窗,有两条一米来长的鲤鱼。"道冠古今"和"贤关"坊额的上下为"二龙戏珠"镂空浮雕,盘龙错杂,宝珠为飞舞的"中国结"所缠绕,甚为精美。

　　与牌坊相似的还有里门。古城长沙有许多以"里"为通名的街巷,如太傅里、九如里、三公里、锡庆里、孝友里、同仁里、桐荫里、建湘里、衡清里、西园北里、西陵里、德厚里、宇仁里、江宁里等等,类似于上海的"里弄",相当于今日的"居民小区"。很多里巷的入口建有里门,多为砖砌。长沙保存得最好的里门为九如里里门。门建于民国时期,为红砖所砌,坊顶系山字形女墙,门上方嵌有汉白玉石额,"九如里"三字为著名书法家黎泽泰所书。

参考文献:

[1]陈先枢. 长沙老街的地名文化[J]. 长沙大学学报,2012,(1).

[2]陈先枢,沈绍光,陈泽珲. 长沙名胜楹联选[M]. 长沙:岳麓书社,2010.

官治与自治:清代长沙城市管理探析

周执前

(长沙大学,湖南长沙　410022)

城市的产生和发展是人类社会发展的一种必然。中国早在距今约 4000 年前就出现了城市。而有了城市,城市管理也就随之产生。"是以圣王域民,筑城郭以居之,制庐井以均之,开市肆以通之,设庠序以教之;士农工商,四民有业"[1]。至清代,中国城市经过长期的发展、演变,已形成了一个较完整的体系,城市在国家的政治、经济和文化中起着巨大的作用。在这种情况下,更需要城市管理。清代的长沙虽然几经战火,社会经济遭到严重破坏,但自清廷平定吴三桂之乱后,长沙社会相对比较安定,人口有了增加,经济得到发展。自康熙三年(1664 年)置湖南省,长沙成为湖南省会后,至乾隆年间(1736 – 1795 年),长沙已是中国南方的重要商埠,商贾云集,百货流通,竞争十分激烈。"秋冬之交,淮商载盐而来,载米而去;其贩卖皮币玉玩好,列肆盈廛,则皆江苏、山陕、豫章、粤省之客商……北客西陕,其货毡皮之属,南客苏杭,其货绫罗古玩之属,繁华垄断,由南关内至臬署前,及上下坡子街为盛。"到嘉庆年间(1796 – 1820 年),长沙城已"带江十余里,瞰廓数万家","城内人烟稠密,冠盖纷纭,闾阎林立,商贾云连"[2]。随着长沙城市经济的繁荣、规模的扩大、人口的增加,城市社会问题日益复杂,因而城市行政管理显得日益重要。

所谓城市管理,是指以城市空间、经济、社会系统的运行为对象所进行的管理。在清代,城市管理的内容主要包括经济、治安、公益事业等方面的管理,其职能主要是由政府承担的。清代对地方行政的管理仍然沿袭前朝实施城乡合一的体制,城市一般是由城市所在地封建衙门进行管理的。省、府、县等封建衙门均承担了城市管理职能,不过,县作为最基层的行政机构,承担城市管理责任较多,也比较直接。清初的长沙属湖广省,康熙三年(1644 年)湖南单独设省,湖南的最高军政长官湖南巡抚及其所辖的布政、按察两使都驻节长沙,从此长沙正式确立了省会地位。湖南省共辖九府,其中,长沙府衙驻长沙。此外,长沙府所辖长沙、善化两县治亦驻长沙。因此,湖南省,长沙府,长沙、善化两县等各级封建衙门无疑是清代长沙城市管理的机构。此外,还有军队驻扎,它们也参与了城市的管理。同时行会、慈善组织等诸多民间组织承担了一些城市管理职能。

一、清代长沙城市经济管理探析

在中国古代,城市经济主要是城市手工业和商业,城市经济管理主要包括城市税收和城市市场管理等内容。

(一)城市税收管理

在清代,统治者都十分重视税收管理。各级政府的主要职责之一是征收赋税。按照清代法律规定,知县必须每年分两次征收田赋及其他杂项税赋。乾隆《大清会典》规定:"凡直省田赋,由州县官征解,市(布)政使司执其总而度量之。或听部拨解求,或充本省经费,或需邻省酌济,岁陈其数",报由巡抚核定存留(地方公用)拨解(中央)之数,按时拨解布政使司,再统一拨解户部。除了地丁之外,还有杂赋,如渔课、芦课、矿课、茶课等;有杂税,如牙税、木税、煤税、契税等,均由地方官经征。清代中国仍然是一个以农为主的国家,地方官的重点放在农业税上。再者,由于基层官员人数少,因此,工商业税等杂税是委托牙行等组织进行征收的。"其官牙定之以额,择其人输税领帖,以充牙行。"[3]如在长沙城,1726年(雍正四年)有粮食、鱼、煤炭、白炭等牙行35家;至1817年(嘉庆二十二年),新增牙行60家,其中有盐行、茶麻行、纸行、靛行、铁行、石灰行、枯饼行等。

咸丰八年(1858年)汉口开埠后,长沙牙行增长更快,多达100余家,包括粮食行、茶行、鱼行、纸行、靛行、铁行、盐行、白炭行、煤炭行、帽行、牛行、石灰行、土果行等10多个行业。许多牙行由城外市集移至城内,如土果行集中在今下河街一带,粮行集中在今草潮门一带[4]。牙行有代替官府收税的职能。由于此,牙人又有"税牙"之称。"凡城乡贸易之处置一印薄,发给该行牙行经纪,逐日逐起登薄收税,如不登薄,即以漏税查究。"[5]如晚清长沙《磁业条规》指出,"我等磁业向有牙帖科差,兹又奉牙厘局示,加捐并派缴常年岁捐,以办地方要政,谨遵照矣。"[6]

(二)城市市场管理

宋代以后,政府对城市市场的管理由过去全面的直接管理逐渐变为在一定程度和范围内通过行会对城市市场进行间接的管理[7]。清代长沙,"会馆""公所"等行会组织得到大力发展。长沙商人经商,皆自行成帮。有以同业为帮者,以同籍为帮者。清乾隆以后,各行逐渐采用了"公所"的组织形式。清代长沙会馆、公所等行会组织通过多种方式,维护了市场经济秩序,承担了城市市场管理职能。

1. 对产品规格、质量、度量衡使用等进行统一规定,规范了市场交易秩序。如长沙《戒烟店条规》规定,"戒烟丸药,原系应济于人,必用真正良方,道地药材,方能脱毒断瘾,补益卫生。倘药不认真,搀杂码啡等物者,一经变出,立即禁售"[8]。长沙《山货店条规》规定,"各店所用之秤,定期每年三月十六日齐送至公所,将颁请正十六两官法,公同校准烙盖火印为记,每店出进通用。倘用无火印秤称货,查出罚戏一台外,照依正法。"[9]

2. 对开业、销售等方面内容进行了规定,规范了市场竞争秩序。首先,严格开业制度,防止因市场饱和而产生恶性竞争。如长沙《丝线店条规》对新开店作出了以下规定,"同业凡新开码头,务宜距已开之处左隔一家,右隔一家,对面须隔三家。如有双合门面,仍作一家计算,其未立案以前,已经开设者不在此例。设或停歇即将该码头作废,不得顶替再开,以示限制。"[10]其次,严格销售规定以限制不正当竞争,确保商业利润。如长沙绣局行对商品实行统一定价制度,详细议定了53种商品上、中、下三等的统一价格[11]。长沙铜业规定"新老店生意,岁要作规条价沽,毋许私自减价贱售,花银祗照市价,公平交易,不许私情高作分文。如有不遵,一经查出,罚戏一台敬神,另加酒席钱四串八百文,违者议罚。"[12]此外,还制定了严格的劳动用工制度和学徒制度等。

3. 对如何解决同业纠纷做出了规定,在一定程度上规范了市场退出秩序。同业发生纠纷,轻者一般由行会内部采取罚酒席、罚戏,或者处以罚金等方式予以解决;重者开除,甚至"禀究官治"。如《长沙照相店条规》规定,"同行必须恪守规则,倘有犯规之事,一经值年查实,定即声明同行,轻则议罚,重则逐出。城厢内外及租界等处,以后开设照相馆,均须一律出具牌费上会,倘有藉势压众,不尊规章,公同禀究"[13]。

二、清代长沙城市治安管理探析

清代律例规定文武官弁有"务将所属地方实力稽查"的责任,"捕役兵丁均有缉拏盗贼之责",在法律上明确规定维护社会治安是文武官弁及捕役兵丁的专责。但是由于县以下不设治,因此对城市基层社会的治安管理主要是依赖官方基层组织—保甲进行的。

清代长沙也实行了保甲制度[14],雍正元年或二年,长沙城区按铺—甲两级编排保甲,共编有14铺,由地方士绅一人担任保正;铺下设甲,地方绅士一人担任甲长,每甲分管若干户。报正和甲长主要负责本地段的差役征调和社会治安等事务[15]。此时的保甲制度与连坐相连。"凡甲内盗贼、逃人奸宄之盗发事件……若一家隐匿,其邻九家及甲长不行首告,俱治以罪。"[16]同治七年(1868年),长沙城按铺—团方式进行保甲编组,全城编为上、中、下三铺,三铺下属87个团,每个铺设有 2 – 3 人为执事,负责管理地方的各项差役和治安[17]。同治十年(1871 年),长沙采取按街分段设甲的办法,基本上 10 户为一牌,10 牌为 1 甲,10 甲为 1 保,分别立牌长、保长、甲长,主要行使清查户口之责,以控制人口的流动,防范外来"盗匪",稽查"奸宄"[18]。"保甲在承平时期可以在一定程度内发挥作用,但却不能满足动乱时期的要求。它的官僚政治的、形式主义的行使权力的方式对于遏制严重的社会和军事危机就过于软弱"[19]。尤其是晚清以来,随着社会矛盾的加剧,保甲制度已经不可能有效地管理城市基层社区。据《湘报》载,在长沙,"户口繁盛,盗贼滋多,痞徒滋事,不无扰害。上年盗窃案多至百余起,破获无几。而保甲、团防局不足以弹压,事亦随而废弛。"改革已经势在必行了。戊戌维新湖南新政期间成立的湖南保卫局就对长沙城市治安管理起了很大作用。

光绪二十四年(1898 年)六月(7 月)湖南保卫局在长沙创办。保卫局的职责是"去民害,卫民生,拾非违,索罪犯"。在城市治安管理方面起着很大的作用。保卫局派人在所辖地界内昼夜值班巡逻,"遇有杀人放火者、斗殴伤者、强盗、盗窃及小窃掏摸者、奸拐诱逃者、当街赌博者"等现发案犯,"均即行捕擎"。对于违反社会治安管理的案件,保卫局有一定的司法审判权,"所有地方人民违犯本局禁令,保卫局有权审讯发落。"据《湘报》载,保卫局自开办以来,"各局员绅倍极勤慎,日夜严饬巡丁逡巡街市,城中无赖痞徒渐皆敛跡。""城厢内外,人心贴然,已有成效可观。"

此外,城市民间组织在城市治安管理方面也起到了一些辅助作用。如会馆、公所组织同业力量努力维护行业经营的公共安全和社会公共治安。主要体现在以下几个方面:会馆、公所等商人组织要求同行遵守公共秩序;鼓励同行同不法行为作斗争;要求同仁严把招收客师关,以防止本行成为匪徒藏身之所等[20]。

三、城市公益事业管理探析

(一)救灾

救灾管理主要包括灾前预防和临灾救助两方面。

1. 灾前预防主要表现为重视仓储建设。第一,大力设置常平仓。清代法律规定,"凡直省常平仓皆州县官专司之"[21]。清代长沙设有常平仓。据同治《长沙县志》记载,清初至乾隆年间长沙官仓建设情况大致如下:清初,洪承畴即建有王仓"以储军米",长沙府衙门共建有官仓十六座,后划归长沙、善化两县管理,长沙县衙门建共十座[22]。第二,鼓励社仓和义仓等半民间仓储建设。清代鼓励社仓和义仓等半民间仓储建设。"平粜之法,所以酌盈剂虚,使谷价常得其平,故岁丰增价而粜以便民,是为常平仓法。其可与常平相辅而行者,则莫如义仓、社仓。"[23]

康熙十八年(1679年)"题准地方官劝谕官绅士民捐输米谷,乡村立社仓,市镇立义仓,照例议叙"[24]。清代长沙城社仓在雍正年间开始建立起来,雍正元年知县张熙醇劝绅士捐建社仓,十二年知县陈率先劝谕官捐社仓,谷散储城内各铺,乾隆年间在各乡都大量建立起来。并在道光年间建立了义仓[25]。

2. 关于临灾救助,清代定了较为完备的救助程序。第一,报灾。灾情发生后,地方官员"先以情形入奏",然后在一个月之内查核轻重分数,详细上报。第二,勘灾。地方官员应在规定期限内,到灾区实地查勘核实受灾程度,确定成灾分数。第三,审户。即核对灾民户口,划分等级,以便赈济。饥口以16岁为界,以上为大口,其下为小口,尚怀抱者不入册。第四,放赈。即按赈票将赈济钱粮发放到灾民手中。清代长沙官方赈灾的程序,大体上符合这一程序,依次是勘灾、报灾、施赈和查赈[26]。

清代救灾机构的设置和救灾制度的制定并非仅仅针对城市,但清代的救灾是以城市为中心进行的。正如施坚雅所说,"赈济饥荒工作的质量——在区域范围上存在差别,即在大都市区域最高,距帝国首府最远的区域最低,而且在区域的核心区也较边缘地带为高。"[27]因此,上述救灾机构以及救灾制度完全可以归入城市社会保障的范围。

(二)济贫

1. 清代在养恤贫苦孤残方面采取的措施主要体现在其设立的养济院、普济堂、育婴堂等社会福利机构方面。

(1)养济院。清朝建立后,即着手在全国范围内恢复在战乱中遭到毁坏的养济院,并建立新的养济院。顺治五年(1648年)和雍正元年(1723年),都曾诏令各地方设养济院收养鳏寡孤独及残疾无告之人,有司留心举行,月粮依时发给,无致失所[28]。其后历代皇帝又多次重申,如乾隆二年规定:"各州县设立养济院,原以收养孤贫,但因限于额地,不能一同沾惠。嗣后,如有外来流丐,察其声音,讯其住址,即移送各本籍收养。今备保甲,将实在孤苦无依者,开明里甲年貌,取具邻佑保结,呈报州县官,除验补足额外,其有浮于额数者,亦收养院内,动支公项,散给口粮,仍将超过额外孤贫口粮名数,按年造册报销,如冒滥克扣,奉行不力,照例参处"[29]。同时,要求地方官平时要亲临慈善机构慰藉,并督促养济院的经营。顺治年间,长沙知县就在潮宗门内设立了养济院,最初"养济孤贫四十名"[30];到同治九年(1870年),建有屋宇70余间,"额内孤贫八十名,额外三名。"[31]此外,善化县也设有两所养济院,分别设在南门外的妙高峰寺和碧湘街侧,共救济"孤贫五十九名"[32]。

(2)普济堂。普济堂的创建要晚于养济院。乾隆元年(1736年),清廷议准

"各省会及通都大邑概设普济堂,养赡老疾无依之人"[33]。此后,便在各地兴建起来。乾隆四十二年(1777年),湖南巡抚颜希深奏请在长沙建立普济堂,以"收养衰老病孤茕独无依之人"[34]。咸丰二年(1852年),太平军进攻长沙时,该堂被毁,后重修,至咸丰十一年(1861年),收养老民、老妇共237名。

此外,还有其他慈善机构和各类节堂。其中不少是民办慈善机构。如育婴堂、同仁堂、同善堂、全节堂、恤乡嫠局等。慈善组织在清代长沙的社会保障中起着较大的作用,包括收养贫病孤寡老人和弃婴孤儿,援助寡妇、节妇,收留老病流民、施衣、施医、施药、施粥、施棺、拯溺救生、救火、义冢、义山、义渡、义学等等[35]。

2. 会馆、公所对同乡、同业者的救助和保障。清代会馆、公所十分重视救济同乡同业、办理善举。其主要表现在以下方面:(1)救济同乡同业者;(2)为同乡同业者解决殡葬事务。清代长沙的会馆、公所同样如此。如《戒烟店条规》规定,"所有各帮伙身居异乡,倘有不测或病故者,凭本帮验明,该店主助钱五千文,会上助钱五千文,以作衣棺抬力等费"[36],长沙的苏州会馆在长沙城东三门外设有公山十二处,"以备同乡在楚物故者安葬"[37]。

(三)城市建设与管理

在清代,城市建设也是城市公益事业的一部分,是由政府与民间社会共同承担的。一方面,统治者对长沙的军事设施、布防和城市基础设施建设十分重视。1654年(顺治十一年),洪承畴统兵南下,曾拆除明吉王府城砖石,加固长沙城垣,于是"城池崇屹,甲于他郡"。乾隆以后又多次修缮,"天心阁险要为一城最",下临深池,左右设炮台9座,固若金汤[38]。又如,"乾隆四十年,知县梁济生因大江水势直射堤址,日渐坍塌,每遇春夏水涨,淹浸城根,详请修建石剥岸。于湘水桥起至北面城墙拐角一带,分四段,共长一六二丈,先修紧要二段计长八十丈,四十四年知县范元琳估详。奏准动币银一万两有奇兴修石剥岸保护城根[39]。另一方面,清代湖南民间组织也承担了一定的城市建设方面的职能。如在宁乡县,据记载,"初四门正街俱面子石,道光十五年江苏寓籍士商等出其会馆盈余倡修各门麻石共费金二千有奇"[40]。

四、官治与自治:清代长沙城市管理机制分析

从清代长沙城市管理的情况看,清代的城市管理是一种双重管理机制,表现为政府管理和一定的民间自治管理相结合。这种机制有以下特点:

第一,官治与自治之间是一种合作关系,可以说是一种分工与配合的关系。从清代长沙城市管理情况看,政府及其基层组织的管理重点关注治安与税收管理,而民间组织的管理重点关注城市市场以及有关社会公益事业的管理。在专制政治下,统治者首先要做的事就是维护自己的统治。因此,政府主要关注与统治职能相关的治安与税收管理。各级衙门的主要职责是征收赋税、维持治安,还设置了保甲和牙行以加强治安和税收的管理。而对城市经济事务、公益事业的管理等十分粗疏,或管得很少,功效不高;国家没有也无意提供一套城市民间社会所需的规则、机构和组织。于是在政府机构及相关组织之外,大量的民间组织发展起来,它们追求自己的目标,制定自己的规章,以自己的方式管理自己[41]。

第二,官治与自治之间没有明确的界限。从清代长沙城市管理的官治机构看,既有省、府、县各级衙门,又有官方设置的基层组织如保甲等;从自治机构看,有行会、民间慈善组织等,还有半官方、半民间的基层组织如社仓等,官治与自治之间没有明确的界限。即使是官方设置的保甲组织,由于完全靠当地居民自己进行运作,地方官只是监督其执行,因而无疑也具有民间组织的特点,具有一定的自治功能。

第三,官治与自治之间是经常变化的。如普济堂,最早于康熙四十五年(1706年)在京师由“士民公建”,但至乾隆朝,已经转化为半官方半民间组织。由于地方政府介入普济堂的建立,改变了普济堂的纯粹民办性质。从资金来源上,改变了普济堂仅仅依靠捐助的单一格局,形成了民间与政府支持同时并存的局面;管理形式也发生变化,在乾隆二十七年(1762年),由“绅士经理”转为“官为经理”[42]。创办于乾隆年间的长沙普济堂正是如此。按夫马进的解释,朝廷的目的是欲将民间社会的慈善事业转化为国家鳏寡孤独的政策的一环[43]。而随着晚清统治的日益衰败,长沙同全国各地一样,官办慈善机构因政府投入经费不足使得规模日益缩小甚至停办,而民办慈善机构在数量上和规模上大大超过官办慈善机构[44]。

随着我国城市化进程的发展,城市管理工作显得日益重要。但目前我国城市管理中还存在许多问题。因此,加强和创新包括城市管理在内的社会管理已成为我国现阶段的重要任务和重大改革课题。2011年10月,长沙被确定为全国社会管理创新综合试点城市。目前长沙正抓住试点机遇,科学谋划、精心组织、锐意改革,努力把长沙建设成为全国社会管理示范城市。而城市社会管理创新的主要内容之一就是要充分发挥社会基层组织的作用,建立政府主导—社会参与的社会管理模式。因此,以政府管理为主,以民间自治为补充的清代长沙双重管理机制对今天城市管理创新无疑具有重要的借鉴作用。

参考文献:

[1]班固. 汉书·食货志(卷24)[M]. 北京:中华书局,1961.

[2]刘采邦. 同治长沙县志·商贾(卷16)[M]. 长沙:岳麓书社,2010.

[3]王庆云.石渠余纪(卷6)[M].北京:古籍出版社,1985.

[4]明清长沙牙行之盛[EB/OL]http://www.csonline.com.cn.http://www.changsha.cn,2003-09-09.

[5]黄六鸿.福惠全书·杂课部(卷8)[M].1644年刻本.

[6][8][9][10][11][12][13][36]彭泽益.中国工商行会史料集[M].北京:中华书局,1995.

[7]林成西.中国古代城市的商业管理[J].文史杂志,2006,(4).

[14]张廷玉,等.清朝文献通考·职役·保甲(卷22)[M].杭州:浙江古籍出版社,2011.

[15][17]长沙市志·大事记(第2卷)[M].长沙:湖南人民出版社,1995.

[16]张廷玉,等.清朝文献通考·职役·乡治(卷27)[M].杭州:浙江古籍出版社,2011.

[18]湖南省志·政法志[M].长沙:湖南出版社,1997.

[19]孔飞力.中华帝国的叛乱及其敌人——1796-1864年的军事化与社会结构[M].北京:中国社会科学出版社,1990.

[20]彭南生.行会制度的近代命运[M].北京:人民出版社,2003.

[21]允祹,等.乾隆钦定大清会典·户部·仓庾:户口(卷12)[M].台北:世界书局,1986.

[22][25]刘采邦.同治长沙县志·积贮(卷10)[M].长沙:岳麓书社,2010.

[23]嵇璜,等.清朝通志·食货略八·平粜(卷88)[M].上海:商务印书馆,1935.

[24]允祹,等.乾隆钦定大清会典则例·户部·积贮(卷40)[M].乾隆二十七年(1762)刻本.

[26]张颖华.清朝前期湖南赈灾初探[J].船山学刊,2001,(3).

[27]施坚雅.中国封建社会晚期城市研究——施坚雅模式[M].长春:吉林教育出版社,1991.

[28]允祹,等.乾隆钦定大清会典则例·蠲恤一(卷53)[M].乾隆二十七年(1762)刻本.

[29]昆冈,等.光绪钦定大清会典事例·恤孤贫(卷26)[M].光绪三十四年(1908)刻本.

[30]长沙县志(卷43)[M].康熙四十二年刊本.

[31][32]李瀚章.光绪湖南通志(卷43)[M].光绪十一年刊本.

[33]昆冈,等.光绪钦定大清会典事例(卷269)[M].光绪三十四年刻本.

[34]王勋. 嘉庆善化县志(卷5)[M]. 嘉庆二十三年刊本.

[35][44]熊秋良. 清代湖南的慈善事业[J],史学月刊,2002,(12).

[37]光绪善化县志(卷30)[M]. 光绪三年刊本.

[38]梁小进,杨锡贵. 长沙历史风云[M]. 长沙:湖南文艺出版社,1995.

[39]刘采邦. 同治长沙县志·水利(卷6)[M]. 长沙:岳麓书社,2010.

[40]郭庆服,童秀青. 宁乡县志·地里·街市[M]. 同治六年.

[41]马士. 中国行会考[A]. 彭泽益. 中国工商行会史料集[C]. 北京:中华书局,1995.

[42]李铭皖. 同治苏州府志·建置四(卷24)[M]. 南京:江苏古籍出版社,1991.

[43]夫马进. 中国善会善堂史研究[M]. 伍跃,杨文信,张学锋,译. 北京:商务印书馆,2005.

长株潭一体化过程中产业集群的现状及对策分析

胡德宝　罗启发

（湘潭大学商学院，湖南湘潭　411105）

所谓产业集群,是指在某一特定领域以某些主导产业的关键企业为核心,一些相互关联的企业及其支撑体系在空间上聚集发展并形成具有持续的竞争优势的经济群落。它是一个柔性的经济细胞集合体,从组成对象上包括对竞争起决定作用的产业实体、原料供应企业、物流配送体系、相关的销售网络和消费群体,以及提供专业技术、信息的服务机构和政府部门等。它是一个立体的多层次的大规模的群体,其核心是建立产业链,使产业规划服从于城市规划,发挥城市的区域功能和地理位置上的优势,有利于强势企业群体的形成。

实践证明,实施产业集群是现代区域经济发展的一项重大战略举措,对于促进城市和区域的经济一体化,提升其综合竞争力具有决定性的作用。

一、推动产业集群对促进区域经济发展的必要性

1. 当前经济发展背景的需要。经济全球化和区域经济一体化的浪潮,对一国国内城市间经济一体化提出了更高的要求。特别是我国加入 WTO 之后,经济一体化的步伐加快,随之而来的是国家之间、区域之间、城市之间的竞争激烈加剧,这种竞争最终落脚在产业的竞争上。城市间经济一体化要顺应这种趋势,在一体化的过程中实现跨越式发展,创造区位优势,加快实施产业集群发展战略是最佳选择之一。

美国著名的经济学家波特也认为,通过产业集群而形成的产业组织是一个区域创新因素的集群和竞争力的放大。联合国贸易发展大会 2001 年《国际投资报告》中就指出,跨国公司的投资已经从低成本的区位转向产业群的区位,那些没有新的产业组织而仅有廉价生产要素的城市正面临新的危机。只有把全球化和本地化结合起来,发掘区域一体化向纵深发展,利用产业集群的"区位品牌"效应,发展新的产业组织的区域才能取得成功。珠江三角洲和长江三角洲的部分城市之

所以能够迅速崛起,与这些城市积极实施产业集群发展战略是分不开的。江浙一带的产业集群发展和北京中关村高科技产业集群的脱颖而出同样说明了这个问题。

2. 产业集群有其内在的优越性。产业集群是有效的区域发展战略,是提高区域经济竞争力的有效途径,也是欠发达地区实现工业化的有效突破口和经济发展到一定阶段的必然趋势。产业集群表现出的特点在于:(1)促进产业链的形成。由于产业集群是众多相互关联企业围绕某一特定领域或主导产业积聚发展起来的,将形成产业关联效应,从而推动产业链的拓展,同时产业链的延伸会进一步促进集群的发展。在产业集群发展的初期,参与合作的企业较少,集群规模不大,产业链较短;随着产业集群的成长,区域内市场需求空间拓展,集群对分工更细、专业化更强的产品和服务的潜在需求增加,企业内部可形成 1 + 1 > 2 的合作效应,产业链随之扩张;到最后,该产业可衍生和创建新的产业链,使之向高端发展。由此,产业链带动下游产业的发展,并向上游延伸,逐步形成一条更长的链条。(2)产业集群将促使区域经济生态化。企业群体既是竞争对手,也是合作伙伴,形成一种和谐的经济生态环境。集群内的企业既能独立生存,又要围绕某个产业紧密结合,功能互补,以产业链联系起来,达到良性循环。

集群产业的特点决定了其内在优越性:(1)产业集群提高集群内部规模效应,加强专业化分工和市场化运作,提高主导产品技术水平和名牌效应,减少因转换加工环节而付出的成本费用,提高产业效率。(2)提高产业外部规模效应,完善区域内产业及服务社会化体系。对原材料及产品市场行情能够及时准确掌握,并做出快速反应,降低交易成本。(3)提高产业集群对外部开发的辐射作用,发挥区域优势互补,提高产业集群的综合竞争力。产业集群将打造"区位品牌"。与其他经济实体竞争时,以整个地区的形象出现,在广告效果和品牌效应上有其他单个企业无法比拟的优势。(4)形成不同产业之间的协调发展和产业链接,既防止人为分割又防止重复建设,制止过度竞争。(5)完善各类专业性市场,提高市场诚信水平。

二、国内外产业集群发展成功的先例

上世纪 80 年代初,随着广东省的对外开放,广东一些市县如深圳、珠海、中山、顺德、南海、东莞等利用优惠政策吸引本地在海外、港、澳的众多亲朋回乡开展"三来一补"业务,在此基础上,逐渐形成了一些专门品镇。目前,在广东珠江三角洲的 404 个建制镇中,以产业集群为特征的专业镇占了四分之一。如中山古镇(灯饰)、东莞虎门(服装生产和贸易)、南海西樵(纺织印染)、佛山石湾(陶瓷)、云浮云城(石材)以及顺德伦教、龙江、乐从三镇(家具)等。这些产业集群有力地推动了珠江三角洲经济持续、强劲增长,使珠江三角洲成为我国经济最活跃、增长速度最快的区域之一。

与此同时,在浙江号称"百工之乡"的温州,农村实行联产承包责任制之后,一些农民在人多地少的压力下转办家庭工业,利用制度创新、市场创新与技术突破获得成功,引发同镇农民的效仿,从而逐步形成了一些专业品牌,如温州巷南县金乡镇的标牌集群、号称"东方纽扣之都"的永嘉县桥头镇的纽扣集群、瑞安市场桥镇的羊毛衫集群、乐清市柳市镇的低压电器集群等都是在此时期形成并在国内闻名遐迩的产业集群。

温州产业集群的成功发展使得浙江省其他地方纷纷效仿,在浙江省迅速崛起了一大批以产业集群为特征的专业品镇。据统计,浙江省目前拥有年产值亿元以上的产业集群区 519 个,年产值达 6000 亿元,平均每个县有 3 个产业集群,这些集群在全国行业中不是最大就是最强。产业集群作为链节,将各区域联系起来,形成了一种良性联动,刺激了区域经济的发展。现在,浙江经济的发展后劲较足,2002 年我国经济可持续发展能力排在前 5 位的分别是上海、北京、广东、江苏、浙江,浙江排在第 5 位,其成功的产业集群功不可没。越来越多的研究揭示了发达国家通过产业集群带动经济腾飞的规律。美国的硅谷和明尼阿波利斯的医学设备业群、克利夫兰的油漆和涂料业群、加利福尼亚的葡萄酒业群、马萨诸塞的制鞋业群,都带动了区域经济的发展。产业高度集聚的加利福尼亚州经济总量居世界各国 11 位。德国拥有图特林根的外科器械业群、斯图加特的机床业群、韦热拉的光学仪器业群、巴登 – 符腾堡的机械业群、纽伦堡的制笔业群。意大利 70% 以上的制造业、30% 以上的就业、40% 以上的出口都通过专业化产业区域实现。世界版图由于大量的集群存在,形成色彩斑斓、块状明显的"经济马赛克",全球财富大都通过这些块状区域创造。

三、长株潭产业集群中存在的问题

目前长株潭经济一体化在市场环境、合作观念、合作机制等方面还存在一定的差距,造成了产业集群水平不高。过去三市围绕各自的战略目标建立起来的一些制度安排,不仅将该地区的城市发展限制在狭窄的轨道中,而且形成了各自大而全的分割体系,人为地阻隔了地区之间的资源的自由流动。因而也就使产业集群的成长缓慢。

1. 产业集群程度不高,形势不乐观。长株潭三市虽然占到全省 GDP 的比重有 32.8% ,但与其在湖南的地位很不相称,且面临北有武汉、南有广州两大城市群的压力。三市作为一个整体,拥有全省50%左右的科教实力和2/3左右的专业技术人才,其拥有的智力资源与珠江三角洲差距不大。但有统计资料显示,1999年长株潭地区高新技术产业产值仅为珠江三角洲地区的14%左右,发展速度仅为珠江三角洲地区的60%左右,差距十分明显。长株潭地区发展最为成功的是岳麓区的高新技术企业集群,截至2003年上半年,虽然岳麓山国家大学科技园有67家科技企业入园,但它对湘潭、株洲的辐射作用不强;以长沙为中心的现代物流圈也只是显现出雏形,还没有把长株潭物流网络化。

2. 专业化市场和统一的要素市场培育不够

在实现长株潭经济一体化的过程中,存在一些封闭型地域观念,产生了地方保护主义的干扰,使得生产要素在整个区域内流动和交易的成本升高。三地还没有完全形成开放、畅通的人才、资金、技术等生产要素的流动机制。同时,与特色产业配套的专业市场未得到强化,对产业发展提供的有效支持不够。

3. 资金投入不够

根据近几年南方先进地区的发展经验,一个主导产业的培植必须保证每年至少引进2-3个投资5000万美元或过亿美元的大项目支撑。这样,用3-5年的时间就可以形成某一外向性、特色化的产业集群。但是,长株潭地处中部,与沿海城市比较,开放程度不够,利用外来资金数量有限;观念上的障碍,使许多企业宁愿以自我积累的蜗步式发展,也不愿"肥水流入外人田",使得产业资产积聚速度过慢,难以做强做大。例如,长沙岳麓区为打造高新技术产业群,以自有资金对传统产业进行技术改造,每年为5000万元左右,这对于产业的长远发展所需的资金来说,只是杯水车薪。

4. 长株潭发展产业集群的软环境不够完善

为推动长株潭经济一体化的纵深发展,基础设施的建设取得了很大改观。而且,一些重大基建项目也将在最近上马。主要的问题体现在软环境上。

在思想环境上,由于观念未得到完全转变,人们常对集群内非公有制企业采取限制和歧视的态度,害怕它们发展起来后会挤占公有制企业的市场,威胁其生存。三市在思想上有时未达到高度统一,三市面临着转轨过程中的矛盾,资金调配、利益分配上的摩擦,这些因素与调控上的乏力搅和在一起,外在表现为体制上的障碍。

在经营环境上,产业集群内缺乏诚信。由于企业之间缺乏诚信,使它们之间失去了交流和合作的基础,只注重短期收益。产业内的不讲信用将会产生"传染",使企业之间形成恶性的债务关系。

在政府职能环境方面,政府对产业集群的引导存在"越位"和"空位"的现象;

政府不该管的地方管得太多,而对某些应加强服务方面的作用未发挥出来。政府经常存在着"越位"现象,过多地干预企业内部经营,使企业失去了在市场经济中灵活调整经营战略的自主权,破坏了产业集群的生态性。另外,相关政府部门对新进入企业群的企业的审批程序繁琐,效率低下,要盖的公章很多,要跑的主管部门也很多。往往要跑几个月才有点眉目,却使企业失去了最佳发展时间。在一些领域,政府存在着"缺位"现象,对企业集群的引导扶植不够,没有制订出地方产业政策或制订出了但不知怎样执行,使产业集群不能在政府的推动下发展,而实际上政府在此过程中是可以大有作为的。

四、推动长株潭产业集群的对策

1. 统筹规划生产力布局,优化产业选择

区域规划是加强宏观调控、合理配置资源、促进经济社会协调发展的前提。通过区域规划可加速长株潭经济一体化的进程,形成产业联动的局面。三市应成立统一的规划管理职能部门,做好三市的总体规划,重点规划好基础环境设施、产业发展、公共政策三个方面,以实现一体化带来的低成本共享。

在区域总体规划的框架下,从构建区域性的"板块经济"着手培育产业经济,要选择好主导产业。在产业的选择上,应选择需求收入弹性大、产业关联效应大且有一定的区位比较优势的产业优先发展。需求收入弹性大的产业产品(或服务)的社会需求会随着国民收入的增长而增长。收入弹性大的产业应为优先发展的产业,因为这种产业部门有着广阔的市场,而广阔的市场正是产业进一步发展的先决条件。与其他部门之间具有高度的关联性也是主导产业部门的特征之一。一方面,它的迅速发展能够扩大市场,扩大对其他部门产品的需求,因而能带动整个经济的增长,即影响力系数大;另一方面,其他部门的增长又对它产生了较高的需求,即感应度系数大。这种以主导产业为核心的模式,将"倒逼"出配套加工企业跟进,形成"葡萄串"效应,从而确保产业集群的发展。

以这种标准为基准,考虑到长株潭的实际,在产业选择上,长沙主要以电子信息、机械、食品为支柱,株洲要以交通运输设备制造、有色冶金为支柱,湘潭要以槟榔加工、黑色冶金、化学原料和化学制品制造业为主。

2. 培育选择的优势产业,建设统一的市场

选择的优势企业,应加大投入和引导力度,从政策和税收等方面加以扶植和倾斜,聚合各种生产要素,进行重点培育,尽快把企业群体做大,把产业链做长,打造集群核心主体。要建设统一的要素市场,使各种要素能得到合理的流动和有效配置,为产业的可持续发展提供稳固的保障和广阔的市场空间。

3. 引入国际生产力,加大吸引外资的力度

随着经济全球化的浪潮和 WTO 的推动作用,区域经济一体化最终将融入到全球经济一体化中。在这一过程中,要增强本地区的国际竞争力必须要引入国际生产要素即国际生产力来推动产业集群的发展。因此,要加强国际经济技术合作,加大吸引外资的力度,使长株潭产业融入到跨国公司全球产业链中。与此同时,可吸收 FBI 投资方式,特别是在产业关联度高、辐射作用大、带动性强的产业上更应如此。

4. 进一步完善产业集群的软环境

环境是对经济所要达到目标产生影响的外部条件的总和,是自然、政治、经济、法律、社会文化等各方面的综合体。随着区域经济竞争的日益激烈,环境已成为城市区域形象的品牌,经济实力的标尺,成为区域经济能否形成强势企业集群的直接因素。长株潭一体化促成硬件得到很大改善,应着重完善的是软环境。

第一,进一步解放思想,鼓励民营企业的发展,把它们引入产业集群的链条中,对其实施国民待遇,使产业集群充满竞争活力。事实证明,很多地方集群内企业基本上都是非公有制企业,而且发展得很成功。如截至 2001 年底,东莞市拥有各类纺织、服装企业 6523 家,其中"三来一补"企业 1210 家,三资企业 1622 家,民营企业 4660 家;2001 年辽宁省海城市纺织、服装企业总数为 7463 家,全部为民营企业。

第二,利用湖湘文化的精髓,打造"诚信湖南",为长株潭产业集群建立坚实的经营环境。诚信可以作为一个地区的核心竞争力,营造良好的经营环境,形成良性循环。温州曾有过不讲诚信而造成的惨痛教训,在长株潭产业集群过程中一定不要重蹈覆辙。

第三,要实现政府职能转变。政府要确实实现角色的转变,变行政型政府为服务型政府。要降低各种所有制企业的准入门槛,简化审批程序,变"串联审批"为"并联审批",提高效率。在产业集群过程中,政府的重要作用表现在以下几个方面:

一是提供各种优惠政策吸引投资,促进企业发展。如中关村的第一轮创业高潮就源于国务院于 1988 年 5 月颁布的《北京市新技术产业开发试验区暂行条例》(即特殊政策"18 条"),其他一些地方政府也通过在土地、税收、政府服务、收费、保护企业等方面制定一系列的优惠政策,为本地产业集群的发展创造了宽松的外部环境。二是美化本地环境,增强引资的吸引力。三是建立工业园区,使产业集群地理更为集中。四是建立交易市场,扩大市场规模。如东莞虎门镇政府早在 1986 年观察到,接连有几位外商在虎门投资办起了服装来料加工厂,为此镇政府

决定建立一流的服装市场来服务企业、拓展市场空间。1993 年,镇政府投资加上群众集资 7000 万元建成占地 1.3 万平方米,拥有 1200 多个铺位的富民商业大厦。如今富民大厦的服装批发以交易量大、经营服务好而享誉国内外,被称为"中国乡镇第一号时装批发商",有力地推动了虎门纺织产业集群的发展。五是举办产品博览会与商贸会,扩大对外影响力和市场知名度,实施区域整体营销,创建地域品牌。六是引导与支持企业技改,促进产业集群的产品、技术升级。如萧山区对纺织集群内一定规模的技改项目给予贴息,对项目所需用地、用电、资金等给予优惠和优先。七是协调产学研结合,为产业集群创造源源不断的技术创新能力。八是加强中介服务。如山东昌邑市成立了纺织、印花、染整等行业协会和信息、技术服务中心等中介服务机构,为印染企业提供全方位服务。九是积极实施人才战略。如山东昌邑市制定了引进人才的有关政策,建立了人才引进的绿色通道;每年都分期分批组织企业管理人员到大专院校培训,还筹建了两处专业学校培训职工。十是建立产业集群发展的长期远景。

参考文献:

[1]吴忠良. 产业经济学[M]. 北京:经济管理出版社,1998.

[2]苏东水. 产业经济学[M]. 北京:高等教育出版社,2000.

[3][美]波特. 竞争优势[M]. 北京:华夏出版社,2001.

[4]杨大楷. 国际投资学[M]. 上海:上海财经大学出版社,1998.

[5]张幼文. 世界经济学[M]. 上海:立信会计出版社,1999.

长株潭区域一体化物流体系的构建

来亚红

（湖南省委党校，湖南长沙 410006）

推进中部地区的经济崛起是我国区域经济发展继"东部开放""西部开发"等之后的又一战略重点。长沙、株洲、湘潭三市作为湖南经济发展和社会进步的最先进地区，拥有非常稀缺的城市群带资源，在全省甚至整个中部都具有独一无二的优势，对带动湖南经济发展有着举足轻重的作用。长株潭区域一体化物流体系的构建将改善区域整体投资环境，加速区域产业集聚，提升区域综合竞争力，进一步促进经济一体化的进程。

一、长株潭区域物流业发展现状与主要问题

（一）长株潭区域物流业的发展现状

改革开放以来，长株潭区域物流业经过几十年发展，已形成了一定的基础。首先在思想观念上，三市都十分重视物流业的发展，都分别提出了本市物流业发展的目标与对策，并制定相应的政策和措施来支持和鼓励物流业的发展；其次，物流基础设施建设全面铺开，交通条件得到明显改善，各种专业的或综合的物流基地、配送中心如火如荼地建设起来；第三，成长起来一批具有一定规模和运营能力的物流企业。但与发达地区相比，本区域的物流业仍处在由传统物流向现代物流转型的初级阶段，物流业发展还存在一系列问题。

（二）长株潭区域物流业发展存在的主要问题

1. 物流资源分散与浪费现象严重

一方面，计划经济时期形成的商业、物资、粮食、供销、外贸等系统自办储运的状况至今没有根本改变，铁路、公路、航空、水运等部门都有各自的物流企业；另一方面，长沙、株洲、湘潭三市在物流基础设施建设方面互不联系，甚至暗中竞争，相同功能的设施在小区域范围内你建了我还要建。物流建设和经营互相封闭和部门分割，造成物流设施重复建设严重，导致整个物流产业高度分散、各自为政、资

源浪费、设施利用率低,无法形成规模化、社会化、专业化、集群化和一体化经营。

2. 物流企业经营方式落后,信息技术水平低

本区域很多物流企业是在传统体制下的物资流通企业基础上发展而来的,且新增的物流企业大多为个体私营企业,企业规模普遍偏小。物流企业服务能力不强,服务范围较窄,服务内容多数仍停留在仓储、运输、搬运上,很少有物流企业能够做到提供综合性的物流服务,这与国际上物流企业的经营领域相比有很大差距。欧美日等国的物流企业提供的服务是全方位和个性化的,能根据客户的不同需求提供从供应到消费的全程物流服务。信息化、网络化、自动化是现代化物流的基本特点,也是区域物流体系赖以建立的重要因素。长株潭物流企业大多信息化水平偏低,应用计算机管理系统、自动识别和条码技术、GPS 全球定位系统等先进的信息技术更是处于学习和起步阶段。特别是标准化建设严重滞后,缺乏与国际接轨的物流标准化体系。这些都严重地阻碍了长株潭物流一体化的进程。

3. 三市物流产业有待统一规划、协调发展

从政府来讲,对物流业的认识基本上还停留在修建铁路、公路等较低的层次上。湖南省虽然于 2002 年下发了《关于加快推进现代物流业发展意见的通知》,政府对物流业发展的推动力明显加大,但没有一个物流业的整体发展规划,尤其是在大力推进长株潭经济一体化的背景下,政府没有担负起区域和行业统筹的责任,没有一个综合的协调机构和一套利益协调机制来统筹调整和优化区域物流产业的发展。

物流产业需要规模效益,它有很强的区域性特征。目前长株潭三市对物流企业的建设各自为政,就像搞开发区一样,没有统一规划。三市只有对物流资源进行一体化规划和建设,形成体系和集群效应,才能与其他经济区竞争。

二、构建长株潭区域一体化物流体系的规划设想

区域一体化物流体系就是指:在一定经济区域内,为了适应区域经济一体化的发展,达到提高物流效率、降低物流成本的目的,区域各组成单元通过合理分工和协作互补,对区域物流资源进行优化整合和一体化运作而形成的设施完备、功能齐全、服务优化、高效低耗的有机统一体系。长株潭区域一体化物流体系就是长株潭三市通过对区域物流资源的优化整合,在分工与协作的基础上,构建区域物流产业一体化发展的有机体系。

(一)长株潭区域一体化物流体系建设的必要性

1. 适应国际国内宏观经济发展的必然要求

20 世纪 90 年代以来,由于经济全球化步伐的加快和现代信息技术的飞速发

展,我国国民经济快速增长,经济总量规模不断扩大,产业结构逐步完善,对包括物流在内的流通服务领域的要求日益提高。近几年来,经过理论界的推动、政府机构的引导、舆论界的造势以及产业界和物流企业的探索与实践,现代物流进入了一个新的发展阶段。我国的现代物流发展正在经历一个由传统的分散运作模式向现代集成运作模式、由以行政区域为范围的局部体系向以市场为主导的跨行政区和行业界限的整体系统转型的重要时期。

长株潭作为湖南省的中心城市带和区域性交通枢纽,需要适应社会经济发展对现代物流快速增长的需求,抓住机遇,以市场为导向,通过整合优化区域物流资源结构,建立一体化的区域物流体系,提升它在湖南省现代物流体系建设中的地位和作用。

2. 整合长株潭地区产业资源,加快一体化发展的必然要求

长株潭一体化提出前,三市虽然相距很近,但经济发展基本上是各自为政,彼此之间缺乏横向联系,市场分割、重复投入、重复建设等造成有限资源和资金的浪费。为此,湖南省于2002年制定了《长株潭产业一体化规划》,规划在具有区位、交通优势的长株潭地区建设现代化的大型配送基地和物流中心,将生产、流通、销售有机地结合起来,使物流服务与区域经济发展紧密结合,促进不同经济区域的分工协作与协调发展,整合长株潭地区产业资源,实现地区资源互享优势互补,构筑长株潭与国内外现代物流的桥梁。长株潭区域一体化物流体系的构建对推动长株潭经济一体化发展具有重要战略意义。

3. 充分利用交通枢纽优势,搞活流通、发展商贸的必然要求

长株潭区域是我国中部地区的重要交通枢纽,要将其货运交通的优势转化为流通优势,必须配备相应的站场服务功能,如运输、仓储、装卸、包装、配送、加工、电子商务等,使物流畅通,并形成完善的综合服务体系。然而目前三市的运输系统均不能满足货物中转换装、装卸、储存等方面的要求,以至优势不能显露,效益不能充分发挥。十六大以后,随着我国东、中、西三大区域协调发展战略的推进,处于中部的长株潭城市群交通战略地位不断得到提高,经济一体化进程不断加快。为此,建立一个集中铁路、公路、水路交通运输优势,积极发展储存、配送、联运、集装箱运输、物流信息服务、网上营销等综合性物流服务的区域一体化物流体系,将长株潭的交通优势转化为流通优势,必将有力推进三市经济一体化进程,促进全省商业繁荣,并发挥其在全国经济发展中的重要作用。

4. 增强区域经济竞争能力,提升人民群众生活水平的必然要求

建设长株潭区域一体化物流体系,不仅能直接提供就业岗位,还可间接地带动其他第三产业的发展。此外由于区域一体化物流体系能提供富有挑战性的岗

位,如综合管理、电子商务等,将促进物流专业人才的培养和培训及人才的流动,推动经济发展。建立长株潭区域一体化物流体系,还能为生产企业提供原材料供应、产品销售的敏捷性物流服务,降低企业的流通成本,提高企业的经济效益,促进企业适应市场经济的能力,并逐步实现与市场经济体制接轨,使企业焕发生机和活力。同时,便捷顺畅的物流服务能够吸引更多企业的集聚,不断延伸区域产业链条,扩大产业规模,激发区域的创新能力,从而增强区域综合竞争力,最终提升长株潭地区人民群众生活水平。

(二)构建长株潭一体化物流体系的优势条件分析

长株潭一体化区域构建现代物流体系具有内外多方面的优越条件,主要表现在以下几点。

1. 优越的交通地理环境

长株潭区域处于湘江中游,其核心城市长沙、株洲、湘潭三市彼此相距不足50km,株洲和湘潭两市相距更是不到10km。107、320国道,“京珠”“上瑞”高速公路,“京广”“浙赣”铁路交汇于此。北连武汉、郑州、北京,南至广州、深圳等发达及沿海城市,恰好把湖南的南北拉通起来。西部大开发,是利用东部发达经济资源拉动西部的发展,长株潭正位于东西运输的主要枢纽中转站。公路、铁路、水运、航空一应俱全,交通条件十分优越。

2. 经济的持续强劲增长和产业结构的不断优化

长株潭地区作为湖南省的金三角,经济龙头老大作用明显。党的十六大以来,长株潭三市同心协力、齐抓共建,经济社会取得显著进展。2004年,长株潭地区国民生产总值达到1894.16亿元,比上年增长14.0%,增幅提高1.2个百分点,比全省增幅高2个百分点,比全国增幅高4.5个百分点,占14个市州生产总值的比重为33.2%。经济活跃及持续高速增长必然带来各个领域内的更多的物资在生产、消费、采购等环节的流通。从产业结构来看,2004年长株潭三次产业结构为11.5:45.3:43.2,湖南省三次产业结构为20.6:39.5:39.9。在全省仍为“三二一”结构的情况下,长株潭地区已形成了“二三一”的产业结构,第二产业成为经济增长的主导力量,工业是经济增长的引擎,对经济增长的贡献率位居各业之首。这反映出,长株潭区域经济环境良好,物流总量稳步上升,为区域物流体系的形成提供了有利的条件。

3. 三市经济结构的互补性不断增强

长株潭地区产业各具特色。长沙已进入全国综合经济实力一类城市行列,在全国218个地级市中排第19位。机械、电子、食品为三大支柱产业,22家重点优势骨干企业和十大名牌产品正在形成、壮大。长沙高新技术产业开发区被国务院确定为国家级开发区。株洲拥有冶金、机械、化工、电力机车、机车车辆等工业,工业水平与生产能力在省内均居重要地位,也是我国南方重要交通枢纽。湘潭的钢铁、机电、建材,在国内占有一席之地。三市优势互补,科技力量雄厚,聚集了全省90%的科技人员、80%以上的科技成果和80%的高等院校。随着企业改革、产业结构调整的进一步深化,三市经济结构的互补式发展将为长株潭地区物流业发展创造更多的机遇。

4. 政策的支持与激励

早在2001年4月,长株潭区域物流基地的建设就已引起湖南省决策层的重视,当时的湖南省省长储波提出在长株潭建设物流基地的设想,这表明物流在长株潭经济一体化和工业化进程中的重要性已显现出来。在湖南省物流发展的总体目标中对长株潭区域物流发展的定位为:全省区域物流中心城市群、国内重要的物流二级枢纽,具有较强的区域辐射能力和产业竞争能力。在区域一体化物流体系的形成与发展过程中,政府的力量是不容忽视的。在强有力的政策支持与激励下,长株潭区域一体化物流体系必定能很好地发展。

通过上面对长株潭区域一体化物流体系建设的优势条件的分析,我们可以很清楚地看到,长株潭建设区域一体化物流体系具有经济一体化、交通地理区位、经济规模、政策等优势,完全有条件也有必要建设一体化的区域物流体系。

(三)长株潭一体化物流体系框架的构建

1. 指导思想

坚持"政府引导、企业运作、规范市场、配套环境"的发展方针,利用长株潭的区位交通优势和加工业、流通业的雄厚基础,坚持高起点规划、高水平建设,以现代物流理念为指导,积极引进国际先进的物流管理经验和技术,加大物流组织形式的创新力度,整合现有物流资源,使物流业成为长株潭经济发展新的增长点,成为推进湖南省城镇化、工业化和信息化进程,带动人流、资金流、信息流顺畅流通,促进区域第三产业发展的支柱。

2. 发展目标

根据长株潭区域城市群发展战略规划及长株潭产业一体化规划的目标,同时依据湖南发展"大物流"的思路,在近期内,长株潭物流体系的构建以基础设施的配套和完善为主,打破区域内物流市场分割,密切区域内部联系,优化区域分工,扶持发展一批相当规模、具有现代化设施设备和服务能力的物流基地、配送中心和第三方物流企业,使长株潭区域物流体系成为辐射湖南全省,在中部地区有一定影响力的现代物流体系;长期目标是依托长株潭三市的区位、交通、设施和产业的发展优势,将长株潭区域一体化物流体系建设成为适应社会主义市场经济要求的、基础设施完善、分工合作关系稳定、辐射湖南省、面向中国中部地区、融入泛珠江三角洲大区域协作的国际国内双向物流和水陆空相结合的现代化物流体系。

3. 长株潭区域一体化物流体系的框架构成

(1)一个核心——长株潭一体化区域物流基地或中心。它是长株潭区域物流体系的中心和灵魂。一般理论认为,区域物流体系中心应建设于区域中心城市,而且一般应位于区域的地理中心地带。但是从长株潭一体化的角度出发,考虑到三个城市在整个区域经济发展中的优势产业选择,区域物流体系中心的选址应以提高区域整体竞争力为最终目标。笔者认为,随着城镇化水平的不断提高和城市范围的扩大,物流体系中心的建立和发展必然会加大区域中心城市的交通压力,加剧对城市的污染。随着长株潭一体化进程的推进,三市空间发展趋势是互相接近,最终连成一片,形成一个都市连绵区。将一个大型的产生大量交通需求和各种污染的区域综合物流体系中心布局于城市圈中心地带,显然很不合理。因此,建议将长株潭区域物流体系中心选择在株洲市东北郊区的霞湾地区,这里有很好的铁路交通设施基础,同时又与其他两市邻近,用地限制也较小。

(2)两个组织——长株潭区域物流一体化发展管理委员会和长株潭物流业协会。长株潭物流一体化管委会由省委省政府牵头,三市主管物流发展的部门领导组成领导班子,单独成立一个高于三市各物流管理部门的行政管理单位;长株潭物流业协会由物流企业、物流科研人员,社会相关人士等自发成立。

(3)三个平台——长株潭一体化物流基础设施平台、长株潭区域信息系统平台和长株潭区域一体化物流政策环境平台。

(四)建议与对策

1. 根据长株潭区域经济发展的要求,物流体系规划与区域空间和产业规划应当同步进行。区域规划是我国"十一五"规划的重点,从区域内各地区的资源禀赋和比较优势出发,区域空间规划、产业规划与区域物流体系规划同步进行十分重要。整合区域内的土地、产业、交通运输、人力资源是长株潭区域规划的核心内容。发挥区域协作与专业化的生产优势,通过区域的组织和协调使生产和消费以现代化的物流体系进行连接,消除区域发展在空间上的盲目性。长株潭空间规划和产业规划都已相继出台,但物流体系的规划鲜有提及,这应引起政府和规划部门的重视。

2. 发挥政府宏观调控功能。物流业涉及运输业、仓储业、商业、物资业和对外贸易业等部门,是一个多部门复合行业。构建区域一体化物流体系是一项巨大的系统工程,没有政府的理解和支持,仅靠某几个部门或行业自我封闭发展是难以达到目的的。交通运输业内各部门,交通管理、规划、土地、商业、经委、外贸、工商、物价、税务等部门要相互配合统一进行物流体系发展规划。由于物流业是一项投资大,回报慢,但综合效益高的特殊行业,政府在规划、用地、税收、资金等方面要给予优惠政策,还要积极地以市场机制吸引各方投资者,并给予必要的扶持。

3. 建立良好的地区利益协调机制。长株潭区域一体化物流体系是建立在经济区而非行政区的基础之上。三市经济发展中一直存在的地区市场封锁对一体化物流体系的形成会构成严重阻碍。在区域经济一体化条件下,最重要的就是各主体单元要站在整个区域发展的高度来统筹安排各自的发展战略,以实现区域利益最大化和各自利益基本均衡为目标,变竞争为共赢。因此,在长株潭区域物流体系的构建过程中应建立良好的利益协调机制,以株洲区域物流体系中心为核心,分工协作,错位发展,避免重复建设和资源的浪费。

4. 推进长株潭物流体系的标准化、信息化。首先应促进运输工具的标准化,建议长株潭区域一体化物流体系要求标准托盘运输,并对托盘制造、租赁、回收的专业公司给予政策扶持;其次加快相关的物流信息技术标准建设,先要跟住有关国际标准,次要贯彻国家已有标准,建设以物流信息分类编码和信息技术标准化为主要内容的物流技术标准化体系,从而保证物流信息平台在高效、统一、有序的环境下正常进行。

5. 加快区域物流人才的培养和引进。发展现代物流产业的关键取决于物流人才,需要大量了解国际经贸流程,熟悉国际法规,对流通体系、市场分布、企业管理及网络信息技术具有综合能力的高层人才。因此长株潭城市群区域要有一个长远的物流人才发展计划,组织协助专业院校、科研机构和物流企业有目标地培养专业人才,鼓励多层次、多方面的知识普及和培训,加大对物流专业技术人才培养的投入,制订物流人才引进的优惠政策。

参考文献:

[1]林荣清. 区域物流发展规划研究[J]. 经济学家,2004,(9).

[2]平海,管顺丰. 区域物流体系的构建和实施[J]. 科技进步与对策,2003,(12).

[3]湖南省统计局. 一体化拉近长株潭,实力和能量快速集聚[J]. 决策咨询,2005,(16).

[4]苏选良,易伟义,张思军. 长株潭区域物流产业化的条件与对策[J]. 湖南工程学院学报,2002,(3).

[5]符瑛.试论建设长株潭现代物流中心的可行性与必要性[J].长沙铁道学院学报,2004,(5).

[6]湖南省统计局.2003年湖南省国民经济和社会发展统计公报[Z].2004.

[7]倪鹏飞.2003中国城市竞争力报告[R].2003.

湖南"3+5"城市群与武汉城市圈比较研究

苏 明

（广东外语外贸大学南国商学院，广东广州　510545）

　　湖南"3+5"城市群和武汉城市圈仅一江之隔,同属于中部地区,都是"两型社会"配套改革试验区。两大城市群位于长江流域经济带和京广铁路经济带的结合部,区位和交通优势明显;是中部地区最大的汽车及零部件产业集群地,也是我国重要的现代装备制造业基地和高新技术产业基地,工业基础雄厚;是我国重要的商品粮、商品棉基地,具有较好的农业基础条件[1];科研院所密集,两院院士和高校在全国位居前列,教育科研资源丰富;是湖南、湖北两省的重要经济增长极,也是中部地区以及长江中游地区经济发展的核心区。其中,湖南"3+5"城市群是以长株潭为中心,包括长沙、株洲、湘潭、岳阳、常德、益阳、娄底、衡阳在内的8个城市。武汉"1+8"城市圈是以武汉为中心,包括黄石、鄂州、黄冈、孝感、咸宁、仙桃、天门、潜江周边8个城市。

一、综合实力比较

　　从人口和土地面积来看,湖南"3+5"城市群明显超过武汉城市圈。2006年,"3+5"城市群的人口为4049.74万人,占湖南省的59.84%;土地面积为84619平方公里,占湖南省的39.95%。2006年,武汉城市圈的人口为3113.44万人,占湖北省的51.46%;土地面积为58059平方公里,占湖北省的31.23%。在人口方面,两大城市群占各省的比重都超过了1/2,"3+5"城市群比武汉城市圈多936.3万人。在土地面积方面,两大城市群占各省的比重都超过了30%,武汉城市圈的土地面积仅相当于"3+5"城市群的7/10。

表1 湖南"3+5"城市群与武汉城市圈各项主要指标(2006年)

城市群		人口	土地面积	GDP	固定资产投资	工业总产值	财政收入
		(万人)	(平方公里)	(亿元)	(亿元)	(亿元)	(亿元)
"3+5"城市群	绝对值	4049.74	84619	5650.95	2329.56	4843.75	292.7
	占全省比重	59.84%	39.95%	74.66%	71.85%	79.00%	61.24%
武汉城市圈	绝对值	3113.44	58059	4599.44	2142.52	4372.09	244.94
	占全省比重	51.46%	31.23%	60.67%	59.97%	58.65%	51.45%

资料来源:《湖南省统计年鉴2007》《湖北省统计年鉴2007》。

从经济总量来看,湖南"3+5"城市群的经济实力强于武汉城市圈。2006年,"3+5"城市群的GDP、固定资产投资、工业总产值、财政收入分别为5650.95亿元、2329.56亿元、4843.75亿元、292.70亿元,都超过了武汉城市圈。两大城市群的GDP在各省的比重都在2/3以上,固定资产投资、工业总产值在各省的比重接近60%左右,财政收入占各省的比重也超过一半。这说明,两大城市群是湖南、湖北两省的重要经济增长极。"3+5"城市群的GDP、固定资产投资、工业总产值在湖南省的份额都在70%以上,其中工业总产值接近80%。可见,"3+5"城市群是湖南经济发展的重要引擎,经济总量的集约化程度要高于武汉城市圈。

表2 两大城市群主要发展指标占中部地区的比重(2006年)

城市群	人口	GDP	财政收入	固定资产投资	工业总产值
"3+5"城市群	10.77%	13.08%	9.92%	11.07%	11.74%
武汉城市圈	8.31%	10.52%	8.30%	9.71%	9.47%
合计	19.08%	23.60%	18.22%	20.78%	21.21%

资料来源:《湖南省统计年鉴2007》《湖北省统计年鉴2007》《中国统计年鉴2007》。

从两大城市群主要发展指标在中部地区的比重来看,两大城市群的GDP、固定资产投资、工业总产值之和在中部地区的比重都超过了1/5。这说明两大城市群在中部地区占有重要的地位,是中部地区崛起的两大战略支点。2006年,湖南

"3+5"城市群的人口、GDP、固定资产投资、工业总产值在中部地区的比重都超过了10%,比武汉城市圈分别高出2.46%、2.56%、1.99%、2.27%,武汉城市圈的经济整体实力有待进一步提高。

二、经济外向度比较

从进、出口总额来看,武汉城市圈明显高于湖南"3+5"城市群。2006年,武汉城市圈的进口总额为42.35亿美元、进出口总额为80.12亿美元,分别都多出"3+5"城市群20.18亿美元、13.34亿美元。在出口依存度方面,武汉城市圈也要稍高于湖南"3+5"城市群。

从FDI、旅游创汇收入来看,湖南"3+5"城市群的外商直接投资额要少于武汉城市圈,但其在旅游创汇收入方面明显多于武汉城市圈。2006年,湖南"3+5"城市群的外商直接投资额为20.93亿美元,仅相当于武汉城市圈的78.89%。2006年,武汉城市圈的旅游创汇收入为20413.7万美元,比"3+5"城市群要少31.48%。

由此可见,武汉城市圈经济外向度的整体水平要高于湖南"3+5"城市群,武汉城市圈参与国际分工的程度以及对周边地区的辐射力和经济拉动力要强于湖南"3+5"城市群;在旅游创汇方面,武汉城市圈经济与湖南"3+5"城市群相比还存在较大的差距。

表3 两大城市群经济外向度主要指标(2006年)

城市群	进出口总额	进口总额	出口依存度	FDI	旅游创汇收入
"3+5"城市群	66.78亿美元	22.17亿美元	6.33%	20.93亿美元	29790.6万美元
武汉城市圈	80.12亿美元	42.35亿美元	6.59%	26.53亿美元	20413.7万美元

资料来源:《湖南省统计年鉴2007》《湖北省统计年鉴2007》。注:出口依存度按人民币对美元汇率8.02:1计算(2006年汇率)。

三、中心城市比较

从人口和土地面积来看,2006年,长沙市的人口总数为631.0万人,比武汉市要少187.8万人;2006年,长沙市的土地面积为11819.5平方公里,比武汉市的土地面积多2/5左右。两大中心城市中,长沙市的人口密度比武汉市要低。从GDP、人均GDP以及经济密度来看,2006年,长沙市的GDP为1798.96亿元,比武汉市的 GDP 要少 30.56% ;2006 年,长沙市的人均 GDP 为 27982 元,略低于武汉市的 29500 元;2006 年,长沙市的经济密度为 15.22 亿元/平方公里,也只相当于武汉市的 1/2。

从社会消费品零售总额、工业总产值以及城市化率来看,2006 年,长沙市的社会消费品零售总额 865.61 亿元,比武汉市的社会消费零售总额要少 1/3;2006 年,长沙市的工业总产值为 1650.95 亿元,仅比武汉市工业总产值的 1/2 多一点;2006 年,长沙市的城市化率为 56.50%,比武汉市的城市化率少 6.89 个百分点。

由此可见,长沙市的人口密度低于武汉市,长沙市的经济总量、人均 GDP 以及经济密度均低于武汉,长沙市的消费总量、工业总产值及城市化率也都不如武汉。这说明湖南"3 +5"城市群中心城市的经济发展水平落后于武汉城市圈,但发展的空间仍然较大。

表4　中心城市长沙和武汉各项主要指标(2006 年)

城市	城市人口(万人)	土地面积(平方公里)	GDP(亿元)	人均GDP(元)	经济密度	社会消费品零售总额(亿元)	工业总产值	城市化率(%)
长沙	631.0	11819.5	1798.96	27982	15.22	865.61	1650.95	56.50%
武汉	818.8	8494.4	2590.75	29500	30.49	1293.33	3162.06	63.39%

资料来源:《长沙统计年鉴2007》《武汉统计年鉴2007》。注:表中的经济密度 =GDP/土地面积,经济密度的单位为亿元/平方公里。

四、产业基础比较

湖南省的有色金属冶炼、装备制造、卷烟、新材料以及生物医药等产业在全国具有一定竞争优势。有色金属冶炼:2007 年湖南省十种有色金属产量 160.8 万吨,利税总额 86.5 亿元,分别位居全国第 4 位。由湘钢、涟钢、衡钢组建的华菱钢铁集团,综合竞争实力列全国钢铁行业 10 强。装备制造:2006 年,湖南工程机械行业资产总额为 178 亿元,居全国第二[2]。奔驰在国内铁路干线上的电力机车 60% 以上产自湖南。卷烟:2006 年,湖南省的卷烟产量居全国第二,"白沙"品牌连续四年实现单品牌产销量全国第一,"芙蓉王"是目前全国产销量最大、知名度最高的高端卷烟品牌之一。新材料:目前,湖南新材料产业形成了先进电池材料、新型复合材料、精细化工材料、硬质金属材料等四大优势产业集群。特别是先进电池材料及应用领域,已经占了国内80%以上的市场份额。生物医药:湖南拥有中西部地区最早设立的国家级生物产业基地,药材存储总量高达1200万余吨,药用植物资源4900多种,列全国第二。

湖北省在汽车制造、钢铁、电力、生物技术、化工以及纺织服装等产业的优势比较突出。汽车:2007年,湖北省整车产量突破70万辆,销售收入达1480亿元,居全国第二。以东风汽车公司为主体,以军工、地方企业为依托,以大中型企业为骨干,初步形成"重、中、轻、轿、微、专、农"生产格局。钢铁:湖北省矿产资源丰富,全省已发现矿产136种,占全国的81%。武钢拥有从矿山采掘、炼焦、炼铁、炼钢、轧钢及配套公辅设施等一整套先进的钢铁生产工艺设备,是我国重要的优质板材生产基地。电力产业:湖北省水能资源丰富,年可开发电能总量1479亿千瓦,占全国可开发电能总量的7.8%,居全国第4位[3]。生物技术:湖北省有生物企业580多个,上市公司15家,销售收入过亿元的企业达20多家。在生物农业、生物制造和生物制药的一些领域,位居全国前列。化工:2006年,湖北省有机化工产品苯甲酸钠、氯化苄、部分染料中间体以及磷矿石生产能力居全国首位,硫酸、黄磷生产能力居全国第二,化肥、农药居全国第三,纯碱居全国第七。纺织服装:湖北省形成了以武汉、鄂州、黄石为主的鄂东服装工业走廊,拥有美尔雅、康赛、多佳、太和等一批知名服装企业和上市公司[3]。到2010年底,湖北省棉纺锭达到1000万锭,中高面料染整能力6亿米,服装生产能力达到25亿件。

从工业增加值的行业情况来看。湖南、湖北两大省份的黑色金属冶炼及压延加工业,电力、热力的生产和供应业,化学原料及化学制品制造业都位于工业增加值行业的前五位,且工业增加值前五位的行业总和在工业总增加值的比重都超过了40%。湖北省工业增加值贡献最大是交通运输装备制造业,占工业总增加值的比重为14.52%,比湖南工业增加值排名第一的烟草制品业高出3个百分点。湖北省工业增加值前五位的最大间距是9.63个百分点,而湖南工业增加值前五位的最大间距是4.20个百分点。湖北省工业增加值前五位总和在工业总增加值的比重比湖南省多出5个百分点。

可见,在黑色金属冶炼及压延加工业,电力、热力的生产和供应业,化学原料及化学制品制造业方面,两大城市群都有一定的产业基础,可以相互加强合作。湖北省的优势行业比湖南更为集中,行业之间的差距更大。湖南"3+5"城市群、武汉城市圈在烟草制造、有色金属冶炼及压延加工、交通运输装备制造及通信设备、计算机及其他电子设备制造等行业可以实现优势互补。

五、经济社会发展水平比较

从经济社会发展水平来看,2006 年,"3 + 5"城市群的民用汽车拥有比例是 149 辆/万人,仅为武汉城市圈的一半左右;"3 + 5"城市群的移动电话、互联网用户普及率分别为 2688 户/万人、431 户/万人,都略低于武汉城市圈;"3 + 5"城市群的人均住房使用面积、公路路网密度分别为 24.87 平方米、0.42 公里/平方公里,比武汉城市圈分别少 1.68 平方米、0.14 公里/平方公里;"3 + 5"城市群的高校在校学生数占人口比例、卫生机构床位数比例分别为 215 个/万人、10 张/万人,分别是武汉城市圈的 77%、36%。可见,湖南"3 + 5"城市群的经济社会发展水平远远落后于武汉城市圈。

表5 两大城市群所在省份的产业基础情况(2006 年)

省份	优势产业	工业增加值前五位的行业	占工业总增加值的比重
湖南省	有色金属冶炼、装备制造、卷烟、新材料、生物医药、石化、造纸	烟草制品业(11.48%),有色金属冶炼及压延加工业(8.47%),黑色金属冶炼及压延加工业(8.18%),电力、热力的生产和供应业(8.14%),化学原料及化学制品制造业(7.28%)	43.55%
湖北省	汽车制造、钢铁、电力、生物技术、化工、纺织服装、食品、电子信息	交通运输设备制造业(14.52%),电力、热力的生产和供应业(13.57%),黑色金属冶炼及压延加工业(9.93%),化学原料及化学制品制造业(6.00%),通信设备、计算机及其他电子设备制造业(4.89%)	48.91%

资料来源:《湖南省统计年鉴2007》《湖北省统计年鉴2007》。注:产业基础主要指第二产业的产业基础。

表6 两大城市群经济社会发展水平各项指标（2006年）

城市群	民用汽车拥有比例	移动电话用户普及率	互联网用户普及率	人均住房使用面积	公路路网密度	高校在校学生数占人口比例	卫生机构床位数比例
"3+5"城市群	149辆/万人	2688户/万人	431户/万人	24.87平方米	0.42	215个/万人	10张/万人
武汉城市圈	291辆/万人	2987户/万人	465户/万人	26.55平方米	0.56	281个/万人	28张/万人

注:以上数据均经过四舍五入处理。人均住房使用面积指的是城市人均住房使用面积。公路路网密度=公路通车里程总和/地区总面积,公路路网密度的单位为公里/平方公里,其中公路通车里程为等级公路通车里程,不包括等级外公路。

六、资源利用与环境保护比较

从资源利用方面来看,2006年,湖南"3+5"城市群的单位GDP能耗为1.352吨标准煤/万元,比武汉城市圈低0.11吨标准煤/万元;湖南"3+5"城市群单位GDP电耗为1051.9千瓦小时/万元,比武汉城市圈少135.6千瓦小时/万元;武汉城市圈的"三废"综合利用产品产值为33.91亿元,比湖南"3+5"城市群多6.02亿元。

从环境保护方面来看,2006年,湖南"3+5"城市群的单位GDP工业二氧化硫去除量为72.80吨/万元,比武汉城市圈少8.98吨/万元;湖南"3+5"城市群的单位GDP工业烟尘去除量为761.67吨/万元,相当于武汉城市圈的82%;湖南"3+5"城市群的人均公共绿地面积为7.58平方米,比武汉城市圈多0.27平方米。

可见,在资源消耗方面,湖南"3+5"城市群的单位GDP的资源消耗比武汉城市圈要低,而其"三废"综合利用产品产值不如武汉城市圈。在环境保护方面,武汉城市圈的环境污染治理力度大于湖南"3+5"城市群,在公共绿地建设方面稍逊色于湖南"3+5"城市群。

表7　两大城市群资源利用与环境保护的各项指标(2006年)

城市群	城市群单位GDP能耗	单位GDP电耗	"三废"综合利用产品产值	单位GDP工业二氧化硫去除量	单位GDP工业烟尘去除量	人均公共绿地面积
"3+5"城市群	1.352	1051.9	27.89亿元	72.80吨/万元	761.67吨/万元	7.58平方米
武汉城市圈	1.462	1187.5	33.91亿元	81.78吨/万元	926.88吨/万元	7.31平方米

注:由于部分指标数据缺失,由各省的平均数代替;单位GDP能耗=能源消费量/地区生产总值,GDP能耗的单位是吨标准煤/万元;单位GDP电耗=全社会用电量/地区生产总值,GDP电耗的单位是千瓦小时/万元。

七、结论及对策建议

湖南"3+5"城市群、武汉城市圈在中部地区都占有重要的地位。湖南"3+5"城市群的综合实力强于武汉城市圈,经济的集约化程度高于武汉城市圈,在经济总量上明显超过后者。而武汉城市圈的经济外向度、经济社会发展水平领先于湖南"3+5"城市群,在人均水平上更具优势。两大城市群的中心城市中,长沙的人口密度低于武汉,长沙的经济发展水平落后于武汉,但是发展空间较大。湖北省的工业优势行业的集中度高于湖南,武汉城市圈的产业基础要稍好于湖南"3+5"城市群。黑色金属冶炼、电力、热力的生产,化工三大行业都是两大城市群的优势行业,湖南"3+5"城市群在卷烟、轨道交通、新材料方面势力雄厚,武汉城市圈的汽车、钢铁、电子信息产业较为突出。武汉城市圈资源的能耗高,但注重对"三废"的综合利用。"3+5"城市群的生态环境较好,但在环境污染治理方面不如武汉城市圈。

两大城市群应加强产业的对接和互动,打破区域壁垒,实现区域内优势互补,增强区域整体竞争力。加速城市群经济一体化建设,强化中心城市对周围地区的经济辐射,推进周边中小城市承接中心城市产业转移,统筹城乡协调发展。增强自主创新能力,支持主导产业优化升级,联合打造旅游、物流、石化、高新技术等产业。加快生态与环境保护建设,推进基础设施共建共享和公共资源合理配置,实现城市群的可持续发展[4]。充分发挥各自优势,合理分工、错位发展,共同营造长江中游产业带,将两大城市群建设成中国第四个经济增长极。湖南"3+5"城市群以"长株潭"为中心,以卷烟、工程机械、生物医药、有色冶金为主攻方向,将具有发展潜力的中小型企业做大做强。引导产业集聚,集中力量壮大一批具有核心竞争力的先导产业。全面提高对外开放水平,改善投融资环境,拓宽企业国际合作空间和渠道,提升产业的整体外向度。加快"交通同网、能源同体、信息同享、生态同建、环境同治"建设,形成"1 – 3 – 5"城市空间结构和发展布局[5]。着力促进节能减排,加大对湘江流域和洞庭湖的环境治理力度,营造舒适、和谐的宜居城市群。

武汉城市圈以武汉为中心,把汽车、钢铁、纺织服装、电子信息、食品加工作为发展重点,发展方向由重化工业向轻型工业转变。实施差异化战略,充分发挥武汉市的科教人才优势、区位交通优势、大企业大项目优势,培育主导产业,优化产业结构[6]。加强区域内城市之间的经济联系,建立统一开放、竞争有序的市场体系,推进基础设施建设、产业布局、区域市场、城乡建设、环境保护与生态建设一体化。节约集约利用土地资源,加强对长江、汉江流域的生态环境保护,扩大城市绿化面积,打造成绿色、宜居、充满活力的生态型城市圈。

参考文献:

[1]吴永保,周阳. 解析中部两大城市圈[J]. 瞭望,2007,(47).

[2]唐婷. 省府出台工程机械产业新政重点培育中联等[N]. 三湘都市报,2007 – 09 – 15.

[3]肖安民. 湖北省比较优势产业分析及发展对策[J]. 宏观经济管理,2001,(2).

[4]杨菁. 省市将制定综合改革配套实施方案[N]. 长江日报,2007 – 12 – 09.

[5]李慧芳. 大力建设"3 + 5"城市群长沙将成华中商贸中心[EB/OL]. 红网,2007 – 12 – 24.

[6]苗圩. 发挥比较优势走差异化发展道路[J]. 政策,2007,(9).

长沙产业结构低碳转型研究

余 敏

（中共长沙市委党校马列教研部，湖南长沙 410004）

工业革命以来,人类为追求经济发展,无节制地使用化石能源、放任温室气体的高排放,把自己从农业社会的"原生态"低碳经济体系逐渐带入了工业社会的"高碳经济"体系。圣雄甘地说:"地球能满足人类的需要,但满足不了人类的贪婪。"人类的确是时候开始寻求一种理性的权衡,低碳概念应运而生。

一、低碳经济的相关问题

（一）低碳经济的内涵

低碳经济是指:在可持续发展理念指导下,通过技术创新、制度创新、产业转型、新能源开发等多种手段,尽可能地减少煤炭、石油等高碳能源消耗,尽量减少温室气体排放,从而达到经济社会发展与生态环境保护双赢的一种以低能耗、低污染、低排放为基础的新的经济模式和经济发展形态。基本特征表现在两个方面:一是在社会再生产全过程的经济活动中低碳化,实现二氧化碳排放最小化或零排放,获得最大的生态经济效益。二是倡导能源经济革命,形成低碳能源和无碳能源的国民经济体系。基本目标在于努力推进两个根本转变:一是将社会经济发展由高度依赖能源消费向低能耗、可持续发展方式的根本转变;二是将能源消费结构由高度依赖化石燃料向低碳型、可再生能源的根本转变。实现两个根本转变的中心环节是加快构建新型经济体系和产业结构,着力推进低碳能源与低碳技术发展,使整个经济社会活动低碳与无碳化。其实质是能源高效利用、清洁能源开发、追求绿色 GDP,核心是能源技术和减排技术创新、产业结构和制度创新以及人类生存发展观念的根本性转变。

（二）低碳经济与产业的低碳转型

低碳的关键问题是经济问题,经济问题的核心是产业问题,产业的低碳转型升级正是长沙发展低碳经济的重要着力点。历史上,发达国家的产业大都依次由农业、纺织工业、原料和燃料动力等基础工业、低度加工组装型工业、高度加工组装型工业、第三产业、信息产业逐步升级,再着重发展低碳工业。这说明产业结构低碳转型势在必行。

二、低碳经济背景下长沙产业低碳转型的现状

(一)低碳经济背景下长沙产业低碳转型的基础和优势

1. 三次产业结构理性回归

长沙的产业结构倚重偏轻,进入新世纪以来经历两个阶段,实现了由过去以第三产业为主导带动经济增长向以工业经济增长带动的转变,三次产业结构完成了被经济专家称之为"早熟型"的"三二一"排序调整为"二三一"的理性回归。

第一个阶段:2000 年以前,第三产业成为经济增长的主导,其所占 GDP 比重持续上升,工业对长沙市经济增长的拉动作用不强,并呈现稳中下降的趋势。在此期间,长沙市的三次产业结构特征演变主要表现为:第一产业比重持续下降;第三产业发展相对超前,比重持续上升;第二产业缓慢发展,比重徘徊在 40% 左右。第二个阶段:2002 年以来,长沙市第三产业平稳发展,工业呈现加速发展态势,工业化进程明显加快。除个别年份外,工业增长速度保持在 20% 左右,均远远超过了 GDP 的增速。工业对经济增长的拉动作用显著提高,并连续三年超过了第三产业对 GDP 增长的贡献。与此同时,长沙市的综合实力显著增强,2008 年综合竞争力排名跃居为全国第 20 位,各项指标表明长沙市已经进入工业化中期发展阶段,工业成为拉动经济增长的主要动力,全市经济结构进一步优化,三次产业结构调整为 4.8∶50.6∶44.6。总体而言,长沙市呈现出工业化进程加快,二、三产业共同推动经济增长的发展态势。具体而言呈现出农业发展稳定、工业态势良好、第三产业充满后劲的良性趋势。

2. 区位生态条件良好

长沙不仅地区总体环境尚好,环境承载能力较强,还是国家纵横交通动脉的密集交汇地区,发达的对外交通条件和便捷的对外交通联系使长沙具有四面逢源的区位优势,尤其加上长沙市在湖南省内处于绝对核心的战略地位,这样不仅可吸收发达地区的产业的辐射带动,更好地完成产业低碳化的转型与升级。更为重要的是在产业的低碳转型中必须要考虑到低碳能源的使用。长沙市本身虽然不具备非常好的低碳资源储备优势,但是整个湖南省低碳能源比如水能、风能、太阳能的储量丰富,未来极具开发前景,整个湖南省成为长沙市产业低碳转型的强大能源贮备后盾。

3. 技术创新资源强劲

时至今日,长沙既是湖南省科技资源高度集聚之地和全省科技产出效率最高的城市,也是中南地区的知识密集区,为当前的产业低碳化转型升级提供了强大的技术创新资源。

(1)长沙市科技创新投入强度较大。目前长沙 R&D 投入占 GDP 的比重远远高于全省平均水平,也高于全国的平均水平,接近创新型国家的标准。

(2)科技创新资源较为密集。拥有大量的高等院校和科研机构,同时科技人才资源密集丰富,知识密集程度远远超过全省和全国的平均水平,在我国大中城市中排名居于前列。

(3)科技成果数量多、水平高、转化能力强。拥有多个国家级高新技术特色产业基地和产业技术联盟,形成了多层次、多领域的创新机制。加之拥有全国科技成果转化交易会这一独特优势,不但吸引了全国科技创新成果的集聚,而且有效提高了科研成果的转化率。

(二)低碳经济背景下长沙产业低碳转型的障碍

1. 高碳"路径锁定"现象仍然客观存在

(1)对传统技术的依赖。传统技术长期运用,具有成本优势,在资源环境成本尚未纳入成本核算的情况下,部分高碳特征明显落后的传统技术不会自动退出市场。

(2)高碳能源结构难以改变。能源消费受经济发展条件和生产生活习惯影响,高碳结构短期内不可能根本性改变,高碳能耗路径依赖较明显。

(3)高碳投资结构一定程度强化高碳路径。近年来长沙逐步加大对生态环保、科技创新等行业的投资力度,但从总体看,投资高碳行业仍然占绝对优势。

2. 产业结构的优化升级缺乏可持续发展能力

(1)难以出彩的第一产业。以种养业为主体的传统产业格局仍未转变;龙头企业和农民专业合作社带动能力较弱,产业化程度有待提升;相对较低农业效益,使得第一产业难以出彩。

(2)缺乏持续支撑的第二产业。第一,工业企业梯队格局出现断层。目前,全市工业龙头企业的梯队接续格局尚未形成,占 0.6% 的大型企业对工业增加值的贡献较大,约占 50%;而在中小企业中,占 93.5% 的小型企业的增加值比重约占 36%;而中型企业的增加值比重只占 14% 左右,且增速大大低于大型企业和小型企业,中型企业明显处于"断层"状态,工业经济后续增长能力明显不足。第二,传统产业比重较大且结构单一。在长沙市的工业结构中,占据支柱地位的产业主要是工程机械、烟草制品业、以花炮为主的化学制品业和电力工业。4 个行业的产值占工业总产值比重超过50%,呈现出明显的结构单一、产业缺乏关联度、产业链功能不完善、产业带动作用不强等问题。第三,技术的突破创新存在较大局限。长沙市优势产业从产业链和价值链中的分工地位来看,主要处于依靠要素投入的加工制造环节,分工地位层次较低。而战略性新兴产业具有一定基础,但是在国内缺少影响力,短期内不具备引领国内产业占据国际产业链分工高端的实力,同时产业的整体自主创新能力较弱,缺少关键技术支撑和前瞻性技术储备。

(3)产业结构亟待提升的第三产业。第一,新兴服务业发展滞后。与国内服务业发达城市(如上海)相比,长沙市第三产业批发零售业、文化、体育和娱乐、居民服务业和教育所占比重较高,而新兴服务业的发展较滞后,整体上处于以低端服务为主,向高级化升级的阶段。第二,生产性服务业迫切需要提升。生产性服务业的发展起步不久、规模不大、高端服务不足、产业结合不紧、服务功能不强等问题比较突出,与新型工业化水平和发展现代农业的要求不相适应,还未形成对第一、二产业的有效融合支撑。尤其以金融、研发设计、信息咨询服务等为代表的生产型服务业势头还不够强劲,对制造业的服务支撑能力较弱。主要表现在:一是总体规模较小,发展相对滞后。按照国际经验,每1元现代制造业增加值,相应有1元以上的生产性服务业为其提供配套服务。2007年长沙市制造业增加值近728亿元,而生产性服务业增加值只有300亿元左右。二是发展速度相对较慢。目前长沙市生产性服务业发展步伐仍低于GDP和第三产业的发展速度,与制造业发展的匹配性和同步性还有较大差距,对工业发展的支撑作用有待增强。

3. 资源能源的供求现状需要未雨绸缪

(1)从增长方式看,当前长沙市的资源消耗增长方式仍占较大比重。第一,能源利用效率还有待提高。2009年煤炭、建材、钢铁、电力、有色、造纸、石油石化、化工等8大高耗能行业综合能源消费量占全部规模工业综合能源消费量的比重仍高达77.4%,而增加值只占22.2%,工业粗放型经济增长方式还未发生根本性转变。第二,单位GDP能耗值与国内发达城市比仍有差距。2008年全市万元GDP能耗0.888吨标准煤,与国内发达城市比还有较大差距。2008年北京市万元GDP能耗为0.662吨标准煤,广州市是0.680吨标准煤,上海市是0.801吨标准煤。三是能源消费结构比较滞后。目前长沙能源消费结构仍以煤、油、电等能源为主,清洁能源发展滞后。2009年煤燃料消费占全社会消费量的38.5%,油燃料消费占12.3%,电力消费占27.5%。

(2)从能源供应看,长沙属于能源资源极度匮乏的区域,经济的快速增长将使资源瓶颈日益突出。目前,长沙市81%的能源需要从外地调入。2005—2009年能源总消费增长44.6%,年均增长9.6%,其中电力消耗年均增长13.8%。随着新型工业化的强力推进,能源消费将呈现持续快速增长态势。结合长沙目前资源能源使用和拥有的现实状况,必须要前瞻地考虑长沙产业未来可持续发展中资源能源的问题,做好科学合理的规划安排。

三、低碳经济背景下长沙产业低碳转型的途径

(一)乘势而上,强力构建低碳产业体系

1. 制定产业发展战略规划

依据阶段性原则和渐进性原则,将短期目标和长期目标相结合,将国家政策导向与长沙实际状况相结合,制定符合低碳内涵、既立足当前又着眼长远的产业发展规划。第一,应合理规划短期内三次产业的比例和定位。加快发展第三产业,提升其在三次产业结构中的比重是符合产业发展趋势的考虑,但必须同时结合发展现状认识到,在较长一段时间内长沙的工业仍将在拉动经济增长的过程中起到重要作用。依据发展阶段不断调整平衡工业与服务业的比例是产业战略规划的一大任务。第二,确定长时期重点产业的发展方向。立足长沙实际,结合产业低碳转型的需要,应加大对战略性新兴产业的扶持力度,同时不断提升第三产业的竞争力。第三,引入三次产业融合发展理念。将三次产业的发展作为一个整体统筹考虑,促使三次产业相互融合、相互配套、相互拉动。第四,实施细分市场和分类指导与建立多层次区域互动与合作机制相结合。低碳转型的产业发展关键是在细分市场中培育特色产业和产品,形成具有竞争能力的产业群,在市场需求多样化过程中形成自己的差别化产品,要根据不同行业的特点实施分类指导。

2. 培育产业链发展产业集群

要着眼产业链的培育加快发展产业集群,注重产业的上下游关系以及旁向、侧向联系,统筹考虑原料—加工制造—配套全过程,如原料基地的建设,供应商、营销商环节的关系,加工制造业水平的提高,零部件协作配套和外部设施配套等等。尤其是应该通过整合集成优势产业,引进和提高配套产业的研发和加工制造水平,形成研发、信息、物流平台,通过分工深化细化,形成各产业间的相互促进、相互提高,增强区域经济综合竞争力。

3. 依托园区引导产业布局规划

利用长沙目前产业集群园区化发展的前期基础,以有效集聚与合理分工、产业布局协调发展以及可持续发展作为长沙市产业布局的基本原则。遵循产业发展布局中的"点轴理论",结合主体功能区的要求,推进长沙市"一心两轴"的产业布局。强化提升"一心",即城区三环以内环状分布为特色的都市产业集聚区;壮大319国道产业主轴;拓展湘江产业副轴。

(二)科学定位,大举开发低碳支持技术

1. 完善产业技术供给体系

长沙市特别需要增强产业共性技术、关键技术开发及工程化能力;关注技术升级方向性问题,组织和支持有利于改善国际分工地位、具有外部效应的关键技术、共性技术的协作和联合攻关,建立合作研究机制。

2. 确立低碳技术的主攻方向

低碳技术涉及电力、交通、建筑、冶金、化工、石化等传统部门节能减排技术改造;可再生能源及新能源的开发使用;洁净煤技术、二氧化碳的捕集与封存技术。但是洁净煤技术和二氧化碳捕集储存技术存在成本高、技术不成熟、应用难度大等问题,二氧化碳捕集储存还可能造成新的环境问题(改变地质结构)。长沙正处于工业化中期阶段,应较现实地将现阶段低碳技术的主攻方向确定为:传统化石能源的低碳化技术,以实现传统产业部门节能减排和能源的高效使用;可再生能源及新能源的开发使用,如水电、风力发电、生物质能发电、太阳能发电等技术;对优势传统产业进行升级改造的技术;战略性新兴产业的储备技术等。尤其要注重突破制约产业结构优化升级的研发、设计、营销、品牌、技术服务、专门化分工等关键环节。

3. 突出自主创新的关键作用

在低碳技术开发过程中,自主创新是一直强调的重要手段。通过自主创新掌握特色产业的优势核心技术,同时拓展自主创新的内涵和形式,将"二次创新"也作为自主创新的一种形式。"二次创新"是指对于我们现在技术积累薄弱的项目和技术,在技术引进的过程中,始终朝着科技创新的目标发展,采取只引进关键技术和核心设备的引进方式,为自己的再创新留有空间,通过消化吸收引进技术,逐步启发形成自己的科技创新能力。这样引进的过程就不是一种简单套用,而是主动学习的再创造。通过技术引进、消化吸收和自主创新结合起来,形成自主创新与消化吸收、集成创新互动结合,在合作中提高自主创新能力的良性局面。

(三)扬长避短,逐步完善低碳能源结构

1. 能源低碳是大势所趋

低碳的能源结构,也可以说是能源的低碳化。我们采用狭义的能源低碳化界定是指能源的低碳化生产,实现这一目标的一个有效途径就是以低碳能源的生产来替代传统化石能源的生产。2009 年中国能源和碳排放课题组的研究表明:水电、核电、太阳能、风电、生物质能等低碳能源的碳排放系数为零和近于零。而通过煤炭、石油、天然气等化石能源每生产一吨标煤电力,将分别排放 2.745 吨、2.146 吨和 1.629 吨二氧化碳。因此,大力发展水电、太阳能、风电、生物质能、核能等低碳能源,提高其能源生产和消费比重是完善低碳能源结构的关键。

2. 双管齐下是现实之策

新能源、再生能源的优势很强大,但是同时太阳能、风能和生物质能开发成本均大大高于化石能源,尤其相对于煤电而言,经济性能差距较大,因此短期内大范围的普及新能源还有很大的障碍。核电也存在投资成本大、热污染程度高、环境安全风险大等缺点,但是由于其能量高效性和生产过程的清洁性,在减排压力下,发展核能仍将是增加能源供给、促进低碳能源结构完善的重要途径。加之,在新能源、再生资源领域,长沙市本身没有任何优势,只有依靠湖南省其他地州市的风能、太阳能、生物质能包括核能等能源资源。综上因素,目前较现实的方法是双管齐下。一方面以节能减排为重点加快高碳能源的低碳化改造;另一方面对低碳能源的开发使用进行前瞻性的规划和安排,在众多低碳能源中结合长沙实际,按照可行性原则设计的利用顺序是:水能—风能—核能—太阳能—生物质能。

(四)凝聚合力,全面推进低碳管理模式

1. 突出制度保障,发挥政府在产业低碳转型升级中的主导作用

政府引导强调"制度保障",主要体现在治理制度和政策制度。治理制度在宏观的角度协调低碳经济模式中各个行为主体间的运作关系,即国民、企业、市场与政府间的关系。可以参照台湾、日本等地的经验:政府负责提供低碳基础设施,来促进全体国民与企业积极行动。而政策制度,即指能源法、碳税、碳交易、环境金融制度,低碳产业政策等具体的政策供应,属于上述的低碳基础设施。

2. 突出市场运作,发挥企业在产业低碳转型升级中的主体作用

在 2008 年底召开的中央经济工作会议上,胡锦涛同志指出:确立企业在技术创新中的主体地位是提高自主创新的根本途径。同样的思路,低碳经济背景下产业结构的优化升级也需发挥企业的主体作用。企业应在日益完善的发展环境中,积极承担化石能源的低碳化改造、低碳产品的开发和创新、商业模式的变革等转型升级中的各种任务。这既是企业应尽的社会责任,更是企业可持续发展的需要。

3. 突出社会配合,发挥社会成员在产业低碳转型中的支持作用

通过各种方式倡导低碳意识,加深全社会对低碳经济以及产业低碳转型的了解、理解和认同。尤其通过消费理念、需求的低碳化来支持产业结构的低碳化转型升级。

关于长沙工程机械产业发展中政府作用的思考

余 敏

（中共长沙市委党校马列教研部，湖南长沙 410004）

伴随着工业经济的腾飞，长沙工程机械产业异军突起，产品涵盖全部工程机械18大类中的12大类、100多个品种，2010年的产值突破1000亿元，成为国内工程机械行业发展最为耀眼的亮点。与此同时，地方政府也面临着极为重要的使命：科学运用政策工具和调控手段，深入发掘工程机械制造产业的现行优势和潜在能量，促进产业本身持续健康发展，从而推动长沙经济又好又快发展。

一、长沙工程机械产业发展的现状

长沙工程机械产业起步于20世纪90年代初期，目前，长沙工程机械产业共有规模企业30家，其中大中型企业6家，大大小小的配套与协作企业数百家。主要生产12大类、100多个小类、400多个型号规格的产品，产品品种占全国工程机械品种的70%。主要产品为拖式混凝土泵、混凝土泵车、混凝土布料杆、混凝土搅拌机、塔式起重机、塔式起重布料两用机、压路机、摊铺机、汽车起重机、静力压桩机等14个品种。经过10多年的发展，尤其是近几年的飞速发展，已经形成了以中联集团、三一集团、山河智能等为龙头的各具特色的企业群体。集群重点聚集在长沙高新技术开发区、长沙经济技术开发区，浏阳现代产业制造园和宁乡经济开发区也呈现出逐步集聚的态势。近年来，长沙市的工程机械龙头企业加快了兼并重组和走出去的步伐，国际化水平不断提高。中联重科、三一重工、山河智能都拥有自己的国家级或省级技术中心，并且建立了由具备机、电、液核心技术自主开发能力的高素质工程技术专家组成的企业研究开发队伍。以企业为主体、市场为导向、产学研相结合的自主创新体系初步形成，取得了一大批价值较高的科研成果。

二、长沙机械工程产业发展的问题分析

长沙工程机械行业发展很快,但也存在一些问题,在某种程度上制约了自身的持续发展和地方经济的持续增长。

(一)关键技术受制于人,难以掌握国际竞争中的主动权

企业的核心竞争力主要体现在核心技术。长沙工程机械行业总体技术水平还有待提高、自主创新能力还不强、原创性技术创新成果不多,尤其缺乏二次开发能力,因此关键技术受制于人,难以掌握国际竞争中的主动权。如:许多产品的核心技术还未掌握,例如发动机、变速器、液压泵、马达、控制阀、控制器等工程机械核心传动系统、液压系统与控制系统的关键零部件还必须依靠进口,采购成本约占据了整机成本的40%,而且供货还不能保证,往往在市场需求高峰期时,国外进口零部件厂商先给国外工程机械品牌供货,长沙市的企业就曾经因为配件供货周期过长而错过扩大市场份额的最佳时机,这已成为制约发展工程机械中高端产品以及扩大出口的瓶颈。

(二)产业配套能力较弱,难以拉动地方经济持续增长

长沙市工程机械产业"十二五"发展目标是,到2015年实现产值超过2500亿元,全力支持中联重科、三一重工挺进世界工程机械前五强。但在长沙却少有面向行业的配套企业,工程机械主机企业70%的外购件和外协件不在长沙甚至不在湖南,其中柴油发动机、变速器、车用空调、专用汽车底盘、高强度钢材、特用焊条焊丝、电机、耐磨材料等几乎全部依赖省外乃至国外供货。

近年来通过加快引进合作的步伐,长沙市的工程机械基础配套件在技术和质量上具有明显的突破,出现了一批质量可靠、技术先进、服务完善的零部件新产品,但和长沙以主机生产为主的产业需求相比,配套件行业无论是生产规模、技术水平、市场占有率、产品档次、质量可靠性等与国外跨国公司相比都还存在着非常大的差距。根据调查,关键配套件技术水平不高的原因,主要有以下几个方面:一是在设计上,产品研发能力弱,试验手段传统而且落后,很少有先进完善的加工工艺设备能力作为发展的基础,目前还基本停留在对引进技术的消化吸收和对同类产品的模仿复制阶段,并且缺乏对引进技术的充分消化和二次开发创新能力。二是在生产上,工业发达国家已普遍采用数控机床、加工中心,实现了柔性自动化,已向智能化和集成化方向发展。而我们生产设备和制造水平还相当落后,先进的技术装备较少,检测设备和试验装备也相对不足。三是在规模上,配套件生产商以中小企业为主,规模小、智能化水平不高、整体竞争力弱,缺乏拥有自主知识产权、核心竞争力强的企业集团。四是在机制上,配套件生产企业组织结构松散,集

中度较低,产品趋同化严重,没有能够支撑和带动零部件行业发展和结构优化升级的大企业。

(三)产业集群化程度不高,难以形成区域品牌竞争优势

从近几年长沙经济结构发展变化来看,产业化后发优势明显,结构竞争力增强,长沙工程机械产业已形成了以中联集团、三一集团、山河智能等为龙头的,包括29家规模企业和数百家大大小小的配套与协作企业的产业集群。工程机械产业集群发展呈现出以高新技术产业为主体、以制造业为核心增长极的明显特征。但应该看到,长沙工程机械产业集群化发展还处在初级发展阶段。目前制约集群化的原因主要为:一是地方公共产品的有效供给已成为制约长沙工程机械产业集群进一步发展的阻碍条件。在长沙,地方公共产品的有效供给严重不足,亟待配套和完善。二是集群产品存在丰富的产品差异化机会但同质化倾向也越来越严重。在全市工程机械产业中,中联、三一、山河三家公司工程机械产品重叠,仿制现象也越来越明显。三是中小配套企业专业化程度不高,难以形成规模。四是投融资环境仍需进一步改善。五是技术劳动力的短缺,已经成了制约长沙工程机械产业集群进一步发展的瓶颈。

产业集群的基础是一大批相关企业、机构在地理位置上的天然集聚所形成的相互关结的网络,而产业集群形成之后,将使整个产业具有更高的市场灵敏度、快速的市场反应能力与和谐的企业关系,也将极大地降低交易成本和生产成本,激发更强的市场创新能力与学习能力。从全球经济发展来看,产业集群最大的效益是建立起区域品牌,将某个产业的品牌烙上明确的地域特征,最终成为该地域的核心竞争力。长沙通过实施工程机械产业集群化战略,构建有序和谐的竞争合作关系,将有效地把各企业的分力变为合力,共同打造区域品牌,这也可以成为长沙工程机械制造企业对抗国际巨头的有效途径。

(四)管理创新意识不强,难以实现企业协作发展

创新是企业发展的源动力,管理创新是企业创新的灵魂。随着工程机械产业的发展,现代企业管理的思想已经深入企业家和企业管理层:强调企业管理精细化—管理成为利润的中心;强调企业对"人"管理的人性化—管理以人为本;强调企业竞争的协作化,形成战略合作同盟;强调企业管理的创新化—扬弃传统吸收先进。但是尽管管理以人为本,但人才频繁流动的现象仍然难以解决;尽管企业价值观、企业精神已经成为企业的核心价值,但企业不计成本、不计效益的非理性行为仍然时常发生;虽已经组建工程机械产业战略同盟,同行是冤家的现象却依然如故,协作局面难以出现。长沙工程机械产业三大巨头之间的竞争和其他主机企业之间的竞争,使企业竞争成本明显提高。以工程机械控制系统为例,三大巨

头竞相研发,各自生产,尽管都取得了突破,但是可靠性、标准化、产业化的硬伤却难以解决,导致企业成本上升和资源浪费,同时"大而全"的企业发展模式更是现代企业的毒药。

三、发挥政府作用,促进长沙机械工程产业持续发展的对策建议

我们已清楚地看到:作为技术密集的传统制造业,我国劳动力成本的优势正在减弱,国内市场也必将随着城市化的进程、基础建设的进程放缓而逐步萎缩。因此掌握核心技术,实现产业结构优化升级,已经成为长沙工程机械产业化发展必须突破的瓶颈。实现产业集群化发展,形成区域品牌竞争优势,也将成为工程机械产业持续发展的动力。这就对企业,尤其是地方政府提出了新的课题,笔者基于此建议如下:

(一)政府牵头,组建国家级的长沙工程机械基础技术研究中心,确立核心技术竞争优势

1. 组建多方主体研发中心。按照基础研发、二次研发及核心技术层级研发的原则,由地方政府相关部门牵头负责,整合相关科研院所、企业的科研人员和科研设施,共同组建国家级长沙工程机械基础技术研究中心,从事工程机械基础技术和配套关键技术研究。

2. 创新资金筹集使用模式。国家级长沙工程机械基础技术研究中心由相关方共同出资设立。其一,政府将分散支持各企业的科研资金集中使用;其二,相关企业、科研院所各自出资;其三,募集社会资本和专门的研发领域的创投基金。按照现代企业制度模式,各种资金成果转化收益由投资者共同分配。企业则集中资源,从事二次研发及核心技术研发。

3. 明确关键技术攻关方向。国家级长沙工程机械基础技术研究中心要充分利用长沙本地技术资源优势,主要关注工程机械关键基础技术研究,包括:流体传动(液压和液力)技术、机电液一体化技术、智能化控制技术等;还要提高制造技术、工艺技术、材料和热处理技术等。完善试验设备和手段,采用合理的试验方法,从而提高产品的标准化和可靠性。

(二)政府主导,发展工程机械产业纵向战略联盟,突破产业持续发展瓶颈

1. 继续发挥本地主机企业的群体优势。建议发挥长沙工程机械产业主机企业的群体优势,上下联动,建立纵向战略联盟,形成长沙工程机械配套企业发展的优良环境,带动本地配套企业的发展,形成工程机械产业链,带动就业,拉动长沙经济发展。

2. 更加重视本地中小配套企业的发展。政府应遵循工程机械产业发展的内在

规律,根据长沙工程机械产业的现状和已有格局,特别要提高对中小配套企业重要性的认识。应完善支持配套中小企业发展的相关政策,通过制定和调整财政政策、税收政策和投资政策,来引导和协调社会资源的流动与分配,引入更多具备潜力的中小企业包括各类外协机构进入工程产业链条,为其发展创造更好的环境。

3. 适度发挥外来关键企业的带动作用。为缩短关键部件配套能力形成的周期,政府的产业主管部门和招商引资等相关部门应做好引导和规划安排,督促各招商引资主体,尤其是主机企业的主要配套园区要针对工程机械关键部件配套企业进行专门招商,以引进国外、国内先进企业在长沙投资建厂,带动发展。

(三)政府引导,发展工程机械产业横向战略联盟,形成区域品牌竞争优势

1. 整合优势,形成强强联合的新局面。政府发挥引导作用,整合优势,引导龙头企业建立横向战略联盟,开发新产品,尤其是投资发展几大龙头企业共同需要的配套企业,发挥各自的局部领域领先优势,尽可能消除非良性竞争的消极影响,共同提升长沙工程机械产业的行业整体竞争优势,打造"长沙制造"的品牌。

2. 构建平台,促成资源共享的新态势。其一,建立专门的工程机械人才培训基地,加强工程机械职业教育,确保工程机械人力资源的弹性供给。其二,建立工程机械行业公共信息服务平台。由政府牵头形成以核心龙头企业为主体、众多中小配套企业共同参与的工程机械产业公共信息平台。公布行业最新市场供求信息、产品创新信息、行业发展动态等。最大程度促进资源的充分流动与共享,形成行业成员间、行业与外部环境间长期互动交流机制。

(四)政府倡导,凝聚工程机械产业集群新文化,促进企业合作化竞争

产业集群文化对于企业协作发展,至关重要,但工程机械产业集群文化的形成,与政治、经济、文化及社会环境是密不可分的。长沙工程机械产业集群产生的社会文化与历史背景各自不同,使得各企业的企业文化各有差异,共同的行为规则和价值观难以形成。要形成企业协作发展的局面,亟待政府发挥协调作用。

产业的发展,不仅与市场的自发作用、企业的自身战略有关,也与经济社会的大环境密切相关。长沙工程机械产业从 10 年前的不足 10 亿元跃升为 1000 亿元产值,其飞速发展使我们有理由相信:在长沙地方政府的正确引导、适当调控和大力扶持下,长沙工程机械产业必将取得新的、更大的突破。

参考文献:

[1]黄静.服务型政府建设中的绩效评估[J].四川理工学院学报(社会科学版),2010,(1).

[2]余敏.长沙产业结构低碳转型研究[J].长沙大学学报,2010,(6).

长沙市城区道路单向交通系统研究

胡林辉

（湖南大学工商管理学院，湖南长沙　410006）

单向交通是一种解决城市交通拥堵的投资少、见效快、操作简便的交通管理措施,这对解决城市交通拥堵,交通流量分布不均、过多集中在少数几条干线上等交通难题具有很大作用。单向交通在西方发达国家应用广泛,我国许多城市从二十世纪80年代开始对部分道路实行单向交通,有的城市在中心区试行区域性单向交通网络。长沙市从上个世纪90年代开始采用单向交通,但从总体看,实施效果不是很明显,主要原因是对单向交通缺乏系统分析和科学规划,在实施中只考虑局部交通情况,甚至带有一定随意性。因此,为促使长沙市城市道路单向交通系统日趋完善,使单向交通充分发挥交通组织功效,减少负面影响,有必要对长沙市单向交通系统的应用作进一步的研究。

一、单向交通系统的利弊

单向交通又称单行线或单向线,是指只允许车辆向某一个方向行驶的道路交通组织形式。在城市道路系统中,如果组织多条道路实施单向交通,形成互相衔接的系统,则称为单向交通系统。单向交通一般分为固定式单向交通、可逆式单向交通、定时式单向交通和车种式单向交通四类。

（一）单向交通的优点

单向交通在路段上减少了与对向行车的冲突,在交叉口上减少了冲突点,故单向交通在改善交通方面具有以下突出的优点:

1. 提高道路通行能力。由于单向交通减少了对向行车的冲突,减少了行车干扰和车辆之间的横向安全距离,可充分利用路面的有效宽度,故道路通行能力得到明显提高。据统计,国外单行道可提高通行能力 20%—80% ,国内一般在15%—50%之间。

2. 增加车辆行驶的安全性,减少交通事故。由于双向交通改为单向交通后运行路线简化,行车条件改善,交通事故可能发生的冲突点减少,因此事故率普遍降低。如二条双向两车道的交叉口,实行单向交通后其冲突点数从 16 个降到 4 个,减少了 75% ;其次,实行单向交通后一些事故的可能发生点将不存在,即使发生交通事故也多为追尾事故,恶性事故和事故损失也将下降,因此,行车的安全性将会明显提高。此外,单向交通可消除对向来车的眩光影响,行人过街只需注意一个方向,事故率也会下降。

3. 提高车辆的运行速度,减少延误。实行单向交通后,车辆的干扰减少,道路畅通,车速提高。据调查统计,实行单向交通后,行程时间可减少 10% – 50%,平均车速提高 20% – 100% 。

4. 单向交通有利于路边停车和公交专用道的规划。窄路上的双向交通如有停车,则会引起交通阻塞;若改为单向交通,则能有效解决窄路上因停车而阻塞交通的问题。

5. 单向交通有利于信号灯配置和管理。单向交通其绿灯利用率比双向交通提高 50% 。

6. 有利于减少城市交通污染。单向交通由于减少停车次数和车辆加减速次数,从而降低废气排放、轮胎磨损等,减少环境污染。

7. 可取得良好经济效益。采用单向交通可减少因新建道路而造成的拆迁,只需充分利用一些狭窄的街道进行少量投资或无需投资就可开辟新的行车路线,减少干线负荷,缓解交通紧张的状况。目前长沙市已基本完成的背街小巷的改造在缓解市区交通压力中所起的作用是有目共睹的。

(二)单向交通的缺点

但是单向交通也有不利的一面,主要表现在以下几个方面:

1. 增加了部分车辆的绕行距离和经过交叉口的次数,从而增加了车辆的运行时间和道路网上的交通量。

2. 给公共交通带来不便。采用单向交通,需调整公交线路走向和重新布置站点,增加乘车者的步行距离。

3. 增加了为单向管制所需要的道路公用设施的投入。

4. 单向道路的末端常常使交通组织复杂化,可能产生拥挤。

5. 影响居民区的环境。本来一些狭窄的街道无汽车通行比较安静,实行单向交通后,利用此街道行车会影响居住环境。

6. 影响道路两侧商业活动。由于实行单向交通取消了对向车流,使人们不便到单行道两侧进行商业活动,从而影响商家经济效益。

综上所述,实行单向交通既有利也有弊,关键在于科学管理,合理规划,从而充分发挥单向交通的正面效应,减少负面影响。

二、实施单向交通的条件

根据国内外实行单向交通的经验,实行单向交通一般应具备以下条件:

(一)路网条件

一般来讲,道路网密度较大、平均路幅较窄的路网,易于实施单向交通;相反,道路网密度较少则不宜实施单向交通。其中棋盘式道路系统最适宜实施单行道,尤其是规划整个区域单向交通网络,其效果最佳。

(二)道路条件

1. 路段条件:

(1)有两条相邻平行的、间距在350—400米的、有相同起讫点且通行能力大致相等的道路。

(2)道路较狭窄又不能拓宽,机动车与非机动车、人行道和车行道无法分开,或者允许停车但采用双向通行,而道路的宽度又不足(如9米以下道路或车道数少于4条)且交通量较大易造成交通阻塞的道路。

2. 交叉口条件:

对于交叉口间距较短,交叉口处相交道路条数多,且左转车辆多,实施线协调交通信号控制比较困难的道路,采用单向交通组织管理方式往往能得到很好解决;对于复杂的多路交叉口,某些方向的交通可另有出路的,才可将相应的进口道改为单向交通。

三、长沙市城区道路单向交通系统的应用分析

(一)长沙市城区实施单向交通的必要性

1. 城区道路面积少,道路利用率低。长沙市全域总面积为11819.5平方公里,市区用地面积556平方公里。城区道路机动车道总长度为998公里,其中10米宽以下道路占11.9%;市区道路总面积约349218平方米,人均道路占有面积仅为0.22平方米,而且以路为市、占道经营等蚕食、侵吞、废弃道路的现象非常严重。据统计,4米宽以上的城区道路有128条,但大都被违章搭建、当街作业和经商等所占用。这些小街小巷具有长度短、路幅窄、间距小、交织程度大,形成道路网眼多等特点,如果充分利用这些小街小巷建立市区单向交通网络,可在一定程度上增大市区道路的容量,缓解市区主干道的交通压力。

2. 市区路网结构不合理,路网功能先天不足。市区路网结构基本呈不规则的棋盘状,并沿湘江呈带状分布,东岸地区道路网路况较好,分布呈格子状。长沙市区现有道路(可供小汽车通行且有路名的)中,快速路、主次干路和支路的密度分别为0.13公里/平方公里、1.92公里/平方公里和0.91公里/平方公里,所有铺装道路面积的人均水平为5.89平方米,流量较大的市中心老城区的干道网络密度更低,大大低于全国大中城市的平均水平。建立市区单向交通网络,可增强路网的通达性,弥补市区主干道路网的先天不足,减少交通流的冲突和交织程度,有利于交通流的均衡与组织。

3. 交通流量迅猛增长,道路建设相对滞后。据调查,长沙市机动车交通量以13.3%的年增长率增长,城市中心区路口流量的增长速度更快,有的路口年增长率达到17%,但全市道路的年增长率很低,不到机动车交通量年增长率的四分之一。且新建道路大都是在城市外围区域,市中心老城区的道路增长速度几乎为零,只有通过疏通大量的小街小巷,并在适当路段实施单向交通,建立市区单向交通系统,才能充分挖掘现有路网的潜力,提高市区路网总通行能力,缓解市区、特别是市中心老城区的交通拥挤和阻塞。

(二)长沙市城区道路单向交通实施效果

长沙市城区实施的单向交通道路共74条(含立交桥匝道),总长度约为30公里,约占全市城市道路的3%,长沙市现有的单行道系统为缓解长沙市市区的交通紧张状况起了一定的效果,主要是:

1. 提高区域路网的交通容量。实行单行道后,必然改变区域道路网上的交通流量流向,从而改变区域道路的交通状况。如,车站北路单行道系统实行之后,区内地面道路系统网络容量提高了14.8%,地面道路网日平均饱和度从0.70降低到0.63,高峰小时饱和度从0.84降到了0.76,行程车速提高了11.4%。

2. 解决交叉路口交通拥挤,提高道路的通行能力。交叉口是城市道路的"卡口",它的"死"与"活"决定着整个道路系统能否有效的运转,因此单行道交通效益如何,关键在于交叉口综合状况是否改善。对于相交道路较多的交叉路口(如五岔或六岔路口),其交通组织非常复杂,而且往往效果不理想,若将其中部分道路改为单行道,交通组织可以得到简化,交叉口的通行能力也得到提高。

3. 为高架道路、立交桥疏散交通。高架道路是车辆运行集中的道路,其下匝道往往因车流得不到及时疏散,而造成交通堵塞,主要原因之一在于与高架道路配合的次干道或支路通行能力不够,这种情况将匝道附近的次干道或支路设置成单行道可以起到一定的缓解作用。

4. 配合市政工程实施,控制交通流向。

5. 提高了道路交通安全性,减少交通事故。单向交通通过减少交叉口的冲突点,从而大大提高道路交通的安全性。

6. 解决区域的交通紧张。由于单向交通有利于信号灯实行线控配时,提高了绿灯时间的利用率,因此沿线的交叉口交通状况普遍得到改善。

(三)现行单向交通存在的问题

长沙市现行的单向交通系统在不同程度上缓解了城市部分区域交通紧张状态,但仍须进一步改进和完善。

1. 在现行的单向交通系统中,具有次干道交通功能的单行道不到10%,大多数单行道是支小道、匝道等;

2. 部分单行道间距太大或没有配对道路,使车辆绕行距离增加;

3. 部分单行道出现断头路或多路,长度太短,两端干扰严重,效果不理想;

4. 部分单行道是设置在以到达功能为主的支小道路上,这部分单行道一方面对提高路网容量、改善交通状况的作用不大,另一方面却大大增加了绕行距离,给沿线的出行者带来很大的不便;

5. 对单向交通缺乏系统分析和科学规划,在实施中只考虑局部交通情况,甚至带有一定随意性。

(四)进一步优化单向交通系统的建议

根据长沙市道路条件和交通特征以及单向交通的特点,针对现行单向交通系统存在的问题,提出如下进一步优化长沙市单向交通系统的建议:

1. 单向交通组织必须与其他交通管理措施配合运用。单向交通是一种交通管理措施,它不能单独考虑,必须与其他交通管理措施相配合。如,设置醒目的并具有连续性的标志、标线,合理调整单行道公交站点;清除违章占路,连通部分单行道路等,以最大限度发挥单行道的整体效果。

2. 明确单向交通系统建设的原则。单向交通牵涉到方方面面,与居民的工作、生活息息相关,处理不好会造成不良后果,因此在实施中必须遵循如下原则,减少单向交通实施的盲目性:

(1)单向交通的实施必须符合城市交通发展政策,与城市交通规划和建设相协调。合理调整单行道公交站点,减少公交乘客步行距离;清除违章占道和非交通性占道,采用工程措施连通部分道路,加强支路道路维修,改善道路条件,使单行道网络具有很好的连通性,从而提高单行道系统的整体效益。

(2)实施单向交通应主要应用于供需矛盾突出,采取一般交通管制措施后仍然存在交通拥堵现象、路网密度高的地区。

(3)必须有利于提高通行能力和行车速度,改善运行状态和交通环境,减少交通事故,增加安全感,解决双向交通所不能解决的交通矛盾。

(4)组织单向交通必须以交通连续原则为基础,单行道之间力求连通,道路长度应尽可能长,以减少单行道两端的干扰影响实施效果。

(5)单行线无法配对时,单行方向优先保证驶离交通集散点或旧城区的方向,不配对的单向交通原则上不可在市区主次干道上实施,但小街小巷可不配对设置。

(6)单行线设置要有利于实行公共交通并最大可能地满足居民的出行需求,尽可能保留原公交线路的布局。

3. 单向交通组织要进行科学的规划与论证,并进行动态管理。组织单向交通系统是一项复杂的系统工程,必须从城市道路交通特点和交通服务于大众的原则出发,进行科学规划和有效实施。

首先,要从整个实施区域及周边区域的流量、流向特点来确定好车流方向,尽可能使区域内流量达到均衡,车流方向与主流量的流向尽可能一致,尽量减少与周围双向行车道上的车流的交叉,使平均无效行驶距离最短,冲突点最少,左转向最少,简化相关路口的交通形式。

其次,要处理好单向道路的起讫点。单向道路的起讫点是单、双向交通的转换处,应适当加宽、渠化,根据行车要求设置足够的、标准的标志、标线来引导交通。

再次,要加强对主要路口的管理,科学设置公交车辆和非机动车的交通路线。实施单向交通时,交通流将会发生变化,有的路口交通流可能增加,对此应加强管控和指挥疏导;在单向道路上行驶的公交车辆,原则上不安排逆向行车线路,在机动车道不宽的或交通量大的街道上,应设置港湾式停靠站;在机、非混行的道路上,一般允许非机动车双向通行。若道路上通行的非机动车 OD 点不在本街道的车辆占70%以上,而且与其平行的能够通行非机动车的道路较近(200—300m),则非机动车也应采用单向交通。如果街道宽度不大,则禁止非机动车驶入或只准非机动车与机动车逆向行驶,但两个方向要严格隔离,并在交叉口用信号灯、渠化设施管制非机动车的左转弯。

最后,要加强宣传与教育。单行线对沿线范围内的单位和居民有直接影响,再者由于各路口流量、流向发生变化,人们可能不了解或不习惯单向交通。所以在实施单向交通初期,一方面要加强宣传教育,并加派交警加强现场指挥与管理;另一方面,对于逆向行驶、闯红灯等违反交通法规者必须认真严肃处理。

另外,经济、人口、城市建设等因素,都可能引起城市交通状况的改变,因此交通管理措施必须根据新情况做出合理调整,才能适应。作为道路交通管理措施之一的单向交通组织,也应该进行动态调整,实施动态管理,并在调整的单向交通组织方案实施一段时间后,应从综合交通分析的角度,对整个交通网络进行综合评价、分析,总结利弊,适时完善,确保道路畅通。

四、结语

近几年来,越来越多的城市开始认识到实行单向交通的优越性,逐步开始大面积的在市区范围内实行单向交通系统,并取得了很大的成效。本文结合长沙市城区单向交通系统的应用,对城区道路单向交通系统的理论作了肤浅的探讨,希望单向交通系统在改进和加强城区道路交通中发挥更大的作用。

参考文献:

[1]杨晓光.城市道路交通设计指南[M].北京:人民交通出版社,2003.

[2]杨晓光.城市主干道交通与景观协调设计方法研究[J].城市规划,2003,(9).

[3]王炜,徐吉谦,杨涛,等.城市交通规划理论及其应用[M].南京:东南大学出版社,1998.

[4]杨佩昆.交通管理与控制[M].北京:人民交通出版社,1995.

[5]王缉宪.中国大城市交通运输即将面临的困境及出路[J].战略与管理,1997,(3).

长沙市社区自然灾害应急管理机制研究

张颖华

（长沙大学思想政治理论课教学部，湖南长沙 410022）

我国进入新世纪以来,城镇化进程加速。从中央到地方政府都实施了一系列推进城镇化发展的政策与措施,表现在城镇规模扩大、城镇人口增多。这给城镇社区管理带来了极大挑战。本文着重探讨在这一背景下,长沙市社区应对自然灾害影响的管理机制,以此为基础,进一步深入分析城市社区应急管理机制实施的效果,并提出具有一定现实意义的评价方法或方案。

一、长沙市受自然灾害影响的概况

表1　2002—2014 年湖南及长沙市主要自然灾害简表

年份	自然灾害种类及简况
2002 年	长沙市发生山洪、水灾,长沙县金井发生重大冰雹灾。＊
2003 年	湖南发生旱灾。＊
2004 年	湖南发生春旱、洪涝灾。＊
2005 年	湖南发生旱灾。＊这年,江西九江发生 5.7 级地震,波及长沙市。
2006 年	湖南发生洪涝灾。＊
2007 年	6—7 月,湖南发生旱情。同时,6—8 月,发生洪涝灾。8 月,"长沙、邵阳等 11 市 43 个县(市、区)564 个乡镇 602 万人受灾"。
2008 年	7 月,长沙、自治州等 11 个市州 71 个县(市、区)948 人乡镇 585 万亩农作物不同程度受旱。"长沙市启动抗旱应急Ⅳ级响应,对一些高耗水的企业进行限产、限耗、限排,坚持统一调度,强化用水管理"。5 月,发生洪涝灾。这年,四川汶川 8.0 级地震,波及长沙市。
2009 年	7—8 月,发生旱灾。4—7 月,发生洪涝灾。4 月份,长沙、湘潭等 5 个市州 17 个县(市、区)198 个乡镇 68.1499 万人受灾。

续表

年份	自然灾害种类及简况
2010 年	上半年降水少,7—8 月,发生旱灾。4—7 月,湖南受降雨影响,发生洪涝灾。
2011 年	5—8 月发生旱灾。4—9 月,发生洪涝灾。
2012 年	4—9 月,受降雨影响,发生洪涝灾。局部发生旱情。
2013 年	5—9 月,受降雨影响,发生洪涝灾。
2014 年	5—8 月,受降雨影响,发生洪涝灾。

说明:1. 凡表述中标有"＊"的内容来源于长沙防汛抗旱网 www. cswater. gov. cn;2. 未标有"＊"的内容来源于湖南防汛抗旱网 www. hnwr. gov. cn。

长沙市是一个山水洲城,湘江及其部分支流穿城而过。由于历史时期社会经济各业分布格局的累积影响,形成了主城区以工商业为主,城郊及市辖县以农林副业为主的规划。历史时期,长沙市的自然灾害在城区以水灾为主,在农林经济区以水旱虫灾为主。2000 年以来,长沙市遭遇的自然灾害仍然是水旱灾。根据湖南及长沙市政府部门网站公开的政务内容,统计了 2002 至 2014 年湖南省尤其是长沙市的主要自然灾害发生简况,如表 1 所示。

每年到春秋汛期,长沙市有关部门都非常关注洪峰过境的情况。自然灾害的影响最主要的就是导致人员财产损失,社会经济秩序混乱,阻碍社会稳定有序的发展。在现当代社会,城镇化建设水平显著上升,人们的民主法治、政策权利意识明显提升。自然灾害的影响趋向立体化。

首先,自然灾害带来经济损失。如城市遭遇水涝,大量位于低洼处的房屋财产就浸泡在水中,形成损失。这些情况的汇总上报,就是通过社区人员开展具体工作实现的。2011 年,"6 月 29 日中午 12 时至下午 15 时,长沙特大暴雨不断,由于下河街处于排水管网最下游,且地势低洼,积水深度很快达到 1.2 米。险情不等人,街道城管办迅速启动防汛应急方案,协调市政局派专业人员增援,组织办公室、街道城区综合管理大队、太平街社区进行下河街路面应急排渍工作。街道办事处主任赵英华冒着特大暴雨亲临下河街排涝一线,迅速组织人员打开附近排水管口和下水道进行应急疏浚,并放置警示标志,现场值守,疏散周边商户经营人员,指挥周边车辆行人绕道通行,一直持续到 17:00 时下河街内涝全部排除。此次暴雨过程街道共出动人员 100 余人,车辆 3 台,经 3 个小时的全力抢险,排除了辖区积水严重的内涝险情。"[1]

其次,随人们生活方式的优化,灾害发生后带来许多新问题。如灾后垃圾的处理问题。城市环保部门只能在设备上、一定的人力上给予帮助。然而,灾后第一时间各类新型垃圾的清除、堆放，还需要社区统一组织管理。又如灾民的临时安置，从人户清理到灾民临时入住的场所安排，这些都要依靠社区服务来完成。

第三，旱情发生，带来高温酷热天气。2013年夏季，湖南出现旱情，长沙市长达40多天持续高温。一方面，会导致各类病患。如对老幼群体来说，这两个年龄阶段的群体都是因为生理适应调节能力差的缘故，易发生高温致病的情况；另一方面，会导致火灾险情。这两方面情况的排除或排查，除了依赖个人与家庭努力，就是依靠社区工作了。

由此可见，面对自然灾害的危机，现当代的社区，已成为承担灾害应急管理任务的重要主体之一。灾害带来的影响，以及人们对灾害反应的各种情况，都直接牵涉到社区的应急管理。因此，建立健全社区的自然灾害应急管理机制实为必要。

二、长沙市社区应对自然灾害的管理机制

在国家及省市建立应急管理机制的政策指导下，长沙市社区也制定了一定的应急管理工作制度内容。

首先，长沙市的社区建立了自然灾害应急管理机制，即将应急管理纳入社区常规工作体系之中。如长沙市的咸嘉新村社区在2007年全国应急管理工作会议上做了社区应急管理工作经验交流的书面发言。根据其交流材料可知，咸嘉新村在社区应急管理实践中，在"基本条件、基础工作、基层队伍"三个方面，切实加强应急管理工作，注重"三个建设"，全面提升社区安全防范的基本条件：一是注重预警防控系统建设；二是注重应急管理体系建设；三是注重安全教育阵地建设。同时，社区在应急管理实践中，着力建立了"三个机制"：一是建立渠道畅通的信息交流机制；二是形成常抓不懈的隐患排查机制；三是建立快速反应的应急出动机制。再者，社区优化配置，大力充实应急管理基层队伍，组建了"新八大员"队伍，即城管协管员、综治巡防员、人民调解员、义务消防员、社区信息员、和谐监督员、志愿安全员、司法宣传员。而且，在"新八大员"中，社区突出加强了"三支队伍"的建设：一是加强信息员队伍建设；二是加强治安巡防队伍建设；三是加强社区消防队伍建设。咸嘉新村的应急管理方案，从条件、机制和人员三方面为应对自然灾害等情况提供了较全面的保障，完全有可能避免因各种自然灾害造成的应对时措手不及的情形。这也成为长沙市社区应急管理工作的一个窗口[2]。

其次，长沙市社区在应急管理中引入了现代化的信息管理设备。为了加强包括应对自然灾害在内的多种应急管理，长沙市有的社区引入了信息化应急管理服务方式,如开福区的所有社区通过给社区巡查员配备移动智能终端(PDA),以动态掌握社区民情,一旦有突发事件,网格管理员点击电子地图,就能实现快速定位,为应急处理提供精确的信息保障[3]。可见,长沙市社区已开启的智能化、信息化的建设有助于对自然灾害问题的快速反应。随着我国的网络化发展、长沙市信息产业的发展,应急管理信息系统将成为长沙市社区自然灾害类应急机制管理的主要控制、操作手段。

从上述社区应急管理工作实例可知,长沙市社区应急管理已步入规范化、制度化、现代化的轨道。这对于应对自然灾害这类紧急情况或因灾衍生的其他情况都有积极的防范作用或效果。这是现代基层管理组织与民众减灾防灾、抗灾救灾综合能力提升的表现。

三、对社区自然灾害应急管理机制的解析

结合长沙市灾情的特点、各社区的区域位置与自然灾害应急管理机制建设情况,首先是各社区因地制宜开展了灾害应急管理机制建设。这种差别化建设的原因是:第一,长沙市各社区的自然、经济、人文地理区位不一。就上述长沙所受自然灾害的情形而言,滨水区域易受洪涝灾的影响,水源短缺区又易受旱灾的影响。有的社区位于经济中心地带,人口稠密,商铺集中;有的社区位于城郊结合地带,相对地广人少,居民分散;还有的农村社区,更是面临青壮年劳力外流等复杂问题。那么,社区的应对策略就要有所侧重,这样才能提升整个城市的应急管理水平[4]。

第二,长沙市各社区应急管理的基础不一致。如长期发生洪涝灾、旱灾的地区,其社区应对灾害的预警能力、反应能力就相对突出。而不直接遭遇自然灾害的地区,社区工作重点则是协办救灾物料与资金,维持灾后稳定局势。

其次,从垂直管理体系角度分析,长沙市的社区作为公共管理的基层单元,已建有具体的自然灾害应急管理机制。如街道设有社会事务办,负责"组织协调救灾工作;组织核查、统计和发布全市自然灾害灾情;组织转移、安置、慰问灾民;负责灾民的临时生活救助;申请和拨发救灾款物;组织接收、管理、分配救灾物资并监督检查使用情况,确保救灾款物不被挪用;组织、指导救灾捐赠;储备救助物资。"[5]社区则有政府服务中心并配有管理人员,负责相应的具体工作。换言之,社区一级的灾害应急管理机制与上级公共管理部门或行政管理部门的同类项目应有所区别,才适应各级的管理特点。

再者,长沙市社区自然灾害应急管理机制建设效果良好。第一,管理有章可循。全国各级应急管理机制建设落实以来,长沙市没有出现因自然灾害导致

的影响较大的公共危机事件。从春汛到秋汛、从气象灾害到地质灾害,长沙市已出台应急预案,通过会议的形式组建多部门会商联动机制。如2010年,长沙市关于防汛商会就达8次。同年,长沙市芙蓉区政府公布了包括应对自然灾害在内的各类突发事件应急预案,共计20项。第二,普及应急管理理念。在长沙市各区、街道应急管理工作布置下,长沙市社区开展了多种形式的应急宣传工作,以普及应急理念、管理思想。如长沙市岳麓区在"宣传周活动期间全区共布置宣传展板100多块,发放各种应急宣传资料28000多份,接待市民咨询3000余人次,张贴和悬挂宣传标语200余条;组织编印防灾应急手册,并面向社会免费发放,使公众有效掌握各类安全知识和自救、互救技能;组织相关单位根据不同行业、不同岗位特点,有计划地开展应急知识自学和培训活动,特别对从事高危行业的从业人员进行重点培训,确保应急培训的针对性和实效。"[6]这对于提升公众的应急能力有积极意义[7]。长沙市在自然灾害应急处理方面,防患于未然,各区所辖社区的自然灾害应急管理工作也就能提早进入预案状态,将各类情况置于可控形势之内[8]。

总而言之,长沙市社区自然灾害应急管理机制构建于社区管理的实践,呈现良性运转状态。从社区内外资源的整合到信息化应急管理手段的革新,无不显示社区应急管理水平的提升。相比于同期国内其他省会城市社区的自然灾害应急管理机制与状态,长沙市社区的应急管理工作布置到位。随着居民安全应急意识的增强,民主参与能力的提高,社区的自然灾害应急管理将更突显主动性。这对于长沙市各社区创建平安社区、和谐社会的建设与发展有积极的意义。

参考文献:

[1]坡子街街道全力以赴做好排除内涝工作[EB/OL]. http://www. tianxin. gov. cn,2011 – 07 – 05.

[2]咸嘉新村社区应急管理经验材料[EB/OL]. http://www. changsha. gov. cn, 2007 – 10 – 23.

[3]李广军. 一点按钮,居民情况都知道[N]. 长沙晚报,2012 – 09 – 20.

[4]葛红林. 提升城市政府应对突发事件能力的思考[J]. 中国应急管理, 2014,(9).

[5]观沙岭街道应急预案(部门职能等)[EB/OL]. http://www. yuelu. gov. cn, 2009 – 06 – 21.

[6]应急管理工作[EB/OL]. http://www. yuelu. gov. cn,2013 – 01 – 22.

[7]薛澜,周海雷,陶鹏. 我国公众应急能力影响因素主培育路径研究[J].中国应急管理,2014,(5).

[8]张凯兰. 社会治理创新中网格化管理服务的基层实践与思考——以长沙市城区为例[J]. 湖湘论坛,2014,(3).

后　记

　　湖湘区域文化是中华文化大系的分支,是中华文化长河的涓涓细流和源头活水,具有鲜活性、灵动性和再生性的特点。习近平总书记在党的十九大报告指出:"文化是一个国家、一个民族的灵魂。文化兴国运兴,文化强民族强。没有高度的文化自信,没有文化的繁荣兴盛,就没有中华民族伟大复兴。"同样,对于一座城市来说,文化是她的灵魂,文化兴则城市兴,文化强则城市强。文化为城市提升品位、树立品牌、增添活力,在城市发展中起着凝心聚力、成风化人的作用。

　　秉持这一理念,长沙大学于2003年成立了长沙文化研究所,旨在通过系统研究,挖掘长沙历史文化的当代价值,达到服务长沙经济、社会发展的目的。2005年长沙市委在我校设立了长沙文化研究基地,要求在整合资源、凝聚人才、扎实研究的基础上,"出成果、出人才、出效益"。经过十余年的努力,基地建设开局良好,初步形成了研究长沙文化的"五个一"(一基地:长沙文化研究基地、一所:长沙文化研究所、一栏目:《长沙大学学报》"长沙文化研究"专栏、一讲坛:长沙文化学术讲坛、一团队:长沙文化科研创新团队)架构。集中推出了《长沙通史》(3卷300万字)、《辛亥革命与长沙》(5卷150万字)、《长沙野史类钞》《长沙传统风俗大观》《名人与长沙风景》《长沙国宝档案》《外国人笔下的长沙》《长沙老照片》《长沙珍档解析》《长沙文化发展报告蓝皮书》(2011版、2012版、2013版)等一批富有影响和价值的理论成果。围绕长沙民俗文化、社区文化、历史文化、旅游休闲文化、企业管理与产业开发等领域,发表了论文200余篇。长沙文化研究基地专家相继接受凤凰卫视、湖南卫视栏目组有关"辛亥革命与长沙""长沙会战"等内容的专题采访,香港凤凰卫视在此基础上制作和播放了《惊蛰——岳麓英豪青春志》(5集)、《长沙会战》(5集)大型历史纪录片,产生了较好的社会反响。团队成员先后策划了《百卷长沙》、"浏阳河九道湾旅游开发""锦绣沙坪"旅游城镇建设、"湘江百里"文化开发方案。依托长沙文化研究所和经管学院旅游管理系组建的"区域文化与旅游产业开发"团队2014年获批为"湖南省高校科技创新团队"。

　　《长沙大学学报》"长沙文化研究"专栏始建于2004年,是在"文化强国""文化强省""以文立市"背景下,以教育部启动的"名刊名栏建设"工程为契机,结合学科平台、团队优势而开辟的一个颇具地方文化色彩的特色专栏。先后围绕"辛亥革命与长沙""长沙会战""时务学堂"等专题,发表了系列论文180余篇,约150多万字,引起了学术界在内的社会各界的广泛关注,产生了比较重要的影响,专栏也已成为我刊的品牌形象栏目。上级主管部门和专家高度评价我刊设置这个栏目的意义,对栏目的质量和特色也给予了充分肯定,认为:"长沙文化研究"专栏一是发稿数量多,信息量大;二是以探索和挖掘长沙文化的当代价值为主旨,思路明确;三是依托了地域优势和人才优势来打造栏目。可以说,经过十多年的努力,"长沙文化研究"专栏形成了研究长沙文化的学术氛围,培养了一支研究长沙文化的学术梯队,开拓了研究长沙文化的新领域,并产生了一批颇有社会反响的学术成果。不少文章被《新华文摘》等二次文献摘转。《光明日报》(2013年8月24日第4版"教科文新闻")以"浏阳河畔的文化殿堂"为题报道了长沙文化研究取得的成绩。2010年获得全国"优秀栏目奖",2015年获得湖南省"优秀特色栏目奖"。

众所周知,文化与旅游是一对孪生兄弟。旅游在本质上是一种文化审美体验,是景观要素与文化要素在旅游主体、旅游客体、旅游介体间综合作用的审美活动,具有旅游行为的综合性、时空的延展性、景观意态的趣味性、旅游内容的丰富性、满足旅游者文化需求多样性的特点。文化是自然景观、人文景观的精气神和魅力之源。人文景观是人类生产生活积累和遗存的艺术化结晶,是人文化成的表征。文化提升旅游品位,旅游传播文化,彰显文化底蕴。将文化融入旅游,文化元素与旅游要素对接融合,既是游客旅游体验获得审美愉悦的前提,也是旅游产业开发的有效途径。因此,以文化为抓手,深入挖掘区域内文化内涵,提升区域旅游品位,是旅游业特色发展、可持续发展的必然选择。

基于上述思路,围绕文化与旅游这一主题,我们挑选了58篇理论和应用价值较高的论文,分成"城市形象与品牌定位""历史文化资源与旅游开发利用""文化源流与特色""社会转型与区域文化演进""重大事件与长沙文化""城市建设与公共管理"6个专题,结集出版,旨在集中展示长沙文化研究的成果,彰显历史文化名城长沙悠久厚重的文化根基、长沙区域旅游文化的鲜明特色和新时代长沙文化旅游业的创新发展进程。

值得庆幸的是,全国高校文科学报研究会理事长、《北京师范大学学报(社科版)》主编蒋重跃先生,全国高校文科学报研究会执行秘书长、《北京大学学报(哲社版)》副主编刘曙光先生对我刊"长沙文化研究"专栏的开设和《长沙文化优秀论文集》的出版深表赞同,并欣然赐序。

蒋重跃、刘曙光二位先生对我们工作的嘉勉和期许,为我们今后的工作注入了强大动力。我们将再接再厉，继续办好"长沙文化研究"专栏，有计划、有重点地推出一批高质量富影响的稿件，以栏带刊，进一步提升《长沙大学学报》的学术质量和社会影响。

长沙大学学报编辑部　薛其林